El-Hobagi
Une nécropole de rang impérial
au Soudan central

Deux tumulus sur sept

FOUILLES DE LA SECTION FRANÇAISE
DE LA DIRECTION DES ANTIQUITÉS DU SOUDAN

Patrice Lenoble

El-Hobagi
Une nécropole de rang impérial
au Soudan central

Deux tumulus sur sept

Institut français d'archéologie orientale

FIFAO 79 – 2018

Dans la même collection

Éric Crubézy, *Adaïma III. Demographic and Epidemiological Transitions before the Pharaohs*, 2017.

Roland-Pierre Gayraud, Lucy Vallauri, *Fustat* II *Fouilles d'Isṭabl ʿAntar. Céramiques d'ensembles des IXᵉ et Xᵉ siècles*, 2017.

Mahmoud Abd El-Raziq, Georges Castel, Pierre Tallet, *Ayn Soukhna 3. Le complexe de galeries-magasins. Rapport archéologique*, 2016.

Béatrix Midant-Reynes, Nathalie Buchez, *Tell el-Iswid – 2006-2009*, 2014.

Georges Soukiassian (éd.) *Monuments funéraires du palais et de la nécropole. Balat* XI, 2013.

Clara Jeuthe, *Balat* X. *Ein Werkstattkomplex im Palast der 1. Zwischenzeit in Ayn Asil*, 2012.

Elżbieta Rodziewicz, *Fustat* I. *Bone Carvings from Fustat – Istabl ʿAntar. Excavations of the Institut français d'archéologie orientale in Cairo 1985-2003*, 2012.

Anne Minault-Gout, Florence Thill, *Saï* II. *Le cimetière des tombes hypogées du Nouvel Empire (SAC5)*, (2 vol.).

Pascale Ballet, Anna Południkiewicz, *Tebtynis* V. *La céramique des époques hellénistique et impériale*, 2012.

Hélène Cuvigny (éd.), *Didymoi. Une garnison romaine dans le désert Oriental d'Égypte*, 1. *Les fouilles et le matériel. Praesidia du désert de Bérénice* IV, 2012.

Helen Jacquet-Gordon, *Karnak-Nord* X, *Le Trésor de Thoutmosis Iᵉʳ. La céramique* (2 vol.), 2012.

Mahmoud Abd el-Raziq, Georges Castel, Pierre Tallet, Philippe Fluzin, *Ayn Soukhna 2. Les ateliers métallurgiques du Moyen Empire*, 2011.

Michel Valloggia, Abou *Rawash* I. *Le complexe funéraire royal de Rêdjedef. Étude historique et architecturale.* 2011.

Ouvrage publié avec le soutien de la Section française
de la Direction des Antiquités du Soudan

Section française de la direction des antiquités du Soudan

© INSTITUT FRANÇAIS D'ARCHÉOLOGIE ORIENTALE, LE CAIRE, 2018
ISBN 978-2-7247-0725-0   ISSN 0768-4703

Mise en page : Olivier Cabon
Couverture : Ismaïl Seddiq

SOMMAIRE

Préface   11

Introduction   17

Présentation du site   21

Présentation des tombes : catalogue   23

El-Hobagi 1   25

    Tombe   26
    Ossements   26
    Récipients   26
        Bonbonnes   26
        Coupes   31
        Vases à profil ovoïde   31
        Bassin   31
    Matériel corporel   32
    Armement   32
        Flèches   32

El-Hobagi 4   33

    Tombe   33
    Ossements   34
    Récipients   34
        Coupe en bronze   34
        Grandes bouteilles   34
        Bonbonnes   39
    Matériel corporel   41
        Collier ?   41
        Bracelet ou autre « parure »   41
    Armement   42
        Flèches   42

El-Hobagi III   43

Tombe   44
  Tumulus   44
  Mur d'enceinte   45
  Fosse   48
  Disposition des objets dans la fosse   50
  Pillage   52
Ossements   56
  Ossements humains   56
  Ossements animaux   57
  Test d'œuf   58
Récipients   58
  Récipients de la descente   58
  Récipients du puits   71
    Coupes et gobelet en bronze   71
    Bonbonnes céramiques   75
  Récipients de la cavité   84
    Coupes, bassin et gobelet en bronze   84
    Bonbonnes céramiques   91
    Récipients en verre   98
    Un hypothétique récipient en argent   99
  Récipients extérieurs à la fosse centrale   99
Matériel corporel   99
  Perles   100
    Perles de la cavité   100
    Perles du tumulus   101
  Objets en alliages à base d'argent   102
  Traces sur le sol de la cavité   102
Armement   103
  Flèches   103
    Pointes en bronze   103
    Pointes en fer ordinaires   105
      Carquois groupés   105
      Flèches résiduelles, plus ou moins isolées   114
    Pointes en fer spéciales   115
  Javelines   116
  Grandes lances   117
    Fers et emmanchements   117
    Talons de lances   125
  Hache   125
  « Masse d'armes »   125
Autres objets   127
  Couteaux   127
  Harnais   127
  Varia   129
Récapitulation   131

El-Hobagi VI 141

Tombe 143
  Tumulus 143
  Mur d'enceinte 147
  Aire emmurée 150
  Fosse 151
  Disposition des objets dans la fosse 154
  Pillage 155
Ossements 156
  Ossements humains 156
  Ossements animaux 157
Récipients 157
  Récipients de la cavité 157
    Récipients en céramique 157
    Coupes, bassins et vase en bronze 161
    Récipients en verre 177
  Récipients de la descente 178
    Coupes et calice en bronze 178
    Récipients en céramique 183
  Récipients du tumulus et de l'aire emmurée 192
Matériel corporel 192
  Exposition du défunt et apprêt de la dépouille 192
    Perles 193
    Armes 194
    Anneau ostentatoire avec clochette 194
    Couche funéraire 195
  Autre matériel de parure dans la cavité 197
  Matériel de parure hors de la cavité 198
  Matériel corporel de HBG VI/2 199
Armement 200
  Flèches 200
    Pointes en bronze de la fosse 200
    Pointes en fer de la fosse 203
    Pointes en fer extérieures à la tombe 209
  Anneaux d'archer 209
    Anneaux de la fosse 209
    Anneau extérieur à la fosse 211
  Arc ? 211
  Longues pointes en fer ou javelines 212
  Lances et haches en fer 213
    Grandes lances 213
    Haches 220
    Talons 222
    Autres équipements des lances 223

Poignard   225
Épées   225
Autres objets   227
Récapitulation   228

Deux essais d'interprétation des tombes du Méroïtique tardif méridional   233

Premier essai d'interprétation :
la culture, la religion et le rang des tumulus d'el-Hobagi   235

Liturgie de la cérémonie funéraire à el-Hobagi   236
Libations   236
Encensement   239
Banquet funéraire   240
Armement de la tombe   241
Lances   242
Haches   244
Masse en pierre   245
Arcs et flèches   246
Multiplication des insignes militaires   247
Sacrifices   248
Sacrifice du cheval   248
Harnais   248
Cloches   249
Mors   251
Sacrifice du boviné   251
Couteaux de boucherie   251
Massacres de bœufs, ou sacrifice triomphal   252
Conclusions   253
La culture des inhumés Hbg iii/i et Hbg vi/i   254
Le rang des inhumés hobagiens sous tertre à enceinte   255
L'ethnie des inhumés d'el-Hobagi   256
Empire méroïtique et royautés « tribales »   258
Premières christianisations postpyramidales   259
Formulations   260

Deuxième essai d'interprétation : la réorganisation
de la production de céramique funéraire en région de Méroé
au ive siècle après J.-C.   261

Observations kadadiennes et hobagiennes   261
L'*Alwa ware* : un postulat céramique inadapté   262
Réinstrumentaliser l'*Alwa ware* ?   263
La collection Garstang   263
Les fouilles de la ville   264

Fouilles récentes de tombes « postméroïtiques » 265
Une prospection entre 6ᵉ et 5ᵉ cataractes 268
Deux types de céramiques tardives 268
De la bouteille à la très grande bouteille 268
Centre de production 269
Évolution et disparition du type 269
Usage funéraire 270
La bonbonne de type Kᴅᴅ 33/1/00 270
Conclusion 275

Annexe 1 Étude anthropologique des deux squelettes humains

277

Le sujet principal Hʙɢ vɪ/1 277
Le sujet secondaire Hʙɢ vɪ/2 278

Annexe 2 Note sur le traitement de conservation et de restauration des coupes gravées

283

L'état initial de la collection 283
Documentation et examen préliminaire : l'apport de la radiographie X 284
Les objectifs du traitement 284
Les principales étapes du traitement et leurs difficultés 285
Tableau nominal des interventions 286

Annexe 3 Correspondance entre les numéros Hʙɢ et les numéros Sɴᴍ

287

Annexe 4 Correspondance entre les numéros Sɴᴍ et les numéros Hʙɢ

297

Abréviations et bibliographie

307

Postface

315

Photographies

317

Cartes

342

PRÉFACE

L E 15 MARS 1994, Patrice Lenoble, revenu pour l'occasion de Beyrouth où l'Institut français d'archéologie du Proche-Orient lui avait confié le lancement des fouilles dites « du Centre-Ville », défendit à la Sorbonne-Paris IV sa thèse de doctorat intitulée *Du Méroïtique au Post-méroïtique dans la région méridionale du royaume de Méroé. Recherches sur la période de transition.* Il l'avait réalisée sous la direction de Jean Leclant, et le jury, outre ce dernier, était composé de Charles Bonnet, Jehan Desanges, Nicolas Grimal, André Laronde et Dominique Valbelle. Voici la page de remerciements par laquelle Patrice Lenoble ouvrait sa thèse :

« Outre Monsieur le Professeur Leclant, qui a suscité, encouragé et soutenu pendant des années l'idée même d'un tel travail, je voudrais remercier ici tous les spécialistes de l'histoire méroïtique qui ont entretenu pendant plus de dix ans un courrier scientifique avec la Section Française de Recherche Archéologique au Soudan.

» Le remerciement est collectif, et concerne dix-huit chercheurs, qui m'ont ouvert leur documentation, avec amitié, générosité et patience.

» Le remerciement est particulier pour deux grands connaisseurs de Méroé. Le premier est le compagnon des crépuscules du jeudi soir sur les pyramides : ce solitaire, dévoué à la tâche de terrain sur près de trois décennies, sut toujours allier conseils et critiques fructueux. Le second, qui se veut archéologue de fauteuil, se laissa surprendre, avec humour, durant un trop court séjour dans le Butana, auquel le fauteuil a toujours manqué : à distance, il sut toujours corriger et encourager avec efficacité.

» Remerciements aussi à un préhistorien et un protohistorien : qu'ils se reconnaissent ici si je fais savoir que sans leur intervention el-Hobagi n'aurait pas été sondé, malgré le travail préalable produit, pour des raisons ayant peu à voir avec les tâches de recherche.

» Enfin, ce n'est pas par diplomatie que je citerai Nigm El-Din Mohammed Sharif. Chaque historien du Soudan regrette sa disparition. Je ne suis pas peu fier d'avoir pu obtenir qu'il me restitue son amitié au cours de deux années difficiles en 1984 et 1985 et la manifeste par une cosignature, après avoir d'abord douté du but puis longuement disputé des moyens. Cette amitié-là a permis la fin de l'expérience kadadienne en 1985 et le début de l'hobagienne en 1987. Elle a protégé de réels dangers l'expérimentateur. »

S'il faut, dès les premières lignes de cette préface, parler de cette thèse, c'est d'abord parce que les pages qui vont suivre en sont un extrait. Patrice Lenoble, en effet, a construit l'ensemble de son activité et de son raisonnement par la programmation puis l'élaboration – au sens archéologique des termes – de ses fouilles et sondages en région de Méroé : tombes historiques d'el-Kadada, Hosh el-Kafir, el-Hobagi enfin. Il s'en est expliqué dans le résumé de sa thèse que nous avons choisi de proposer, au prix de quelques modifications, en guise d'introduction à cette monographie.

Il faut parler de la thèse de Patrice Lenoble également pour la raison qu'elle a été, jusqu'à présent, l'unique document permettant aux historiens de Méroé de se faire une idée *d'ensemble* – à la fois complète et de détail – de la nature, de l'importance et de la richesse du matériel d'el-Hobagi. Aussi, par une série d'articles topiques et systématiques (que nous avons ajoutés à la bibliographie), Patrice Lenoble avait-il pris soin de donner l'exégèse qu'il proposait du mobilier des deux inhumations de rang impérial fouillées par lui à el-Hobagi.

La même année 1994, l'exposition pionnière *Nubie. Les cultures antiques du Soudan, à travers les explorations et les fouilles françaises et franco-soudanaises*, à la Fondation Prouvost de Marcq-en-Barœul, consacrait l'importance de la découverte en donnant à voir plusieurs de ses bronzes historiés, restaurés par le Cream de Vienne. Avec el-Hobagi s'écrivait dès lors un chapitre renouvelé de l'histoire antique du Soudan et s'imposait un thème incontournable des expositions consacrées à l'archéologie méroïtique qui allaient suivre, à commencer par celle de Munich puis de l'Institut du monde arabe à Paris, en 1997-1998, pour laquelle une nouvelle série de dix-sept bronzes fut restaurée par le Cream[1].

1996 fut la date charnière qui marqua l'entrée de plain-pied d'el-Hobagi et de ses tumulus impériaux, méridionaux et postpyramidaux dans le débat historique, avec le huitième Congrès international des études nubiennes de Londres ; à cette occasion, Patrice Lenoble présenta son *main paper* intitulé *The Division of the Meroitic Empire and the End of the Pyramid Building in the 4th c. AD: an Introduction to further Excavations of imperial Mounds in the Sudan*, et László Török lui répondit avec le sien, *The End of Meroe*[2]. Pour autant, un fait demeurait : seul un cercle étroit de collègues choisis disposait, sous forme de disquettes, du manuscrit de la thèse de Patrice Lenoble, et pouvait ainsi accéder à la totalité de la fouille et de la présentation de ses résultats.

Entre l'automne 1990, date à laquelle fut mis un terme à l'entreprise hobagienne, et l'automne 2015, date à laquelle le manuscrit put être remis à l'imprimeur, vingt-cinq années ont passé… Faut-il l'écrire, puisque désormais il s'agit d'une publication à titre posthume, ce livre n'aurait pas été le même si Patrice Lenoble ne nous avait quittés le 25 février 2007 alors même qu'il prévoyait de s'atteler au manuscrit de publication d'el-Hobagi[3], et les délais auraient pu être moins longs si, lorsqu'il a fallu prendre son relais, d'autres tâches ne nous avaient, à plusieurs reprises, distraits de l'entreprise.

Quelques mots doivent être dits de cette dernière, qui préciseront les conditions de notre documentation et de notre travail, les participations de chacun, et justifieront auprès des lecteurs que nous n'ayons pu ni voulu aller plus loin dans l'élaboration du manuscrit. La présente publication utilise donc les volumes iii (texte) et iv (planches) de la thèse de Patrice Lenoble. Il va sans dire que nous avons privilégié des interventions sur le texte minimales et se limitant essentiellement au transfert des références en notes de bas de page et à l'ajout des numéros Snm des objets. Une exception toutefois, mais d'importance : la restauration des bronzes d'el-Hobagi au Cream étant intervenue en même temps ou après la rédaction de la thèse, nous avons eu à intégrer les informations fournies par les dossiers de restauration et à revoir les descriptions des décors. Patrice Lenoble n'a en effet disposé de la série des bronzes restaurés que pour sa participation au huitième congrès international des études nubiennes de Londres, en 1996, et pour son *main paper* dans *Recent Research in Kushite History and Archaeology*, paru en 1999. La signification politique fondamentale qu'il reconnaissait à la scène de danse funéraire décorant le bassin Hbg/vi/1/21-Snm 26313 (p. 170-175, fig. **88-89**), en particulier,

---

1. D. Wildung (éd.), *Die Pharaonen des Goldlandes* ; *id.*, « La culture méroïtique tardive » in *id.* (éd.), *Soudan. Royaumes sur le Nil*, p. 382-389. La dernière exposition en date est celle de 2010 au musée du Louvre : M. Baud, A. Sackho-Autissier, « La fin de Méroé » *in* M. Baud (éd.), *Méroé. Un empire sur le Nil*, p. 267-271.

2. P. Lenoble, « The Division of the Meroitic Empire and the End of the Pyramid Building in the 4th c. A.D.: an Introduction to further Excavations of imperial Mounds in the Sudan » et L. Török, « The End of Meroe » *in* D.A. Welsby (éd.), *Recent Research in Kushite History and Archaeology*, p. 157-197 et p. 133-156, respectivement. Voir également L. Török, « From el-Hobagi to Ballana and Back » *in* V. Rondot, Fr. Alpi, Fr. Villeneuve (éd.), *La Pioche et la Plume*, p. 515-530.

3. On trouvera les nécrologies de Patrice Lenoble dans *SudNub* 11, 2007, p. 128-129, *MittSag* 18, 2007, p. 217-218, et *Syria* 84, 2007, p. 315-319.

contribua substantiellement à forger sa description de l'organisation de l'État au milieu du IVe siècle de notre ère[4]. Il en va de même pour le bol inscrit HBG III/1/135-SNM 26291-REM 1222 (p. 86-87, fig. 40) et de la dispute pour savoir s'il s'agissait d'un remploi ou d'un objet original de l'inhumation. La thèse se « contentait » de donner un premier établissement du texte, avant restauration. Cette publication, grâce à une étude de Claude Rilly – étude qui lui avait été demandée par Patrice Lenoble –, donne de façon synthétique le dernier état de la question sur cette inscription en hiéroglyphes méroïtiques qui paraît bien être la plus récente connue.

Des quatre annexes données en fin de volume, seule la première figurait dans le texte de la thèse, à savoir l'étude anthropologique des deux squelettes humains (HBG/VI/1 et HBG/VI/2) par Christian Simon, du département d'Anthropologie et d'Écologie de l'université de Genève, lui aussi décédé il y a peu. Louis Chaix, professeur émérite au département d'Archéozoologie du Muséum d'histoire naturelle de Genève, a bien voulu vérifier que le texte pouvait être publié ici tel que l'avait écrit son auteur.

Les annexes 2, 3 et 4 ont été ajoutées par nous. Il a en effet paru nécessaire de consacrer un chapitre particulier à la restauration des « bronzes d'el-Hobagi », sources textuelles et iconographiques d'une importance capitale qui ont fait, d'exposition en exposition, la réputation du site et de la période auprès des savants comme du grand public. Les vingt-huit coupes et leurs décors, la cloche, la figurine de crocodile et la bague ostentatoire, ou *shield-ring*, forment désormais un répertoire historié qui n'a pu être reconnu que grâce au traitement de ces bronzes par le Centre de restauration et d'études archéologiques municipal Gabriel Chapotat (CREAM) à Vienne. Les courriers de 1994 et 1995 signés par Dominique Valbelle, alors directrice de l'Institut de papyrologie et d'égyptologie de l'université de Lille, par Marie-Claude Depassiot, directrice du CREAM, et par B.E. Arodaky, administrateur des grandes manifestations à l'Institut du monde arabe, les fiches descriptives de traitement des objets, le rapport final, les croquis de relevé des décors réalisés sur les clichés rayons X et les diapositives mises à disposition ont été autant de documents utiles au texte, aux figures et aux planches ainsi qu'à cette annexe 2.

Les annexes 3 et 4 donnent les tables de correspondance entre les numéros de fouilles HBG et les numéros SNM d'enregistrement des objets au Musée national du Soudan. Elles ont été élaborées à partir de listes dressées par Patrice Lenoble et archivées à la SFDAS. Ce sont elles qui ont permis d'attribuer dans le texte les numéros SNM à chacun des objets.

L'iconographie a posé des difficultés particulières. La thèse n'était illustrée que par des dessins au trait de l'ensemble du matériel que son état permettait de documenter. Des différents dessinateurs que Patrice Lenoble avait pu mettre à contribution, il faut mentionner Gilles Leroy en 1989, qui travailla avant les restaurations ; Jean Bialais, dessinateur à la SFDAS, à qui l'on doit en particulier le *shield-ring* qui fait la couverture ; René-Pierre Dissaux, dessinateur à la SFDAS, qui est également celui qui a assuré toute la préparation des planches au trait de cette publication ; Vincent Francigny enfin, qui a réalisé une dizaine de dessins à la demande de Patrice. J'ai eu, pour ma part, à contribuer à l'entreprise avec le fac-similé de l'inscription méroïtique REM 1222 sur le bol de bronze SNM 26291.

Patrice Lenoble n'avait fourni aucune photo, mais prévoyait tout de même d'en intégrer à la publication. Définir des échelles constantes, concevoir une mise en page permettant de rendre compte *visuellement* de l'intégralité du contenu des tombes (jarres de stockage, armement, perles, etc.), adapter les dessins au Rotring, une fois transformés en fichiers électroniques, aux ressources d'Adobe Illustrator, regrouper et prendre en compte les informations disponibles sur l'iconographie des bronzes : telles ont été quelques-unes des tâches imposées par l'exercice afin d'aboutir à la liste des cent seize figures, dans le texte ou en pleine page, qui illustrent l'ouvrage.

---

4. P. LENOBLE *in* D.A. Welsby (éd.), *Recent Research in Kushite History and Archaeology*, p. 176-177 ; P. LENOBLE, R.-P. DISSAUX, J. REINOLD, « A funerary Dance of political Meaning at Meroe » *in* E. Dagan (éd.), *The Spirit's Dance in Africa*, p. 36-41.

Nombreux sont ceux qui ont investi de leur temps et de leur savoir-faire, tous convaincus de l'impérieuse nécessité qu'il y avait à porter à publication les fouilles d'el-Hobagi sous la forme d'une monographie.

C'est René-Pierre Dissaux, dit « Nep », de l'Umr 8164 du Cnrs à Lille, lui-même compagnon de l'entreprise, qui a pris en charge le travail considérable de mise en forme des figures et qui l'a mené à bien avec le discernement et la patience qu'on lui connaît.

C'est Marie Evina, alors étudiante et ayant accepté avec confiance le challenge que pouvait représenter le fait de prendre la suite de Patrice Lenoble et de suivre le chemin qu'il s'était lui-même tracé – celui d'une typologie puis d'une description de la céramique usuelle méroïtique –, qui a eu à transformer les disquettes contenant les différents chapitres de la thèse en un manuscrit de publication.

L'ami Luc Gabolde a fait le lien avec le Cream de Vienne ; Véronique Langlet-Marzloff, directrice du Cream, a été d'un accueil parfait et d'une grande générosité : l'ensemble des photos couleurs qui documentent les bronzes d'el-Hobagi sont celles des archives du Cream.

C'est Paul Veysseyre, du musée de Saint-Romain-en-Gal, qui a assuré le scannage « sur mesure » grâce auquel les diapositives prises lors des restaurations peuvent être publiées dans les planches de l'ouvrage.

Les deux cartes sont dues à Martyne Bocquet, elle aussi de l'Umr 8164, avec laquelle Patrice Lenoble avait commencé à engager la réflexion sur une élaboration des cartes de *survey* des champs tumulaires entre Wad ben Naqa et Gabati, prolégomènes à un projet de géographie régionale sur lequel il comptait pour renouveler radicalement l'image que nous avions de l'occupation du territoire autour de la capitale de l'empire à la période postméroïtique[5].

Il faut clore ces quelques mots d'introduction en redonnant la plume à Patrice, sous la forme de la citation d'un courriel qu'il m'adressa, dans le cadre de la préfiguration de ce que pourrait être sa publication d'el-Hobagi, à un moment où rien ne laissait prévoir que je me retrouverais si vite si seul pour mener à bien l'entreprise. Il y décrivait le calendrier des différentes campagnes, brutalement interrompues en 1990, qui avaient permis la fouille des deux tumulus impériaux d'el-Hobagi :

« 1983, août. Premier repérage (pas d'accompagnant de la Ncam)[6].

» 1985, 8-19 mai. Premiers sondages, notamment de datation du Hosh el-Kafir ; avec Mahmoud El-Tayeb[7].

» 1987, janvier-juin. Première fouille de tumulus impérial, Hbg vi/1 à Umm Makharoqa et tumulus 1, à Deim, hameau d'el-Hobagi ; avec Babiker puis Mahmoud El-Tayeb[8].

» 1988, 17 février-20 mars. Sondages d'Hillat Hassab Allah. Puis 21 mars-26 avril. Fouille de 4 % du Hosh el-Kafir à el-Hobagi[9].

» 1988, mai. Découverte des tombes égyptiennes d'el-Arab ; avec Ossama Abdelrahman El-Nur et Mohamed Hassan Mohamed Basha[10].

» 1989, 15 mars-21 avril. Compléments à la première fouille de tumulus impérial ; avec Hassan Bandi, qui fouille le tumulus 4[11].

» 1989, 18 octobre-23 novembre. Prospection dans la 4e cataracte ; avec Ossama Abdelrahman El-Nur et neuf *Antiquities Service Officers*[12].

5. P. Lenoble, « Une carte des derniers siècles de Méroé. Sites préchrétiens autour de l'ancienne capitale, entre Wad Ben Naga et Gabati », *Kush* 19, 2008, p. 59-65.
6. Fr. Geus, *Rescuing Sudan Ancient Cultures*.
7. J. Leclant, G. Clerc, « Fouilles et travaux en Égypte et au Soudan, 1984-1985 », *Orientalia* 55, 1986, p. 307.
8. J. Leclant, G. Clerc, « Fouilles et travaux en Égypte et au Soudan, 1986-1987 », *Orientalia* 57, 1988, p. 387-389.
9. J. Leclant, G. Clerc, « Fouilles et travaux en Égypte et au Soudan, 1987-1988 », *Orientalia* 58, 1989, p. 418-419.
10. *Ibid.*, p. 416.
11. J. Leclant, G. Clerc, « Fouilles et travaux en Égypte et au Soudan, 1988-1989 », *Orientalia* 59, 1990, p. 429-430.
12. J. Leclant, G. Clerc, « Fouilles et travaux en Égypte et au Soudan, 1989-1990 », *Orientalia* 60, 1991, p. 261.

» 1990, 23 avril-8 juin. Fouille d'un deuxième tumulus impérial à el-Hobagi. Tumulus III/1 et tumulus 6 ; avec Abdelrahman Ali Mohamed[13]. »

Vincent Rondot
Paris, le 30 avril 2015

L'impression de l'ouvrage fut, comme il se doit, une nouvelle aventure. Je voudrais ici remercier chaleureusement l'Ifao, son directeur Laurent Bavay, son directeur des études Nicolas Michel et son directeur des publications Mathieu Gousse pour avoir accepté, dans un calendrier contraint, de bien vouloir ajouter El-Hobagi aux manuscrits imprimés au Caire. Remerciements enfin à Olivier Cabon, pour sa généreuse disponibilité à faire bénéficier cet ouvrage de son savoir-faire éditorial ainsi qu'à Burt Kasparian pour les ultimes mises au point.

Paris, le 12 novembre 2017 et le 18 avril 2018

---

13. *Ibid.*, p. 262-264.

INTRODUCTION

« On me demande souvent pourquoi je n'ai fait que sonder (= explorer)
deux tumulus impériaux,
et pourquoi je n'en ai entr'ouvert que deux sur les sept.
Difficile de faire comprendre qu'on ne fouille pas pour trouver des objets,
mais pour exécuter un programme et, finalement, vérifier un raisonnement. »
P. L.

UNE DOCUMENTATION ABONDANTE accumulée en région de Méroé par le Service des antiquités du Soudan et par sa Section française de recherche archéologique conduisit, à partir d'un sauvetage entrepris en 1976, à découvrir en 1987 une nécropole royale dans la continuation des dernières pyramides de Méroé. Cette découverte amena à rejeter la formulation d'un problème historiographique : la « fin » ou la « chute » de Méroé ne pouvait être datée du IVe siècle apr. J.-C. par le moyen de tombes, et l'époque « postméroïtique », distinguée jusqu'ici grâce aux tombes, l'est probablement à tort. L'évolution funéraire préchrétienne ne permet pas de juger de l'influence de peuples extérieurs à l'empire méroïtique et ayant contribué à sa fin.

En stricte logique, la bibliographie du sujet doit être reconnue comme très mince et devrait être limitée à quelques dizaines de titres au plus. Le Sud méroïtique connaît fort peu de fouilles et encore moins de prospections. L'information funéraire provient surtout de Nubie, région archéologiquement favorisée par sa proximité avec l'Égypte et par des campagnes de recherche successives liées à la création continue du barrage d'Assouan.

Est-ce ce déséquilibre de la recherche qui a créé le problème de la fin de Méroé ? C'est fort probable. L'infiltration des Nobades et des Blemmyes dans le désert nubien, prouvée par quelques textes, a sans doute déterminé l'invention des tumulus du Groupe X, puis supposé sa résolution grâce aux découvertes successives de tombes tumulaires, royales et princières, à Gammaï, à Qoustoul et Ballana, à Firka et Kosha, et peut-être encore à Qasr Ibrim et à Saï.

Les résultats de Nubie ont été appliqués au Sud méroïtique par simple extrapolation et illustrés par l'exploitation de quelques tertres. La bibliographie a aidé à relever cette absence de méthode qui a fait plaquer sur une région riche densément habitée, le Sahel, un raisonnement créé pour une région périphérique sans importance économique, quasi abandonnée à qui voulait la prendre à la fin du Ve siècle. On a ainsi abouti à décrire une culture éponymique à Tanqasi, où l'on ne connaît que la fouille de deux tumulus, comme à refuser toute éponymie à la culture que désignent les seules fouilles fiables pour la région de Méroé : celles, par Garstang, des tumulus de la capitale.

Pour être recevable, la méthode de travail, s'agissant d'une question avant tout funéraire, devait proposer une grille de lecture du contenu des tombes permettant l'utilisation de la documentation à constituer aussi bien que la réinterprétation des résultats nubiens. Les textes funéraires n'ont pas été utilisés, puisque leur disparition supposée fournit l'une des définitions de la barbarie illettrée des postméroïtiques. Ils ont cependant conditionné la confection de la grille de lecture. Les inscriptions décrivent une religion funéraire, un rang social, des fonctions politiques.

La grille de lecture funéraire devait rechercher tout cela, puisque le support des inscriptions faisait lui-même partie du matériel funéraire et illustrait, comme tous les autres objets, des rites d'inhumation. La méthode suivie s'est donc moins intéressée aux objets qu'aux rites. Tout le matériel enfoui devenait l'équipement supposé d'une cérémonie religieuse, sociale, voire politique. Appliquée d'abord avec empirisme, la méthode a produit quelques premiers résultats. L'application a ensuite été réalisée avec système pour finalement prétendre faire contribuer jusqu'au moindre objet funéraire.

Un sauvetage fortuit dans le cimetière ordinaire d'el-Kadada a suscité des questions. La résolution de ces dernières a imposé que l'on modifie la prise documentaire usuelle. À el-Kadada ont été décrites avec système les tombes que l'on a classées, selon la tradition héritée de Nubie, entre Méroïtique récent et Postméroïtique. La grille de lecture a isolé l'équipement des différents rites. La libation, l'encensement, le banquet funéraire, signalés par des récipients répétitifs, sont apparus clairement. Ils montrent la diffusion des rites royaux jusque dans les sépultures communes. L'armement, signalé par des flèches, des carquois et des anneaux, témoigne lui aussi de l'emprunt sotériologique, mais cet emprunt est de diffusion restreinte et signale donc un rang social.

Nombre de rites, interprétables à partir de la forme de la tombe, de l'attitude donnée aux corps, du matériel dont on couvrit les dépouilles, etc., auraient pu être interprétés. À tout le moins est assuré sans contestation possible le sens sacramentel des célébrations qui utilisaient encensement et libations : les chapelles funéraires de Méroé le prouvent. On peut donc lire l'osirisme ou plutôt l'isisme funéraire comme la religion présidant aux funérailles méroïtiques, que les tombes soient tumulaires ou non.

Empiriquement comme pragmatiquement, la grille de lecture funéraire se montre opératoire, et le type d'interprétation induit, fécond. On a donc appliqué cette grille à l'exploitation d'autres tombes régionales, publiées ou non, à la recherche orientée des tumulus d'el-Hobagi, puis à la relecture de tombes nubiennes. On a mêlé, mais avec ordre, Méroïtique et prétendu Postméroïtique. Les résultats commencent à se multiplier.

D'abord, la méthode d'exploitation a rendu un cimetière impérial, annoncé comme tumulaire et méroïtique. La découverte a vérifié les hypothèses investies au-delà de l'attente. À travers des centaines d'objets méroïtiques, Hbg iii et Hbg vi se sont révélés méroïtiques tant pour la religion que pour la culture ou pour le rang.

Ensuite, la méthode a fait découvrir la spécialité de certains rites royaux ou princiers qui n'ont connu presque aucune diffusion dans la tombe commune. Les liturgies élitistes ont été traitées, une fois encore, empiriquement. Rites diffusés ou liturgies souveraines propres sont les uns et les autres illustrés par les chapelles de Méroé. Le but s'est précisé et la méthode s'est perfectionnée, qui permettront d'utiliser bientôt tout le matériel de n'importe quelle tombe.

Il faut constater l'indigence interprétative de la théorie du Groupe X. Cette théorie dissimule la religion, la société et le rang politique inscrits dans les tombes méridionales aussi bien que septentrionales. C'est une gêne méthodique à la recherche. Il ne faut pas adapter le postulat en inventant des cultures locales ou des cultures partiellement « méroïtisées » : il faut l'extirper.

En traitant dans leur généralité des récipients de toutes tombes, la lecture du banquet funéraire selon les indications des chapelles de Méroé a pris un sens à l'interprétation religieuse. Nombre de rites ont été soulignés, qui n'ont pas tous reçu une explication définitive. Ici, c'est le sens sacramentel qui importe surtout, lequel pourra recevoir une élucidation de détail plus tard. Les marques sur poteries enregistrées à el-Kadada révèlent leur symbolique religieuse.

À ces pratiques sacramentelles se superposent les sacrifices souverains. Tous les sacrifices animaux – comme la plupart des sacrifices humains – ont reçu une documentation presque exhaustive et une explication détaillée. La puissance impériale se mesure par le sacrifice du chien, de chiens, d'une meute, par l'exécution de la monture – cheval ou dromadaire –, par celle de cavalcades ou de troupes de méhara, par le massacre et la découpe de montures vaincues. Le sacrifice de la vache et de son éventuel veau illustre l'allaitement divin du prince ou du souverain. Le massacre de prisonniers est le signe suprême de l'*imperium* : sa reconnaissance efface le « sacrifice humain » et la « reine sacrifiée », postulats que rien ne justifie.

Quelques derniers postulats résistent encore à l'analyse religieuse, politique, triomphale. Comment interpréter les quelques sacrifices d'ovicapridés avec un matériel ostéologique insuffisant ? Comment traiter avec sûreté du meurtre successoral des « amis du roi » signalé par Diodore et Strabon ? Est-on sûr au moins du sens général à prêter aux sacrifices de la tombe souveraine ? Ils qualifient la suprématie, ils régulent l'*imperium* et la continuité dynastique, ils règlent la continuité et la sécurité de l'État.

L'armement de la tombe et l'inscription de la hiérarchie sociale dans la sépulture méroïtique exaltent la part de chacun dans la victoire de Méroé. Le rang suprême se reconnaît à des lances exclusives et aux armes de l'abattage de prisonniers. Peut-être les insignes militaires décrivent-ils, en fin d'évolution, la carrière historique de quelques triomphateurs réels ; la preuve n'en est pas apportée.

L'inscription de tous les pouvoirs méroïtiques est résumée par les insignes de la tombe souveraine de Nubie : quelques tombes intactes de Ballana permettent de décrire la *proskynèsis* funéraire devant le roi, ou plutôt les emblèmes de l'État méroïtique que décrivaient déjà les pyramides. Nous concluons que la fin de Méroé, si elle se confirme jamais, n'est pas une question funéraire, et nous proposons une méthode pour la résoudre en prônant l'exploitation par la fouille des tumulus impériaux dans le Sud méroïtique, mais surtout celle d'habitats et de monuments.

PRÉSENTATION DU SITE

EL-HOBAGI SE SITUE APPROXIMATIVEMENT à 70 km en amont de Méroé, en rive gauche, à équidistance de deux agglomérations méroïtiques de la rive droite, Wad ben Naqa et Hosh ben Naqa [voir cartes en fin de volume]. Entre la plaine des limons du fleuve et le relief très érodé des collines gréseuses et des croûtes ferrugineuses, le site est installé sur une terrasse à graviers au confluent du Wadi Fazar, l'un des très nombreux oueds qui drainent l'arrière-pays et traversent de larges bassins de rétention des eaux pluviales. Cette savane sahélienne est vouée à l'élevage comme à l'agriculture riveraine et pluviale. Éloigné des massifs rocheux des 6e et 5e cataractes, el-Hobagi ne se distingue pas par la géographie dans l'occupation humaine monotone de la rive gauche du Nil.

Faute de ruines évidentes comme en rive droite, l'habitat ancien se détecte paradoxalement surtout par des tombes. La terrasse à graviers et les côtes de l'arrière-pays ont conservé des tumulus par dizaines de milliers, en plus grande densité à proximité de Méroé. Un champ tumulaire étendu, comptant 200 à 300 tertres, marque le centre du village actuel d'el-Hobagi ; une dizaine d'autres cimetières comparables se répartit en périphérie proche. La plupart de ces tombes semble devoir être datées des époques préchrétienne et chrétienne.

En l'état actuel de la prospection et des sondages, huit monuments singularisent ce site. Le premier consiste dans les vestiges d'un édifice, le Hosh el-Kafir, installé dans le lit même du Wadi Fazar. Un mur épais d'environ 1 m, fait de dalles grossières cimentées au mortier de terre, enclôt une cour quadrilatère de 1 ha de superficie. L'accès depuis l'extérieur se fait par deux ouvertures médianes sur les côtés ouest et est, étroites, encadrées chacune d'une large pièce rectangulaire faisant office de porte et bâtie avec les mêmes matériaux. Des unités d'habitation contiguës, construites en briques de grand module liées au mortier de limon, s'adossent au parement interne de ce mur le long des côtés nord et sud ; le long des murs ouest et est, hors portes, des murets de dalles et de briques délimitent des espaces de travail. Au milieu de la cour, un bâtiment de douze pièces, en briques crues ou en pisé, n'a laissé que ses fondations de pierre.

Le Hosh el-Kafir se laisse difficilement comparer aux temples connus, au centre de leur péribole, et moins encore aux palais. L'absence de magasins et l'étroitesse des portes empêchent d'imaginer un caravansérail. Fouillée sur 4 % seulement, la surface a surtout livré les preuves d'une activité d'habitat (abondance de vestiges de faune d'élevage et de matériels de broyage) et celles d'une activité militaire (pointes de flèches et anneaux d'archer en quantité, scories de fer, moules et creusets liés à une forge dépendant du monopole royal de l'armement). Ces sondages orientent jusqu'ici l'interprétation du complexe architectural vers la reconnaissance d'un camp militaire comparable aux *castra* méditerranéens, même si faute de bastions le mur d'enceinte ne peut être assimilé à un rempart. En soulignant le maintien des corporations de maçons et de forgerons attachées à la souveraineté méroïtique, l'édifice témoigne de la persistance d'un État au IVe s. apr. J.-C.

Les autres monuments relèvent de l'archéologie funéraire. Répartis sur la terrasse à graviers en fonction des affleurements de grès ferrugineux, grossièrement alignés sur près de 5 km, sept grands tumulus, de 30 à 40 m de diamètre, s'élèvent encore à 4 m de hauteur au plus malgré les pluies et le pillage, à l'intérieur d'enceintes elliptiques de 50 à 70 m d'axes. Les murs cernant le péribole funéraire, construits en blocs assemblés sans mortier, ont été démantelés à l'époque moderne.

Partiellement fouillés par le Service des antiquités, deux de ces sept tertres exceptionnels ont fait connaître le contenu de leur tombe centrale. Le défunt y était enterré sur une couche funéraire autour de laquelle fut d'abord déposé un armement emblématique abondant : carquois de flèches à pointes en fer ou en bronze, anneaux d'archer, épées, casse-tête, haches, javelines, et surtout une dizaine de hautes lances à grand fer et à talon de métal cuivreux, dont la hampe était décorée de perles. De petits récipients, ayant servi à des libations et des encensements variés, furent déposés après l'armement : ils ont livré deux des plus riches collections connues de coupes et bassins méroïtiques en bronze gravé. Par dizaines, de plus grands récipients complétèrent l'équipement de la sépulture : céramiques tournées ou montées sans le tour, chacune d'une quarantaine de litres de contenance. Quelques vestiges – harnais d'un cheval avec cloche, massacres de bovinés incomplets – suggèrent enfin des sacrifices animaux, que l'inachèvement de la fouille des tumulus et de leur péribole ne permet pas de garantir définitivement. La disparition du squelette du défunt dans un cas et sa réduction à des fragments dans l'autre font supposer que des insignes ont été enlevés aux corps et emportés par des pillards, ne laissant que de rares débris de matière précieuse, argent ou ivoire, et quantité de perles.

Tumulus emmurés et vestiges architecturaux associés, que céramique et radiocarbone datent du IVe s. apr. J.-C., décrivent à el-Hobagi un ensemble que l'insuffisance d'exploration ne permet pas de qualifier assurément. Sa fouille dira ultérieurement si le Hosh el-Kafir est rattaché à la célébration et au renouvellement des rites funéraires ou si le camp n'a répondu qu'à la protection des sept tumulus, pillés dès son abandon. L'achèvement de l'exploitation des tumulus précisera si sept générations sont concernées et si la durée de cette nécropole restreinte précède la disparition des pyramides à Méroé, coïncide avec elle ou lui succède.

L'ensemble trouve un exact équivalent dans le Sahel au sud de la 6e cataracte, en rive gauche encore, dispersé sur plusieurs communes : tumulus emmuré au Djebel Qisi ; grands tumulus à Nofalab et Umm Ketti ; camp militaire du Hosh el-Kab à el-Gerara ; palais de Dabayba Umm Tob. Après deux décennies de prospections et de sondages, le Service des antiquités et l'université de Khartoum disposent désormais de la documentation indispensable à la description du transfert progressif de la capitale de Méroé à Soba, même si la question de l'évolution de l'État au IVe siècle dans la région de Méroé dépend plus de l'historiographie que de l'archéologie.

I

PRÉSENTATION DES TOMBES : CATALOGUE

El-Hobagi 1

Fouille 1986 (fig. 1-6)

Muni de la bibliographie des tombes Garstang à Méroé, des conclusions hypothétiques d'el-Kadada et de premiers résultats de fouilles tumulaires entre les 6e et 5e cataractes, le Service des antiquités sélectionna le village d'el-Hobagi comme site probable d'une ancienne capitale régionale du IVe s. apr. J.-C., susceptible d'éclairer la « fin de Méroé ». L'arrêt releva d'une longue prospection de champs tumulaires régionaux et de la datation kadadienne de la bonbonne industrielle, contemporaine des dernières céramiques tournées. Ultime

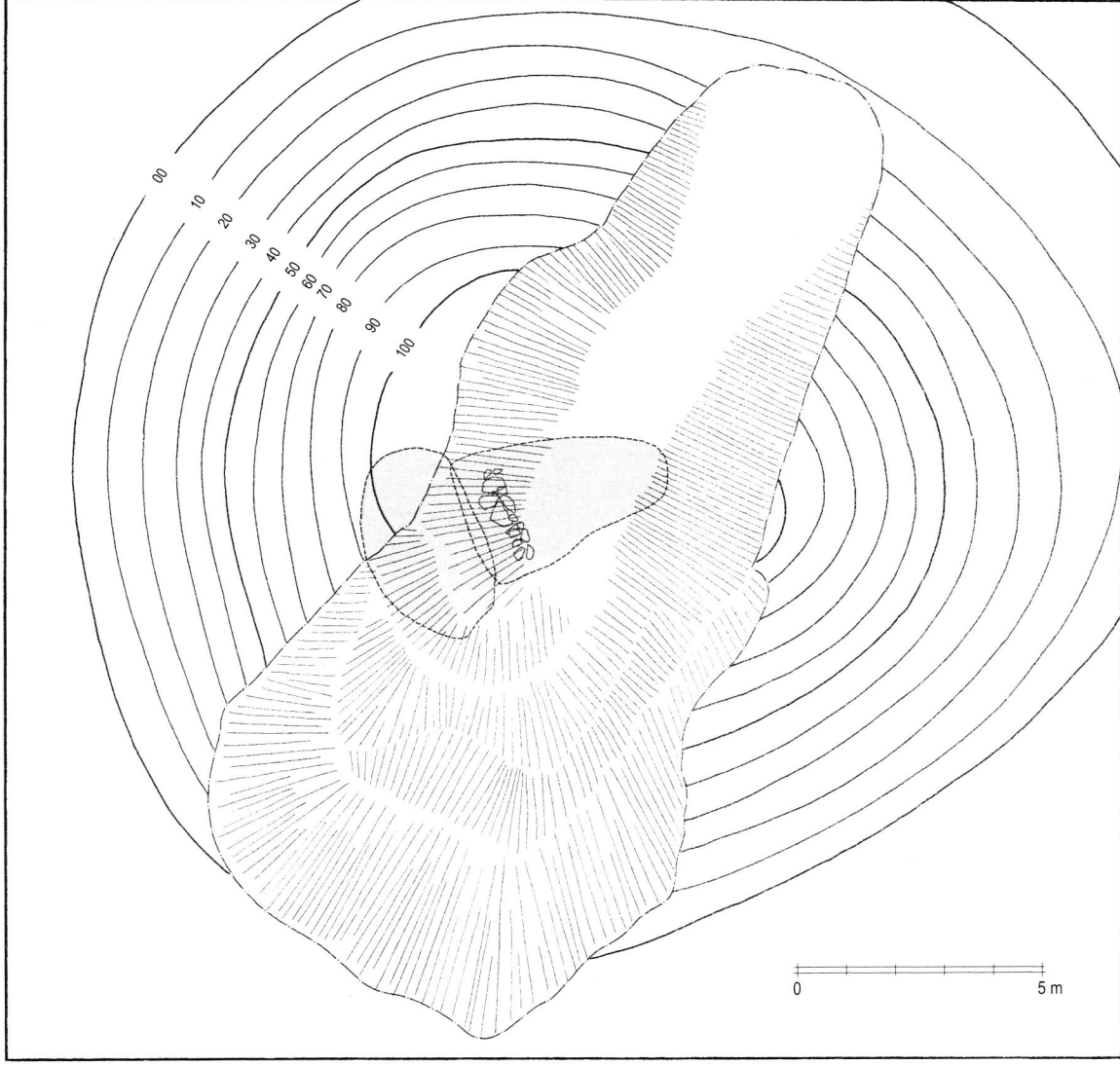

Fig. 1. HBG 1. Réception du tumulus. 1/150e.

hésitation avant la fouille de l'un des sept grands tumulus emmurés que l'on pensait royaux, la tombe HBG 1 fut exploitée pour vérifier une dernière fois la validité des hypothèses investies. Comme d'habitude, on retint un tertre menacé ou gravement affecté, en vue de publier en raison de la nécessité de protéger les antiquités. La tombe HBG 1, éventrée par l'un des bulldozers de la nouvelle route el-Metemma–es-Salawa, se trouve à 1,9 km en aval de l'école d'el-Hobagi, le long de la piste principale, près du hameau d'Umm Makharoqa.

Tombe (fig. 1-3)

Elle se signale par un tertre de sables et de graviers, de plan quasi circulaire, répandu par l'érosion pluviale sur plus de 20 m de diamètre, abaissé à environ 1 m de hauteur. On peut croire ici que le conducteur d'engins a simplement voulu tester le matériau pour sélectionner une carrière de graviers. Les 100 m³ accumulés ne furent pas fouillés, ni le sol de construction dégagé.

La fosse comprend une rampe de plan trapézoïdal et une cavité ovale souterraine d'axes perpendiculaires. On a recherché l'induration de la roche-mère du plateau gréseux, sous l'épaisseur des graviers ferriques de la terrasse du Nil. Rampe et chambre sont séparées par une dénivellation verticale de près de 1,5 m et communiquent par une fenêtre oblique. Cette fenêtre a été restreinte en réservant dans le sol deux piliers d'angles dans le front de descenderie[14].

La cavité, maintenue creuse, a été close par un mur que l'on a trouvé démantelé. L'assise au sol conservée, de dalles en grès jaune abondant localement, assure du mode de fermeture, analogue au bouchage constamment décrit à el-Kadada. Les blocs manquants ont été rejetés par le pillage, signalé par un grand cône renversé de sable éolien. Le visiteur n'a cependant pas simplement accédé au défunt et à ses « richesses » : il a dû racler les sédiments effondrés de la voûte gravillonneuse.

Ossements (fig. 3)

HBG 1/0. Squelette incomplet. Tous les ossements se rapportent à un seul adulte. La position du corps est totalement perdue, d'autant que les grandes dimensions de la cavité autorisent toute attitude possible.

Récipients

Bonbonnes

Nos 20 et 65. Tessons de la panse d'une ou de plusieurs bonbonnes, modelées sans le tour, rouges, « nattées ».

Nos 1 et 26. Tessons analogues aux précédents, aux bords érodés, ayant servi de racloirs.

N° 56 (fig. 4). Diam. embouchure = 7 cm (ce diamètre pourrait décrire un petit récipient). Fragment de col de bonbonne avec lèvre, modelée sans le tour, rouge, lissée, engobée et brunie.

On peut restituer un nombre indéterminé de bonbonnes, systématiquement évacuées par le pillard à cause de leur encombrement.

---

14. Voir KDD 100/1 et 2.

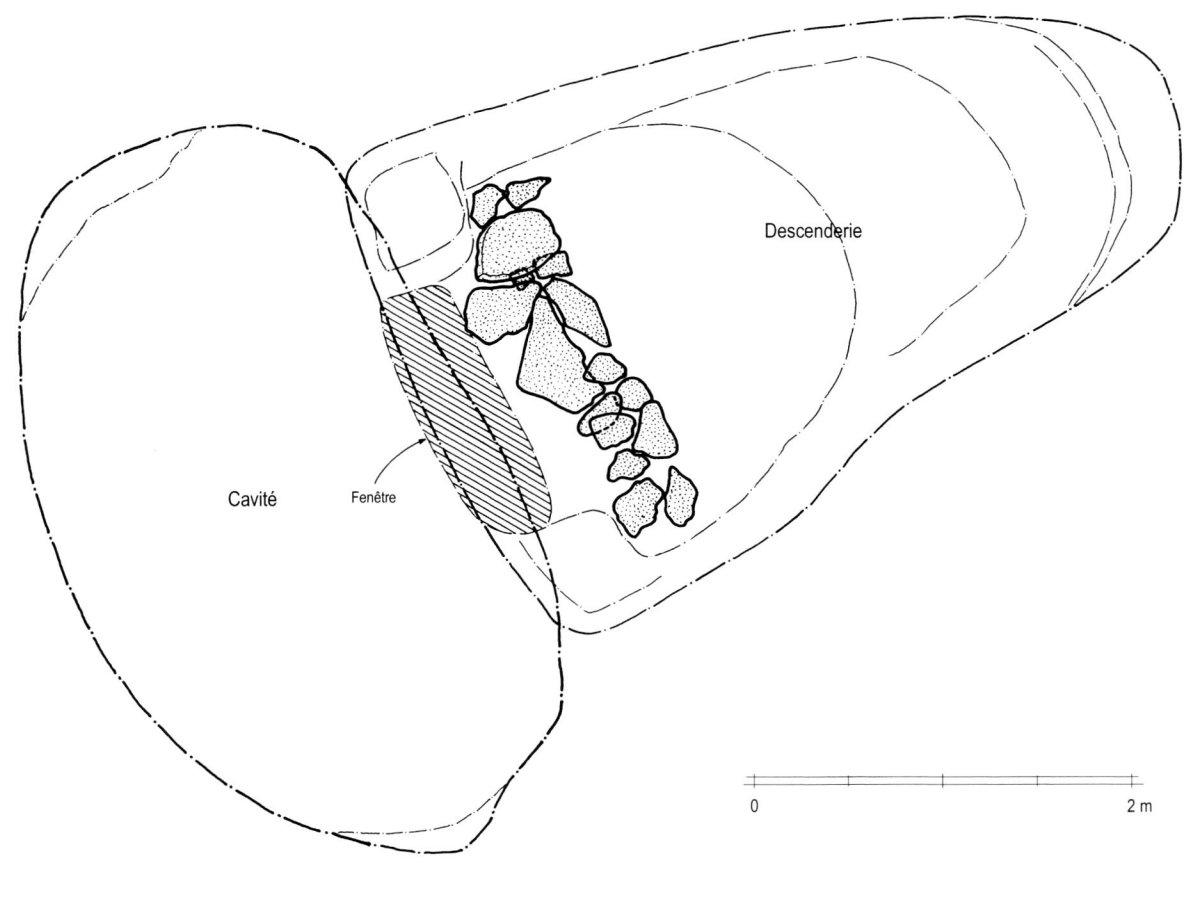

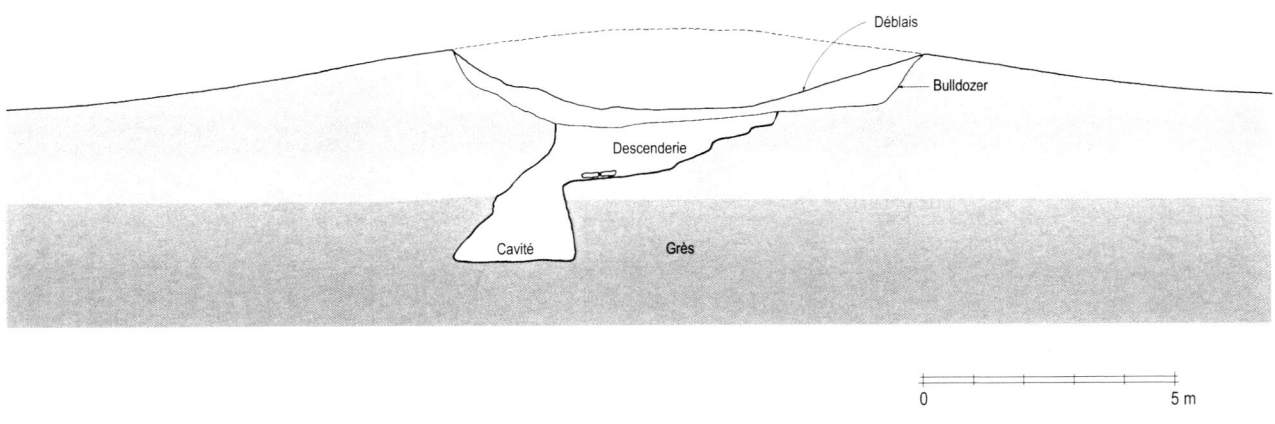

Fig. 2. HBG 1. Plan de la fosse (1/40ᵉ) et coupe de la fosse (1/150ᵉ).

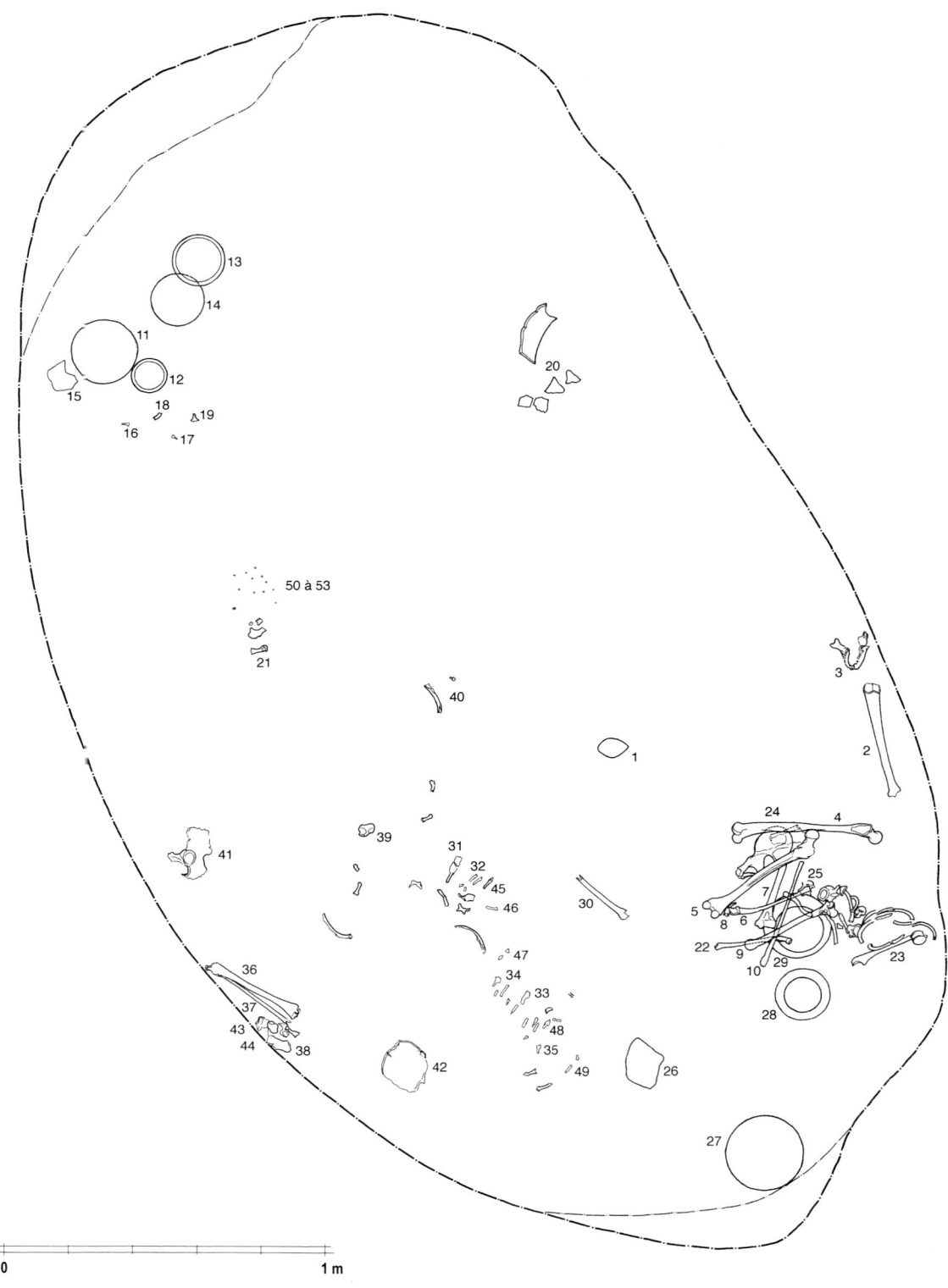

Fig. 3. HBG 1. Contenu de la cavité. 1/20ᵉ.

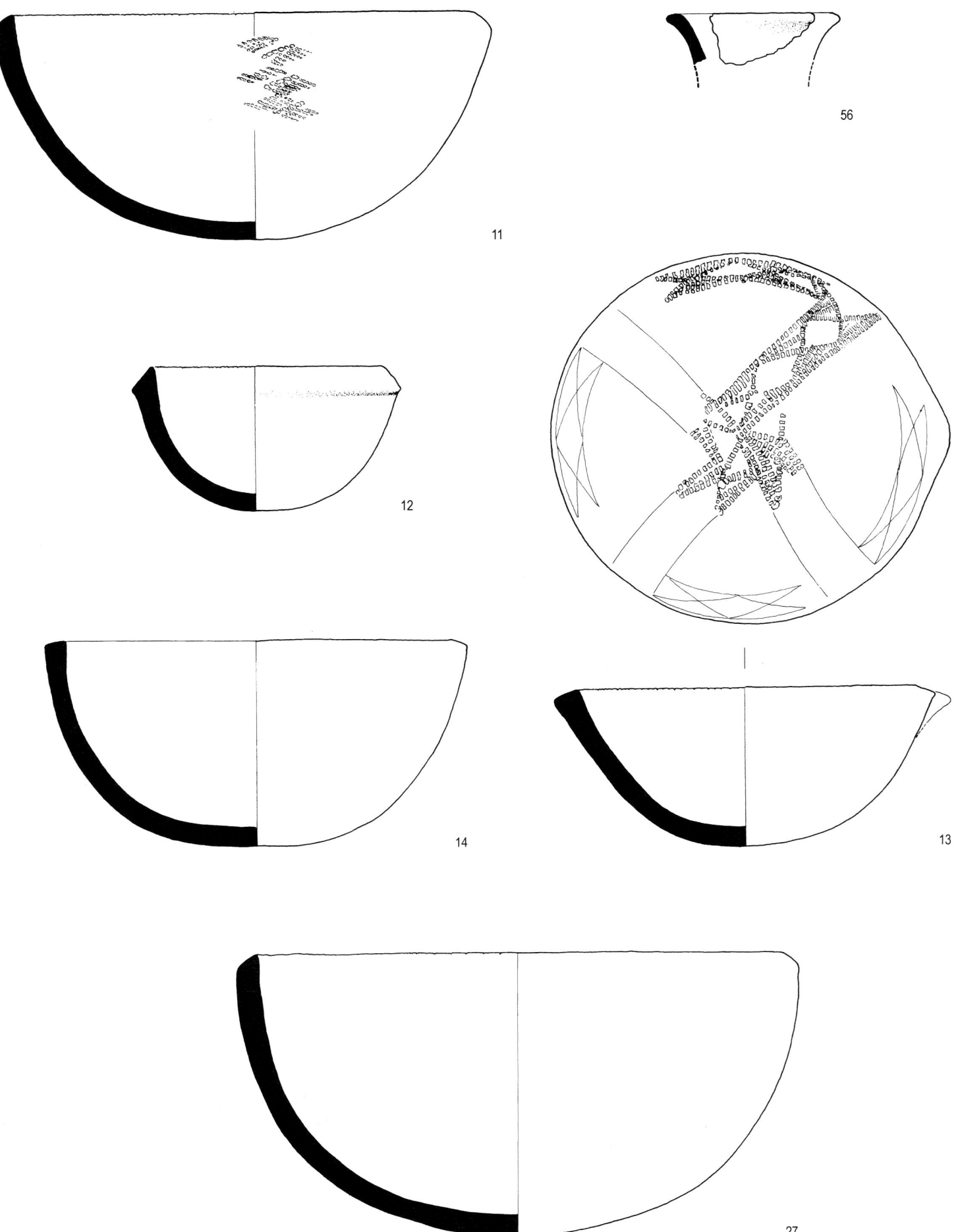

Fig. 4. Hʙɢ 1. Coupes céramiques nᵒˢ 11-14, 27 et 56. 1/2.

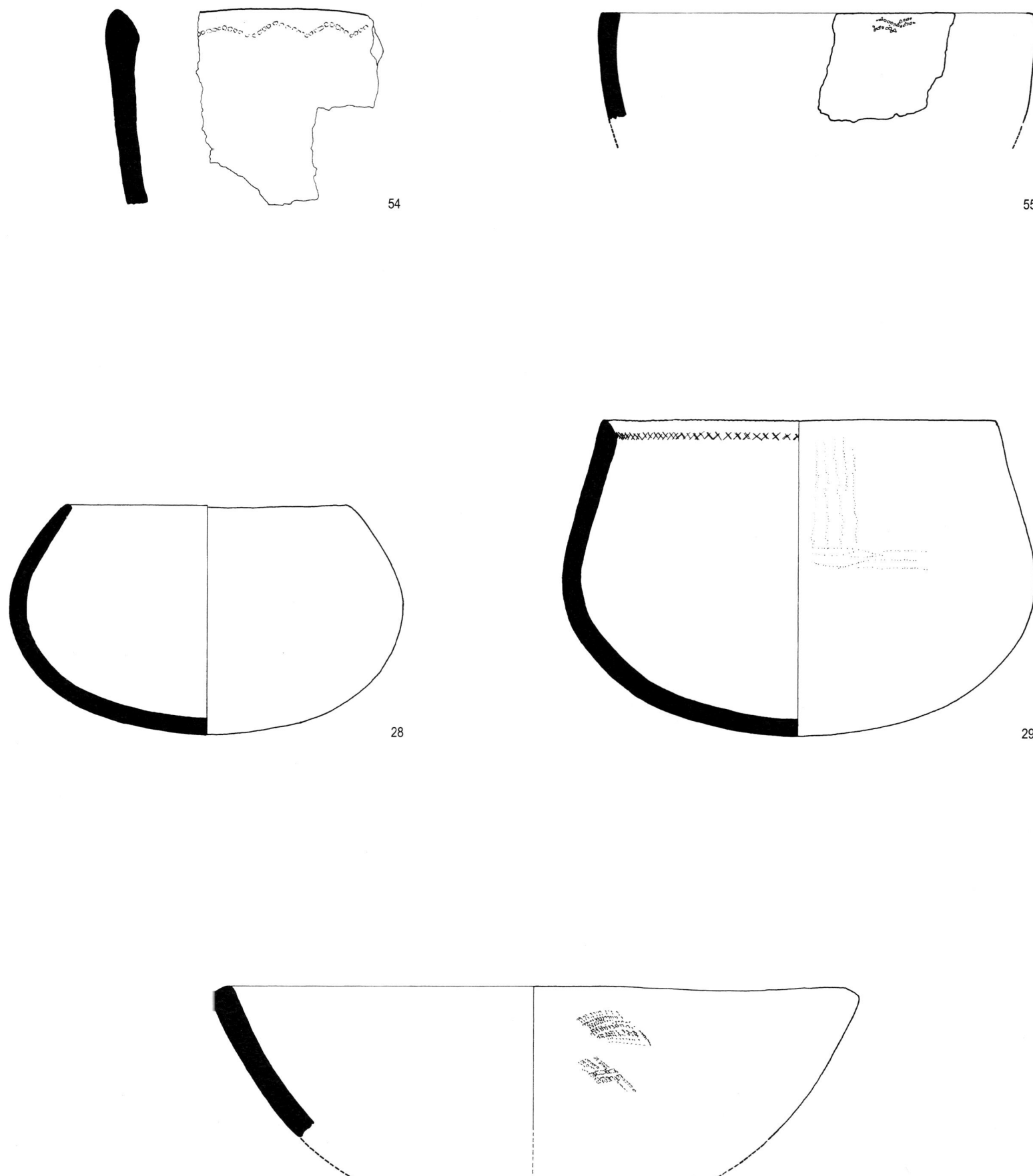

Fig. 5. Hʙɢ 1. Autres récipients céramiques nᵒˢ 54, 55, 28, 29 et 20. 1/2.

Coupes

(fig. 4-5)

N° 11 [SNM 26531]. Diam. = 20,9 × 21 cm ; haut. = 9,4 cm. Façonnée sans le tour, noire, sans engobe, brunie. Marques de séchage sur la lèvre. Décor externe d'un motif répété cinq fois, par empreinte au peigne sur pâte molle, sans pivotement : le motif aboutit à un zigzag vertical par juxtaposition et décalage de trois losanges. Incrustation de matière blanche dans les impressions, sans doute naturelle au vu de l'encarbonatement de la surface du vase.

N° 12 [SNM 26532]. Diam. = 10,9 × 10,7 cm ; haut. = 6 cm. Façonnée sans le tour, noire, sans engobe, brunie. Marques de séchage sur la lèvre.

N° 13 [SNM 26533]. Diam. = 15,2 × 15,5 cm ; haut. = 6,7 cm. Façonnée sans le tour, noire, sans engobe, brunie. Marques de séchage sur la lèvre. Bec de déversement. Décor relativement soigné au peigne sur pâte molle, à l'extérieur : frise sous la lèvre et bandes en croix répétant le même motif de triangles affrontés enserrant des losanges réservés.

N° 14 [SNM 26534]. Diam. = 16,9 × 17,1 cm ; haut. = 8,6 cm. Façonnée sans le tour, rouge, sans engobe, brunie.
N° 27 [SNM 26535]. Diam. = 22,7 × 22,7 cm ; haut. = 11,7 cm. Façonnée sans le tour, rouge, sans engobe, brunie. Marques de séchage sur la lèvre.

N° 54 [SNM 26538]. Diamètre et hauteur non restituables. Façonnée sans le tour, noire, sans engobe, brunie, très fragmentaire (réduite à un tesson). Décor sous la lèvre interne, au peigne sur pâte molle : simple zigzag continu.

N° 55. Diam. = env. 17 cm (?). Hauteur non restituable. Façonnée sans le tour, noire, sans engobe, lissée, très fragmentaire (réduite à un tesson). Décor partiel d'un double zigzag, à l'extérieur, sous la lèvre, hâtivement exécuté sur pâte presque sèche.

Vases à profil ovoïde

(fig. 5)

N° 28 [SNM 26536]. Diam. = 15,4 × 15,6 cm ; haut. = 9,4 cm. Façonné sans le tour, rouge, sans engobe, bruni à l'extérieur, lissé à l'intérieur.

N° 29 [SNM 26537]. Diam. = 18,7 × 18,8 cm ; haut. = 12,9 cm. Façonné sans le tour, noir, sans engobe, bruni. Marques de séchage sur la lèvre. Sous la lèvre interne, décor d'une frise de petits croisillons juxtaposés. Incrustation de carbonate dans le relief des incisions, dont on ne sait si elle est volontaire ou naturelle, à la suite d'un long séjour dans le sol.

Bassin

(fig. 5)

N° 20 [SNM 26539]. Diam. = env. 25,6 cm ; haut. = plus de 9 cm. Façonné sans le tour, noir, sans engobe, bruni, fragmentaire. Décor externe répété trois fois sur le tesson de bord retrouvé, peut-être huit fois sur l'ensemble du vase, à l'impression au peigne pivotant sur pâte molle : le motif, hâtif, est très irrégulier.

Matériel corporel

N° 50. 21 petites perles en faïence, dispersées dans une zone limitée.

Armement

Flèches (fig. 6)

N°s 31-35, 45-49, 58-64 [SNM 26541]. Fragments de pointes de flèches en fer, dispersés sur près de 80 cm. Le nombre des pointes ne peut se déterminer. Quatre d'entre elles au moins sont à barbelure basilaire, latérale et inverse (n°s 45, 47, 48, 58).

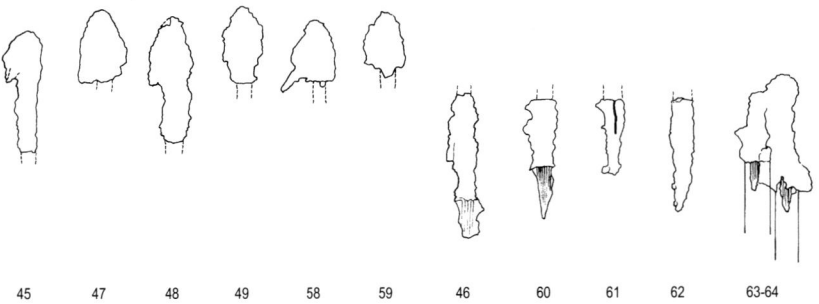

45   47   48   49   58   59   46   60   61   62   63-64

Fig. 6. HBG 1. Pointes de flèches en fer. 1/2.

El-Hobagi 4

Fouille 1989, Hassan Bandi. (fig. 8-15)

Bibliographie : J. REINOLD, P. LENOBLE, *NubLett* 16, 1991, p. 3-4.

Après la fouille du tumulus VI à Umm Makharoqa et avant celle du tumulus III à el-Hobagi même, l'exploitation du tumulus 4 répondait à deux impératifs. Le premier était d'acquérir une collection supplémentaire d'assemblages de double céramique, alliant vases tournés et bonbonnes contemporaines : les tessons rejetés sur le tumulus par le pillage en permettaient la prévision. Le second était d'étudier l'une des trois paires de grands tertres à el-Hobagi : y a-t-il un lien entre le tumulus VI, à enceinte, déjà reconnu comme « impérial » – muni des armes de l'*imperium* méroïtique –, et son seul grand voisin, le tumulus 4, sur la terrasse où ils sont isolés ?

Tombe

(fig. 8-11)

Elle se signale par un grand tertre de sables et de graviers, de plan quasi circulaire, abaissé à 2 m au-dessus du sol plat de la terrasse et répandu sur un diamètre de 30 m environ. Le tumulus a été entaillé en tous sens par un bulldozer de la nouvelle route : pas plus qu'au tumulus VI son travail ne prouve l'exploitation du gravier, mais la recherche d'or, selon des témoins.

Le tumulus n'a pas été fouillé totalement, faute de moyens financiers : on a cherché la description de sa construction exclusivement par une tranchée centrale et une stratigraphie. Les traces protégées par la superstructure y limitent l'information au creusement de la fosse et à l'extension initiale du tertre (fig. 8).

Les déblais de la fosse, reconnaissables à la couleur ferreuse des graviers et galets puis à la couleur blanche des graviers et plaquettes de grès encarbonatés, ont été entassés directement autour du puits, selon une couronne de 7 m de diamètre environ, sans laisser le moindre intervalle de circulation près de l'orifice. La cérémonie funéraire s'est déroulée à proximité, mais loin de la tombe voûtée. On ne s'est pas servi des déblais pour centrer le tumulus, contrairement à tant d'autres exemples dans la région de Khartoum. De même, on n'a pas marqué par avance au sol l'extension du tertre : cette extension a cependant été livrée par la stratigraphie des coulées d'accumulation de sédiments et confirmée par le renforcement en couronne, par des blocs de grès ferrugineux, de la base du talus d'origine. Le tumulus, expansé à 30 m de diamètre, mesurait initialement 18 m au maximum, et l'on peut conclure, graphiquement ou grâce au calcul, qu'il s'élevait à près de 4 m de hauteur au-dessus du sol ancien (fig. 9 a).

La fosse adopte une forme originale pour la région de Méroé ; le profil est dit « en ruche », car il s'ouvre par un puits, de plan grossièrement circulaire, et s'enfonce verticalement en élargissant sa base dans toutes les directions. On aboutit à un plancher ovale, profond d'environ 1,50 m, avec marche réservée à l'est et surcreusement à l'ouest, de forme ovale également, où le défunt était déposé (fig. 9 b).

La chambre a pu être maintenue creuse par une obturation à l'aide de madriers. Cette suggestion relève d'observations faites dans des tombes contemporaines au sud de la 6ᵉ cataracte. On n'en a relevé aucune preuve, le sol initial ayant été raclé par un visiteur qui signalait déjà son passage par un cône de pillage au sommet du tumulus.

Ossements

(fig. 10)

HBG 4/0. Squelette très incomplet, adulte. Vestiges osseux très partiels, extrêmement brisés, raclés. Le crâne a été trouvé en fragments autour de la bonbonne B (nᵒˢ 34-35, 40, 42-44). De la position des vestiges détritiques, on peut déduire que le défunt avait été couché en position contractée, tête au sud, dans le sur-creusement à l'ouest de la cavité.

Récipients

(fig. 7 et 12-14)

À l'exception de la coupe en bronze, les récipients ont été trouvés écrasés au fond de la cavité, mal protégés par les parois trop peu obliques. Quelques tessons ont été repérés sur toute la hauteur du remplissage (dont les racloirs, nᵒ 3), et les premiers (nᵒˢ 1-2) ont été récoltés à l'extérieur de la cavité, sur le sol de construction, mais dans le cône de pillage.

Coupe en bronze

(fig. 7 ; photo 1)[15]

Nᵒ 45. Diam. = env. 14,3 cm ; haut. = env. 8,1 cm. Coupe martelée et tournée, à bord plat, déformée. L'objet a été retourné sur le col de la bouteille B, qu'il coiffait.

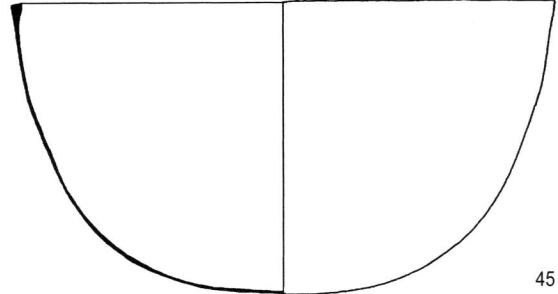

Fig. 7. HBG 4. Coupe de bronze nᵒ 45. 1/2.

Grandes bouteilles

(fig. 12 ; photo 2)

Nᵒ 32 [SNM 26182]. Diam. = 38,4 × 38,8 cm ; haut. = 46,2 cm. Tournée, rouge, engobée et lissée. Sur le col, empreintes obliques de tournage.

Nᵒ 37 [SNM 26183]. Diam. = 35,7 × 35,4 cm ; haut. = 43,8 cm. Tournée, rouge, engobée et lissée. Sur le col, empreintes obliques de tournage.

15. [Ne semble pas avoir reçu de numéro SNM et n'apparaît pas dans les listes de correspondance (?).]

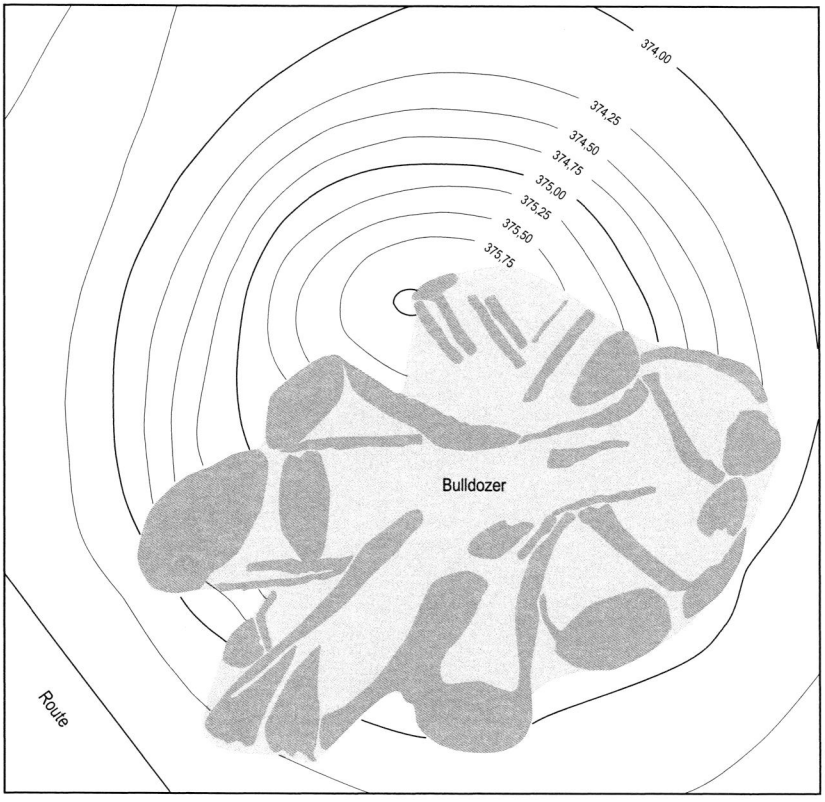

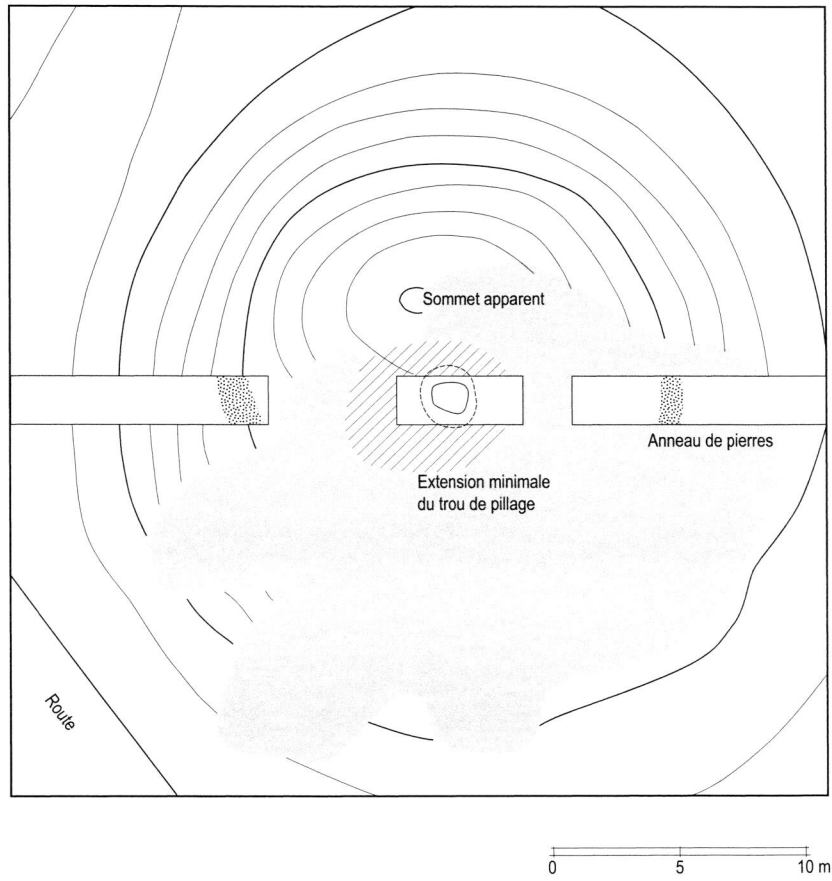

Fig. 8. HBG 4. Réception du tumulus et dégradations par le bulldozer. Exploitation du tumulus. 1/300ᵉ.

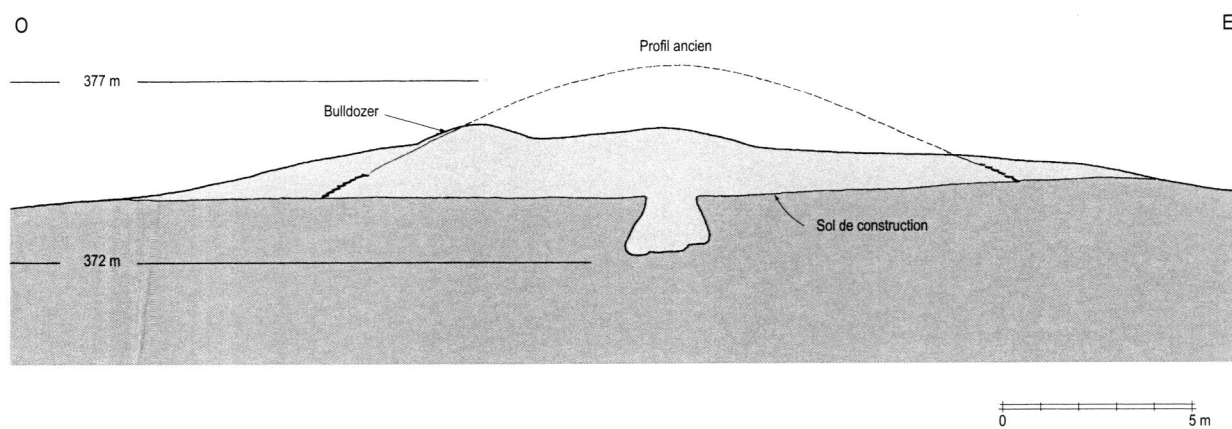

Fig. 9a. HBG 4. Coupe du tumulus. 1/200ᵉ.

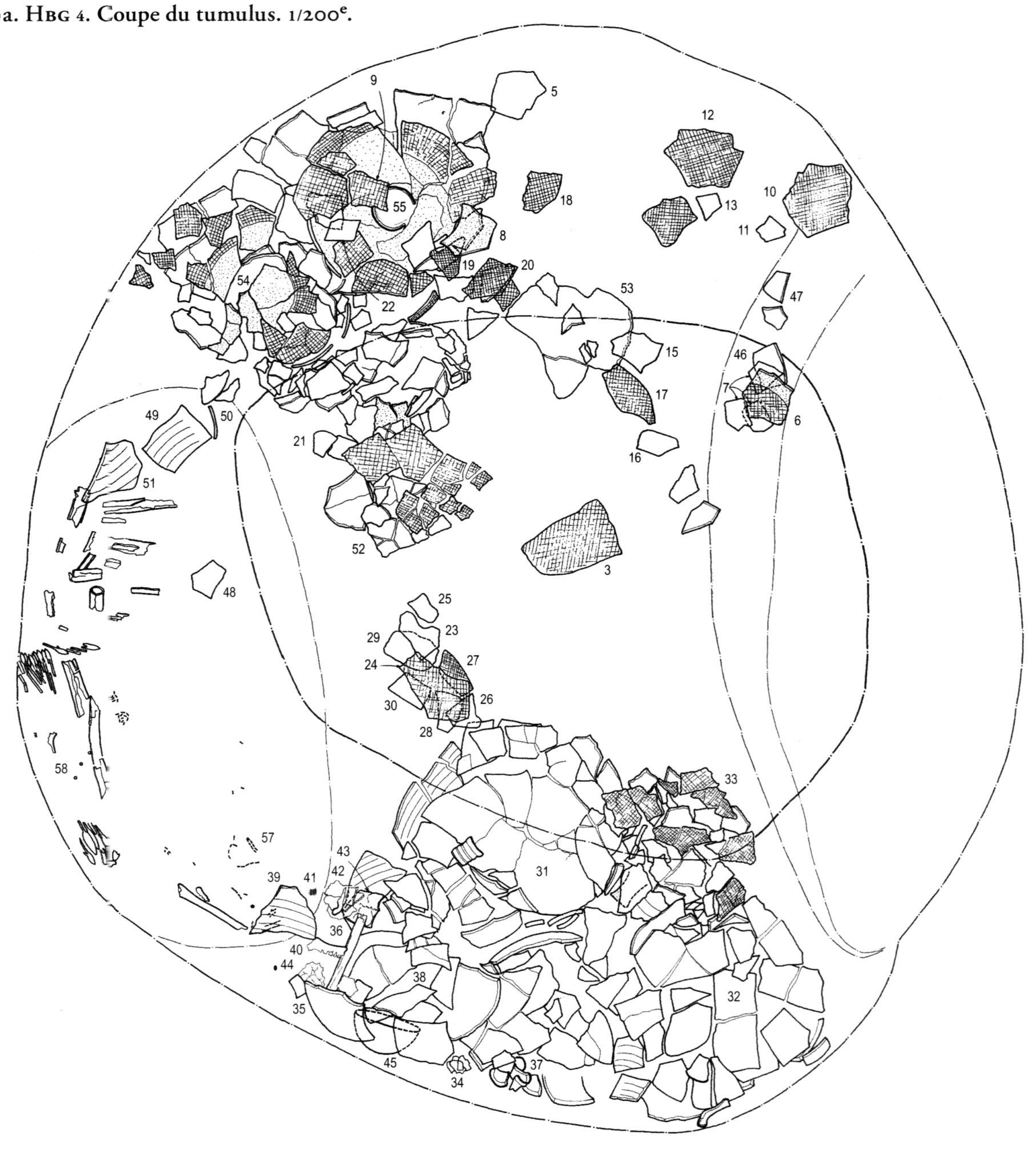

Fig. 10. HBG 4. Contenu de la cavité. 1/15ᵉ.

O   E

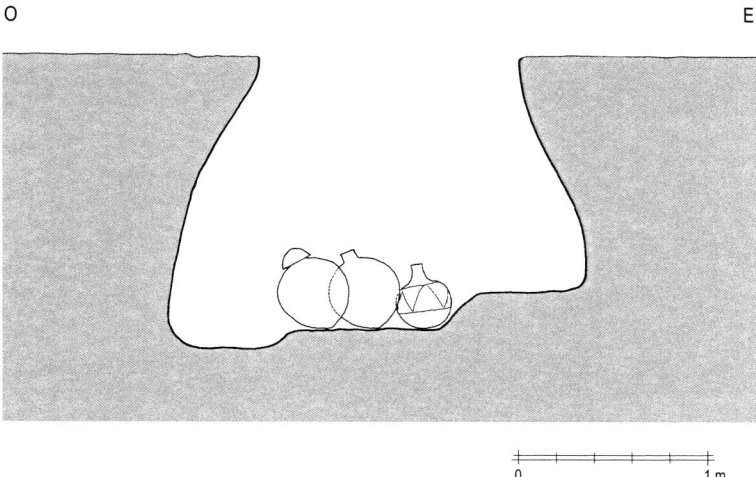

Fig. 9b. HBG 4. Coupe de la cavité. 1/40ᵉ.

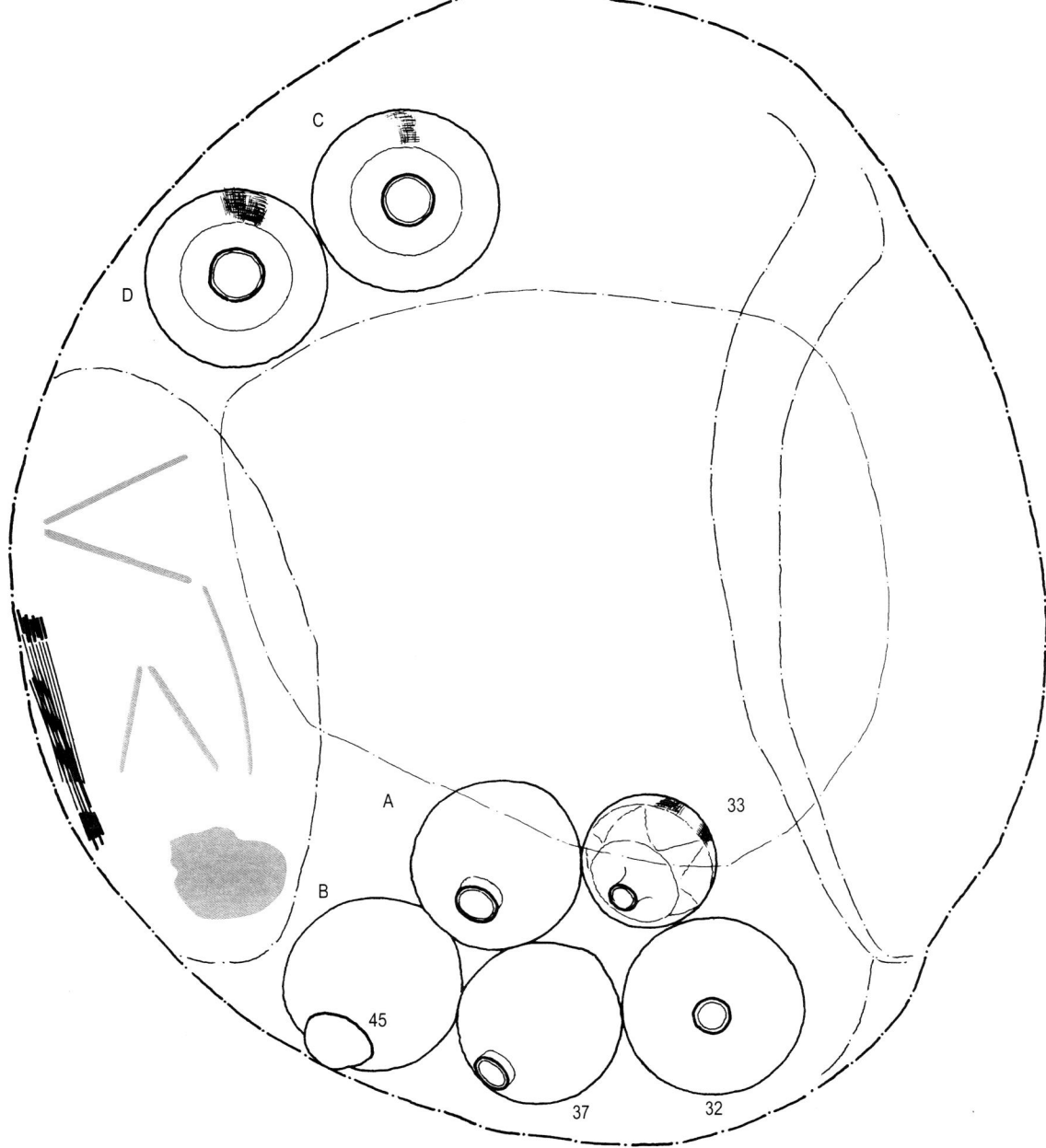

Fig. 11. HBG 4. Restitution de l'équipement de la sépulture. 1/15ᵉ.

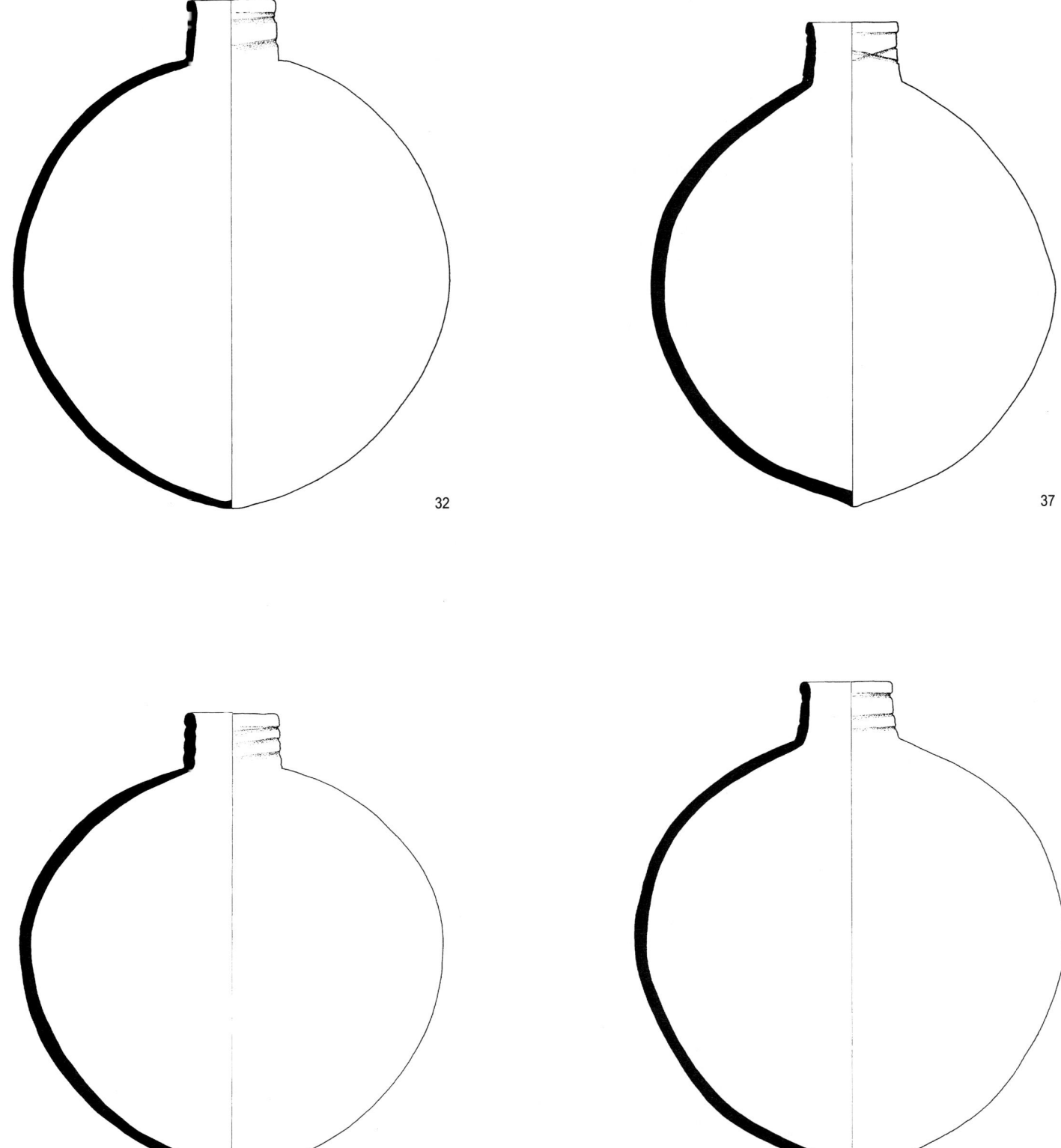

Fig. 12. Hbg 4. Grandes bouteilles tournées n°s 32, 37, A et B. 1/5e.

A [SNM 26184] : n° 31 et autres tessons. Diam. = 37,3 × 37,5 cm ; haut. = 42,6 cm. Tournée, rouge, engobée et lissée. Traces de tournage en spirale sur le col.

B [SNM 26185] : n° 38 et autres tessons. Diam. = 37,6 × 37,4 cm ; haut. = 44,8 cm. Tournée, rouge, engobée et lissée. Sur le col, empreintes de tournage en spirale.

De mêmes formes et de mêmes caractéristiques, aux dimensions près, ces quatre récipients traduisent un nouvel accroissement de la bouteille kadadienne déjà devenue une grande bouteille dans les secteurs dits « de transition céramique ». Pour ce faire, la taille des vases a augmenté, aussi bien que le volume qui a atteint 23 l en moyenne. Les parois se sont épaissies jusqu'à 1 cm, alourdissant le conteneur et le fragilisant. La pâte I de l'industrie méroïtique, insuffisamment potière et insuffisamment cuite, s'est opposée au gonflement indéfini de la capacité des récipients. La bonbonne a résolu la difficulté en n'étant plus façonnée par tournage, mais par tamponnage : le matériau a ainsi acquis plus de solidité.

Bonbonnes (fig. 13-14 ; photos 3-5)

N° 33 [SNM 26186] (photo 3). Diam. = 28,6 × 29,4 cm ; haut. = 35,2 cm. Les dimensions de cette petite bonbonne et l'étroitesse du col (diam. embouchure = 5,5 × 6 cm) apparentent fonctionnellement ce vase à une bouteille pour liquides. Récipient façonné sans le tour en deux parties rapportées, rouge. Panse subsphérique à parois minces, « nattée ». Col lissé, engobé et bruni. Sur la panse, la solution de l'engobe a été employée pour peindre une bande horizontale et un zigzag hâtif. Un court trait horizontal à mi-panse est peut-être un essai suivi d'un repentir.

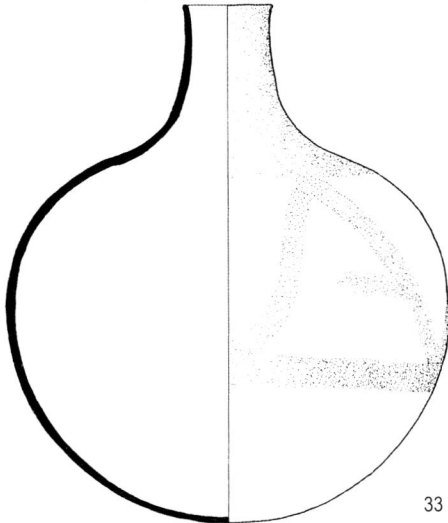

Fig. 13. HBG 4. Petite bonbonne n° 33. 1/5ᵉ.

C [SNM 26187] (photos 4-5) : n° 55 et autres tessons. Diam. = 42,3 cm ; haut. = 48,4 cm. Façonnée sans le tour en deux parties rapportées, rouge. Panse subsphérique légèrement aplatie, à parois minces, « nattée ». Col lissé, engobé et bruni. Sur la panse, répétition d'un même motif de ficelle, signalant probablement que le nattage a été obtenu par l'emploi d'une roulette : le lien fixant l'enroulement de la bande nattée en cylindre s'est relâché accidentellement et s'est imprimé une trentaine de fois, avec variations dans la disposition des brins ballants.

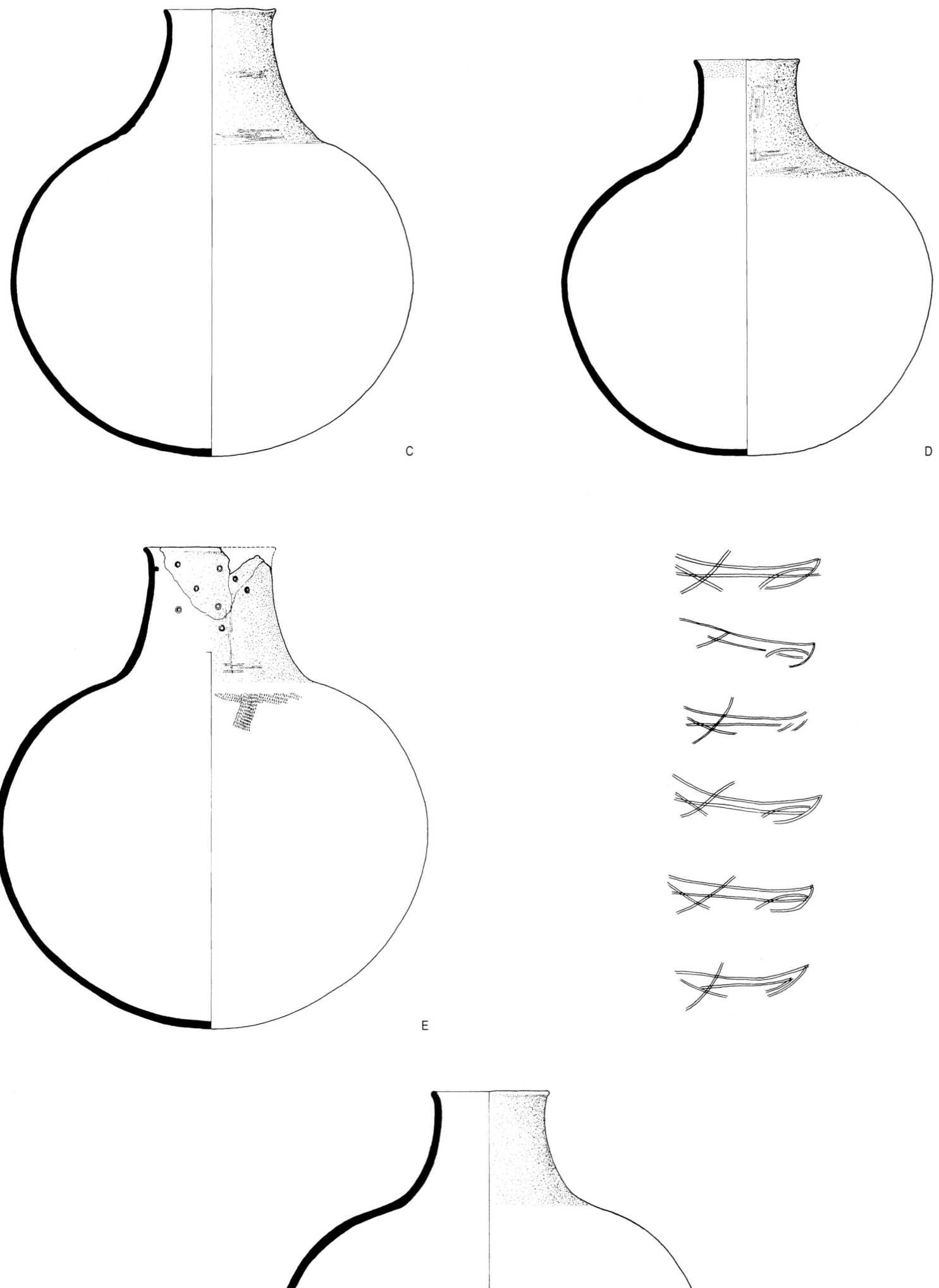

Fig. 14. HBG 4. Grandes bonbonnes C, D, E et F. 1/5ᵉ.

D [SNM 26188] : n° 54 et autres tessons. Diam. = 38 × 39 cm ; haut. = 42,9 cm. Façonnée sans le tour en deux parties rapportées, rouge. Panse subsphérique légèrement aplatie, à parois minces, « nattée ». Col lissé, engobé puis bruni.

E [SNM 26189] : n°s 52-53 et autres tessons. Diam. = 45 cm ; haut. = 52,2 cm. Façonnée sans le tour en deux parties rapportées, rouge. Panse sphérique « nattée ». Col lissé, engobé et bruni. Une réserve, qui souvent sépare le nattage de l'engobage, est ici bien marquée. Le vase a été enfoui après que le col eut été cassé et réparé par des perforations pour ligature.

F [SNM 26190]. Diam. = env. 44,8 cm ; hauteur inconnue. Façonnée sans le tour en deux parties rapportées, rouge, fragmentaire. Panse sphérique « nattée ». Col lissé, engobé et bruni.

Les quatre bonbonnes C, D, E et F sont exemplaires d'une production industrielle totalement rationalisée, dépourvue du moindre décor, comme la plupart des produits tournés. Le façonnage au tamponnoir a étiré, mais amalgamé les composants de la pâte, et augmenté sa solidité. Les parois ont pu s'amincir et le volume augmenter tout à la fois, autorisant des contenances de 40 l et plus. La largeur des cols, de 10 à 12 cm, permettait le puisage. On a quelques raisons de comparer les bonbonnes à col large aux anciennes jarres tournées et d'en faire de possibles conteneurs à grains ou à farines.

Matériel corporel

Collier ?

N° 57 [SNM 26691]. 123 perles tubulaires en faïence verte, dont il restait quelques enfilages simples englués dans le sol argileux sous le défunt. Le diamètre des perles ne varie guère, seule la longueur est changeante. Le fil était fait de fibres végétales à deux torons. La position des perles définit au moins un collier.

Bracelet ou autre « parure »

N° 58a (photo 6). 38 perles en forme de sphéroïde aplati, dont 6 en quartz blanc, 2 en pierre noire non identifiée et 30 en cornaline.

N° 58b. 3 petites perles annulaires en verre vert.

N° 58c. 2 perles subsphériques en faïence blanche.

N° 58d. 14 perles tubulaires en faïence bleu-vert.

Aucun enfilage de ces perles n° 58 n'a été retrouvé. L'emplacement pourrait plaider pour un éventuel bracelet, à moins qu'il ne s'agisse d'une parure de vêtement ou d'un objet indépendant.

Armement

Flèches (fig. 15)

Deux paquets de pointes de flèches en fer étaient demeurés entre le corps et la paroi. Les orientations différaient : on pourrait supposer que le pillard a soulevé et retourné des flèches encore manipulables, mais l'hypothèse contredirait le témoignage des os fortement altérés. Il faut conclure à l'enfouissement de deux carquois en cuir, d'orientations opposées, partiellement raclés.

N°s 59-78 [SNM 26707]. 20 pointes d'un premier carquois, dont 12 représentables.

N°s 79-86 [SNM 26707]. Huit pointes d'un second carquois, dont cinq représentées.

Le type commun est la flèche à barbelure unique, latérale, basilaire et inverse (n°s 59, 61-63, 65-66, 68 [?], 81-82). Une flèche (n° 64) est à deux barbelures, bilatérales, symétriques et inverses. Une autre (n° 70) est à quatre barbelures, bilatérales, symétriques et inverses. Une dernière (n° 83) est lancéolée et dépourvue de barbelure. Les autres sont trop fragmentaires pour que leur classement soit possible. La pointe n° 79, enfin, peut être considérée comme longue (9,7 cm, dont 6,8 cm de partie utile) : la distinction n'est pas assurée.

On remarque que malgré la grande taille de ce tumulus, l'inhumation ne peut se comparer à sa voisine, celle du tumulus VI, ni par la quantité du matériel de la liturgie funéraire ni par sa qualité. Manquent surtout les insignes impériaux qui abondent dans la tombe à enceinte, même si un double carquois élève probablement le rang du défunt 4/0. Le couplage des tumulus VI et 4 n'est donc pas (ou pas encore) opératoire.

La présence conjointe de récipients tournés et de bonbonnes façonnées sans le tour date grossièrement HBG VI et HBG 4 de la même époque. En l'état actuel de l'exploitation d'el-Hobagi, c'est la seule correspondance utilisable

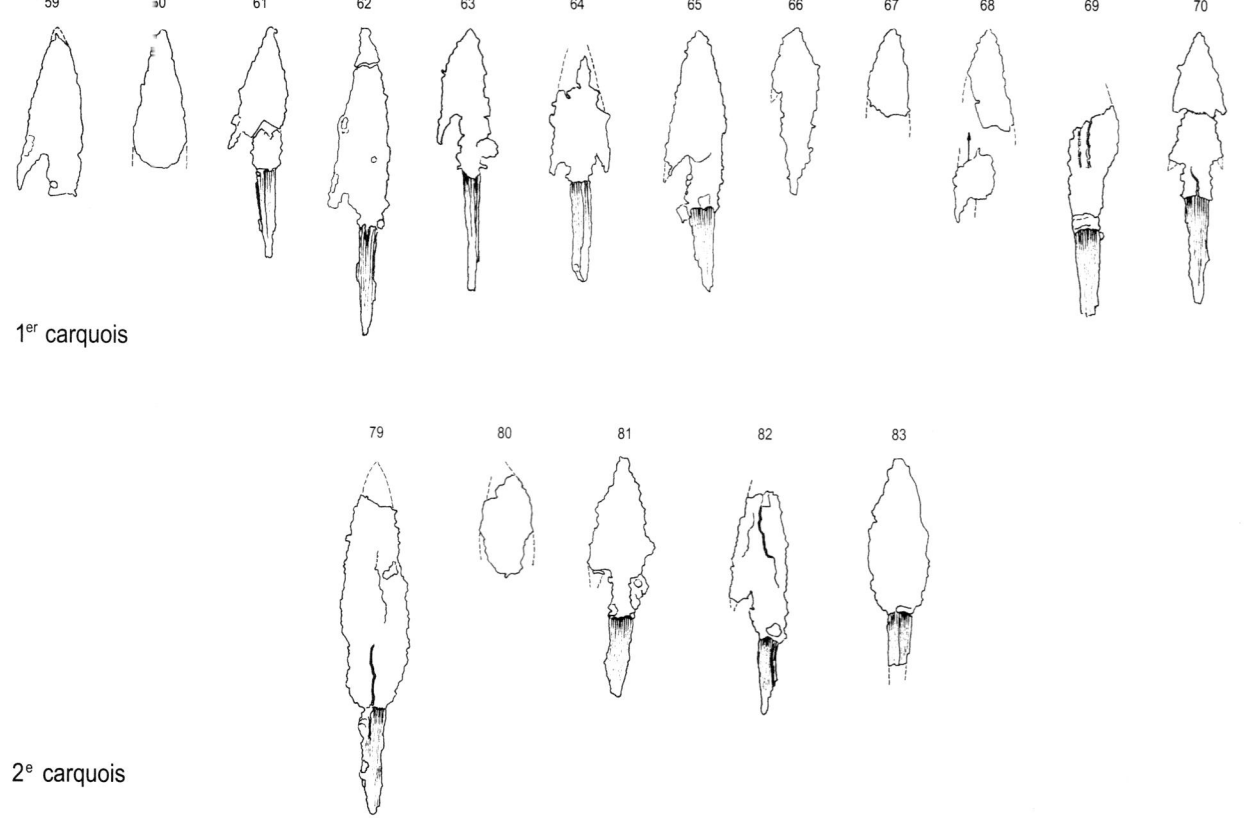

Fig. 15. HBG 4. Deux carquois de pointes de flèches en fer. 1/2.

El-Hobagi III

Fouille 1990, Abd El-Rahman Ali.   (fig. 16-71)

Bibliographie : J. Reinold, P. Lenoble, *NubLett* 16, 1991, p. 5-6 ; P. Lenoble, Nigm ed Din M. Sharif, *Antiquity* 66, 1992, p. 634, fig. **6** ; P. Lenoble *et al.*, *MeroitNewsl* 25, 1994, p. 53-88.

La région d'el-Hobagi compte une douzaine de champs tumulaires d'importance et de dates variables, espacés de la rive arable jusqu'aux terrasses séparant les *ids* dans les *qalaat* ou djebels éloignés. La cartographie en est très complexe tant les cimetières sont extensifs ; leurs limites sont généralement compatibles avec les impératifs de leur présentation géographique et de leur enregistrement administratif.

Les plus grands tertres d'el-Hobagi, de 30 à 40 m de diamètre, sont entourés d'un mur d'enceinte générale-ment détruit par le carriérage : leurs blocs ont servi pendant des décennies au moins à divers usages édilitaires (fondations de maisons et de bâtiments publics) ou funéraires (double marquage des tombes musulmanes). C'est cette particularité qui a attiré l'attention de Chittick qui publia en 1957 un « nouveau type de tombe tumulaire » caractérisant, semblait-il alors, le site d'el-Hobagi. L'inventeur recensait cinq tertres emmurés ; deux ont été enregistrés depuis – el-Hobagi III est l'un d'eux – à 900 m au sud de l'école du village prise pour référence des distances rayonnantes.

On notera que le type d'enceinte ne caractérise plus el-Hobagi depuis 1979, puisque Ahmed M. Ali El-Hakem a décrit un grand tumulus pareillement emmuré dans la région de Sorurab-Bauda près du Djebel Qeisi, sur la concession archéologique de l'université de Khartoum[16]. On différenciera ces murs vrais, limitant une aire assez large autour des superstructures funéraires expansées par l'érosion, des couronnes de pierres protégeant le pied ou les flancs des tertres géants de Khuzeina, d'Hagar el-Bauda, de Tanqasi et de Zouma.

La série hobagienne est distinguée par une numération en chiffres romains, afin de différencier les tertres exceptionnels des tumulus de moindre importance, désignés par des chiffres arabes simples. L'ordre numéral des tertres emmurés suit leur localisation d'ouest en est sur la terrasse à graviers marquant la limite de la plaine alluviale cultivée. L'ordre numéral des tumulus ordinaires a jusqu'ici simplement suivi la chronologie des fouilles, indépendamment des lieux et des périodes concernés.

---

16. Ahmed M. Ali Al-Hakem, « Report on the Sorourab archaeological Project », *NyAk* 11, 1977, p. 48-49 ; *id.*, « University of Khartoum Excavations at Sarurab and Bauda, North of Omdurman » *in* Fr. Hintze (éd.), *Africa in Antiquity*, p. 151-155 ; *id.*, *Tumulus at Sorurab, Bauda and Djebel Umm Marrihi*, Khartoum, 1989.

Tombe

(fig. 16-25)

Tumulus

Le tumulus III a subi une érosion telle qu'il a échappé à l'examen de Chittick. Accumulation de sables, graviers, petits galets et plaquettes, surmontée de quelques tas de blocs ferrugineux, il ne s'élève plus qu'à 2,30 m au-dessus des sables et graviers de la terrasse, et paraît presque commun à el-Hobagi. Son extension est de 30 m dans la direction nord-sud, de moins de 20 m dans la direction ouest-est. L'ovalisation relève à l'évidence du pillage, aucune cause d'érosion naturelle n'apparaissant qui pourrait expliquer la déformation elliptique. C'est donc par deux tranchées perpendiculaires au moins qu'il fallait rechercher l'information concernant la construction et le devenir du tertre. Stratigraphiquement reconstituée, son histoire est la suivante.

Les déblais de la fosse centrale ont été éloignés à son entour sans régularité de disposition. Si la circumambulation est aisée autour du trou, il n'y a pas de couronne circulaire de déblais permettant de marquer au sol le périmètre de l'entassement une fois la tombe remblayée et dissimulée. Les limites du tumulus ancien, qu'elles soient circulaires ou ovales, n'ont sûrement pas été retrouvées dans toutes les directions, pour cause d'absence de tout marquage spécifique : point de muret circulaire comme au tumulus VI ; point de fossé creusé pour circonscrire la surface à préserver et à bâtir, et la surface à racler ; point de couronne de pierres protégeant le pied du talus de la superstructure. Les remaniements ultérieurs peuvent avoir causé la disparition de ce marquage. On conservait quelque chance de le repérer sous les déblais de pillage, au nord et au sud. Les limites anciennes ne sont pourtant pas apparues, et parfois même l'accumulation primaire n'a pu être distinguée de l'expansion secondaire précédant l'exploitation par les visiteurs. Le seul résultat net est que la construction du tertre est une œuvre imparfaite, peut-être inachevée.

Une tranchée orientée approximativement N-NE/S-SO a ouvert le tumulus depuis le nord jusqu'à la fosse. Le volume des matériaux remués est considérable et justifie un laps de temps minime entre inhumation et pillage : le sédiment n'a pas eu le temps de s'indurer par entassement et encarbonatement. Les déblais rejetés au nord et au sud ont déterminé la forme elliptique reçue.

Deux tombes ultérieures ont réoccupé le tumulus (voir *infra, Ossements humains*) :

– HBG III/2 : une large fosse, dont les limites superficielles n'ont pas été retrouvées, s'enfonce à environ 1 m dans le trou du pillage. Ses parois obliques se rejoignent et ont contraint le défunt. L'orientation est approximativement ouest-est. On reconnaît une tombe d'époque chrétienne. Un terrier ou une racine a détruit les pieds, les chevilles et la partie distale des jambes du squelette. Cette tombe a été recouverte d'un tumulus de pierres.

– HBG III/3 : les sédiments du nord du tumulus recouvraient un second squelette. La fosse n'a été reconnue ni dans ses limites au sol ni en profondeur : le corps reposait à 5 ou 10 cm au-dessus du sol de construction du tumulus, à environ 90 cm sous la surface. L'orientation donnée par les fossoyeurs est grossièrement ouest-est. On reconnaît encore une tombe chrétienne qui, en scellant aussi les déblais rejetés, postdate le pillage.

Les deux tas de pierres surmontant le tumulus étaient fixés dans une matrice de sable encore fluide ; ils résultent du carriérage de l'enceinte pour la construction de la mosquée d'el-Hobagi et sont faits de blocs négligés pour leurs dimensions et entassés sur le tertre pour ne pas encombrer le passage des camions. Deux autres tas extérieurs à l'enceinte datent de la même époque récente.

Dans l'espérance de découvrir des témoins au sol de la cérémonie funéraire, une partie du tumulus a été dégagée jusqu'au sol de construction. Le quart sud-ouest a été totalement fouillé et la partie nord explorée à moindres frais. Le résultat est probant, mais encore insuffisant. Dans la tranchée 3 et dans son extension appelée « zone 4 » ont été relevés deux foyers, tous deux à charbons, sur le sol protégé par l'entassement. En zone 6, dans le sable éolien accumulé et contre la paroi interne de l'enceinte, une boule en pierre perforée de part en part a été relevée, interprétable en masse d'armes, peut-être issue de la tombe et négligée par les pillards (*infra*, p. 125-127). Sur le sol de construction encore, dans le quart sud-ouest, ont été dégagés des restes de matière dure animale, pour utiliser le langage des préhistoriens : massacres cornus de bovinés, œuf (*infra*, p. 57-58). Aucune fosse n'a été repérée qui aurait été protégée par le tumulus. Cette recherche demeure malheureusement inachevée, les fouilleurs n'ayant pas reçu l'autorisation de compléter ce travail entre 1990 et 1993.

Mur d'enceinte

L'ensablement et le carriérage ont également dissimulé ce mur à l'observation de Chittick. Des blocs de dimensions réduites (20 ou 30 cm) abondaient, noyés dans le sable, mais ils se confondaient aisément avec ceux qui parsemaient, sur la terrasse, les reliquats d'une croûte ferrugineuse démantelée par l'érosion. Il n'était point besoin de rechercher au loin la carrière indispensable !

Une trentaine de dalles de plus grandes dimensions perçaient ce pavage de déflation sur sable éolien : le plan les indique en noir sur fond de courbes de niveau. Pour la plupart, ces pierres ne signalaient aucune ligne apparente de construction. Une dizaine d'entre elles seulement, au sud, érigées de chant, soulignaient une limite pierreuse éventuelle, enfouie, qui appela au sondage de vérification réalisé en 1986. Le résultat positif a fait entreprendre en 1990 un nivellement soigné. Les ruptures de direction des courbes de niveau ont alors permis de représenter un plan de l'enceinte et de suggérer une ellipse irrégulière, de grand axe nord-sud, entourant complètement le tumulus.

Au dégagement, la construction est apparue comme un entassement selon une couronne continue et d'épaisseur irrégulière, qu'une intense exploitation avait singulièrement perturbée. La seule section méritant un relevé détaillé était, au nord-ouest, celle que l'expansion d'une superstructure voisine, le tumulus Hbg 6, avait ensablée. On y trouva l'information minimale recherchée, le mur se réduisant alors à son assise de base, non exempte de perturbations. Le pavement externe, reçu sur moins de 10 m de longueur, était constitué soit de blocs de grandes dimensions, soit de dalles de chant « armant » le mur. Ce n'est donc que par comparaison avec l'enceinte du tumulus VI que l'on peut à peu près sûrement restituer un coffrage préétabli de dalles brutes, dressées verticalement, contenant des blocs plus petits, empilés ou entassés sans régularité en position plus ou moins stable. Il n'y avait pas d'appareillage au sens vrai, pas davantage n'y avait-il de fondation : les premiers éléments furent posés et vaguement disposés directement sur les sables et graviers de la terrasse, sans la moindre tranchée. Le sable éolien puis le matériau sableux et gravillonneux du tumulus 6 ont envahi les interstices. Aucune trace de mortier de terre ou de limon.

Cette technique des plus sommaires nous a empêchés de cerner précisément le contour de la base ancienne de la construction. La blocaille s'est éboulée au-delà et en deçà des pavements ; le carriérage récent a extrait les blocs utiles et écarté les dalles les plus grandes qui n'avaient pu être brisées, difficilement transportables. Ne restait que l'amas en bande continue, scandé à une dizaine d'endroits, de dalles supposées en place, quoique souvent à l'intérieur d'un éboulement. La représentation graphique ne peut que souffrir de l'incertitude, et la recherche d'une éventuelle porte se montra vaine. Une restauration est illusoire, et l'on se contentera de rempiler les blocs épars, sans vouloir corriger les courbures accidentelles du relevé.

Même l'épaisseur du mur restera imprécise : elle est comprise en moyenne entre 1,80 et 2 m, comme l'apprenait déjà le sondage de 1986, placé à l'endroit jugé le plus favorable. La hauteur initiale est perdue ; tout juste peut-on conclure que les pierres n'ont pas servi de fondation à une élévation de briques ou de pisé dont on aurait retrouvé quelque trace sous forme soit de fragments éboulés, soit de coulées argileuses. Le grand axe de l'ellipse mesure environ 45 m hors œuvre, le petit axe environ 40 m.

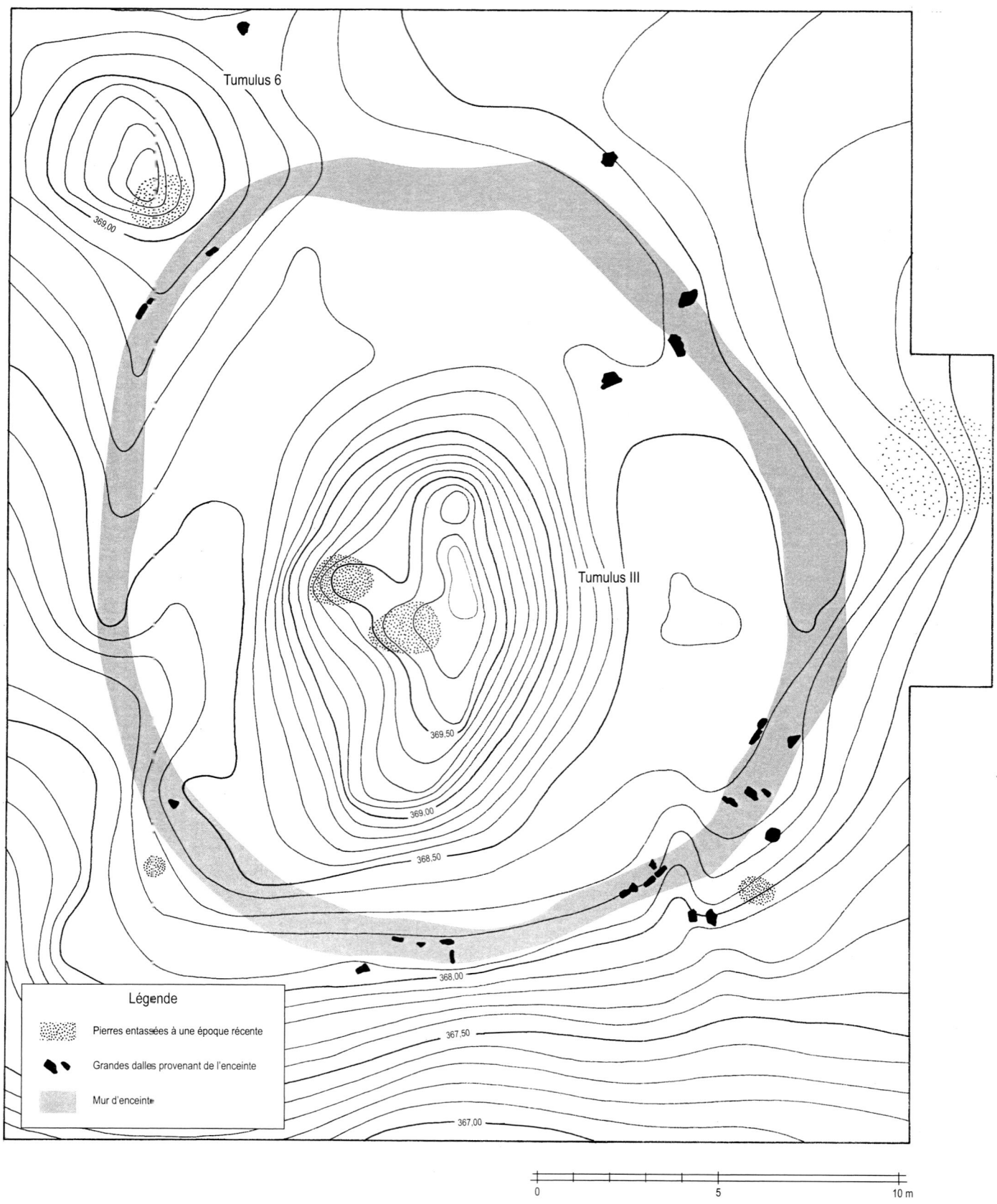

Fig. 16. Hbg III et 6. Réception des tumulus. 1/300e.

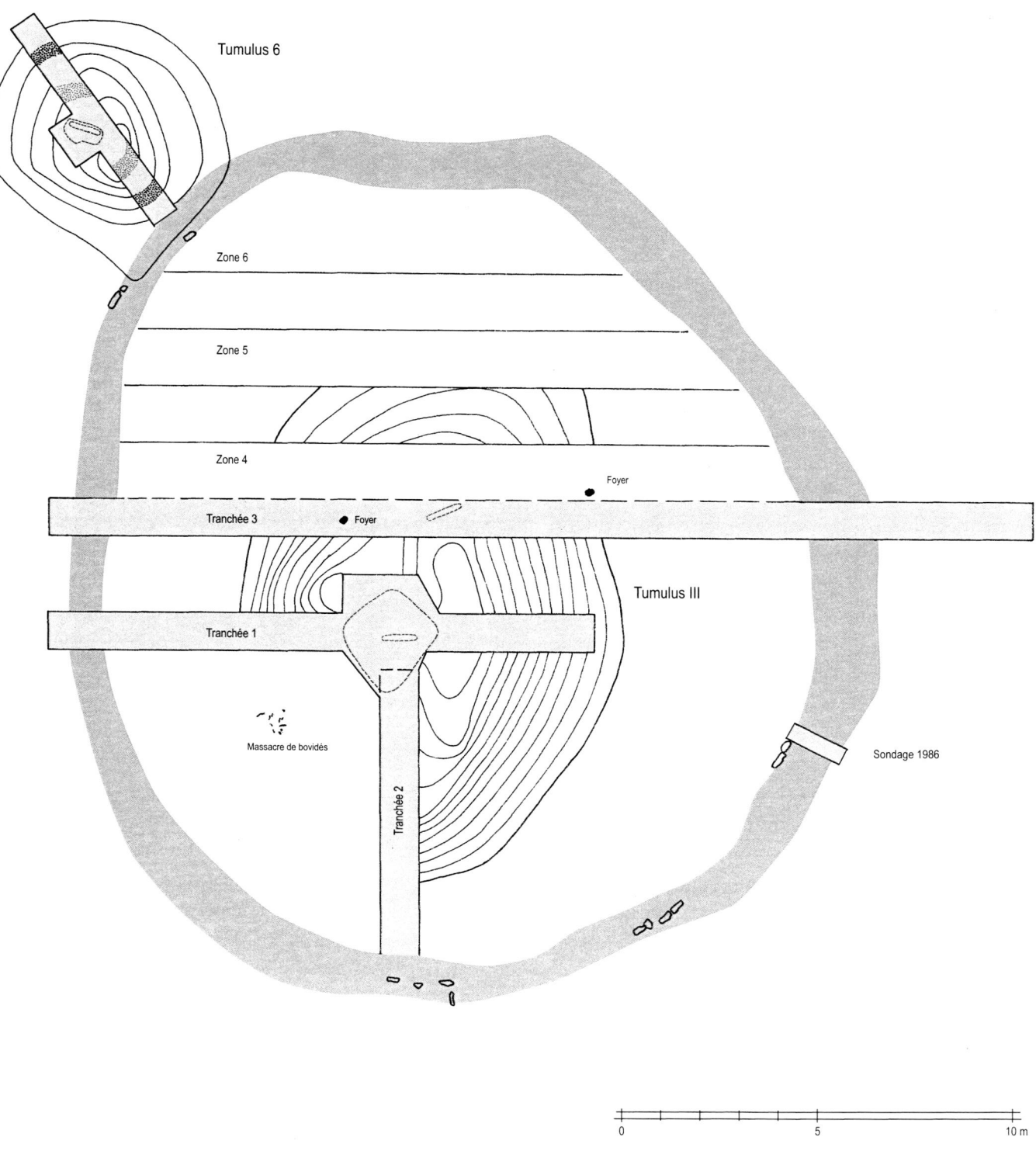

Fig. 17. Hbg III et 6. Exploitation des tumulus. 1/300ᵉ.

Fosse

(fig. 18 ; photo 7)

La fosse a été creusée jusqu'à 3,20-3,30 m de profondeur, à la recherche d'un substrat suffisamment induré. Elle a traversé les graviers et les galets superficiels de la terrasse, carbonatés déjà à peu de distance du sol, puis la roche désagrégée, fortement carbonatée, de plus en plus argileuse et sableuse. Elle n'a jamais atteint le grès proprement dit, mais a buté contre des couches à plaquettes désorientées de plus en plus abondantes, colorées par des sels variés qui les teintent en brun-jaune, rose ou violet, toutes mêmes couleurs vives que l'on observe le long des parois du puits proche, bien au-dessus de la nappe phréatique. La roche-mère n'est pas entaillée : la dureté du niveau détritique a amplement suffi à la stabilité recherchée. Toutefois, l'inhumation se situe dans la zone de capillarité partielle qui ne s'est pas prêtée, comme au tumulus VI, à la conservation de certaines matières organiques. Les fossoyeurs ont trouvé sur place un matériau plastique utile, ce *tafl* à illite et kaolinite de désagrégation des grès nubiens si souvent utilisé en poterie méroïtique.

Trois paliers sont à distinguer, qui définissent les étages de cette curieuse fosse. Jusqu'à 1,30 m de profondeur environ, la descente fut d'abord creusée. Vient le puits, dont le plancher se situe à 2,80-2,90 m sous le niveau du sol ancien. Un léger surcreusement enfonce enfin la cavité.

Le plan au sol de la descente est un losange grossier de 5,30 × 5 m de diagonales. Les parois, en oblique interne, rétrécissent ces dimensions à 5 × 4,30 m. Le fond, approximativement plan, mais en légère pente, laisse apparaître dans la moitié nord-ouest une ouverture rectangulaire de 2 × 1 m. La forme semble curieuse : aucune tombe connue n'a produit ce type de descenderie, qui répudie la rampe déclive ou le puits d'accès vertical de la tradition régionale. Faut-il invoquer la base en carré déformé de certaines pyramides tardives, telles Beg. N. 26 et Beg. N. 25, ou de semblables superstructures en losange de dimensions comparables, comme Beg. W. 130 ou, mieux encore, Beg. W. 225, tombes également emmurées ? On peut tenter d'expliquer cette forme par la nécessité d'enfouir un matériel liturgique surabondant : le fond de la descente a logé quantité de bonbonnes. Néanmoins, l'explication est surtout à rechercher, évidemment, dans le domaine liturgique. L'ouverture en large rectangle vers l'étage inférieur procède de la nécessité d'introduire non seulement le défunt, mais aussi sa couche funéraire. Le décentrage de cette ouverture peut se justifier par la nécessité d'un espace libre suffisant à exhiber, présenter, saluer et apprêter la dépouille sur sa couche près du trou. A-t-on célébré certains rites ultimes pendant la pause à cet étage ? La question se pose également à propos des dernières pyramides, dont la disposition exige canoniquement qu'elles soient bâties sur la descenderie.

Depuis l'ouverture, le puits s'enfonce et s'élargit par des parois en forte oblique externe, à la façon des fosses « en ruche ». Son plancher grossièrement plat est en forme de demi-ellipse, de 2,80 m de petit axe et de 2,30 m de demi-grand axe. Comme dans une tombe en ruche ordinaire, le plancher a servi à loger le matériel funéraire, mais la surface n'a pas suffi à l'ensemble de l'équipement, bonbonnes et petits conteneurs en bronze associés.

La cavité est en forme de demi-cercle accolé à la demi-ellipse par le côté droit, de 3,20 m environ de diamètre. La voûte de cette cavité est cette fois en forte oblique, conçue peut-être pour protéger le matériel, à l'instar de la voûte du puits et à l'opposé de la descente, au volume non recouvert. La solidité des parois a très évidemment contribué à la conservation de nombre d'objets : on ne constate aucun raclage du matériel en fer déposé sur le sol de la cavité. Il faut reconstituer une chambre maintenue creuse, non remblayée par des éboulements même partiels, les nombreuses dispersions et cassures de la céramique devant être attribuées au pillage.

Les passages entre descente et puits, et entre puits et cavité ont été observés pour déterminer les modes de bouchage. Le résultat est positif pour le premier. Des rondins de bois non fendus ont été reconnus grâce à leurs empreintes en creux dans le sol de la descente. L'entrée rectangulaire a été couverte d'un caillebotis dont les éléments ont été calés à leurs extrémités avec des mottes d'argile ; on imagine que les interstices ont été colmatés de la même façon. Le deuxième passage n'a révélé aucun dispositif ni aucun matériau permettant

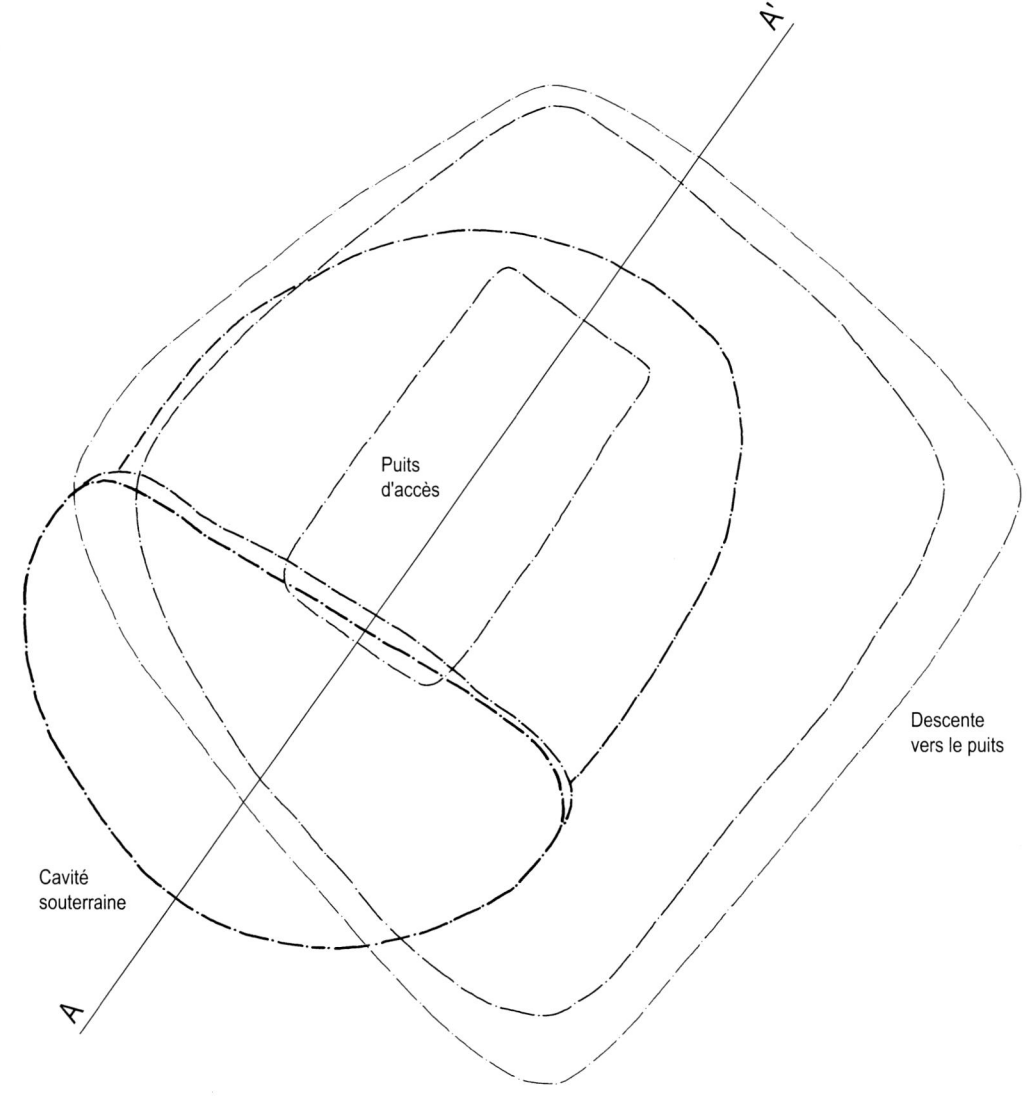

Puits
d'accès

Descente
vers le puits

Cavité
souterraine

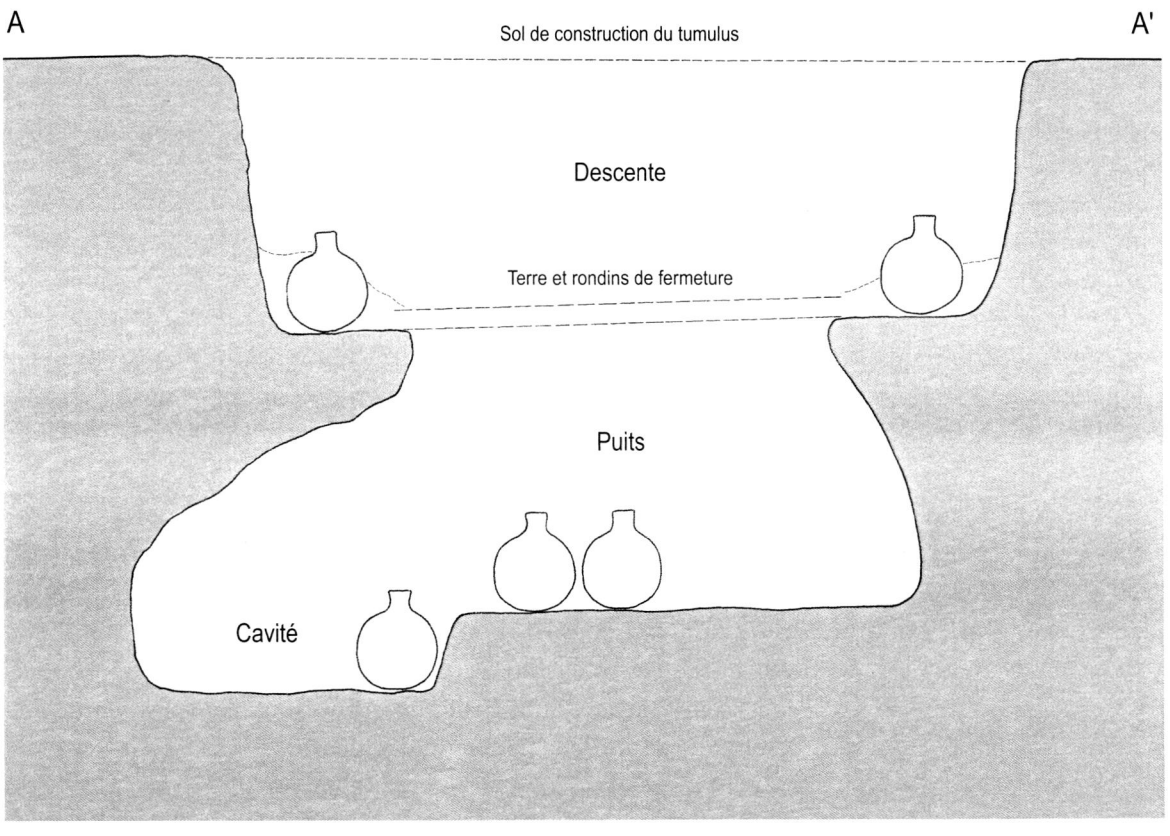

Sol de construction du tumulus

Descente

Terre et rondins de fermeture

Puits

Cavité

Fig. 18. HBG III/1. Extension et coupe de la fosse centrale. 1/40ᵉ.

0   1   2 m

de supposer une fermeture. Il faut conclure que les trois étages ont été conçus liturgiquement comme deux volumes seulement : la chambre funéraire allie puits et cavité ; la descenderie, séparée, ne méritait aucune protection après l'inhumation.

En conclusion, la forme « architecturale » de cette fosse composée, si elle ne laisse pas de surprendre, faute de comparaison possible avec les formes régionales ou soudanaises déjà reconnues, se ramène à des éléments identifiables. Le puits abandonne le cylindre vertical courant dans la région, mais se rapporte à la forme « ruche » souvent observée plus au sud, particulièrement dans la région de Khartoum. La cavité semi-circulaire sous voûte oblique, accolée à la demi-ellipse du sol du puits, s'apparente aux cavités ovales d'axe perpendiculaire à celui de leur descenderie, autre pratique courante dans la région de Méroé. Seule demeure quelque peu énigmatique l'étrange forme donnée à la descente. La solution trouvée par les fossoyeurs, apparemment inventée pour l'occasion, souligne l'impératif liturgique.

Déjà les tombes méroéennes de haut rang ménageaient deux volumes différents pour abriter le défunt et l'équipement de la cérémonie. Un troisième volume compte : les rampes, élargies devant la fenêtre de la cavité, à Méroé comme à el-Kadada, ont pu servir à célébrer, dans un espace limité mais suffisant, des rites spécifiques précédant l'enfouissement définitif de la dépouille.

Prosaïquement, le losange de descente de HBG III, autant que le trapèze ou le triangle des rampes habituelles, vise à faire accéder au sous-sol induré en écartant tout risque d'éboulement des couches supérieures instables. Religieusement, les nombreuses indications fournies par le matériel demeuré dans les rampes autorisent une interprétation liturgique plus convaincante : entre sacrifices et libations au moins, on n'a que l'embarras du choix pour tenter de comprendre la forme de la descenderie creusée pour HBG III/1.

Les fouilleurs ont vainement procédé à la recherche de traces interprétables tant dans le losange qu'à son entour. Seuls deux foyers ont été reconnus, mais aucune empreinte, hors celles des rondins, ni aucune dépression creusée près de l'ouverture, à l'image des « marches » rectangulaires dans les fronts de rampe à el-Kadada, n'est apparue. Alentour, point de trous de poteaux qui auraient pu témoigner d'un abri provisoire pour l'exposition du défunt. Une construction de bois et de nattes est sans doute à écarter ; une tente est plausible, qui n'aurait guère laissé de traces au sol, mais resterait à prouver.

Disposition des objets dans la fosse   (fig. 19-23 ; photos 8-10, 12-13)

Au contraire des petits tombes, les grandes peuvent renseigner sur la hiérarchie des rites par l'ordre d'enfouissement, l'abondant matériel se sériant par sa disposition ultime.

D'abord a été enfouie la couche funéraire, sans doute de bois, car il n'en reste rien, mais facilement reconstituable par le plan minutieux des trouvailles dans la cavité. Les tessons, écrasés par les pillards une fois ôtés, et les entassements d'objets, écartés une fois repérés, un espace précis se découvre, de 1,85-1,90 m de longueur et de 70 cm de largeur au plus. En raison de la hauteur qu'autorise effectivement la voûte, ces dimensions pourraient être légèrement réduites si l'on veut supposer des pieds à la couche. Le dessin restitue l'emplacement légèrement à l'oblique, pour souligner le jeu maximum possible, assez restreint. Il est plus que probable que la couche, peut-être un lit, mais plus sûrement un lit bas, a servi à caler les bonbonnes à panse sphérique qui s'empilaient sur deux étages entre la dénivellation de la cavité et le longeron droit du châssis de la couche, rendant leur équilibre moins précaire, surtout si elles étaient encore pleines.

Autour du lit, descendu en premier en raison de son encombrement, ont été disposées les armes (fig. 22). Le bois des hampes a totalement disparu, mais il est restituable grâce aux parties métalliques. Les lances ont été placées d'abord, toujours à cause de leur encombrement, et ont conservé leur faisceau orienté : des javelines et des lances à grands fers, on ne peut savoir lesquelles surmontaient les autres, mais le détail ne semble pas signifiant. Contre la paroi, les carquois ont été espacés, plus ou moins rangés : l'orientation des flèches était toujours conservée et a permis de redessiner le dépôt. Sur plusieurs carquois, la hache est venue enfin, dont le manche ne pouvait excéder 75 à 80 cm en raison de la courbure de la paroi.

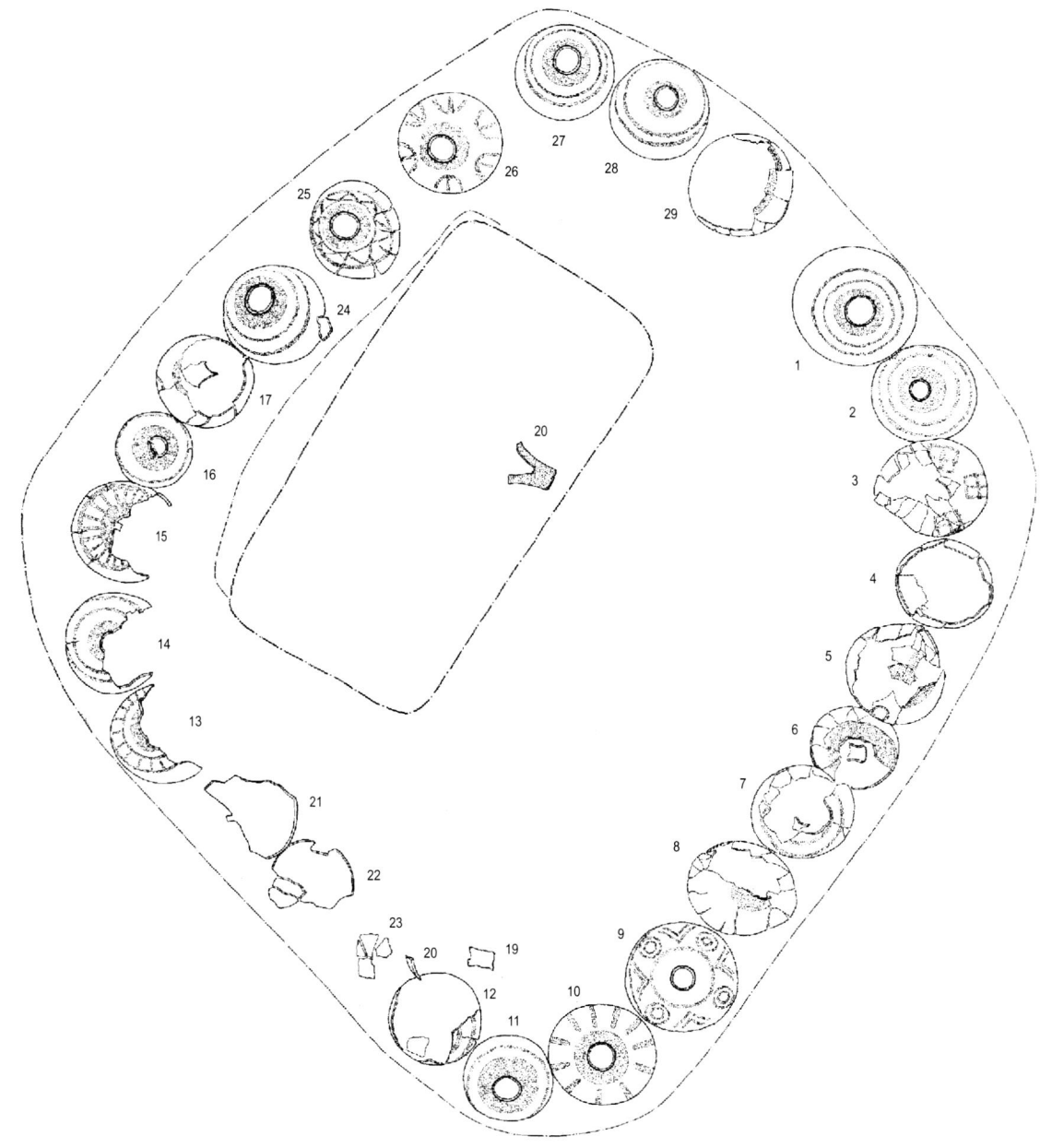

Fig. 19. Hbg iii/1. Contenu de la descente. 1/30ᵉ.

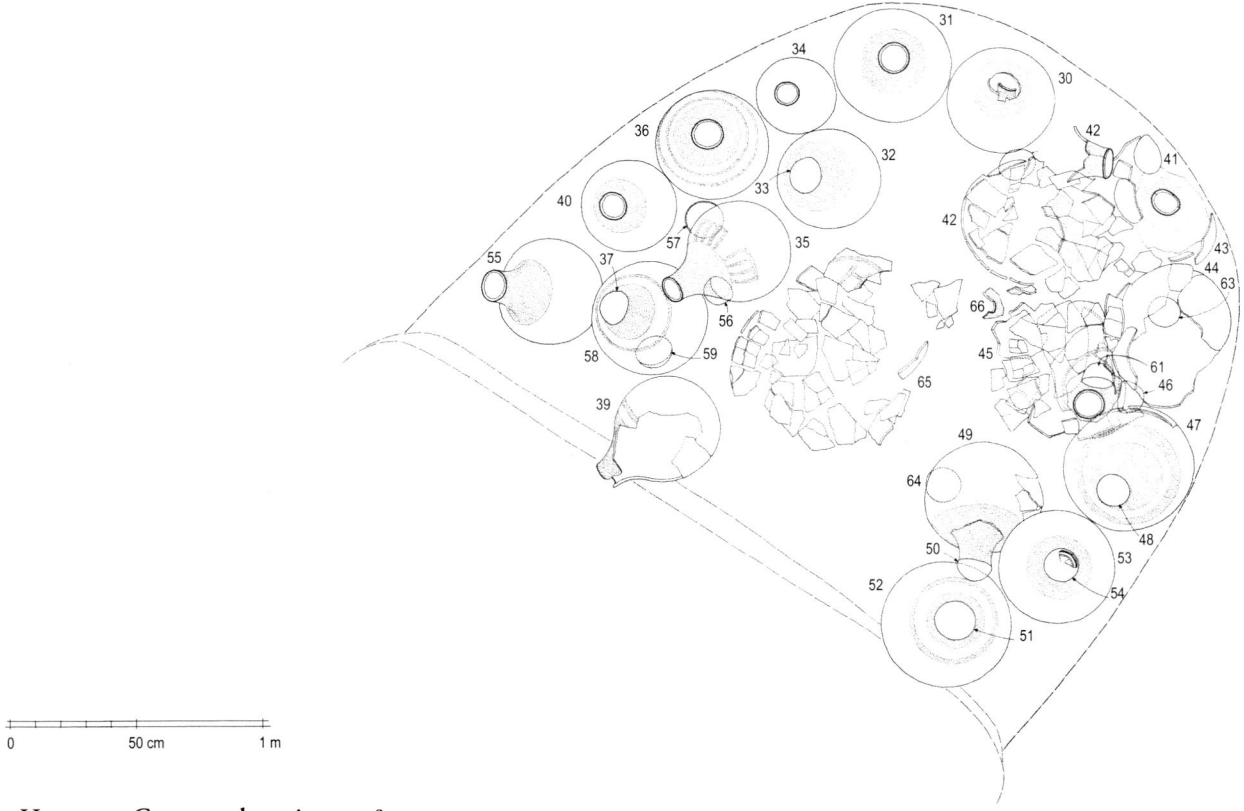

0   50 cm   1 m

Fig. 20. Hbg iii/1. Contenu du puits. 1/30ᵉ.

Le matériel sacrificiel a suivi (fig. 23) : harnais du cheval sur les talons des lances et sur un carquois, couteaux sur carquois. Puis l'équipement de l'encensement, avec bouteille ultérieurement renversée, et celui d'une libation, peut-être écarté par les pillards, avec coupe, bassin et petite bonbonne. On a enfin empilé les premières bonbonnes pansues du banquet, quatre sur le plancher et trois au-dessus, recouvertes de coupes et sans doute encore pleines, au moins partiellement, en équilibre, puis on a glissé d'autres coupes dans les interstices, les employant parfois à caler. On notera que la coupe inscrite figure parmi ces dernières. Il ne restait dans la cavité qu'un espace vide, fort restreint, au sud : faut-il restituer des objets de matière périssable (vannerie, sparterie ou menuiserie) ?

Le banquet a continué de pourvoir la fosse en remplissant le puits, sans qu'on pense à empiler (fig. 20). La surface était entièrement occupée par des récipients, volumineuses bonbonnes céramiques ou petites coupes en bronze. Les secondent coiffaient certaines des premières, sans doute encore pleines, ou parfois les calaient au sol pour maintenir en position droite celles que l'on n'avait pas appuyées contre les parois. On notera que toutes les coupes spéciales, à appliques soudées, figuraient dans le puits.

On a épuisé l'équipement du banquet en alignant les vingt-six dernières bonbonnes tout le long des parois de la descente (fig. 19). On n'aurait guère pu loger qu'un ou deux de ces récipients supplémentaires dans la file. Elles ont été maintenues à la verticale non plus à l'aide de coupes, mais enfouies et entourées de mottes d'argile. Leurs cols n'étaient ni coiffés ni bouchés ; les bouchons périssables n'auraient pas été retrouvés, mais les matériaux connus, mortier de terre ou « plâtre », manquaient absolument, même en traces sur la lèvre interne. Il faut probablement supposer que ces bonbonnes étaient vides lors de l'enfouissement ; on n'aurait plus eu de raison de les obturer ni de les préserver. Toutes ont été écrasées sur place sous le poids des remblais de la descente et des matériaux du tumulus.

Pillage

L'invraisemblable fouillis dans la cavité, succédant aux dégâts limités dans le puits, découle de l'entassement du matériel qui a fortement gêné les pillards. On suit leur évolution depuis la tranchée dans le tumulus jusqu'à la cavité grâce au bris des céramiques. Ils ont erré quelque peu à la recherche de la descente, ont découvert la paroi sud-ouest de son losange, ont évacué presque complètement dans leurs déblais les bonbonnes n°s 21-23, et les n°s 12-15 à moitié. Ils ont repéré le bouchage du puits et ont dégagé les madriers par l'ouverture, en écrasant les bonbonnes centrales et en préservant les latérales. L'embarras était maximal dans la cavité : les bonbonnes ont été entassées sur deux rangs de hauteur, et il leur fallut les écraser pour accéder au défunt sur sa couche. Quelques richesses ont été déplacées et entassées, telles quelques flèches examinées puis rejetées, mais la plupart des armes disposées autour de l'inhumé sont restées intactes. Après extraction du corps, évidemment apparent, les pillards ne se sont nullement intéressés au matériel liturgique. Même le balsamaire en verre est demeuré intact, tout juste renversé sur le sol. La fosse non refermée a été remblayée naturellement par les chutes de déblais depuis la tranchée autant que par l'écoulement du sable éolien.

De cet examen de l'état de préservation du matériel découle une évidence. Les rondins bouchant l'ouverture ont tenu jusqu'à l'intervention des pillards : en effet, l'effondrement de bois pourris aurait concassé toutes les bonbonnes du puits. Les visiteurs n'ont pas eu à racler le sol de la tombe pour trouver le défunt. Ils n'ont laissé aucun ossement : le squelette maintenait ses connexions. Peu d'années ont passé entre l'inhumation et le pillage : si l'humidité peut expliquer une longue tenue du bois malgré les termites, elle ne peut interrompre la décomposition organique, surtout en milieu favorable aux aérobies.

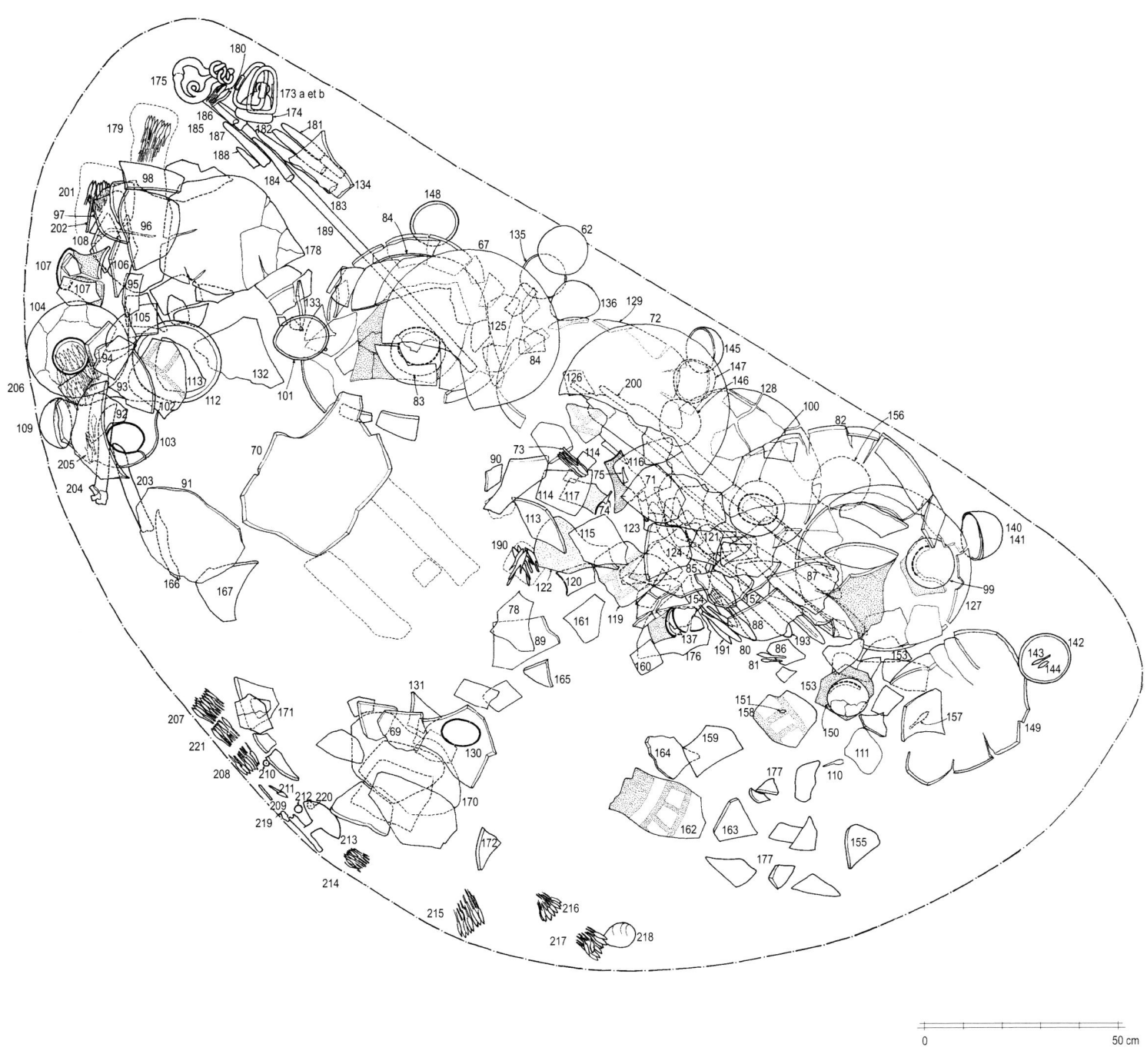

Fig. 21. HBG III/1. Contenu de la cavité. 1/15ᵉ.

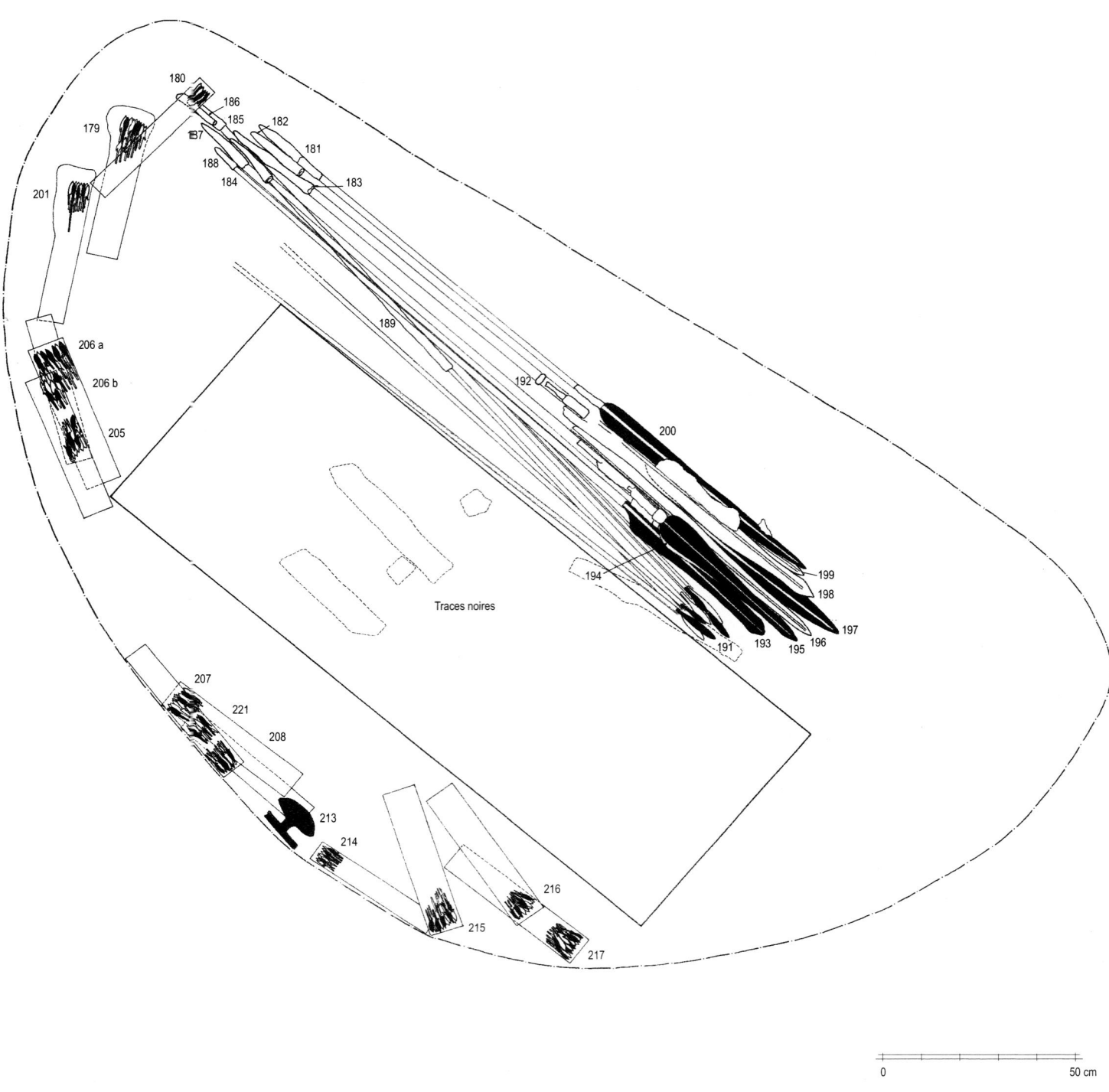

Traces noires

0   50 cm

Fig. 22. Hbg III/1. Disposition de l'armement autour d'une couche funéraire supposée. 1/15ᵉ.

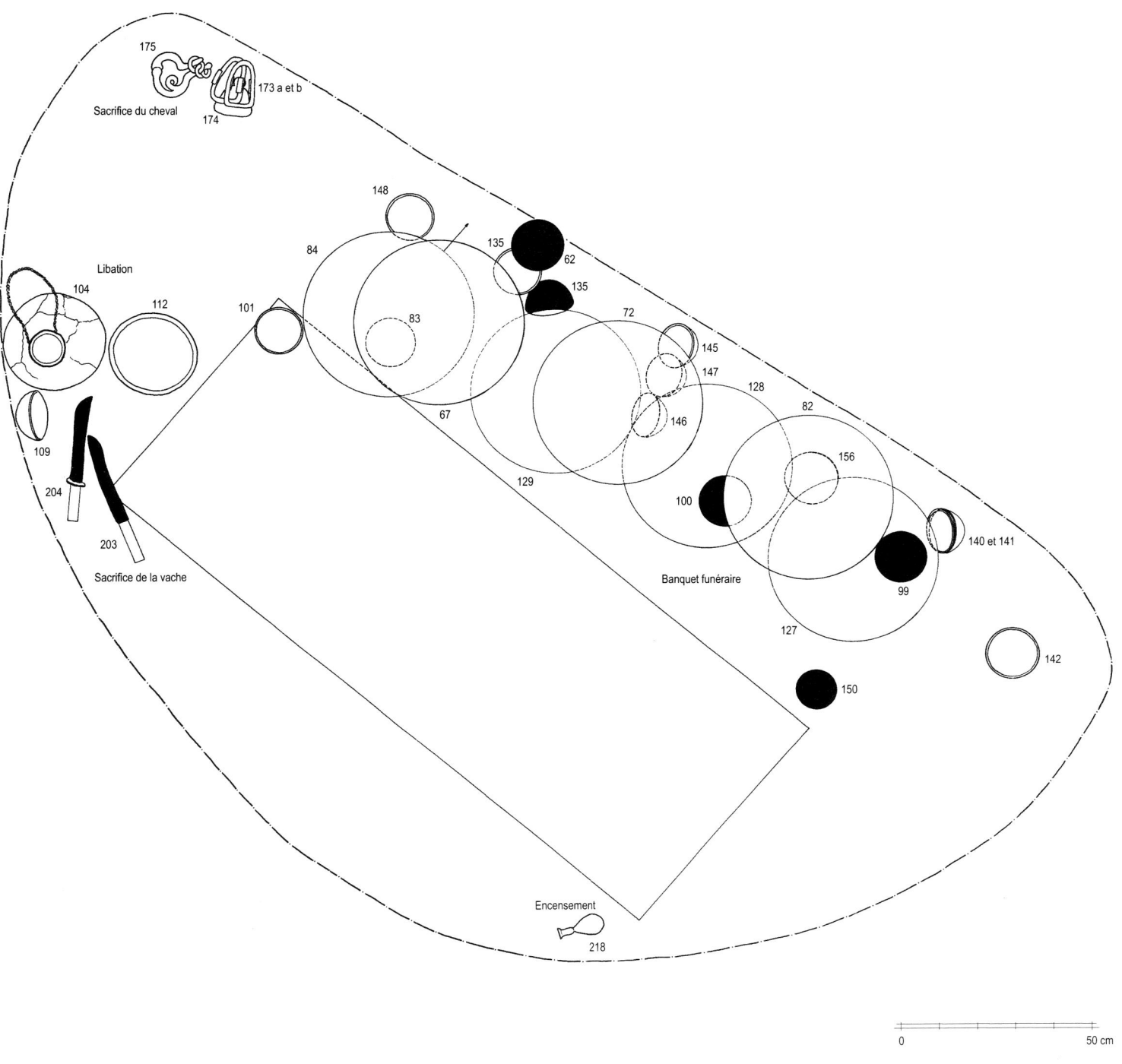

Fig. 23. HBG III/1. Matériel rituel enfoui. 1/15ᵉ.

Ossements

Ossements humains

Hbg iii/1/0. Le squelette a été totalement évacué par les pillards.

Deux sépultures postérieures ont été creusées sur le tumulus (fig. 24) :

Hbg iii/2/0 [Snm 26514]. Squelette aux os physiquement et chimiquement très altérés. L'extrémité des jambes se perdait dans un terrier ou un trou de souche. Le défunt a été couché en position dorsale allongée. Le bras droit était placé le long du corps, main sur le côté correspondant du bassin. Le bras gauche reposait au-dessus du bassin, main sur la main droite.

Hbg iii/3/0 [Snm 26515]. Squelette rendu incomplet par une fouille sommaire, aux os physiquement et chimiquement très altérés. Le défunt a été couché en position dorsale allongée. Le bras droit était placé le long du corps, main sur le côté correspondant du bassin. Le bras gauche reposait sur le ventre, main sur le coude droit.

L'orientation de ces fosses, la position dorsale allongée et l'absence de matériel désignent des tombes chrétiennes. L'orientation des corps, selon l'expérience acquise régionalement à partir d'une petite cinquantaine de tombes seulement, serait indifférente. Elle est identique ici, comme l'est à peu près la position des bras : ces critères pourraient caractériser une même époque.

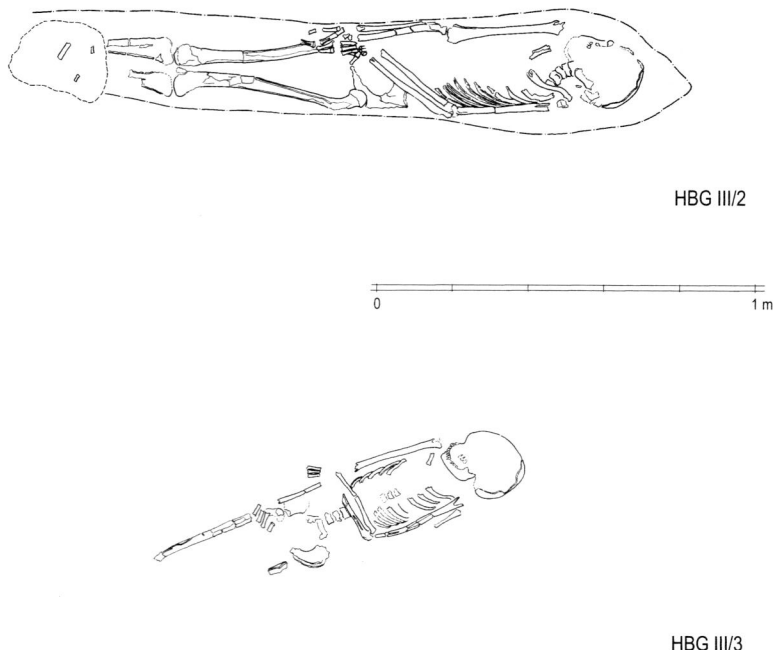

HBG III/2

0   1 m

HBG III/3

Fig. 24. Hbg iii/2-3. Sépultures chrétiennes. 1/20ᵉ.

Ossements animaux [SNM 26584]

(fig. 25 ; photos 11a-d)

Les vestiges, chimiquement et physiquement très altérés, concernent des massacres de bovins (détermination réalisée par L. Chaix), et non des bucranes. Ils étaient posés sur le sol de construction du tumulus et espacés sur une surface triangulaire de 1,25 m de côté et 85 cm de hauteur. La partie cornée a totalement disparu ; restent les cornillons, encore assemblés par paires (HBG III/1/258-261), avec des fragments jointifs des frontaux, ou séparés (HBG III/1/262-269), sans doute par cassure volontaire. On constate donc que le nombre minimum d'individus est de huit vaches, bœufs ou taureaux. Bien sûr, la présence d'une telle quantité de massacres ne prouve pas le sacrifice funéraire d'autant d'animaux, mais souligne l'emploi d'au moins quatre et d'au plus huit symboles encornés lors de la cérémonie, dont certains ont été finalement rompus.

Le harnais de monture trouvé dans la cavité a fait rechercher un squelette extérieur à la tombe, faute de place dans la fosse déjà fortement encombrée, mais on n'a repéré aucun ossement ni aucune fosse ayant pu les contenir. La fouille est cependant inachevée. De plus, les exemples de Méroé, d'el-Kourrou et de Qoustoul enseignent que les fosses sacrificielles peuvent être assez éloignées de la tombe.

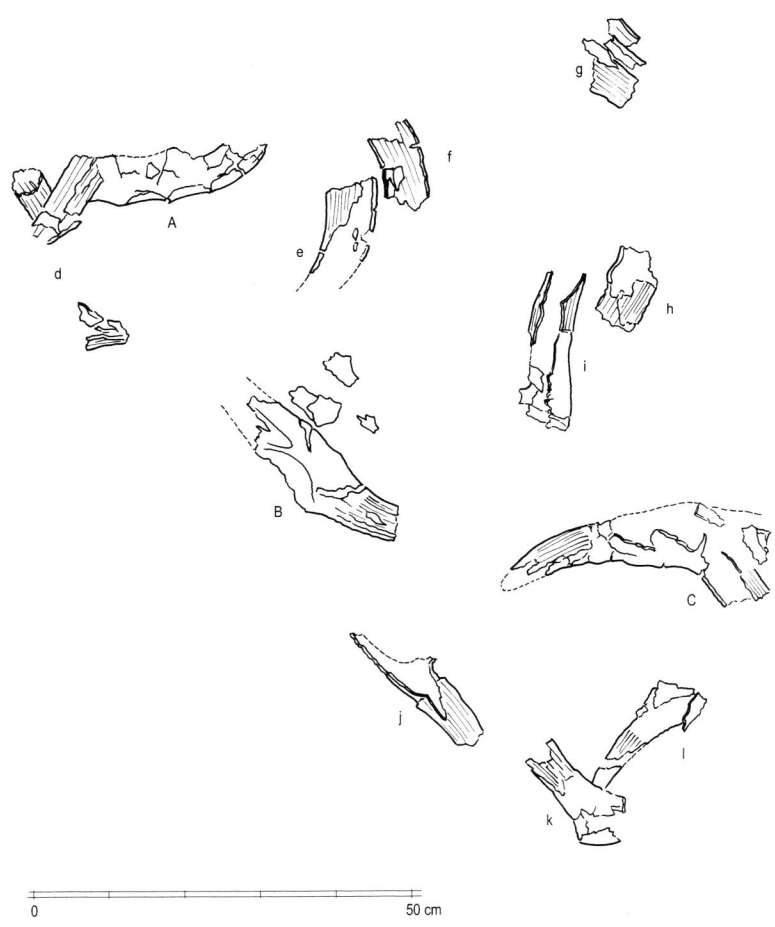

0   50 cm

Fig. 25. HBG III/1. Massacre de bovidés sous le tumulus. 1/10ᵉ.

Test d'œuf

Il peut sembler peu approprié de ranger d'autres matières dures animales que les os dans la rubrique « ossements ». L'étrangeté a du moins l'avantage de souligner un défaut majeur de classement dans la publication des pyramides. La logique exige que l'on sépare clairement les vestiges humains du défunt principal, justifiant la cérémonie funéraire, des autres vestiges osseux humains ou animaux, qui ont contribué à l'équipement de cette cérémonie.

Dans l'espace des massacres a été trouvée la coquille d'un œuf (n° 257) [Snm 26379], malencontreusement exhumée à la houe sans localisation précise immédiate. Le test mesure 5 cm de hauteur, 3,9 cm de diamètre et moins de 1 mm d'épaisseur. La place de cet œuf garantit presque que la trouvaille n'est pas due à une ponte souterraine fortuite. La coquille, désormais privée de couleur, est percée latéralement de deux trous distants de 4 mm, l'un de 2 × 1 mm, l'autre de 5 × 3 mm : c'est la preuve d'un évidement ancien volontaire.

Récipients

La quantité de récipients, près d'une centaine, justifie que l'on scinde la rubrique et que l'on tente de sérier cette masse d'objets apparemment indifférenciés. Comme un canon liturgique peut gouverner l'emploi de catégories de conteneurs et présider à leur lieu d'enfouissement, une séparation logique peut être choisie en raison des volumes architecturaux.

Les descriptions données sont, pour la plupart des critères, singulièrement répétitives. Les bonbonnes, par exemple, sont toutes modelées en deux parties, toutes engobées, toutes « rouges » et toutes « nattées ». Il paraît indispensable pourtant de se livrer à cette redondance, qui caractérise un atelier travaillant dans une ville proche ou attaché à un personnage de haut rang, et qui sert à vérifier que la céramique décrite ne relève pas d'une production domestique ou locale, traditionnellement qualifiée d'*Alwa ware*, mais d'une production de masse de qualité que l'on est autorisé à appeler « industrielle ».

Les variations seront parfois données avec des détails peut-être insignifiants. Il a semblé très utile de rédiger un catalogue exhaustif, dans le but d'aider à reconnaître dans le futur les séries de bonbonnes multipliées au moins par dizaines de milliers et répandues entre la 6e et la 5e cataracte, et à les distinguer des nombreuses imitations locales possibles, déjà identifiées à Shendi et el-Kadada. C'est dans ce but aussi, puisqu'ont été découverts à Hbg iii/1 des prototypes, que toutes les bonbonnes ont été patiemment remontées. La restauration n'a pas été totalement exhaustive en raison du coût et de la durée de l'opération. Elle s'est arrêtée au dénombrement assuré des récipients et aux indications essentielles pour le dessin. Le peu qui manque ne pourra gêner les archéologues d'el-Hobagi et autres sites tumulaires régionaux.

Récipients de la descente   (fig. 26-32)

Ils consistent exclusivement en bonbonnes.

N° 1 [Snm 26224] (fig. 26 ; photo 9). Haut. = 52,8 cm ; diam. = 42,5 × 42,6 cm ; diam. lèvre = 10,3 × 10,6 cm ; vol. = 35 l. Façonnée en deux parties. Pâte à fraction végétale prononcée et peu de nodules salins. Cassure noire, surface interne noire, surface externe crème avec quelques plages noires. Panse sphérique lissée à l'intérieur, nattée à l'extérieur. Col lissé, engobé et bruni, avec stries horizontales au raccord, plus obliques au-dessus. Engobe rouge brique débordant sur la lèvre interne. Avec la même solution, peinture de trois bandes sur l'épaule et le ventre du récipient, ultérieurement brunies.

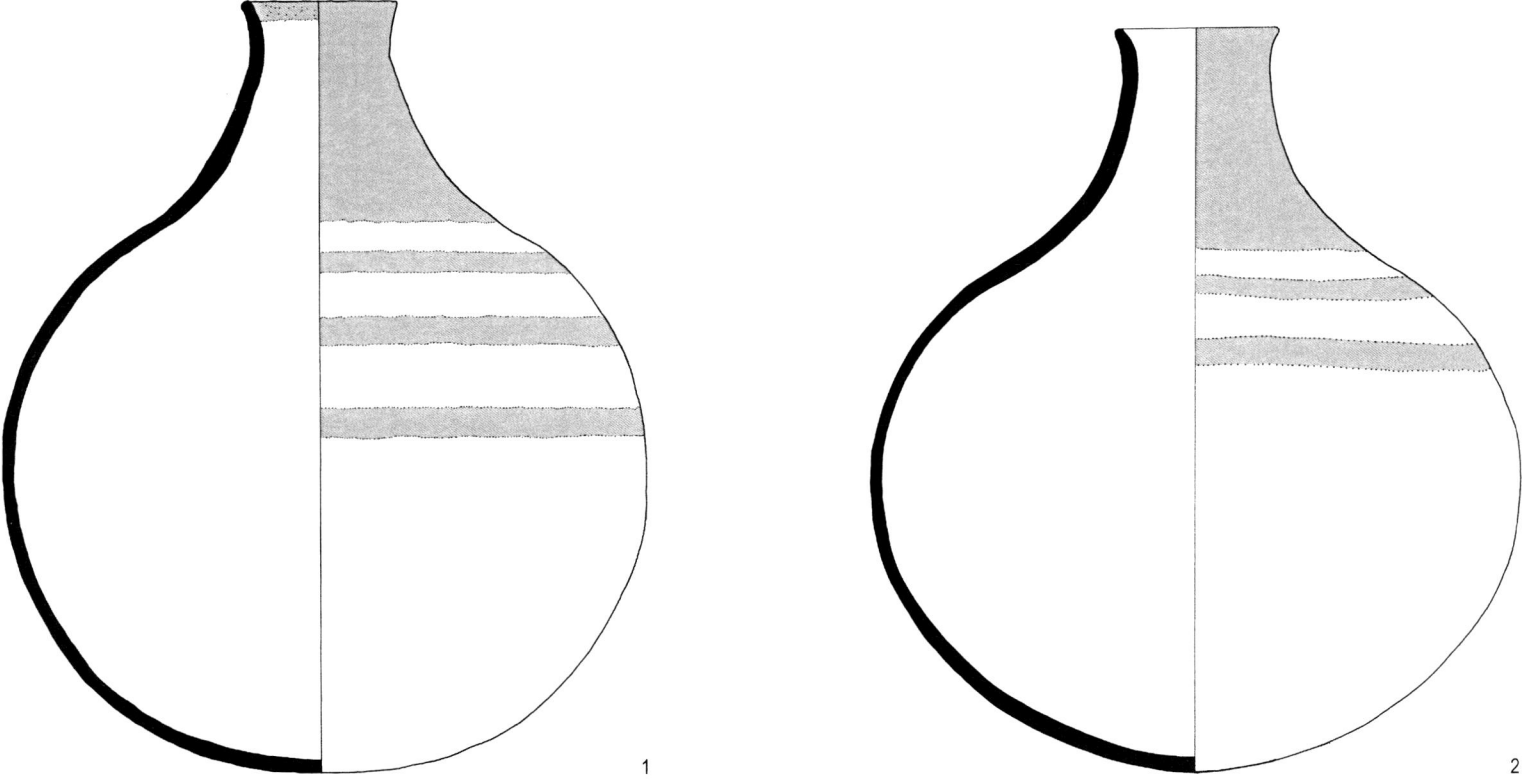

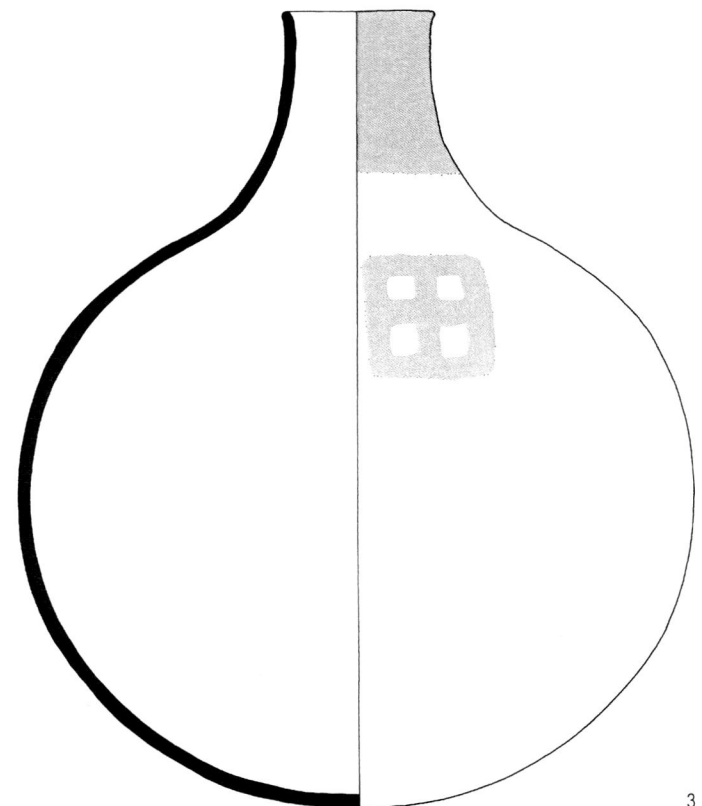

Fig. 26. HBG III/1. Descente, bonbonnes n°s 1, 2 et 3. 1/5e.

N° 2 [SNM 26225] (fig. 26). Haut. = 50,8 cm ; diam. = 43,2 × 43 cm ; diam. lèvre. = 11 × 10,8 cm ; vol. = 34 l. Façonnée en deux parties. Pâte à fraction sableuse abondante (grains fins arrondis) et nodules salins. Cassure noire, surface interne noire, surface externe orangée avec plages noires. Panse sphérique lissée à l'intérieur, nattée à l'extérieur. Col lissé, engobé et bruni verticalement. Réserve entre col et panse. Engobe rouge brique, utilisé aussi pour la peinture de deux bandes sur l'épaule, brunies. Les bandes ne sont ni régulières ni horizontales : le vase ne pivote pas quand on applique l'engobe.

N° 3 [SNM 26226] (fig. 26). Haut. = 54,6 cm ; diam. = 44,8 cm ; diam. min. = 10,4 cm ; vol. = 39 l. Façonnée en deux parties. Pâte à fraction végétale normale. Cassure noire, surface interne noire, surface externe rouge. Panse sphérique lissée à l'intérieur et nattée à l'extérieur. Col lissé, engobé et bruni avec stries verticales. Engobe rouge brique, utilisé aussi pour la peinture de quatre motifs identiques (un carré divisé par ses médianes).

La prospection des champs tumulaires entre les 6ᵉ et 5ᵉ cataractes n'a jamais livré de motifs peints. Cette donnée demande évidemment bien plus ample confirmation, mais l'on peut questionner la spécificité d'un décor à el-Hobagi, limité jusqu'ici à HBG III. L'interprétation ne peut qu'en rester des plus prudentes : allusion à une table d'offrandes divisée en quatre quartiers, signe de la pyramide ?

N° 4 [SNM 26227] (fig. 27). Haut. = 58,6 cm après découpage ; diam. = 41,8 × 42,8 cm ; diam. min. = 8,2 cm à l'étranglement ; vol. = 32 l. Façonnée en deux parties. Pâte à fraction végétale importante, sans sable, mais avec beaucoup de nodules salins. Cassure noire, mais cuisson suffisant à teinter l'intérieur en brun clair, surface extérieure brun-rouge. Les parois sont particulièrement minces, d'une épaisseur ne variant que de 5 à 7 mm. Panse lissée à l'intérieur, avec de nombreuses traces fibreuses du tampon en bouchon végétal, et nattée à l'extérieur. Col lissé, engobé et bruni verticalement et horizontalement. L'engobe envahit complètement l'épaule et le ventre de manière irrégulière : le brunissage y devient un patchwork en tous sens. La lèvre a été cassée et le col élimé pour égalisation : on ne peut reconstituer le profil complet d'origine.

N° 5 [SNM 26228] (fig. 27). Haut. = 53,3 cm ; diam. = 43,7 × 43,3 cm ; diam. min. = 11,6 × 11,5 cm ; vol. = 35 l. Façonnée en deux parties. Pâte à fraction sableuse à nodules salins apparents, avec beaucoup de végétaux fins, friable et cassante. Cassure noire, intérieur grenat, extérieur presque grenat. Panse brossée (longues incisions par des végétaux) puis lissée à l'intérieur, nattée à l'extérieur. Col lissé, engobé, bruni verticalement et horizontalement : l'engobe rouge brique tient mal et se délite en cloques. Réserve entre col et panse. La même barbotine imparfaite a servi à dessiner cinq cercles sur l'épaule, parfois approximatifs. Elle déborde sur la lèvre, maculée de traces de doigts.

N° 6 [SNM 26229] (fig. 27). Haut. = 40,4 cm ; diam. = 32,6 × 32,3 cm ; diam. min. = 9,3 cm ; vol. = 15 l. Façonnée en deux parties. Pâte à fraction végétale importante, nodules salins, peu de sable. Cassure noire, surface externe brun-noir, surface interne brune. Panse à parois épaisses, lissée à l'intérieur et nattée à l'extérieur. Col lissé, engobé et bruni verticalement et horizontalement. Engobe de couleur grenat, plus liquide et moins pâteux que d'ordinaire. Large réserve entre col et panse.

Cette bonbonne, de grand poids pour une petite contenance, peut être exclue de la collection industrielle à titre provisoire.

N° 7 [SNM 26230] (fig. 27). Haut. = 52,2 cm ; diam. = 43,1 × ? cm ; diam. min. = 9,5 cm ; vol. = 37 l. Façonnée en deux parties, non complétée. Pâte peu sableuse, avec nodules et beaucoup de végétaux. Cassure noire, couleur gris clair à l'intérieur, de crème à rouge brique à l'extérieur, avec plages plus ou moins noires. Panse sphérique, lissée à l'intérieur, nattée à l'extérieur. Col lissé, engobé et bruni dans les sens vertical et horizontal. Le raccord entre les deux parties, bien visible sur les tessons, se fait en un très long biseau correspondant peu

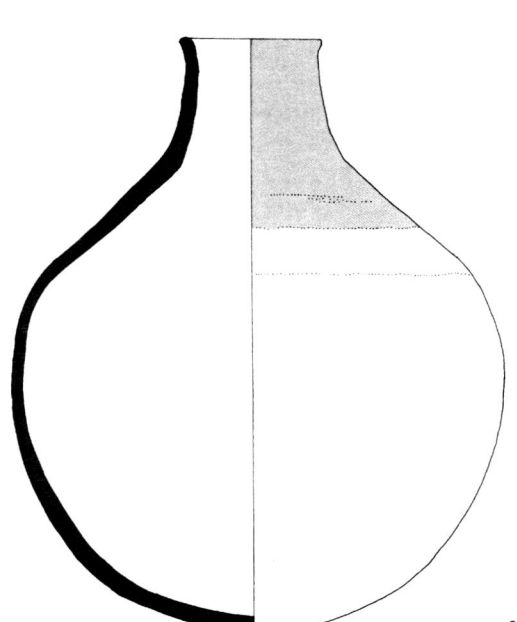

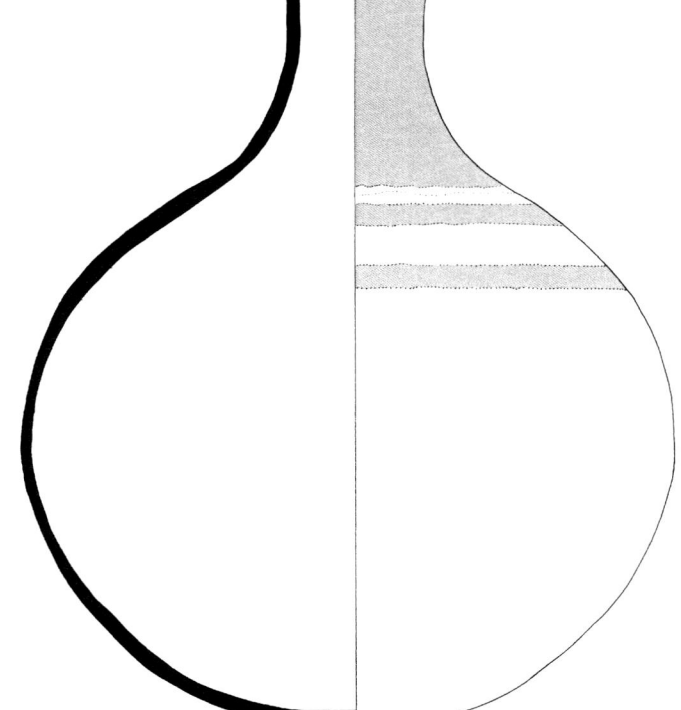

Fig. 27. HBG III/1. Descente, bonbonnes n°s 4, 5, 6 et 7. 1/5e.

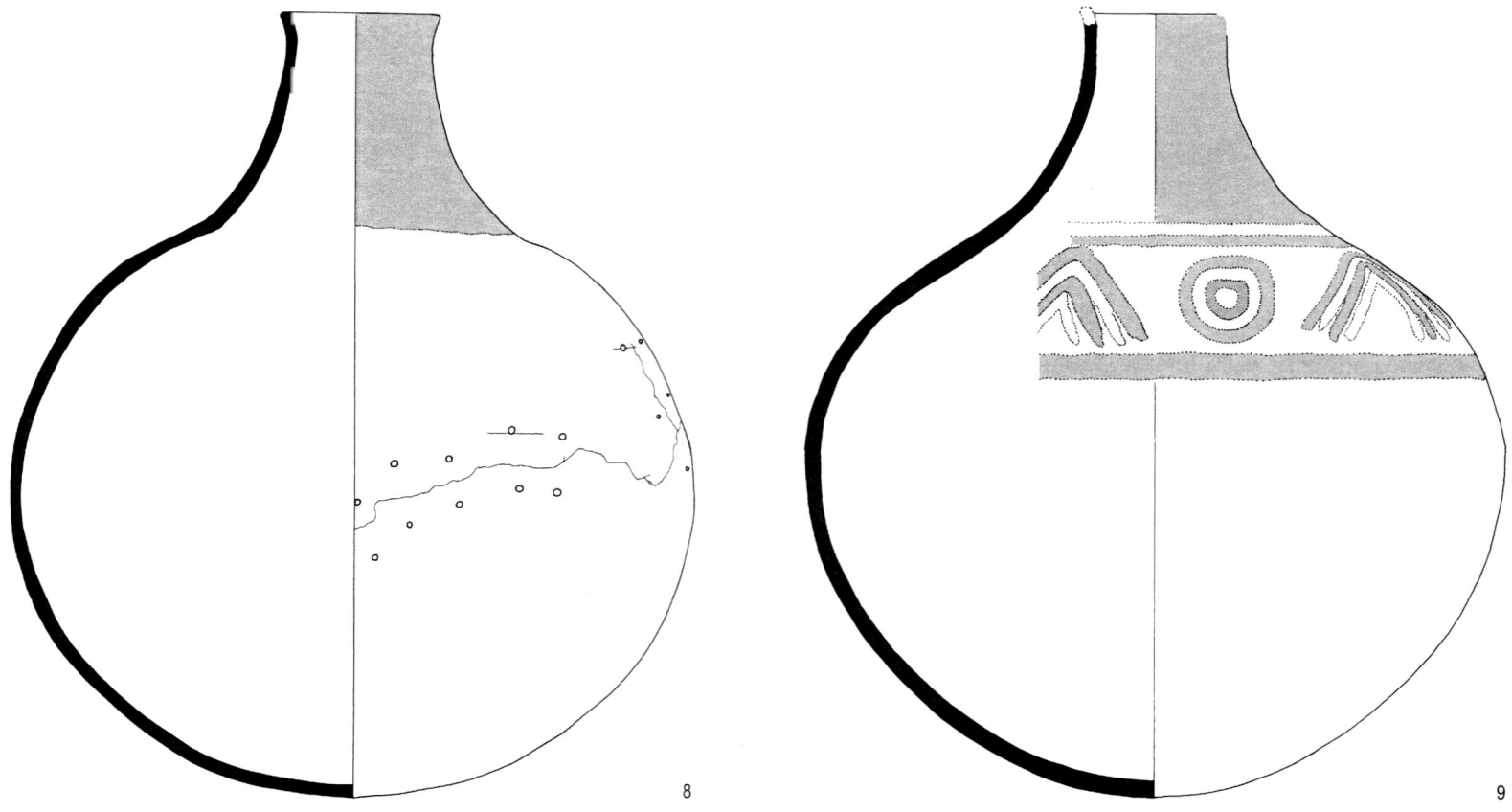

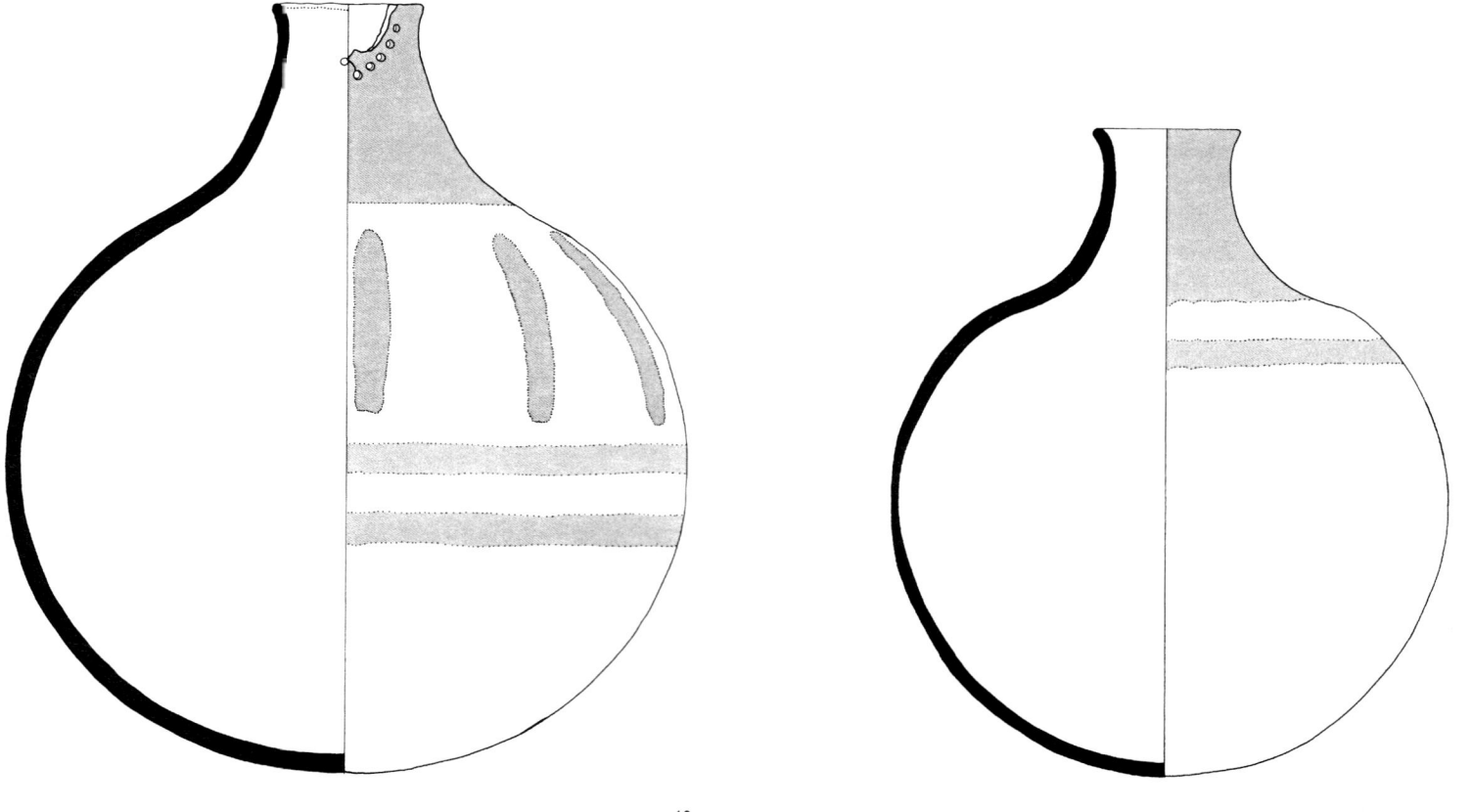

Fig. 28. HBG III/I. Descente, bonbonnes nᵒˢ 8, 9, 10 et 11. 1/5ᵉ.

à la très mince réserve entre la zone d'engobage du col et la zone de nattage de la panse : indication supplémentaire selon laquelle le nattage résulte d'une roulette et non de l'empreinte d'un tamponnage sur natte. Avec la solution de l'engobe, deux bandes ont été tracées sur l'épaule.

N° 8 [SNM 26231] (fig. **28**). Haut. = 55,6 cm ; diam. = 47,6 × 47 cm ; diam. min. = 11 × ? cm ; vol. = 45 l. Façonnée en deux parties, non complétée. Pâte à nombreux granules salins apparents, dépassant parfois 2 mm de dimension. Cassure noire, intérieur crème, extérieur rouge brique. Panse sphérique, lissée à l'intérieur et nattée à l'extérieur jusqu'à l'engobe du col. Sur l'épaule, traces des ficelles de la roulette comme sur HBG 4/C. Col lissé, engobé et bruni surtout dans le sens horizontal. Pas de réserve. La panse a été cassée anciennement, avec réparation usuelle par perforation d'au moins seize trous.

N° 9 [SNM 26232] (fig. **28** ; photo **10**). Haut. = 56,2 cm ; diam. = 48,6 × 47,6 cm ; diam. min. = 10,4 cm (?) ; vol. = 44 l. Façonnée en deux parties. Pâte habituelle, sans particularités visibles. Cassure noire, surface interne noire, surface externe rouge brique. Panse sphérique à parois relativement épaisses (1 cm), lissée à l'intérieur et nattée à l'extérieur. Col lissé, engobé, bruni avec soin. L'engobe est très épais, atteignant parfois 1 mm. Il a également servi à la peinture de deux bandes ornant une frise ainsi qu'à la couleur rouge des motifs, alternant avec une solution blanche, également très épaisse. Les motifs consistent en des cercles concentriques alternant avec des chevrons emboîtés. Dans chaque motif, les couleurs alternent. Les motifs ronds présentent à trois ou quatre cercles.

N° 10 [SNM 26233] (fig. **28** ; photo **10**). Haut. = 53,6 cm ; diam. = 46,1 × 45,9 cm ; diam. min. = 10,2 cm ; vol. = 41 l. Façonnée en deux parties. Pâte habituelle. Cassure noire, surface interne noire, surface externe crème à rouge brique. Panse sphérique, légèrement irrégulière et dissymétrique, aux parois épaisses (1 à 1,2 cm), lissée à l'intérieur et nattée à l'extérieur. Col lissé, engobé et bruni, surtout verticalement. Nette réserve entre col et panse. L'engobe rouge a servi à peindre deux bandes basses sur la panse et onze traits verticaux régulièrement espacés sur l'épaule. Le col a été cassé anciennement et réparé avec perforations et ligatures.

N° 11 [SNM 26234] (fig. **28**). Haut. = 45 cm ; diam. = 37,6 × 37,4 cm ; diam. min. = 10,1 × 9,9 cm ; vol. = 22 l. Façonnée en deux parties. Pâte avec beaucoup de végétaux et peu de nodules. Cassure noire, intérieur noir, extérieur rouge brique clair. Panse lissée à l'intérieur, nattée à l'extérieur. Col lissé, engobé, bruni surtout horizontalement. Absence de réserve entre col et panse. Comme souvent, l'impression de dissymétrie vient d'un raccordement très légèrement désaxé. L'engobe a servi à peindre une bande sur l'épaule.

J [SNM 26218] : n° 12 et plusieurs tessons trouvés dans les déblais de la tranchée du pillage, rejetés sur le quart sud-ouest du tumulus (fig. **32**). Haut. conservée = 46,7 cm ; diam. = 41,6 × ? cm ; diam. étranglement = 11 cm ; diam. min. = entre 11 et 12 cm ; vol. = 32 l. Façonnée en deux parties, incomplète. Pâte habituelle, sans sable. Cassure noire, surface interne noire jusqu'au col, surface externe rouge brique clair avec plages grises. Panse lissée à l'intérieur, sans traces de végétaux, et nattée à l'extérieur. Col lissé, avec empreinte accidentelle très profonde d'un bouchon végétal en cylindre, puis engobé et bruni. Le même engobe a servi à peindre deux bandes sur l'épaule et sur le ventre.

P [SNM 26235] : n° 13 et tessons de la tranchée du pillage (fig. **32**). Haut. calculée = 55 cm ; diam. calculé = 47,2 × ? cm ; diam. min. = env. 10,2 cm ; vol. = 43 l. Façonnée en deux parties rapportées, très incomplète, mais de profil reconstituable. Pâte habituelle. Cassure noire, surface interne noire, surface externe crème à rouge brique. Panse sphérique, lissée à l'intérieur, nattée à l'extérieur. Col lissé, engobé et bruni. Raccord par long biseautage, bien perceptible sur l'épaule : la réserve entre l'engobe et le nattage est incompatible avec le lissage du raccord et prouve encore l'emploi d'une roulette. L'engobe du col, fort épais, a aussi servi à tracer deux bandes cernant une frise de plus de 22 barres verticales.

H [Snm 26217] : n° 14 et tessons issus du puits (fig. 31). Haut. conservée = 48,5 cm ; diam. = 43,8 × 44,1 cm ; diam. étranglement = 9 cm ; vol. = 35 l. Façonnée en deux parties, incomplète. Pâte non sableuse, à nombreux petits nodules salins et végétaux habituels. Cassure noire, surface interne brun très clair, surface externe rouge brique clair. Panse sphérique légèrement aplatie, lissée à l'intérieur, sans traces végétales, et nattée à l'extérieur. Col lissé, engobé et bruni horizontalement et verticalement. L'engobe, qui s'est considérablement écaillé, a servi à peindre deux bandes sur l'épaule.

G [Snm 26216] : n°s 15, 69 et 72 trouvés dans la cavité, les tessons du puits, les tessons de la tranchée 1, partie est, et les tessons en quart sud-ouest (fig. 31). Haut. = 55,3 cm ; diam. = 46,5 × 46,9 cm ; diam. min. = 11,5 cm ; vol. = 41 l. Façonnée en deux parties, incomplète. Pâte à importante fraction végétale et sans sable. Cassure noire, surface interne grenat, surface externe rouge brique. Panse sphérique légèrement aplatie à parois irrégulières, lissée à l'intérieur et nattée à l'extérieur. Col lissé, engobé et bruni horizontalement et verticalement. Réserve réduite entre col et panse. L'engobe, très écaillé, qui déborde sur la lèvre interne, a aussi servi à peindre une frise de barres verticales enserrées entre deux bandes.

N° 16 [Snm 26236] (fig. 29). Haut. = 38,5 cm ; diam. = 32,6 × 32,2 cm ; diam. min. = 86 × ? cm ; vol. = 13 l. Façonnée sans le tour en deux parties rapportées, non complétée. Pâte à fraction végétale riche et peu de nodules, avec sable aux grains arrondis : on remarque clairement l'étirement de la pâte provoqué par le tamponnage. Cassure noire, intérieur noir, extérieur rouge brique clair. Panse sphérique, lissée à l'intérieur et nattée à l'extérieur. Col lissé, engobé et bruni dans les deux sens usuels, aux parois épaisses. Réserve entre l'engobage et le nattage. L'engobe a servi à peindre une bande sur l'épaule. On remarque un point de peinture, sans doute accidentel, lui aussi bruni.

N° 17 [Snm 26237] (fig. 29). Haut. = 51 cm ; diam. = 41,3 × 41 cm ; diam. min. = 10,9 cm ; vol. = 35 l. Façonnée en deux parties. Pâte riche en végétaux, sans sable, avec nodules parfois grands (jusqu'à 7 mm), feuilletée par le tamponnage. Cassure noire, intérieur noir, extérieur rouge brique clair avec plages noires. Panse sphérique, lissée à l'intérieur et nattée à l'extérieur ; les parois sont fort minces, généralement de 5 à 6 mm, et allègent considérablement le récipient. Col lissé, engobé et bruni surtout horizontalement. L'engobe est de couleur grenat et déborde à peine sur la lèvre interne.

N° 21 [Snm 26238] (fig. 29). Les dimensions ne peuvent être restituées. Vol. = 35 à 40 l. Panse très fragmentaire, à laquelle on ne peut attribuer sûrement l'un des cols retrouvés. Pâte à fraction végétale importante, sans sable, avec peu de nodules, feuilletée. Cassure noire, couleur interne gris-brun tirant sur le grenat, couleur externe brune avec plages rouge brique. Le lissage interne, hâtif, laisse des empreintes des végétaux du tampon et des traces de doigts. Nattage externe.

N° 22 [Snm 26239] (fig. 29). Vol. = 30 à 35 l. Panse très fragmentaire sans col raccordable. Pâte feuilletée par le tamponnage, sans sable, avec peu de nodules et beaucoup de végétaux. Cassure noire, intérieur noir, extérieur rouge brique foncé avec plages noires. Grossier lissage interne au bouchon végétal. Nattage externe.

N° 23 [Snm 26240]. Panse très fragmentaire, réduite à quelques tessons, non représentée. Que les tessons appartiennent à un même vase se reconnaît au lissage soigné de la paroi interne et à la coloration d'un noir bleuté. Pâte riche en végétaux, pauvre en nodules, sans sable. Cassure noire, extérieur rouge brique variable. Nattage externe.

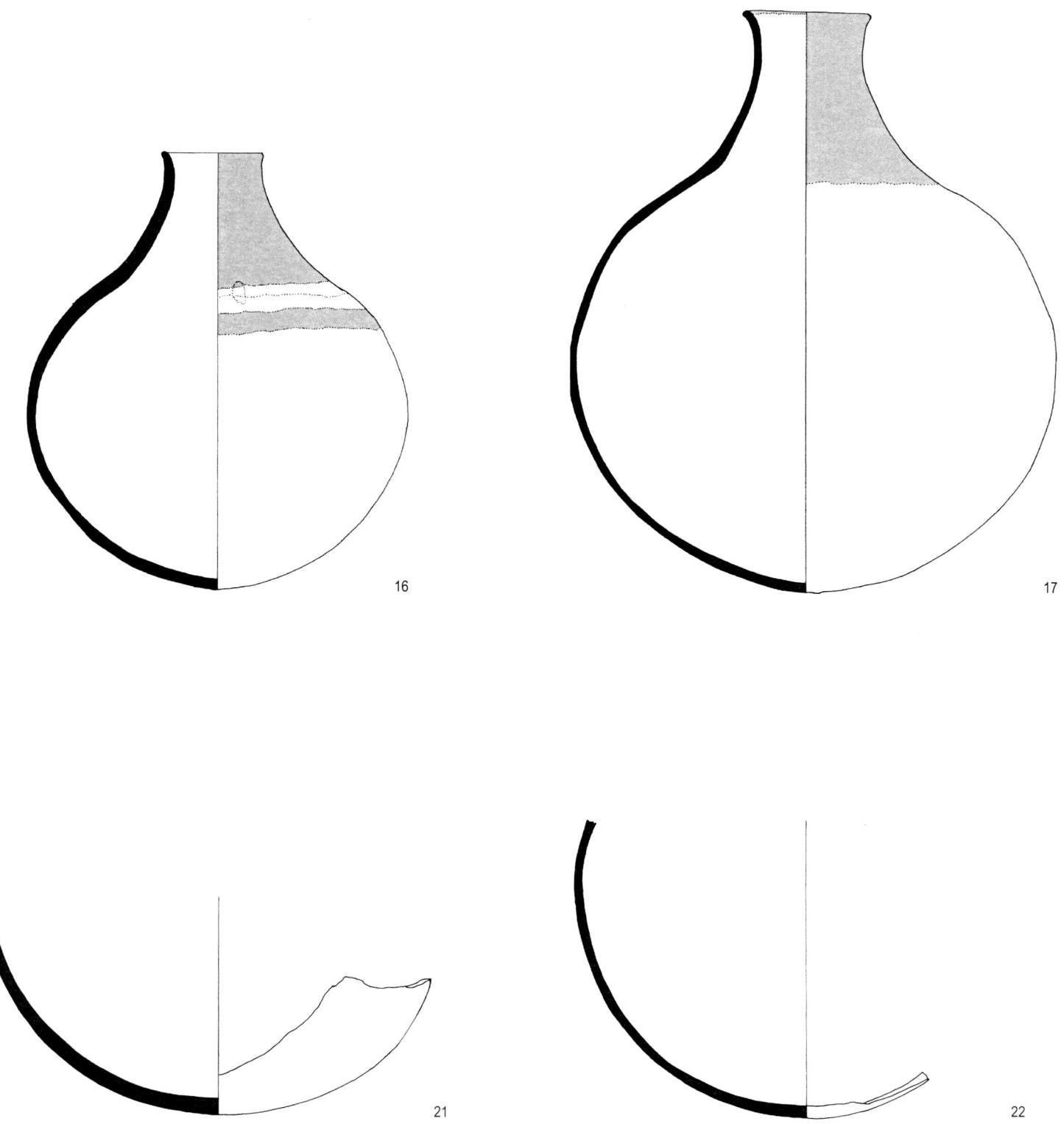

Fig. 29. HBG III/1. Descente, bonbonnes nᵒˢ 16, 17, 21 et 22. 1/5ᵉ.

Fig. 30. Hbᵤ III/1. Descente, bonbonnes nᵒˢ 24, 25, 26 et 27. 1/5ᵉ.

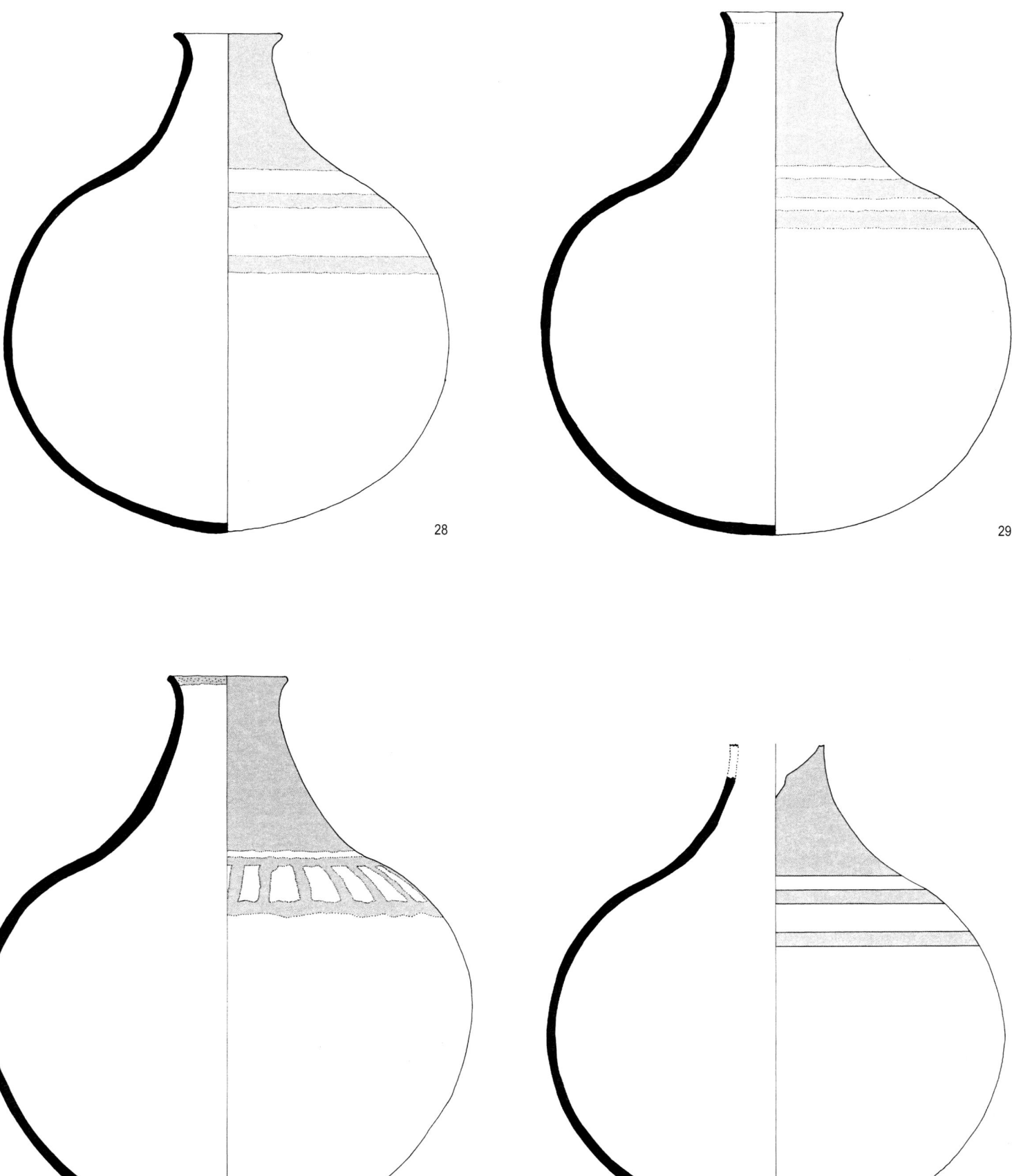

Fig. 31. HBG III/1. Descente, bonbonnes n°s 28, 29, G et H. 1/5e.

O [SNM 26624] (fig. 32). Col retrouvé en tessons dans le trou de pillage. L'un des tessons a servi de racloir. Pâte usuelle. Cassure noire, extérieur rouge brique, intérieur terne. Col lissé, engobé et bruni surtout verticalement. Ce col appartient probablement à l'une des bonbonnes n°s 21, 22 ou 23.

N [SNM 26619] (fig. 32). Col et épaule retrouvés en tessons dans le trou de pillage, en divers endroits. Pâte usuelle. Cassure noire, extérieur rouge brique, intérieur noir. Col lissé, engobé et bruni surtout horizontalement. Il n'y a pas de réserve entre nattage et engobage. Nombreuses traces internes du bouchon végétal. Ce col appartient probablement à l'une des bonbonnes n°s 21, 22 ou 23.

N° 24 [SNM 26241] (fig. 30). Haut. = 53,6 cm ; diam. = 44,8 cm ; diam. min. = 11 × 11,8 cm ; vol. = 39 l. Façonnée en deux parties. Pâte à fraction végétale riche, sans sable. Cassure noire, surface interne de crème à grenat, surface externe rouge brique foncé. Panse sphéroïdale à parois épaisses et irrégulières (de 9 à 12-13 mm), lissée grossièrement à l'intérieur, nattée à l'extérieur. Col déformé, lissé, engobé et bruni surtout verticalement. L'engobe a servi à peindre deux bandes sur l'épaule.
On peut songer à écarter cette bonbonne de la série industrielle. Les caractéristiques principales demeurent, et seul pose question l'alourdissement du récipient par des parois épaisses. On éprouve de grandes difficultés à sérier ces produits selon des critères objectifs.

N° 25 [SNM 26242] (fig. 30). Haut. = 54,1 cm ; diam. = 46,6 × 46,3 cm ; diam. min. = 11,1 × 11,1 cm ; vol. = 40 l. Façonnée en deux parties. Pâte usuelle. Cassure noire, extérieur crème à rouge brique, intérieur noir. Panse sphérique, lissée à l'intérieur et nattée à l'extérieur. Col lissé, engobé et bruni, avec débordement sur la lèvre interne. Réserve entre nattage et engobage. Le même engobe a servi à peindre sur l'épaule un zigzag continu enserré entre deux bandes.

N° 26 [SNM 26243] (fig. 30). Haut. = 52,8 cm ; diam. = 43,4 × 42,6 cm ; diam. min. = 10,8 cm ; vol. = 34 l. Façonnée en deux parties. Pâte usuelle, avec quelques gros granules salins. Cassure noire, extérieur crème à rouge brique, intérieur noir. Panse déformée, principalement au remontage, peut-être à l'origine ; elle est lissée à l'intérieur et nattée à l'extérieur. Col lissé, engobé et bruni surtout verticalement ; l'engobe est particulièrement peu adhérent. Réserve entre engobage et nattage, avec traces d'un brossage horizontal. L'engobe rouge brique a servi à peindre sur l'épaule cinq motifs identiques de chevron composite.

N° 27 [SNM 26244] (fig. 30). Haut. = 48,7 cm ; diam. = 41,2 × 40,9 cm ; diam. min. = 10 × 9,8 cm ; vol. = 29 l. Façonnée en deux parties. Pâte usuelle. Cassure noire, extérieur crème à rouge brique, intérieur noir. Panse sphérique, lissée à l'intérieur et nattée à l'extérieur. Col lissé, engobé et bruni dans les deux sens. Pas de réserve entre engobage et nattage. L'engobe épais a servi à peindre deux bandes sur l'épaule.

N° 28 [SNM 26245] (fig. 31). Haut. = 49,6 cm ; diam. = 42,3 × 42,5 cm ; diam. min. = 10,5 × 10,5 cm ; vol. = 34 l. Façonnée en deux parties. Pâte sans sable, riche en végétaux. Cassure noire, extérieur orange assez clair avec une grande plage grise, intérieur gris. Panse sphérique, lissée à l'intérieur avec un bouchon fait d'un élément de natte, nattée à l'extérieur. Col lissé, engobé et bruni surtout horizontalement. Réserve entre engobage et nattage. L'engobe épais a servi à peindre deux bandes sur l'épaule.

N° 29 [SNM 26246] (fig. 31). Haut. = 51,9 cm ; diam. = 44,8 × 44,8 cm ; diam. min. = 10,5 × 12,1 cm ; vol. = 38 l. Façonnée en deux parties. Pâte usuelle. Cassure noire, intérieur crème à gris clair, extérieur rouge brique. Panse sphérique légèrement aplatie, lissée à l'intérieur et nattée à l'extérieur. Col lissé, engobé et bruni horizontalement et verticalement. Réserve entre engobage et nattage. L'engobe, rouge brique, a servi à peindre deux bandes.

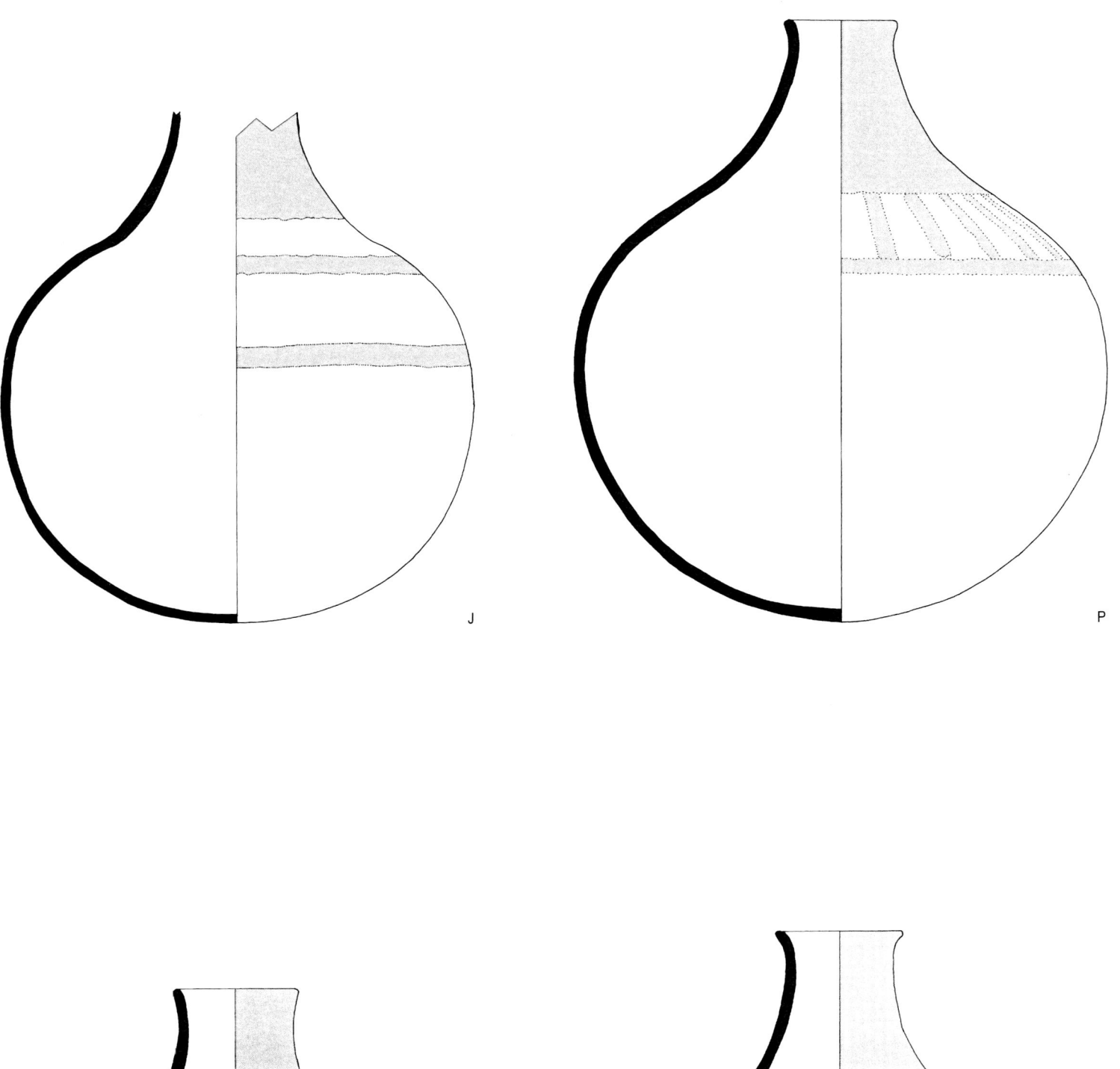

Fig. 32. HBG III/1. Descente, bonbonnes J, P, O et N. 1/5ᵉ.

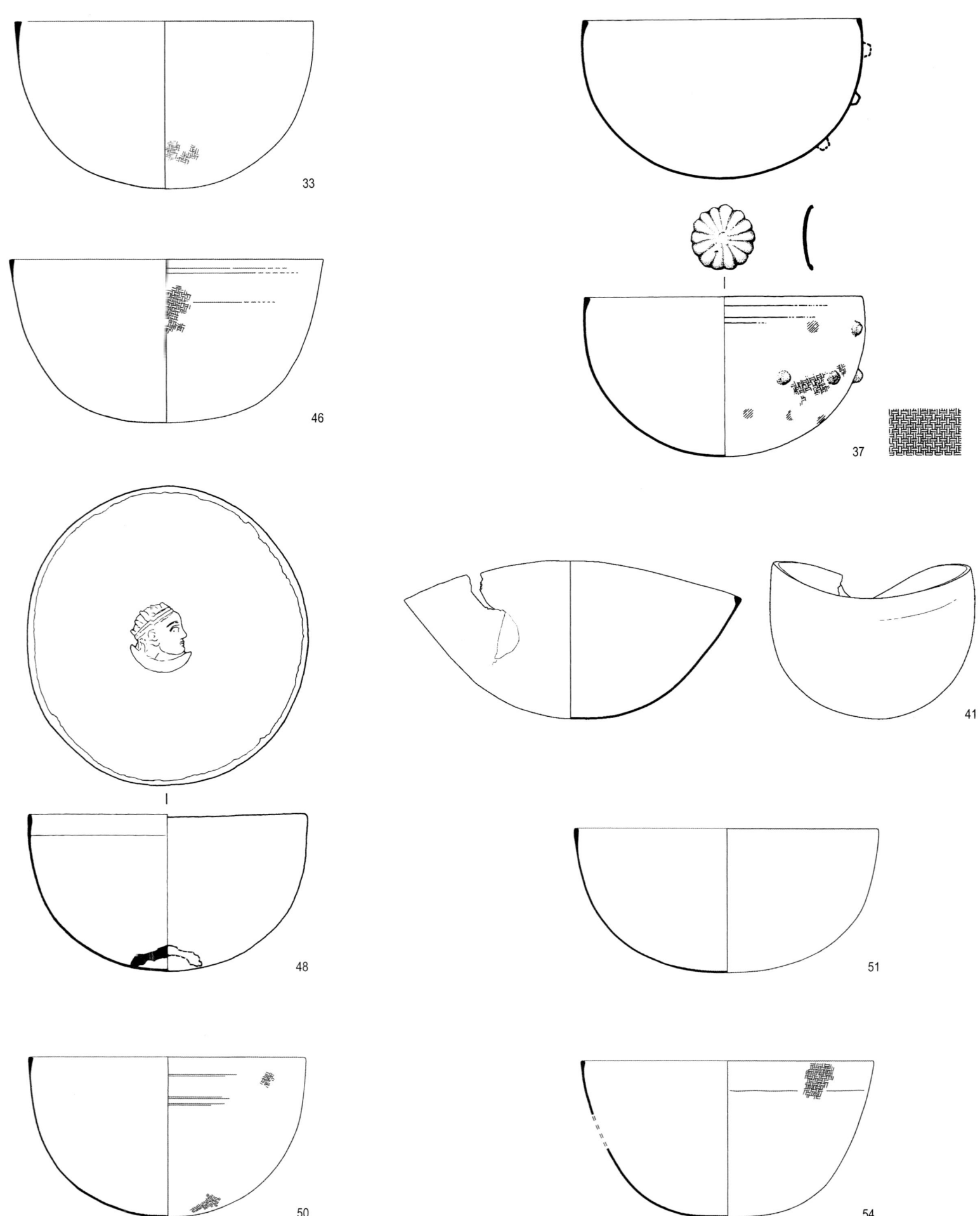

Fig. 33. Hbg III/1. Puits, coupes de bronze n⁰ˢ 33, 37, 41, 46, 48, 50, 51 et 54. 1/2.

Les récipients de la descente consistent exclusivement, on l'a vu, en bonbonnes, aux « décors » relativement variés et fort peu interprétables encore, mais de fabrication identique. Un seul type morphologique et technologique semble s'imposer, sauf pour un ou deux exemplaires. La seule variable vraie résiderait dans le volume, qui écarterait les récipients n°s 6, 11 et 16, respectivement de 15, 22 et 15 l, pour lesquels on pourrait rechercher une autre fonction que celle de la bonbonne ordinaire de 35 à 40 l de contenance moyenne.

Récipients du puits

Coupes et gobelet en bronze
(fig. 33-34 ; photos 50-55)

N° 33 [SNM 26269] (fig. 33). Haut. = 7,5 cm ; diam. = 12,6 × 12,4 cm. Coupe martelée et tournée, en hémisphère légèrement outrepassé, partiellement brisée. La tôle, de moins de 1 mm d'épaisseur, est retournée pour renforcer le bord, de 2 à 3 mm de profil angulaire à double arête vive. L'objet était recouvert, au moins à l'extérieur, d'un tissu, une sorte de gaze à double fil de chaîne et de trame. Ce dernier a disparu, mais se lit encore par des empreintes en négatif ou en positif dans la patine. La coupe semble ne pas être décorée. Retournée, elle coiffait la bonbonne n° 32.

N° 37 [SNM 26270] (fig. 33 ; photos 50-51). Haut. = 6,9 cm ; diam. = 12 × 11,9 cm ; diam. min. = 11,6 × 11,9 cm. [Poids = 121,1 g.] Coupe martelée et tournée, en hémisphère outrepassé, intacte. Tôle relativement épaisse, non mesurable à cause de la patine, retournée selon un aplat à arêtes arrondies de 2 mm d'épaisseur. En position retournée, la coupe recouvrait la bonbonne n° 58. [Restauration CREAM du 27/12/95 au 09/07/96 ; n° atelier 95-28-1, Pascale Chantriaux.]

L'objet était complètement enveloppé dans un tissu de gaze à double fil de chaîne et de trame, que l'on observe à l'extérieur par les oxydes du fond jusqu'à la lèvre et à l'intérieur par des empreintes argileuses ; ses pans couvraient jusqu'à l'applique soudée. Sous la lèvre externe, un bandeau gravé, avec trois filets incisés. Sous le bandeau, [un décor de bossettes (diam. = 7 mm ; haut. = 3,5 mm)] rapportées par soudure, régulièrement espacées et réparties sur trois rangs couvrant toute la panse, [chaque rang comptant 12 ou 13 bossettes. Cinq] d'entre elles sont encore en place, [cinq] sont tombées à la fouille, [les] autres avant l'enfouissement du récipient sur le fond. [La plupart des traces de fixation des bossettes disparues ou détachées sont encore lisibles dans la corrosion, avec parfois quelques restes de soudure.] À l'intérieur, soudée par un alliage à fort taux de plomb, une rosette moulée à quatorze pétales (n° 37a), de 2,7 cm de diamètre et 5 mm d'épaisseur.

N° 41 [SNM 26271] (fig. 33). Haut. = 6,8 cm en l'état, de 5 à 6 cm anciennement ; diam. calculé = 11,6 cm. Coupe martelée et tournée, en calotte hémisphérique, fendue et déformée. Tôle épaisse de moins de 1 mm, retournée selon un aplat de 3 mm d'épaisseur à arêtes vives. Le filet de découpage est externe. L'objet était enveloppé d'un tissu dont on ne lit que des traces en négatif dans l'argile fixée sur le récipient. Il semble ne pas être décoré. Du fait du pillage, la coupe a perdu sa position d'enfouissement : elle calait ou coiffait sans doute l'une des bonbonnes n°s 42 ou 43.

N° 46 [SNM 26272] (fig. 33). Haut. = 7,2 cm ; diam. calculé = 13,4 cm. Coupe martelée et tournée, en calotte hémisphérique surhaussée, brisée et déformée. La tôle, de moins de 1 mm d'épaisseur, est repliée selon un aplat de 2,5 mm d'épaisseur. Elle était enveloppée, à l'intérieur et à l'extérieur, d'un tissu de gaze à double fil de trame et de chaîne, repérable par les oxydes comme par les empreintes sur argile. À l'extérieur, trois filets délimitent un bandeau non décoré. À l'intérieur, deux paires de filets concentriques pouvant encore cerner un bandeau apparemment non décoré. La coupe calait au sol la bonbonne n° 45.

N° 48 [Snm 26273] (fig. 33 ; photos 52-53). Haut. = 5,2 cm ; diam. = 12,2 × 12,3 cm. Coupe martelée et tournée, en calotte hémisphérique, intacte. Tôle épaisse de moins de 1 mm, recourbée en un bord bien aplati de 2,5 mm d'épaisseur. La coupe coiffait, en position renversée, la bonbonne n° 47. [Restauration Cream du 27/12/95 au 09/07/96 ; n° atelier 95-28-2, Patrick Pliska.]

Traces de tissu sur le fond peu lisibles dans l'argile ou par les oxydes ; toutefois, la coupe a été posée totalement enveloppée, car les traces oxydées se multiplient selon le cercle de contact avec le col de la bonbonne. Les traces de tournage abondent sur le fond externe. Cinq filets, une paire au-dessus, un trio plus bas, délimitent un étroit bandeau externe, non décoré. Sur le fond interne, soudé au plomb, un médaillon d'applique en léger relief (n° 48a), de 2,9 cm de hauteur, 2,4 cm de largeur et 9 mm d'épaisseur. [Il est couvert de carbonates de cuivre, et la surface est marquée par une couche noire, lisse, sur la moitié avant du visage.] Le motif, qui paraît imité d'une monnaie, est une tête à droite, à couronne radiée, surmontant un croissant.

N° 50 [Snm 26274] (fig. 33). Haut. = 6,9 cm ; diam. = 11,5 × 11,8 cm. Coupe martelée et tournée, en hémisphère surhaussé, intacte. Tôle épaisse de moins de 1 mm, recourbée en bord aplati par martelage, de 2 mm d'épaisseur. Enveloppe en tissu à double fil de chaîne et de trame, mais qui semble n'avoir pas touché l'intérieur de la coupe. Un bandeau, laissé vide, est délimité par huit filets externes incisés au tour, deux paires au-dessus, autant au-dessous. La coupe a été renversée sur la bonbonne n° 49 pour la coiffer.

N° 51 [Snm 26275] (fig. 33). Haut. = 6,3 cm ; diam. = 13 × 13 cm. Coupe martelée et tournée, en calotte hémisphérique, cassée, mais non déformée. Tôle de moins de 1 mm d'épaisseur, retournée en bord selon un arrondi très vaguement aplati, sans doute selon un fil de section circulaire (non visible faute de cassure de la lèvre). L'encroûtement rend peu apparent le tissu enveloppant, toutefois indubitable et se prolongeant sûrement à l'intérieur. Le tissage était à mailles simples d'un seul fil de trame et de chaîne. Les traces externes de tournage ne peuvent être confondues avec des filets, absents. La coupe coiffait la bonbonne n° 52 en position renversée.

N° 54 [Snm 26276] (fig. 33). Haut. = 6,9 cm ; diam. = 12,3 × 12,2 cm. Coupe martelée et tournée, en calotte hémisphérique surhaussée, fendue, mais peu déformée. Tôle de moins de 1 mm d'épaisseur, recourbée en bord rond légèrement aplati, épais de 2 mm environ. La coupe était renversée sur le col de la bonbonne n° 53. [Elle n'a pas fait l'objet d'une restauration.]

Les traces tissées abondent sur tout le vase, débordant sur la lèvre. Le tissu à mailles plus serrées compte deux fils de chaîne et de trame. On discerne, outre les empreintes sur argile et les oxydes habituels, des restes du fil lui-même. Filet gravé à 1,3 cm sous le bord externe.

N° 56 [Snm 26277] (fig. 34). Haut. = [8] cm ; diam. = 9,9 × 9,8 cm ; diam. lèvre = 9,4 × 9,3 cm. Gobelet à fond plat, martelé et tourné, écrasé et fendu. Fait dans une tôle de 1 mm d'épaisseur, retournée en bord arrondi de 1,5 mm d'épaisseur, sans doute autour d'un fil invisible. L'objet a servi à caler au sol la bonbonne n° 35. [Restauration Cream du 20/01/94 au 13/09/94 ; n° atelier 94-1-1, Pascale Chantriaux.]

Le récipient était totalement enveloppé, les pans du tissu ayant été repliés à l'intérieur. Le tissage est serré, à chaîne et trame simples. Le gobelet est gravé. Incisions, au tour, d'une paire de filets externes sous lesquels se trouve une frise de signes *ânkh* disposés en quinconce.

N° 57 [Snm 26278] (fig. 34). Haut. = 7 cm ; diam. = 12,1 × 12 cm. Coupe hémisphérique, martelée et tournée, seulement fêlée. Sa tôle mesure moins de 1 mm d'épaisseur ; le bord a été aplati avec une telle force qu'il marque un léger dévers interne et une plissure externe. Un tissu à mailles simples d'un seul fil de chaîne et de trame se remarque par les oxydations métalliques ; il a enveloppé au moins la paroi externe. L'objet a servi à caler la bonbonne n° 35, tout comme le gobelet n° 56.

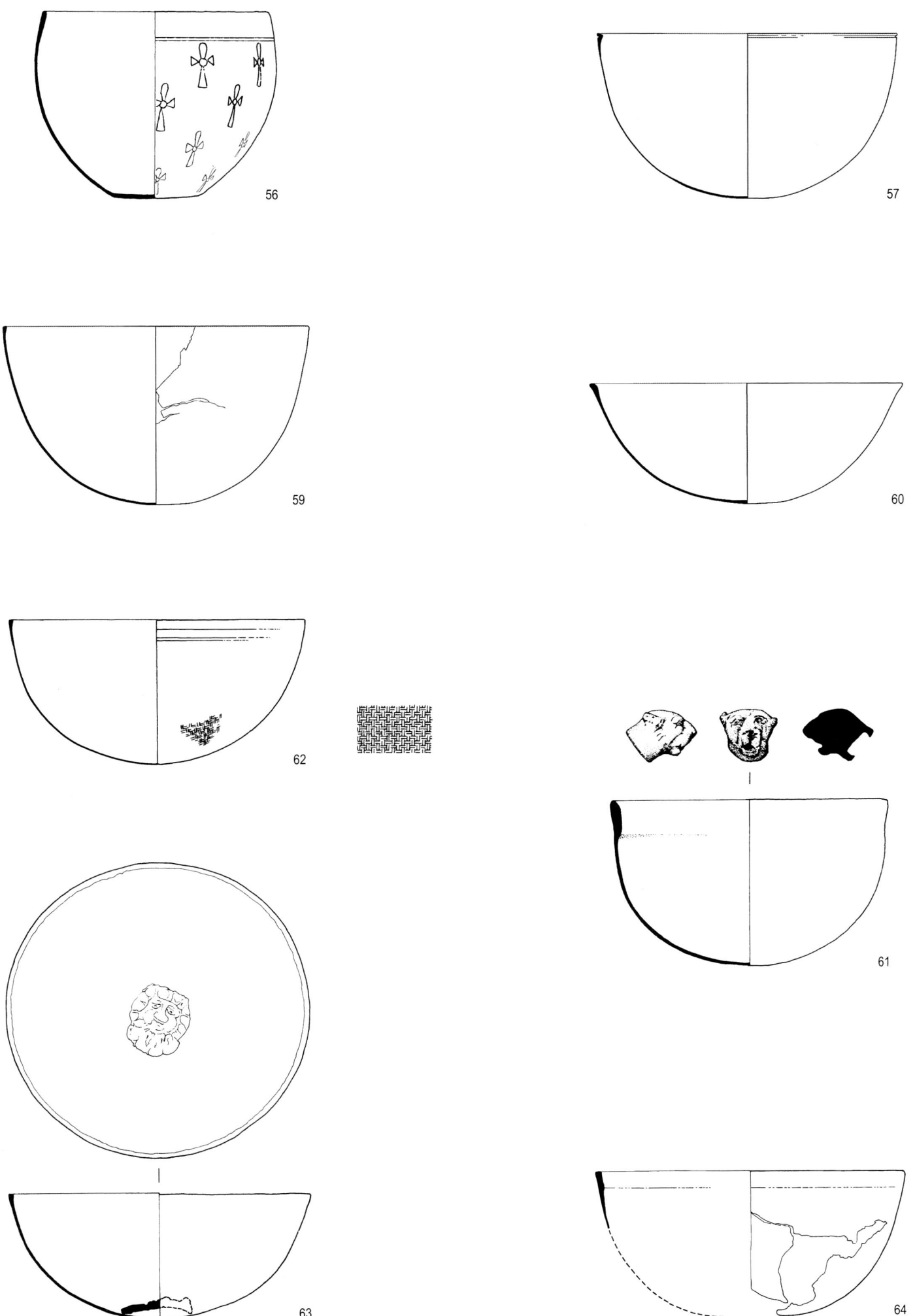

Fig. 34. HBG III/1. Puits, gobelet n° 56 et coupes de bronze n°ˢ 57, 59, 60, 61, 62, 63 et 64. 1/2.

Nº 59 [SNM 26279] (fig. 34). Haut. = 7,6 cm ; diam. = 12,5 × 12,3 cm. Coupe martelée et tournée, en hémisphère surhaussé, fêlée et légèrement déformée. Tôle de moins de 1 mm d'épaisseur, recourbée et martelée pour constituer un bord à arêtes vives de 2 mm d'épaisseur. Il n'y a pas de gravure du moindre filet, mais des traces de tournage. Le tissu se signale à peine par de rares oxydations et empreintes négatives sur argile : c'était une gaze aux mailles quelque peu irrégulières. L'enveloppe se poursuit nettement à l'intérieur du récipient. La coupe a finalement servi à caler la bonbonne nº 58.

Nº 60 [SNM 26280] (fig. 34). Haut. = 5,2 cm ; diam. = 13 × 12,9 cm. Coupe moulée, en calotte hémisphérique surhaussée et évasée, intacte, de grand poids (167 g en l'état d'oxydation). Le bord, épais, donne un arrondi légèrement aplati. Les traces d'un tissu sont peu distinctes, mais visibles par les oxydes et sur l'argile ; il enveloppait complètement le récipient, les pans étant rejetés à l'intérieur. Le maillage n'est toutefois pas discernable.

Nº 61 [SNM 26281] (fig. 34). Haut. = 7 cm ; diam. = 11,4 × 11,3 cm. Tête de lionne : haut. = 2,5 cm ; long. = 2,3 cm ; diam. listel = 1,8 cm. Coupe moulée, en hémisphère surhaussé et évasé, intacte. Le poids est, avec les encroûtements, de 242 g [CREAM : tête de lionne = 40,3 g ; coupe = 210,3 g après restauration]. Lèvre arrondie, bord épaissi à 4 mm sur 1,5 cm de hauteur. Nombreuses traces d'un tournage d'arasement (?). [Restauration CREAM du 27/12/95 au 09/07/96 ; nº atelier 95-28-3, Jean-Baptiste Latour.]

L'objet était totalement enveloppé, jusqu'à l'intérieur, d'un tissu à maillage simple d'un seul fil. Il a été trouvé de chant contre la paroi interne de la bonbonne nº 45, à côté du col effondré qu'il coiffait probablement. Sans le tissu enveloppant, on s'expliquerait mal la découverte complémentaire d'un objet en bronze en forme de tête de lionne à l'intérieur de la coupe. Cette tête (nº 61a) est un embout moulé, muni d'un listel d'emmanchement. Le fond interne de la coupe ne porte pas de trace de soudure, non plus que le listel. La ronde-bosse n'a donc pas été fixée sur la coupe, contrairement à la rosette nº 37a et le médaillon nº 48a, mais utilisée soit telle quelle, soit fixée sur un manche porteur, barre ou hampe de bois le plus probablement. On ne peut, d'après l'imagerie méroïtique, imaginer qu'un sceptre, ou le longeron d'une chaise pliante pour fixer un tel élément emblématique. L'objet a pourtant été détaché de son emmanchement pour être placé dans la coupe et enveloppé avec elle avant que cette dernière ne soit retournée sur la bonbonne qu'elle obturait.

Nº 62 [SNM 26282] (fig. 34). Haut. = 6,1 cm ; diam. = 11,9 × 12,1 cm. Coupe martelée et tournée, hémisphérique, intacte. La tôle, de moins de 1 mm d'épaisseur, est retournée en bord ultérieurement aplati par martelage, de 2,5 mm d'épaisseur. La coupe est représentée dans le matériel de la cavité, mais a été trouvée à hauteur du plancher de la cavité. La bonbonne nº 39 ayant été renversée, il est clair que cette coupe la calait ou la coiffait avant que les deux objets ne soient repoussés soit par le passage des pillards, soit par le remblayage naturel postérieur. Les oxydes gardent les empreintes d'un tissu totalement enveloppant, à double fil de trame et de chaîne. Un bandeau externe, sous la lèvre, est délimité par trois filets incisés au tour. Étroit, il n'a reçu aucun décor.

Nº 63 [SNM 26283] (fig. 34 ; photos 54-55). Haut. = 6,8 cm ; diam. calculé = 12,4 cm. [Poids après nettoyage CREAM = 119,5 g.] Coupe martelée et tournée, en hémisphère surhaussé, intacte, quoiqu'ovalisée. La tôle, de moins de 1 mm d'épaisseur, a été retournée, sans doute autour d'un fil métallique, pour former un bord arrondi irrégulier de 2 mm d'épaisseur. La coupe a été trouvée renversée à l'intérieur de la bonbonne brisée nº 44, à côté des débris du col qu'elle coiffait. [Restauration CREAM du 27/12/95 au 09/07/96 ; nº atelier 95-28-3, Véronique Langlet-Marzloff.]

Un tissu serré à maillage simple enveloppait toute la coupe, avec rejet des pans à l'intérieur du récipient, couvrant le médaillon. Un bandeau est cerné sous la lèvre extérieure par deux paires de filets incisés au tour. Sur le fond interne, une applique (nº 63a) est soudée au plomb : c'est un médaillon en bronze moulé et rudement ciselé, de 2,8 cm de hauteur pour 2,4 cm de largeur et 7 mm d'épaisseur. Il représente une face humaine, strictement frontale, à longue et large barbe, cernée d'une chevelure schématisée par des boucles grossières.

Nᵒ 64 [Snm 26284] (fig. **34**). Haut. = 6,2 cm ; diam. = 12,2 × 12,2 cm. Coupe martelée et tournée, en calotte hémisphérique, cassée, mais peu déformée. La tôle, de moins de 1 mm d'épaisseur, a été retournée, sans doute autour d'un fil métallique de section circulaire, pour former un bord arrondi à peine aplati de 2,5 mm d'épaisseur. Un filet externe, sous la lèvre, est incisé au tour. Le fond présente une apparente concavité, mais il n'est pas sûr que ce soit la trace d'un embout d'axe de tournage : simple enfoncement (?), d'ailleurs réduit et irrégulier. Les traces du tissu enveloppant sont peu distinctes, surtout visibles dans les négatifs de l'argile séchée, mais les oxydes de la lèvre le rendent indubitable. Chaîne et trame étaient probablement à fil double.

Le catalogue des seize récipients en bronze enfouis dans le puits ne fait pas apparaître un ordre de rangement évident. Les bronzes ont servi à un usage encore indéterminé, mais les classifications fonctionnelles que l'on peut tenter selon la forme, la fabrication, l'utilisation finale, le décor, etc., ne nous renseignent guère. Il faut surtout noter que les conteneurs sont tous individuels, tous métalliques et tous enveloppés de tissu. On remarquera cependant, sans pouvoir en tirer de conclusion immédiate, que les conteneurs à image – le nᵒ 48 à tête radiée et croissant, le nᵒ 61 à tête de lionne et le nᵒ 63 à visage barbu – ont tous coiffé une bonbonne, et que les bonbonnes concernées étaient groupées. La coupe nᵒ 37, à simple rosette, a également coiffé une bonbonne, éloignée cependant de ses trois homologues. Enfin, le gobelet nᵒ 56, le seul gravé d'un motif symbolique, a prosaïquement servi à caler une bonbonne.

Bonbonnes céramiques

(fig. 35-39)

Nᵒ 30 [Snm 26247] (fig. **35**). Haut. = 52,3 cm ; diam. = 42,8 × 42,4 cm ; diam. embouchure = env. 9 cm ; vol. = 37 l. Façonnée sans le tour en deux parties rapportées. Pâte non sableuse, avec peu de nodules salins, mais beaucoup de végétaux. Cassure noire, intérieur crème, extérieur rouge brique avec plages limitées d'un noir foncé. Panse sphérique lissée à l'intérieur, nattée à l'extérieur. Col lissé, engobé et bruni en tous sens. Réserve irrégulière entre nattage et engobage du col. Le même engobe a servi à peindre plus de la moitié supérieure de la panse, sans arrêt bien net avec le fond du vase. Le brunissage de cette surface peinte, rendue irrégulière par le nattage, est approximatif : il se présente dans tous les sens et n'aboutit évidemment pas à une finition parfaite.

Nᵒ 31 [Snm 26248] (fig. **35**). Haut. = 49,6 cm ; diam. = 39,7 × 39,3 cm ; diam. min. = 10,2 cm ; vol. = 27 l. Façonnée sans le tour en deux parties rapportées. Pâte usuelle. Cassure noire, surface interne noire, surface externe crème à rouge brique. Panse sphérique, légèrement irrégulière, lissée à l'intérieur, nattée à l'extérieur. Col lissé, engobé avec débordement sur la lèvre interne, puis bruni surtout verticalement. Pas de réserve vraie entre l'engobage du col et le nattage de la panse. La même solution a servi à peindre deux bandes assez irrégulières sur l'épaule.

Nᵒ 32 [Snm 26249] (fig. **35**). Haut. = 50 cm ; diam. = 42,5 × 42,3 cm ; diam. min. = 9,6 cm ; vol. = 31 l. Façonnée sans le tour en deux parties rapportées. Pâte usuelle. Cassure noire, intérieur noir, extérieur crème à rouge brique. Panse en sphéroïde aplati, lissée à l'intérieur, nattée à l'extérieur. Le col, encore trop humide lors de la jonction, s'est plissé horizontalement lors du pressage ; il est lissé, engobé avec débordement sur la lèvre interne, bruni. Il y a une réserve approximative entre nattage et engobage. L'engobe a servi à peindre une bande sur l'épaule. Ce dernier est épais, mal fixé, et a cloqué. Pour des raisons non déterminées, le vase montre une certaine fragilité : il a été collecté en 60 tessons. Il s'est anciennement fendu sur 18 à 20 cm, et six trous de réparation ont été perforés pour faire passer le lien de renforcement. Un autre trou se trouve à l'étranglement : non conique, il s'agit d'un défaut de fabrication dû à un nodule carbonaté non éliminé de la pâte et crevant la paroi.

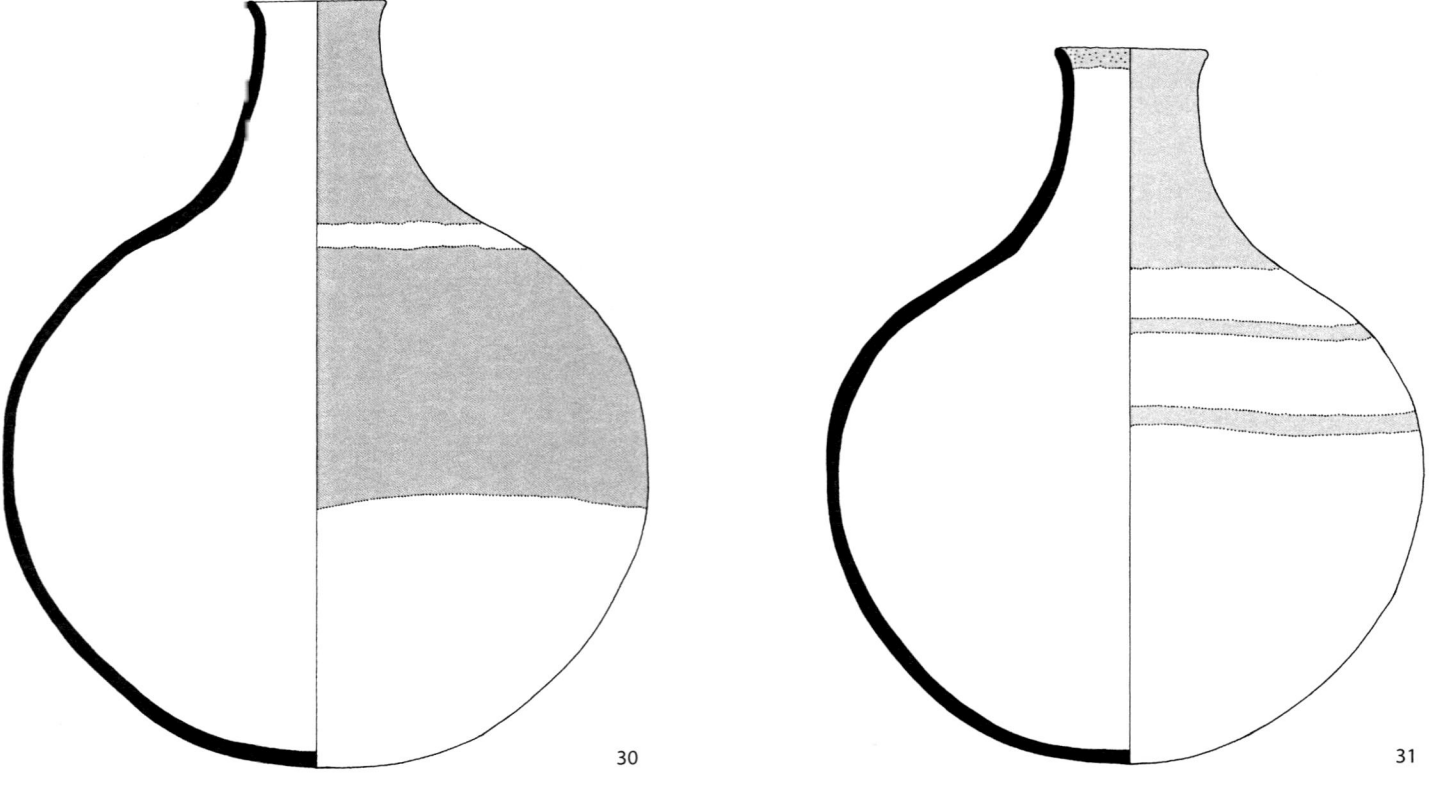

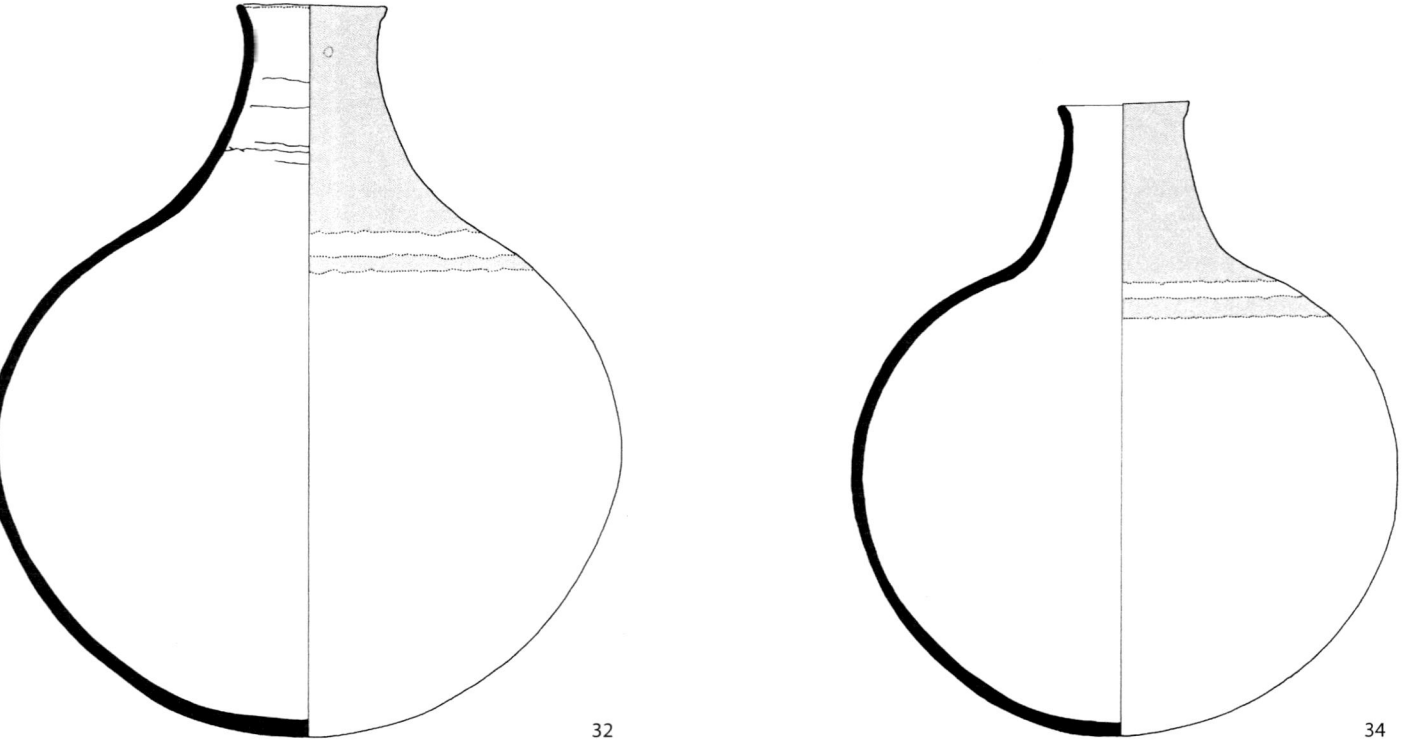

Fig. 35. Hbg iii/1. Puits, bonbonnes n°s 30, 31, 32 et 34. 1/5°.

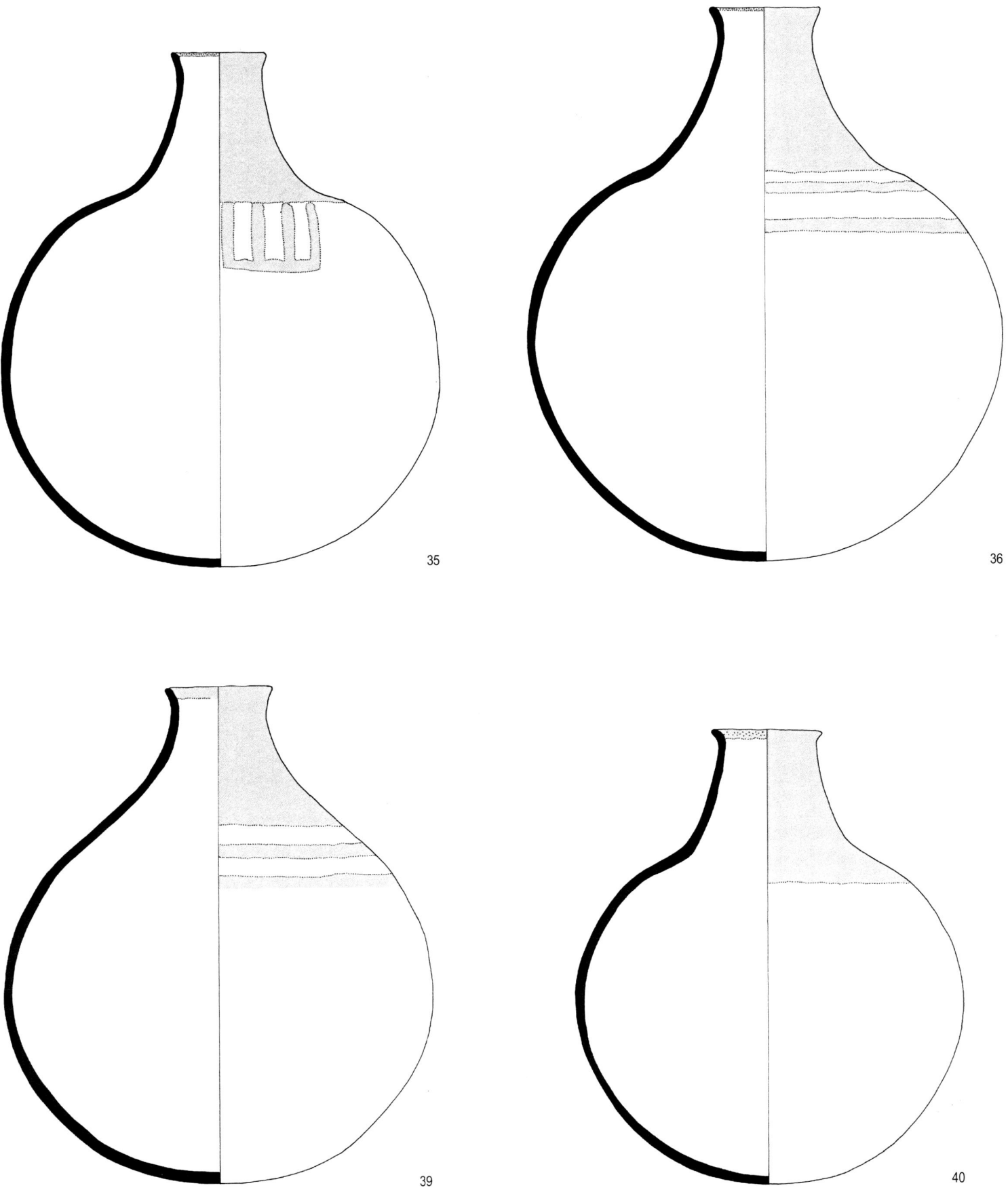

Fig. 36. Hʙɢ ɪɪɪ/1. Puits, bonbonnes nᵒˢ 35, 36, 39 et 40. 1/5ᵉ.

Nº 34 [SNM 26250] (fig. 35). Haut. = 43,2 cm ; diam. = 36,2 × 36 cm ; diam. min. = 8,7 × 8,6 cm ; vol. = 21 l. Façonnée en deux parties. Pâte légèrement sableuse, avec granules salins, riche en végétaux. On note que les brins végétaux sont plus fins que dans les vases tournés : le tamponnage doit contribuer à leur plus grande fragmentation. Cassure noire, extérieur crème avec une large plage noire, intérieur noir, sauf à proximité du col, comme souvent. Panse sphérique lissée à l'intérieur, nattée à l'extérieur. Col lissé, engobé et bruni, verticalement sur le haut, horizontalement à la base. L'engobe, épais, écaillé ou cloquant, a aussi servi à peindre une bande sur l'épaule.

Nº 35 [SNM 26251] (fig. 36). Haut. = 52,1 cm ; diam. = 43 × 42,6 cm ; diam. min. = 9,2 cm ; vol. = 36 l. Façonnée en deux parties. Pâte usuelle. Cassure noire, intérieur noir, extérieur crème. Panse sphérique, lissée à l'intérieur, nattée à l'extérieur. Col lissé, engobé et couleur rouge brique avec débordement sur la lèvre, puis bruni surtout verticalement. La même solution a permis de peindre cinq fois le même motif, en grille à quatre barres verticales fermées par un trait horizontal. La panse porte une trace nette, circulaire, de l'oxydation du bord du gobelet nº 56 sur lequel la bonbonne s'appuyait franchement. Une autre trace, plus diffuse, rappelle la présence de la coupe nº 57.

Nº 36 [SNM 26252] (fig. 36). Haut. = 56 cm ; diam. = 46,2 × 46,5 cm ; diam. min. = 10,3 × 10,7 cm ; vol. = 42 l. Façonnée en deux parties. Pâte usuelle. Cassure noire, intérieur noir, extérieur crème à rouge brique. Panse sphérique, lissée à l'intérieur, à rugosités de nattes à l'extérieur. Col lissé, engobé et bruni horizontalement en bas et verticalement en haut. L'engobe, épais et écaillé, a servi à peindre deux bandes sur l'épaule.

Nº 39 [SNM 26253] (fig. 36). Haut. = 50,2 cm ; diam. = 43,1 × 41,8 cm ; diam. min. = 10,9 × 10,5 cm ; vol. = 35 l. Façonnée en deux parties. Pâte usuelle, avec beaucoup de végétaux et peu de granules, très feuilletée. Cassure noire, intérieur grenat et extérieur brun foncé. Panse sphérique, lissée à l'intérieur avec traces du tampon végétal. Col lissé, engobé et bruni surtout verticalement, de couleur variant du grenat au rouge brique clair. L'engobe déborde sur la lèvre interne. Forte réserve entre engobage du col et nattage de la panse. L'engobe a été utilisé pour peindre encore deux bandes sur l'épaule.

Nº 40 [SNM 26254] (fig. 36). Haut. = 45,8 cm ; diam. = 38,2 × 38 cm ; diam. min. = 10,9 × 10,9 cm ; vol. = 26 l. Façonnée en deux parties. Pâte avec peu de granules et beaucoup de végétaux. Cassure noire, intérieur grenat, extérieur rouge brique clair. Panse sphérique, lissée à l'intérieur, nattée à l'extérieur ; sur le fond externe, présence de stries courbes et concentriques, répétées à chaque fois que l'on a fait tourner le récipient sur une natte ou dans une forme recouverte d'une natte. Col lissé, engobé avec débordement sur la lèvre interne, et bruni surtout verticalement : le brunissage s'est réalisé en deux zones successives et déborde parfois sur le raccord en réserve approximative. L'engobe, exceptionnellement, est liquide, de couleur grenat, irrégulièrement réparti : on s'est servi d'un reste.

Nº 42 [SNM 26255] (fig. 37). Haut. = 52,9 cm ; diam. = 45,7 × 45,8 cm ; diam. min. = 11,4 × 11,4 cm ; vol. = 43 l. Façonnée en deux parties. Pâte à nombreux granules salins. Cassure noire, intérieur blanc crème, extérieur brique clair. Panse sphérique, lissée à l'intérieur, nattée à l'extérieur. Col lissé, engobé, bruni verticalement ou horizontalement selon l'endroit. L'engobe, épais, mais peu écaillé, a servi à peindre une large bande sur l'épaule.

Nº 43 [SNM 26256] (fig. 37). Haut. = 57,6 cm ; diam. = 47,3 × 46,8 cm ; diam. min. = 11,2 × 11,1 cm ; vol. = 47 l. Façonnée en deux parties. Pâte légèrement sableuse, riche en végétaux. Cassure noire, extérieur rouge brique, intérieur noir jusqu'à mi-panse, de plus en plus clair au-dessus. Une bande très régulière marque horizontalement l'intérieur, au niveau de l'épaule : il s'agit sans aucun doute de l'imprégnation d'un contenu, liquide ou solide, avec dépôt coïncidant avec le pourrissement ou la fermentation. On ne peut évidemment dire si ce contenu correspondait au produit apporté pour la cérémonie funéraire ou à un produit antérieur, et l'analyse n'a pas été tentée pour cette raison. Panse sphérique à paroi régulière de 8 mm d'épaisseur, parfois amincie jusqu'à 6 mm par le tamponnage ; l'intérieur est lissé, l'extérieur natté. Col lissé, engobé et bruni surtout verticalement. Réserve entre panse et col. Un « décor » a été peint avec la solution même de l'engobe : sur l'épaule, entre deux bandes, un double zigzag croisé, aboutissant à une succession de carrés. L'exécution est hâtive, peu soignée, comme si le motif explicitait un contenu plutôt qu'il ne décore le vase.

N° 44 [Snm 26257] (fig. 37). Haut. = 57,6 cm ; diam. = 47,5 × 47,4 cm ; diam. min. = 8,8 × 8,5 cm ; vol. = 50 l. Façonnée en deux parties. Pâte sans sable, apparemment à peu de granules salins, sans doute cachés par l'engobage, avec beaucoup de végétaux. Cassure noire, intérieur noir, extérieur brun-rouge à grenat. Col lissé. Panse sphérique nattée sur le fond extérieur, lissée à l'intérieur. L'engobage couvre toute la surface externe sauf le quart inférieur natté. Le brunissage affecte tout l'engobage, en larges zones où les sens de brunissage se mêlent et se complètent.

N° 45 [Snm 26258] (fig. 37). Haut. = 55,8 cm ; diam. = 46,5 × 46,3 cm ; diam. min. = 11,6 × 11,1 cm ; vol. = 46 l. Façonnée en deux parties. Pâte à grosse fraction végétale et nodules habituels. Cassure noire, intérieur blanc crème et extérieur crème à rouge brique. Panse sphérique, lissée à l'intérieur, nattée à l'extérieur. Col lissé, engobé avec large débordement sur la lèvre interne, bruni horizontalement. Il n'y a pas de réserve entre les deux parties rapportées. L'engobe, épais et de couleur rouge brique foncé, a servi à peindre deux bandes sur l'épaule. Un autre engobe blanc, plus épais encore, a servi pour deux autres bandes, alternant avec les premières. Écaillage et cloques ont plus affecté la seconde barbotine que la première ; comme en céramique tournée, le blanc, fait d'une solution de sels variés, n'a pas les mêmes indices de dilatation que la solution argileuse et adhère beaucoup moins à la cuisson du vase. Son contenu éventuel en carbonate de chaux n'aide évidemment pas. Peut-être des fondants spécifiques doivent-ils être recherchés pour expliquer que la couleur blanche n'a pas totalement disparu.

N° 47 [Snm 26259] (fig. 38). Haut. = 56,1 cm ; diam. = 48 × 48,1 cm ; diam. min. = 11,3 × 10,6 cm ; vol. = 52 l. Façonnée en deux parties. Pâte non sableuse, avec peu de granules et beaucoup de végétaux. La cassure est noir foncé, la surface interne noire et la surface externe rouge à rose brique. Panse sphérique, lissée à l'intérieur, avec des traces assez marquées de tampons végétaux, et nattée à l'extérieur. Col lissé, engobé avec débordement sur la lèvre et bruni surtout verticalement. L'engobe, épais et écaillé, a servi à peindre sur l'épaule et le ventre du récipient une très large bande brunie horizontalement.

N° 49 [Snm 26260] (fig. 38). Haut. = 52,4 cm ; diam. = 46,6 × 45,1 cm ; diam. min. = 9,7 × 9,3 cm ; vol. = 39 l. Façonnée en deux parties. Pâte usuelle. Cassure noire, intérieur noir, extérieur crème à rouge brique. Panse sphérique, lissée à l'intérieur et nattée à l'extérieur. Col lissé, engobé et bruni verticalement et horizontalement. Pas de réserve vraie entre col et panse. L'engobe, épais, a servi à peindre deux bandes sur l'épaule du récipient.

N° 52 [Snm 26261] (fig. 38). Haut. = 57,2 cm ; diam. = 51,7 × 51,3 cm ; diam. min. = 11,9 × 11,9 cm ; vol. = 54 l. Façonnée en deux parties. Pâte avec peu de nodules et beaucoup de végétaux, très feuilletée sur la panse. Cassure noire, intérieur clair, extérieur crème à rouge brique. Panse en sphéroïde aplati, lissée à l'intérieur et nattée à l'extérieur ; l'intérieur a été engobé d'une barbotine très liquide, rouge, que l'on ne peut confondre avec l'imprégnation d'un ancien contenu. Col lissé, engobé et bruni en plusieurs sens, parfois obliquement. On note sous la lèvre, à l'étranglement, un négatif continu dans l'encarbonatement dû au long séjour souterrain : on peut restituer un ancien lien, putrescible, ayant laissé cette trace différentielle. L'engobe, épais, a servi à peindre, entre deux bandes sur l'épaule, un zigzag irrégulier : les branches

Fig. 37. Hʙɢ ɪɪɪ/ɪ. Puits, bonbonnes nᵒˢ 42, 43, 44 et 45. 1/5ᵉ.

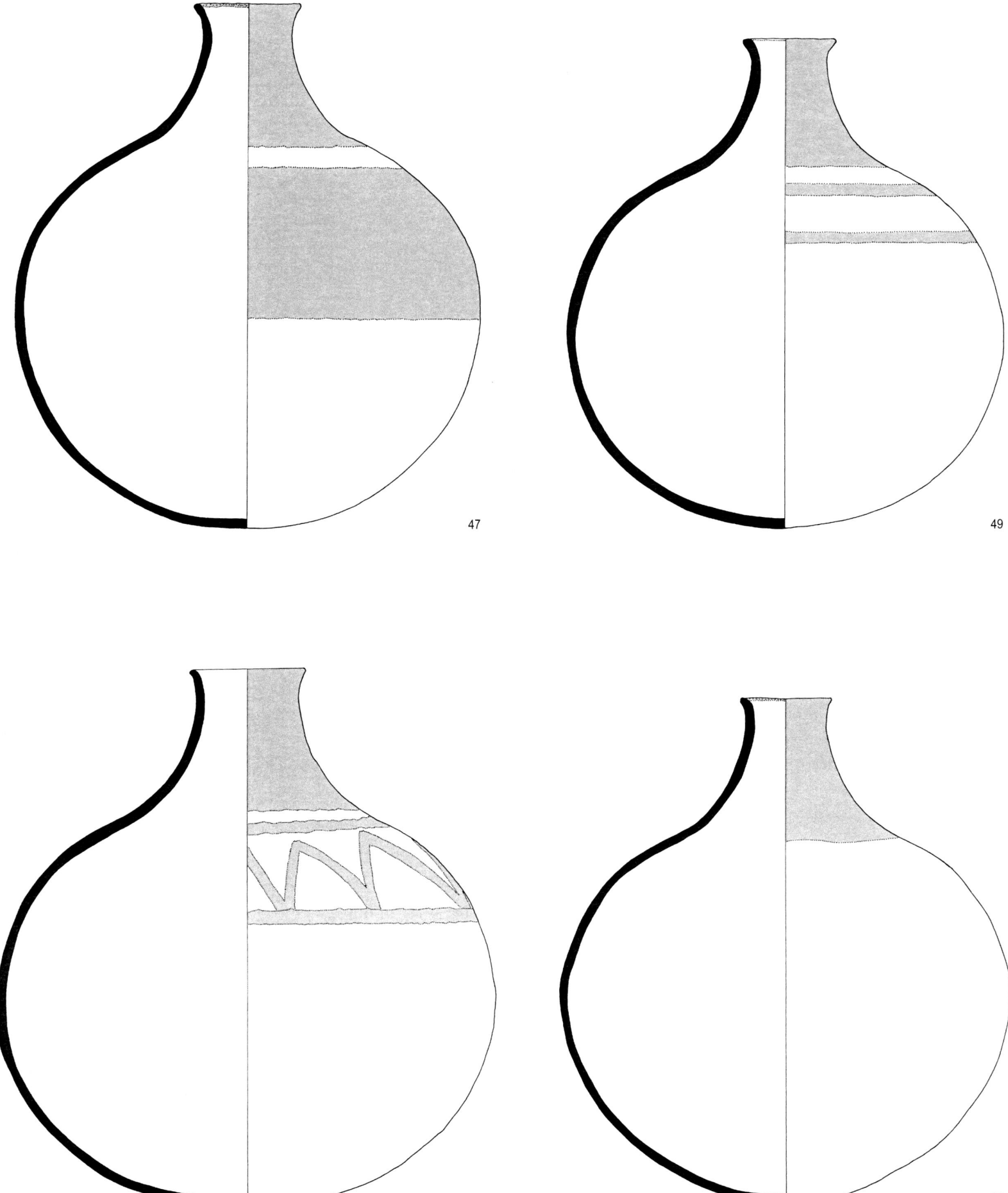

Fig. 38. Hbg III/1. Puits, bonbonnes n°⁵ 47, 49, 52 et 53. 1/5ᵉ.

se serrent inégalement, les pointes touchent les bandes ou s'en éloignent ; la fin de l'exécution hâtive coïncide avec un ratage ou un repentir. Comme toujours, même les lignes peintes sont brunies, dans le sens de la peinture, sans trop de soin.

N° 53 [SNM 26262] (fig. **38**). Haut. = 54 cm ; diam. = 46,5 × 46,5 cm ; diam. min. = 11,2 × 11,1 cm ; vol. = 41 l. Façonnée en deux parties. Le raccordement a produit des plis horizontaux à l'intérieur du col, suite au pressage contre la panse : la pâte, usuelle, était encore trop humide ; on observe également de légères déformations de la panse. Cassure noire, intérieur noir, extérieur crème à rouge brique. Panse sphérique, lissée à l'intérieur, nattée à l'extérieur. Col lissé, engobé et bruni horizontalement en bas, verticalement en haut. L'engobe déborde sur la lèvre interne.

N° 55 [SNM 26263] (fig. **39**). Haut. = 48 cm ; diam. = 38,8 × 37,8 cm ; diam. min. = 10,3 × 10,2 cm ; vol. = 25 l. Façonnée en deux parties. Pâte habituelle avec peu de nodules salins et quantité de végétaux. Cassure noire, intérieur noir, extérieur crème à rouge brique. Panse sphérique, lissée à l'intérieur, nattée à l'extérieur. Col lissé, engobé, bruni horizontalement et verticalement. Il n'y a pas de réserve entre engobage et nattage.

N° 58 [SNM 26264] (fig. **39**). Haut. = 51,9 cm ; diam. = 43,4 × 43 cm ; diam. min. = 10,8 × 10,8 cm ; vol. = 37 l. Façonnée en deux parties. Pâte feuilletée par le tamponnage, avec très peu de granules et beaucoup de végétaux. Cassure noire, couleur interne noire, couleur externe brun clair, avec de nombreuses traces ferreuses provenant sans doute des oxydes naturels de l'argile. Panse sphérique, lissée à l'intérieur, nattée à l'extérieur. L'engobe enduisant le col lissé a débordé sur la lèvre interne ; il a été bruni, comme le plus souvent, verticalement sous la lèvre, horizontalement près du raccord. Pas de réserve entre engobage et nattage. Trois bandes, une sur l'épaule, deux sur la panse, ont été peintes avec la solution de l'engobe : la solution pâteuse était un peu sèche et a provoqué une forte indentation des bords de ces bandes. L'adhérence de ces peintures sur la surface rendue rugueuse par le nattage n'est que peu améliorée par le brunissage.

Les bonbonnes enfouies dans le puits, dix-huit au minimum, ne font pas apparaître immédiatement de rangement évident, quel que soit le type de classement que l'on entreprenne. Si l'on veut les sérier par leur « décor », supposé signaler par exemple un contenu, on ne peut que constater le mélange final, au moment de la descente des conteneurs collectifs et de leur disposition : cela ne préjuge évidemment pas de la validité de l'hypothèse. On peut tenter de les classer selon leur volume effectif : il faut alors écarter deux ou trois « petites » bonbonnes ou constater que les coupes « imagées » recouvraient certains des conteneurs les plus volumineux, mais la remarque reste sans autre conclusion que l'on a pu ranger d'abord les bonbonnes jugées les plus grosses et les coupes les plus importantes. Un rangement selon la coiffure des bonbonnes n'est guère plus instructif : il apparaît que les conteneurs collectifs surmontés d'un conteneur individuel ont sans doute été d'abord rangés contre la paroi est, mais non systématiquement puisque les n°ˢ 32 et 58 ont été disposés de l'autre côté. Là encore, on note un ordre vague qui aurait consisté à descendre d'abord les récipients lourds, non totalement vidés de leur contenu pendant la cérémonie. De fait, les questions se montrent imprécises, faute de pouvoir clairement appréhender les produits et les usages d'un banquet funéraire gigantesque : le désordre apparent des récipients traduit notre ignorance du détail de l'exécution de ce rite capital.

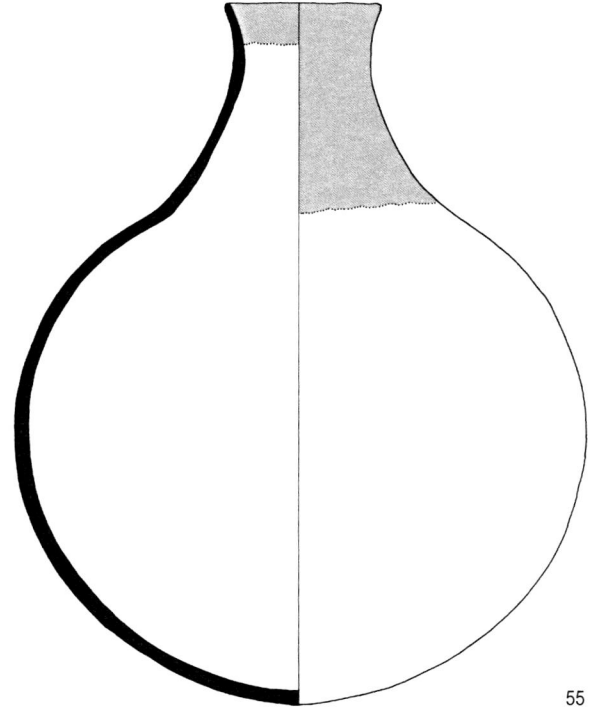

55

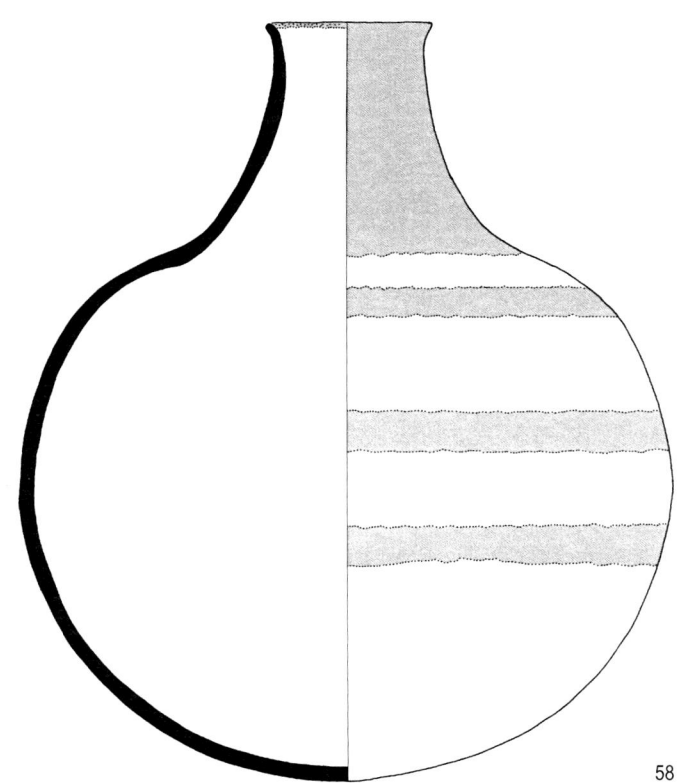

58

Fig. 39. Hɓɢ ɪɪɪ/1. Puits, bonbonnes nᵒˢ 55 et 58. 1/5ᵉ.

Récipients de la cavité

Coupes, bassin et gobelet en bronze (fig. 40-41)

N° 83 [SNM 26285] (fig. 40). Haut. = 7,3 cm ; diam. = 13 cm. Coupe martelée et tournée, en calotte hémisphérique, brisée, mais non déformée. La tôle est très mince (0,5 mm), et le bord est fait de son retournement, sans doute autour d'un fil métallique, en arrondi aplati de 2,5 mm d'épaisseur. Un tissu de gaze à mailles simples (n° 83b) l'a enveloppé au moins à l'extérieur et se lit sur l'argile ou les oxydes, du fond jusqu'à la lèvre. On ne distingue ni décor ni même de filet incisé. La coupe coiffait en position renversée la bonbonne n° 84 et a conservé sa position malgré l'effondrement du col sous le poids de la bonbonne superposée n° 67.

N° 99 [SNM 26286] (fig. 40). Haut. = 6,2 cm ; diam. = 12,3 × 12 cm. Coupe martelée et tournée, en calotte hémisphérique surhaussée, fendue. La tôle, épaisse de moins de 1 mm, a été retournée en un bord aplati par martelage de 2,5 mm d'épaisseur. Le récipient coiffait en position renversée la bonbonne n° 127. [Restauration CREAM du 27/12/1995 au 09/07/1996 ; n° atelier 95-28-5, Véronique Langlet-Marzloff.]

Les négatifs dans l'argile et les oxydes métalliques restituent un tissu de gaze à mailles simples, de chaîne et de trame très inégales. Ce tissu enveloppait au moins tout l'extérieur du récipient. Deux paires de filets incisés au tour définissent un bandeau externe décoré par ciselure d'un rinceau où alternent boutons et fleurs de lotus ; l'exécution en est assez grossière.

N° 100 [SNM 26287] (fig. 40). Haut. = 6,4 cm ; diam. = 12,6 × 12,4 cm. Coupe martelée et tournée, en calotte hémisphérique surhaussée et évasée, fendue mais intacte. La tôle, de moins de 1 mm d'épaisseur, détermine par retournement un bord aplati par martelage, à arêtes vives, de 2 mm d'épaisseur. La coupe était enveloppée d'un tissu lâche, une gaze à mailles simples de 1 mm tant en trame qu'en chaîne, qui se lit sur les oxydes comme sur les argiles sur toute la surface extérieure. La lèvre externe arbore un double filet incisé au tour. La coupe recouvrait, en position retournée, le col de la bonbonne n° 128.

N° 101 [SNM 26288] (fig. 40). Haut. = 6,7 cm ; diam. calculé = 12,5 cm. Coupe martelée et tournée, en calotte hémisphérique surhaussée, fendue et déformée. La tôle, de moins de 1 mm d'épaisseur, est retournée en un arrondi légèrement aplati par martelage, définissant un bord de 2 à 3 mm d'épaisseur. Une applique de 2,3 cm sur 9 mm, terminée par un anneau recourbé de 7 mm de diamètre, a été soudée sur l'extérieur du bord. L'enveloppe en tissu se lit par traces, empreintes sur argile ou sur oxydations métalliques. Le maillage est simple, le tissage serré ou lâche selon les endroits. Aucun décor gravé ni même de filet incisé n'apparaît. La place de la coupe serait originale si elle avait été trouvée au niveau du sol de la cavité. On aurait alors pu la connecter avec un éventuel pied de la couche supposée. Comme ce n'est pas le cas, il faut la présumer dérangée par les pillards ou par le remblayage consécutif au pillage ; elle coiffait peut-être le col de la bonbonne effondrée n° 67.

N° 109 [SNM 26289] (fig. 40). Haut. = 7,1 cm ; diam. = 13,7 × 12,9 cm. Coupe martelée et tournée, en calotte hémisphérique, fendue et légèrement déformée. Sa tôle, de moins de 1 mm d'épaisseur, a été arrondie par retournement autour d'un fil ou d'un bandeau métallique, puis légèrement aplatie pour former un bord de 2 mm d'épaisseur. Oxydes et argile incrustés signalent l'enveloppe disparue d'un tissu à mailles simples. Hormis un filet externe incisé, la patine ne laisse apercevoir aucun décor. La coupe était posée sur le sol, placée de chant contre la paroi ouest de la cavité. Si l'on écarte tous les tessons proches, résultant de l'écrasement des bonbonnes et de l'entassement de leurs fragments, on la trouve à l'écart en compagnie de la petite bonbonne n° 104 et du bassin n° 112. Ces trois récipients constituent probablement un équipement rituel homogène, placé en bordure de la couche funéraire supposée.

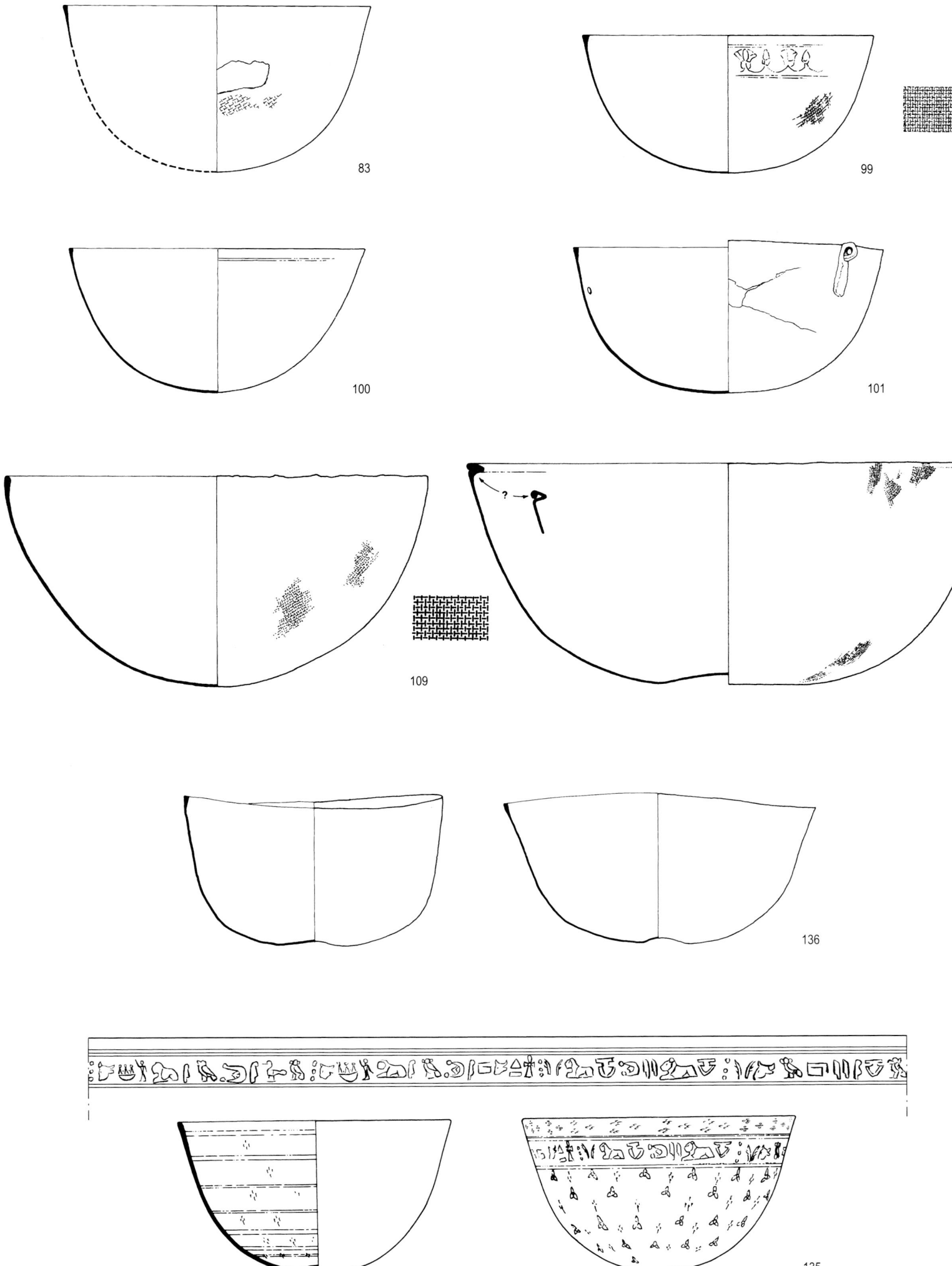

Fig. 40. Hʙɢ ɪɪɪ/1. Cavité, bassin de bronze nᵒ 112 et coupes nᵒˢ 83, 99, 100, 101, 109, 135 et 136. 1/2.

N° 112 [SNM 26290] (fig. **40** ; photo **56**). Haut. = 9,8 cm ; diam. = 22,3 × 22,2 cm. Bassin en forme approximative de calotte hémisphérique, un peu fendu, presque intact.

La tôle, de moins de 2 mm d'épaisseur, a été coudée selon une moulure complexe puis aplatie pour former un bord résistant de 6,5 mm d'épaisseur. Du martelage résulte parfois un pli déterminant un rentrant sous la lèvre. Le fond est concave, selon un rond de 6 cm de diamètre, et correspond probablement à l'empreinte de l'axe du tour. Grâce à quelques plages où l'âme cuivreuse a perdu sa patine, on relève aisément les empreintes du martelage, à peine régularisées par un tournage hâtif qui a laissé de nombreuses stries externes, partielles ou continues. [Absence de décor.] L'objet a été totalement enveloppé dans un tissu complexe frangé : les pans ont été retournés à l'intérieur du récipient, et la marque des franges se distingue nettement en un endroit sur la lèvre. Il accompagnait sans doute la coupe n° 109 et la petite bonbonne n° 104 : il est clair qu'il appartient à un équipement de libation, sans qu'on puisse en préciser le liquide. [Restauration CREAM du 27/12/1995 au 23/06/1997 ; n° atelier 95-28-6, Patrick Pliska.]

N° 135 [SNM 26291, REM 1222] (fig. **40** ; photos **57-60a-d**). Haut. = 6,7 cm ; diam. = 11,8 × 11,5 cm. Coupe moulée, en calotte hémisphérique surhaussée et évasée en forme dite parfois « fleur de lotus », intacte. La paroi est épaisse de 1 à 2 mm ; le bord est arrondi. Le fond présente une concavité de 1,5 cm de diamètre. La coupe a été glissée sous les bonbonnes nᵒˢ 67 et 84 le long de la dénivellation entre puits et cavité. Elle reposait sur le plancher de la cavité. [Restauration CREAM du 20/01/1994 au 29/08/1994 ; n° atelier 94-1-2, Patrick Pliska. Quelques plages de métal blanc dont on peut supposer qu'il recouvrait toute la surface de la coupe.]

L'enveloppe en tissu est visible surtout sur le fond et sur la panse : le retournement des pans du tissu se remarque par endroits sur les parois internes, mais non sur le fond. Le tissage est à mailles simples, assez serré. L'objet est gravé et incisé à l'extérieur comme à l'intérieur. Le champ intérieur est divisé en six bandeaux par sept paires de filets incisés au tour ; chaque bandeau est ciselé de groupes de signes dits « *ânkh* nubiens », assemblages de quatre traits verticaux en croix. [On retrouve les mêmes *ânkh* nubiens à l'extérieur, horizontaux et agencés selon trois lignes en quinconce, entre] la lèvre [et le] bandeau portant l'inscription. Sous ce dernier, le champ est [décoré de] cinq à six frises d'*ânkh* nubiens alternant avec des « rosettes » à trois pétales. L'exécution est irrégulière et parfois approximative ; le symbolisme n'est pas douteux, qui allie le signe *ânkh* à la fleur de lotus. Le bandeau externe, délimité par deux filets incisés au tour, est gravé d'une inscription en hiéroglyphes méroïtiques. L'inscription se développe tout le long du bandeau, en quatre mots séparés classiquement par quatre groupes de trois points[17]. [Translittération : *mfeyrmone : flytflne : {In,} qore tme-li-s-o : mke tme-li-s-o :*]

[Les informations certaines que l'on peut tirer de l'inscription sont en nombre limité. Le texte a été rédigé par un scribe qui connaissait fort bien les traditions méroïtiques et l'écriture hiéroglyphique. Les deux premiers stiches sont incompréhensibles, les deux suivants sont caractéristiques des inscriptions dites « de propriété », mais semblent porter la mention d'un dédicataire (X-*s-o* : « c'est de la part de X ») plutôt que du possesseur de l'objet. L'inscription est très tardive, vers le milieu du IVᵉ s. apr. J.-C., apparemment postérieure à celle du lion de Qasr Ibrim inscrite au nom du dernier roi méroïtique connu, Yesbokhe-Amani. L'hypothèse d'un remploi de l'objet après pillage s'en trouve très affaiblie, bien qu'elle ne puisse être totalement écartée. L'objet a été conçu expressément pour un enterrement royal, ainsi que l'indiquent l'usage de l'écriture hiéroglyphique et la présence du signe de vie égyptien devant le mot *qore*, « souverain ». Le texte présente le dédicataire du bol comme un personnage important pouvant se prévaloir d'une relation privilégiée (*tme*) avec un souverain

---

17. [Fac-similé de l'inscription par Vincent Rondot (fig. **40**) à partir des photographies prises par Georges Poncet pour le musée du Louvre (photos **24a-d**) et analyse du texte par Claude Rilly. On se reportera à Cl. Rilly, « "Les chouettes ont des oreilles". L'inscription méroïtique hiéroglyphique d'el-Hobagi REM 1222 » *in* V. Rondot, Fr. Alpi, Fr. Villeneuve (éd.), *La Pioche et la Plume*, p. 481-499.]

(*qore*) non nommé et avec la divinité (*mk*). À supposer même que l'inscription ait été gravée pour l'un des derniers rois de Méroé et non pour l'un de leurs successeurs nubiens, elle témoigne de la vivacité de la culture écrite méroïtique au Soudan central jusqu'au milieu du IVe s. apr. J.-C.]

N° 136 [SNM 26292] (fig. 40). Haut. = env. 6,3 cm ; diam. calculé = 12,4 cm. Coupe martelée et tournée, en calotte hémisphérique surhaussée et évasée, intacte à la déformation près. La tôle, de moins de 1 mm d'épaisseur, est retournée en un bord aplati par martelage, épais de 2 mm. Un tissu à double fil de trame et de chaîne l'enveloppait, au moins à l'extérieur, du fond à la lèvre. On ne distingue sous la patine ni décor gravé ni filet incisé. L'objet peut avoir finalement calé au sol la bonbonne n° 129. De fait, il a été glissé avec le n° 135 entre les bonbonnes et la paroi de la tombe.

N° 140 [SNM 26293] (fig. 41 ; photo 61). Haut. = 5,9 cm ; diam. = 13,2 × 13,1 cm. Coupe martelée et tournée, en calotte hémisphérique, légèrement brisée. Elle est emboîtée dans la coupe de même forme n° 141, soudée à elle par l'oxydation, et n'a pu en être détachée. La tôle, de moins de 1 mm d'épaisseur, a été retournée pour former un bord aplati. Les deux coupes n°s 140 et 141 ont été glissées emboîtées entre les bonbonnes et la paroi de la cavité : peut-être ont-elles servi à caler la bonbonne n° 127. [Restauration CREAM du 27/12/1995 au 23/06/1997 ; n° atelier 95-28-7 et 8, Jean-Baptiste Latour.]
Un tissu semble avoir enveloppé les deux coupes à la fois ; il serait à mailles simples, et ses pans auraient été retournés à l'intérieur de la coupe n° 140. La restauration confirme l'absence de décor gravé ou incisé.

N° 141 [SNM 26294] (fig. 41 ; photo 61). Haut. = 6,7 cm ; diam. = 13,3 × 12,8 cm. Coupe martelée et tournée, en calotte hémisphérique, intacte, contenant la précédente. Sa tôle, de moins de 1 mm d'épaisseur, n'a pas été retournée pour former le bord et aurait été simplement découpée et martelée. Son enveloppe en tissu ne serait pas distincte de celle de la coupe n° 140, encore fixée par l'oxydation. Elle n'est pas davantage décorée. [Restauration CREAM du 27/12/1995 au 23/06/1997 ; n° atelier 95-28-7 et 8, Jean-Baptiste Latour.]

N° 142 [SNM 26295] (fig. 41). Haut. = 5,9 cm ; diam. calculé = 12,9 cm. Coupe martelée et tournée, en calotte hémisphérique, intacte. La tôle, de moins de 1 mm d'épaisseur, a été retournée autour d'un fil pour former un bord aplati qu'un martelage un peu brutal a déformé. Les bonbonnes reconstituées à partir des tessons concassés de la cavité ont toutes une embouchure plus large que les 5 cm repérés à l'intérieur de la coupe n° 142. Il faut donc supposer qu'une petite bonbonne ou bouteille a été évacuée par le pillage après avoir été décoiffée. L'enveloppe était un tissu à mailles simples couvrant l'intérieur et l'extérieur du récipient. Les pans du tissu ont laissé des plis abondants à l'intérieur, sur le fond ; coincés contre un col de bonbonne étroit (5 cm de diamètre environ), ils signalent que la coupe a finalement été utilisée en coiffure de récipient. La patine ne laisse apercevoir qu'un filet externe incisé au tour. La coupe n° 142 a été retrouvée en position droite ; elle contenait au moins deux pointes de flèches (n°s 143-144), examinées par les pillards puis abandonnées.

N° 145 [SNM 26296] (fig. 41). Haut. = 7 cm ; diam. = 12,6 × 12,3 cm. Coupe martelée et tournée, en hémisphère surhaussé, brisée et non déformée. La tôle, de moins de 1 mm d'épaisseur, a été retournée, sans doute le long d'un fil métallique, en une lèvre d'abord arrondie puis aplatie par martelage. L'objet a été enveloppé d'un tissu à mailles simples, d'un seul fil de trame et de chaîne, signalé par l'oxydation. Toutefois, les argiles sous la coupe portaient une empreinte en négatif indiquant soit une autre enveloppe, superposée au tissu, soit une natte au contact de la paroi contre laquelle la coupe a reposé : on distingue en effet, sur 2 cm, un tissage de fibres de palmier, simple. Le tournage a laissé à l'extérieur nombre de stries irrégulières, difficiles à discerner des incisions volontaires de filets continus. Il semble que la coupe ait été initialement préparée

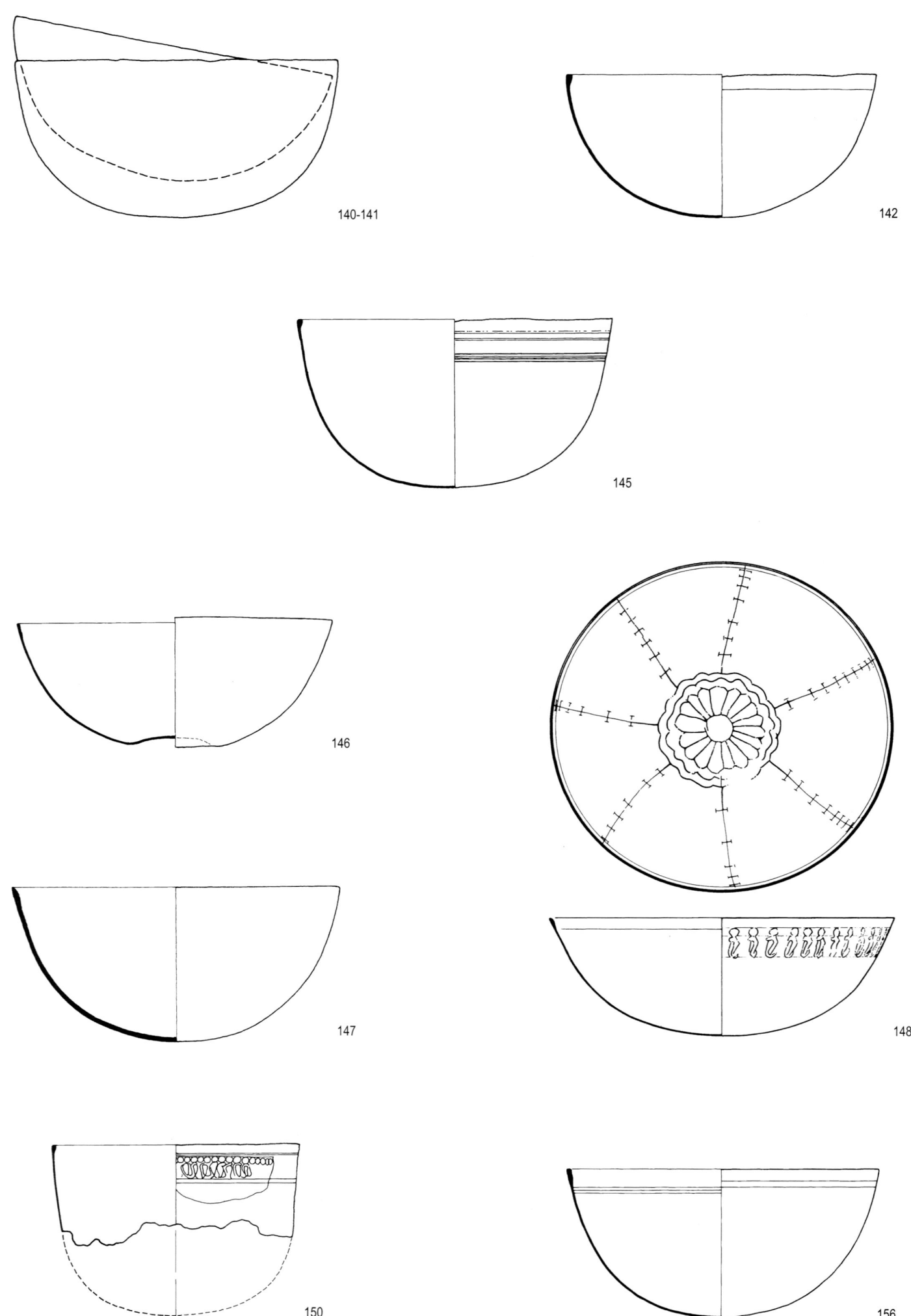

Fig. 41. Hʙɢ ɪɪɪ/1. Cavité, coupes de bronze nᵒˢ 140, 141, 142, 145, 146, 147, 148, 150 et 156. 1/2.

pour un décor gravé qui n'a finalement pas été réalisé ; cinq filets semblent délimiter un bandeau. On notera, enfin, des traces éventuelles d'argenture ou d'étamage à l'extérieur du récipient. Les trois coupes n°s 145, 146 et 147, comme les n°s 135-136, ont été glissées entre la paroi et le rang de bonbonnes.

N° 146 [Snm 26297] (fig. **41**). Haut. = 5,4 cm ; diam. calculé = 12,4 cm. Coupe martelée et tournée, en calotte hémisphérique, légèrement déformée. Le fond est concave. La tôle, de moins de 1 mm d'épaisseur, est recourbée autour d'un bandeau métallique pour donner un bord arrondi et enflé de 1,6 mm d'épaisseur et 7 mm de hauteur. L'enveloppe était un tissu de gaze assez lâche, à double fil de chaîne et de trame, signalé par l'oxydation. Le récipient ne porte apparemment ni décor ni filet, mais il arbore une argenture ou un étamage externe, ici de façon certaine, bien qu'il n'ait reçu aucune restauration.

N° 147 [Snm 26298] (fig. **41** ; photo **62**). Haut. = 6,5 cm ; diam. = 13,2 × 13,1 cm. Coupe moulée, en calotte hémisphérique, intacte. Comme tous les conteneurs moulés, le poids est important (279 g) et la paroi épaisse (2 mm environ, sauf pour le bord à moulure interne de 2,6 mm, finalement régularisé au tour). Toutefois, le profil du n° 147 diffère totalement des profils n°s 60 et 135 déjà rencontrés. [Restauration Cream du 27/12/1995 au 23/06/1997 ; n^o atelier 95-28-9, Patrick Pliska. Restes d'étamage ou d'argenture à l'extérieur du bol, à l'emplacement d'une fissure antique.]

L'enveloppe était une sorte de gaze assez lâche, à double fil de chaîne et de trame, mais sur certaines incrustations argileuses, plus abondantes sur les bronzes de la cavité que sur ceux du puits, on distingue une autre empreinte : celle d'un tissage simple de brins étroits. Cette « vannerie » diffère de celle notée sur la coupe n° 145, et il y a lieu de restituer une enveloppe à chacun de ces deux récipients plutôt que de supposer une natte répandue sur le sol de la cavité. Contrairement à la coupe moulée n° 135, la coupe n° 147 n'a reçu aucun décor ni, apparemment, aucune préparation par incision au tour, soit de filets, soit d'un bandeau.

N° 148 [Snm 26299] (fig. **41** ; photos **63-64**). Haut. = 5,2 cm ; diam. calculé = 14,3 cm. Coupe martelée et tournée, en calotte hémisphérique, brisée et légèrement aplatie. La tôle, de 1 mm d'épaisseur, a été retournée sur un fil en arrondi à peine aplati pour former le bord de 1,5 mm d'épaisseur. La coupe a été posée droite sur le sol, peut-être pour caler la bonbonne n° 84 qui, sous le poids de la n° 67, a légèrement versé contre la couche funéraire et s'est finalement brisée. [Restauration Cream du 20/01/1994 au 13/09/1994 ; n^o atelier 94-1-4, Marie-Claude Depassiot et Marie-Hélène Kappes. Traces de reflets blancs sur l'intérieur correspondant à des traces d'étamage.]

L'enveloppe consistait en un tissu apparemment composite, que des oxydations ou empreintes différentes permettent de décrire. De premières traces sur l'argile signalent un tissu très fin et serré, à simple fil de trame et double fil de chaîne. D'autres montrent des franges lâches, faites de nombreuses fibres non tissées et non torsadées. D'autres encore montrent une gaze lâche à simples mailles. Enfin, un travail à gros fil, dont on ne devine s'il est fait du tressage de brins ou d'un tissage de torons, suggère l'usage éventuel d'une enveloppe de vannerie ou de sparterie superposée au tissu, éliminant définitivement l'idée d'une natte posée sur le sol de la cavité.

[Cette coupe est décorée à l'extérieur comme à l'intérieur ; elle est en cela comparable avec la coupe Hbg VI/1/106 (*infra*, p. 180) et, dans une moindre mesure, avec la coupe Hbg III/1/135 (*supra*, p. 86).] À l'extérieur, la gravure a été préparée par des incisions très superficielles délimitant un bandeau sous la lèvre. Les guides ressemblent davantage à des stries de tournage qu'à des incisions volontaires. Le graveur a parfois débordé de la frise ainsi tracée. Le champ du bandeau est ciselé d'une succession continue d'uræus, bien séparés les uns des autres. [Le décor incisé à l'intérieur de la coupe n'a été reconnu qu'après restauration. Il comprend, au fond du récipient, une rosette à 18 pétales dont le contour extérieur est surligné par deux traits suivant plus ou moins fidèlement la sinuosité du bord extérieur de la rosette. De la ligne extérieure partent sept traits rayonnants qui sont tous barrés d'un nombre variable de petits traits (5 à 9) en forme de « i » majuscules. Le motif obtenu ressemble à la figuration d'une couture bord à bord.]

Nº 150 [SNM 26300] (fig. 41). Hauteur inconnue (graphiquement, près de 7 cm) ; diam. = 10,1 × 10,1 cm. Gobelet martelé et tourné, au fond brisé et concassé. La tôle, de moins de 1 mm d'épaisseur, a été recourbée et martelée pour produire un bord plat à arêtes mousses de moins de 2 mm d'épaisseur. L'enveloppe est reconnaissable surtout à l'extérieur du vase par des éléments de frange et une sorte de passementerie ou de broderie de bordure à gros-grain. Le point du tissu n'est pas détectable. Les pans de l'enveloppe ont été rejetés à l'intérieur et ont été coincés entre le métal et le tesson nº 153, col de la petite bonbonne C. Comme souvent, ils ont filtré les sédiments emplissant les bonbonnes, ne laissant passer que l'argile, qu'on retrouve en motte très humide moulée au fond des conteneurs collectifs. Un bandeau externe a été cerné par deux paires de filets incisés au tour, assez superficiellement ; un cinquième filet a été incisé plus profondément et guide la gravure des disques solaires des uræus, autant de petits ronds tangents qui ont déterminé le serrage un peu outré des têtes des cobras. Le gobelet, retrouvé en position renversée sur le col qu'il coiffait, suggère que plusieurs bonbonnes ont été détruites par piétinement dans la cavité. On restitue assez mal leur emplacement compte tenu de l'encombrement. Plusieurs d'entre elles sont manifestement tombées du puits, où quelques vides permettent de les replacer.

Nº 156 [SNM 26301] (fig. 41). Haut. = 6,2 cm ; diam. = 12,7 × 12,5 cm. Coupe martelée et tournée, hémisphérique, fendue, mais non déformée. La tôle, de moins de 1 mm d'épaisseur, a été retournée autour d'un bandeau pour former un bord de 2 mm d'épaisseur. La coupe n'est apparemment pas décorée. On note cependant des filets incisés au tour sous la lèvre, deux à l'extérieur, trois à l'intérieur. L'enveloppe (une gaze à double fil de chaîne et de trame), peu visible sur le fond et la panse, est notable par les empreintes autour de la lèvre, en négatif sur l'argile du fond de la cavité : la coupe était retournée sur le sol, butant contre les parois des bonbonnes nᵒˢ 127-128, qu'elle a pu caler au sol. Il s'agit sans doute d'une position due au hasard : la coupe a été glissée entre les céramiques et la paroi de la cavité.

Les récipients en bronze enfouis dans la cavité ne font pas apparaître davantage d'ordre de rangement que leurs seize homologues du puits. Cinq d'entre eux au moins (nᵒˢ 83, 99, 100, 142, 150) ont finalement coiffé des bonbonnes ; au moins neuf autres (nᵒˢ 135, 136, 140, 141, 145, 146, 147, 148, 156) ont été simplement glissés contre les bonbonnes, le long de la dénivellation verticale entre puits et cavité. Il n'y a pas de corrélation apparente entre les catégories que l'on peut chercher à établir pour sérier les conteneurs en bronze et leur fonction finale. Par exemple, si la coupe inscrite et les coupes argentées ou étamées, une coupe à uræus, ont été déposées et non prosaïquement réutilisées, une autre coupe à uræus coiffait une bonbonne. Au plus peut-on noter quelques coïncidences, éventuellement utiles lors de futures comparaisons avec d'autres tombes nubiennes de même rang : puits et cavité recelaient quinze coupes et un gobelet, ou encore coupes à uræus, coupe inscrite et coupe à lotus étaient séparées des coupes imagées et du gobelet à *ânkh*. Mais ces observations de terrain sont-elles réellement pertinentes ? On aurait préféré trouver ces récipients – et leur collection exceptionnelle absente des pyramides finales de Méroé – selon une disposition prêtant un sens liturgique à de telles réunions, comme les plateaux de gobelets de Méroé par exemple. Faute de telles indications, il faut conclure à un rangement aléatoire, mais non répudier une lecture liturgique de ce matériel évidemment cultuel. Les décors et les regroupements possibles de ces conteneurs doivent aider à la reconstitution des rites, aussi bien que la comparaison avec l'équipement religieux des tombes princières et royales de Méroé, de Qoustoul et de Ballana.

Bonbonnes céramiques

(fig. 42-45)

B [Snm 26211] (fig. 42) : nᵒˢ 67, 91, 117-120, 122, 162. Haut. = 54,9 cm ; diam. = 45,4 × 45,2 cm ; diam. min. = 10,4 × 10,2 cm ; vol. = 40 l. Façonnée sans le tour en deux parties. Pâte sans sable, à nombreux nodules et végétaux abondants. Cassure noire, surface interne noire et surface externe rouge brique. Panse sphérique, lissée à l'intérieur, nattée à l'extérieur. Col lissé, engobé avec débordement sur la lèvre interne, bruni verticalement et horizontalement. La réserve entre nattage et engobage n'est pas régulière, lissée par endroits et nattée ailleurs. L'engobe, épais et écaillé, a aussi servi à peindre deux bandes sur l'épaule, réunies par 24 barres verticales. L'intérieur montre des traces horizontales multiples dont on ne sait si elles correspondent à un contenu lors de l'enfouissement, à des contenus antérieurs ou aux dépôts de sels variés à relier au remplissage argileux de la bonbonne. Ces bandes colorées se notent jusqu'au départ du col. Comme la bonbonne a été cassée par le pillage et que les bandes se poursuivent malgré les raccords entre les tessons partiellement dispersés, il faut conclure à des imprégnations par des contenus effectifs, mais on ne peut être sûrs que la bonbonne a été enterrée pleine.

F [Snm 26215] (fig. 42) : nᵒˢ 72a, 90, 113a, 114, 116, 125, 129a, 137, 154a, 161, 177a. Haut. = 56,7 cm ; diam. = 47,6 × 47,2 cm ; diam. min. = 9,2 × 8,6 cm ; vol. = 45 l. Façonnée sans le tour en deux parties. Pâte avec peu de sable, à granules salins et beaucoup de végétaux. Cassure noire, intérieur blanc crème avec plage noire, extérieur rouge brique foncé avec plage noire. Panse sphérique, lissée à l'intérieur, nattée à l'extérieur. Col à nombreux plis verticaux résultant d'un travail sur pâte trop humide, incomplètement lissé, engobé et bruni plutôt horizontalement. Pas de vraie réserve entre engobage et nattage. L'engobe, épais et très écaillé, dissimule les plis du col ; il a servi à peindre deux bandes sur l'épaule et deux zigzags hâtifs de part et d'autre de la bande inférieure. Une fois de plus, l'intérieur est bariolé de bandes de dépôts salins, ici obliques : la bonbonne n'était pas en position verticale. Mais, comme toujours, on ne peut résoudre la question de l'enfouissement d'un contenu effectif par ces seules traces, nombre de bonbonnes réparées ayant à l'évidence servi avant l'utilisation funéraire. Au moins est-on autorisé à le supposer à partir de ces marques obliques bien parallèles qui suggèrent même un contenu liquide, longuement conservé. Dans une tombe connaissant une telle capillarité, il est pourtant impossible de déterminer ce contenu supposé, qui doit avoir fermenté et pourri : une des bandes, à mi-panse, est colorée par des oxydes ferreux, et l'on ne peut oublier les circulations d'eau ambiante en terrain ferrugineux, plus significatives de la profondeur d'enfouissement que de la nature de l'aliment enfoui.

E [Snm 26214] (fig. 42) : nᵒˢ 82a, 87, 89, 121, 127a ; col et haut de la panse effondrés dans la bonbonne nᵒ 127. Haut. = 57,2 cm ; diam. = 47,8 × 47,8 cm ; diam. min. = 11,7 × 11,6 cm ; vol. = 47 l. Façonnée en deux parties rapportées. Pâte non sableuse, avec peu de granules salins, mais beaucoup de végétaux. Cassure noire, intérieur clair sauf une large plage noire, extérieur rouge brique. Panse sphérique, nattée à l'extérieur, lissée à l'intérieur : on note à la fois les traces végétales du tamponnage et les craquelures superficielles résultant du lissage à l'eau. Col lissé, engobé et bruni horizontalement comme verticalement selon les zones. Absence de réelle réserve entre nattage et engobage. La solution de l'engobe, épaisse, a également été utilisée pour peindre, entre deux bandes, un double zigzag croisé formant des carrés rendus irréguliers par une exécution hâtive. Les dépôts internes signalent probablement un contenu, maintenu dans une position bien verticale. Une limite semble devoir être placée à mi-panse, signalée par une bande de sels blancs, sans doute carbonatés, surmontée par des oxydes jaune-brun. La limite est droite et plaide donc pour un contenu liquide.

Nᵒ 84 [Snm 26265] (fig. 44). Haut. = 54,5 cm ; diam. = 48 cm ; diam. min. = 11,4 cm ; vol. = 46 l. Façonnée en deux parties. Pâte usuelle, chargée en végétaux. Cassure noire, surface interne noire, surface externe rouge brique clair. Panse sphérique, lissée à l'intérieur, nattée à l'extérieur. Col lissé, engobé avec débordement sur

Fig. 42. H<small>BG</small> III/1. Cavité, bonbonnes A, B, E et F. 1/5ᵉ.

la lèvre interne et bruni dans les deux sens. Nette réserve entre engobage et nattage. L'engobe, plus aqueux qu'à l'accoutumée, a servi à tracer un zigzag entre deux bandes, bruni toujours dans le sens de la longueur des traits ; le tracé est hâtif et s'achève non dans un raccord approximatif, mais en croisant le trait de départ. Comme toujours, il semble y avoir moins une recherche décorative qu'un signe conventionnel pouvant informer sur le contenu.

N° 104 [Snm 26266] (fig. 43). Haut. = 33,8 cm ; diam. = 26,7 cm ; diam. min. = 9,3 cm ; vol. = 9 l. Façonnée en deux parties. Pâte usuelle, riche en végétaux. Cassure noire, surface intérieure noire, surface extérieure rouge brun. Panse sphérique, lissée à l'intérieur, partiellement nattée à l'extérieur, sur le fond. Col lissé. L'engobage concerne non seulement le col, mais tout le haut de la panse ; le brunissage a été fait verticalement.

Son volume fait de ce récipient la plus petite bonbonne enfouie et la seule de sa catégorie, les autres bonbonnes de petites dimensions atteignant un contenu d'au moins 12 à 20 l environ. Retrouvée en position normale près du bassin et d'une coupe isolée, c'est à une libation qu'il faut la rattacher. Une précieuse indication confirme cette idée : une marque est visible sur toute la circonférence du col du récipient, sous la lèvre externe, en négatif dans les encroûtements salins déposés sur l'engobe bruni ; c'est la preuve de la disparition d'un lien putrescible, en cuir ou en fibres végétales, ayant au moins servi à manipuler et à transporter la bonbonne, mais surtout à fixer une anse permettant la gestuelle d'une libation telle que restituée d'après les tables d'offrandes ou les chapelles funéraires. On est donc fondés à reconnaître dans l'objet HBG III/1/104 une situle, à considérer comme l'homologue des petites bouteilles noires de Méroé et d'el-Kadada. Cela invite à questionner les autres petites bonbonnes d'el-Hobagi.

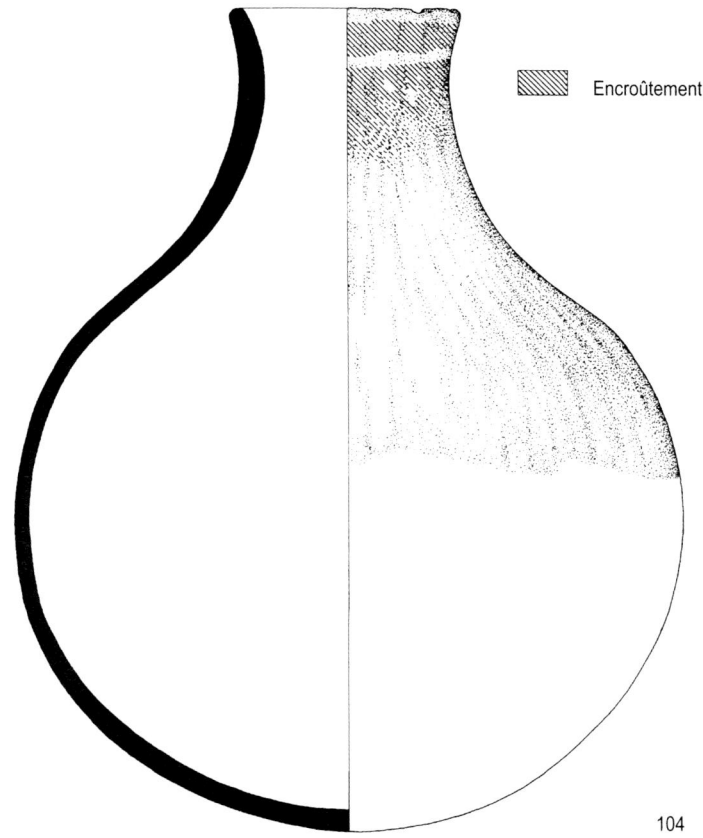

Encroûtement

104

Fig. 43. HBG III/1. Cavité, situle n° 104. 1/3.

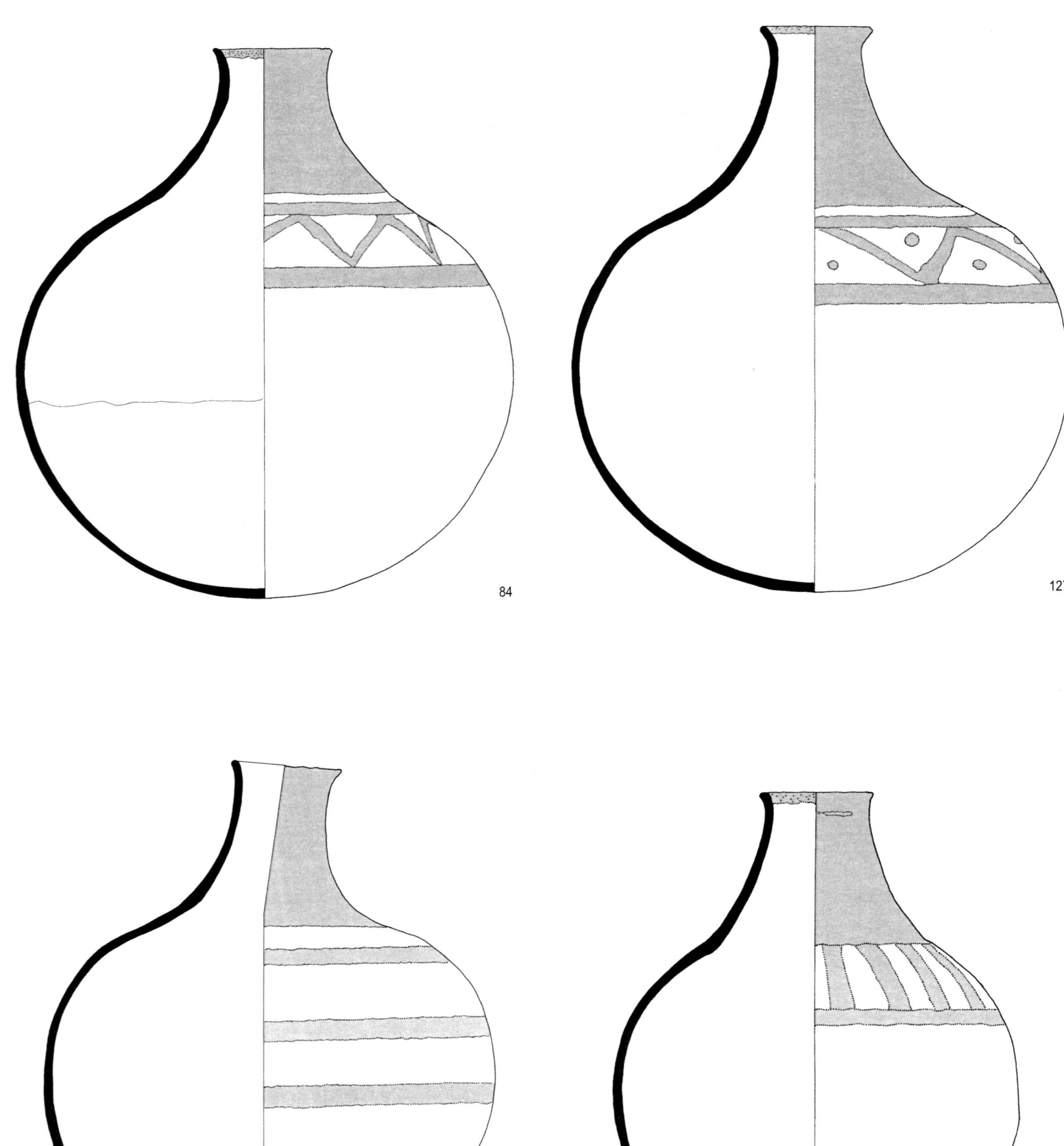

Fig. 44. Hʙɢ ɪɪɪ/1. Cavité, bonbonnes n°ˢ 84, 127, 128 et C. 1/5ᵉ.

N° 127 [Snm 26267] (fig. 44). Haut. = 56,5 cm ; diam. = 48,8 × 47,8 cm ; diam. min. = 11,1 × 10,8 cm ; vol. = 45 l. Façonnée en deux parties. Pâte à fraction sableuse, assez riche en granules salins et à végétaux abondants. Cassure noire, surface interne crème, surface externe rouge brique clair. Panse sphérique, lissée à l'intérieur, nattée à l'extérieur. Col lissé, engobé avec débordement sur la lèvre interne ; brunissage vertical sur la partie étranglée, horizontal sur la jonction avec la panse. Réserve nette. L'engobe écaillé et cloquant, de couleur grenat, a servi à peindre deux bandes sur l'épaule, reliées par un zigzag légèrement plus soigné que d'ordinaire : chaque triangle délimité par le zigzag a été pointé. Bandes et zigzag sont brunis dans le sens des lignes.

N° 128 [Snm 26268] (fig. 44). Haut. = 52,1 cm ; diam. = 43,4 × 43,5 cm ; diam. min. = 10,6 × 10,6 cm ; vol. = 35 l. Façonnée en deux parties mal rapportées : le dessin montre le profil le plus désaxé, exceptionnel dans cette série. Pâte non sableuse, à granules salins en quantité moyenne et riche en végétaux. Cassure noire, intérieur crème clair, extérieur rouge brique, du clair au foncé. Panse en sphéroïde, lissée à l'intérieur, avec conservation de traces du tampon végétal, nattée à l'extérieur. Col lissé, engobé et bruni verticalement. L'engobe, épais, a servi à peindre trois bandes sur l'épaule et sur la panse.

D [Snm 26213] (fig. 45) : fond n° 129b et col n° 20 retrouvé dans la descente ; n°s 123, 124, 154c, 160, 164, 176, 177b, 192. Haut. = 54,9 cm ; diam. = 46,1 × 45,1 cm ; diam. min. = 10,8 × 10,5 cm ; vol. = 39 l. Façonnée en deux parties. Pâte peu sableuse avec nodules, chargée en végétaux. Cassure noire, surface interne crème, surface externe rouge brique. Panse sphérique, lissée à l'intérieur, nattée à l'extérieur. Col lissé, engobé et bruni verticalement. L'engobe, épais, a servi à peindre deux bandes sur l'épaule.

L'éloignement du tesson n° 20 permet de mesurer la relativité des indications de couleur, qui est moins fonction de la plus ou moins grande oxydation du produit à la cuisson que de la circulation des sels en terrain à capillarité prononcée : ce col est grenat alors que les tessons demeurés dans la cavité sont rouge brique.

A [Snm 26210] (fig. 42). Haut. = 54,4 cm ; diam. = 45,2 cm ; diam. min. = 10,6 × 10,5 cm ; vol. = 40 l. Façonnée en deux parties. Pâte non sableuse, à quantité moyenne de nodules et forte proportion de dégraissant végétal. Cassure noire, intérieur crème au fond et rouge brique à grenat sur la panse et le col, extérieur rouge brique. Panse sphérique à fond légèrement irrégulier et épaissi, lissée à l'intérieur, nattée à l'extérieur. Col lissé, engobé avec débordement sur la lèvre interne puis bruni verticalement et horizontalement. Réserve inégale. L'engobe, épais et écaillé, a permis de peindre deux bandes sur l'épaule, brunies selon le sens des lignes. Le vase, concassé, ne peut être replacé avec certitude dans la cavité. Ses tessons, pour la plupart, ont été entassés contre la paroi, surtout dans la partie ouest.

C [Snm 26212] (fig. 44) : panse n° 149 et col n°s 153, 158, 177c ; petits tessons répandus non numérotés. Haut. = 39 cm ; diam. = 31,2 cm ; diam. min. = 9 × 8,8 cm ; vol. = 12,5 l. Façonnée en deux parties, incomplète. Pâte non sableuse, pauvre en granules salins et riche en végétaux. Cassure noire, intérieur brun clair, extérieur rouge brique. Panse sphérique, lissée à l'intérieur, nattée à l'extérieur. Col lissé, engobé avec débordement sur la lèvre interne, bruni horizontalement et verticalement. La réserve est très approximative et couverte par le décor qui consiste en barres verticales joignant l'engobage du col à une bande tracée sur l'épaule ; il est peint avec la solution aqueuse épaisse de l'engobe. Les tessons subsistants étaient groupés dans la partie est de la tombe d'où provient probablement la bonbonne.

Le volume de cette bonbonne, réduit à 12 l, en fait une probable situle, à l'instar de la n° 104 et pour les mêmes raisons. La marque d'un lien disparu se lit ici à l'usure de l'engobe mal adhérant, par endroits, le long de l'étranglement du col. Si l'hypothèse est correcte, il faut constater une considérable évolution de la situle depuis les petites bouteilles noires du Méroïtique récent, qui n'ont qu'environ 2 l de contenance : la libation est quantitativement soit plus volumineuse, soit multipliée. L'indication rejoint celle que donne la cruche à bec, autre probable vase à libation des tombes postméroïtiques régionales.

K [SNM 26219] (fig. 45) : n° 65 dans le puits, nᵒˢ 68, 70, 134, 139 dans la cavité. Haut. = 57,1 cm ; diam. = 49 2 × 48,8 cm ; diam. min. = 11,9 × 11,8 cm ; vol. = 47 l. Façonnée en deux parties. Pâte non sableuse, à granules salins, chargée en végétaux. Cassure noire, extérieur rouge brique, intérieur crème clair évoluant jusqu'au rouge brique. Panse sphérique légèrement aplatie, lissée à l'intérieur, nattée à l'extérieur. Col lissé, engobé avec débordement sur la lèvre interne, bruni surtout horizontalement. La réserve entre engobage et nattage est vraie, mais très réduite. L'épais engobe a servi à peindre deux bandes circonscrivant un double zigzag croisé, de facture peu soignée : l'absence de préparation du tracé dans le bandeau a abouti à la construction de carrés approximatifs et à une finition totalement négligée. La répartition des tessons assure que la bonbonne provient du puits, où est demeuré le fond, piétiné par les pillards, et d'où sont tombés les tessons de l'épaule et du col, répandus dans la cavité.

L [SNM 26220] (fig. 45) : nᵒˢ 78, 82b, 85, 86, 88, 130, 132b, 155. Haut. = 50,1 cm ; diam. = 43,3 cm ; diam. min. = 11,5 × 11,3 cm ; vol. = 32 l. Façonnée en deux parties. Pâte non sableuse, à granules salins abondants, riche en végétaux. Cassure noire, surface interne crème clair, surface externe rouge brique clair, avec nombre de plages foncées. Panse sphérique à paroi épaisse (1 cm), surtout au fond (jusqu'à 1,7 cm), lissée à l'intérieur, nattée à l'extérieur d'une façon parfois presque imperceptible, comme si le nattage avait subi un lissage ultérieur. Col lissé, engobé avec débordement sur la lèvre interne, bruni surtout verticalement. Pas de vraie réserve entre engobage et nattage. L'engobe, peu épais, a aussi servi à tracer une bande sur l'épaule, brunie dans le sens de la ligne. La dispersion des tessons dans toute la cavité laisse penser que la bonbonne a été projetée depuis le puits, qu'elle a éclaté et s'est répandue.

M [SNM 26221] (fig. 45) : nᵒˢ 94b, 106b, 113b, 132a, 133, 178. Haut. conservée = 43,2 cm sans le col ; diam. = 47,8 × 47,3 cm ; vol. = 47 l. Façonnée en deux parties. Le col brisé manque totalement. Pâte non sableuse, avec peu de nodules salins et beaucoup de végétaux. Cassure noire, intérieur noir, extérieur rouge brique variable. Panse presque exactement sphérique, à paroi régulière, lissée à l'intérieur, nattée à l'extérieur. Col lissé et engobé, à en juger par son raccord sur la panse. La réserve entre nattage et engobage est approximative. La solution aqueuse de l'engobe, peu épaisse, a été utilisée pour peindre un motif, quatre fois répété, de trois barres verticales réunies par une barre horizontale supérieure. Une nouvelle fois, la paroi interne est scandée de bandes obliques, bariolées, de sels variés, aux limites en lignes droites strictement parallèles. Ces limites restent nettes, après rapprochement des tessons, malgré leur dispersion. C'est un signe supplémentaire plaidant pour l'empreinte d'un contenu réel enfoui à l'occasion de la cérémonie funéraire, sans certitude absolue cependant. Les tessons du récipient se répartissaient strictement à l'ouest de la cavité et s'entremêlaient à ceux de la bonbonne A, rejetés contre la paroi. La place manquait pour disposer les deux conteneurs côte à côte, en bout de rangée : il faut donc les restituer superposés, A sur M, puis bousculés et projetés sur le matériel à libation, le pillard s'étant ainsi ménagé un passage latéral entre puits et cavité.

On retrouve dans la cavité les mêmes bonbonnes que dans le puits et la descente, sans qu'il soit possible de distinguer immédiatement des catégories qui documentent, évidemment et clairement, la liturgie du « banquet funéraire ». Au plus peut-on écarter de probables situles – les objets C et 104, de respectivement 13 et 9 l – et remarquer que les autres conteneurs collectifs sont en moyenne plus volumineux, avec un minimum de 39-40 l. Les conteneurs effectifs, distinguables par les imprégnations de leurs parois internes, ont été plus souvent repérés dans la cavité que dans le puits, de même que leur protection, obtenue par le coiffage à l'aide de petits conteneurs en bronze. Pour conclure sur le rôle des bonbonnes dans le banquet, on constate que l'analyse des conteneurs collectifs n'est pas facilitée par le changement de technologie céramique : on ne parvient plus, comme à Méroé et el-Kadada, à différencier les liquides des solides, la bonbonne remplaçant à la fois la jarre et la bouteille. De même distingue-t-on plus difficilement les situles, avec la disparition de la petite bouteille noire, même si çà et là quelques détails archéographiques permettent de proposer cette fonction

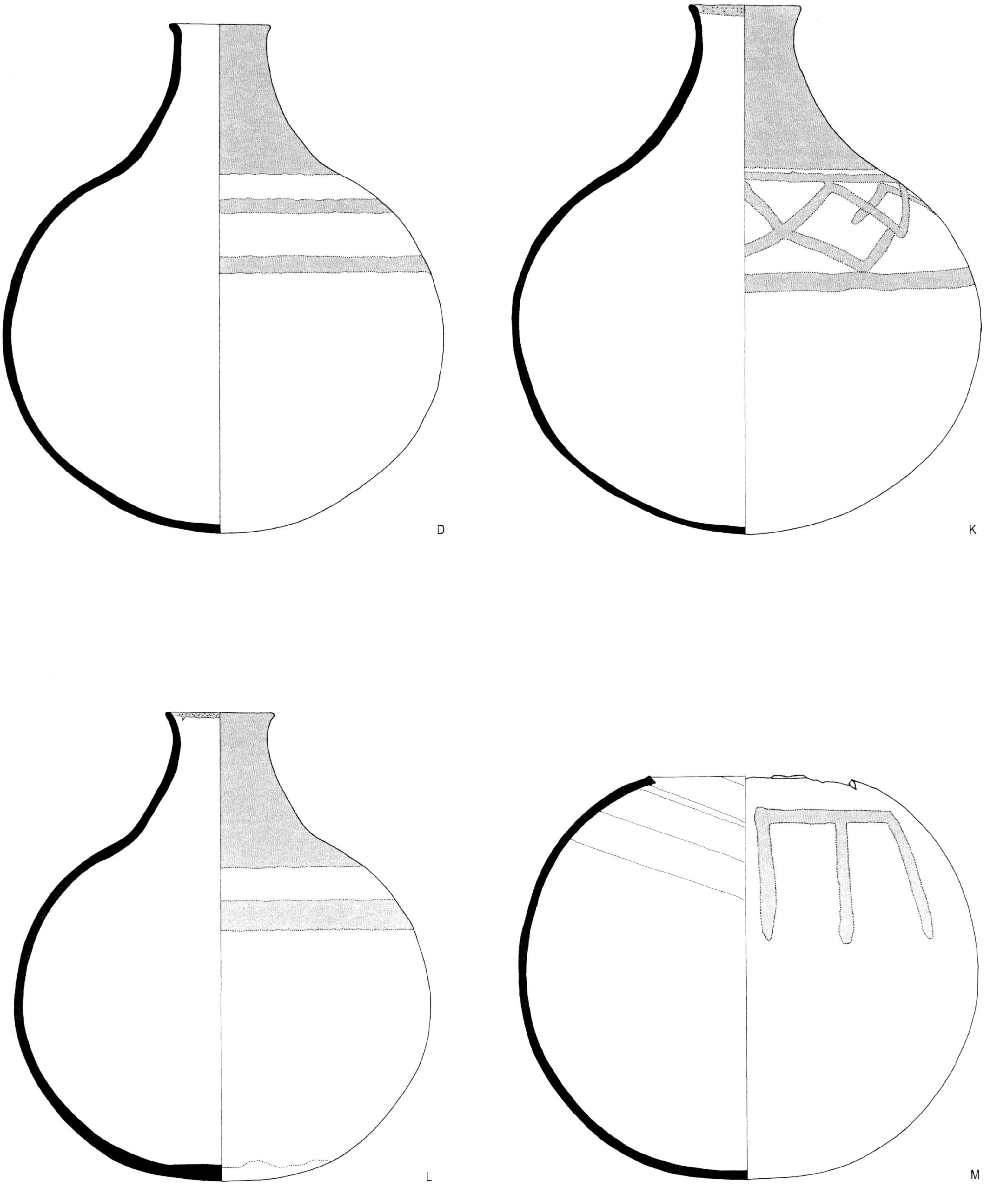

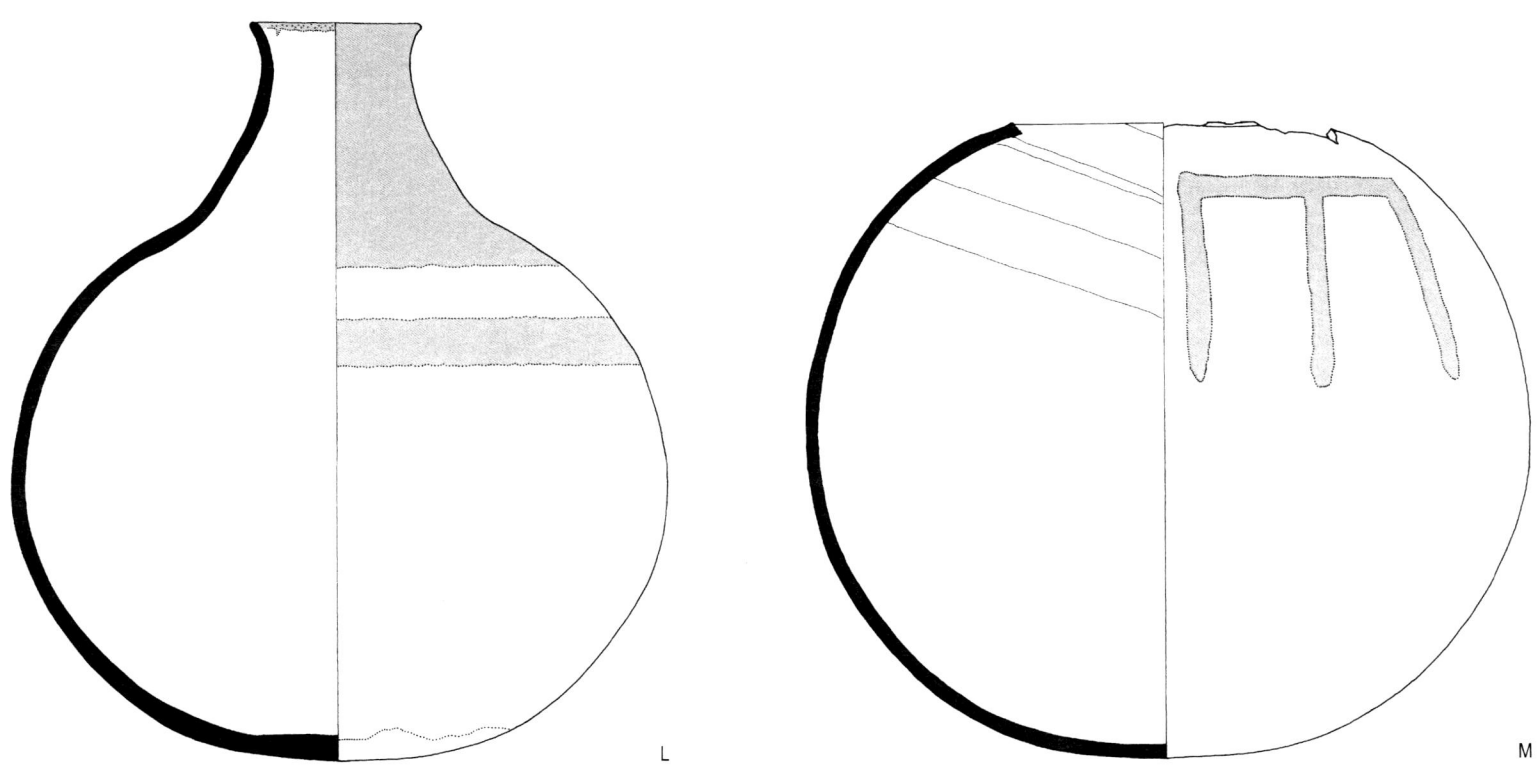

Fig. 45. Hbg III/1. Cavité, bonbonnes D, K, L et M. 1/5ᵉ.

pour les plus petites des bonbonnes. Une dernière constatation enfin s'impose : si le contenu est marqué par un signe caractéristique sur le conteneur, hypothèse rendue plausible par la gamme réduite des catégories décoratives, il semble nécessaire de décomposer le banquet en plusieurs étapes : un premier groupe de bonbonnes (pleines) aurait enfoui dans la cavité une proportion réelle de nourritures variées ; le reste des mêmes produits aurait été consommé, partiellement ou en totalité, pendant la cérémonie ; les conteneurs restants auraient fini enfermés dans le puits ou enterrés dans la descenderie. De cette façon, on expliquerait plus intelligiblement le grand nombre des bonbonnes (57) et le volume des produits amassés (entre 20 et 21 hl), commensurables avec ceux des plus grands banquets royaux de Méroé. Resterait à définir les produits accumulés. Si les plus petites bonbonnes (situles) ont bien servi à verser des libations devenues plus abondantes, on peut imaginer en distinguer les contenus liquides connus – eau, eau du Nil, vin, lait, etc. – en fonction de leur décor (engobage de l'épaule, bande unique ou double bande à barres verticales sur l'épaule ou absence de décor), et ainsi les différencier des grains ou farines (décors à deux ou trois bandes sur l'épaule, zigzags variés, motifs différents). On sent la fragilité d'une recherche qui ne peut encore s'appuyer que sur une seule collection céramique. L'idée est plausible, mais sa vérification ne peut intervenir ici.

Récipients en verre

(fig. 46-47)

N° 218 [SNM 26648] (fig. 46 ; photo 14). Haut. = 11,9 cm ; diam. = 5,9 cm ; diam. min. = 3,1 cm. Vase à parfum en verre brun, à panse en goutte et long goulot étranglé puis évasé. Le récipient a été trouvé renversé mais intact, protégé par la paroi. Le matériau se délitant au simple contact, il a été dessiné sur place afin d'éviter toute perte d'information. C'est à l'évidence un *unguentarium*, comparable à nombre d'homologues des tombes méroéennes de haut rang.

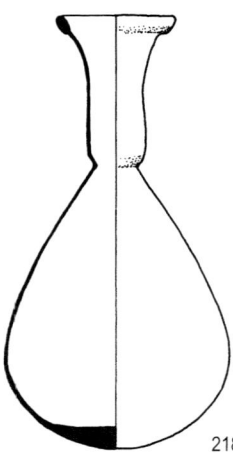

Fig. 46. HBG III.1. Bouteille de verre n° 218. 1/2.

N° 223 [SNM 26386]. Long. = 3,6 cm ; larg. = 2 cm. Tesson de verre provenant d'un récipient non identifié. Il a été récolté lors du tamisage des sédiments de la cavité et ne peut se rapporter au balsamaire intact n° 218.

Un hypothétique récipient en argent

(fig. 48)

Nᵒ 222 [Snm 26380]. Diam. = 12,5 × 8 mm. Fragment dans un alliage métallique à base d'argent. De petites dimensions, il peut provenir d'un récipient et devrait alors être rattaché à la lèvre. Son décor est incisé et consiste au moins en deux frises alternant barres et losanges.

Récipients extérieurs à la fosse centrale

Le tumulus a livré quelques dizaines de tessons, généralement de taille réduite. Quatre céramiques peuvent être décrites après quelques remontages.

Nᵒ 253. Bord de cruche à bec, trouvé en zone 4, au-dessus du sable du sol de construction. Pâte et cuisson usuelles. La panse est sphérique, lissée à l'intérieur et nattée à l'extérieur. La lèvre lissée a été engobée d'une barbotine épaisse de couleur rouge brique, et la même solution a permis de peindre deux barres verticales. La céramique relève de la même industrie que toutes les bonbonnes de la fosse : le récipient se limite à la panse, sans adjonction. Les dimensions ne sont pas déterminables.

Nᵒ 254. Bord de « marmite », trouvé dans le trou de pillage et ayant servi de racloir. Pâte et cuisson usuelles. La lèvre est imprimée de dentelures profondes assez irrégulières, résultant probablement du séchage sur une claie. Panse probablement sphérique, lissée à l'intérieur et nattée à l'extérieur. L'engobe épais, de couleur rouge brique, a été appliqué sur la lèvre interne et externe : adhérant mal, il a presque totalement disparu.

Nᵒ 255. Bord de « marmite », en quatre tessons assemblés, trouvé en tranchée 2 et ayant servi de racloir. Pâte et cuisson usuelles. La lèvre est profondément indentée, ce qui indique un séchage sur claie. Panse probablement sphérique, lissée à l'intérieur et nattée à l'extérieur. Le récipient n'a reçu aucune peinture ni aucun engobage.

Nᵒ 256. Bord de « marmite », en quatre tessons dont deux s'assemblent, trouvé dans le trou de pillage. Pâte et cuisson usuelles. Lèvre indentée après séchage sur claie. Panse probablement sphérique, lissée à l'intérieur et à l'extérieur. Le récipient n'a reçu aucune peinture ni aucun engobage.

Tous les tessons témoignent de la même industrie que les bonbonnes et datent probablement de la même époque. Leur présence dans le tumulus n'est pas entièrement rapportable à l'action des pillards. Même si le sol de construction n'a pas rendu un grand nombre de tessons, il faut souligner la forme (cruche ou marmite) dont ces quatre numéros témoignent, forme ayant pu servir à la cérémonie funéraire et qui n'a pourtant pas été enfouie.

Matériel corporel

Les pillards ayant emporté le défunt apprêté hors de la fosse, le matériel lui appartenant se limite aux pertes involontaires retrouvées principalement lors du tamisage. On y ajoutera les objets récoltés dans le tumulus, dont la description ne saurait être exhaustive, la fouille restant inachevée.

Perles

Perles de la cavité [SNM 26378]

(fig. 47 ; photo 15)

Toutes ont été trouvées éparses dans les quelques centimètres au-dessus du sol de la cavité. La plupart proviennent d'une zone relativement réduite située autour de la perle n° 151 et des tessons n° 177.

N° 151. Long. = 1,5 cm. Perle rhomboïdale en verre bleuté, à six faces en losange, brisée en menus fragments.

N° 231. Diam. = env. 8 mm. 3 perles moyennes en sphéroïde aplati ; quartz blanc.

N° 232. Diam. = 8 mm. Perle moyenne en sphéroïde aplati ; pierre noire non identifiée.

N° 233. Diam. = 8 mm. 2 perles moyennes en sphéroïde aplati ; pierre beige non identifiée.

N° 234. Diam. = env. 7 mm. 3 perles en test d'œuf d'autruche.

N° 235. Diam. = env. 8 et 6 mm. 3 perles moyennes et 12 petites, en sphéroïde aplati ; cornaline.

N° 236. Diam. = env. 6 mm. 18 petites perles en sphéroïde aplati ; quartz hyalin.

N° 237. Long. = 12 mm ; diam. = 7 mm. 3 perles tubulaires ; faïence gris-bleu.

N° 238. Long. variable ; diam. = 3,5 mm. 4 perles tubulaires ; faïence bleue.

N° 239. Long. et diam. variables. 9 petites perles tubulaires ; verre bleu.

N° 240. Long. et diam. variables. 3 petites perles tubulaires ; verre rouge grenat.

N° 241. Long. et diam. variables. 8 petites perles tubulaires ; verre jaune.

N° 242. Long. = 7 mm ; diam. = 5 mm. 2 petites perles coniques ; quartz blanc.

N° 243. Long. = 7 mm ; diam. = 5 mm. 2 petites perles coniques ; pierre noire non identifiée.

N° 244. Long. = 7 mm ; diam. = 5 mm. 3 petites perles coniques ; cornaline.

N° 245. Long. = 7 mm ; diam. = 6 à 7 mm. 5 grandes perles coniques ; cornaline.

N° 246. Diam. = 6 mm. Perle annulaire ; quartz.

N° 247. Long. = 1,2 cm ; diam. = 6 à 7 mm. 3 perles-pendentifs ; une en cornaline, une en quartz blanc, la dernière en pierre noire non identifiée.

N° 248. Diam. = 5 à 6 mm. 4 perles de section hexagonale ; verre rouge.

Nº 249. Diam. = 5 à 7 mm. 13 perles de section hexagonale teintées du gris au noir ; verre blanc. Fragments cassés de plusieurs autres.

Nº 250. Diam. = 4 mm. Perle tubulaire ou élément tubulaire de fermeture d'un enfilage ; alliage métallique.

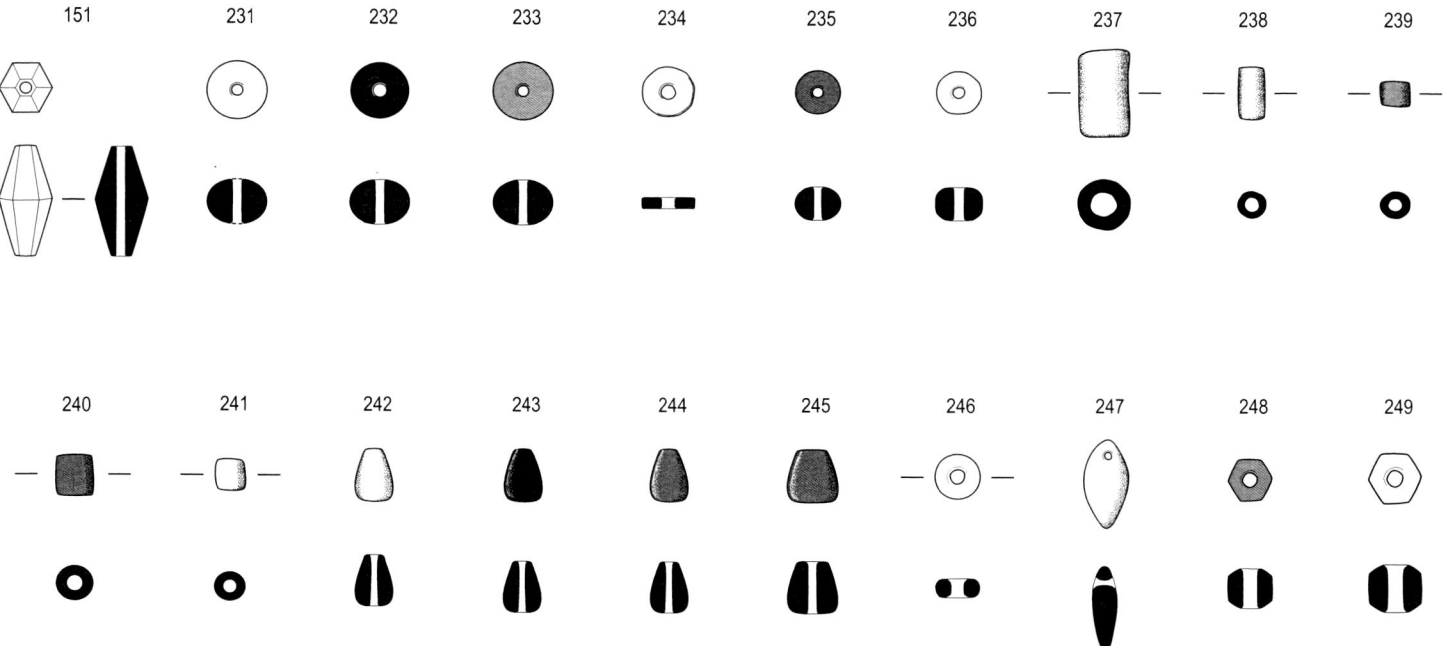

[Fig. 47. Hbg iii/1. Cavité, perles nº 151 et nᵒˢ 231 à 249. 1/1.]

Il est évidemment impossible de suggérer la moindre fonction pour ces perles, et encore moins une reconstitution. Le rangement dans la catégorie « matériel corporel » résulte d'une certitude : la cavité n'ayant pas été raclée, les perles n'appartiennent à aucun collier ni bracelet qui aurait été déposé à part, loin de la couche funéraire. La collection disparate assure au moins que l'apprêt de la dépouille répondait à ce que l'on connaît des tombes de haut rang à Méroé. Il est possible de reconnaître des séries caractérisant une industrie continuée du Méroïtique récent. Les perles tubulaires en faïence forment une première catégorie, représentée ici (nᵒˢ 237-238). Les perles dites en « sphéroïde aplati » – petites, moyennes ou grandes – en forment une seconde : cette série, au moins régionale, se caractérise par une taille et un polissage rapides, l'abrasement de deux faces, le limage d'une gouttière sur une face, et dans cette gouttière, l'amorce du perçage monoconique (nᵒˢ 231-233, 235, 236). Ce type tend à remplacer la perle en goutte à la fin du Méroïtique récent. Perles en goutte ou perles en sphéroïde aplati sont fabriquées principalement dans trois types de matériaux : quartz blanc, cornaline et une pierre non identifiée de couleur noire. Les mêmes matériaux servent à fabriquer des types plus rares, coniques (nᵒˢ 242-245) ou en pendentif (nº 247), combinant toujours les trois pierres dans des effets décoratifs variés.

Perles du tumulus

En tranchée 3, entre le défunt Hbg iii/2 et le foyer, dans le corps du tumulus, ont été trouvées les perles suivantes, en vrac, mais dans un volume très restreint [Snm 26391] :

N° 251. Long. = 8 à 14 mm ; diam. = 3 à 4 mm. Perles tubulaires ; faïence bleu-vert.

N° 252. Diam. = 4 à 8 mm. 90 perles en test d'œuf d'autruche.

À l'instar d'exemples plus nombreux déposés dans le corps du tumulus Hbg vi, il faut restituer un bracelet jeté en « offrande funéraire » lors de l'érection du tertre.

Objets en alliages à base d'argent   (fig. 48 ; photo 16)

N° 209 [Snm 26388]. Long. conservée = 3,2 cm ; larg. conservée = 2,4 cm ; long. restituée = 4 cm ; larg. restituée = 3,2 cm. Objet non identifié, en forme de plaque ovale percée de deux trous, brisé. Le classement dans la catégorie « matériel corporel » n'est pas assuré. L'objet a été trouvé parmi les armes, entre la hache n° 213 et le carquois n° 208, de chant contre la paroi. On pourrait supposer qu'il équipait l'un de ces insignes militaires, mais on ne saisirait pas alors pourquoi un seul fragment en a été retrouvé, le complément manquant ayant été recherché vainement. L'objet est oxydé et encroûté, particulièrement à gauche. Après une première restauration mécanique, une gravure de bonne qualité est apparue. Elle représente un faucon aux ailes éployées, tête à droite. Du bec de l'oiseau part un fil, achevé en signe *ânkh* ; un même appendice part des plumes caudales, à gauche, et l'on peut en restituer un troisième si l'on suppose une symétrie à ce motif.

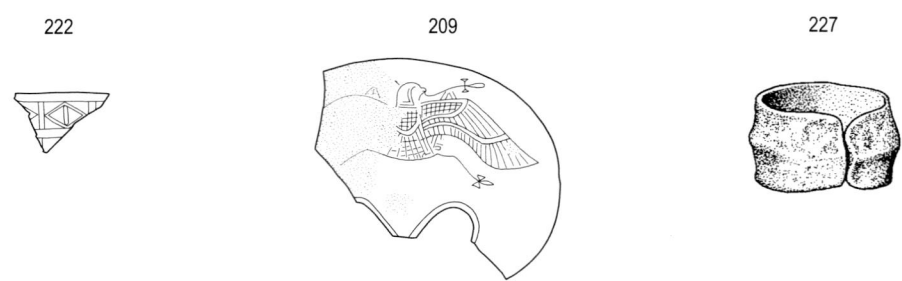

Fig. 48. Hbg iii/1. Objets en argent et en alliage d'argent : fragment n° 222, parure n° 209 et bague n° 227. 1/1.

N° 227 [Snm 26384]. Bague réalisée par enroulement d'une tôle à arête centrale. L'enroulement est complet, mais reste ouvert. L'objet n'a été trouvé qu'au tamisage des sédiments du puits. Non décorée et inattendue en ce lieu, cette bague peut appartenir à une autre catégorie que celle du matériel corporel. On ne peut cependant l'interpréter pour un autre usage : une bague de serrage d'un fer de lance, par exemple, ne pourrait être restée ouverte. Il faut donc supposer la perte de cet objet lors du transfert du corps entre cavité et descente.

Traces sur le sol de la cavité

Faute d'avoir retrouvé le bois d'une éventuelle couche funéraire, pourtant assurée par la distribution du matériel enfoui, la fouille s'est attachée à interpréter dans l'argile du sol de la cavité toutes les traces ne correspondant à aucun objet reconnu. Six taches ont été enregistrées, dont le nettoyage n'a fourni aucune indication utile. Trois sont rectangulaires, de 32 × 8 cm, 40 × 8 cm (noires) et 55 × 5 cm (rouge/rouille). Trois autres, noires et beaucoup plus petites, sont approximativement carrées (respectivement 6 et 10 cm de côté). L'emplacement des taches exclut catégoriquement un lit autant qu'un cadre de bois, alors que le tumulus vi indique, par ses vestiges de bois et de fer, par ses empreintes et ses colorations, une couche tendue de fibres et recouverte d'une probable peau. La seule suggestion plausible, correspondant aux dimensions données à la couche supposée, serait celle d'un cercueil. L'idée s'accommoderait du peu de hauteur de la voûte, de la longueur et de l'étroitesse du vide enregistré entre les débris. Toutefois, on ne saisit guère pourquoi les planches d'un cercueil, voire d'un sarcophage, n'auraient laissé d'autres traces que ces taches partielles sur le sol, même pas toutes alignées, alors que le bois des hampes a laissé des colorations nettes. La couche était-elle isolée du sol ? L'examen final de la cavité n'a apporté aucune réponse définitive à la question posée par la répartition des objets comme celle des débris. Il reste pourtant nécessaire de décrire une couche contre laquelle ont buté les hampes des lances et les panses des bonbonnes.

Armement

(fig. 49-70)

L'armement de la tombe HBG III/1 a fourni l'une des plus importantes collections d'armes jamais trouvées dans les sépultures du Nil soudanais. Les lances la font rivaliser avec les tombes les plus pourvues des sites de Qoustoul et de Ballana, même si leur matériau n'en exhibe pas la richesse. Les flèches la placent quant à elles au premier rang de toutes les sépultures connues, tous sites royaux et princiers confondus. Enfouies immédiatement après la couche funéraire et disposées autour d'elle, les armes ont bénéficié de l'exceptionnelle absence de raclage. Les pillards ont trouvé la tombe creuse, ont dérangé seulement quelques flèches pour les examiner (nᵒˢ 73-75, 80, 81, 110, 143, 144, 157, 190) et les négliger ; ils ont extrait la « masse d'armes » en pierre et l'ont finalement rejetée hors de la fosse. En encombrant de tessons concassés le fond de la tombe, ils ont en outre protégé la répartition des objets. La fouille a donc produit une documentation détaillée, extraordinairement instructive malgré la corrosion. Le seul obstacle à une conservation parfaite a été l'hygrométrie variable de la cavité. Les matières putrescibles ont disparu, faute d'une constante humidité ou sécheresse. Le bois des hampes des flèches, lances et javelines, du manche de la hache et de la masse d'armes a disparu, alors qu'il a été conservé dans la cavité du tumulus VI. Le cuir des carquois a également disparu. Le non-dérangement de la plupart des objets pallie toutefois partiellement la dégradation organique.

La difficulté majeure, comme toujours dans le domaine méroïtique méridional, réside dans la fabrication des armes à partir du pire métal archéologique qui soit. Il était impossible de nettoyer les objets sur place, l'âme métallique des armes en fer ayant systématiquement disparu. Il était de même impossible de les consolider sur place, les résines plastiques les meilleures et les plus usuelles ne tolérant pas la saturation en eau des gangues d'oxydes. On a donc prélevé les objets en masse, après un dégagement superficiel suffisant à la représentation en plan, et l'on a même moulé pour les lances un berceau fait d'un treillis métallique plâtré. Après séchage, les objets n'ont pu faire l'objet d'une restauration qui n'aurait pu, du reste, changer que quelques détails dans la longue description qui suit. Ils ont en revanche été patiemment nettoyés pendant quelques mois, jusqu'à production d'un dessin suffisamment utile.

Flèches

Pointes en bronze

(fig. 49-50 ; photo 17)

La cavité a livré deux faisceaux de pointes en bronze :

Nᵒˢ 190/1-7 [SNM 26432] (fig. **49**). 7 pointes en bronze de type identique, à barbelure unique, latérale et inverse. Peut-être initialement moulées, les pointes ont été fortement retravaillées par martelage. Le corps est réduit à une feuille lancéolée de 1,5 mm d'épaisseur au plus. Un travail au burin a détaché la barbelure au contact de la soie et du corps, et l'a écarté latéralement de quelques millimètres. Les deux côtés de la lancette ont ensuite été affûtés pour donner deux tranchants. La pointe elle-même n'est pas mousse, mais n'est jamais franchement effilée. La soie est de section rectangulaire ou carrée, de 4 à 5 mm d'épaisseur, frappée sur toutes

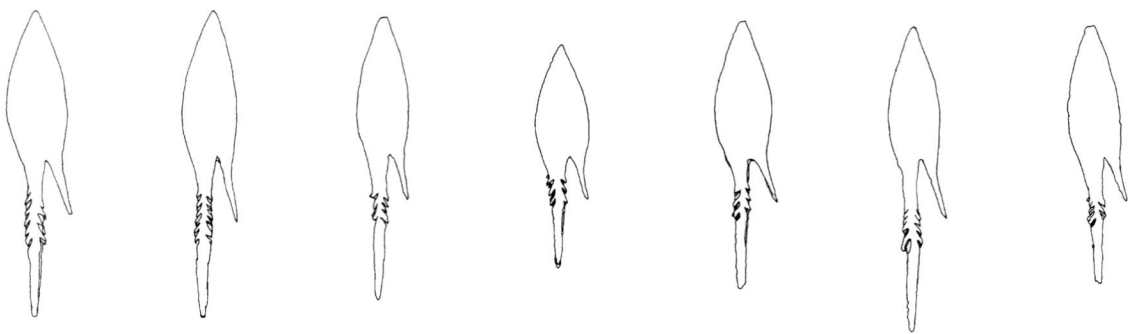

190

Fig. 49. HBG III/L. Pointes de flèches en bronze n° 190. 1/2.

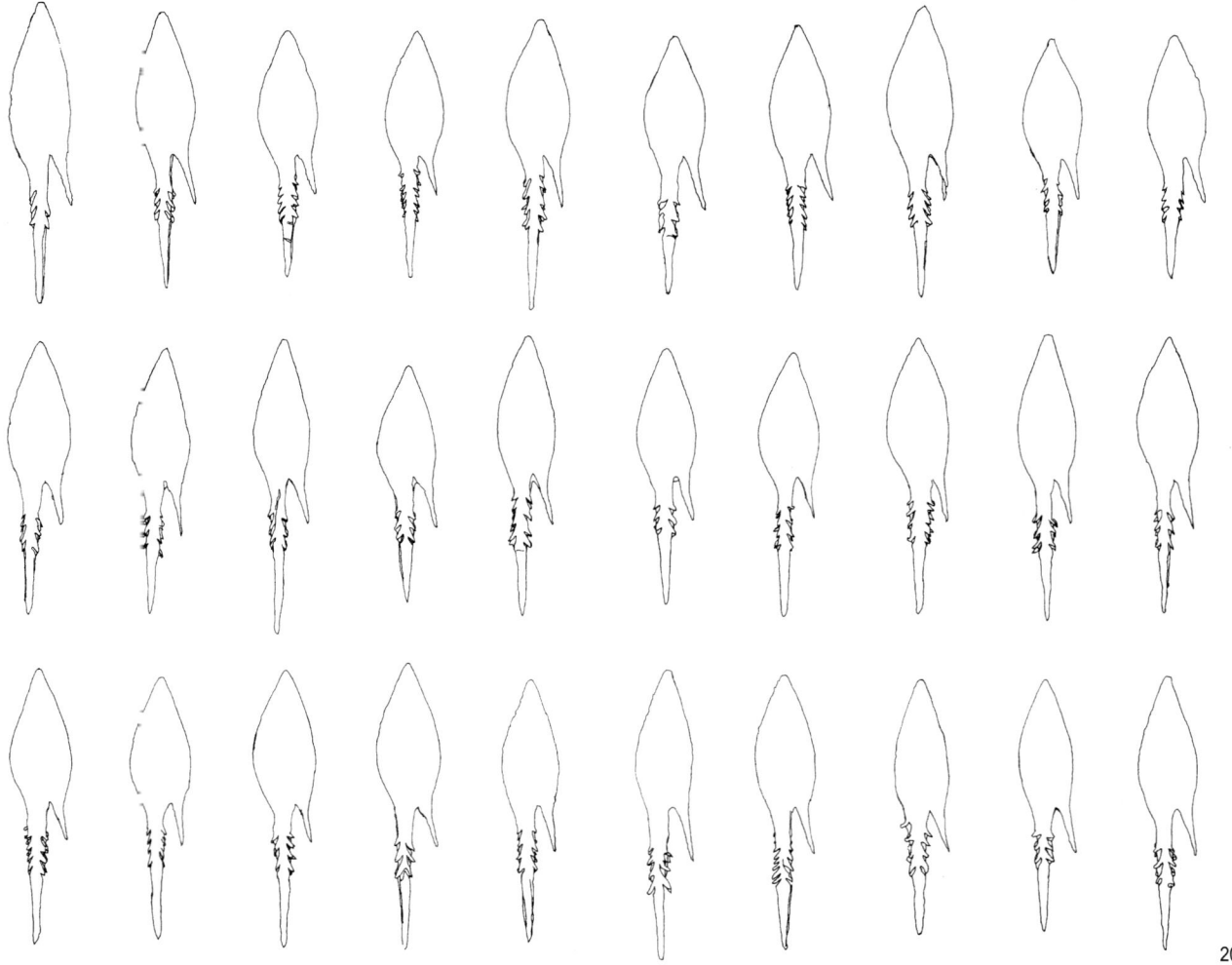

201

Fig. 50. HBG III/L. Pointes de flèches en bronze n° 201. 1/2.

ses faces. Les arêtes vives obtenues ont été burinées pour détacher une série de griffes, lesquelles sont recourbées sur les faces de la soie correspondant aux tranchants de la flèche. Le rôle des griffes est évidemment d'assurer l'emmanchement. L'orientation inverse de ces griffes aide à une pénétration élastique du projectile et contrarie le retrait de la pointe quand on tente de l'arracher de la blessure. La longueur des flèches est, avec le nombre de griffes, la seule variable dans le type ainsi défini : de 5,9 (n° 119/4) à 8,3 cm (n° 119/6). Les pointes ont été trouvées groupées au-dessus d'une trace noire attribuée à la couche funéraire, non enrobées de la moindre trace rouge que laisse ordinairement le cuir. Elles étaient passablement désorientées. On peut suggérer que ce n'était pas là leur place originale, à l'instar des flèches en fer éparpillées parmi les tessons concassés.

N°s 201/1-30 [Snm 26433] (fig. 50 ; photo 17). 30 pointes en bronze de type identique au précédent. Le dessin détaille le nombre de griffes, qui varie de 2 à 5 selon l'arête représentée. Le nombre de griffes par flèche varie donc de 10 à 20. Elles sont généralement recourbées, par paires symétriques. À la profondeur de l'entaille du burin ou plus souvent à sa superficialité, on distingue à l'occasion quelques coups ratés. On peut même déceler le réaffûtage de l'outil. La longueur des pointes varie de 6,6 (n° 201/9) à 8,4 cm (n° 201/1). L'épaisseur du corps des pointes n'excède jamais 2 mm. Elles sont toutes affûtées sur les deux côtés. Nul doute qu'il s'agissait d'armes réelles. Groupées et strictement orientées, les pointes n° 201 sont apparues dans une zone réduite fortement colorée en rouge, signe de la disparition d'un cuir. Le carquois des pointes en bronze a donc été enfoui là, à l'ouest de la tombe. Les sept objets n° 190 pourraient en provenir, mais cela porterait le nombre de flèches de ce carquois à trente-sept, nombre assez élevé à l'étude des autres collections de flèches ; il conviendra donc d'examiner les sept flèches n° 190 en fonction d'un rite séparé, si faire se peut. Curieusement, une pointe en fer (n° 202), à très longue soie ou plutôt à hampe oxydée sur plus de 10 cm de longueur, figure dans ce paquet. Sa corrosion n'a pas permis de conserver la tige axiale : seule la pointe a été prélevée et est décrite plus bas.

Pointes en fer ordinaires

Carquois groupés

(fig. 51-61 ; photo 19)

N°s 179/1-30 [Snm 26365] (fig. 51). 30 pointes ont été séparées avec un succès relatif, et nombre de fragments rassemblés et recollés. Au décompte des fragments restants, presque exclusivement des extrémités de soies, on peut estimer un maximum de 32 flèches dans cet ensemble. 26 des pointes sont à barbelure unique, basilaire, latérale et inverse ; les autres fragments sont trop détruits pour juger si leurs pointes appartiennent au type dominant, peut-être exclusif, de cette collection. Souvent la barbelure a la forme d'une pointe quasi cylindrique. On ne sait si cette pointe a été obtenue par burinage et martelage du corps foliacé de la pointe ou par soudure d'un élément rapporté puis martelage de finition. Sans doute une étude aux rayons X pourrait-elle résoudre cette question de fabrication. Une autre question est soulevée à l'aspect des cassures : le corps de flèche ressemble souvent à une double enveloppe couleur fer, enserrant une âme ferreuse moins dense et différemment cristallisée. Est-ce l'effet normal de l'oxydation ou le signe d'une trempe après martelage ? Il n'a pas été répondu à cette question. Au moins l'insertion des soies dans leur hampe ligneuse est-elle toujours vérifiée. Les traces oxydées du bois ont été conservées, empêchant le dessin exact de la soie interne, généralement très fragile. On note, comme pour le n° 179/16, une sorte de pastille ferreuse ovale : s'il ne s'agit pas d'une simple excroissance due à une oxydation différentielle expansée dans une fente du bois, on peut penser à la fixation d'une pointe glissant dans son support. Les 30 objets au moins ont été trouvés assemblés et orientés au milieu d'une zone rouge caractérisant un cuir disparu. Il s'agit d'un carquois, disposé entre les pointes en bronze n° 201 et le mors n° 175.

N°s 180/1-29 [Snm 26366] (fig. 52). 29 flèches ont été distinguées. Toutes appartiennent au type foliacé, à barbelure unique, latérale et inverse. Il a quelquefois fallu restituer la barbelure en raison de sa cassure, mais le type est toujours assuré, soit que la griffe se soit cassée, soit qu'elle soit demeurée fixée au corps d'une autre flèche

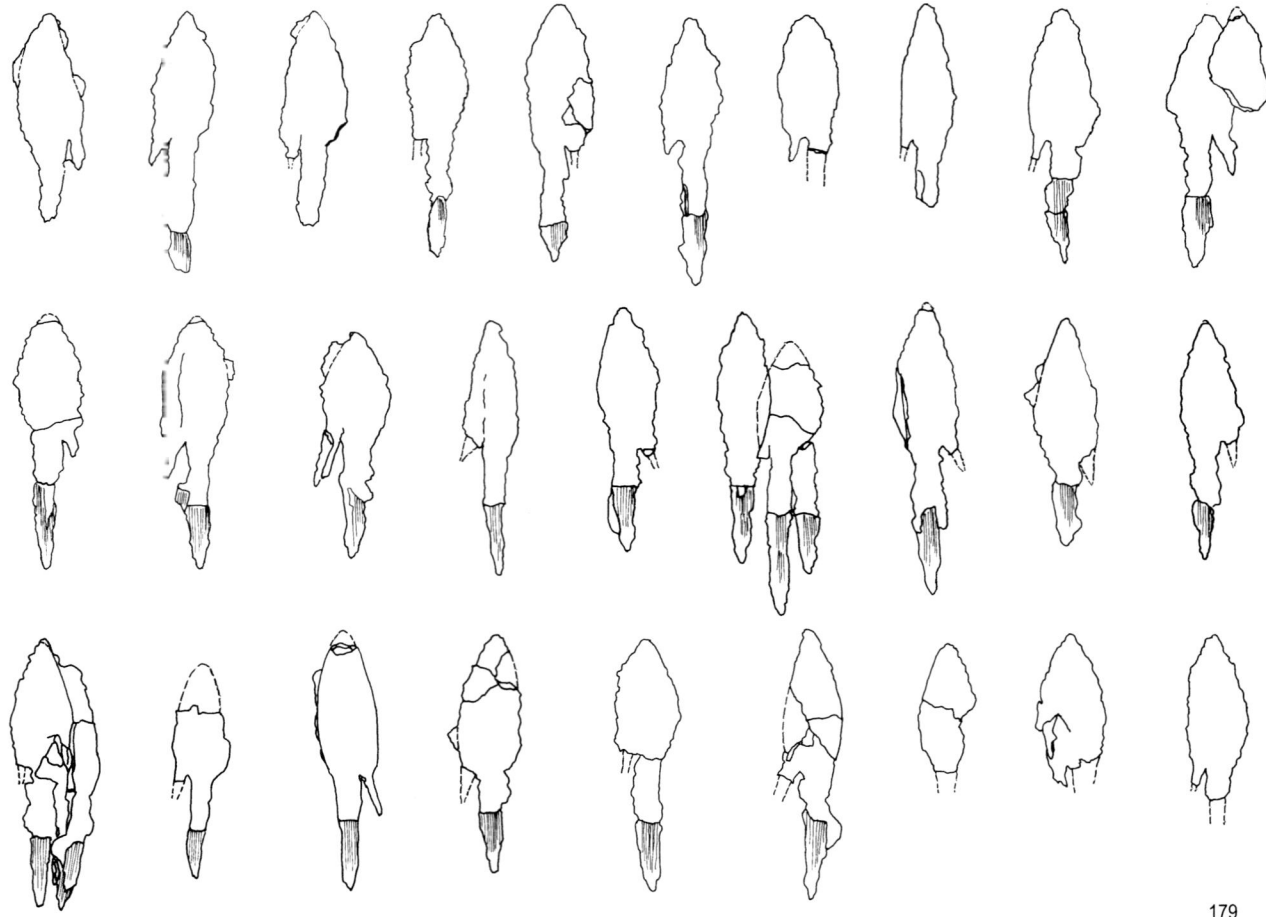

179

Fig. 51. HBG III/1. Pointes de flèches en fer n° 179. 1/2.

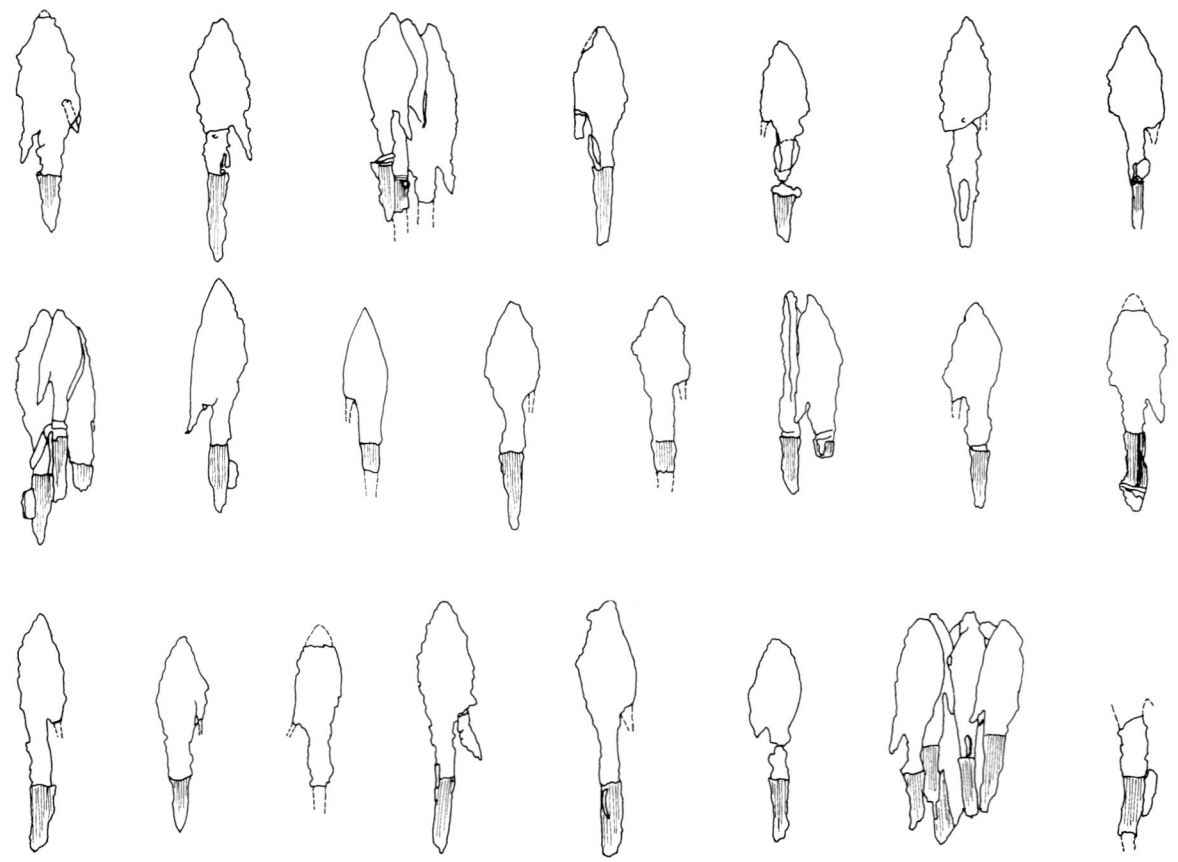

180

Fig. 52. HBG III/1. Pointes de flèches en fer n° 180. 1/2.

à cause de l'oxydation. Les « pastilles » signalées plus haut sont ici nombreuses, et il est possible de suggérer un enfilage de soies trop larges dans l'orifice trop étroit d'une hampe. La preuve est fournie que l'oxydation différentielle n'est pas la cause du phénomène : sur le n° 180/6, la pastille ne s'enfonce que partiellement dans les oxydes ligneux ; sur le n° 180/2, elle traverse la soie et les deux parois de la hampe cylindrique. Ces pastilles seraient donc un mode de fixation des soies dans la hampe, analogue aux griffes des pointes en bronze. Comme toujours, on ne peut donner la longueur exacte des pointes. Quand on la brise, la soie – de 1 ou 2 mm d'épaisseur, de section subcirculaire ou subrectangulaire – ne peut clairement être distinguée des oxydes fibreux qui l'enveloppent. On ne peut estimer qu'approximativement, et non exactement. Une trace de fibres ligneuses pourrait bien signaler, sur le n° 180/17, le nœud caractéristique du chalumeau de « roseaux » souvent cité. Parmi les phragmites soudanais, l'espèce n'a pu être identifiée. Les objets, groupés et orientés, ont été trouvés en sandwich entre le mors n° 175 et les talons de lance n°ˢ 185-187. Il n'a pas été possible, dans l'amas d'oxydes variés, de préciser une éventuelle trace rouge signalant un possible carquois. L'objet en cuir est plausible, qui aurait enserré le paquet de pointes.

N°ˢ 205/1-29 [SNM 26367] (fig. 53). 29 pointes ont été disjointes ; 26 appartiennent au type commun, à corps foliacé et barbelure basilaire, latérale et inverse. Le n° 205/4 est à deux barbelures, basilaires, bilatérales, symétriques et inverses ; le n° 205/3 pourrait appartenir à la même catégorie. Le n° 205/5 n'est pas classé, faute d'indications fiables. Les pointes paraissent plus petites que dans le type commun : les corps mesurent 3 cm de longueur, 4 cm au maximum si l'on comprend la barbelure. La flèche est plus petite et moins pesante (moins de 4 g en l'état).

On notera un diamètre maximal de hampe (8 mm pour le n° 205/13), de nombreuses traces de cuir rouge décomposé (n°ˢ 205/15, 17 et 28 par exemple), quelques pastilles (n°ˢ 205/6, 10 et 25) et quelques lignes transversales signalant la ligature de la soie sur la hampe (n°ˢ 205/1, 9, 13, 14, 17, etc.). Groupés et orientés par leur carquois en cuir, les objets ont été disposés contre la paroi ouest de la cavité.

N°ˢ 206/1-[58] [SNM 26368] (fig. 55). 58 pointes assurées ont été à peu près dissociées dans ce paquet fort étale, et l'on ne pourrait ajouter qu'un ou deux exemplaires supplémentaires en raison des fragments informes restants (voir le dessin du n° 206/10-11 par exemple, et les soies n°ˢ 206/59 et 60). 55 appartiennent au type courant, à barbelure unique, basilaire, latérale et inverse. Les trois dernières ne sont pas classables, mais pourraient appartenir à ce type, qui serait alors exclusif. Le corps des flèches varie en longueur de 3 à 5 cm. On remarquera de nouveau quelques pastilles (n°ˢ 206/14 et 39, a et b par exemple), parfois douteuses (n°ˢ 206/10 et 28). Le nombre des pointes est tout à fait inusuel, voire exceptionnel dans la région. Comme il correspond au double de la moyenne enregistrée pour chaque carquois en HBG III/1, il convient de supposer que deux carquois ont été superposés et que les flèches se sont emmêlées suite à la disparition des enveloppes en cuir. Toutes les pointes ont été trouvées groupées et orientées dans le même sens, contraire à celui des flèches n° 205. On comptera donc deux carquois, n°ˢ 206a et 206b, placés contre la paroi ouest de la cavité.

N°ˢ 207/1-31 [SNM 26369] (fig. 54). 31 pointes ont été difficilement dissociées. Plusieurs paquets demeurent, pour lesquels la corrosion empêche la séparation des éléments. Cinq flèches ne peuvent être déterminées ; les 26 autres appartiennent au type répandu dans le Méroïtique méridional, à corps foliacé et à barbelure unique, basilaire, latérale et inverse. La longueur du corps des flèches varie de 3 à 5 cm environ. Les traces de ligatures sur les hampes de « roseau » sont particulièrement nettes sur les n°ˢ 207/21 et 31. Les pointes ont été trouvées en un seul paquet, soigneusement groupées et orientées de même façon. Même si les traces rouges du cuir n'ont pas été notées à la fouille, il est clair, en raison du nombre des objets, qu'il faut restituer un carquois.

N°ˢ 208/1-28 [SNM 26370] (fig. 56). La séparation des pointes n'a pu aboutir, et un paquet demeure, agglomérant les pointes n°ˢ 208/13 à 28. Le nombre de flèches dépasse de peu vingt-huit, mais ne peut être précisé par le dessin. Les pointes internes du paquet ne peuvent être classées. 17 au moins sont donc à barbelure unique,

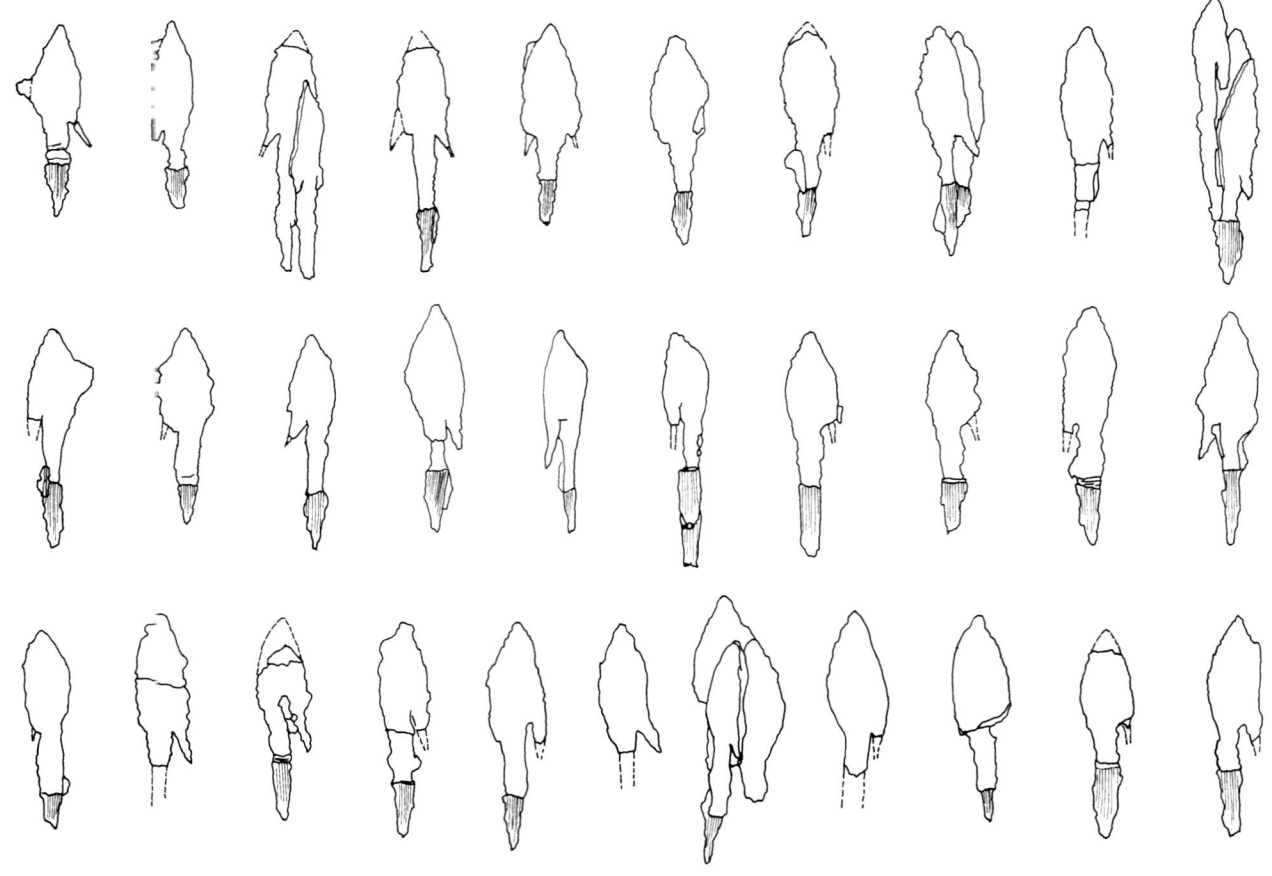

205

Fig. 53. Hbg iii/1. Pointes de flèches en fer n° 205. 1/2.

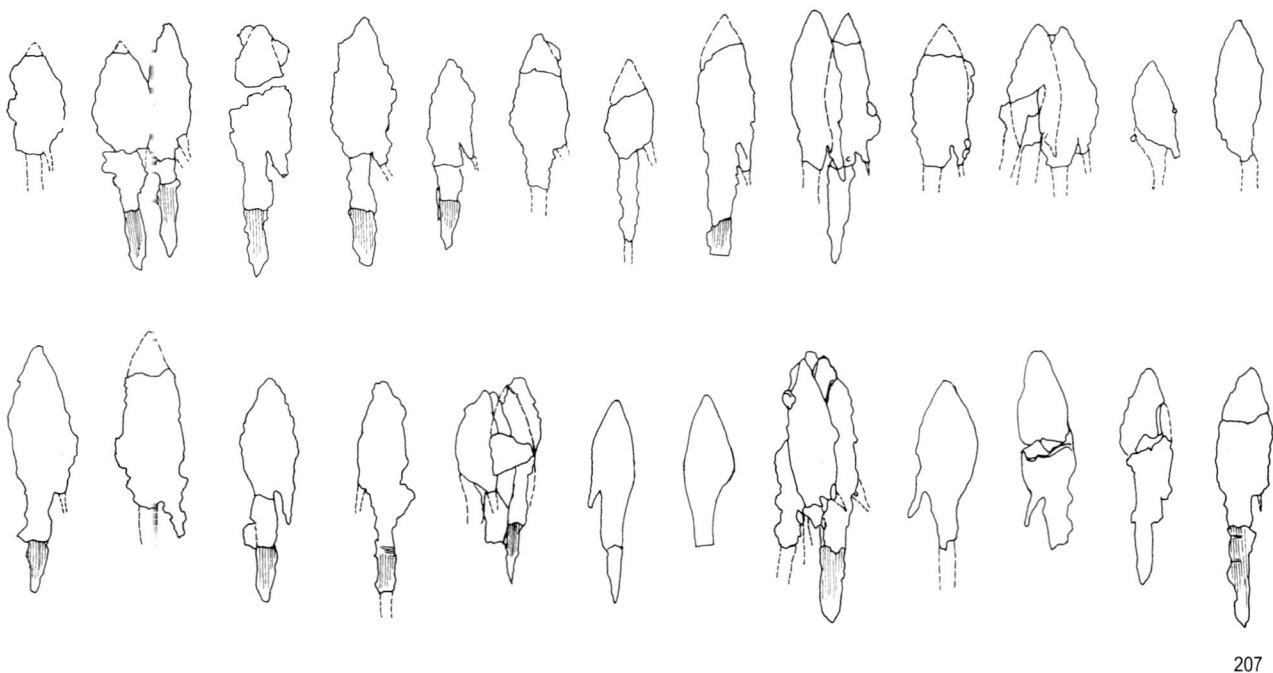

207

Fig. 54. Hbg iii/1. Pointes de flèches en fer n° 207. 1/2.

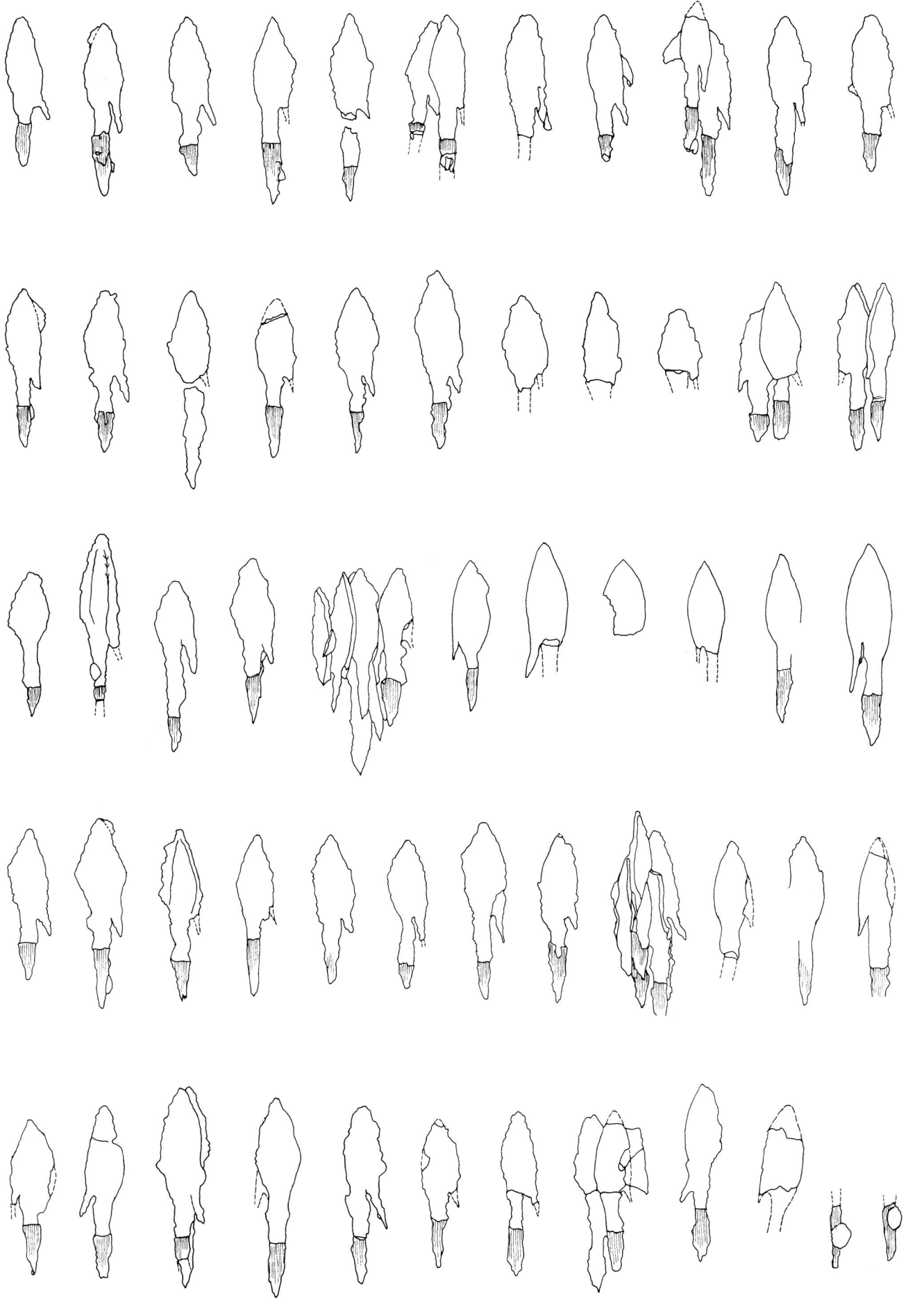

Fig. 55. HBG III/1. Pointes de flèches en fer n° 206. 1/2.

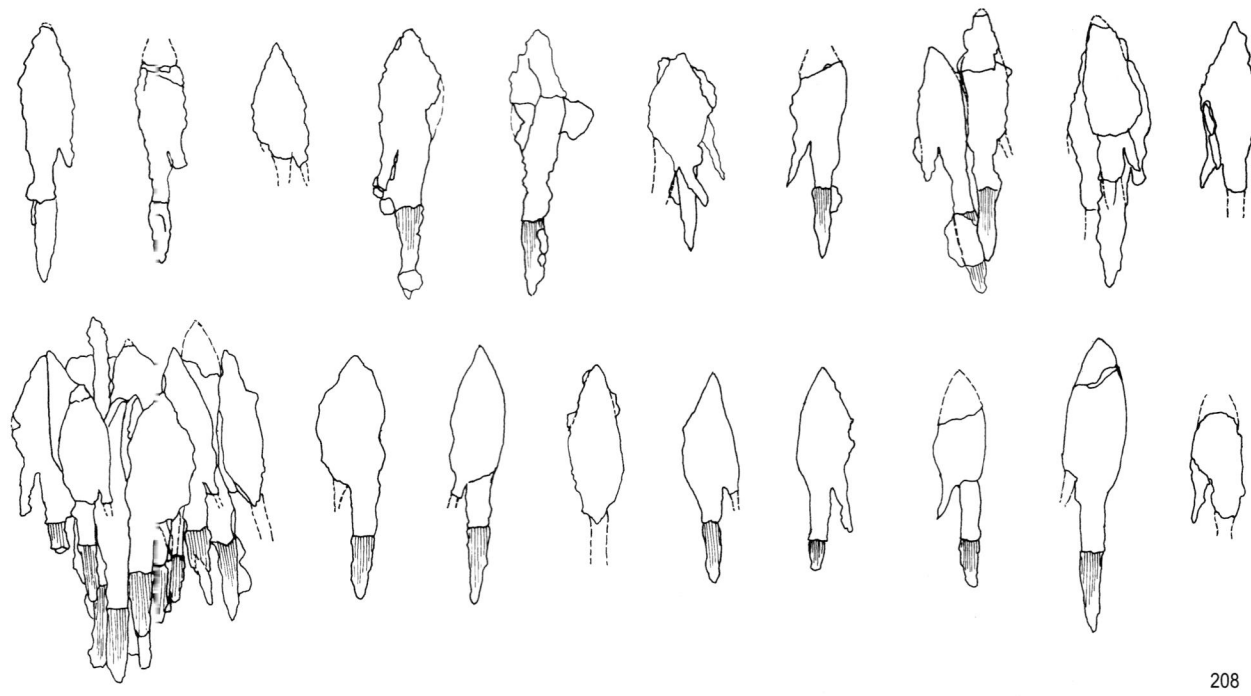

208

Fig. 56. Hʙɢ III/ı. Pointes de flèches en fer n° 208. 1/2.

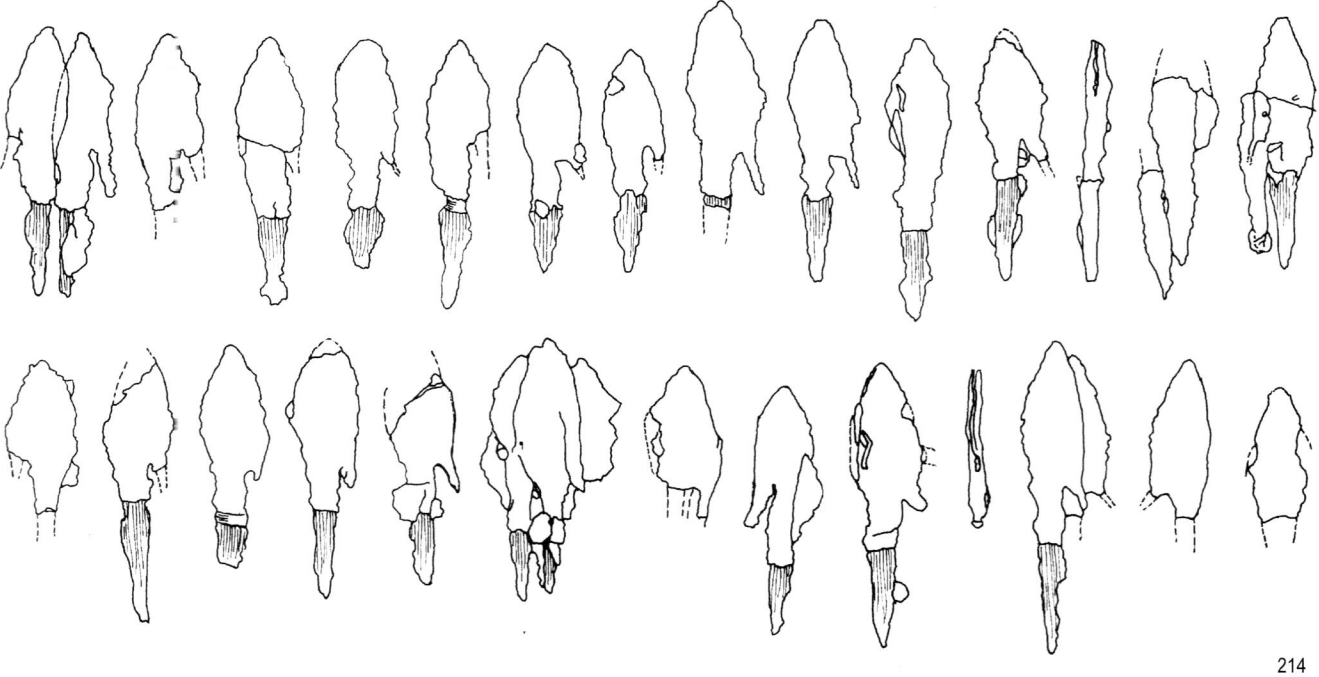

214

Fig. 57. Hʙɢ III/ɪ. Pointes de flèches en fer n° 214. 1/2.

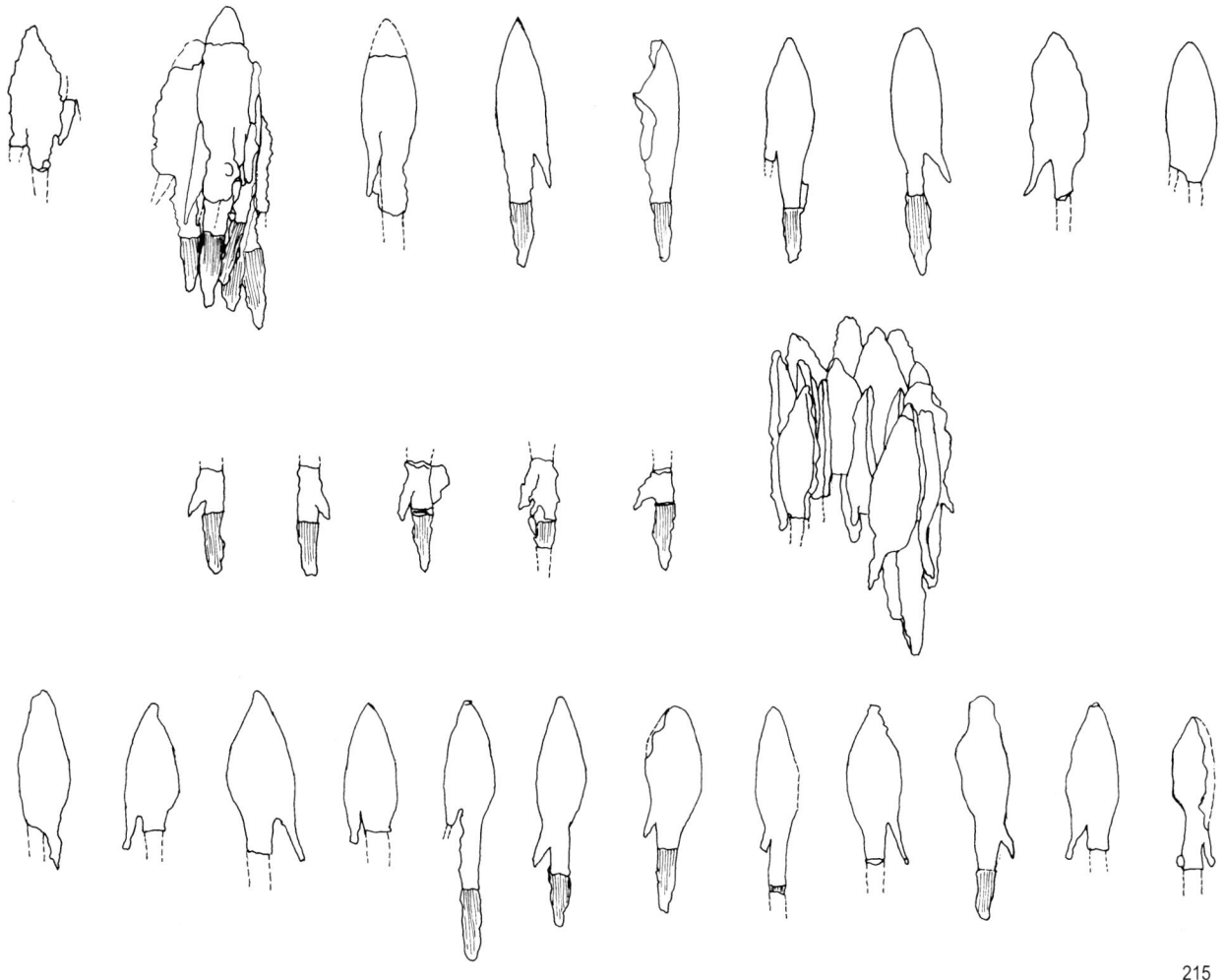

Fig. 58. HBG III/1. Pointes de flèches en fer n° 215. 1/2.

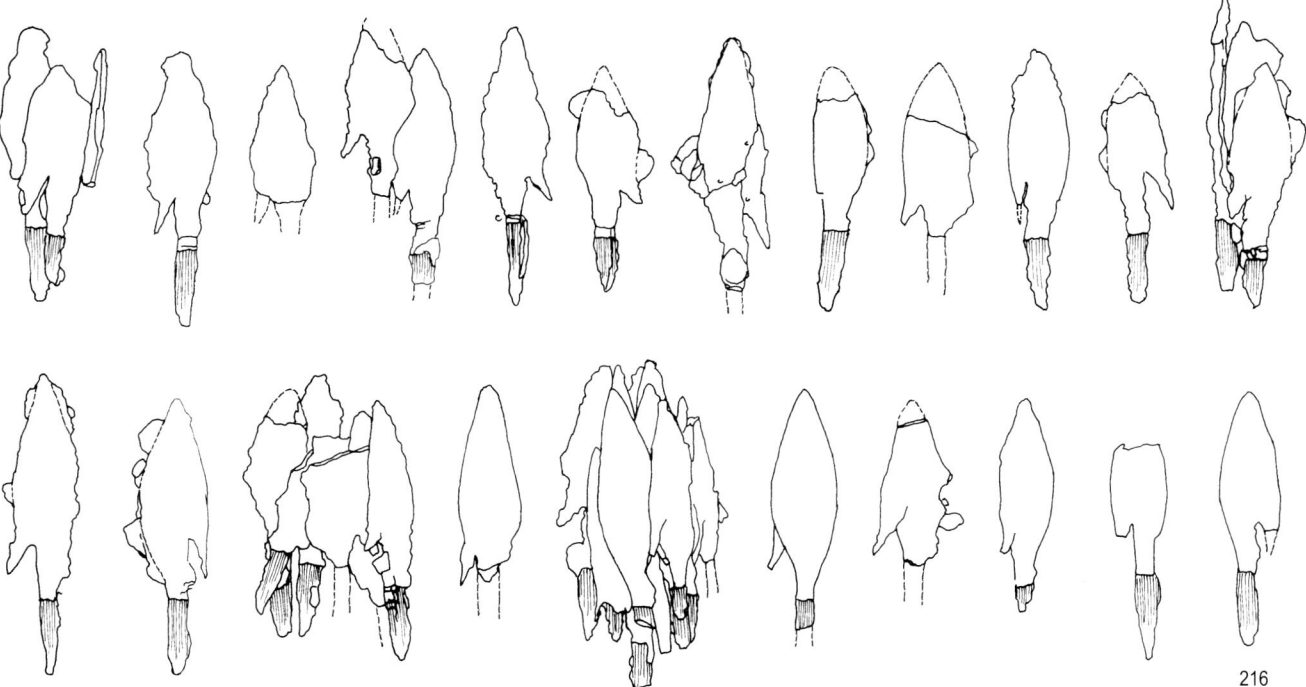

Fig. 59. HBG III/1. Pointes de flèches en fer n° 216. 1/2.

basilaire, latérale et inverse. Aucune n'est apparemment à deux barbes ou plus. Le paquet peut être cohérent. On remarque encore une fois que la longueur est la seule variable, néanmoins relative. Les flèches sont orientées en sens contraire à celui des flèches du carquois n° 207.

N°s 214/1-26 [SNM 26371] (fig. 57 ; photo 19). Les pointes, relativement bien dissociées, rendent un nombre minimum de 26 flèches dont 20 au moins appartiennent au type manufacturier le plus abondant, à barbelure unique, basilaire, latérale et inverse. Les autres ne peuvent être déterminées. Peut-être le n° 214/23 est-il à double barbelure, à moins que la cassure ne corresponde à une boursouflure ronde éclatée. On remarque la petitesse de certaines pointes (n°s 214/2, 8 et 15 par exemple), les ligatures habituelles (n°s 214/6, 17 et 23), quelques pastilles (n°s 214/12, 21 et 23). Curieusement, deux pointes (n°s 214/12 et 23) ont éclaté de chant : on ne sait si le délitement résulte du martelage d'une double tôle ou si l'effet est naturellement dû à une oxydation différentielle. La couleur, ferrique pour l'âme interne, ferreuse pour la surface externe, semble illogique si l'on suppose la trempe des produits après leur martelage à chaud. Les pointes ont été trouvées groupées et orientées strictement le long de la paroi sud.

N°s 215/1-29 [SNM 26377] (fig. 58). L'assemblage groupé et orienté, très insuffisamment dissocié à cause de l'expansion des oxydes (voir les paquets n°s 215/2-9 et 10-29), produit un minimum de 29 extrémités distales, nombre qui ne pourrait guère être augmenté par les fragments informes subsistants – surtout des soies (n°s 215a-e). Le dessin reproduit plus de croquis cotés que de contours exacts. 24 pointes au moins comptent une seule barbelure, latérale, basilaire et inverse. Il faut toutefois dissocier le type entre deux fabrications qui ne diffèrent que par un détail, le rattachement de la barbelure à la soie (n°s 215/15, 17, 19, 21, a-e) ou au corps foliacé de la flèche (n°s 215/6, 8, 12, 16, etc.). Le carquois a été enfoui au sud de la cavité, de biais par rapport à la paroi de la tombe. On peut juger que les pillards, piétinant à l'entour de la couche funéraire, l'ont légèrement déplacé.

N°s 216/1-29 [SNM 26372] (fig. 59). Difficilement dissocié, le paquet a fourni un minimum de 29 pointes assurées, dont 23 au moins appartiennent à la catégorie habituelle : la barbelure est unique, basilaire, latérale et inverse. On note quelques pointes un peu fortes, sans que l'on puisse les classer dans les « longues pointes » décrites dans les carquois d'el-Kadada ou de Méroé. Quelques traces de ligature sont particulièrement nettes (n°s 216/1, 6 et 10 par exemple), mais les pastilles semblent manquer. Le carquois, rangé au sud de la cavité, peut avoir été légèrement dérangé par les pillards.

N°s 217/1-30 [SNM 26373] (fig. 60). Passablement dissocié, le paquet compte un nombre minimum de 30 flèches, qui ne peut être augmenté par les débris restant après reconstitution. Sur ce total, 27 pointes relèvent du type courant, à barbelure unique, basilaire, latérale et inverse. Les trois autres ont perdu leurs barbelures, mais peuvent relever de la même catégorie. Le corps des pointes est généralement assez grand, compris presque régulièrement entre 4 et 5 cm de longueur. Pour des causes tenant probablement aux particularités de l'oxydation, l'épaisseur des hampes est bien documentée, soit dans les exemples non altérés (n°s 217/5, 6, 7, etc.), soit quand les oxydes expansés ont fait éclater le bois de l'emmanchement (n° 217/8). Ce diamètre oscille entre 7 et 8 mm. Quelques ligatures sont nettement conservées (n°s 217/7, 9 et 21) : on remarque, comme d'habitude, qu'elles enserrent l'extrémité ligneuse et s'achèvent sur la partie distale de la soie. Les pointes, en paquet orienté et groupé, reposaient sur le col du vase à parfum n° 218. Disposition accidentelle initiale ou dérangement par les pillards, la trouvaille, correspondant à un coin de la couche funéraire, assure de la grande discrétion des visiteurs, le verre n'ayant pas même été cassé.

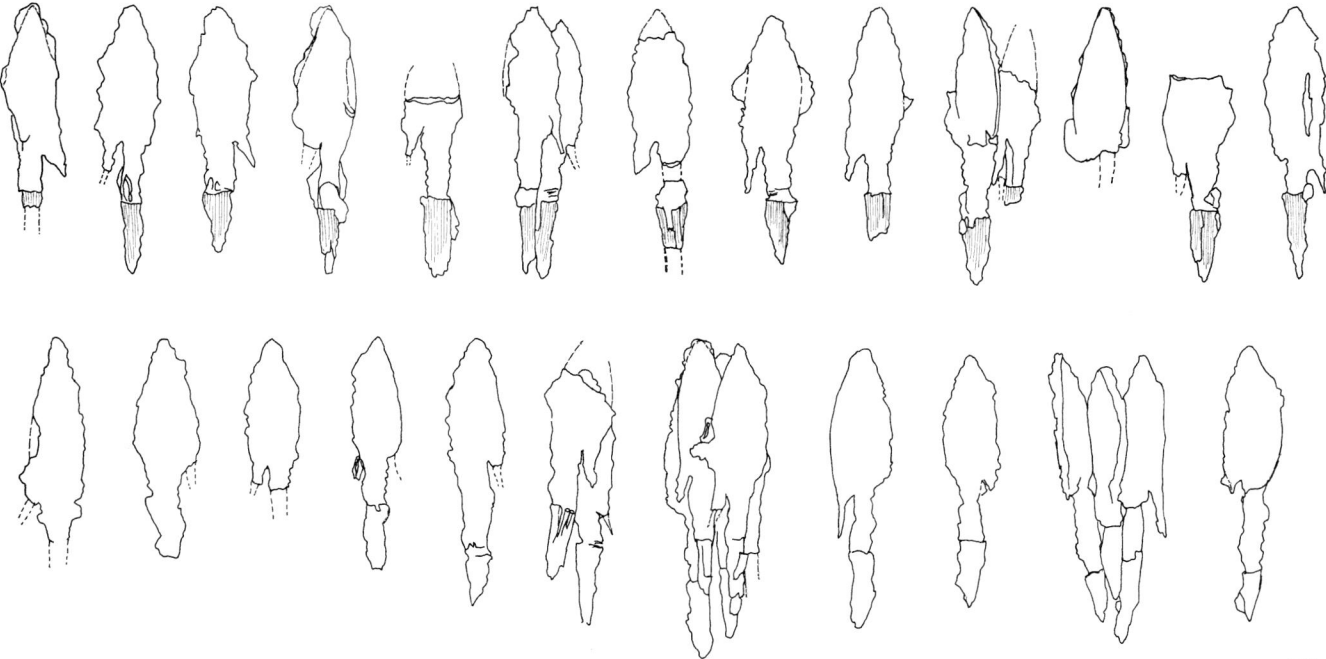

217

Fig. 60. HBG III/1. Pointes de flèches en fer n° 217. 1/2.

1 à 3   4 à 28 « recto »   4 à 28 « verso »

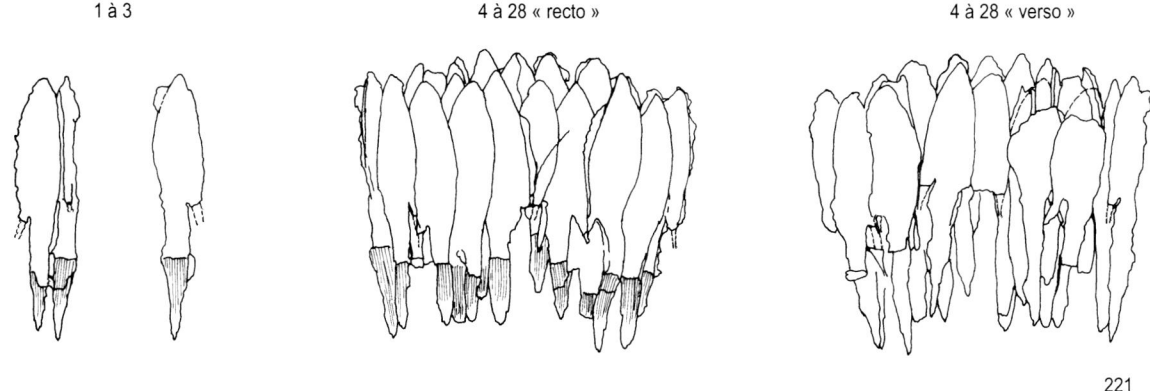

221

Fig. 61. HBG III/1. Pointes de flèches en fer n° 221. 1/2.

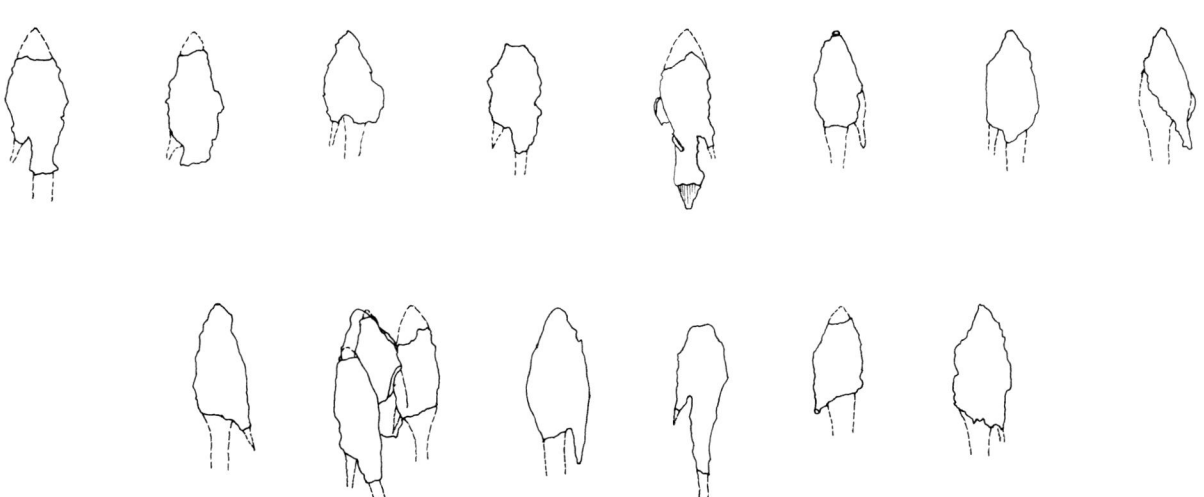

Flèches résiduelles

Fig. 62. HBG III/1. Pointes de flèches en fer. Flèches résiduelles. 1/2.

Nᵒˢ 221/1-28 [Snm 26374] (fig. 61). Placé sous les carquois nᵒˢ 207 et 208, le paquet nᵒ 221 a le plus directement souffert de l'oxydation au contact du sol. Du paquet n'ont pu être extraites que les pointes nᵒˢ 221/1-3, toutes les autres demeurant soudées malgré un long nettoyage. Il est donc difficile de préciser le nombre des pointes appartenant au type commun, sauf pour celles qui se situent à l'extérieur du paquet : 14 au moins sont concernées (nᵒˢ 221/1-3, 5-8, 10, 21-26), comme tente de le montrer le dessin qui présente les deux faces du bloc oxydé et corrodé en masse. Des colorations rouges permettent de suggérer un carquois en cuir, assez souple pour s'être affaissé, et attestent finalement d'un paquet plat, étalé sur 9 cm de largeur et 2,5 cm d'épaisseur, remarquablement homogène. Il est apparent que les pillards n'ont pas dérangé la plupart de ces carquois, initialement repoussés contre la paroi de la cavité.

Le nombre total de ces carquois assurés est de treize. Le nombre total de flèches qu'ils contenaient est de minimum 397, soit une moyenne d'environ 30 flèches par étui. Ce nombre dépasse amplement les données maximales enregistrées dans la tombe Beg. W. 122 de Méroé. On ne sait, faute d'intérêt porté à ces objets à Qoustoul et à Ballana, s'il excède le record royal nubien. On notera le manque de variété typologique des flèches ainsi enfouies, qui fait différer ces objets funéraires de leurs homologues issus de tombes communes. On remarquera aussi la rareté du bronze, bien qu'un atelier spécialisé ait à l'évidence existé. On conclura sur une comparaison intéressante avec les tombes de Nubie : le pillage de Hbg iii/1, non plus que celui des nombreuses tombes d'archers du domaine méroïtique méridional, n'a jamais eu pour but l'acquisition de flèches, même en bronze. Il devient évident que la fabrication n'a jamais cessé à l'époque « postméroïtique » et que les ateliers, méroéens ou autre, ont perduré et produit assez pour ne pas provoquer une recherche des produits enfouis.

Flèches résiduelles, plus ou moins isolées   (fig. 62)

16 pointes supplémentaires ont été enregistrées. Elles proviennent pour la plupart du tamisage, mais quelques-unes ont été repérées pendant la fouille [Snm 26375-26376[18]].

Nᵒˢ 143-144. Deux pointes trouvées dans la coupe nᵒ 242.

Nᵒ 202. Pointe en fer ordinaire au milieu des 30 pointes en bronze du carquois.

Nᵒ 201. Elle a curieusement oxydé sa hampe sur plus de 10 cm de longueur : son nettoyage n'a pas permis de préciser si sa soie était de longueur exceptionnelle.

Nᵒˢ 298-301. 4 pointes jointes par l'oxydation et fortement brisées, trouvées dans les tessons concassés proches des fers de lance.

Nᵒˢ 289-290. 2 pointes récoltées au tamisage des sédiments du puits.

Nᵒˢ 291-295. 5 pointes récoltées au tamisage des sédiments de la cavité.

Nᵒˢ 296-297. 2 pointes récoltées au tamisage des sédiments du trou du pillage.

---

18. [Les numéros d'objets donnés dans la liste de correspondance entre numéros de fouille et numéros Snm (annexe 3) présentent des différences qu'il n'a pas été possible d'expliquer ou de résoudre.]

Sur ce total de 16 flèches, 14 appartiennent au type industriel, à barbelure unique, basilaire, latérale et inverse ; les deux autres sont inclassables en raison des cassures subies. La question se pose de la place initiale de ces pointes, résolue seulement en ce qui concerne la n° 202. Les 15 objets, à l'évidence dispersés par le pillage, ne semblent manquer à aucun des carquois complets ou presque complets enregistrés. Ils ne peuvent davantage provenir de plusieurs carquois, chacun de ces étuis ayant été décrit comme préservé contre la paroi de la cavité. Il faut donc conclure qu'un quatorzième carquois a existé dans la cavité avant le pillage et qu'il a été examiné puis rejeté, de même que le paquet des flèches en bronze n° 190. Comme les rejets s'étendent jusqu'au puits, et même jusqu'au sommet du tumulus, il convient de suggérer encore, mais cette fois sans preuve, que cet équipement n'aurait pas été déposé contre la paroi de la cavité, mais qu'il aurait appartenu au fourniment du défunt, à l'image de l'attirail célèbre du défunt royal de la tombe 80 de Ballana.

Pointes en fer spéciales (fig. 63)

Outre les sept pointes en bronze n° 190 et les 15 pointes ordinaires en fer précédemment décrites, le fouillis attribué au pillage a également fourni 25 pointes en fer d'un type tout à fait spécial, parfaitement original dans l'armement méroïtique connu jusqu'ici. Ces objets, repérés à la fouille ou récupérés au tamisage des sédiments de la cavité, sont numérotés de la façon suivante [Snm 26421-26426[19]] :

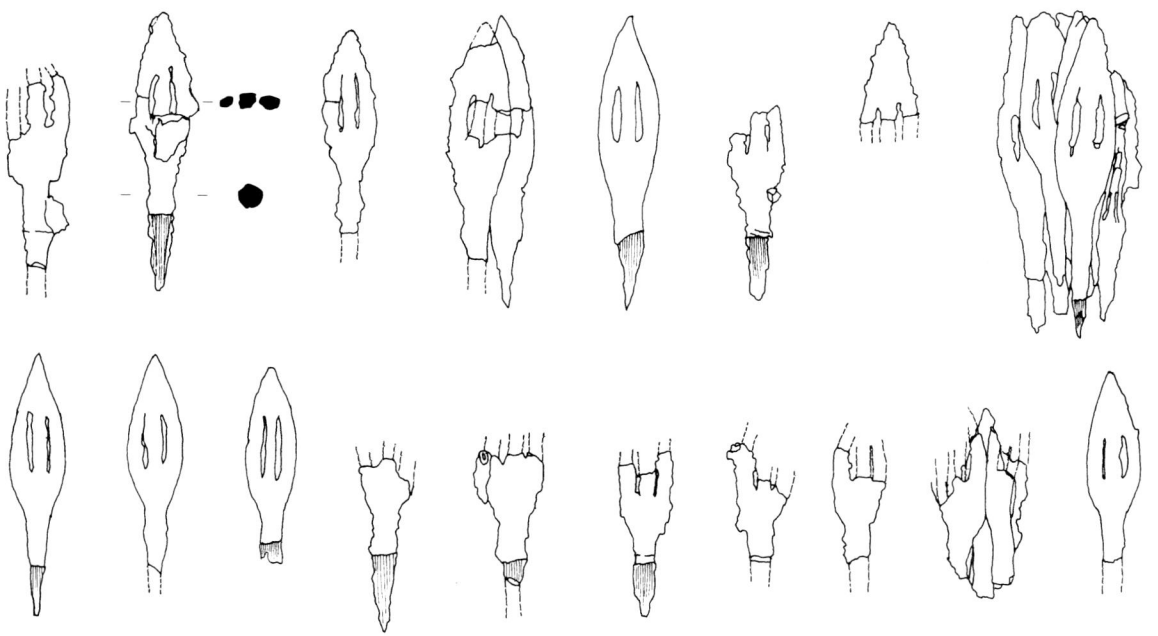

Flèches spéciales

Fig. 63. Hbg iii/1. Pointes de flèches spéciales. 1/2.

N° 110. Pointe.

N° 73. Paquet de neuf pointes complètes et de deux fragments, situé immédiatement au sud de la bonbonne n° 72. Les 11 flèches qu'il assemble ont été numérotées après la fouille avec les nombres 73 et 270-279.

---

19. [Nous n'avons pu résoudre les désaccords entre les numéros de fouille donnés dans le texte et les numéros figurant dans la table de correspondance entre ces derniers et les numéros Snm (annexe 3). Nous avons donc pris le parti de ne corriger aucune des deux versions.]

N⁰ˢ 74-75. 2 pointes proches du paquet précédent.

N⁰ˢ 76-77. 2 pointes récoltées à proximité des n⁰ˢ 73-75, mais non représentées sur le plan.

N⁰ 110 [*sic*]. Pointe brisée trouvée près de la bonbonne C (n⁰ˢ 149 et 53).

N⁰ˢ 280-288. Une pointe complète et des fragments de huit autres, dont quatre, soudés en paquet par l'oxydation, ont été collectés au tamisage.

Le nombre de 25 pointes et la trouvaille de paquets strictement groupés et orientés plaident pour la reconnaissance d'un carquois supplémentaire, bouleversé par les pillards et qui peut, lui aussi, avoir appartenu à la panoplie de la dépouille enlevée. Ces 25 pointes se caractérisent en totalité par une soie épaisse de section circulaire et un corps constitué de trois tiges divergentes de section subrectangulaire, réunies à l'extrémité distale. L'appellation « pointe de flèche » est garantie par les fibres ligneuses d'emmanchement sur les soies, conservées par les oxydes, par les traces également fibreuses des ligatures, par la forme foliacée des corps, par les dimensions et par la réunion en paquet cohérent. Le doute ne provient que de l'absence de barbelure, de l'épaisseur des trois tiges constituant les corps et de l'absence d'affûtage. Il est certes impossible de distinguer un tranchant de pointe de flèche en fer en zone sahélienne, à cause de la corrosion spécifique du métal, et l'aiguisage ne peut-être prouvé que sur les objets en bronze. L'expansion des oxydes atteint rarement cette épaisseur sur des flèches ordinaires. Les 25 objets rappellent pourtant des modèles très rares de pointes plates ajourées, connues à Méroé comme en Nubie. L'absence d'affûtage et les jours dans le métal doivent laisser supposer que les flèches équipées de telles pointes n'étaient pas des armes véritables, mais en jouaient le rôle dans leur ostentation lors de parades exhibant des fonctions « militaires ».

En conclusion de cette longue description des pointes de flèches, il convient de s'étonner du nombre et des types de pointes enfouies à l'occasion d'une cérémonie funéraire. Le total des flèches inhumées est de 438 ; il a été dit pourquoi ce nombre est un minimum qui peut être augmenté encore de quelques unités ou dizaines d'unités. Le total des carquois assurés est de quatorze : treize sont rangés dans la cavité, un quatorzième carquois extraordinaire a été dérangé et dispersé. Deux autres peuvent encore se supposer : un deuxième étui de flèches à pointes en bronze et un treizième étui de flèches ordinaires. Il devient évident qu'une telle dotation d'armes ne peut se justifier par l'explication traditionnelle et simpliste selon laquelle le personnage enterré est équipé du matériel nécessaire à sa seconde vie. Cette explication « matérialiste » ne tient aucun compte des fonctions sociales des inhumés de haut rang. L'interprétation d'un tel fourniment doit donc clairement restituer une symbolique à la collection des objets assemblés et enterrés, et chercher à expliquer les objets moins en raison de leur utilité dans un au-delà idéologiquement inconnu que de leur usage lors de la cérémonie funéraire.

Javelines [SNM 26429-26431]

Un paquet de pointes en fer, réunies par l'oxydation, a été enregistré à la fouille sous un numéro unique, le n⁰ 191 (photo 20), faute de pouvoir séparer ses constituants sur place sans les briser. Le nettoyage ultérieur de ce faisceau groupé et orienté a permis d'attribuer d'autres numéros après fouille, de 302 à 319. Trois fragments comparables, récoltés au tamisage des sédiments du trou de pillage, ont reçu les numéros 320 à 322. Quatre autres fragments, non reconstituables, sont désignés par les lettres a, b, c et d. Le total minimum d'objets est donc de vingt-deux. Tous ne sont pas dessinés, en l'absence d'une restauration spécialisée. Au moins toutes les pointes apparaissant à l'extérieur du paquet ont-elles été représentées par un croquis.

Le type morphologique de ces pointes n'est guère cohérent. Les soies sont toutes épaisses et de diamètre variable. Les corps changent de la forme foliacée à la fuselée. Épaissis par l'expansion du fer, ils révèlent souvent à la cassure soit une superposition de deux ou trois couches de métal, signifiant un martelage de plusieurs tôles ou de tôles pliées, soit une enveloppe enfermant une âme différemment colorée. Dans ce dernier cas, la question d'une trempe est encore posée. La section est toujours ovale, sans jamais de nervure, parfois effilée aux extrémités : il faut juger que ces pointes étaient à tranchant bilatéral affûté. Jamais n'apparaît la moindre barbelure. Le type n'est donc pas morphologique, mais fonctionnel. La longueur varie de 8,8 (n° 302) à 12,7 cm (n° 191), la largeur de 1,5 (n° 303) à 2,4 cm (n° 307).

Sans être très nombreux, ces objets funéraires sont relativement courants dans le matériel des tombes méroïtiques ou postméroïtiques, et ont reçu les diverses dénominations de lances, sagaies, javelots ou pointes de flèches. Pour que le tumulus III, si richement armé, puisse contribuer à la distinction, les objets ont été fixés sur plan avec la précision des fouilles préhistoriques. L'orientation exacte des pointes a ainsi permis de découvrir plusieurs détails signifiants.

Le paquet de pointes était d'abord juxtaposé à celui des grandes lances du côté nord de la couche funéraire ; ces armes ont clairement été distinguées des carquois de flèches, disposés de l'autre côté. Si l'on restitue les hampes de bois disparues en fonction de l'orientation des pointes assez courtes, comme de grands fers de lance, on constate deux faisceaux séparés, mais dépendant néanmoins l'un de l'autre, en raison justement de l'encombrement des longs bois.

Un cylindre (n° 189), fait d'une tôle de fer enroulée de 80 cm de longueur pour 3 cm de diamètre, égaré à l'oblique parmi les hampes des grandes lances, correspond en orientation à certains fers des pointes : il faut qu'il ait gainé une hampe montée d'une de ces pointes. On peut donc reconstituer la longueur totale de cette hampe : 80 cm de manchon au moins et 88 cm encore, soit 1,70 m environ. On peut éliminer l'interprétation de pointe de flèche, mais on doit hésiter encore à choisir entre une arme maniée et une arme jetée. Question moins typologique qu'historique, dont la solution dépend plus de la connaissance des formes culturelles du combat que de l'étude intrinsèque des objets : toute lance légère peut être jetée et tout javelot manié. Diverses considérations peuvent faire opter pour l'arme de jet.

Aucun des talons de lance retrouvés ne s'oriente obliquement dans la direction des pointes : ces culots n'équipent donc que les grandes lances. Aucune bague d'emmanchement n'a été notée, ni à la fouille ni au nettoyage ultérieur : elles sont pourtant indispensables à des armes maniées pour pallier la fragilité de l'attache du fer dans les efforts latéraux. On ne peut tirer argument du diamètre des hampes, 2,5 à 3 cm pour le manchon reconnu n° 189, 1,8 à 3 cm pour les grandes lances. On conclura en utilisant le mot « javeline » par commodité, mais sans illusion, réservant à l'observation iconographique le soin de distinguer, s'il se peut, entre les types d'armes d'hast.

S'agissant d'archéologie funéraire, la question est la suivante : pourquoi enterrer tant de javelines dans une tombe ? Quelle signification a-t-on prêtée à l'objet pour nécessiter l'enfouissement d'une telle quantité ?

Grandes lances

Fers et emmanchements   (fig. 64-67 ; photos 20-21)

La dénomination se fonde sur la découverte de deux paquets métalliques séparés : un amas de très grands fers à nervure à l'est de la cavité, en correspondance avec un amas d'enveloppes coniques à l'ouest. Les constituants de chacun de ces lots étaient groupés et orientés : il est théoriquement possible de relier par des hampes de bois disparues chaque fer à son culot, et de restituer autant de grandes lances à talon.

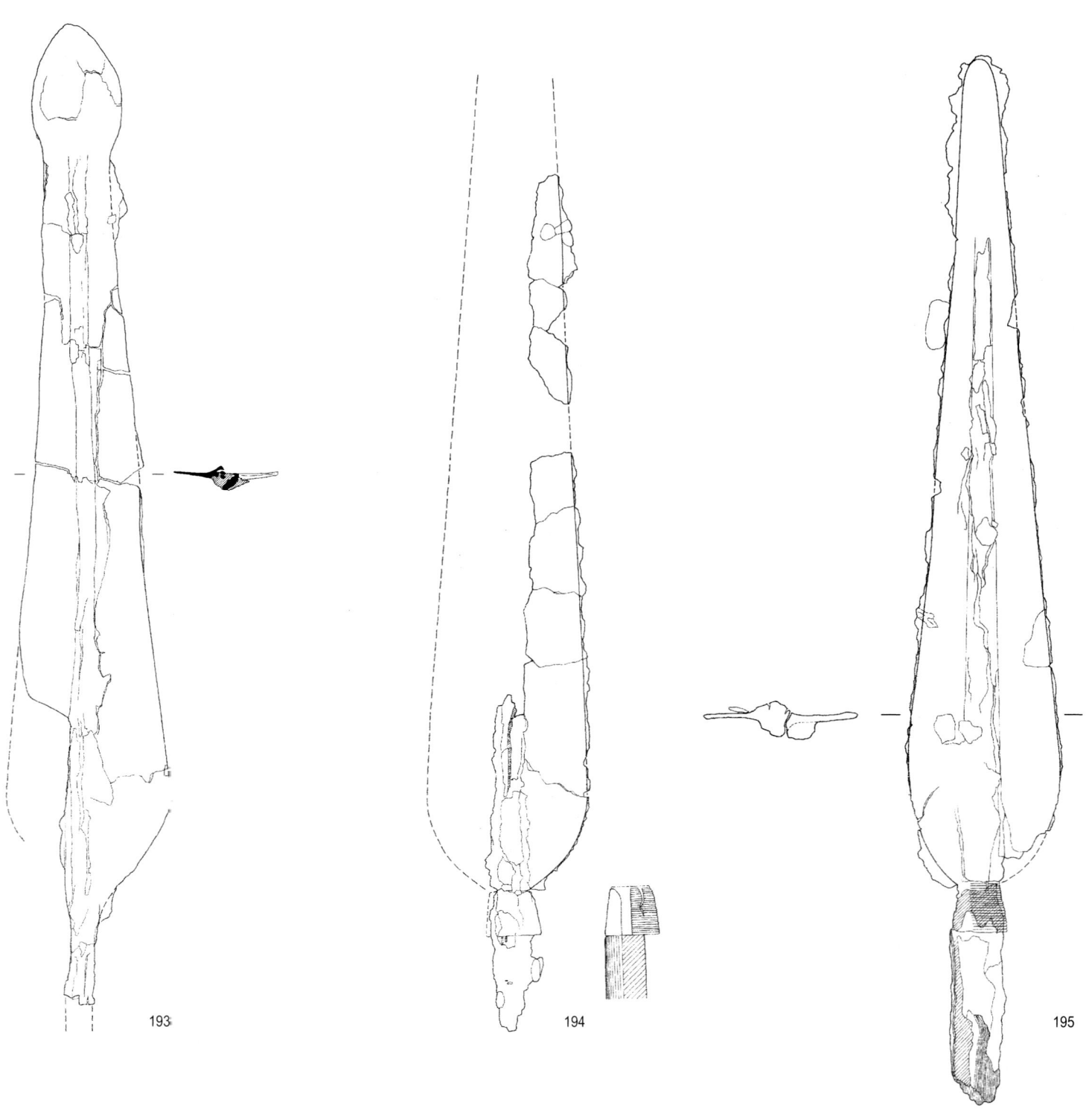

Fig. 64. Hbg iii/1. Fers de lances n⁰ˢ 193, 194 et 195. 1/3.

D'un point de vue pratique, le dessin indique seulement quelques raccords possibles, d'abord faute de certitude absolue, ensuite parce que le dégagement des objets, qui nécessita quelques semaines de travail en laboratoire, n'a pu être réalisé sur place. Les objets n'ont pu être étudiés un à un, mais leur alignement et leur superposition permettent de mesurer l'ordre de grandeur de leur longueur, hors tout, variant de 1,85 m à 2,20 m.

Les parties métalliques des lances, corrodées, écrasées et soudées par l'oxydation, ont dû être levées dans un berceau. Le dessin n'a donc numéroté sur place que huit fers, du n° 193 au n° 200. Cinq autres numéros ont été attribués en laboratoire, dont trois restent virtuels, faute d'avoir pu séparer et sauver une onzième lance éventuelle.

N° 193 [SNM 26328] (fig. **64**). Fer de lance. La longueur minimale est de 54 cm, la soie étant brisée et désagrégée. La largeur totale au niveau des ailes est de 8,8 cm. Le fer, de 48 cm de longueur utile, s'élargit en bulbe dans sa partie distale. Il est soutenu par une nervure centrale visible sur les deux faces, d'une épaisseur de 1,4 cm environ. La recomposition des oxydes métalliques est telle qu'il est difficile de suggérer une description du mode de fabrication. Sur plusieurs cassures au moins apparaît une double couche métallique, qui peut laisser supposer qu'on a martelé deux tôles par aile ou une tôle pliée en deux. Le forgeage a pu soit rapporter à la nervure centrale deux ailes séparées, soit comprimer la nervure entre deux tôles couvrant la surface des deux ailes à la fois. Seule une restauration spécialisée pourrait préciser ce point important.

N° 194 (fig. **64**). Fer de lance. Concassé, ce fer n'est reconstitué que par l'assemblage de fragments certains. La partie restituée mesure un minimum de 47 cm, dont 40 cm de longueur utile. La largeur totale atteint 8,7 cm. La pointe est simple. Le fer est soutenu par une nervure continue, visible sur les deux faces. La soie est dans la continuation de la nervure. Le mode de fabrication n'a pu être observé. La tôle des ailes est très mince, autour de 2 mm, mais peut évidemment avoir été amenuisée par réaction chimique naturelle. Les cassures font apparaître des couches cristallines superposées, parfois légèrement contrariées : c'est l'indice du forgeage. L'extrémité distale de la hampe a été protégée par une virole de forme tronconique, dont la base mesure 3 cm de diamètre, pour 2,6 cm de hauteur. Il faut restituer à cette hampe un profil aiguisé. La virole est très peu épaisse, d'un tiers à un demi-millimètre ; aussi s'est-elle fendue et peut-on juger que l'arme n'était guère utilisée pour des efforts latéraux. La surface de la virole n'est pas plane : 23 faux enroulements imitent le virolage artisanal à un seul fil de cuivre. On ne remarque aucune trace oxydée de tissu à la surface du bronze.

N° 195 [SNM 26329] (fig. **64**). Fer de lance. Ce fer est totalement conservé, à l'extrémité de la soie près, et mesure 58 cm de long, dont 46 cm de partie utile. À la plus grande largeur des ailes, près de la base, il mesure 8,1 cm. La pointe est simple, arrondie et non effilée. La nervure, qui se prolonge en soie, apparaît sur les deux faces. Le mode de fabrication a d'autant moins pu être observé que le fer de la lance ne présente aucune cassure latérale. Les ailes sont épaisses de 2 à 4 mm, la nervure de 1,5 à 1,6 cm. Les ailes présentent peu de fentes ; la nervure s'est au contraire disloquée dans l'expansion de l'oxyde. On ne remarque pas de couche externe enveloppant la nervure : on peut supposer, jusqu'à plus ample restauration, que les ailes ont été séparément rapportées à la nervure. L'emmanchement est un peu plus complexe. Un manchon fait d'une feuille de bronze enroulée, haut de 9,3 cm au moins, a protégé la partie distale de la hampe. Sa tôle, trop mince, s'est écrasée, mais conserve des traces fibreuses du bois. Le manchon a été introduit dans une virole tronconique en bronze, de 2,8 cm de hauteur et 2,9 cm de diamètre à la base, resserrant le bois de la hampe contre la soie. Cette virole imite encore, par 21 tours, l'enroulement d'un seul fil. Trop mince, elle a éclaté, sans doute sous la pression de l'expansion du métal de la soie.

Les caractéristiques des lances superposées n°s 194 et 195 sont fort proches, au manchon en bronze près. Il y a lieu de questionner un éventuel jumelage des lances lors de leur usage funéraire.

N° 196 (fig. 65)[20]. Fer de lance. Fusiforme, à extrémité arrondie et non pointue, ce fer est long (78 cm dont 67 cm de partie utile) et étroit (5,3 cm). Les ailes mesurent 4 à 5 mm d'épaisseur, et la nervure jusqu'à 1,9 cm. L'objet ne présentant pas de cassure transversale, mais des fentes longitudinales surtout, il est difficile d'observer son mode de fabrication. Il semble possible de distinguer deux couches de fer qui se prolongent dans le métal de la nervure. Le bord des ailes, parfois effilé, ne laisse pas juger s'il s'agit d'une même tôle repliée. On ne peut davantage décrire si cet effilement correspond à un ancien affûtage. La nervure se poursuit en soie, mais nulle trace ne demeure de l'emmanchement, pas même d'empreintes des fibres du bois. Sur une face, de longs fragments du manchon en bronze de la lance n° 195 sont restés fixés, faisant apparaître des traces ligneuses. Sur l'autre face, de grands fragments d'une autre lance n'ont pu être détachés.

N° 197 (fig. 65). Le remontage des fragments a permis de restituer presque complètement la lame, longue de 58 cm : la partie proximale manque, de même que la soie, mais ne dépassait pas 59 cm. L'extrémité est plus arrondie que réellement pointue. La largeur maximale est de 6,8 cm. Une seule cassure transversale renseigne peu sur le mode de fabrication. La nervure y semble de section circulaire et inclut les ailes où se distinguent plusieurs couches de métal accumulées. On ne peut que rester réservé sur le type de forgeage mis en œuvre, et mentionner la possibilité qu'une gorge d'enclume ait été utilisée.

N° 198 (fig. 65). Fer de lance. La partie conservée, soie comprise, mesure 65 cm, dont 55 cm de partie utile. La largeur maximale est de 7,7 cm. Le fer s'achève en un bulbe, rareté qui permettrait de coupler cette lance à la n° 193. Si l'hypothèse est juste, il faut convenir que le jumelage reste approximatif quant au profil et aux dimensions : les lances ne seraient pas fabriquées par paires identiques. Le mode de forgeage paraît exceptionnellement assuré, du moins si la recristallisation des oxydes ne nous guide pas sur une fausse piste. En deux cassures il apparaît que les ailes sont formées d'une tôle pliée dont les deux pans, pour une fois superbement plans, auraient été superposés. Une cassure supérieure semble indiquer qu'une même tôle ainsi doublée traversait la nervure. L'examen détaillé de la saillie sur chaque face semble montrer que deux nervures, de section circulaire à l'origine, ont en fait été montées et réduites par martelage contre les ailes. Ces observations superficielles méritent évidemment contrôle et vérification par une restauration spécialisée. La soie, qui n'offre pas trace de fibres ligneuses, ne montre pas le système d'emmanchement sur la hampe.

N° 199 (fig. 66). Fer de lance. La séparation des lames a déterminé de nombreuses brisures, et la partie proximale de ce fer n'a pu encore être restituée. Ne restent que les 38 cm de la pointe ; la largeur maximale n'est pas mesurable. La lame est soutenue par une nervure saillante sur les deux faces. Une seule cassure, proche de l'extrémité effilée, suggère que le fabricant a forgé une tôle enveloppant une âme centrale de section carrée.

N° 200 (fig. 66). Fer de lance. Il mesure 75 cm pour la partie conservée, la soie étant incomplète. La lame elle-même mesure 67 cm de long sur 6,5 cm de large dans sa partie basilaire la plus large. L'extrémité est pointue. La nervure apparaît sur les deux faces, étroite et saillante. Son épaisseur atteint 2,1 cm par endroits, alors que les ailes ne dépassent guère 4 mm. Trois brisures transversales permettent de restituer une fabrication différant de celle signalée pour le fer n° 198. La nervure, de section en losange, serait l'âme d'une double tôle enveloppante avec laquelle auraient été façonnées les deux ailes. L'indication semble répétitive sur les trois coupes. La difficulté est bien sûr de reconnaître les vraies pliures de la tôle, que l'on ne pourrait déterminer qu'après examen spécialisé, sans doute par radiographie. Chaque aile apparaît comme une tôle pliée, et l'on peut soupçonner que les bords n'ont jamais connu le moindre affûtage, qui eût fait disparaître le pli apparent.

20. [Les huit fers de lances n°s 196-200 et 323-325 qui suivent correspondent à l'évidence aux lettres d'appel a à j (c et i non utilisées) de la liste de correspondance avec les numéros d'enregistrement du musée (*infra*, p. 292). Il s'agit donc sans aucun doute des numéros SNM 26330-26337.]

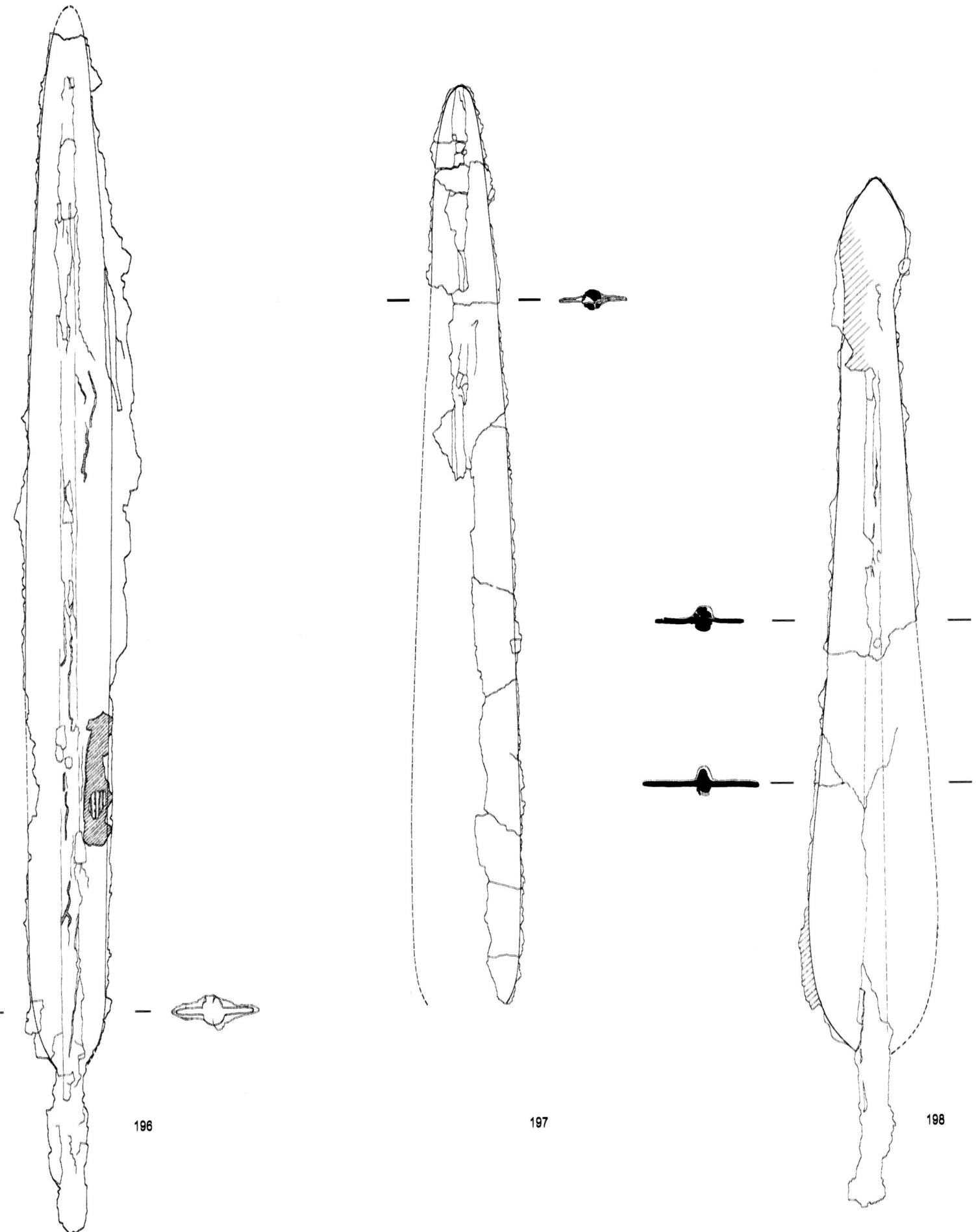

Fig. 65. HBG III/1. Fers de lances nᵒˢ 196, 197 et 198. 1/3.

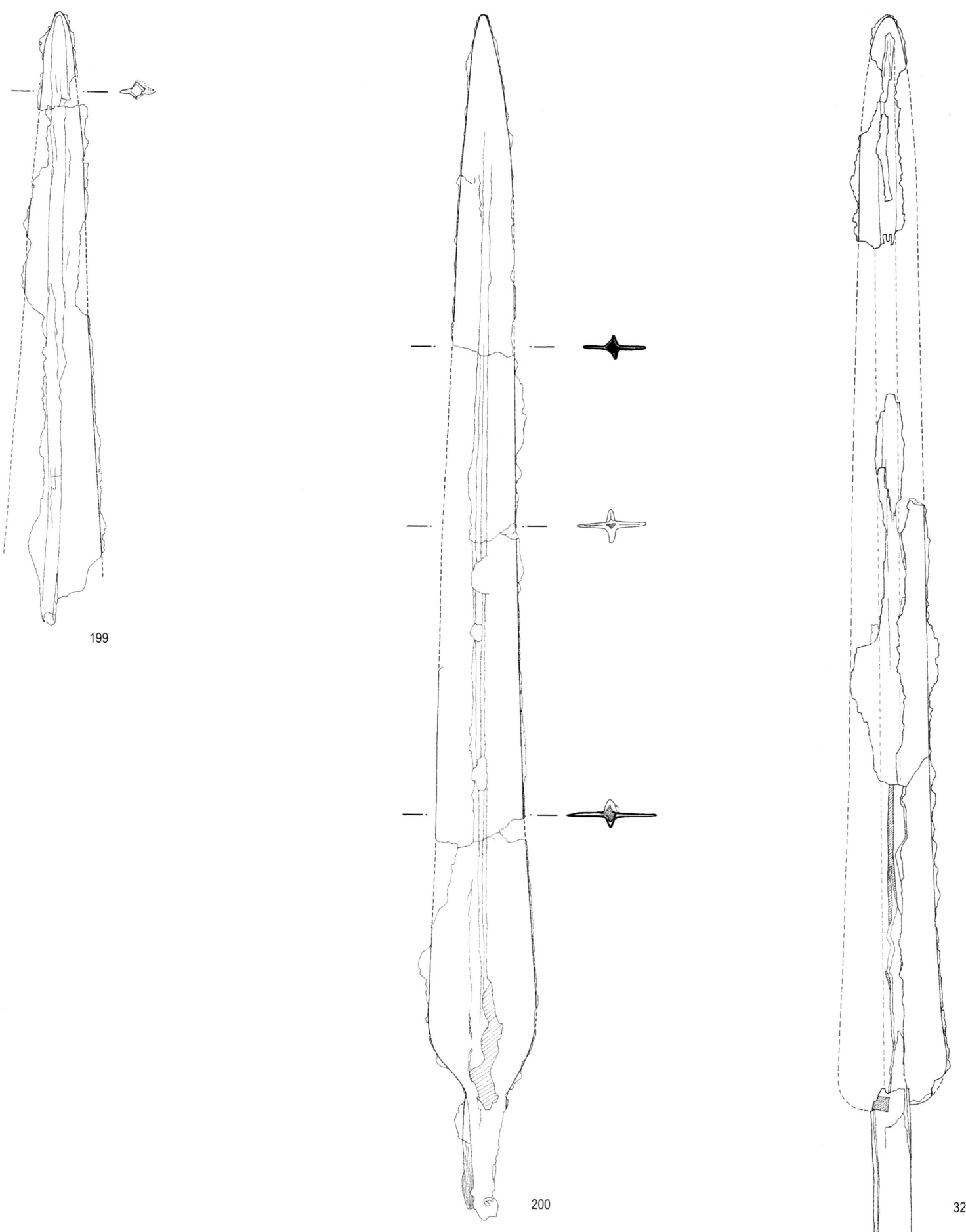

199

200

323

Fig. 66. HBG III/1. Fers de lances nᵒˢ 199, 200 et 323. 1/3.

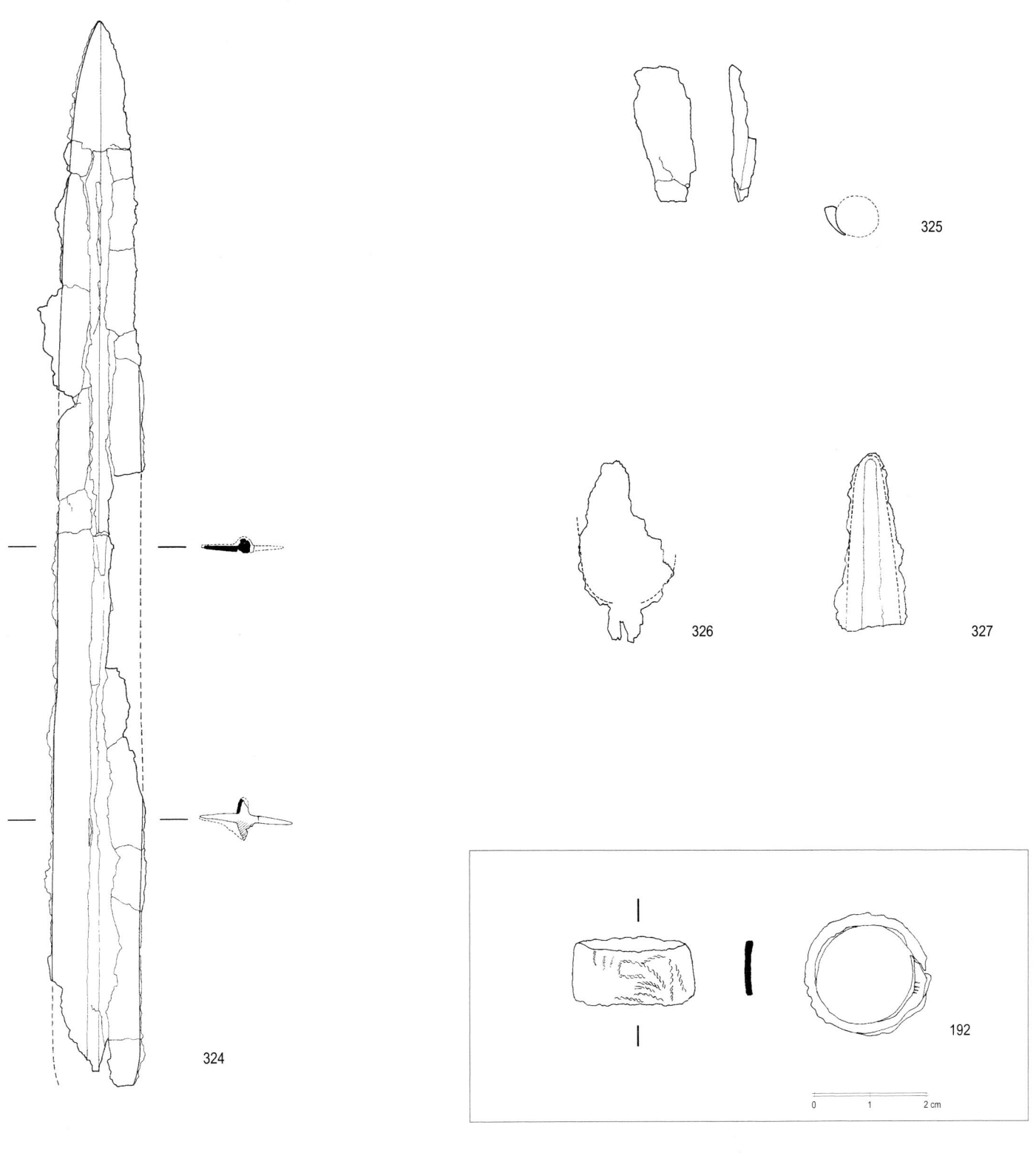

Fig. 67. HBG III/1. Fer de lance n° 324, fragments de fers de lances n°s 326 et 327, manchon n° 325 (1/3) et virole de lance n° 192 (1/1).

La nervure s'achève en soie, qu'on ne peut mesurer à cause des distorsions et des fentes, voire des nodules de néo-cristallisation. On remarque en surface les traces ligneuses attendues, mais le système d'emmanchement est perdu.

N° 323 (fig. 66). Fer de lance. Par ses fragments nettement brisés selon les fentes anciennes, mais subissant toutes les distorsions dues à l'expansion des oxydes, ce fer illustre la difficulté propre au fer archéologique. Le dessin ne restitue que les parties assurées, mais propose une longueur estimée graphiquement par le contour oblique des bords des ailes. La partie conservée serait de 77 cm, dont 70 cm de longueur utile. La largeur maximale est de 6,6 cm. La lame se termine en pointe effilée et est soutenue par une nervure saillant sur les deux faces, qui s'achève en soie. Le mode de fabrication ne peut être observé en l'état de la restauration. On notera la particularité de bases d'ailes légèrement dissymétriques. L'emmanchement se fait sans virole, avec un simple enroulement d'une tôle de bronze. Le cylindre du haut de la hampe n'est pas fonctionnel tant la tôle est mince, et joue plutôt un rôle décoratif. Il semble s'enfoncer dans la lame : une restauration experte pourra préciser si la base des ailes était réellement découpée pour permettre une telle avance du manchon. La hampe, dans sa partie distale, mesurait 2,3 ou 2,4 cm de diamètre. Le manchon mesure 10 cm de hauteur.

N° 324 (fig. 67). Fer de lance. Morphologiquement fusiforme, cette lame a été presque totalement reconstituée. Mesurant 59 cm dans sa partie conservée, elle ne peut avoir dépassé 60 cm de hauteur. La largeur maximale est de 4,8 à 5 cm. La soie est perdue. Deux cassures transversales donnent une idée contradictoire du forgeage. Dans l'une, la longue nervure centrale est fortement saillante, avec traces d'accumulation de plusieurs feuilles de fer en enveloppe. Dans l'autre, la nervure paraît de section circulaire et semble agglomérer les bords d'une tôle repliée formant l'aile. Ces objets méritent décidément une enquête plus approfondie.

N° 325 (fig. 67). Manchon de hampe. Lors du transport des lances sur les pistes menant à Khartoum, un troisième manchon en bronze, mal assuré par le berceau de levage des lames, est tombé et n'a pu être replacé sur le fer correspondant. Son plus long fragment mesure 7,5 cm. Il est replié deux fois et a perdu sa forme de cylindre enveloppant. La concavité, où s'attachent des oxydes prouvant l'adhérence au bois, restitue un diamètre de hampe de 2,3 cm.

N° 192 [SNM 26382] (fig. 67). « Virole » en bronze. Son diamètre externe est de 2,2 cm ; son diamètre interne, correspondant à celui de la hampe, est de 1,8 à 1,9 cm. La même lance arborant le manchon n° 325 a reçu une virole prélevée à la fouille faute de pouvoir être incluse dans le berceau de levage des lances. Le plan de terrain pallie le détachement du manchon. Curieusement, cette virole est située plus bas que le manchon sur la hampe : il y a tout lieu de supposer qu'il réparait une brisure du bois. La structure de l'objet confirme l'hypothèse : il s'agit d'une tôle épaisse, de 2 à 3 mm au plus, à section rectangulaire (de 1 cm de grand côté), enroulée autour du cylindre de bois. Un double biseau la ferme, assurant que le serrage restait approximatif. Les oxydes ne permettent de détecter ni clou de fixation ni le trou qui correspondrait à ce clou, mais ils apportent une indication précieuse par les traces de fils à deux torons fibreux qu'ils ont fixées. Ces fils, qui ne sont pas des ficelles, ont peu de chance d'avoir renforcé une réparation sommaire. Ils montrent sans doute que les lances étaient enveloppées d'un tissu, comme l'étaient au moins les récipients en bronze.

N° 326 (fig. 67). Partie proximale de fer de lance. La restauration incomplète ne permet pas de préciser si cette base d'ailes appartient à un fer de lance incomplet déjà décrit. La largeur maximale de la lame serait de 5 cm. Le fragment n'a pu être rattaché au n° 197 ni au n° 324, mais pourrait, bien que difficilement, l'être au n° 199, très incomplet. On ne peut conclure sûrement à l'existence d'un onzième fer. On peut noter, comme souvent, une légère dissymétrie entre les bases des deux ailes.

N° 327 (fig. 67). Pointe de fer de lance, avec nervure caractéristique, qui n'a pu être rapportée sûrement à un fer déjà étudié. L'unique possibilité serait de la rattacher au fer n° 194, mais la certitude, même seulement graphique, manque. Une fois encore, on ne peut que conclure à la perte d'une onzième grande lance, disloquée lors de la séparation des constituants du faisceau.

Deux lances à bulbe (nᵒˢ 193 et 198), deux lances à virole en bronze (nᵒˢ 194 et 195) et deux lances à lame fusiforme (nᵒˢ 196 et 324) laissent penser que les grandes lances ont été utilisées par paires. L'indication n'est pas contredite par les quatre fers assurés restants (nᵒˢ 197, 199, 200, 323), de forme proche. De légères différences doivent nécessairement être reconnues entre les lances de chaque paire supposée, tant dans la forme que dans les dimensions. Ces différences peuvent être accentuées par des détails d'emmanchement : une seule lance connaît un virolage par l'anneau en bronze n° 192, tandis que trois autres ont été garnies d'un manchon en bronze (nᵒˢ 195, 323 et une indéterminée munie du n° 326).

Talons de lances (photo 21)

Nᵒˢ 181-188. Cônes d'alliage métallique enserrant des fibres ligneuses parfois enclouées. D'une grande fragilité en raison de leur peu d'épaisseur, les culots des lances ont dû être plastifiés après séchage pour leur permettre l'épreuve du transport sur piste vers Khartoum. Faute d'équipement, ils n'ont pu être nettoyés et dessinés. Faits d'une tôle enroulée en cône, ces culots ont été fixés par des clous au bois des hampes préalablement effilées. Leur diamètre est de 3 à 4 cm maximum, leur hauteur varie de 8 à 26 cm. La légèreté des appendices, résultant de leur petitesse comme de la minceur de la tôle, empêche de les interpréter comme de vrais talons de lance. Ils n'ont pu servir à équilibrer le maniement d'une arme alourdie par un fer de lance, comme on le remarque sur nombre de lances méditerranéennes. Toutes les lances, par ailleurs, n'en sont pas équipées. Ces considérations invitent à rechercher leur fonction ailleurs que dans l'arme d'hast. Le profil conique a plutôt servi à protéger le bas pointu de hampes à planter dans le sol. Les lances de HBG III/1 ressemblent davantage à des insignes qu'à des armes propres au combat. Il convient de rechercher dans l'iconographie des scènes montrant à la verticale des objets imitant les armes, mais impropres à équiper fantassins autant que cavaliers.

Hache (fig. 68 ; photo 19)

N° 213 [SNM 26325]. Hache en fer enfouie parmi les carquois le long de la paroi curviligne. Son épaisseur est de 3 cm environ, mais elle peut avoir été grandement affectée par l'expansion des oxydes. En forme de demi-lune, ou plutôt de secteur circulaire de 12,7 cm de longueur, la lame s'attachait par un court tenon de 4 à 5 cm à une barre de 12 cm de longueur qui guidait en parallèle la fixation sur un manche – ou sur une lance, comme dans le tumulus HBG VI – qui ne peut toutefois pas avoir dépassé 70 à 75 cm de longueur. Comme tout système d'attache lui manque, il faut soit suggérer des fibres végétales ou des liens en cuir putrescibles, soit supposer qu'elle a été enterrée détachée.

« *Masse d'armes* » (fig. 69)

N° 328 [SNM 26364. Boule très régulière, en grès lité jaune-beige parcouru de mauve, en forme de sphéroïde aplati, mesurant 6,3 cm de diamètre et 5,2 cm de hauteur. Elle est percée de part en part par un trou circulaire biconique de 1 cm de diamètre minimum. Les ouvertures sont irrégulières, avec nombre de traces négatives d'éclats qu'on doit attribuer à un emmanchement. Curieusement, l'axe de perçage est parallèle aux plans de litage du grès. L'iconographie permet de reconnaître une masse d'armes. Elle a été trouvée à l'intérieur de l'enceinte, au nord, près du parement du mur ; elle peut originellement provenir de cette zone, à l'image d'une trouvaille de Qoustoul rendue par le tumulus, mais elle a plus probablement intéressé un instant les pillards

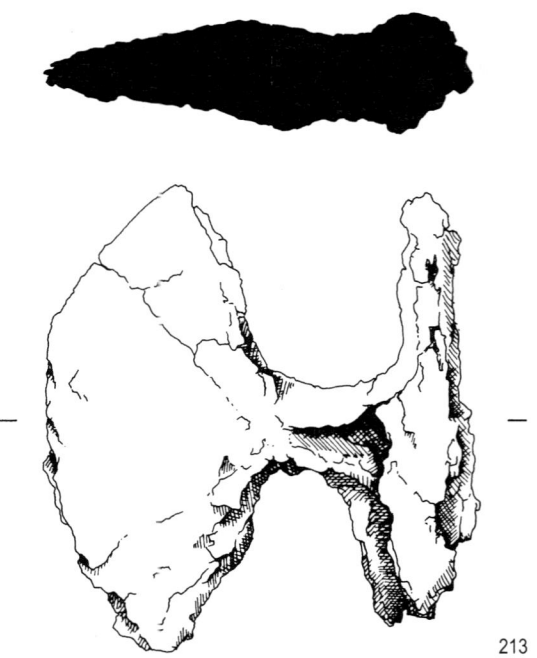

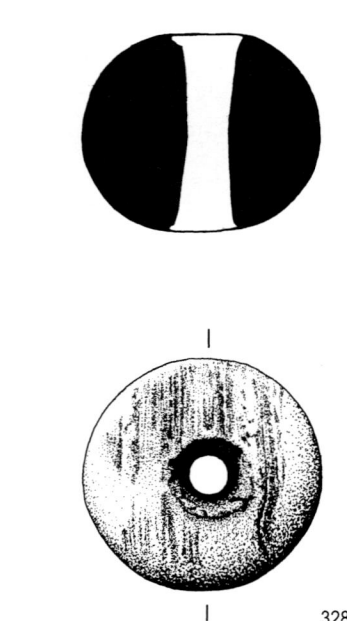

213

328

Fig. 68. HBG III/L. Hache n° 213. 1/2.

Fig. 69. HBG III/1. Masse d'arme n° 328. 1/2.

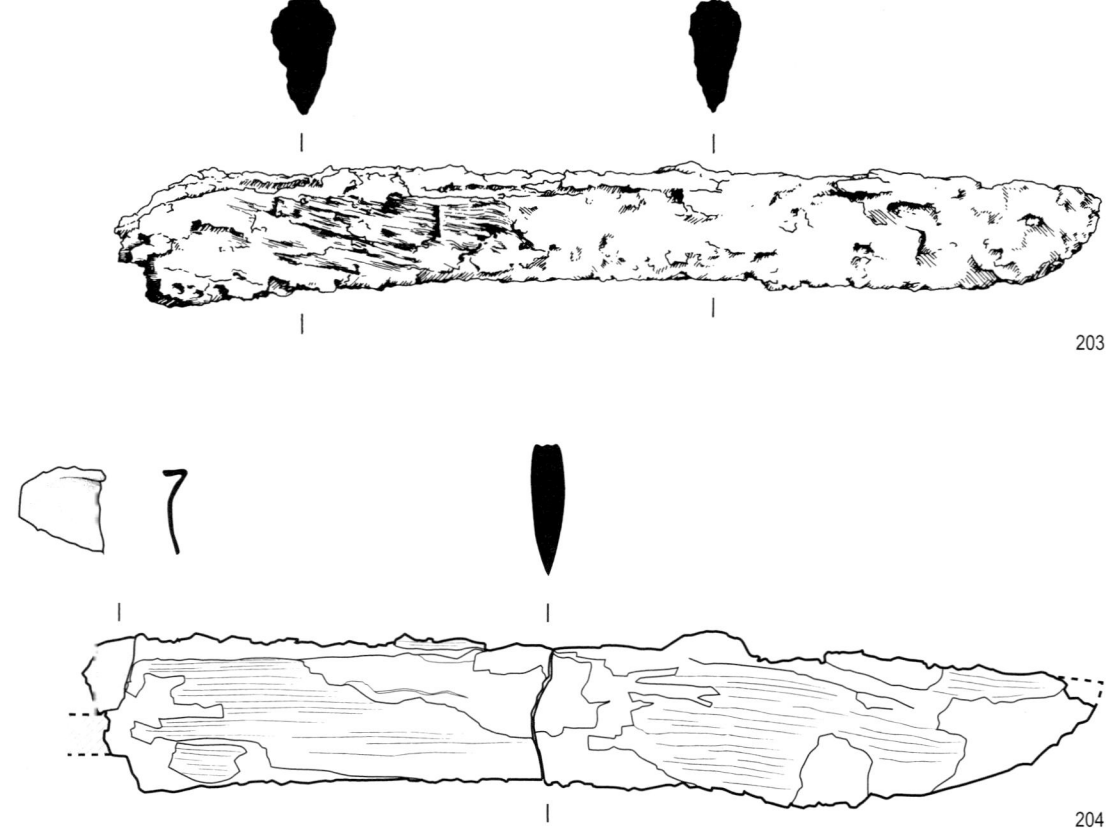

203

204

Fig. 70. HBG III/‥. Couteaux n°ˢ 203 et 204. 1/2.

qui l'auraient évacuée de la tombe. Si tel a été le cas, la masse ne pouvait être montée sur le manche de la hache, selon la façon que montrent plusieurs scènes méroïtiques connues : il a été dit, en effet, que le bois n'était pas encore pourri lors de l'entrée des pillards dans la fosse ; par conséquent, si la masse avait été montée sur le manche de la hache, on aurait retrouvé ces deux éléments ensemble.

Pour conclure cette longue description de l'armement de Hbg iii/1, il faut souligner la variété exceptionnelle des armes enterrées autour du défunt : hors l'épée et l'arc, il ne manque aucun des insignes que souverains et princes exhibent traditionnellement et ostentatoirement dans les scènes décrivant leur pouvoir militaire, leur *imperium*. L'arc en bois peut avoir péri. On peut songer à identifier la trace de 55 cm de longueur sur 5 cm de largeur, lisible près de la couche funéraire et sous les fers des javelines, comme l'épée disparue : cette marque, notée comme rouge ou rouille à la fouille, pourrait être, hypothétiquement, l'empreinte soit du cuir du fourreau, soit du métal de l'arme. Les pillards auraient-ils emporté l'épée dans un « riche » fourreau ?

Autres objets

Couteaux [SNM 26326-26327] (fig. 70 ; photo 18)

N° 203. Long. conservée = 26 cm ; long. lame = 25,1 cm ; larg. moyenne = 3,1 cm ; épaisseur = 1,3 à 1,7 cm. Lame en fer, très légèrement curviligne, de section triangulaire, à tranchant unilatéral, dos épais et pointe asymétrique. La soie est presque totalement perdue, et le manche putrescible, sans doute en bois, a disparu.

N° 204. Long. conservée = 26,1 cm ; long. lame = 25,8 cm ; larg. = 3,7 à 4,2 cm ; épaisseur moyenne = 9 mm. Lame en fer, très légèrement curviligne, de section triangulaire, à tranchant unilatéral, dos épais et pointe asymétrique effilée. La soie est presque perdue. Le manche a disparu, mais une mince tôle de bronze recourbée est pliée contre la partie proximale de la lame et représente probablement le vestige de la garde.

Ces couteaux sont typologiquement identiques aux outils de boucherie connus depuis la période égyptienne et transmis à Méroé. Ils sont encore comparables aux prétendues épées de Qoustoul et Ballana, également à dos épais et tranchant unilatéral. Ils incitent à rechercher les preuves de sacrifices d'animaux qui auraient été exécutés à l'occasion de la cérémonie funéraire à el-Hobagi ou le sens d'un insigne sacrificiel.

Harnais (fig. 71; photos 22, 39, 65-66)

N°s 173a-b [SNM 26324] (photo 22). Deux pièces en fer non identifiées formant une paire qui pose problème. Elles sont faites chacune d'une barre deux fois coudée approximativement en triangle isocèle, dont la base mesure 8 cm environ et la hauteur presque 12,5 cm. La section du fer, extrêmement corrodé, semble quasi circulaire et mesure, en l'état, 1,5 à 1,8 cm de diamètre. Sur les côtés, égaux, sont soudées deux barres creuses à section rectangulaire, servant, au vu de leur forme et de leurs dimensions, à la fixation de lanières en cuir ou de sparterie. Les deux pièces ont été décrites à la fouille comme des étriers. Identification aventureuse, comme me l'a fait remarquer L. Török (communication personnelle). On imagine mal comment les pieds s'inséreraient entre les lanières pour reposer sur le triangle métallique suspendu, quelque peu étroit. Une telle position n'est cependant pas impossible si l'on suppose que les lanières en cuir ne tenaient que le talon, les orteils seuls s'accrochant au métal. Plus fondamentale est toutefois l'objection historique : la diffusion de l'étrier depuis l'Orient est considérée comme bien plus tardive.

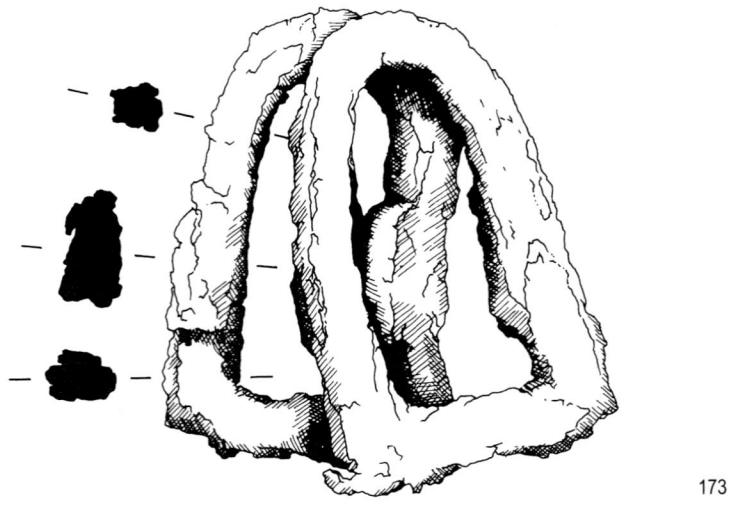

173

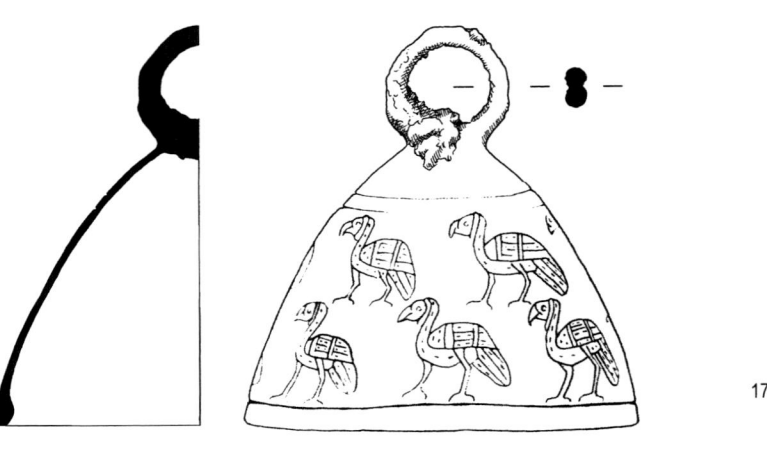

174

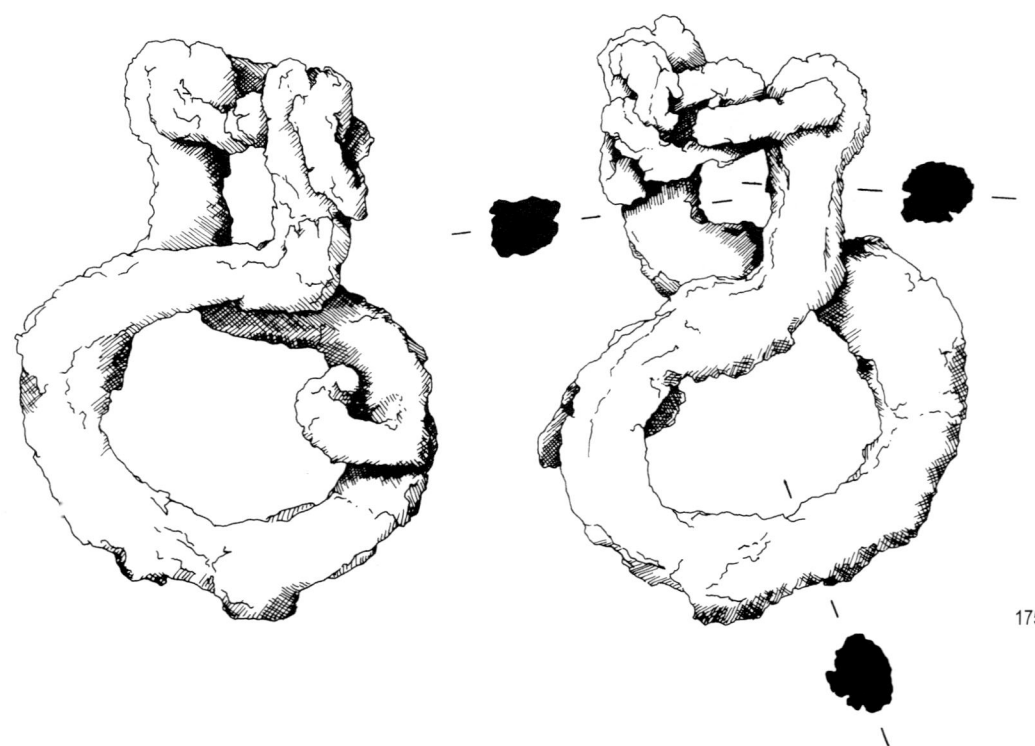

175

Fig. 71. Hbg III/.. Éléments de harnais : pièces de fer n° 173, cloche n° 174 et mors n° 175. 1/2.

N° 174 [SNM 26302] (photos **65-66**). Cloche. Haut. = 10,8 cm. Elle est faite d'une cuvette en bronze surmontée d'un anneau en bronze et munie, à l'intérieur, d'un battant en fer. La cuvette (haut. = 7,8 cm ; diam. = 10,5 à 10,7 cm) est moulée et pesante : son épaisseur minimale est de 2 mm et son bord mesure 5 mm. L'anneau, de 3,2 cm de diamètre, semble double à en juger par la section faite de deux cercles accolés. Le battant, grossier, d'oxydes très expansés et fendus, n'est pas dessinable. [Restauration CREAM du 20/01/1994 au 29/08/1994 ; n° atelier 94-1-3, Marie-Hélène Kappes.]

La cloche a été enveloppée dans un tissu conservé uniquement par ses empreintes dans les oxydes. Il n'apparaît nettement que sur la surface interne, montrant que ses pans ont été rabattus volontairement dans la cuvette, immobilisant peut-être le battant. La maille du tissu est simple, et le tissage relativement serré. Un décor a été gravé sur la paroi extérieure, limité par quatre filets incisés d'abord : deux en haut du registre supérieur, un entre les deux registres et un en bas. Les deux frises superposées représentent 12 fois le même motif (5 fois dans la frise supérieure, 7 fois au-dessous) : un oiseau, à gauche, en position de marche au sol. [Si] son plumage, précisé conventionnellement par la gravure, ne permet pas l'identification d'une espèce, [la silhouette générale, la forme du bec et les détails du cou dénudé permettent cependant de proposer une identification avec la pintade vulturine (*Acryllium vulturinum*)].

N° 175 [SNM 26323] (photo **39**). Mors. L'objet est constitué de cinq pièces en fer réunies. Trois anneaux ronds, de section circulaire (4 à 4,9 cm de diamètre), limitent l'ouverture de deux demi-mors articulés de 15 à 16 cm de longueur. À l'un des demi-mors est soudée une pièce en fer courbée en anneau. À cette dernière pièce s'attache la bride porte-mors liée à la muserolle ; à l'anneau central de la chaîne s'attachent les rênes. Cet objet est parfaitement conforme à ses homologues trouvés dans la bouche d'équidés à Qoustoul et Firka.

Les quatre objets n°s 173a, 173b, 174 et 175 ont été déposés avec leurs lanières, sans doute enveloppés dans un tissu, sur le carquois n° 180 et sur les culots des lances n°s 181-188. Les deux pièces en fer jumelles étaient disposées sur la cloche. Faute de pouvoir les désigner comme des étriers, il convient de les comprendre dans un harnachement. La monture concernée est évidemment un cheval, même si la cloche a presque aussi souvent désigné un dromadaire, mais on ne voit pas que le mors ait pu équiper un méhari.

Varia (fig. 72)

N° 210 [SNM 26381] (fig. **72**). Clochette. Entonnoir en bronze fait d'une tôle courbée en cône, où s'attache un anneau plié en fer, porteur d'un battant également en fer. La hauteur totale et le diamètre sont de 2,1 cm.

N° 211. Débris de fer informe, enregistré comme une pointe de flèche à la prépublication, mais non déterminé finalement, et non représenté.

N° 212 [SNM 26385] (fig. **72**). Anneau en bronze fait d'une tige de section subcirculaire apparente de 3 mm de diamètre, en enroulement légèrement surpassé. La tige résulte de la torsade de trois brins entortillés. L'anneau lui-même présente un diamètre extérieur de 2,4 × 2,2 cm.

N° 219 [SNM 26390]. Bloc informe, presque une boule, poli sur une face, rouge, de 4 cm de diamètre sur 1,9 cm d'épaisseur. Le matériau est un grès fin probablement calciné ou une argilite. Ce petit bloc a probablement servi de colorant.

N° 220. Clochette. L'objet a été trouvé sous la hache n° 213, écrasé et non restituable. Il n'est pas dessiné. Il s'apparente à la clochette n° 210.

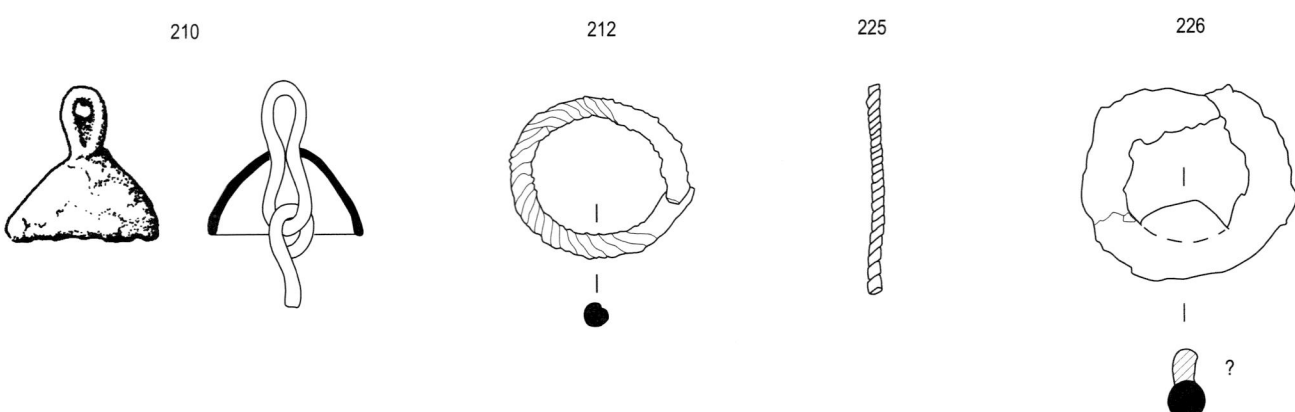

Fig. 72. H_{BG} III/1. Varia : clochette n° 210, anneaux n°ˢ 212 et 226, tige torsadée n° 225. 1/1.

N° 224 [S<small>NM</small> 26389]. Long. = 4 cm. Caillou informe très léger, brun-noir, de matière calcinée non identifiée où l'on reconnaît des grains de sable. Il a été trouvé au tamisage des sédiments de la cavité.

N° 225 [S<small>NM</small> 26387] (fig. 72). Tige droite en bronze, faite d'une torsade à deux brins, de 2,9 cm de longueur et 3 mm de section. Elle est brisée aux deux extrémités. Elle a été trouvée au tamisage des sédiments de la cavité.

N° 226 [S<small>NM</small> 26383] (fig. 72). Anneau en fer fait d'une tige de section subcirculaire de 5 mm de diamètre, en enroulement légèrement surpassé, mesurant 2,6 à 2,8 cm de diamètre externe. Il a été trouvé au tamisage des sédiments de la cavité.

Ces petits artéfacts inexpliqués entrent dans la catégorie « *Varia* » par commodité, mais pourraient être classés différemment par comparaison avec leurs homologues issus d'autres tombes. Les deux clochettes (n°ˢ 210 et 220) peuvent se rapporter à des équipements putrescibles, divers selon la littérature. Leur place près des pointes de flèche suggère une comparaison avec le carquois 22-2-142 de Beg. W. 122, muni quant à lui de trois clochettes. Les deux anneaux (n°ˢ 212 et 226), de diamètres sensiblement égaux, peuvent être rapportés au même carquois que les clochettes si l'on suit toujours les indications de l'objet méroéen. On peut aussi les rapprocher de la hache n° 213 : les deux anneaux auraient pu fixer les ailes de la barre de montage sur le manche. On ne peut évidemment le prouver en raison de la disparition du bois. Les deux petits blocs de colorants noir et rouge (n°ˢ 219 et 224) peuvent de même être interprétés malgré l'absence apparente de la boîte à khôl, souvent en bois. Ils peuvent avoir servi à l'apprêt du masque, qui nécessite des colorants. La tige torsadée en bronze (n° 225) et le débris de fer (n° 211) peuvent-ils être les vestiges, après pillage, de bâtons à khôl apparemment absents ? Il convient de suggérer le possible par comparaison avec le matériel d'autres tombes, mais de ne pas surinterpréter.

On aura au moins mesuré l'efficacité du classement mis au point pour la publication d'el-Kadada, qui groupe les objets par rite funéraire : il réduit à rien, même dans une tombe très richement équipée, le nombre des objets inexplicables. Il vérifie donc le postulat de sa conception : les objets enterrés ne sont pas des « offrandes » et ne meublent pas matériellement la seconde vie du mort, mais témoignent de la richesse et de la variété des rites funéraires pratiqués. L'essence religieuse de la cérémonie exigeait que les objets fussent sacrifiés après usage, par enfouissement dans la fosse. L'équipement de la tombe ne qualifie donc pas directement la richesse de l'inhumé, mais caractérise son rang par la variété des sacrifices et des rites réalisés.

Récapitulation

Le classement des objets ne tenant que relativement compte de l'ordre ou du lieu de découverte, il convient de fournir en dernier lieu un tableau sommaire récapitulant tous les numéros attribués.

La première colonne donne le numéro de l'objet. Ce numéro peut être dissocié avec des lettres (a, b et c) dans le cas de lots de tessons et de paires d'objets, ou avec d'autres chiffres suivant une barre oblique quand il s'agit de collections composites, telles les flèches dans un carquois.

La deuxième colonne indique la localisation et réfère donc au plan. Pour la fosse, « Descente », « Puits » et « Cavité » suffisent à la précision. « Enceinte » indique l'extérieur de la fosse et « Tumulus » la superstructure aussi bien que le trou de pillage. Le point d'interrogation suivant la localisation indique un objet ne figurant pas sur plan après avoir été récupéré au tamisage.

La troisième colonne décrit l'objet le plus succinctement possible. Une bonbonne y est notée comme un récipient céramique complet. Un ou plusieurs tessons sont les fragments d'une bonbonne ou d'une marmite. Certains lots de tessons ont été jugés cohérents lors de la collecte et prouvés appartenir à plusieurs bonbonnes à l'assemblage : les numéros sont donc dissociés avec les lettres *a*, *b* et *c*. Tous les récipients en bronze étaient enveloppés : l'enveloppe n'est donc pas reportée. Quatre coupes sont munies de symboles rapportés : la lettre *a* indique le médaillon ou la figurine différenciés.

La quatrième colonne donne la matière de l'objet, et la dernière le rite auquel il se rapporte.

Numéro d'objet	Localisation	Description	Matière	Rite
1	Descente	Bonbonne	Céramique	Banquet funéraire
2	Descente	Bonbonne	Céramique	Banquet funéraire
3	Descente	Bonbonne	Céramique	Banquet funéraire
4	Descente	Bonbonne	Céramique	Banquet funéraire
5	Descente	Bonbonne	Céramique	Banquet funéraire
6	Descente	Bonbonne	Céramique	Banquet funéraire
7	Descente	Bonbonne	Céramique	Banquet funéraire
8	Descente	Bonbonne	Céramique	Banquet funéraire
9	Descente	Bonbonne	Céramique	Banquet funéraire
10	Descente	Bonbonne	Céramique	Banquet funéraire
11	Descente	Bonbonne	Céramique	Banquet funéraire
12	Descente	Tesson J	Céramique	Banquet funéraire
13	Descente	Tesson P	Céramique	Banquet funéraire
14	Descente	Tesson H	Céramique	Banquet funéraire
15	Descente	Tesson G	Céramique	Banquet funéraire
16	Descente	Bonbonne	Céramique	Banquet funéraire
17	Descente	Bonbonne	Céramique	Banquet funéraire
18	Descente	Tesson D	Céramique	Banquet funéraire
19	Descente	Tesson	Céramique	Banquet funéraire
20	Descente	Tesson	Céramique	Banquet funéraire
21	Descente	Tesson	Céramique	Banquet funéraire
22	Descente	Tesson	Céramique	Banquet funéraire
23	Descente	Tesson	Céramique	Banquet funéraire
24	Descente	Bonbonne	Céramique	Banquet funéraire
25	Descente	Bonbonne	Céramique	Banquet funéraire
26	Descente	Bonbonne	Céramique	Banquet funéraire
27	Descente	Bonbonne	Céramique	Banquet funéraire
28	Descente	Bonbonne	Céramique	Banquet funéraire

Numéro d'objet	Localisation	Description	Matière	Rite
29	Descente	Bonbonne	Céramique	Banquet funéraire
30	Descente	Bonbonne	Céramique	Banquet funéraire
31	Descente	Bonbonne	Céramique	Banquet funéraire
32	Puits	Bonbonne	Céramique	Banquet funéraire
33	Puits	Coupe	Bronze	Banquet funéraire
34	Puits	Bonbonne	Céramique	Banquet funéraire
35	Puits	Bonbonne	Céramique	Banquet funéraire
36	Puits	Bonbonne	Céramique	Banquet funéraire
37	Puits	Coupe	Bronze	Libation
37a	Puits	Médaillon	Bronze	Libation
38	*Numéro non utilisé*			
39	Puits	Bonbonne	Céramique	Banquet funéraire
40	Puits	Bonbonne	Céramique	Banquet funéraire
41	Puits	Coupe	Bronze	Banquet funéraire
42	Puits	Bonbonne	Céramique	Banquet funéraire
43	Puits	Bonbonne	Céramique	Banquet funéraire
44	Puits	Bonbonne	Céramique	Banquet funéraire
45	Puits	Bonbonne	Céramique	Banquet funéraire
46	Puits	Coupe	Bronze	Banquet funéraire
47	Puits	Bonbonne	Céramique	Banquet funéraire
48	Puits	Coupe	Bronze	Libation
48a	Puits	Médaillon	Bronze	Libation
49	Puits	Bonbonne	Céramique	Banquet funéraire
50	Puits	Coupe	Bronze	Libation
51	Puits	Coupe	Bronze	Banquet funéraire
52	Puits	Bonbonne	Céramique	Banquet funéraire
53	Puits	Bonbonne	Céramique	Banquet funéraire
54	Puits	Coupe	Bronze	Banquet funéraire
55	Puits	Bonbonne	Céramique	Banquet funéraire
56	Puits	Gobelet	Céramique	Banquet funéraire
57	Puits	Coupe	Bronze	Banquet funéraire
58	Puits	Bonbonne	Céramique	Banquet funéraire
59	Puits	Coupe	Bronze	Banquet funéraire
60	Puits	Coupe	Bronze	Banquet funéraire
61	Puits	Coupe	Bronze	Banquet funéraire
61a	Puits	Petit bronze	Bronze	Libation
62	Puits	Coupe	Bronze	Banquet funéraire
63	Puits	Coupe	Bronze	Banquet funéraire
63a	Puits	Médaillon	Bronze	Libation
64	Puits	Coupe	Bronze	Banquet funéraire
65	Puits	Tesson K	Céramique	Banquet funéraire
66	Puits	Tesson	Céramique	Banquet funéraire
67	Cavité	Tesson B	Céramique	Banquet funéraire
68	Cavité	Tesson K	Céramique	Banquet funéraire
69	Cavité	Tesson G	Céramique	Banquet funéraire
70	Cavité	Tesson K	Céramique	Banquet funéraire
71	Cavité	Tesson	Céramique	Banquet funéraire
72a	Cavité	Tesson F	Céramique	Banquet funéraire

Numéro d'objet	Localisation	Description	Matière	Rite
72b	Cavité	Tesson G	Céramique	Banquet funéraire
73	Cavité	Flèche	Fer	Armement
74	Cavité	Flèche	Fer	Armement
75	Cavité	Flèche	Fer	Armement
76	Cavité	Flèche	Fer	Armement
77	Cavité	Flèche	Fer	Armement
78	Cavité	Flèche	Fer	Banquet funéraire
79	*Numéro non utilisé*			
80	*Numéro non utilisé*			
81	*Numéro non utilisé*			
82a	Cavité	Tesson E	Céramique	Banquet funéraire
82b	Cavité	Tesson L	Céramique	Banquet funéraire
83	Cavité	Coupe	Bronze	Banquet funéraire
84	Cavité	Bonbonne	Céramique	Banquet funéraire
85	Cavité	Tesson L	Céramique	Banquet funéraire
86	Cavité	Tesson L	Céramique	Banquet funéraire
87	Cavité	Tesson E	Céramique	Banquet funéraire
88	Cavité	Tesson L	Céramique	Banquet funéraire
89	Cavité	Tesson E	Céramique	Banquet funéraire
90	Cavité	Tesson F	Céramique	Banquet funéraire
91	Cavité	Tesson B	Céramique	Banquet funéraire
92	Cavité	Tesson A	Céramique	Banquet funéraire
93	Cavité	Tesson A	Céramique	Banquet funéraire
94a	Cavité	Tesson A	Céramique	Banquet funéraire
94b	Cavité	Tesson M	Céramique	Banquet funéraire
95	Cavité	Tesson A	Céramique	Banquet funéraire
96	Cavité	Tesson A	Céramique	Banquet funéraire
97	Cavité	Tesson A	Céramique	Banquet funéraire
98	Cavité	Tesson A	Céramique	Banquet funéraire
99	Cavité	Coupe	Bronze	Banquet funéraire
100	Cavité	Coupe	Bronze	Banquet funéraire
101	Cavité	Coupe	Bronze	Banquet funéraire
102	Cavité	Tesson	Céramique	Banquet funéraire
103	Cavité	Tesson	Céramique	Banquet funéraire
104	Cavité	Bonbonne	Céramique	Libation
105	Cavité	Tesson	Céramique	Banquet funéraire
106a	Cavité	Tesson A	Céramique	Banquet funéraire
106b	Cavité	Tesson B	Céramique	Banquet funéraire
107	Cavité	Tesson	Céramique	Banquet funéraire
108	Cavité	Tesson A	Céramique	Banquet funéraire
109	Cavité	Coupe	Bronze	Libation
110	Cavité	Flèche	Fer	Armement
111	Cavité	Tesson	Céramique	Banquet funéraire
112	Cavité	Bassin	Bronze	Libation
113a	Cavité	Tesson F	Céramique	Banquet funéraire
113b	Cavité	Tesson M	Céramique	Banquet funéraire
114	Cavité	Tesson F	Céramique	Banquet funéraire
115	Cavité	Tesson	Céramique	Banquet funéraire

Numéro d'objet	Localisation	Description	Matière	Rite
116	Cavité	Tesson F	Céramique	Banquet funéraire
117	Cavité	Tesson B	Céramique	Banquet funéraire
118	Cavité	Tesson B	Céramique	Banquet funéraire
119	Cavité	Tesson B	Céramique	Banquet funéraire
120	Cavité	Tesson B	Céramique	Banquet funéraire
121	Cavité	Tesson E	Céramique	Banquet funéraire
122	Cavité	Tesson B	Céramique	Banquet funéraire
123	Cavité	Tesson D	Céramique	Banquet funéraire
124	Cavité	Tesson D	Céramique	Banquet funéraire
125	Cavité	Tesson F	Céramique	Banquet funéraire
126	Cavité	Tesson	Céramique	Banquet funéraire
127a	Cavité	Tesson E	Céramique	Banquet funéraire
127b	Cavité	Bonbonne	Céramique	Banquet funéraire
128	Cavité	Bonbonne	Céramique	Banquet funéraire
129a	Cavité	Tesson F	Céramique	Banquet funéraire
129b	Cavité	Tesson D	Céramique	Banquet funéraire
130	Cavité	Tesson L	Céramique	Banquet funéraire
131	Cavité	Tesson	Céramique	Banquet funéraire
132a	Cavité	Tesson M	Céramique	Banquet funéraire
132b	Cavité	Tesson L	Céramique	Banquet funéraire
133	Cavité	Tesson M	Céramique	Banquet funéraire
134	Cavité	Tesson K	Céramique	Banquet funéraire
135	Cavité	Coupe	Bronze	Banquet funéraire
136	Cavité	Coupe	Bronze	Banquet funéraire
137	Cavité	Tesson	Céramique	Banquet funéraire
138	Numéro non identifié			
139	Cavité	Tesson K	Céramique	Banquet funéraire
140	Cavité	Coupe	Bronze	Banquet funéraire
141	Cavité	Coupe	Bronze	Banquet funéraire
142	Cavité	Coupe	Bronze	Banquet funéraire
143	Cavité	Flèche	Fer	Armement
144	Cavité	Coupe	Fer	Armement
145	Cavité	Coupe	Bronze	Banquet funéraire
146	Cavité	Coupe	Bronze	Banquet funéraire
147	Cavité	Coupe	Bronze	Banquet funéraire
148	Cavité	Coupe	Bronze	Banquet funéraire
149	Cavité	Tesson C	Céramique	Banquet funéraire
150	Cavité	Gobelet	Céramique	Banquet funéraire
151	Cavité	Perle	Verre	Banquet funéraire
152	Cavité	Tesson	Céramique	Banquet funéraire
153	Cavité	Tesson C	Céramique	Banquet funéraire
154a	Cavité	Tesson F	Céramique	Banquet funéraire
154b	Cavité	Tesson A	Céramique	Banquet funéraire
154c	Cavité	Tesson D	Céramique	Banquet funéraire
155	Cavité	Tesson L	Céramique	Banquet funéraire
156	Cavité	Coupe	Bronze	Banquet funéraire
157	Cavité	Flèche	Fer	Armement
158	Cavité	Tesson C	Céramique	Banquet funéraire

Numéro d'objet	Localisation	Description	Matière	Rite
159	Cavité	Tesson	Céramique	Banquet funéraire
160	Cavité	Tesson D	Céramique	Banquet funéraire
161	Cavité	Tesson F	Céramique	Banquet funéraire
162	Cavité	Tesson B	Céramique	Banquet funéraire
163	Cavité	Tesson C	Céramique	Banquet funéraire
164	Cavité	Tesson D	Céramique	Banquet funéraire
165	Cavité	Tesson	Céramique	Banquet funéraire
166	Cavité	Tesson	Céramique	Banquet funéraire
167	Cavité	Tesson A	Céramique	Banquet funéraire
168	*Numéro non utilisé*			
169	*Numéro non utilisé*			
170	Cavité	Tesson	Céramique	Banquet funéraire
171	Cavité	Tesson A	Céramique	Banquet funéraire
172	Cavité	Tesson A	Céramique	Banquet funéraire
173a	Cavité	Fer	Fer	Sacrifice
173b	Cavité	Fer	Fer	Sacrifice
174	Cavité	Cloche	Bronze	Sacrifice
175	Cavité	Mors	Fer	Sacrifice
176	Cavité	Tesson D	Céramique	Banquet funéraire
177a	Cavité	Tesson F	Céramique	Banquet funéraire
177b	Cavité	Tesson D	Céramique	Banquet funéraire
177c	Cavité	Tesson C	Céramique	Banquet funéraire
178	Cavité	Tesson M	Céramique	Banquet funéraire
179/1-30	Cavité	Flèches	Fer	Armement
180/1-29	Cavité	Flèches	Fer	Armement
181	Cavité	Talon de lance	Fer	Armement
182	Cavité	Talon de lance	Fer	Armement
183	Cavité	Talon de lance	Fer	Armement
184	Cavité	Talon de lance	Fer	Armement
185	Cavité	Talon de lance	Fer	Armement
186	Cavité	Talon de lance	Fer	Armement
187	Cavité	Talon de lance	Fer	Armement
188	Cavité	Talon de lance	Fer	Armement
189	Cavité	Manchon de lance	Fer	Armement
190/1-7	Cavité	Flèches	Bronze	Armement
191	Cavité	Javelines	Fer	Armement
192	Cavité	Virole	Bronze	Armement
193	Cavité	Lance	Fer	Armement
194	Cavité	Lance	Fer	Armement
195	Cavité	Lance	Fer	Armement
196	Cavité	Lance	Fer	Armement
197	Cavité	Lance	Fer	Armement
198	Cavité	Lance	Fer	Armement
199	Cavité	Lance	Fer	Armement
200	Cavité	Lance	Fer	Armement
201/1-30	Cavité	Flèches	Bronze	Armement
202	Cavité	Flèches	Fer	Armement
203	Cavité	Couteau	Fer	Sacrifice

Numéro d'objet	Localisation	Description	Matière	Rite
204	Cavité	Couteau	Fer	Sacrifice
205/1-29	Cavité	Flèches	Fer	Armement
206/1-60 (206a-b)	Cavité	Flèches	Fer	Armement
207/1-31	Cavité	Flèches	Fer	Armement
208/1-28	Cavité	Flèches	Fer	Armement
209	Cavité	Plaque	Argent	Apprêt du défunt
210	Cavité	Clochette	Bronze	Armement
211	Cavité	Tige	Fer	Apprêt du défunt ?
212	Cavité	Anneau	Bronze	Armement
213	Cavité	Hache	Fer	Armement
214/1-26	Cavité	Flèches	Fer	Armement
215/1-29	Cavité	Flèches	Fer	Armement
216/1-29	Cavité	Flèches	Fer	Armement
217/1-30	Cavité	Flèches	Fer	Armement
218	Cavité	Balsamaire	Verre	Encensement
219	Cavité	Colorant		Apprêt du défunt
220	Cavité	Clochettes		Armement
221/1-28	Cavité	Flèches	Fer	Armement
222	Cavité ?	Fragment en argent	Argent	?
223	Cavité	Tesson	Verre	Encensement ?
224	Cavité	colorant	Roche	Apprêt du défunt
225	Cavité	Torsade	Bronze	Apprêt du défunt ?
226	Cavité	Anneau	Fer	Armement ?
227	Puits	Bague	Argent	Apprêt du défunt
228	Numéro non utilisé			
229	Numéro non utilisé			
230	Numéro non utilisé			
231	Cavité ?	Perles	Roche	Apprêt du défunt
232	Cavité ?	Perles	Roche	Apprêt du défunt
233	Cavité ?	Perles	Roche	Apprêt du défunt
234	Cavité ?	Perles	Roche	Apprêt du défunt
235	Cavité ?	Perles	Roche	Apprêt du défunt
236	Cavité ?	Perles	Roche	Apprêt du défunt
237	Cavité ?	Perles	Faïence	Apprêt du défunt
238	Cavité ?	Perles	Faïence	Apprêt du défunt
239	Cavité ?	Perles	Verre	Apprêt du défunt
240	Cavité ?	Perles	Verre	Apprêt du défunt
241	Cavité ?	Perles	Roche	Apprêt du défunt
242	Cavité ?	Perles	Roche	Apprêt du défunt
243	Cavité ?	Perles	Roche	Apprêt du défunt
244	Cavité ?	Perles	Roche	Apprêt du défunt
245	Cavité ?	Perles	Roche	Apprêt du défunt
246	Cavité ?	Perles	Roche	Apprêt du défunt
247	Cavité ?	Perles	Roche	Apprêt du défunt
248	Cavité ?	Perles	Verre	Apprêt du défunt
249	Cavité ?	Perles	Verre	Apprêt du défunt
250	Cavité ?	Perles	Métal	Apprêt du défunt
251	Tumulus	Perles	Faïence	Apprêt du défunt

Numéro d'objet	Localisation	Description	Matière	Rite
252	Tumulus	Perles	Roche	Apprêt du défunt
253	Tumulus	Tesson	Céramique	Banquet funéraire
254	Tumulus	Tesson	Céramique	Banquet funéraire
255	Tumulus	Tesson	Céramique	Banquet funéraire
256	Tumulus	Tesson	Céramique	Banquet funéraire
257	Tumulus	Œuf		?
258	Tumulus	Massacre cornu	Os	Sacrifice
259	Tumulus	Massacre cornu	Os	Sacrifice
260	Tumulus	Massacre cornu	Os	Sacrifice
261	Tumulus	Massacre cornu	Os	Sacrifice
262	Tumulus	Cornillon	Os	Sacrifice et armement
263	Tumulus	Cornillon	Os	Sacrifice et armement
264	Tumulus	Cornillon	Os	Sacrifice et armement
265	Tumulus	Cornillon	Os	Sacrifice et armement
266	Tumulus	Cornillon	Os	Sacrifice et armement
267	Tumulus	Cornillon	Os	Sacrifice et armement
268	Tumulus	Cornillon	Os	Sacrifice et armement
269	Tumulus	Cornillon	Os	Sacrifice et armement

Suppléments

Numéro d'objet	Localisation	Description	Matière	Rite
270		Flèche	Fer	Armement
271		Flèche	Fer	Armement
272		Flèche	Fer	Armement
273		Flèche	Fer	Armement
274		Flèche	Fer	Armement
275		Flèche	Fer	Armement
276		Flèche	Fer	Armement
277		Flèche	Fer	Armement
278		Flèche	Fer	Armement
279		Flèche	Fer	Armement
280		Flèche	Fer	Armement
281		Flèche	Fer	Armement
282		Flèche	Fer	Armement
283		Flèche	Fer	Armement
284		Flèche	Fer	Armement
285		Flèche	Fer	Armement
286		Flèche	Fer	Armement
287		Flèche	Fer	Armement
288		Flèche	Fer	Armement
289		Flèche	Fer	Armement
290		Flèche	Fer	Armement
291		Flèche	Fer	Armement
292		Flèche	Fer	Armement
293		Flèche	Fer	Armement
294		Flèche	Fer	Armement
295		Flèche	Fer	Armement
296		Flèche	Fer	Armement

Numéro d'objet	Localisation	Description	Matière	Rite
297		Flèche	Fer	Armement
298		Flèche	Fer	Armement
299		Flèche	Fer	Armement
300		Flèche	Fer	Armement
301		Flèche	Fer	Armement
302		Javeline	Fer	Armement
303		Javeline	Fer	Armement
304		Javeline	Fer	Armement
305		Javeline	Fer	Armement
306		Javeline	Fer	Armement
307		Javeline	Fer	Armement
308		Javeline	Fer	Armement
309		Javeline	Fer	Armement
310		Javeline	Fer	Armement
311		Javeline	Fer	Armement
312		Javeline	Fer	Armement
313		Javeline	Fer	Armement
314		Javeline	Fer	Armement
315		Javeline	Fer	Armement
316		Javeline	Fer	Armement
317		Javeline	Fer	Armement
318		Javeline	Fer	Armement
319		Javeline	Fer	Armement
320		Javeline	Fer	Armement
321		Javeline	Fer	Armement
322		Javeline	Fer	Armement
323		Lance	Fer	Armement
324		Lance	Fer	Armement
325		Manchon	Bronze	Armement
326		Fragment de lance	Fer	Armement
327		Fragment de lance	Fer	Armement
328		Masse d'armes	Roche	Armement

La récapitulation ne serait pas complète sans un décompte approximatif des objets réellement enfouis dans cette tombe exceptionnelle, que la liste archéographique pourrait déformer et masquer. On peut donc grossièrement estimer, par catégorie rituelle, nombre des artéfacts utilisés pendant la cérémonie funéraire.

Banquet funéraire, libation et encensement [21]	– 30 coupes en bronze – 2 gobelets en bronze – 1 bassin en bronze – 33 enveloppes en tissu (une pour chaque bronze) – 57 bonbonnes au minimum, dont au moins 2 situles – 2 balsamaires – 4 marmites ou cruches à bec – 1 vase en argent (?)
Apprêt du défunt	– Une couche funéraire non identifiée – 2 très incertaines « cuillers à khôl » (?) – 2 colorants – 1 ou plusieurs colliers, bracelets ou autres enfilages de perles – 1 bague en argent – 1 plaque en argent décorée d'un faucon
Armement	– 13 à 15 carquois en cuir ou tout autre matériau périssable – 376 flèches en fer de type commun dans la région – 37 flèches en bronze – 25 pointes en fer spéciales – 22 javelines ou petites lances – 10 ou 11 grandes lances – 1 enveloppe en tissu, au moins pour les lances – 1 hache – 1 masse d'armes en pierre
Sacrifices	– 4 massacres de bovinés – 8 demi-massacres de bovinés – 1 œuf d'oiseau – 1 cloche appartenant au harnais – 1 harnais complet, avec mors et fers divers – 1 bracelet de perles

On peut donc compter, selon le sens prêté à l'expression « artéfact funéraire », de 192 à 633 objets. La logique invite à restituer par comparaison les objets pillés, de matière précieuse, comme le garantissent un fragment de récipient en argent et la bague perdue dans le puits. Le pillage peut avoir affecté l'armement, une épée semblant manquer et les collections méroïtiques connues portant témoignage de deux probables arcs bagués d'or. C'est pour des raisons évidentes qu'il faut comprendre l'enlèvement du défunt de sa couche mortuaire : colliers, bracelets, boucles d'oreille, couronne (?), bague, bagues-cachets, anneaux, anneaux d'archer, autant d'insignes variés qui sont concernés, sans lesquels les pillards se seraient contentés de saisir leur butin sur place plutôt que de se donner la peine d'évacuer un élément si peu maniable dans une tombe fort encombrée.

La conclusion est donc que le défunt était un personnage d'importance, et que la cérémonie funéraire, si elle s'est conformée à un canon liturgique, a dépassé la norme des plus riches enterrements régionaux et ne peut se comparer qu'aux inhumations princières et royales de Méroé. Les insignes soupçonnés d'avoir provoqué le pillage ne peuvent évidemment servir à raisonner pour restituer son rang à l'inhumé. C'est en analysant les témoins abandonnés, principalement les raretés du banquet funéraire et de l'armement, qu'il conviendra de situer dans la hiérarchie sociale un personnage enterré sous un tumulus à enceinte, superstructure exceptionnelle dans la région.

21. Il est nécessaire de regrouper les récipients, faute de pouvoir sûrement distinguer entre libations propres et libations et encensements sacralisant les nourritures du banquet.

El-Hobagi VI

Fouilles 1987 et 1989, Mahmoud Esh-Sheikh El-Tayeb (fig. 73-116)

Bibliographie : H. N. Chittick, *Kush* 5, 1957, p. 73-77 ; J. Reinold, P. Lenoble, *NubLett* 10, 1988, p. 14-16 ; J. Leclant, G. Clerc, *Orientalia* 57, 1988, p. 387-389 ; P. Lenoble, *ANM* 3, 1989, p. 93-120 ; J. Leclant, G. Clerc, *Orientalia* 59, 1990, p. 429-430 ; J. Reinold, P. Lenoble, *NubLett* 16, 1991, p. 3-4 ; J. Leclant, G. Clerc, *Orientalia* 61, 1992, p. 310. Ams NE-36-0/7-0-3.

Dans la série des tertres emmurés d'el-Hobagi, dont sept ont été repérés jusqu'ici parmi les champs tumulaires extensifs, cette superstructure est la sixième, selon l'ordre indiqué plus haut, orientée d'ouest en est. Le site est au nord du hameau d'Umm Makharoqa, dépendant de la commune d'el-Hobagi. Le gîte est une terrasse érodée, en arrière du cordon de graviers ferriques surplombant la plaine alluviale du Nil, sur la rive abîmée de l'un des nombreux oueds qui charrient l'eau des pluies vers le fleuve. La piste principale conduisant d'el-Metemma à es-Salawa contourne la superstructure, selon un embranchement déterminé par l'enceinte même du tumulus, à exactement 2,5 km de l'école d'el-Hobagi.

La terrasse de l'oued, du même nom que le hameau, ne porte que quatre tumulus. Le tumulus VI y est le plus grand et le seul emmuré. À 100 m au sud, le tumulus 4, déjà décrit, est de dimensions encore respectables, quoique plus restreintes. Au nord-est et à l'est, deux petites superstructures complètent l'occupation funéraire, très limitée. À l'évidence, la dispersion des tumulus à enceintes a été conditionnée par les affleurements du grès de la croûte ferrugineuse disloquée. La rive entaillée de l'oued a fourni la première carrière à l'ouest de la superstructure, et une dépression de la terrasse, entre les tombes VI et 4, a procuré le complément en blocs de grande taille. Quelques grandes dalles, parfois de plusieurs mètres de longueur, n'ont pas été déplacées, voire détachées de la croûte rocheuse, et signalent les deux carrières ensablées.

La proximité de la route, dont les deux pistes contournent l'enceinte et ses carrières, a déterminé en 1984 la semi-destruction de la superstructure et de son mur, signalés en 1983 comme bien conservés depuis les visites de Chittick avant 1957, de Hinkel en 1971 et de la Section française en 1983. Après que le conseil régional d'el-Metemma eut décidé de renforcer la piste, régulièrement défoncée par les multiples oueds séparant les *qala'at* de l'arrière-pays, les ingénieurs des travaux publics ont multiplié les carrières à gravier et ont fait disparaître d'abord le champ tumulaire de la haute terrasse, à 1 km au nord-est du hameau, dont seules subsistèrent, pour quelques années, les fosses souterraines reconnaissables au trapèze de leur descenderie (identiques à celle de HBG 1). Une légende locale souleva alors l'intérêt d'un conducteur d'engins qui, en 1984, chercha le trésor enfoui à l'aide de son bulldozer, et valut en 1987 quelques désagréments aux fouilleurs.

Malgré la dispersion de la blocaille de l'enceinte, traînée en moraines latérales, et celle de ses blocs parfois énormes, repoussés surtout en moraines frontales, le plan révèle clairement que les camions n'ont pas pu s'approcher du tumulus, aux sédiments impropres à la réfection de la route. Le matériau du tumulus n'a pas même servi, aucun camion n'en a été chargé, et le monument a donc été dégradé en pure perte. En ont résulté de profondes entailles dans le tertre, la disparition d'une grande partie de l'enceinte et l'extraction des grandes dalles armant le mur là où elles étaient encore parfaitement en place. Heureusement, le relatif gigantisme du travail indispensable (2 000 à 2 500 m³ à déplacer) et la non-conformité de ce tumulus avec le tertre du palais de Wad ben Naqa (réputé depuis 1963 dans la région pour avoir effectivement fourni de l'or) ont découragé l'inventeur. C'est néanmoins son intervention qui présida à la sélection de ce tumulus VI par la direction des Antiquités quand il devint urgent de souligner, auprès des habitants, la nécessité de protéger des antiquités de possible intérêt national.

La fouille n'a pas répondu d'abord à un programme scientifique préalable, même si elle a été l'occasion de vérifier les connaissances acquises près de Méroé dans la décennie précédente. Elle a eu pour but prioritaire la propagande du Service, attaché à valoriser la conservation des antiquités et à la susciter auprès des autorités régionales et locales. Les moyens financiers et logistiques mis à la disposition des fouilleurs ont donc été limités par le budget de la direction. Instruction avait pourtant été donnée d'étudier le tumulus et son enceinte détruite avant reprise de l'érosion, de reconstruire partiellement le mur, mais aussi de découvrir et d'exploiter la tombe centrale, à la fois pour clore le programme des tombes d'el-Kadada datées du Méroïtique récent et final, et pour nourrir le Musée national d'une collection royale complète, si la tombe vérifiait effectivement les conclusions des fouilles du directorat dans la région de Méroé.

La première campagne, de décembre 1986 à juin 1987, s'est attachée à réaliser au plus vite les instructions reçues, à l'aide d'une équipe réunissant de cinq à vingt-cinq ouvriers selon les disponibilités des activités agricoles à el-Hobagi. Le mur a été fouillé en plusieurs endroits où l'on avait, par chance, désensablé une portion préservée par le bulldozer : l'architecture a été décrite, mais l'érosion n'a permis qu'une restauration grossière. La construction du tumulus a ensuite été étudiée, et la tombe centrale repérée grâce à quatre tranchées partielles d'axes orthogonaux qui ont dévoilé, sans détruire à jamais toute possibilité de restauration, les moyens « techniques » utilisés par les bâtisseurs pour centrer leur tertre. Finalement, la tombe centrale a été dégagée et fouillée, ses objets enregistrés ; les sédiments du pillage ont été tamisés pour compléter la collection des vestiges abandonnés par les premiers visiteurs. La campagne s'est achevée dans une violente tempête qui a détruit le toit de la maison de fouilles et a contraint les archéologues à retrouver les artéfacts par une deuxième fouille avant de les expédier au Musée national.

La deuxième campagne, en mars et avril 1989, a complété, à moindres frais et avec une vingtaine d'ouvriers, les données déjà recueillies. Faute de pouvoir et de vouloir évacuer les 2 000 m³ du tertre et les 500 m³ de l'enceinte et de son ensablement, on a d'abord sondé l'aire emmurée autour du tumulus pour tenter d'en comprendre la fonction, puis le tumulus lui-même pour compléter l'information structurale, rechercher des fosses additionnelles supposées et comprendre la dispersion des tessons et des ossements d'animaux sur le sol de construction. Accessoirement, de nouvelles sections du mur ont été fouillées, particulièrement à l'est, pour garantir que l'enceinte était réellement fermée et comprendre une déformation du mur.

La fouille est donc restée inachevée, bien qu'elle justifiât a posteriori la nécessité de détruire la totalité du tumulus si l'on voulait raisonner sur un ensemble funéraire réellement clos[22]. Au moins la possibilité d'une exploitation complémentaire a-t-elle été préservée : on a dirigé la future érosion de manière à conserver la surface de construction, qui coïncide avec le lieu de la cérémonie funéraire, en comblant la tranchée sud avec 150 m³ des sédiments du trou central.

On doit signaler ici une faute commise lors de la première campagne. Après la découverte partielle de la tombe principale, dans le but de réaliser une coupe axiale aussi bien que de garantir au plus vite le résultat final, l'excavation depuis le sommet a été élargie à une surface carrée de 6 m de côté, à 6 m au-dessus du plancher de la tombe. En l'absence des archéologues, le sol de construction a été traversé et les parois du cube régularisées sans discernement. Bien que tous les sédiments aient été tamisés et aient livré les quelques

---

22. Voir l'enseignement de Qoustoul 2 et 3 dans W. B. EMERY, *The royal Tombs of Ballana and Qustul*, p. 27-43 ; complété par B. B. WILLIAMS, « A Prospectus for exploring the historical Essence of Ancient Nubia » *in* W. V. Davies (éd.), *Egypt and Africa*, p. 74-91.

tessons attendus, l'apparition de la fosse funéraire sur le sol de la cérémonie manque, et il convient de tenir compte de ce détail dans la lecture des photographies publiées[23], où les graviers stériles entaillés apparaissent nettement dans les coupes.

Tombe

(fig. 73-79)

Tumulus

Le tertre se présente comme un amas de plan circulaire, entassant sables, graviers, cailloux et plaquettes sur 40 m de diamètre environ. Sa hauteur atteint 3 m apparents : les tranchées corrigent l'ensablement de sa base et mesurent la hauteur réelle connue, proche de 3,75 m (fig. 73). L'érosion pluviale a régularisé les versants selon une pente théoriquement proche de 15 %, mais un peu plus forte en pratique, en raison du profil sommital arrondi. Ce sommet n'est pourtant pas tabulaire : il est excentré, et la dépression signalée par Chittick décrit surtout une rigole peu profonde, orientée du nord au sud, qui prouve assurément l'excavation ancienne du pillage. La rigole fait prospérer le plus grand *seyyal* du site.

Quatre tranchées ont été réalisées, dont la stratigraphie permet de restituer l'agencement des sédiments et le mode de construction du tertre malgré l'érosion et l'intervention des pillards (fig. 74). La première tranchée, ouverte au sud-ouest dans une direction ouest-est, n'a pu être dessinée en raison d'une difficulté majeure très vite apparue. En effet, après quelques mètres de pénétration dans un sédiment gris-brun – suffisamment induré pour autoriser le maintien de coupes verticales – a été exhumé, à 6,70 m du mur externe, un talus de blocs ferrugineux de dimensions moyennes (de 15 à 30 cm), haut d'une quarantaine de centimètres et épais de près de 1 m. Sur ce talus ferreux butait un sédiment de couleur ferrique très peu induré, riche en cailloux, plaques et dallettes ferrugineuses, qu'il était impossible de maintenir en section verticale, quelques précautions que l'on prît à piocher et pelleter. Le travail a dès lors été abandonné.

La deuxième tranchée fut donc ouverte au sud du tumulus, dans une direction sud-nord qui coïncide avec la rigole. Malgré l'érosion, la pollution du pillage et l'abaissement dû au râpage du bulldozer, on en espérait une induration plus forte et une meilleure stabilité des sédiments jusqu'au sol de construction suivi comme guide altimétrique. Le calcul se révéla heureux. On découvrit d'abord une portion de l'enceinte externe, puis on démonta les éboulements de ce mur, qui correspondaient, en bas, à l'accumulation horizontale d'un sable éolien entre mur et tumulus, et, en hauteur, aux sédiments obliques de solifluxion dévalant des pentes du tertre et l'élargissant. À 5 m du parement interne du mur d'enceinte, le talus rencontré en tranchée 1 se découvrit à nouveau, haut encore de 50 cm et large de 1 m. Ce talus arrêtait les sables éoliens répandus au sud à l'horizontale et bloquait au nord la descente oblique des mêmes matériaux ferriques observés déjà pendant la première tentative. Sur le sol d'origine rigoureusement horizontal, la tranchée réussit à traverser sans éboulement sérieux cette couronne sédimentaire uniformément colorée, parcourue de passées parallèles de granulométrie changeante et d'une épaisseur variant de 10 à 30 cm, dont l'oblique atteignait une pente de 55 à 60 %. À 11,20 m du point de départ, la tranchée atteignit un second talus, de hauteur comparable au premier, mais beaucoup plus large (jusqu'à 3 m) et différemment constitué : sous une croûte d'argile très carbonatée, on y observe des graviers et galets arrondis de couleur brune. Ce second talus, une nouvelle fois, arrêtait des sédiments surtout sableux, versant selon une oblique de 45 à 50 %, avec nombre de petits galets ou d'éclats de quartz arrondis et une quantité moindre de petits billons de grès ferrugineux. Ces sables et graviers étaient fortement tassés et, de ce fait, maintenus humides par capillarité ; leur piochage se révéla éprouvant,

23. P. Lenoble, « A new Type of Mound-Grave (continued) : le tumulus à enceinte d'Umm Makharoqa, près d'el-Hobagi (A.M.S. NE-36-O/7-O-3) », *Anm* 3, 1989, p. 112, pl. ivb, p. 113, pl. va et p. 119, pl. xib.

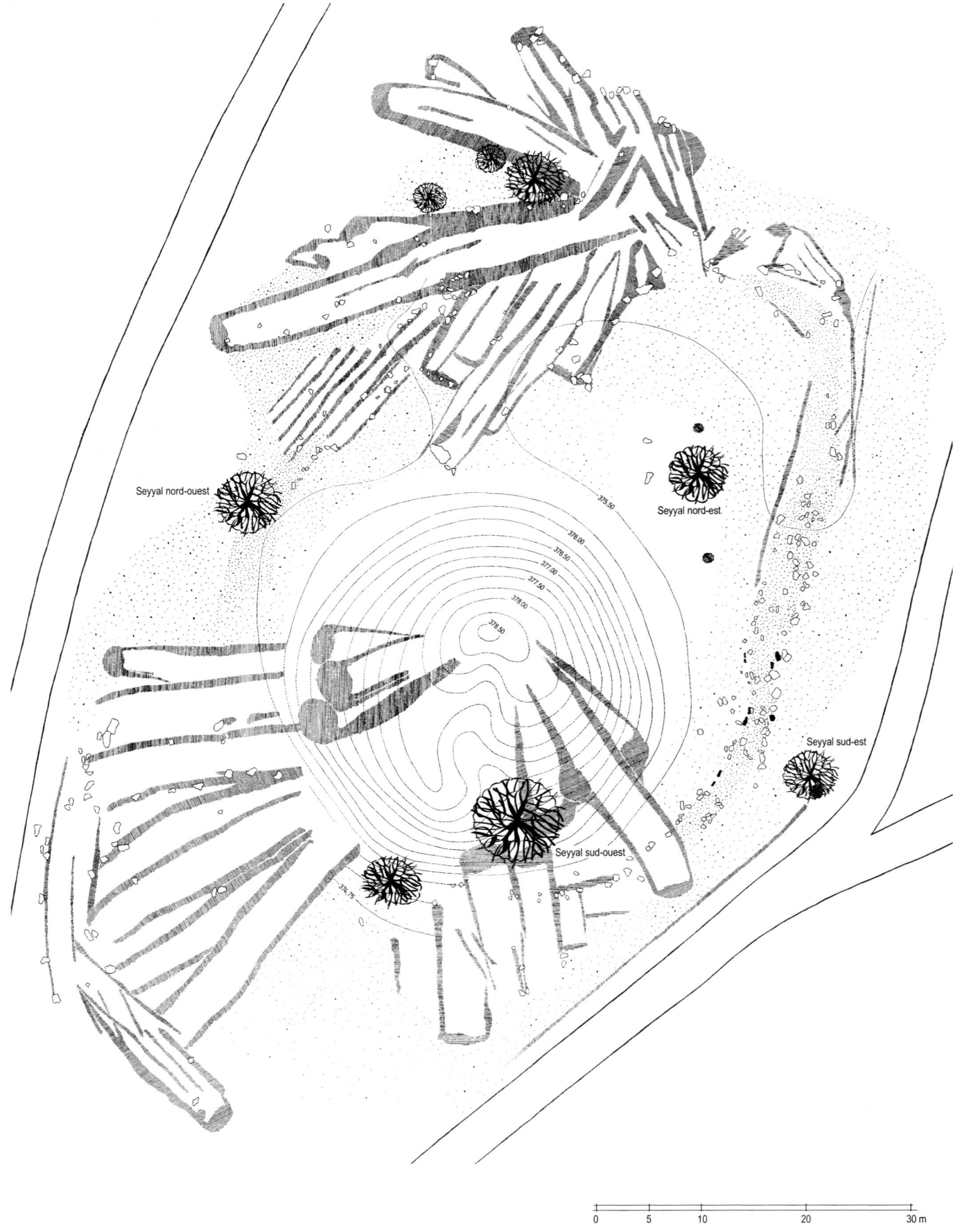

Fig. 73. Hbg vi. Réception du tumulus et dégradations par le bulldozer. 1/500e.

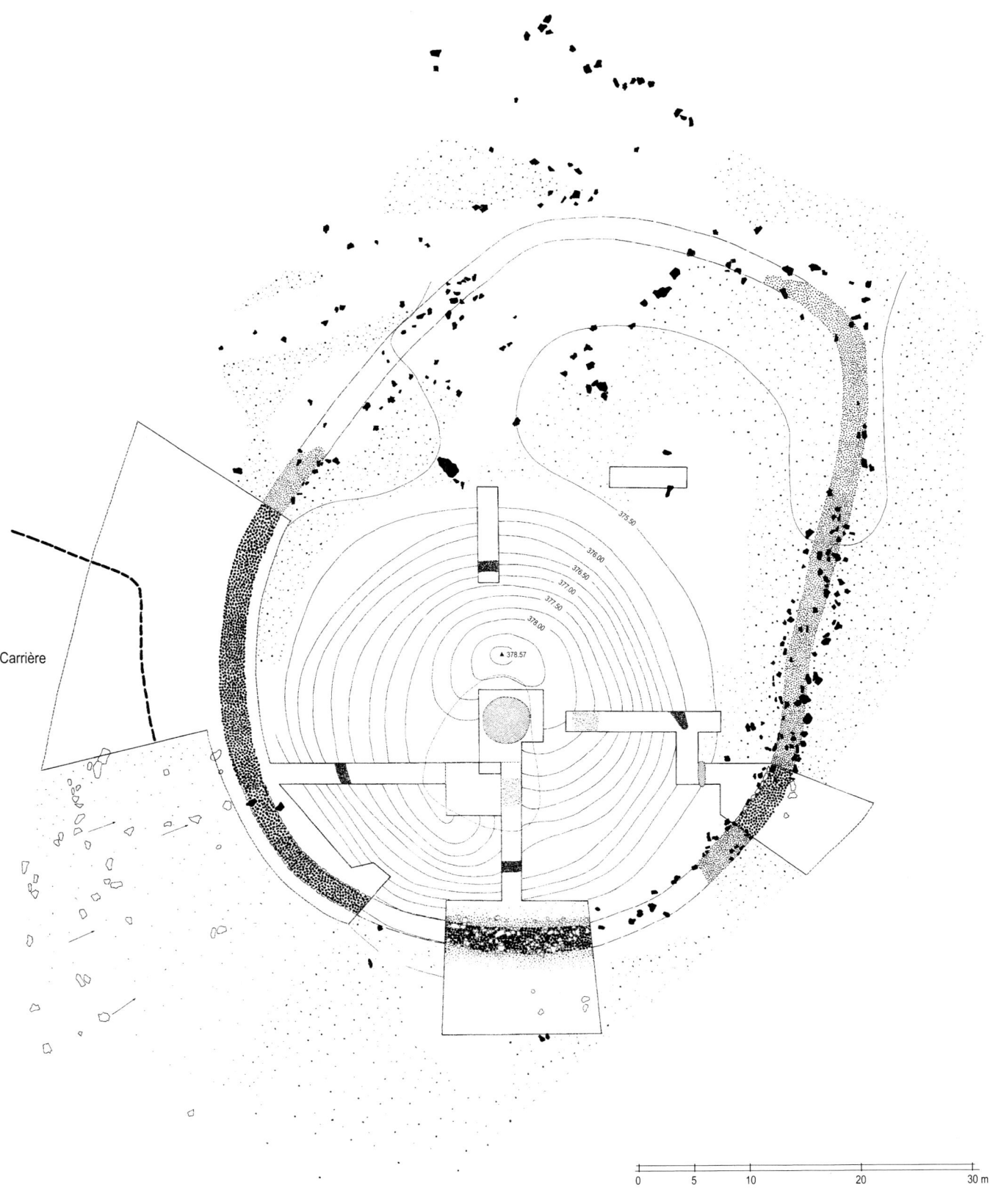

Carrière

Fig. 74. Hbg vi. Fouille 1987 : tranchées, enceinte, carrière ouest et tombe centrale. 1/500ᵉ.

la capillarité déterminant leur encarbonatement, et celui-ci, un durcissement rapide à l'air. Aucun sédiment nouveau ne fut rencontré jusqu'à ce que la tranchée 2 croise la tranchée 1 et arrête le travail, la recherche de la tombe centrale ne pouvant s'abandonner au hasard.

La même succession centripète des sédiments et des accidents de sédimentation se rencontra en tranchée 3, entreprise depuis l'est du tumulus avec un point de départ plus éloigné du mur d'enceinte : matériau d'expansion d'abord, de couleur et de granulométrie mélangées, matériau hétérogène de couleur ferrique ensuite, matériau fin et blanchi pour terminer, au centre du tumulus. Le talus externe de cailloux ferrugineux se remarqua encore, avec une nouveauté notable : il s'effilait en pointe et s'interrompait. Une petite tranchée perpendiculaire a vainement été creusée pour rechercher l'autre extrémité, que l'on ne retrouva qu'en 1989 et qui révéla une forme dissymétrique. Le talus interne fut retrouvé à l'identique. Tous deux arrêtaient nettement les matériaux successivement entassés.

La disposition de ces talus laissant supposer qu'ils étaient de forme circulaire et qu'ils étaient centrés sur la tombe principale, à la façon des tumulus régionaux ordinaires, la quatrième tranchée, ouverte depuis le nord, se contenta de repérer très exactement la position des pierres du talus externe. À partir de ces quatre sections, chacune découverte sur 2 m de long, il fut aisé de localiser au théodolite le centre exact du tertre et de situer à l'aplomb la fosse ancienne, malgré le décentrement du sommet et les perturbations apportées par le pillage.

Une fois le centrage prouvé, l'interprétation du mode d'accumulation sédimentaire fut assurée, que l'on illustra par quelques dessins stratigraphiques décoratifs. Les bâtisseurs ont planifié le tumulus en traçant successivement deux cercles, approximatifs mais concentriques. Le premier cercle, interne, de 16 à 17 m de diamètre, a été matérialisé par les déblais résultant du creusement de la fosse centrale. En attestent les galets et graviers bruns qui surmontent le grès de la terrasse, connus par l'observation des parois du puits voisin. Les argiles sous-jacentes de décomposition de la roche-mère gréseuse, fortement encarbonatées par la capillarité, ont été stratigraphiquement retournées au-dessus des galets. Ce talus interne, semble-t-il maintenu fermé et donc dispersé par piétinement sur certaines sections, indiquait par son volume que la tombe centrale mesurait de 20 à 30 m³, et par sa teinte qu'elle ne s'enfonçait pas dans les grès profonds, colorés de bleu, violet puis rose et rouge, toujours par comparaison avec les parois du puits.

Le second cercle, externe (fig. 74 ; photos 26-27), a été dessiné au sol non pas préalablement à l'élargissement du tumulus, mais pendant sa construction. En effet, ses matériaux pierreux, généralement posés sur le sol de construction, surmontent parfois 10 à 30 cm d'éboulis provenant du travail d'accumulation, comme il apparaît nettement dans les croquis stratigraphiques des tranchées 2 et 3. Si donc le premier cercle est effectivement une déposition préalable de centrage, le second procède d'une régularisation. De là sans doute son diamètre irrégulier (29 m nord-sud et 32 m est-ouest) qui cerne le périmètre extérieur de la superstructure pour en corriger l'ordonnance. Il a été dessiné simplement, peut-être au moyen d'une corde dont une extrémité était fixée au sommet tandis que l'autre servait à tracer. Il a été matérialisé par des pierres de dimensions réduites recueillies en carrière et soigneusement empilées en talus régulier de 1 m de large sur 0,5 m de haut. Comme ce talus gênait les transporteurs de matériaux, un accès fut aménagé à l'est par une ouverture de 5 à 6 m de large.

La disparité des deux sédiments successivement entassés étonne encore davantage que les procédés de centrage. Comme les coupes stratigraphiques soulignent la correspondance rigoureuse entre matériaux et talus successifs, il y a lieu de questionner deux époques différentes de construction. La première réunit simplement les matériaux superficiels collectés à distance : le prouvent les quantités de galets en quartz blanc, jadis délavés en surface par les intempéries, de même que la teneur en sable et argile éoliens, ou la présence de billons noirs ferrugineux répandus par ruissellement et piétinement. Ce sédiment s'est fortement induré par tassement et capillarité. Le second matériau a été extrait des carrières installées au plus près dans la croûte ferrugineuse dénudée. On en a sorti les blocs et les dalles pour l'enceinte, utilisant le tout-venant pour épaissir le tumulus. Un contenu plus riche en cailloux a déterminé une pente légèrement plus forte, et la coloration ferrique résulte peut-être d'un effet sinon décoratif, du moins ostentatoire. Les passées d'éboulis, comparables aux lits de cônes de déjection, sont souvent épaisses. On a déversé le matériau depuis le haut plutôt que de l'entasser progressivement. L'hétérogénéité du matériau n'a pas permis de reconnaître au moins le volume des conteneurs utilisés, et il faut peut-être supposer des chemins de rondin pour faciliter l'escalade des porteurs.

Tenter de reconstituer la hauteur générale de l'édifice n'est pas chose aisée, en raison de l'érosion comme du bouleversement dû à l'immense tranchée de pillage. Le calcul estime à 1 700 ou 1 800 m³ le volume accumulé et compacté. Si l'on expanse ce sédiment et si l'on réduit aux 30 m originaux le diamètre du tumulus, on aboutit à une hauteur initiale dépassant théoriquement 6 m. Cette estimation reste très grossière, car elle ignore la quantité des sédiments éliminés par plus d'un millénaire de saisons des pluies. Une estimation graphique devrait approcher plus sûrement le résultat, les pentes du tumulus blanc initial et de son épaississement rouge final ayant été fixées en profondeur par le dévalement des matériaux depuis le sommet. Le tertre blanc, protégé par sa couverture rouge, n'a pas été affecté par l'érosion ; sa pente, de 45 à 50 % à la base, et l'arrondi de son sommet font estimer sa hauteur initiale à 3,20 m. Le sommet final semble, du fait de l'érosion, ne surmonter que de 50 à 60 cm le sommet blanc, mais ses pentes atteignent à la base 55 à 60 %. En dessinant un sommet rouge de même profil que le blanc, on aboutit à une hauteur originelle de 6 m au plus. Le tumulus VI est donc loin d'avoir connu la hauteur des plus grands tumulus royaux nubiens.

Mur d'enceinte

(fig. 74-75 ; photos 23-25)

L'enceinte du tumulus VI est la seule suffisamment préservée parmi les sept murs reconnus à el-Hobagi autour de superstructures funéraires. Cette conservation est due à l'exceptionnel ensablement du pied du tertre. Chittick et Hinkel ont découvert un mur de pierre sèche contenu entre des parements de grandes dalles. Alors que les six autres tumulus de la série ne connaissent pratiquement plus que de la pierraille dispersée, le tumulus VI laissait espérer, jusqu'en 1984, le dessin de ces architectures exceptionnelles, profondément enfouies. Le regret du dommage récent n'en est que plus vif. Le bulldozer a anéanti la structure au nord et au nord-ouest. Le même acharnement a produit le même résultat au sud-ouest. Au sud, le mur a apparemment disparu sous l'expansion du tumulus, et les vestiges enterrés ont pu être conservés malgré les passages répétés de l'engin. À l'est et au nord-est, le mur semble avoir assez résisté au bulldozer pour que le conducteur ait tenté, en utilisant les griffes arrière de l'engin, d'ameublir l'amas compacté : ces griffes ont malheureusement extrait la plupart des blocs de parement stabilisant la blocaille interne.

L'étude a commencé par le relevé des quelque trois cents blocs visibles en surface, qui accompagne le schéma des traînées de destruction (fig. 73) et vise à différencier les éléments extraits puis répandus en surface des éléments encore solidement ancrés. Les premiers sont figurés par leur contour, les autres (moins de dix) sont en noir. Ne sont représentés que les blocs dépassant 40 cm de long, longueur qui n'apparaît pas toujours sur le plan puisqu'ils sont souvent de chant ou en oblique prononcée. Les dimensions courantes sont de 50 cm à 1 m ; on atteint rarement 1,60 m à 1,80 m. Le plus grand bloc, à l'intérieur de l'enceinte et au nord du pied du tumulus, mesure 2,30 m ; indéplaçable, il s'est révélé être une table affleurant depuis la roche-mère sous-jacente, conservée par les bâtisseurs.

Une première fouille a été entreprise dans la section du mur pointant sous le sable, près du *seyyal* nord-ouest, le bulldozer ayant évité l'arbre. Les vestiges apparaissent comme un amas de blocaille, mêlant sans ordre apparent dalles et blocs. Il est impossible de reconnaître, par des parements assurés, l'intérieur et l'extérieur de la construction ni de les différencier des éboulis sur les deux côtés. On a arbitrairement rempilé la blocaille sur une épaisseur de 2,10 m à 2,20 m et sur une hauteur de 1 m environ. Le sable n'a livré aucun matériel. On a au moins appris que le mur était posé directement sur le sable et les graviers de la terrasse, sans fondation ni tranchée préparatoire. L'observation du sable interstitiel, accumulé dans le mur ou contre lui, nous a de même appris qu'aucune superstructure de brique ou de pisé n'a surélevé la clôture.

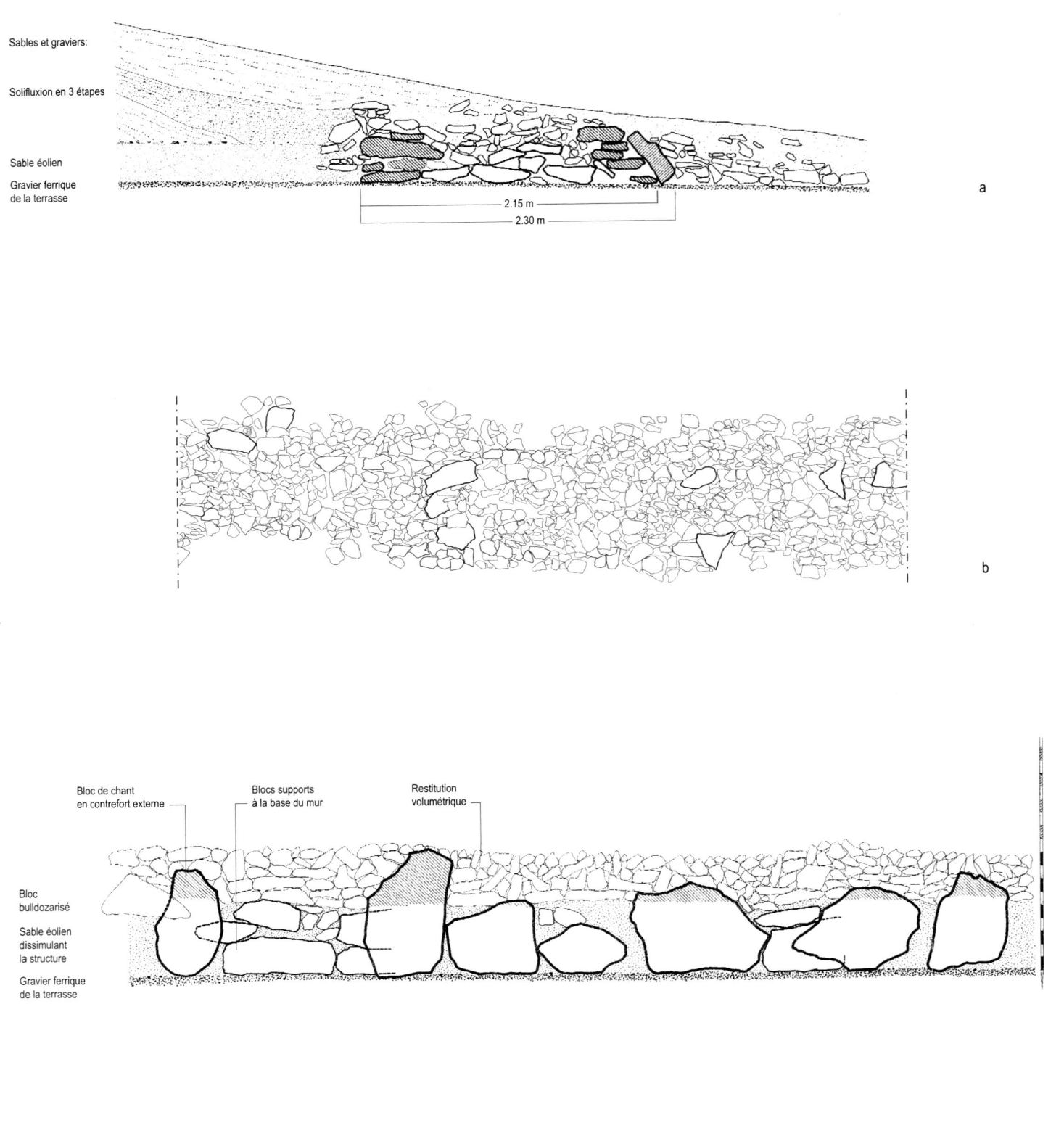

Sables et graviers:

Solifluxion en 3 étapes

Sable éolien

Gravier ferrique
de la terrasse

a

2.15 m

2.30 m

b

Bloc de chant
en contrefort externe

Blocs supports
à la base du mur

Restitution
volumétrique

Bloc
bulldozarisé

Sable éolien
dissimulant
la structure

Gravier ferrique
de la terrasse

c

0   1   2 m

Fig. 75. Hbg vi. Enceinte. a – Coupe en *seyyal* sud-ouest. b – Éboulis au sud. c – Projection interne sud-est. 1/40ᵉ.

À l'ouest et au sud-ouest, le même travail et les mêmes observations se sont répétés, avec ramassage des pierres éparpillées et retour des grandes dalles à leur lieu ou place d'origine. Aucun matériel n'a été relevé. Peu de blocs nous ont renseignés sur une éventuelle base de construction. On s'est contentés de réédifier par simple empilage, toujours selon une largeur estimée entre 2 m et 2,50 m, en atteignant toujours 1 m de hauteur : renseignements de peu d'utilité, connaissant l'intensité du carriérage local de blocs pour nombre d'usages funéraires comme édilitaires. La tâche a au moins permis de découvrir la carrière ouest, une simple cuvette s'enfonçant en pente très douce dans la terrasse ; l'enfoncement s'interrompt parallèlement au tracé du mur, à environ 6 à 8 m de là.

Le *seyyal* sud-ouest, planté là où les sédiments tumulaires commencent à dissimuler l'enceinte, fournit enfin une coupe transversale utilisable, sur 50 à 70 cm de hauteur (fig. 75 a). On y a remarqué deux parements approximatifs de quatre à cinq dalles empilées pouvant permettre d'apprécier localement l'épaisseur du mur, de 2,15 m. Une dalle plus épaisse est soit tombée à l'extérieur, soit volontairement calée à l'oblique pour soutenir la pile externe : dans ce dernier cas, l'épaisseur aurait été de 2,30 m. Les parements évidents sont soulignés sur le dessin par des hachures. D'autres blocs et dalles de grandes dimensions ont été posés en premier sur le gravier ferrique de la terrasse et ne sont surmontés que par des cailloux de granulométrie moins importante. Les parties supérieures du mur se sont effondrées de part et d'autre des parements, en plus grande quantité vers l'extérieur. On note trois colorations différentes des sédiments de solifluxion, mais surtout une accumulation horizontale de sable de 30 cm de puissance seulement, scellée par les sédiments d'expansion du tumulus. Cette épaisseur réduite et égale, équivalant à celle relevée en tranchée sud, surprend un peu ; on attendrait un profil ascendant contre le mur, s'exhaussant finalement à la mesure de l'élévation du mur selon le mode de l'ensablement des maisons. Le peu d'épaisseur atteinte par le sable accumulé entre la base ancienne du tumulus et son enceinte garantit soit que le mur n'a jamais été de grande élévation, soit qu'il s'est très vite éboulé. La construction est uniformément en pierre sèche ; il n'y a aucune trace d'argile lessivée, issue de briques ou de pisé.

La section méridionale de l'enceinte, supposée conservée, fut vainement exploitée en plan (fig. 75 b). La partie supérieure du mur fut découverte, et seuls les blocs les plus évidemment effondrés ont été écartés. On n'observe qu'une blocaille peu différenciée, dont on ne peut que mesurer la sélection granulométrique, les cailloux de plus de 20 cm ayant été accumulés dans le mur, et les autres sur le tumulus. Les plus grandes dalles, soulignées d'un fort trait de contour, ne renseignent pas franchement sur la largeur du mur. Bien évidemment, la technique de construction a été des plus sommaires.

Près du *seyyal* sud-est, des dalles de chant ont été remarquées, conservées en place malgré les griffures du bull-dozer. Un sondage de 1987 a découvert le parement interne en dégageant d'abord l'éboulis superficiel, puis une couche de sable éolien plus puissante qu'ailleurs, atteignant 30 à 40 cm d'épaisseur. Le dessin (fig. 75 c) souligne sur six blocs alignés la partie enterrée, montrée nue, et la partie aérienne, hachurée. Les blocs sont engagés dans la blocaille, les dalles posées de chant contre elle, parfois sur leur petit côté. Certains, totalement engagés, servent de fondation, ou plutôt de supports à la blocaille. Les dimensions des plus grands éléments varient localement de 70 cm à 1 m. Le croquis montre la hauteur restituée lorsqu'on empile tous les cailloux issus du démantèlement par l'érosion : elle ne dépasse pas 1 m. La largeur du mur, enfin, ne peut sérieusement être mesurée, une fois de plus : le parement externe ne livre aucune grande dalle de chant qui permettrait cette estimation.

La continuation de ce sondage en 1989 tout le long du mur est n'a apporté aucune information nouvelle, si ce n'est que l'enceinte, curieusement, contourne au plus près la bordure de la carrière orientale. L'assise du mur se déprime, sa fondation prend une légère oblique, et la concavité du contournement impose le soutènement de l'extérieur de l'enceinte par de gros blocs, grossièrement alignés pour pallier le glissement des graviers porteurs. Ce manque de planification élémentaire surprend par contraste avec l'agencement préalable du contour du tumulus. La carrière s'enfonce irrégulièrement, de 70 cm à 1 m, du parement interne vers l'externe. À 4 ou 5 m du mur, la pente, toujours faible, atteint le *djir*, mélange argileux de décomposition de la roche-mère avec plaquettes des premiers grès colorés, que les terrassiers n'ont évidemment pas exploité.

On peut conclure sur la pauvreté du mode de construction en posant plus de questions qu'on n'apporte de réponses. La construction est en pierre sèche sur toute sa longueur. L'absence de toute autre argile qu'éolienne prouve qu'elle n'a pas été surmontée d'un mur vrai. Sa largeur oscille entre 2 m et 2,50 m sans qu'il soit jamais possible d'être plus précis. Sa hauteur reste inconnue en raison du carriérage : elle dépassait sûrement 1 m. On observe plusieurs apparences successives, indiquant peut-être plusieurs équipes agençant les différentes sections selon diverses variantes. Le principe de construction est une élévation de dalles moyennes (20 à 40 cm de dimensions courantes), empilées soit sur blocs, soit directement sur le sol sans la moindre fondation. L'élévation est irrégulièrement contenue par deux parements de dalles de chant, grandes ou énormes. On reconnaît une technique grossière, nécessitant peu de dextérité, encore utilisée au Soudan de nos jours, car très économique. Sa simplicité contraste avec la qualité de la maçonnerie du Hosh el-Kafir contemporain (voir *infra*) qui a utilisé les mêmes pierres, mais les a assemblées au mortier, et qui maniait également la brique. Cette sorte de désintérêt est-elle archéologiquement signifiante ? Au contraire de celle du tumulus, la construction de l'enceinte n'a pas été soignée et se révèle d'importance secondaire. A-t-on voulu sérieusement empêcher l'accès ? On pourrait, sans preuve, imaginer une base voulue épaisse pour soutenir une efficace barrière d'épineux, une *zeriba*.

L'effort entrepris – avec l'ouverture de deux carrières, la construction de plus de 180 m de mur et le roulement de certaines grandes dalles – conduit à croire que le manque d'efficacité n'est qu'apparent. La fonction de clôture est sans doute peu importante. On n'a ménagé aucune porte : l'aire circonscrite n'était visiblement pas destinée à la fréquentation, et l'enceinte tumulaire se différenciait en cela du mur bâti autour de certaines tombes méroïtiques, pyramidales ou autres. Sans doute a-t-on simplement voulu marquer un emplacement consacré, peut-être interdit. C'est de manière délibérée que les bâtisseurs n'ont pas cherché à établir une protection efficace bien qu'ils aient disposé des moyens et de la technique d'un rempart résistant. L'aire enclose s'est rapidement ensablée au sud et l'empilement de pierres s'est partout éboulé sans que les constructeurs n'aient éprouvé la nécessité de lancer la moindre réparation, à l'opposé encore une fois du Hosh el-Kafir.

Aire emmurée

(fig. 74)

L'enceinte clôt une aire approximativement ovoïde, de 66 m de grand axe et 47 m de petit axe. Comme l'a d'abord remarqué Chittick, le tumulus occupe le sud de cette curieuse surface. Il en occupe aujourd'hui plus de la moitié ; il faut le restreindre après en avoir reconnu l'expansion, et restituer une surface interne libre plus grande que la base du tumulus, ménageant une aire de circumambulation autour de la superstructure.

L'ensablement éolien et l'érosion pluviale ont déterminé un renversement du profil de la terrasse, jadis légèrement convexe et aujourd'hui légèrement concave. Comme le soulignent les courbes de niveau, l'entassement du sable contre le tumulus et son mur a déterminé une mince cuvette, ouverte vers le sud-est, qui a légèrement érodé le niveau ancien de construction. Les témoins non enterrés, éventuellement éparpillés jadis, ont nécessairement disparu du centre de l'aire emmurée. Le bulldozer a complété le dommage en arasant le sol ancien au nord de cette surface.

Les instructions données et les moyens fournis excluant une exploitation totale et portant sur un quart d'hectare environ, l'enquête ne pouvait achever la prise documentaire et clore une documentation permettant de raisonner *per absentiam*. La problématique relevait d'interrogations spécifiques aux inhumations de rang social exceptionnel et exigeait l'évacuation du tumulus et l'exploration exhaustive de l'aire associée. La fouille s'est donc réduite à quelques sondages aisément réalisables et confirmant la nécessité d'exploiter les grandes superstructures en complétant les données généralement limitées à la fosse principale. Un premier sondage extérieur au tumulus, près du *seyyal* nord-est, selon un rectangle de 7 × 2 m de côtés, a mis en évidence l'érosion et la disparition locale du sol de construction, et a repéré l'affleurement de la roche-mère gréseuse à moins de 10 cm de la surface.

Les dégagements du mur est en 1987 et 1989 n'ont apporté pour toute information que plusieurs lots de tessons, parfois chronologiquement cohérents, jamais assemblables et ne rendant aucun profil complet, mais laissant supposer que la céramique funéraire ne se limitait pas à la collection enfouie dans la fosse. Le dégagement, en 1989, du sable éolien accumulé à l'est et au sud-est, entre l'enceinte et le talus externe du tumulus, a livré quelques perles en test d'œuf d'autruche, quelques ossements épars, assez détritiques, et des trous en cuvettes. Ces petites fosses, profondes au plus de 20 à 30 cm et larges au minimum de 60 cm, n'ont rendu aucun objet archéologique, seulement les plaquettes et les dalles ayant servi à les combler grossièrement.

Une zone orientée est-ouest et large de 5 m a été nettoyée en 1989. On y a trouvé, sur 10 à 12 m contre le parement de l'enceinte à l'est, le sol original intact qui a livré encore quelques perles et tessons, indépendamment de toute structure. À l'ouest, près de l'enceinte, le sol était raboté, et les failles de la roche-mère apparaissaient sous 1 à 2 dm de sédiments, remaniés, semble-t-il, par le bulldozer. Une fosse vide, apparemment anthropique, a été dégagée ; elle ne s'enfonce pas à plus de 80 cm de profondeur totale, à environ 40 cm sous le niveau supérieur de l'affleurement. Entre deux crêtes du grès faillé ont été découverts quelques ossements humains : on a vainement recherché les limites d'une fosse, et on ne peut expliquer ni la nature du sédiment les contenant, ni l'absence de connexions des os, ni leur état détritique. Toute datation reste stratigraphiquement impossible : ces ossements ne sont certes pas une intrusion du bulldozer, mais on ignore si leur fosse crevait le sol de construction du tertre ou si ce dernier la recouvrait. Aucune datation ne peut être suggérée.

La récolte, en 1987, de quelques tessons de bonbonnes à l'extérieur de la descente de la tombe, du côté est, ainsi que l'ouverture du talus de contour de la superstructure, ont fait choisir de renseigner prioritairement le sol de construction du tumulus entre fosse et entrée du talus. La tranchée orientale de 1987 a été allongée jusqu'au trou central et élargie à 5 m, sans résultat. L'extrémité du retour du talus a été recherchée et a livré une dernière cuvette dans le sol, de 30 cm de diamètre au plus, non bouchée, qui a fourni deux perles et plus de cinquante tessons d'une même bonbonne piétinée sur plusieurs mètres carrés. Le récipient ne peut être reconstitué tant les cassures ont souffert, et l'épaule et le col manquent complètement.

Cette maigre information ne réfute pas l'hypothèse selon laquelle la documentation ne s'arrête pas au contenu de la fosse principale de la tombe : même un échec total n'aurait pas répondu aux questions de Qoustoul où le sol sous les tumulus était parsemé d'objets et où les fosses s'éloignent du tumulus autant que les chapelles funéraires. Mais force est de constater l'inconsistance du supplément documentaire espéré à Umm Makharoqa, non tant par la nature des objets que par l'impossibilité d'interpréter leur présence : ces artéfacts peuvent relever aussi bien de célébrations que de pratiques liées au travail d'un grand nombre de bâtisseurs rassemblés. Les ossements animaux peuvent renseigner aussi bien sur le banquet funéraire religieux que sur l'alimentation pratique des constructeurs. L'expérience n'a pas échoué : elle a simplement tourné court.

Un seul résultat tangible est apparu, inattendu, secondaire, sans lien avec le questionnement de la cérémonie funéraire initiale. La tombe adventice HBG VI/2 a été découverte, qui s'inscrit totalement dans le sédiment d'expansion du tumulus. Cette sépulture a été placée par hasard entre les extrémités du talus externe cernant la grande superstructure. Son plancher se situe à quelques centimètres au-dessus du sol de construction. Son creusement a profité d'un sédiment peu induré, et son coffrage a utilisé à bon compte les dalles de l'enceinte. Stratigraphiquement indépendante de l'inhumation principale, cette tombe secondaire ne peut lui être rattachée d'aucune façon.

Fosse

(fig. 76-79)

La fosse s'enfonce à 2,10 m ou 2,20 m de profondeur. Sa forme implique qu'elle n'a pas recherché le sol induré, mais que la hauteur de ses deux étages peut avoir été déterminée par cette dureté. Elle traverse d'abord les galets et les graviers ferriques qui surmontent la terrasse, vite carbonatés, puis les argiles de décomposition de la roche-mère, qui ont fourni un matériau d'occasion, pour atteindre enfin un niveau de grès fortement faillé et très coloré par divers oxydes, où elle s'arrête.

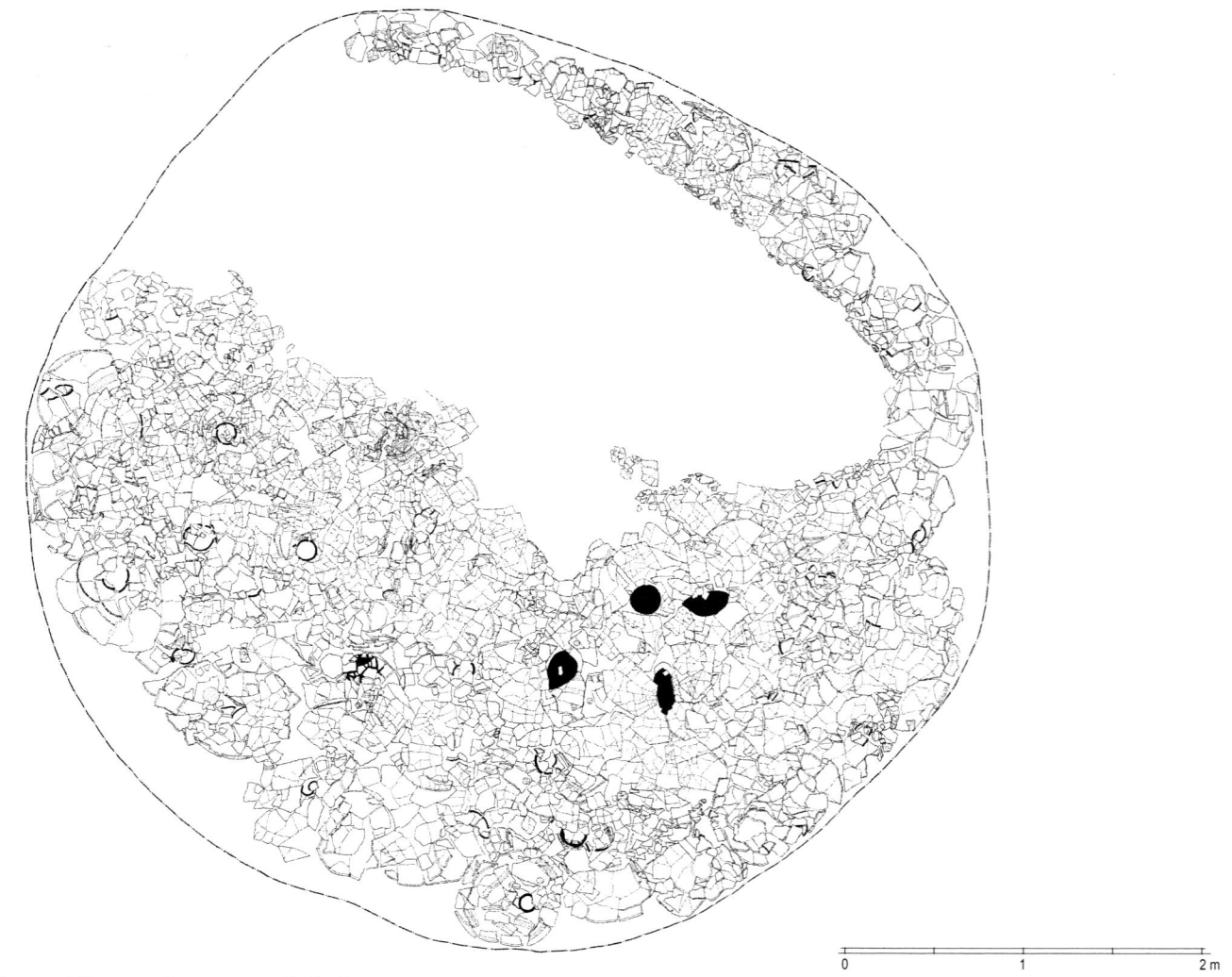

Fig. 76. Hʙɢ vɪ. Conteneurs de la descente. 1/40ᵉ.

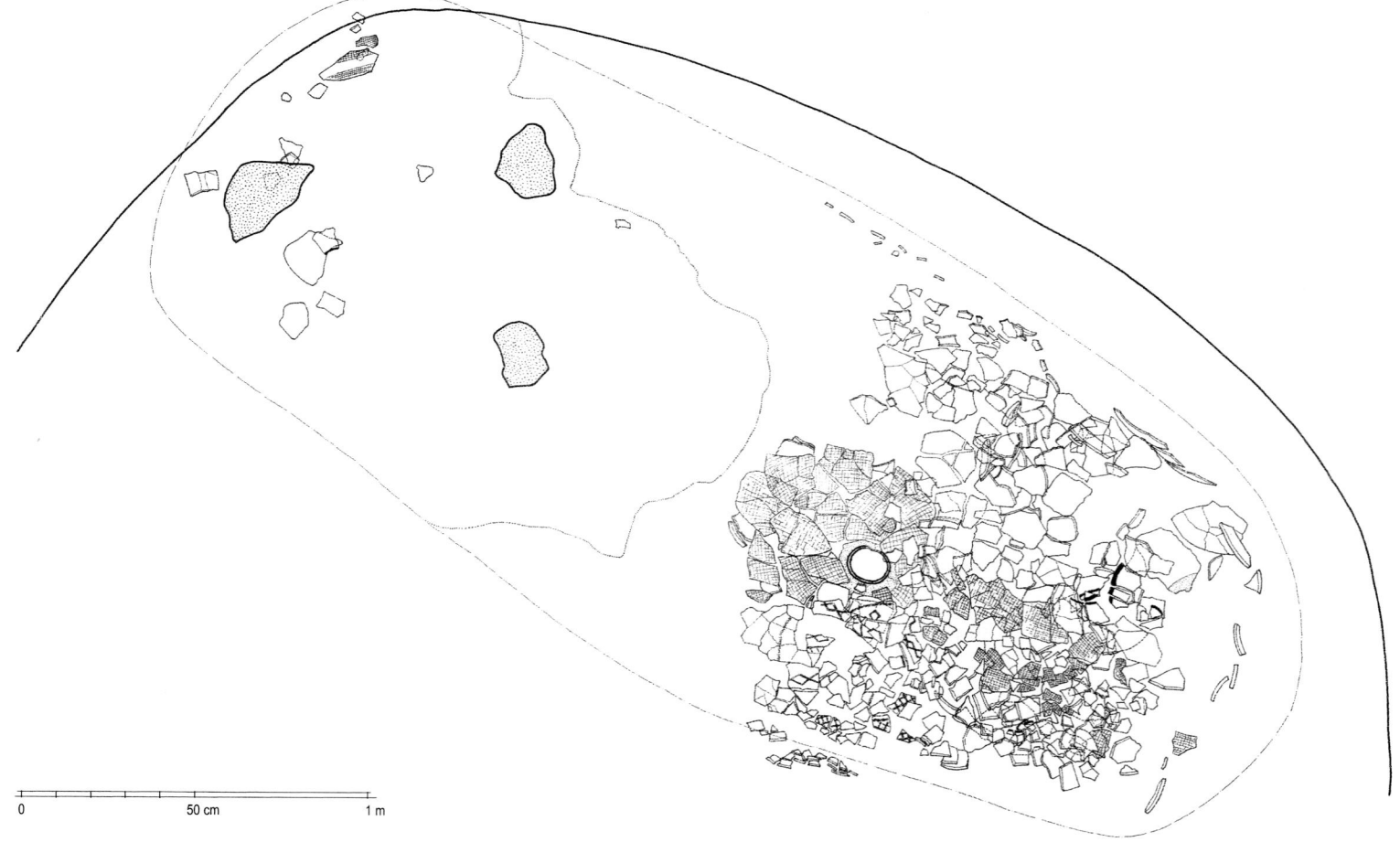

Fig. 77. Hʙɢ vɪ. Conteneurs effondrés dans la cavité. 1/20ᵉ.

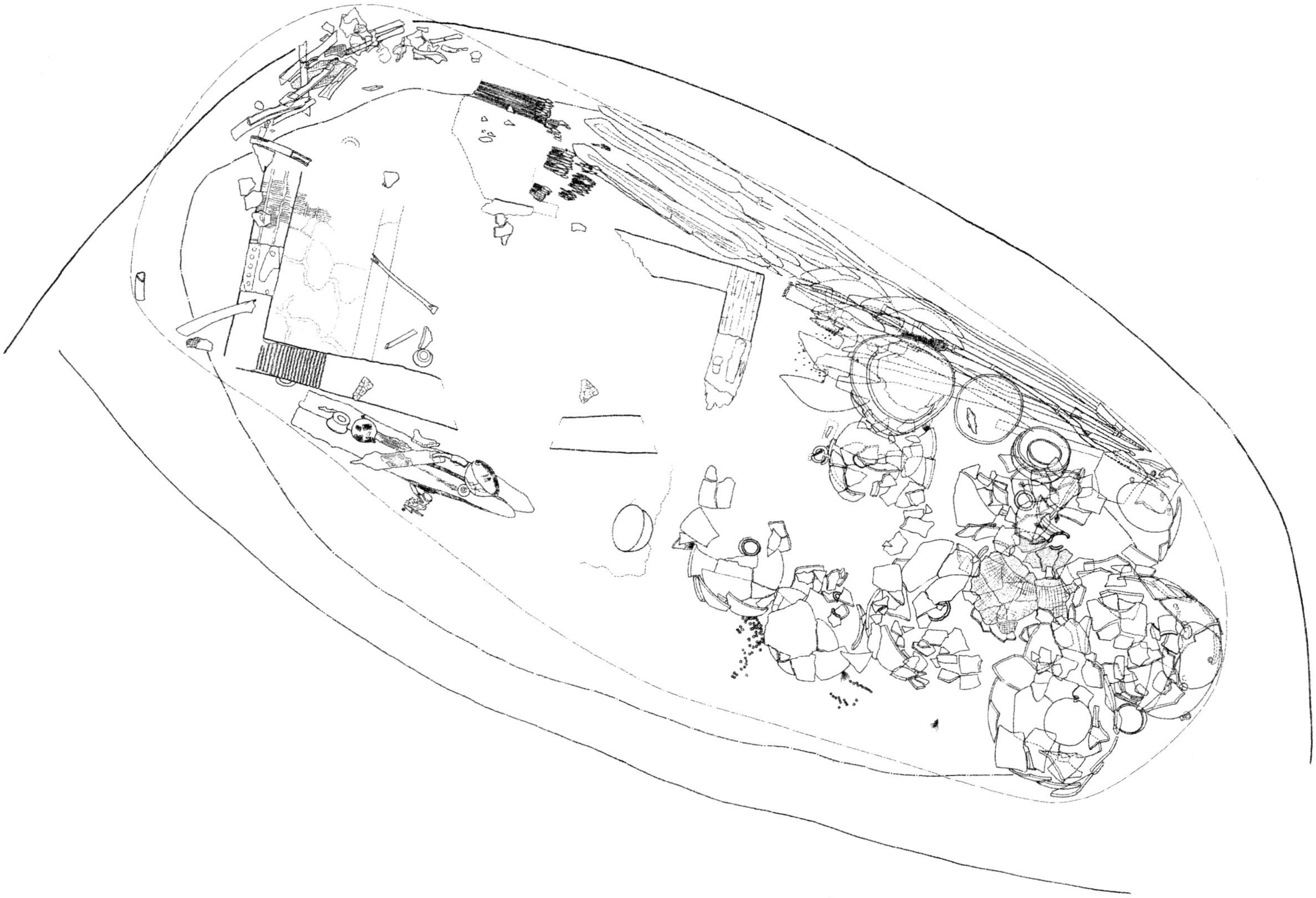

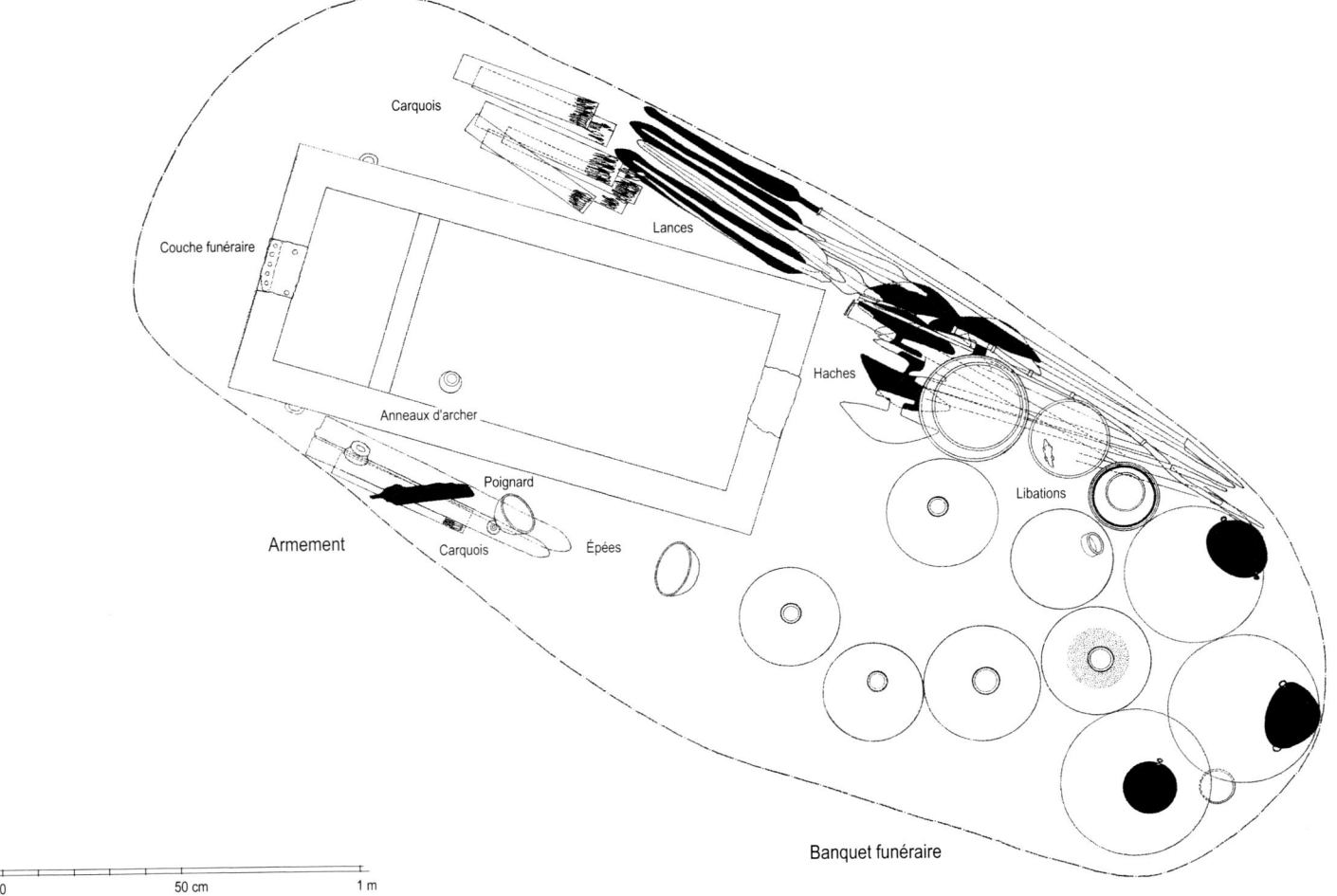

Fig. 78. Hbg vi. Contenu de la cavité. 1/20ᵉ.

Carquois

Couche funéraire

Lances

Haches

Anneaux d'archer

Libations

Poignard

Armement

Carquois

Épées

Banquet funéraire

0   50 cm   1 m

Fig. 79. Hbg vi. Restitution du contenu de la cavité. 1/20ᵉ.

La proximité du grès, l'épaisseur de l'argile, la forme de la tombe et le type de couverture se sont conjugués pour conserver le bois enfoui. La capillarité a été grande et constante, bien que la sépulture se situât à plus de 10 m au-dessus de la nappe phréatique. La montée de l'eau a été facilitée par le rapide effondrement des sédiments tumulaires dans la cavité comme par la nature, argileuse et sableuse, des sédiments accumulés en premier au-dessus de la tombe. La compression due au poids des matériaux amoncelés sur la fosse a permis une imprégnation constante qui a conservé le bois.

On distingue deux paliers. Jusqu'à 1,40-1,50 m de profondeur, la descente a d'abord été creusée, sur plan subcirculaire de 4,25 m de diamètre, selon des parois approximativement verticales (fig. 76). Le fond de ce cylindre, quasiment plan, a été divisé en deux ; la moitié ouest a été recreusée sur plan ovale de 3,20 m de grand axe et 1,50-1,60 m de petit axe (fig. 77). Un décrochement a été ménagé entre la paroi de la descente et celle de la cavité.

Une fois encore, la forme paraît curieuse, peut-être en raison du manque de fouilles d'archéologie funéraire dans la région, hors de Méroé. On reconnaît la descente en puits vertical des tombes ordinaires, mais aucun puits connu n'adopte un tel diamètre. On reconnaît plus facilement la cavité ovale, mais aucune n'est ouverte ainsi à plein ciel. L'association des deux formes est le premier cas enregistré autour de Méroé. Les descentes de Hbg iii/1 et de Hbg vi/1 diffèrent par leur plan, un cercle ici et un losange là. Toutefois, la fonction de descente est commune, équivalant à celle des descenderies du deuxième type de descente connu, et justifie qu'on cherche un abri léger pouvant avoir provisoirement couvert la fosse et le défunt apprêté exhibé sur sa couche pendant la première partie de la cérémonie. Malheureusement, l'accident de fouille mentionné plus haut a empêché qu'on recherche à Umm Makharoqa les traces de trous de poteau au voisinage immédiat de la descente.

Un fait est cependant établi : aucune couverture de la descente n'avait été prévue, qui aurait laissé des traces dans des coupes axiales et latérales laborieusement pratiquées sur 4 m de hauteur au-dessus du cylindre. Point de traces de rondins ou de troncs ! En revanche, l'examen du passage entre la descente et la cavité a livré l'information recherchée, tant grâce aux empreintes en négatif dans l'argile qu'à des fragments mêmes du bois utilisé. Le dessin montre qu'ont été d'abord disposées trois larges planches couvrant imparfaitement l'ovale irrégulier. Les dimensions ne sont précisées que pour la planche nord, de 1,68 m sur 91 cm. Les autres traces ne sont que partielles, suite à leur effondrement sous le poids des sédiments accumulés lors de l'érection du tumulus : il est certain que leur épaisseur était tout à fait insuffisante. Ces planches ont été bloquées sur leurs petits côtés par des mottes d'argile humide tirée de l'excavation. Ces mottes font reconnaître, cette fois uniquement par des empreintes en négatif, que des nattes ont été superposées au plancher : on a pu photographier des impressions nettes permettant aussi une reconstitution dessinée (photos 36-37).

La comparaison entre les fosses de Hbg iii/1 et Hbg vi/1, si différentes, laisse conclure une nouvelle fois à la division de l'espace sépulcral en deux volumes, comme dans les pyramides de haut rang à Méroé datant du Méroïtique récent. Cette observation devra guider l'analyse fonctionnelle de l'ensemble des objets enfouis à l'occasion de tels enterrements.

Disposition des objets dans la fosse

(fig. 78-79)

L'ordre d'enfouissement se traduit par des superpositions et des juxtapositions. D'abord a été descendu le défunt apprêté sur sa couche funéraire, un encombrant cadre de bois curieusement placé de biais dans la cavité. Puis les armes ont été disposées : haches, lances et arc en premier, qui touchaient le bois de la couche, carquois ensuite, disposés des deux côtés de l'inhumé – superposés aux lances à l'ouest, recouverts par les épées à l'est. Sur les hampes de lances a été étendue une peau non rasée, sur laquelle ont été déposés six récipients en bronze, en position normale, recouverts probablement d'un même tissu. Puis les premiers récipients du banquet funéraire ont été descendus, avec trois très grandes bouteilles, coiffées de coupes en bronze enveloppées de tissu, cinq bouteilles normales, une petite bonbonne, deux coupes et un gobelet en bronze. Quelques objets en perles ont accompagné ce dépôt. La cavité une fois couverte de ses planches et de ses nattes, le fond cylindrique de la descente a été entièrement couvert de bonbonnes et de bouteilles, dont certaines reposaient sur un support en bois et dont six étaient coiffées d'une coupe en bronze.

Cette disposition des plus simples a considérablement gêné la fouille. Déjà chargées de bonbonnes, les planches n'ont pas résisté à la surcharge des sédiments lors du remplissage de la descente. On ne sait si l'effondrement a été antérieur ou postérieur à la fin de la construction du tertre (fig. 77) ; on peut gager qu'il fut immédiat, à constater le sédiment organique brun répandu partout, dans la cavité comme dans la descente, témoignant de la brutalité de la dispersion du contenu des bonbonnes. La destruction des récipients céramiques (fig. 78 et photo 38) et le dispersement de leur contenu n'ont posé aucune question aux bâtisseurs, qui se sont peu souciés de protéger les dépôts par une forme de tombe appropriée. Nouvel indice démonstratif que le dépôt ne consistait nullement en équipement nécessaire à la survie du défunt, mais plutôt en l'abandon du matériel de la liturgie funéraire.

La disposition des objets est largement comparable à celle notée en Hbg iii/1 et à celle des tombes pyramidales à chambre double de Méroé. L'armement a immédiatement suivi l'enfouissement de la dépouille : il faut y voir le complément indispensable des insignes arborés par le défunt, telle une probable série d'emblèmes supplémentaires. Six vases en bronze ont été disposés séparément, n'accompagnant pas réellement leurs homologues du banquet funéraire : ils doivent être interprétés fonctionnellement selon cette spécificité. Enfin, des dizaines de récipients, des conteneurs collectifs surtout, ne remplissaient pas l'étage inférieur de la fosse, mais garnissaient totalement l'étage supérieur : une fois encore, il convient de tenter de différencier l'interprétation des deux séries. On ne peut supposer qu'il faille combler les vides de la cavité par des objets en matériau périssable, tels des paniers : la conservation relative du bois et des fibres en aurait laissé au moins la trace.

Pillage   (fig. 77)

L'invraisemblable fouillis dans la cavité, dû à l'effondrement des planches de couverture et à la chute des bonbonnes qui les surmontaient, a été augmenté par le passage des pillard. Ces derniers ont d'abord ouvert dans le tertre une vaste tranchée orientée N-NE/S-SO qui leur a permis de reconnaître le sommet du tumulus blanc. À partir de ce repère, ils se sont enfoncés dans la superstructure par un cône qui a atteint d'abord le bord est de la cavité, puis a précisément abouti au défunt. Une telle précision surprend, sachant le large sommet arrondi des deux accumulations de matériau au-dessus de la tombe. Nul doute que les pillards ne se sont pas dirigés à l'estime, mais qu'ils connaissaient jusqu'à l'emplacement de la couche funéraire dans la cavité, à moins qu'ils n'aient procédé guidés par l'expérience, ce que le pillage de Hbg iii/1 contredit.

Le résultat le plus net de leur intervention est la dispersion d'objets et surtout d'ossements humains autour de la couche funéraire (fig. 78). Ces ossements ont été trouvés soit concassés, soit démontés sans laisser la moindre connexion. Il est clair que le but du pillage était de récolter les matières précieuses de la joaillerie au moins, sinon d'autre matériel cultuel désormais virtuel : le démontage des doigts, par exemple, est sans doute tout à fait instructif et doit laisser supposer au moins des bagues-cachets.

Les profils des tranchées 1 et 2 comme du carré de fouille central permettent de restituer les limites d'épandage des sédiments issus du pillage et de retrouver précisément l'endroit où les visiteurs ont déposé et trié les matériaux glanés dans la cavité. 2 à 3 m³ de ces sables et graviers ont été soigneusement tamisés pour récolter les tessons et les fragments d'objets éventuellement négligés. C'est le rejet de céramiques, assemblant bouteilles tournées et bonbonnes façonnées sans le tour, qui avait permis de situer le tumulus selon la chronologie kadadienne, et justifié, dès 1983, l'intérêt porté à cette superstructure enfin datable.

Effondrement et pillage expliquent la durée de la fouille : la prise documentaire eût été très amoindrie par une collecte trop brutale. Sept semaines furent nécessaires au seul enregistrement des objets et fragments de la cavité afin de sauvegarder la possibilité de reconstituer au moins partiellement nombre d'objets divisés et distribués entre descente et cavité, ou entre cavité et sommet du cône de pillage. Trois autres semaines furent indispensables pour relever les dizaines de bonbonnes de la descente et permettre une reconstitution minimale des récipients, écrasés en deux à trois cents tessons chacun et outrageusement mêlés par la pression d'une centaine de tonnes exercée par l'effondrement.

La précision du pillage a le mérite de permettre de clore l'information documentaire pour la plus grande partie de la cavité et pour la quasi-totalité de la descente. Nombre de dépôts n'ont pas été affectés, et seuls l'équipement corporel et un matériel cultuel limité ont pu disparaître partiellement.

Ossements

Ossements humains (fig. 80 ; photos 28-29)

Hbg vi/1. Squelette incomplet d'adulte, dont les vestiges étaient répandus, concassés et démontés à l'extrémité sud de la cavité, au-dessus et à l'entour de la couche funéraire (fig. 78 ; photos **43-44**). Aucun ossement n'est demeuré en place, il est donc impossible de préciser la position prêtée à l'inhumé. Le cadre de bois supportant le défunt mesurait 1,55 m de longueur : le défunt n'a pu y être allongé que s'il était de petite taille ; dans le cas contraire, le plus probable, il faut lui supposer une position légèrement ou fortement contractée. La distribution des os permet de suggérer que la tête était orientée au sud ; on n'aboutit cependant à aucune certitude.

Hbg vi/2 (fig. **80** ; photos **28-29**). Squelette complet d'adulte d'époque postérieure au premier. Le défunt a été installé dans une longue fosse creusée dans le sédiment d'expansion du tertre, à l'est. Le corps était en extension dorsale complète, jambes croisées. Le bras droit était allongé, un peu à l'écart du corps, le bras gauche plié, main

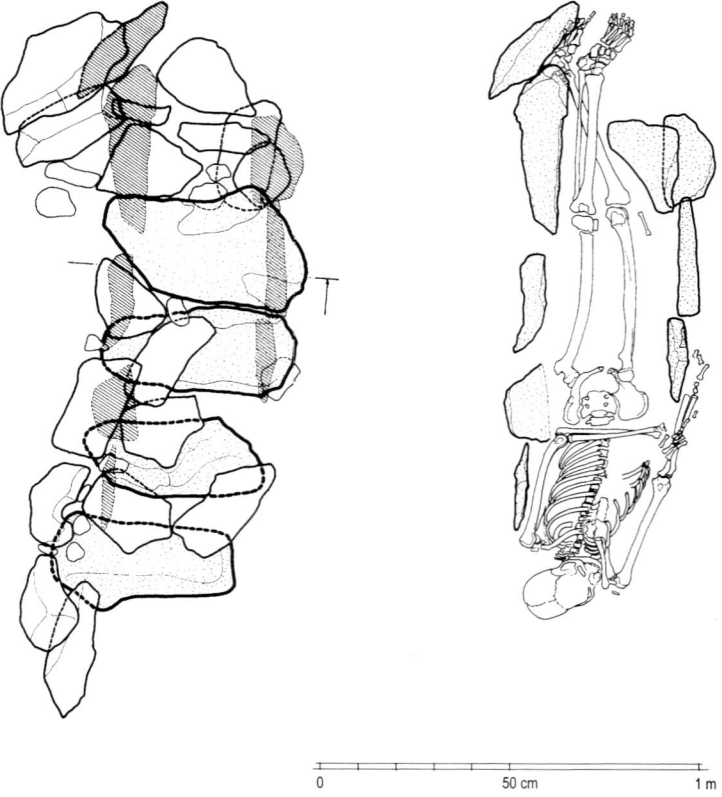

0   50 cm   1 m

Fig. 80. **Hbg vi/2. Inhumation dans le tumulus. 1/20ᵉ.**

gauche sur l'avant-bras droit. La fosse a ensuite été renforcée par un coffrage de dalles de chant, ajustées un peu librement : une de ces dalles a séparé la main droite du bassin. Le défunt a enfin été protégé par une série de quatre dalles vaguement juxtaposées, puis par des blocs disposés sans trop de soin au-dessus des interstices et sur le bord ouest de la fosse. L'orientation donnée était nord-sud, tête au sud. L'intervention de rongeurs doit être signalée, qui a fait disparaître des phalanges et en a déplacé une autre vers les genoux.

Hbg VI. Squelette très incomplet d'adulte trouvé hors du tumulus dans l'aire emmurée. Les vestiges détritiques, stratigraphiquement inexpliqués et probablement antérieurs au tumulus, n'ont fait l'objet d'aucune étude.

Les ossements des squelettes Hbg/VI/1 et Hbg/VI/2 ont été étudiés par Christian Simon, du département d'Anthropologie et d'Écologie de l'université de Genève, et font l'objet d'un rapport séparé, présenté en annexe 1 (p. 277 sq.).

Ossements animaux

Les quelques ossements animaux recueillis sur le sol de construction du tumulus n'ont pas été étudiés, dans l'attente d'une récolte complémentaire. Des côtes de bovinés sont surtout concernées.

Récipients

La complexité de la fouille dans une fosse si ravagée a entraîné la nécessité de renuméroter tous les artéfacts afin d'éviter de perdre le lecteur dans un puzzle de quinze à vingt mille pièces. On ne s'étonnera donc pas de voir l'ordre d'énumération inverser l'ordre de la fouille et des découvertes. De même, la description élude les étapes de la restitution, rassemblant et sériant par exemple les fragments dispersés. La simplification qui résulte du long travail d'exploitation n'a pas eu pour conséquence une perte d'information.

Récipients de la cavité   (fig. 81-94 ; photo 30)

Récipients en céramique   (fig. 81-82)

En comparant les dessins d'enregistrement et de restitution, on voit qu'il a fallu séparer à la fouille la collection originale, qui reposait sur le fond de la cavité, de la collection superposée, généralement plus détritique et reposant sur des sédiments variés, sables et graviers d'effondrement ou bois des planches.

Nº 1 (fig. 81). Bouteille montée au tour, rouge. Haut. = 34,5 cm ; diam. = 28,4 × 28,2 cm ; diam. min. = 5,4 × 5,6 cm. Pâte riche en végétaux, peu sableuse, à nodules salins. Cassure noire, surface interne noire, surface externe brune. Panse à paroi de 8 mm environ, lissée à l'intérieur et à l'extérieur. Col droit. Engobe extérieur rouge brique, lissé au tour et complété en plusieurs plages par un brunissage vertical.

Nº 2 (fig. 81). Bouteille montée au tour, rouge. Haut. = 34,1 cm ; diam. = 29,6 × ? cm ; diam. min. = 6,3 × 6,2 cm. Même pâte et même cuisson que pour la nº 1. Panse à paroi de 1 cm, lissée. Col droit. Engobage extérieur rouge brique, traité comme précédemment.

Nº 3 (fig. 81). Bouteille montée au tour, rouge. Haut. = 34,1 cm ; diam. = 27,6 × 27,4 cm ; diam. min. = 6,2 × 6,2 cm. Même pâte et même cuisson que pour la nº 1. Panse à paroi de 1 cm, lissée. Col droit. Engobage extérieur rouge brique, traité comme précédemment.

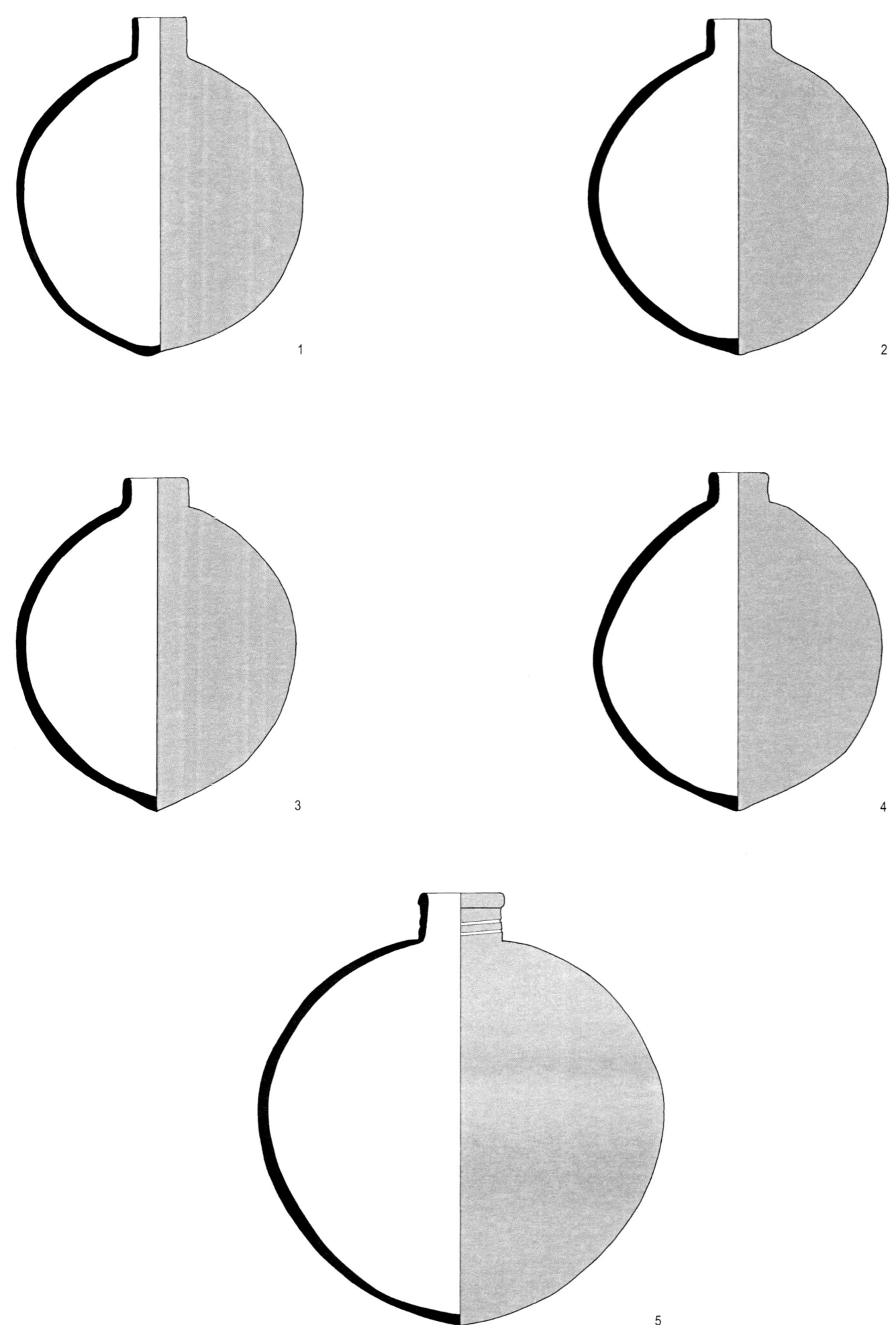

Fig. 81. Hʙɢ ᴠɪ/ɪ. Bouteilles nᵒˢ 1, 2, 3 et 4, et très grande bouteille nᵒ 5. 1/5ᵉ.

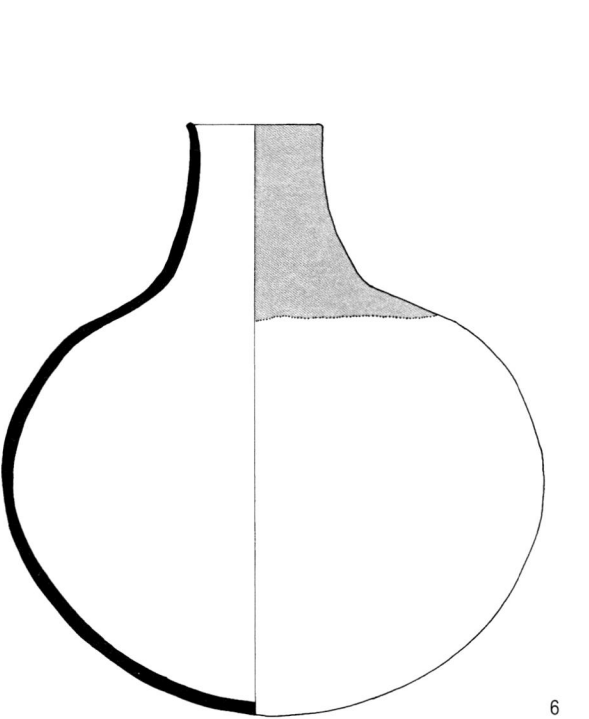

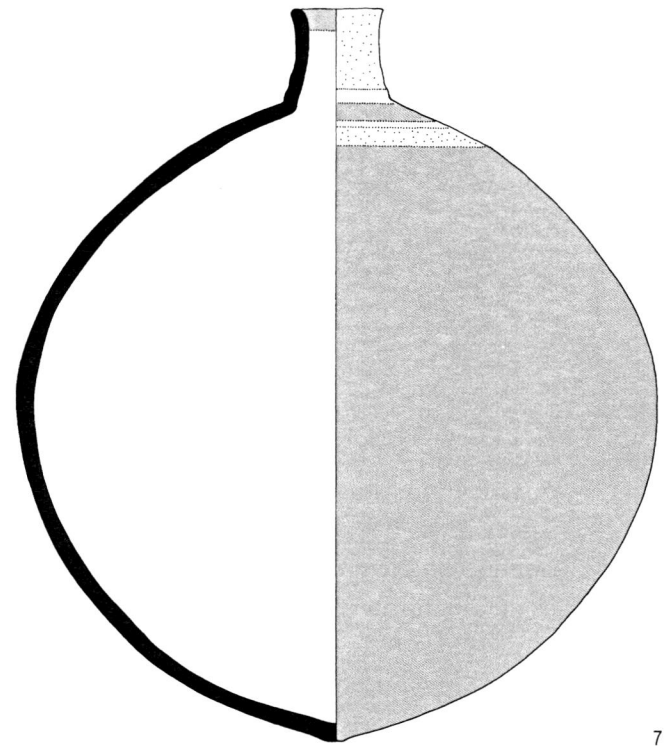

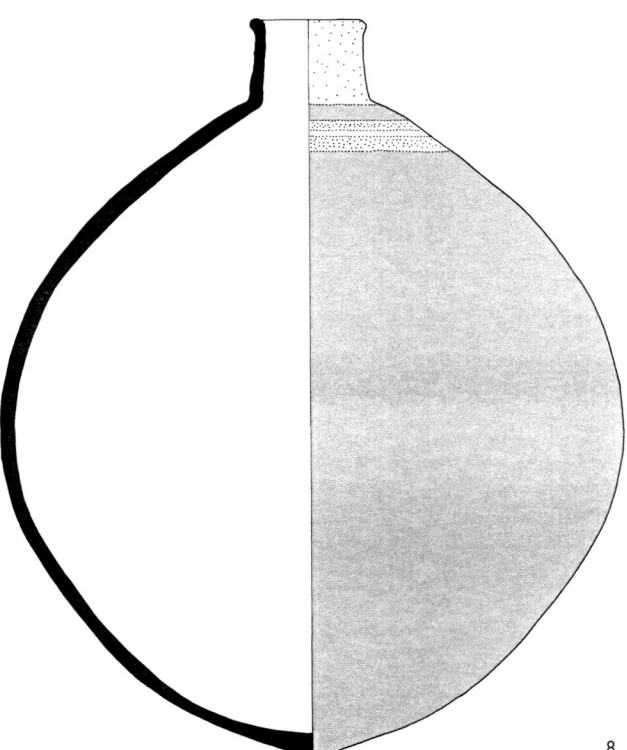

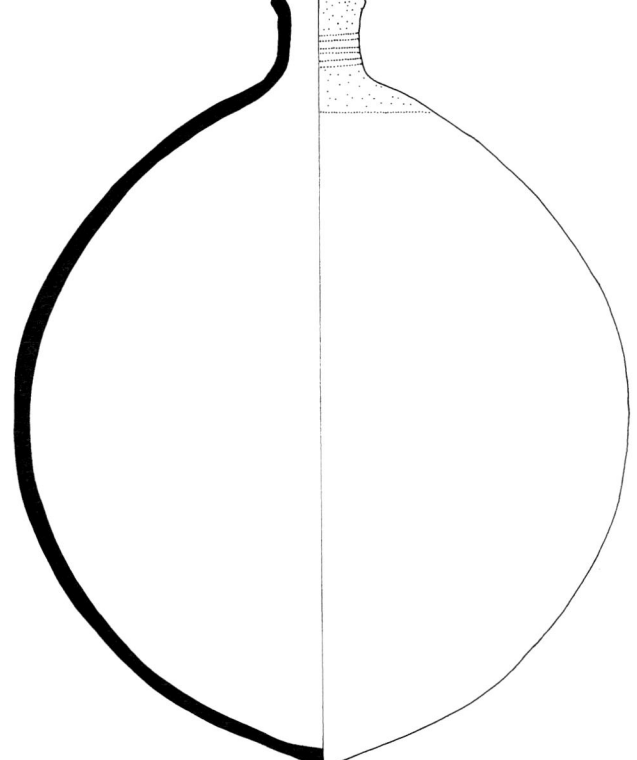

Fig. 82. Hʙɢ ᴠɪ/1. Petite bonbonne n° 6 et très grande bouteilles nᵒˢ 7, 8 et 9. 1/5ᵉ.

N° 4 (fig. 81). Bouteille montée au tour, rouge. Haut. = 34,5 cm ; diam. = 29,2 × 28,3 cm ; diam. min. = 5,8 × 5,9 cm. Même pâte et même cuisson que pour la n° 1. Panse à paroi irrégulière, de 8 à 10 mm d'épaisseur, dissymétrique, lissée. Col droit court. Engobage extérieur rouge brique, traité comme précédemment.

On reconnaît dans ces récipients tournés les bouteilles industrielles d'el-Kadada et de Méroé, tant des collections royales que des collections tumulaires. Leur volume est à peine plus grand.

N° 5 (fig. 81). Grande bouteille montée au tour, rouge. Haut. = 43,9 cm ; diam. = 39,9 × 40 cm ; diam. min. = 8,3 × 8 cm ; vol. = env. 26 l. Pâte riche en végétaux, peu sableuse, à nodules salins. Cassure noire, surface interne noire, surface externe brune. Panse subsphérique, légèrement ellipsoïdale, à paroi épaisse (1 à 1,3 cm), lissée sur les deux côtés. Col légèrement tronconique, à lèvre saillante, avec empreinte oblique de tournage. Engobe extérieur rouge brique lissé au tour. On reconnaît dans ce récipient unique la grande bouteille industrielle des tombes finales d'el-Kadada, apparemment absente de Méroé.

N° 6 (fig. 82). Bonbonne façonnée sans le tour en deux parties rapportées. Haut. = 40,4 cm ; diam. = 35,8 cm ; diam. min. = 9,2 × 9 cm ; vol. = 15 l. Pâte non sableuse, avec peu de nodules salins, mais beaucoup de végétaux. Cassure noire, intérieur variant du noir au brun crème, extérieur rouge brique. Panse subsphérique légèrement aplatie, à paroi assez mince (8 mm) et régulière, lissée à l'intérieur et nattée à l'extérieur. Col lissé, engobé et bruni en tous sens.

N° 7 (fig. 82). Très grande bouteille montée au tour, rouge. Haut. = 50,2 cm ; diam. = 42,4 × 42,2 cm ; diam. min. = 6 cm ; vol. = 32 l. Pâte et cuisson semblables à celles des nos 1 et 5. Panse ellipsoïdale à paroi épaisse (1 à 1,3 cm), lissée des deux côtés au tour. Col en bobine. Engobe extérieur débordant sur la lèvre interne, lissé au tour et complété par un brunissage au bouchon végétal (?). Une peinture a été appliquée avec une solution blanche plus ou moins aqueuse et mal adhérente. On note la succession des bandes suivantes : col en blanc peu marqué, base du col en blanc très marqué, haut de l'épaule, réserve, puis blanc très marqué et blanc peu marqué.

N° 8 (fig. 82). Très grande bouteille montée au tour, rouge. Haut. = 50,2 cm ; diam. = 41,3 × 41,1 cm ; diam. min. = 7,6 × 7,4 cm ; vol. = 32 l. Pâte et cuisson semblables à celles des nos 1 et 5. Panse ellipsoïdale à paroi régulière d'environ 1 cm, lissée des deux côtés. Col tronconique à lèvre saillante. Engobe extérieur, lissé et bruni. Décor peint avec la même solution aqueuse que celle du n° 7. Col en blanc peu marqué. Réserve sur le haut de l'épaule, puis bande de blanc renforcée en son milieu par une bande plus marquée. De fait, le résultat irrégulier traduit l'image d'une brosse large sur un objet tournant.

N° 9 (fig. 82). Très grande bouteille montée au tour, rouge. Haut. = 52,6 cm ; diam. = 39,8 × 40,6 cm ; diam. min. = 5,8 × 6,1 cm ; vol. = 33 l. Pâte et cuisson semblables à celles des nos 1 et 5. Panse ellipsoïdale à paroi régulière d'environ 1 cm, lissée des deux côtés. Col en bobine, à lèvre légèrement saillante avec empreinte de tournage en spirale peu profonde. Le récipient a été finalement « décoré » d'un enduit blanc sur le col et le haut de l'épaule, appliqué au tour avec une brosse large.

Ces très grandes bouteilles sont inconnues à Méroé ou à el-Kadada.

Coupes, bassins et vase en bronze (fig. 83-92 ; photos 39-41, 67-79)

Les conteneurs en bronze, tous enveloppés de tissu, ont connu une oxydation importante. Une épaisse patine a gommé les gravures, empêchant le plus souvent la lecture des décors et des sujets. Faute de moyens de restauration à Khartoum, les archéologues ont procédé à un nettoyage mécanique limité, visant à permettre une description minimale en abrasant la patine sur quelques plages significatives. Le nettoyage a été interrompu chaque fois qu'il y avait risque soit d'affecter l'âme métallique, soit de faire disparaître l'enveloppe fixée par les oxydes. La description qui suit reste donc incomplète, mais souligne les caractéristiques de l'une des plus grandes collections de bronzes gravés du domaine nilotique méridional.

N° 10 [Snm 26303] (fig. 83 ; photo 67). Coupe coiffant en position inversée l'embouchure de la très grande bouteille n° 7. Haut. en l'état = 8,8 cm ; diam. calculé = 15,6 cm (13,7 × 16,4 cm). [Poids = 179,6 g. Restauration Cream du 27/12/1995 au 09/07/1996 ; n° atelier 95-28-10, Pascale Chantriaux.]

L'objet a été trouvé au fond de la panse du récipient céramique, le col et une partie de l'épaule ayant été écrasés lors de l'effondrement des planches. Le fait garantit que l'objet avait perdu la plupart de ses appendices soudés avant son ultime usage et enfouissement. Forme en calotte hémisphérique surhaussée, déformée, fendue et cassée. Fabrication à partir d'une tôle martelée et tournée, avec retournement des pans pour former un bord arrondi. Des incisions externes au tour limitent un bandeau par deux paires de filets. Sur le bandeau ont été soudées des bossettes à bords dentelés. Une seule a subsisté : l'objet n° 10a, de 2 cm de diamètre et 3 mm d'épaisseur, qui retient un anneau mobile de 2,3 cm de diamètre, à section circulaire de 3 mm de diamètre. L'objet était enveloppé dans un tissu (n° 10b) reconnaissable aux négatifs dans l'oxydation ; il a laissé plusieurs épaisseurs sur le fond, une seule sur la panse, et a débordé sur la lèvre en une ou deux plages évidentes. Les pans du tissu ont été rabattus à l'intérieur du récipient et coincés par le col de la bouteille ainsi coiffé.

[Décor externe organisé en deux registres (bandeau et panse). Le fond n'est pas décoré. Sous la lèvre, un bandeau limité par deux fines bandes figure une couronne végétale courant de la gauche vers la droite et répétant le motif de trois feuilles disposées symétriquement par rapport à l'axe, chaque motif étant joint au suivant par une pastille ronde – motif comparable, bien qu'à cinq sépales, à celui du décor de la coupe Hbg VI/1/21 (*supra*, p. 170 et fig. 88-89).

Sur la panse, le décor est organisé par les volutes d'un rinceau continu dans lequel quatre feuilles de vigne (?)[24], représentées verticalement, alternent avec quatre visages d'Hathor vus de face.]

N° 11 [Snm 26304] (fig. 84 ; photos 41, 68-70). Coupe coiffant en position inversée l'embouchure de la très grande bouteille n° 8. Haut. en l'état = 10,5 cm ; diam. calculé = 17,1 cm (19,5 × 13,1 cm). [Restauration Cream du 20/01/1994 au 29/08/1994 ; n° atelier 94-1-5, Pascale Chantriaux.]

L'objet a été retrouvé en place, relativement protégé par le mode de chute de la planche. Il n'était que partiellement couvert lors de la découverte, et des fils frangeant l'enveloppe, parfaitement conservés, tremblaient au vent dans le vide. Forme en calotte hémisphérique surhaussée, déformée et fendue. Fabrication à partir d'une tôle martelée puis tournée, avec retournement des pans pour former un bord arrondi. [Décor externe organisé en trois registres (bandeau, panse et fond). Le bandeau, limité sous la lèvre par un filet incisé au tour, est décoré d'une frise de *khakerou*. Le registre médian de la panse représente quatre fois le même motif d'un faucon bicéphale aux ailes symétriquement éployées. Les détails stylisés du plumage sont fouillés. Chaque rapace porte un collier à deux rangs. Entre les deux têtes, un disque solaire traversé d'un bandeau

---

24. [La comparaison avec le décor de la coupe Hbg VI/1/107 (*infra*, p. 180 et fig. 92), lequel n'avait pas encore été reconnu par la restauration, permet d'être affirmatif sur ce point.]

10

Fig. 83. HBG VI/1. Coupe de bronze avec anneau et clochettes nº 10. 1/2.

avec deux uræus symétriques. Dans le champ, entre chaque paire de faucons, trois motifs floraux (?) à quatre pétales (?) disposés en croix et partant d'une pastille. Le registre du fond est décoré d'un visage d'Hathor vu de face et occupant tout l'espace disponible à l'intérieur du cercle. L'ensemble de la composition du décor de ce bol est très proche – sinon identique – de celle de la coupe Hbg vi/1/12 (*supra*).]

Sur le bandeau ont été soudées sept bossettes en forme de petits hémisphères à bord aplati et dentelé, de 1,7 cm de diamètre, porteurs d'un anneau attachant divers appendices mobiles :

– 11a. Anneau (diam. = 2,4 cm) à section circulaire de 3 mm de diamètre.

– 11b. Clochette (diam. = 1,9 cm) à battant retrouvé.

– 11c. Clochette (diam. = 2 cm) à battant retrouvé.

– 11d. Clochette déformée (diam. = 2,4 × 1,3 cm) à battant retrouvé.

– 11e. Clochette (diam. = 1,9 cm) à battant retrouvé.

– 11f. Clochette cassée (diam. = 2,1 cm) à battant retrouvé.

– 11g. Fragment de clochette (diam. = 1,9 cm) à battant disparu, rapproché de la dernière rosette demeurée soudée au récipient.

Presque tous les appendices mobiles étaient tombés autour et à l'extérieur de la bouteille, sur le sol de la cavité, soit sous l'effet du choc lors de l'effondrement, soit par mauvaise qualité de la soudure, soit pour les deux raisons combinées. Seule était demeurée l'une des rosettes.

La coupe était complètement enveloppée dans un ou plusieurs tissus sophistiqués (n° 11h) dont les pans retournés à l'intérieur avaient été coincés par le col de la bouteille. Plusieurs aspects peuvent être décrits, qui font douter que l'enveloppe ait été unique : on observe soit une gaze assez lâche, soit un tissu à mailles très serrées. Le fil des franges libres est fait d'un double toron.

N° 12 [Snm 26305] (fig. **85** ; photo 71). Coupe coiffant en position inversée l'embouchure de la très grande bouteille n° 9. Haut. en l'état = 10,7 cm ; diam. calculé = 17,2 cm (19,4 × 14,1 cm). [Poids = 315 g. Restauration Cream du 27/12/1995 au 09/07/1996 ; n° atelier 95-28-11, Patrick Pliska.]

L'objet a été trouvé en place, de biais, rejeté contre la paroi de la cavité. Les appendices étaient tombés soit à l'extérieur, soit surtout à l'intérieur de la bouteille, et se sont mêlés au gravier qui la remplissait presque entièrement. L'effondrement a complété l'effet d'usure d'une soudure de mauvaise qualité. Forme en calotte hémisphérique surhaussée, déformée, fendue et cassée. Fabrication à partir d'une tôle martelée puis tournée, avec retournement des pans pour former un bord arrondi. [Pour le décor externe en trois registres, identique ou peu s'en faut à celui de la coupe Hbg vi/1/11, on se reportera à la description de ce dernier *supra*.] Sept bossettes ont été soudées sur le bandeau décoré, de forme identique à celles déjà décrites *supra*, mais de dimensions différentes et variées. Elles avaient la même fonction, qui était d'attacher au récipient un anneau (de suspension ?) et six clochettes de bruitage :

– 12a. Clochette (diam. = 2 × 1,9 cm) à battant, sur rosette (diam. = 1,8 × 1,6 cm).

– 12b. Clochette (diam. = 1,9 cm) à battant, sur rosette (diam. = 1,8 × 1,5 cm), déformée.

– 12c. Clochette (diam. = 1,9 cm) à battant, sur rosette (diam. = 1,7 cm).

– 12d. Clochette (diam. = 1,9 × 1,7 cm) à battant, sur rosette (diam. = 1,7 cm).

– 12e. Clochette (diam. = 1,8 cm) à battant, sur rosette (diam. = 1,7 cm).

– 12f. Clochette (diam. = 2 × 1,7 cm) à battant. La bossette manque. Sur la surface corrodée du récipient, l'emplacement des bossettes reste souvent invisible. Comme il n'y a pas de doute sur la provenance des appendices, il faut gager que cette bossette a été perdue à la fouille ou au tamisage.

– 12g. Anneau (diam. = 2,4 cm) à section circulaire de 3 mm de diamètre.

– 12h. Enveloppe laissant apparaître sur certaines plages d'oxydes trois épaisseurs de tissu. Les deux les plus proches du métal ont l'apparence d'une gaze à mailles lâches, à un fil de chaîne et de trame. Un autre tissu ou une bordure différemment tissée présente des mailles beaucoup plus serrées. Les pans, rejetés à l'intérieur du récipient, ont été coincés par le col de la bouteille.

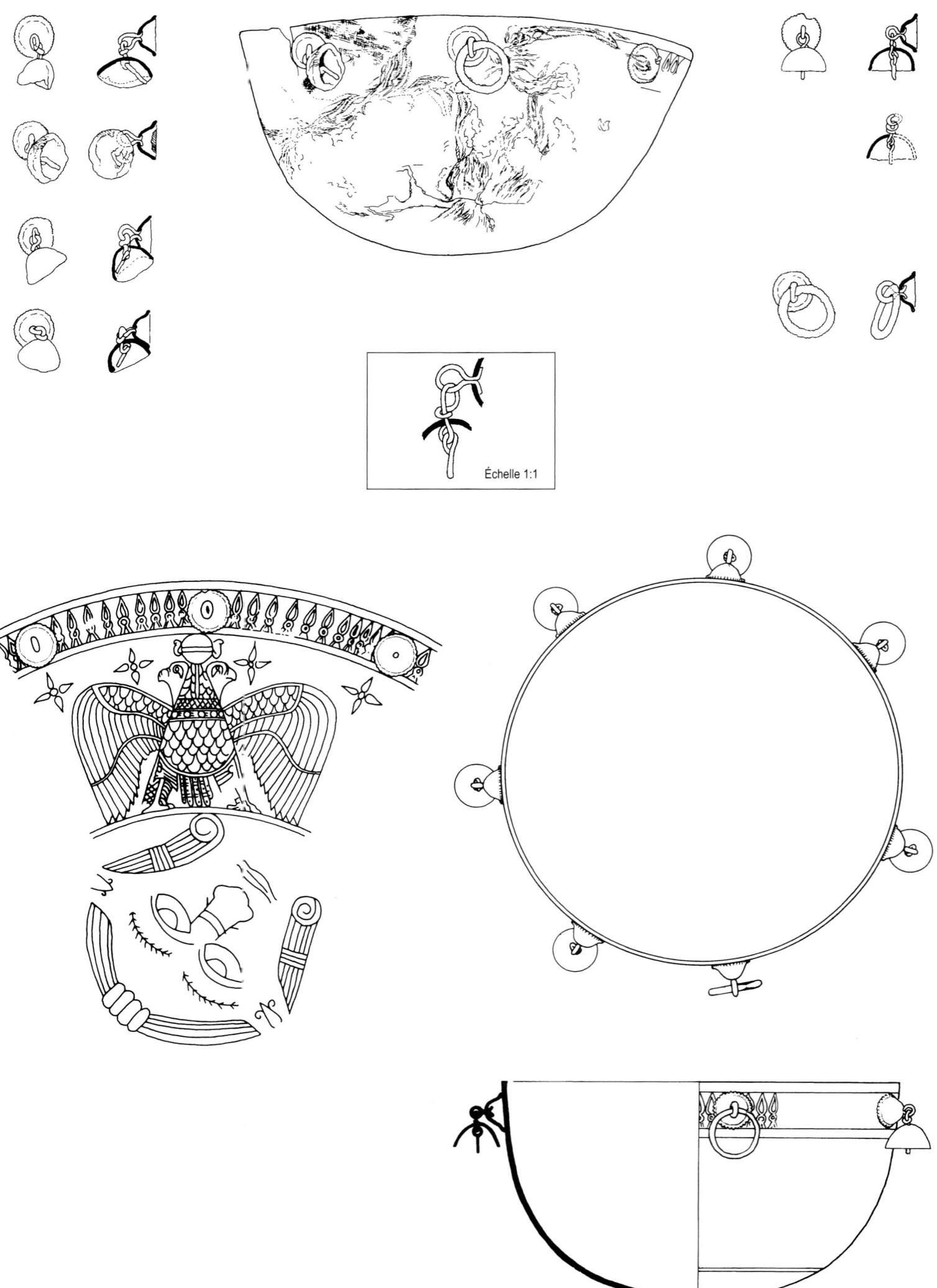

Échelle 1:1

11

Fig. 84. Hʙɢ ᴠɪ/1. Coupe de bronze avec anneau et clochettes n° 11. 1/2.

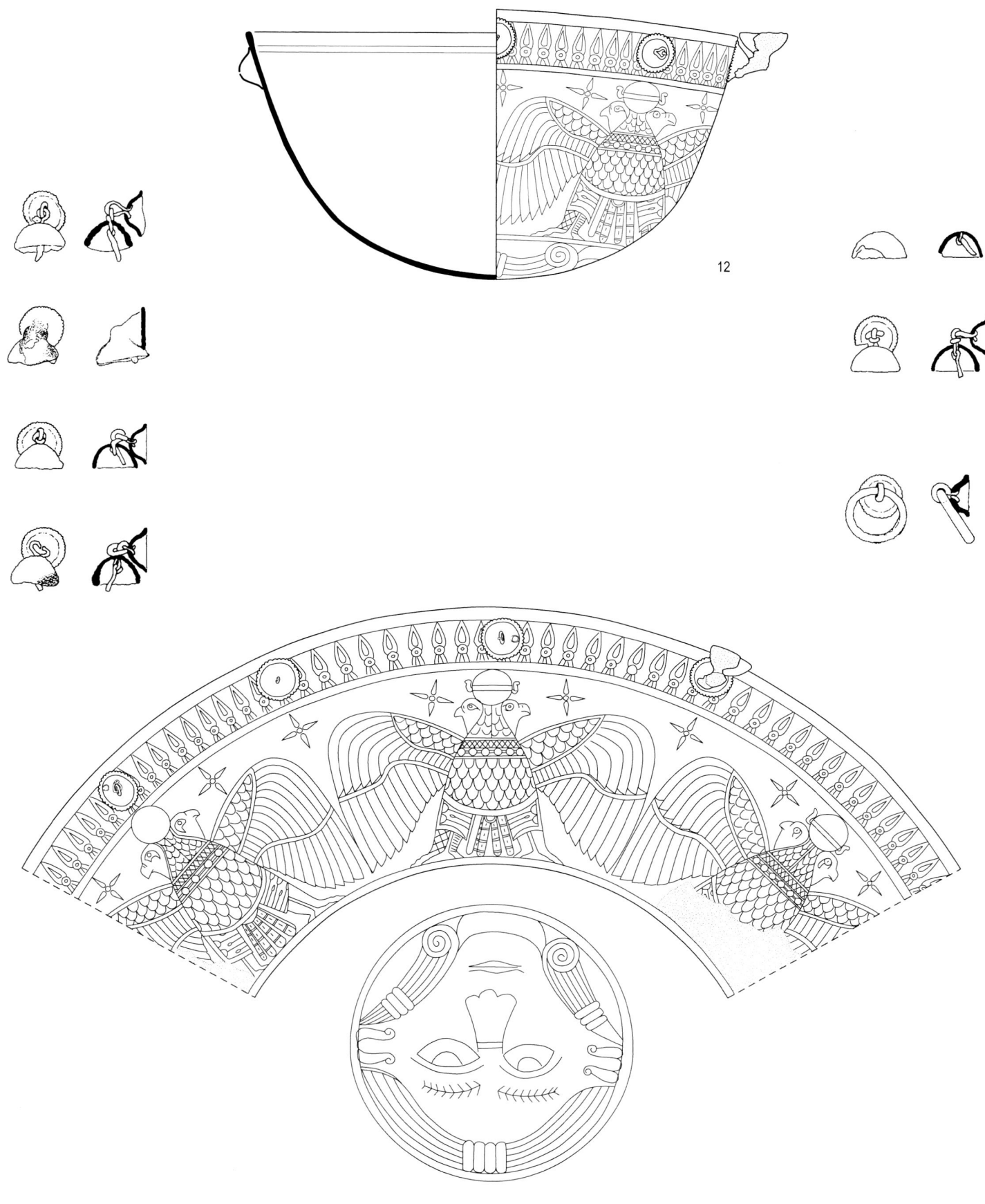

Fig. 85. Hbg vɪ/ɪ. Coupe de bronze avec anneau et clochettes n° 12. 1/2.

Les trois récipients nᵒˢ 10, 11 et 12, de mêmes dimensions et de même forme, tous décorés, tous munis jadis des mêmes appendices, tous coiffant de semblables bouteilles, ont sans doute eu des fonctions comparables. On a retrouvé d'autres exemplaires dans la descente, mais cette fois sans clochettes et placés sur des bonbonnes. Leur interprétation, à n'en pas douter, doit décrire une utilisation bruyante : toutes les clochettes étaient indubitablement mobiles et leur son n'a pu être étouffé qu'après enveloppement.

Nᵒ 15 [SNM 26306] (fig. **90** ; photo **72**). Coupe posée sur le sol de la cavité, sous les très grandes bouteilles nᵒˢ 7 et 8, en position normale. Haut. = 6,9 cm ; diam. = 10,8 × 10,6 cm. [Poids = 96 g. Restauration Cream du 27/12/1995 au 23/06/1997 ; nᵒ atelier 95-28-12, Patrick Pliska.]

L'emplacement de l'objet suggère une relation avec les bouteilles et les coupes quant à sa fonction. Le récipient est très altéré chimiquement et non physiquement : sa tôle est trouée par une recristallisation en bulles. Forme en demi-ellipse, fabriquée à partir d'une tôle mince, martelée et tournée, avec retournement des pans autour d'un fil de section probablement circulaire pour former un bord arrondi de 2,6 mm d'épaisseur, aplati sans arêtes vives. Deux filets ont été incisés sous la lèvre externe. [Le décor consiste en un bandeau figurant une série d'yeux *oudjat* tournés vers la gauche et dont le nombre est estimé à douze.]

Il semble qu'il n'ait pas été enveloppé.

Les objets suivants ont été trouvés juxtaposés et superposés, déposés sur un tissu couvrant une peau surmontant elle-même une natte, et recouverts par au moins une même enveloppe en tissu. Ils étaient tous en position normale, les bassins d'un côté, les coupes emboîtées de l'autre. Tous ont résisté à l'effondrement, à l'exception du plus grand bassin curieusement posé au-dessus du moyen : sa panse a été enfoncée par le bord du récipient qui le soutenait. Comme toujours en terrain humide, il aurait fallu dégager rapidement l'extérieur du récipient puis le vider tout aussi fébrilement pour conserver les plus grands fragments possible : l'imbrication a empêché cette hâte, et le vase est en miettes.

Nᵒ 16 [SNM 26307] (fig. **86** ; photos **40, 73-74**). Coupe intacte trouvée sur son fond à l'intérieur de la nᵒ 17, séparée d'elle par un peu d'argile. Haut. = 6,8 cm ; diam. = 10,2 × 10,1 cm. [Restauration Cream du 20/01/1994 au 29/08/1994 ; nᵒ atelier 94-1-6, Pascale Chantriaux.]

Forme en hémisphère légèrement outrepassé. Fabrication à partir d'une tôle épaisse qui lui donne l'aspect d'une coupe moulée et la rend pesante (147 g en l'état), avec formation d'un bord arrondi autour d'un fil de section circulaire selon la pratique usuelle (?).

Décor externe organisé en trois registres (bandeau, panse et fond). Six filets, incisés au tour plus ou moins brutalement, limitent un bandeau sous la lèvre externe. Ce dernier est gravé d'une frise de grenouilles orientées vers la droite, avec un total estimé de 24 animaux. Sur la panse court une frise de fleurs de lotus détaillées, alternativement droites et retournées dans les volutes d'un rinceau continu dont le modèle est celui de l'acanthe (caulicoles, bractées, hélices, etc.). Ce double motif tête-bêche est répété quatre fois. Les nervures des pétales sont gravées, imitant peut-être la nature, celles des sépales forment une croix allongée rappelant peut-être un signe *ânkh*. [Sur le fond apparaît une composition de huit feuilles dont la forme est inspirée de l'acanthe, organisées symétriquement et rayonnant à partir du point central.] L'enveloppe, provisoirement numérotée 16a, court sur toute la lèvre. Cette gaze à mailles relativement lâches, à un seul fil de trame et de chaîne, a été enfoncée sous le poids des sédiments effondrés, et le comblement de l'intérieur par l'argile a permis de retrouver et photographier nombre d'empreintes du voile adhérant sur le fond interne. On peut conclure que la coupe ne contenait aucun solide, minéral ou végétal.

Cette coupe s'apparente presque parfaitement à une homologue trouvée en Éthiopie, à Addi-Gelemo[25], dont les dimensions diffèrent peu (haut. = 6 cm ; diam. = 9,2 cm). Sa frise compte 19 animaux, nombre signifiant[26], tenant en bouche un signe *ânkh* manquant à HBG VI/1/16. Les fleurs de lotus y sont d'un dessin moins sophistiqué qu'à el-Hobagi. Si le symbole est clair (voir l'interprétation en grenouille d'éternité), le contexte de la trouvaille éthiopienne n'apporte malheureusement pas de précision chronologique à el-Hobagi, et y fait même soupçonner la réutilisation d'un objet liturgique relativement ancien. Pillé ou non à Méroé[27], l'objet religieux traduit surtout la volonté de célébrer une liturgie funéraire méroïtique à el-Hobagi, quitte à utiliser pour ce faire un objet acquis plutôt que fabriqué pour la circonstance.

N° 17 [SNM 26308] (fig. **86** ; photo **75**). Coupe trouvée sur son fond entre les n°s 16 et 18, attachée à son support par oxydation. Haut. = 8,7 cm ; diam. = 14,9 cm (dimensions restituées). [Restauration CREAM du 27/12/1995 au 23/06/1997 ; n° atelier 95-28-13, Véronique Langlet-Marzloff.]

Forme en calotte hémisphérique. Fabrication à partir d'une tôle martelée et tournée, dont les pans ont été retournés autour d'une bande métallique pour former un haut bord arrondi, épais de 2,9 mm. Un filet interne a régularisé le découpage après retournement.

[Décor externe organisé en trois registres (bandeau, panse et fond). La qualité générale de la gravure est grossière. Cinq filets externes limitent un bandeau sous la lèvre, décoré d'une frise végétale continue inspirée de l'acanthe. L'ensemble de la panse est gravé d'écailles ou godrons selon le motif conventionnel des plumes d'une aile d'oiseau, vautour ou faucon, à comparer avec le décor de la coupe HBG VI/1/109 (*infra*, p. 181 et fig. **91**). Le fond est décoré d'un motif compris à l'intérieur d'un cercle fait de deux lignes concentriques et organisé autour de quatre pétales (?) rayonnant symétriquement à partir d'un point central. Ce motif est très comparable à celui qui décore le fond de la coupe HBG VI/1/106 (*infra*, p. 180).]

L'enveloppe (n° 17a provisoire) a laissé des traces manifestes sur la lèvre, par empreintes négatives ou positives dans l'oxydation. Les empreintes ne débordent que peu vers l'intérieur, jusqu'à 2 ou 3 cm de profondeur. Le tissage paraît identique à celui du n° 16a, peut-être à mailles plus serrées.

N° 18 [SNM 26309] (fig. **86** ; photo **76**). Coupe trouvée posée sur son fond, contenant les n°s 16 et 17 emboîtées. Haut. = 8,8 cm ; diam. = 16,3 × 17,2 cm. [Restauration CREAM du 27/12/1995 au 23/06/1997 ; n° atelier 95-28-14, Véronique Langlet-Marzloff.]

Forme en calotte hémisphérique. Fabrication à partir d'une tôle martelée et tournée, avec retournement des pans autour d'une bande métallique pour former un haut bord arrondi épais de 2,6 mm. Régularisation par un filet interne. À la fabrication, à l'utilisation ou par transformation d'un ancien calice, le fond a été percé et renforcé, à l'intérieur, par une plaque circulaire (n° 18a) découpée en rosette à seize pétales de 5,6 cm de diamètre environ, et, à l'extérieur, par une autre plaque circulaire avec extension en languette (n° 18b) de près de 4,5 cm de diamètre, soudée et martelée. L'objet ne porte pas de décor. L'enveloppe (n° 18c provisoire) ne se devine que sur la lèvre. La trace la plus remarquable est l'empreinte externe d'une vannerie à petites mailles (n° 18d), dont le négatif fibreux fait reconnaître la fibre de feuille de palmier.

25. A. SHIFERAOU, « Rapport sur la découverte d'antiquités trouvées dans les locaux du Gouvernement général de Maqallé », *AnEth* 1, 1955, p. 11-15 ; J. DORESSE, « La découverte d'Asbi-Dera » *in* E. Cerulli (éd.), *Atti del convegno di studi etiopici*, p. 425-434 ; J. LECLANT, « Le musée des Antiquités d'Addis-Ababa », *BSAC* 16, 1962, p. 297-298, pl. IX, B et X, B ; J. LECLANT, « Frühäthiopische Kultur » *in* *Christentum am Nil*, p. 178-182 ; H.N. CHITTICK, « Ethiopia and the Nile Valley » *in* N.B. Millet, A.L. Kelley (éd.), *Meroitic Studies*, p. 51 ; L.P. KIRWAN, « The X-Group Problem », *ibid.*, p. 191-204 ; F. ANFRAY, *Les Anciens Éthiopiens*, p. 63.
26. J. LECLANT, « La grenouille d'éternité des pays du Nil au monde méditerranéen » *in* M.B. De Boer, T.A. Edridge (éd.), *Hommage à Maarten J. Vermaseren*, vol. 2, p. 561-572.
27. P.L. SHINNIE, J.H. ROBERTSON, « "The End of Meroe." A Comment on the Paper by Patrice Lenoble and Nigm ed Din Mohamed Sharif », *Antiquity* 67, 1993, p. 895-899.

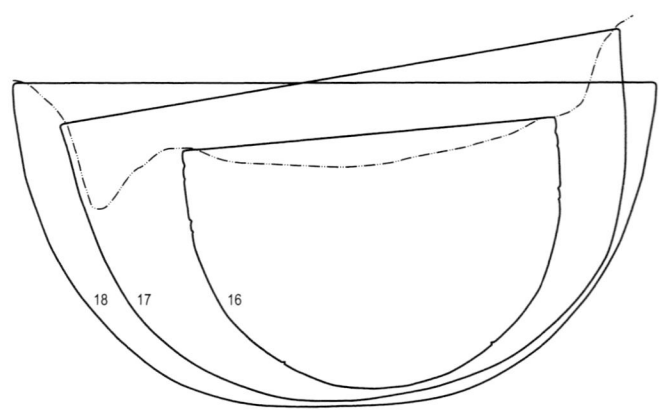

16

17

18

Fig. 86. HBG VI/1. Emboîtement des coupes de bronze nos 16, 17, 18 et les trois coupes. 1/2.

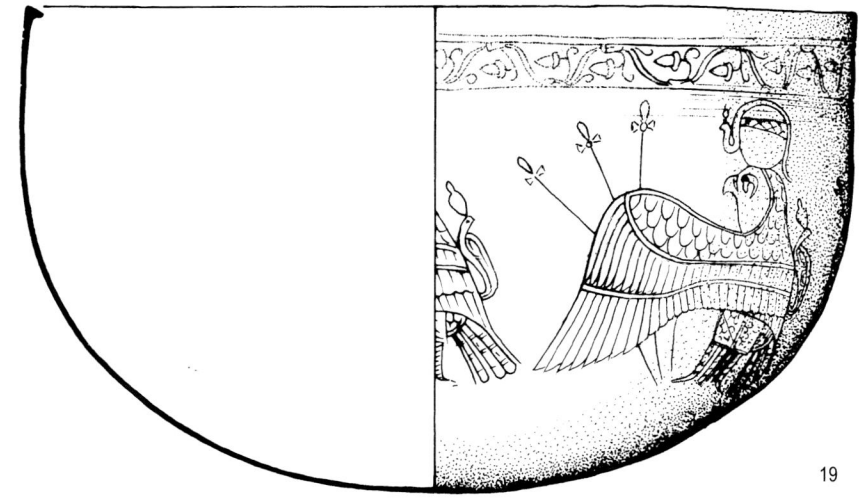

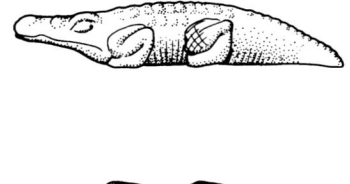

19a

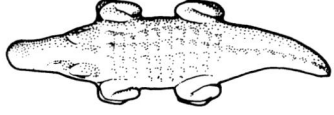

Fig. 87. HBG VI/1. Coupe de bronze n° 19 et crocodile n° 19a. 1/2.

Nᵒˢ 19-19a [Snm 2630-26311] (fig. 87 ; photos 39, 77a-b). Petit bassin posé sur son fond, entre les trois coupes emboîtées nᵒˢ 16-18 et les deux bassins superposés nᵒˢ 20-21. Haut. = 13,3 cm ; diam. = 22,2 × 21,8 cm. [Crocodile : long. = 8,6 cm ; larg. = 2,6 cm ; poids = 10,6 g. Restauration Cream du 20/01/1994 au 29/08/1994 ; nᵒ atelier 94-1-7, Patrick Pliska (bassin), et 94-1-8, Véronique Langlet-Marzloff (crocodile). Sur ce dernier, traces d'étamage très ténues, localisées sur les pattes postérieures et le museau.]

Forme ellipsoïdale. Fabrication par martelage et tournage d'une tôle épaisse, avec retournement autour d'une tringle à section triangulaire, déterminant un bord de 7 mm d'épaisseur.

[Décor externe organisé en trois registres (bandeau et panse). Trois filets, incisés au tour, délimitent un bandeau externe assez large et décoré d'une frise végétale continue inspirée de l'acanthe. Sur la panse, le décor répète six fois le même motif d'un faucon de profil aux ailes éployées devant lui et tourné vers la gauche. Il est coiffé d'un disque solaire à bandeau décoré de croix, qu'entoure un uræus lui-même coiffé de la couronne des déesses (disque solaire entre deux cornes de vache). Dans le dos de l'oiseau se trouve un deuxième cobra au gorgerin détaillé et coiffé de la couronne blanche de Haute-Égypte. De ses ailes, le faucon brandit trois signes *ânkh* aux hampes élongées.]

À l'intérieur de la coupe, une figure plastique (nᵒ 19a) en bronze moulé est apparue en position décentrée, mais droite au nettoyage du contenu. Le ventre plat de l'animal porte des vestiges de soudure de surface identiques à ceux qui demeurent au centre du fond : l'effondrement a légèrement déplacé l'objet, qui était fixé au conteneur. L'animal est à queue courte, tête ramassée, pattes repliées contre le corps, les yeux sont grossièrement indiqués, non moins que les écailles du dos, obtenues par limages orthogonaux. Malgré le manque d'imitation de la nature, l'image conventionnelle est celle d'un crocodile.

Tout le bord du bassin porte des traces, en négatif et positif dans l'oxyde, d'un même tissu (nᵒ 19b), partiellement enfoncé sur 1 cm de profondeur à l'intérieur du conteneur en position. On compte nettement 13 mailles au centimètre, avec fil unique de trame et de chaîne. L'extérieur arbore des traces semblables, peu nettes, du tissu adhérant mal. Au fond en revanche, un autre tissu (nᵒ 19c) compte 10 mailles au centimètre, avec fil double de trame et de chaîne. Une tresse de 8 à 9 mm d'épaisseur, faite de trois cordons de fils serrés à peine tortillés, a été plaquée contre ce tissu.

Passant sur le tissu et sur la tresse, on note une couche brune épaisse de matière organique (nᵒ 19d) qui ne ressemble en rien aux vestiges fibreux du bois des lances et des haches que le bassin surmontait : il faut supposer un cuir disparu.

Nᵒ 20 [Snm 26312] (fig. 90 ; photo 75). Bassin moyen, posé sur son fond, supportant le bassin nᵒ 21. Haut. = 16,8 cm ; diam. = 26 × 26,1 cm. Forme ellipsoïdale. Fabrication par martelage et tournage d'une tôle épaisse, avec retournement autour d'une tringle à section elliptique déterminant un haut bord de 4 mm d'épaisseur. Le découpage après retournement a été régularisé par plusieurs filets internes. [Décor externe en un (?) registre (bandeau).] Cinq filets externes, incisés au tour, délimitent le bandeau dont le champ répète un même motif gravé : un bouquet « floral » disposé entre un large croissant mince, au-dessous, et un petit cercle, au-dessus. On reconnaît un motif méroïtique répandu. La panse, à patine épaisse, ne laisse deviner aucune gravure. Un tissu (nᵒ 20a) parcourt le fond, avec double fil de trame et de chaîne, à mailles peu serrées (10 par centimètre). Sa lecture sur les oxydes, sur les négatifs dans l'argile comme sur les fossiles réels, ne laisse pas douter qu'il s'apparente au nᵒ 19c. Le bord ne porte aucune empreinte qui garantirait que les bassins aient été enveloppés séparément.

Nᵒ 21 [Snm 26313] (fig. 88-89 ; photos 78-79). Grand bassin, posé en position droite sur le bord du bassin nᵒ 20, enfoncé dans cette position et concassé par l'effondrement des sédiments du tumulus et la chute du plafond de la tombe. Haut. [calculée = env. 17,4] cm ; diam. calculé = 29,4 cm. [Restauration Cream du 20/01/1994 au 13/09/1994 ; nᵒ atelier 94-1-9, Jean-Baptiste Latour.]

Forme ellipsoïdale. Fabrication par martelage et tournage d'une tôle épaisse, avec bord mouluré et renforcé à la manière habituelle autour d'une tringle déterminant une épaisseur de 5 mm. Les fragments ont pu être nettoyés plus aisément que les bronzes nᵒˢ 19 et 20, probablement parce que le récipient, isolé du sol argileux, a connu une oxydation différente.

[Décor externe en deux (?) registres (bandeau et panse)²⁸. Cinq filets limitent le bandeau, décoré d'une couronne végétale courant de la gauche vers la droite et répétant 47 ou 48 fois le même motif de fleurs à cinq sépales, couchées à droite et disposées symétriquement par rapport à l'axe, chaque motif étant joint au suivant par une pastille ronde.] La panse est totalement gravée. Partiellement reconstituée et déroulée par le fractionnement, une scène se laisse déchiffrer, qui couvre le tiers supérieur du champ figuré.

[On identifie un minimum de 17 personnages, avec de la place pour un supplémentaire, ce qui porterait le nombre total à dix-huit. Trois groupes distincts composent la scène : danseurs, musiciens et spectateurs.

Premier groupe : les danseurs. Dix personnages au moins (nᵒˢ 1 à 10) sont tournés vers la gauche, c'est-à-dire vers le groupe des musiciens. Chacun des personnages adapte, avec des variantes, l'iconographie d'une même scène de course ou de danse : pied droit au sol et jambe gauche levée, bras ouverts à l'horizontale. Ces hommes paraissent vêtus d'un pagne court ou long maintenu à la taille par une ceinture nouée sous le ventre et dont les deux retombées, apparemment décorées, descendent jusqu'à la cheville. Il est difficile de déterminer s'ils sont torse nu ou au contraire portent un vêtement transparent : la qualité de la gravure ne permet pas de comprendre si les détails figurés au niveau du cou ou des poignets sont l'indication de colliers et de bracelets plutôt que celle de cols et de manches. Un détail, en revanche, distingue nettement les coiffures. Tous ces hommes portent un bandeau, mais celui que porte le personnage nᵒ 3, dépassant des deux côtés la courbe du crâne, pourrait être fait d'un matériau rigide plutôt qu'en tissu ou en cuir. On reconnaît dans certains cas des pattes sur les tempes, habituellement figurées par le graveur lorsqu'il définit les contours de la chevelure, et des barbes, à moins qu'il ne s'agisse de bandes couvrant mâchoires et menton (personnages nᵒˢ 4, 7 et peut-être 8 et 16), par comparaison avec les autres exemples connus. Des vases sont représentés à côté des personnages nᵒˢ 3 et 4 : on reconnaît une jarre ou amphore (conteneur collectif) et deux coupes ou gobelets (conteneurs individuels).

Deuxième groupe : les spectateurs. Trois personnages (nᵒˢ 11 à 13) sont tournés vers la droite, c'est-à-dire vers le groupe des musiciens. Le personnage nᵒ 12 paraît être le protagoniste principal de la cérémonie. Son attitude générale est remarquable : jambes vers la gauche, torse de face et profil vers la droite font comprendre que ce personnage central est assis sur un fauteuil dont le dos serait indiqué par trois lignes verticales ; en outre, la position des bras, symétriques et repliés sur la poitrine, suggère qu'il s'agit d'un fauteuil à bras. Son vêtement est également particulier. Sa ceinture à deux longues retombées rappelle celles que portent les autres personnages ; la robe, en revanche, est longue, dans un tissu sur lequel est figuré un décor vertical, qu'il s'agisse de plis, de broderies ou de tout autre motif. Sa coiffure, elle aussi, est distinctive : il pourrait s'agir d'une perruque ceinte d'un bandeau fait dans un matériau rigide. Une lacune à hauteur du front empêche de confirmer la présence ou non d'un uræus. La présence de bandelettes, ordinairement attachées à la calotte ou à la couronne, permet cependant de reconnaître ici une couronne et de comprendre que le personnage représenté est un souverain méroïtique assis sur son trône. Des personnages nᵒˢ 11 et 13, on peut également dire qu'ils sont eux aussi figurés assis sur des trônes. Sans doute le personnage nᵒ 13, le corps tourné vers la droite, est-il vêtu

---

28. [Description adaptée à partir de P. Lenoble *in* D.A. Welsby (éd.), *Recent Research in Kushite History and Archaeology*, p. 176-177, P. Lenoble, R.-P. Dissaux, J. Reinold *in* E. Dagan (éd.), *The Spirit's Dance in Africa*, p. 36-41 et d'un document de huit pages, corrigé de la main de Patrice Lenoble, intitulé « Description définitive » (postérieur à août 1995) et dans lequel il est précisé : « Deux sessions de dessin se sont succédé. Tout en scrutant le détail iconographique à la loupe et sous des éclairages variés pendant d'interminables séances d'enregistrement, les dessinateurs se sont efforcés de supprimer toute restitution et de ne reproduire que l'incision observée. Jean Bialais a produit d'abord l'esquisse illustrant l'article de vulgarisation publié dans *Antiquity* 66, 1992, p. 626-635, effectuée après un premier nettoyage mécanique au scalpel. Après la restauration finale, René-Pierre Dissaux a réalisé la représentation définitive, publiée ici. »]

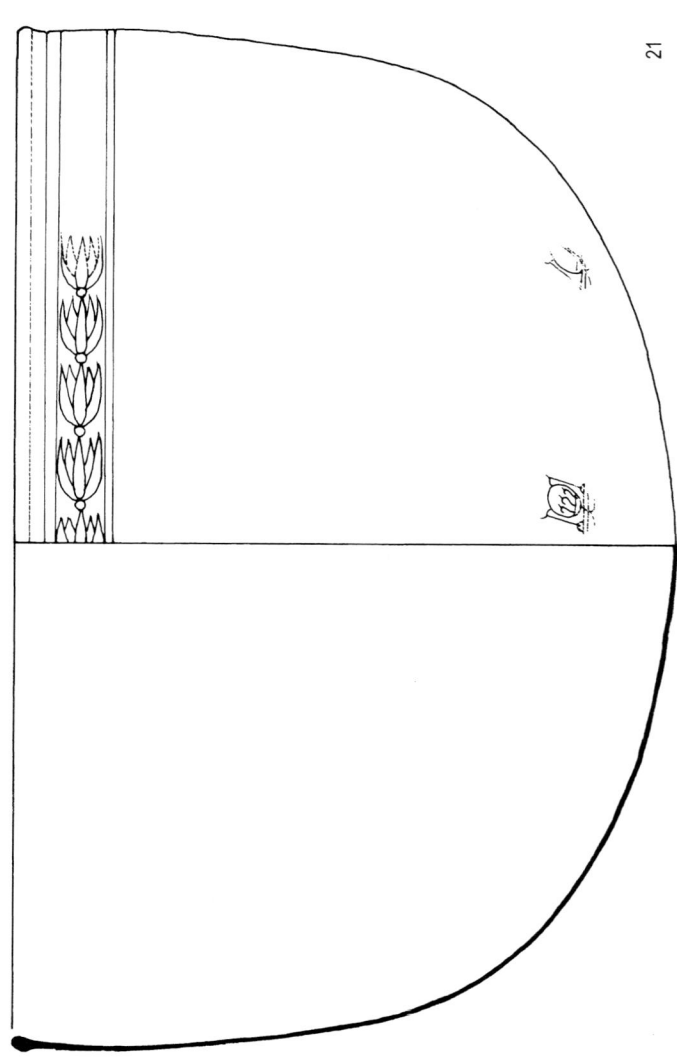

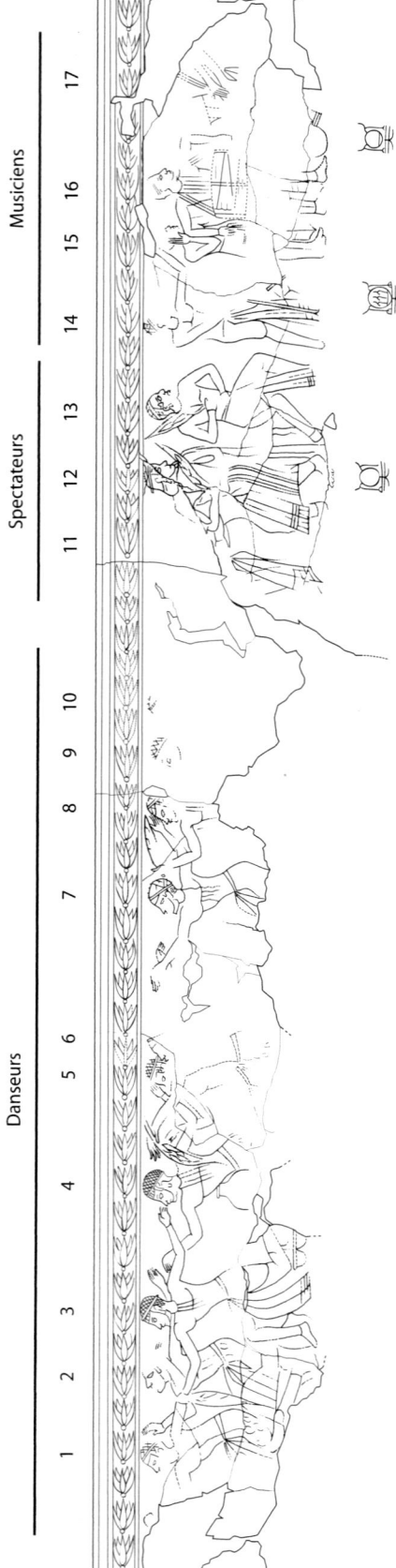

Danseurs Spectateurs Musiciens

Fig. 88. Hᴮɢ vɪ/1. Bassin de bronze nᵒ 21 et déroulé du décor. 1/2

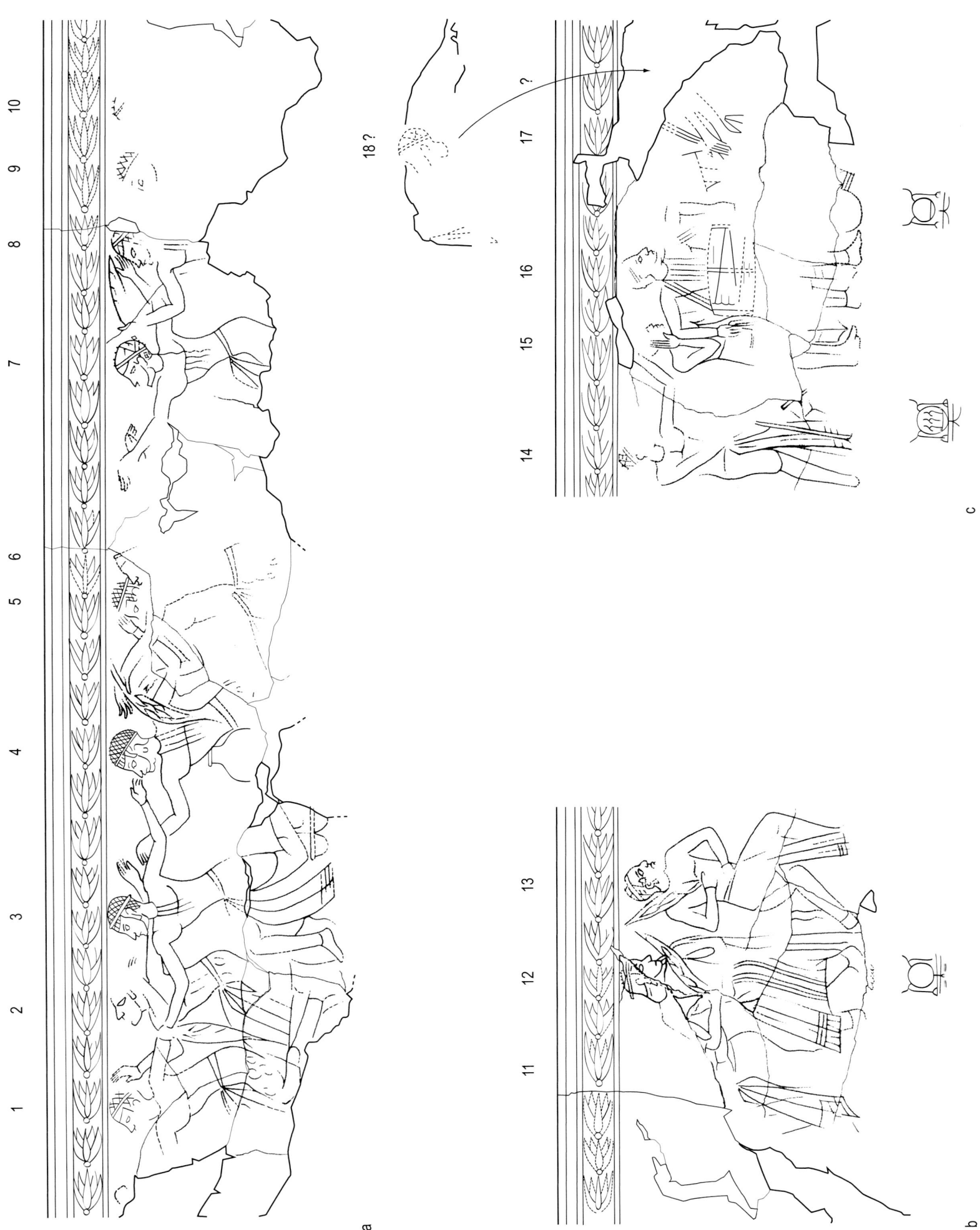

Fig. 89. Hʙɢ ᴠɪ/1. Décor du bassin de bronze nº 21. 1/1.

comme les danseurs, mais ses deux pieds sont figurés au sol et ses bras adoptent la même position que ceux du personnage n° 12. Le siège sur lequel il serait assis pourrait être suggéré par deux lignes verticales parallèles et ondulées, différant en cela des trois lignes verticales et droites associées au personnage n° 12.

Troisième groupe : les musiciens. Quatre personnages (nᵒˢ 14 à 17) sont tournés vers la droite, c'est-à-dire vers le groupe des danseurs. Le personnage n° 16 frappe de ses deux mains les peaux d'un tambour double suspendu à son cou et placé à hauteur de sa poitrine. La main droite placée sur l'oreille du personnage n° 15 désigne l'iconographie traditionnelle d'un chanteur. Les attributs du personnage n° 14 ne pouvant plus être compris, c'est son attitude seule qui permet de le rattacher au groupe des musiciens.

Un attribut représenté cinq fois au moins doit être noté : il est brandi de la main droite par les personnages nᵒˢ 3 et 5 (pointe vers le bas), 8 (pointe vers le haut), et des deux mains par les personnages nᵒˢ 12 et 13 (pointe vers le haut). Le détail interne de la gravure ne permet pas de décider s'il s'agit de la représentation de plumes ou de palmes. Sous la scène, concentrés à la verticale des deuxième et troisième groupes (spectateurs et musiciens), sont gravées quatre versions du même motif. Trois d'entre elles, bien conservées, permettent de reconnaître une composition réunissant une table d'offrandes dressée, flanquée de deux sceptres *was* et portant un sceau circulaire, décoré lui-même, dans un cas, de trois sceptres *was*. On reconnaît une marque royale, ou marque de propriété, symbole répandu dans l'empire méroïtique.

Le décor du récipient Hʙɢ vɪ/1/21 est exceptionnel par les informations fournies et appelle à des commentaires multiples qui tous concourent à souligner la fonction religieuse de la cérémonie funéraire. Les deux exemples antérieurs d'une scène comparable que sont la chapelle de Shanakdakheto[29] et le gobelet du Louvre trouvé par Garstang[30] ont fait l'objet de commentaires par Kendall, centrés sur le type particulier du tambour, déjà repéré dans la salle hypostyle du temple T à Kawa[31] et appelé *daluka* en raison des intentions « ethnoarchéologiques » de son travail[32]. Kendall a interprété ces scènes de danse comme une célébration funéraire, alliant peut-être musique et danse extatique, et usant peut-être du vin. Nul doute que ces personnages munis de palmes participent à une liturgie religieuse, et sa représentation sur le mur d'une chapelle de pyramide en confirme la fonction funéraire[33]. La trouvaille d'un tambour à Qoustoul, décoré de deux yeux *oudjat* et d'une fleur de lotus, ne laisse pas, par ses symboles, de guider vers la même conclusion[34]. La scène du bassin Hʙɢ vɪ/1/21 se prête à une discussion étendue, à la condition qu'il soit tenu compte des circonstances dans lesquelles l'objet a été utilisé et que les commentaires prennent la mesure, dès les premières analyses, de la signification religieuse et politique de la liturgie représentée. Elle évoque alors immédiatement les représentations d'officiels ou de dignitaires tenant des palmes, coiffés soit de bandeaux, soit de diadèmes, et portant des ceintures à longues retombées, dignitaires que l'on retrouve sur les murs des chapelles funéraires des *qore* à Méroé. Les spécialistes les qualifient du terme générique de « princes » ou, selon une terminologie encore moins définie, de « membres de la famille royale ». Il est clair que ces dignitaires, qu'ils aient été princes, vice-rois, roitelets, prêtres, etc., sont les représentants des rangs les plus élevés de l'empire méroïtique. Membres de la classe régnante, ils se réunissaient lors des funérailles impériales à la mort du *qore*. En cette occasion, ce n'était pas une danse folklorique qu'ils avaient à accomplir, mais bien les rites et la liturgie essentiels qui permettaient la métamorphose du souverain mort en Osiris et l'accession au trône du nouvel Horus. Ce sont finalement les détails qui pourront fournir la signification : les vases représentés, groupés ou isolés, suggèrent

---

29. [Beg. N. 11 : S.E. Chapman, D. Dunham, *RCK* III, pl. 8B.]

30. [Louvre E 11378 et E 27493 : *ibid.*, p. 658-659 et p. 735, fig. 2.]

31. [Sur le « mur des musiciens », voir M.F.L. MacAdam, *The Temple of Kawa*, vol. 2, p. 78 et pl. xɪɪɪ-xɪᴠ.]

32. [T. Kendall, « Ethnoarchaeology in Meroitic Studies » *in* S. Donadoni, St. Wenig (éd.), *Studia Meroitica 1984*, p. 658-666.]

33. [On pourra citer une représentation non méroïtique : sur une peinture du temple d'Isis à Herculanum (J. Vercoutter *et al.*, *Mirgissa* III, p. 223), le danseur noir, réputé Éthiopien par les Romains, exécute une danse au rythme du tambourin sur le parvis du temple, devant une assistance de prêtres. Aucun doute encore quant au caractère religieux de la liturgie.]

34. [N° 73 en Q 3 : W.B. Emery, *Ballana and Qustul*, p. 40, 381.]

un rite de libation et, à en juger par la scène de danse comparable décorant le bol HBG VI/1/105 (*infra*, p. 178), de libation de vin. On trouvera la confirmation de ce point sur le gobelet du Louvre avec ses deux conteneurs collectifs, et dans les scènes en Beg. N. 11, avec les quatre amphores sur leurs supports.]

L'objet, selon une remarque courante en archéologie « postméroïtique »[35], peut avoir été pillé. Il est impossible de le prouver par des données de fouilles, pas plus qu'il n'est possible de prouver que les « trésors » religieux des tombeaux royaux de Nubie ont été pillés sur des sites méroïtiques ou égyptiens. Le mode d'acquisition – importation, cadeau diplomatique, imitation locale, pillage – importe-t-il pour l'interprétation religieuse de la tombe ? Il suffit de constater que l'objet, pillé ou non, a été traité non comme un butin entassé dans la tombe, mais enveloppé comme tout objet religieux, compris dans le matériel cultuel funéraire et, comme tel, enfoui définitivement. On comparera avec les tombes homologues de Nubie : le matériel cultuel, pillé ou non, comprend une minorité de récipients luxueux et une majorité de coupes en bronze non décorées, dont la disposition laisse restituer l'intention religieuse de leur utilisation dans la liturgie funéraire. L'enveloppe tissée (nº 21a) multiplie les minéralisations sur les parois du récipient. Seul le fond est vide de toute empreinte. Sur la panse externe, on note l'abondance des traces, mais on remarque surtout un pan jadis bien plaqué, révélant une sorte de gaze à fil unique de chaîne et de trame. Sur le bord, il reste des traces indubitables, mais mal conservées. À l'intérieur, les traces sont incertaines, surtout interprétatives : la présence du tissu maille la cristallisation des oxydes selon un schéma très régulier.

La description précise des mailles et des fils des tissus permet de restituer les enveloppes suivantes :
– nᵒˢ 16a, 17a et 18c constituent une gaze unique couvrant les trois coupes emboîtées.
– nᵒˢ 19b et 21a se ressemblent assez pour que l'on suggère un tissu unique, couvrant les trois bassins qui n'ont pas été enveloppés séparément. Il est même possible que ce voile ait couvert l'ensemble des bronzes.
– nᵒˢ 19c et 20a, à double fil de trame et de chaîne, laisse conclure à un tissu unique, supportant les bronzes.
– la vannerie nº 18a et la matière organique nº 19d montrent que les bronzes n'étaient pas isolés du sol argileux seulement par le tissu de leurs enveloppes. On expliquera plus bas comment généraliser le nº 19d (matière organique). La vannerie a laissé une trace unique dont on n'a retrouvé l'empreinte ni sous les armes ni sous les conteneurs céramiques.

Nº 22 [SNM 26314] (fig. **90**). Coupe intacte trouvée de chant dans le sédiment du trou de pillage, à quelques centimètres au-dessus du fond argileux de la tombe. Haut. = 7,1 cm ; diam. = 14,7 cm. La coupe peut avoir coiffé un récipient de la descente et être tombée dans la cavité, soit à cause de l'effondrement, soit suite au pillage. Forme en calotte hémisphérique. Fabrication par moulage, déterminant le grand poids (338 g en l'état, 255 g après restauration). Moulure interne du bord arrondi épaisse de 4,7 mm. [La coupe n'a pas été décorée. Traces du travail au tour bien visibles. Restauration CREAM du 27/12/1995 au 09/07/1996 ; nº atelier 95-28-15, Jean-Baptiste Latour.]

L'enveloppe (nº 22a) est l'une des plus belles conservées. Il s'agit d'une gaze très lâche, d'aspect variable à cause des déformations du tissu parfois tendu. Les plis se multiplient et se superposent à l'extérieur. Les pans ont été rabattus à l'intérieur. Des fils de frange ont été retrouvés volants.

Nº 23 [SNM 26315] (fig. **90**). Vase à pied trouvé dans le sédiment du fond du trou de pillage, reposant de chant sur les épées, cassé et déformé. Haut. totale = 8,7 cm ; haut. coupe = 7,5 cm ; diam. calculé = 11,4 cm. Forme en hémisphère surhaussé pour la coupe, en rosette annulaire décorée de 26 godrons pour le pied (nº 23a). Fabrication de la coupe par martelage et tournage d'une tôle mince, avec retournement du bord autour d'un fil de section circulaire pour former un bord ensuite aplati, épais de 2 à 3 mm. La coupe n'a pas reçu de décor. Fabrication du pied par moulage. On ne sait comment orienter le pied, retrouvé détaché : des traces nettes

---

35. P.L. SHINNIE, J.H. ROBERTSON, *Antiquity* 67, 1993, p. 895-899.

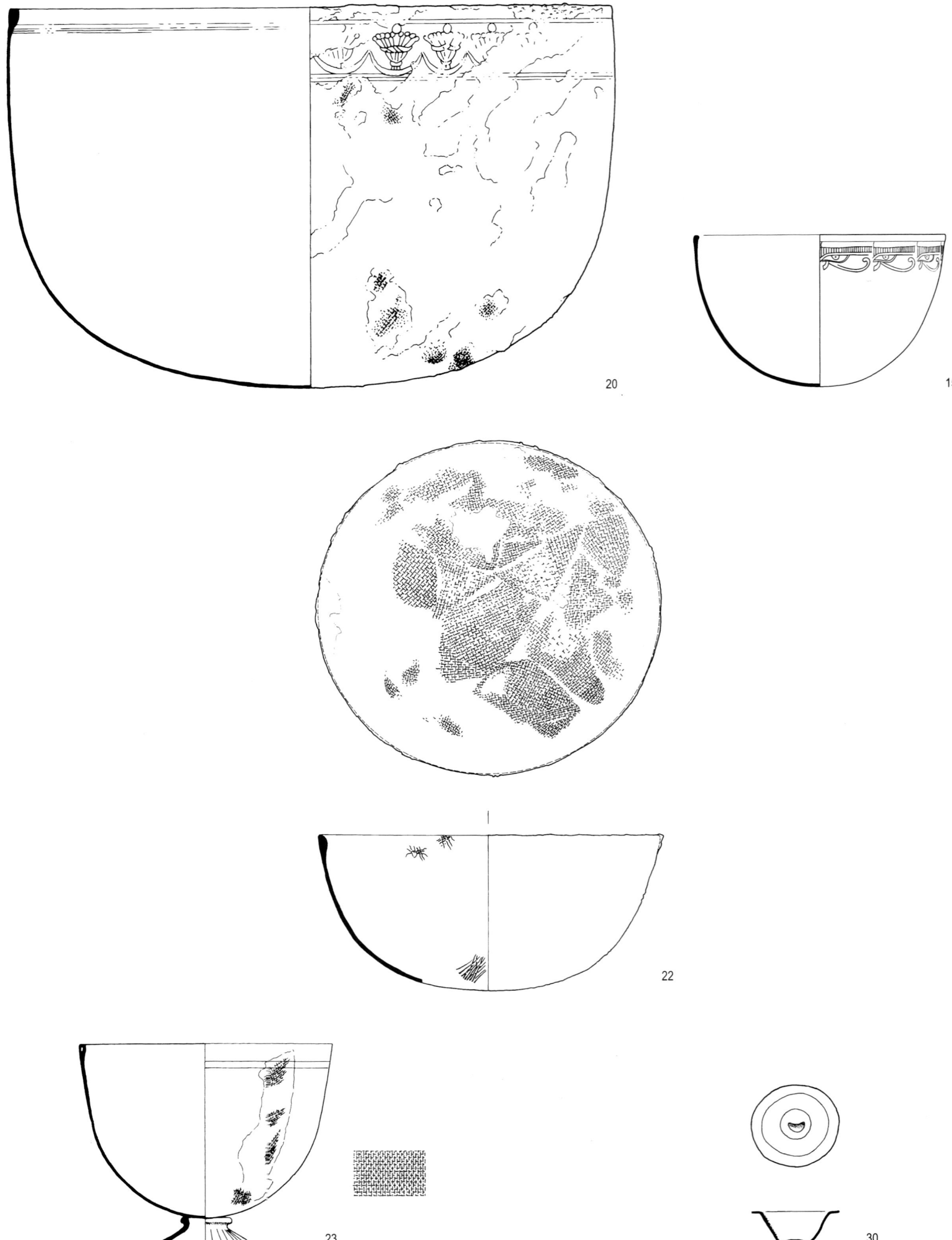

Fig. 90. Hʙɢ ᴠɪ/1. Coupes nᵒˢ 15 et 22, bassin nᵒ 20, calice nᵒ 23 et pied nᵒ 30 d'un récipient de bronze disparu dans le pillage. 1/2.

manquent, qui préciseraient si la rosette portait l'ensemble de l'objet ou si elle était plaquée sur le fond du vase. On ne peut donc conclure quant à la fonction du récipient : il s'agit soit d'un calice avec rosette porteuse, soit d'un récipient composite avec tige porteuse dont un embout s'encastrait dans l'anneau de la rosette. Dans ce dernier cas, pourrait-on interpréter l'objet comme un encensoir ? L'enveloppe (n° 23b) peut démentir cette dernière hypothèse tant elle a été bien conservée dans ses fibres initiales qui enveloppent les deux pièces en métal sans montrer ne serait-ce qu'un vestige de bois d'une éventuelle tige porteuse. La conclusion n'est pas finale d'une dénomination « calice », le manche pouvant avoir été arraché par les pillards malgré le tissu ; elle est cependant la plus probable, et le dessin restitué en tient compte. Après la fouille, il restait 10 à 20 cm² de tissu conservé, parfois en double et triple épaisseur. Les pans de l'enveloppe ont été rabattus à l'intérieur. Le tissu est à mailles simples, à un fil de trame et de chaîne.

N° 30 [Snm 26322] (fig. **90**)[36]. Pied de récipient, trouvé à 4 m au-dessus du fond de la tombe dans les sédiments du dépôt des pillards, non situé sur le plan de la cavité. Haut. = 1,4 cm ; diam. = 3,7 × 3,6 cm. Forme tronconique, avec fond concave et bord aplati. Fabrication par martelage d'une tôle. La paroi interne est garnie du matériau de couleur gris-bleu et d'apparence sableuse de la soudure. L'objet est avec certitude un bouton à fixer sur le fond soit d'un petit récipient quand il est unique, soit d'un grand quand il est triple. Aucune des coupes retrouvées ne porte de traces de soudure appelant un pied perdu. Il faut donc supposer que les pillards ont emporté un vase de forme indéterminée, mais sûrement en bronze (n° 30a), qui peut avoir servi à réunir et contenir le butin. S'il s'agit d'un calice, l'objet peut avoir couvert un conteneur du cylindre et être tombé ensuite dans la cavité.

Il est inutile de se perdre trop longtemps en conjectures pour replacer dans la cavité les trois derniers récipients nᵒˢ 22, 23 et 30a. Tous les autres objets posés sur les épées, soit désordonnés, soit désorientés, semblent provenir de l'équipement du défunt : anneau d'archer, perles, poignard, bague ostentatoire. Le calice proviendrait-il aussi de la couche funéraire ?

Récipients en verre

N° 31 [Snm 26649]. Plusieurs tessons en verre bleuté. L'un des tessons, très épais, serait soit le fond d'un aryballe ou d'un alabastre attaché à un pied cassé (le plus probablement), soit plus hypothétiquement le couvercle d'une pyxis surmonté d'un bouton de préhension en boule. Quoi qu'il en soit, le récipient et sa fonction pendant les funérailles sont attestés, autant que le balsamaire.

N° 32. Minuscules tessons de verre irisé, issus du tamisage des sédiments du pillage. Un deuxième objet en verre peut avoir été enfoui, sans qu'on puisse déterminer si les fragments proviennent d'un récipient, cas le plus probable.

---

36. [Dans la table de correspondances (*infra*, p. 294 et 300), l'objet « *Foot of a chalice* » portant le numéro d'inventaire Snm 26322 est dit « *Unnumbered ex F7* », alors que l'objet Hbg vi/1/30, portant cette fois le numéro d'inventaire Snm 26396, a pour description « *Collection of beads originating in sieving* ». Nous n'avons pu résoudre cette contradiction.]

Récipients de la descente

Coupes et calice en bronze

(fig. 91-92 ; photos 33, 35, 80-82)

N° 104 [SNM 26316] (fig. 91 ; photos 33, 80). Calice trouvé coiffant la bouteille n° 133. L'objet est écrasé, déformé, fendu et concassé. Haut. = 10,1 cm (dont 8,8 cm pour la coupe) ; diam. calculé = 13 cm. [Restauration CREAM du 27/12/1995 au 23/06/1997 ; n° atelier 95-28-16, Pascale Chantriaux.]

Le dessin produit est une reconstitution plus théorique que réelle, et pourra être modifié après restauration. Forme assemblant une coupe hémisphérique surhaussée et un pied. Les deux parties ont été fabriquées par martelage de tôles épaisses de 1 à 1,5 mm. La coupe a en outre été tournée, et les bords de la tôle retournés autour d'un fil métallique pour former un bord ensuite partiellement aplati, épais de 2,5 mm. Un filet incisé a régularisé à l'intérieur le retournement. Le bord du pied a simplement été découpé. Les traces de la soudure du pied consistent en un matériau d'apparence sableuse de couleur gris-bleu.

Trois filets incisés à l'extérieur délimitent un bandeau étroit, gravé de carrés renversés jointifs. Sur ce bandeau ont été soudées quatre bossettes dentelées régulièrement espacées, de 1,1 à 1,2 cm de diamètre. Deux de ces bossettes maintiennent un appendice mobile ayant probablement accroché un anneau ou une clochette si l'on en juge par des exemplaires comparables. La disparition de ces anneaux et clochettes éventuels n'est pas due au remblayage de la descente : les objets ont été patiemment recherchés, en vain, dans le sédiment environnant. Le calice était enveloppé d'un tissu (n° 104a) à mailles relativement serrées, à fil unique de trame et de chaîne, conservé seulement en empreintes négatives sur les oxydes et l'argile.

N° 105 [SNM 26317] (fig. 91 ; photo 81). Coupe trouvée coiffant la bonbonne n° ex-106. L'objet est écrasé, déformé, fendu et concassé. Le dessin produit est une reconstitution. Haut. = entre 9 et 10 cm ; diam. calculé = 16,4 cm. [Restauration CREAM du 20/01/1994 au 13/09/1994 ; n° atelier 94-1-12, Pascale Chantriaux et Patrick Pliska.]

Forme ellipsoïdale proche du « mastos ». Fabrication à partir d'une tôle martelée et tournée de plus de 1 mm d'épaisseur, dont les pans ont été retournés autour d'un fil métallique pour former un bord aplati épais de 2,4 mm. Sous et partiellement sur le bandeau, huit bossettes ont été soudées, en forme de petits hémisphères à bord aplati en couronne dentelée. Aucune d'entre elles ne porte de système d'attache : peut-être les appendices attendus ont-ils été détachés pour permettre l'enveloppement du métal (voir *infra*). [En dehors du bandeau, le décor externe de la coupe n'a été reconnu qu'au moment de la restauration ; il est organisé en trois registres (bandeau, panse et fond)[37].] Trois filets délimitent un bandeau sous la lèvre externe, gravé d'une frise d'uræus jointifs. Sur la panse, six personnages évoluent dans un champ marqué des mêmes rosettes à quatre pétales que sur les vases HBG VI/1/11 et 12 (*supra*, p. 161-166 et fig. 84-85). Leur file est interrompue par l'échafaudage sur trépied d'une amphore, d'un bassin posé en équilibre droit sur l'amphore et d'un puisoir en louche classiquement appendu à la lèvre de l'amphore. Toutes orientées à gauche et de même taille, les figures répètent une silhouette type unique en ne la modifiant que légèrement. La posture est celle d'un fléchissement des jambes et d'un renversement relatif en arrière, suggérant le déséquilibre de la danse ou de l'ivresse. C'est surtout la position des bras qui diversifie quelques-uns des danseurs. Le bras droit plie souvent, main au niveau de la poitrine ; le bras gauche varie davantage. Un seul personnage écarte totalement les bras. Les figures sont représentées nues bien que leur sexe soit toujours omis. Autant qu'on puisse en juger, de nombreuses lignes parcourent les membres et figurent une musculature de convention. La convention apparaît de même dans les anneaux dont les bras, poignets et chevilles sont tous munis : ces anneaux sont donc un attribut obligé. La chevelure semble encore caractériser les figures, de nombreux traits suggérant une « tignasse » ou au moins une exubérance capillaire, inconnue des modèles méroïtiques. Si le rendu des mèches

---

37. [La description du décor de la panse est adaptée de P. LENOBLE, « Satyres extravagants » *in* T. Kendall (éd.), *Nubian Studies 1998*, p. 332-340.]

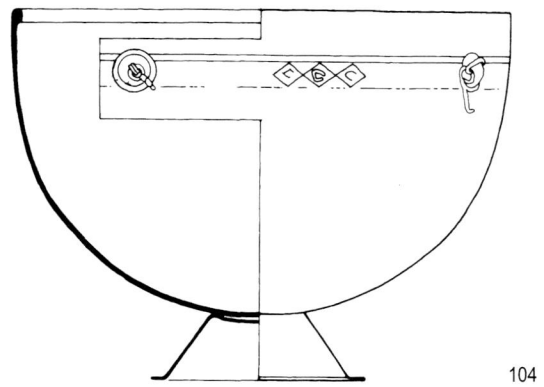

104

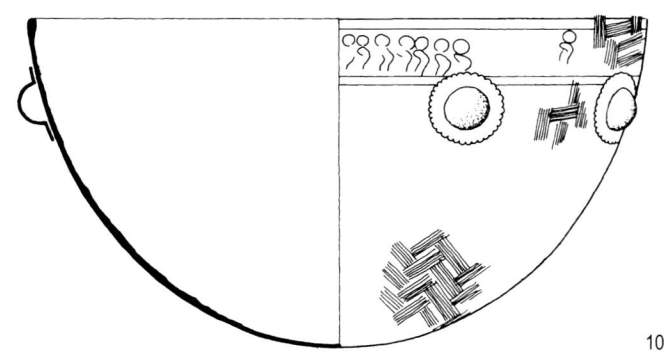

105

Échelle 1:3

105

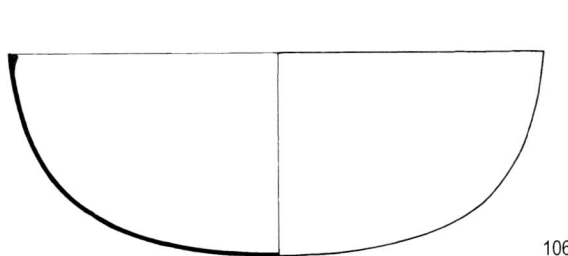

106

109

Fig. 91. Hbg VI/1. Calice nº 104 et coupes de bronze nᵒˢ 105, 106 et 109. 1/2.

est parfois difficile à décrire et à assurer, une couronne en bandeau lié derrière la tête est certaine ; des ciselures en dépassement au-dessus du front suggèrent que cette couronne est faite de feuillage. Autre attribut corporel : sur quatre figures où le fessier est conservé, une double ligne représente une queue tombant verticalement après écart. Restent enfin les emblèmes tenus, tiges saisies en main à une extrémité, élargies à l'autre et marquées de hachures croisées, souples, de la longueur d'un bras. [Le fond de la coupe est décoré d'une composition de huit feuilles organisées symétriquement et rayonnant à partir d'un cercle central. La forme (inspirée de l'acanthe ?) pourra être comparée à celle que présentent les deux décors identiques des fonds des coupes HBG VI/1/16 (*supra*, p. 166-167 et fig. 86) et HBG VI/1/107 et 108 (ci-dessous).] Quelques rares empreintes conservent les traces d'un tissu (n° 105a), de mailles inférieures au millimètre, signalé par des minéralisations blanches sans doute carbonatées. Mais les traces les plus importantes sont celles d'une enveloppe (n° 105b) tissée autour du métal, du fond jusqu'à la lèvre, où elles débordent en positifs, enveloppant les bossettes dépourvues d'appendices. L'examen des tissus a d'abord fait penser à un travail de vannerie : les empreintes montrent des fibres toujours droites dans chaque entrelacs, jamais croisées, qui signaleraient un végétal tiré du palmier. Toutefois, il n'est pas absolument exclu que des torons de fils non tortillés aient été tressés.

N° 106 [SNM 26318] (fig. **91** ; photo **82**). Coupe trouvée coiffant l'embouchure de la bonbonne n° 139. Haut. = 5,5 ou 5,6 cm ; diam. = 13,8 × 14,3 cm. [Restauration CREAM du 27/12/1995 au 23/06/1997 ; n° atelier 95-28-17, Marie-Hélène Kappes. Les restes d'une couche de métal blanc (étain/argent ?) peuvent être observés à l'intérieur ainsi qu'à l'extérieur de l'objet.]

La forme est en phiale plate de profil ellipsoïdal allongé. Fabrication par martelage et tournage d'une tôle épaisse de 1 mm ou plus, avec retournement des pans autour d'un fil métallique de section circulaire formant un bord arrondi ensuite aplati. Il est sûr qu'aucun décor n'a été gravé [à l'extérieur] : plusieurs plages de métal apparaissent, dépourvues de patine et couleur cuivreuse, qui l'assurent. Le filet usuel semble manquer. [Le décor incisé à l'intérieur de la coupe n'a été reconnu qu'après restauration. Son organisation est très comparable à celle qui a été donnée au décor du fond de la coupe HBG III/1/148 (*supra*, p. 89). Il comprend, au fond du récipient, un motif compris à l'intérieur d'un cercle fait de deux lignes concentriques, et organisé autour de quatre pétales (?) rayonnant symétriquement à partir d'un gros point central lui-même strié de lignes rayonnantes. Ce motif est très comparable à celui du fond de la coupe HBG VI/1/17 (*supra*, p. 167). De la ligne extérieure du cercle partent six traits rayonnants qui sont tous la « somme » de trois signes *ânkh* dotés de queues serpentiformes et mis bout à bout.]

L'enveloppe (n° 106a) n'a guère laissé de traces. On identifie pourtant sur le fond, et peut-être sur les bords, une double épaisseur de gaze à deux fils de chaîne et de trame.

N° 107 [SNM 26319] (fig. **92** ; photos **34**, **47**). Coupe presque intacte trouvée en position retournée sur l'embouchure de la bouteille n° 143. Haut. = 8,7 ou 8,8 cm ; diam. = 14,6 × 14,4 cm. [Restauration CREAM du 20/01/1994 au 29/08/1994 ; n° atelier 94-1-11, Véronique Langlet-Marzloff.]

La coupe a été moulée, et cette fabrication explique sa résistance à l'écrasement et son grand poids (437 g en l'état de la restauration). La paroi est épaisse, et le bord arrondi est profilé selon une moulure haute de 1,2 cm et large de 5 mm.

[En dehors du bandeau, le décor externe de la coupe n'a été reconnu qu'au moment de la restauration ; il est organisé en trois registres (bandeau, panse et fond). Sous la lèvre, un bandeau limité par deux fines bandes est] gravé d'une frise d'uræus juxtaposés. [Sur la panse, le décor est organisé par les volutes d'un rinceau continu dans lequel les feuilles de vigne, représentées verticalement (comparer avec HBG VI/1/10, *supra*, p. 161 et fig. **83**), alternent avec des grappes de raisin. On peut estimer leur nombre à cinq dans les deux cas. Sur le fond, restes d'une composition de huit feuilles organisées symétriquement et rayonnant à partir d'un point central. La forme (inspirée de l'acanthe ?) paraît légèrement différente de celle que présentent les deux décors identiques des fonds des coupes HBG VI/1/16 (*supra*, p. 166 et fig. **86**) et HBG VI/1/108 (*infra*).]

L'enveloppe (n° 107a) apparaît comme un panier emboîtant exactement la coupe. Les fibres débordent en positif le long du bord. Il n'y a aucun doute non seulement sur la nature du travail, une vannerie, mais aussi sur la volonté d'envelopper exactement le profil du métal : il ne peut s'agir, tant l'enveloppe coïncide, des traces d'une natte qui aurait été superposée au conteneur.

Le poids des sédiments a tant enfoncé ce récipient dans l'argile, brisant par là plusieurs épaisseurs de tessons par écrasement, que le liquide répandu a laissé des traces brunes jusque sur le fond retourné du vase.

N° 108 [Snm 26320] (fig. **92** ; photo **84**). Coupe trouvée coiffant la bonbonne n° 144 à la manière usuelle. Le récipient est écrasé, déformé, fendu et cassé. Haut. = 7,3 ou 7,5 cm ; diam. calculé = 15,2 cm. [Restauration Cream[38] du 20/01/1994 au 13/09/1994 ; n° atelier 94-1-13, Véronique Langlet-Marzloff, Jean-Baptiste Latour et Patrick Pliska.]

La forme hémisphérique a été obtenue par martelage et tournage d'une tôle de plus de 1 mm, retournée autour d'une bande métallique déterminant un bord arrondi à peine aplati et haut de 9 mm. Le découpage final peut avoir été régularisé par un filet interne. Un seul filet a été incisé au tour à l'extérieur, un autre a été ciselé sans le tour.

[Le décor externe de la coupe n'a été pleinement reconnu qu'au moment de la restauration ; il est organisé en trois registres (bandeau, panse et fond). Le bandeau est gravé d'une frise de fleurs (?) stylisées et représentées couchées à l'intérieur d'une série de cadres rectangulaires. La panse est gravée d'une série de fleurs épanouies et de boutons de lotus en alternance, représentés chacun sur une tige verticale. Le nombre total des tiges peut être estimé à trente-deux. Sur le fond, composition de huit feuilles organisées symétriquement et rayonnant à partir d'une rosette centrale à 16 pétales. La forme (inspirée de l'acanthe ?) paraît légèrement différente de celle que présente Hbg vi/1/105 (*supra*, p. 178 et fig. **91**), ainsi que de celle des deux décors identiques des fonds des coupes Hbg vi/1/16 (*supra*, p. 166 et fig. **86**) et Hbg vi/1/107 (ci-dessus).]

L'enveloppe était double. Au contact du métal, le tressage n° 108a est représenté par la droiture de ses empreintes de fibres de palmier et définirait donc une vannerie ; mais on peut réserver la reconnaissance de torons de fils. Un tissu (n° 108b) est perceptible là où manquent les empreintes, nattage du « panier » : une gaze à double fil de chaîne ou de trame, semble-t-il.

N° 109 [Snm 26321] (fig. **91** ; photo **35**). Coupe coiffant la bonbonne n° 145 par retournement au-dessus de son embouchure. La coupe est écrasée, fendue et cassée, très déformée, repliée plusieurs fois. [Restauration Cream du 20/01/1994 au 13/09/1994 ; n° atelier 94-1-14, Marie-Claude Depassiot et Véronique Langlet-Marzloff.]

Forme hémisphérique obtenue en martelant et tournant une tôle de bronze de 1 mm d'épaisseur. Bord obtenu par retournement de la tôle autour d'un fil ou d'un bandeau métallique, peut-être aplati.

Trois filets incisés déterminent la hauteur d'un bandeau, dont le champ est gravé de rinceaux. [La panse, dont le décor n'a été reconnu qu'après restauration, est couverte d'écailles ou de godrons. L'association des deux motifs fait que ce décor est très semblable, sinon identique, à celui de la coupe Hbg vi/1/17 (*supra*, p. 167 et fig. **86**).]

L'enveloppe (n° 109a) consiste en une empreinte oxydée de natte, dont la maille à angle droit mesurerait de 1 à 1,2 cm. Il s'agissait probablement d'un panier en fibres de palmier tressé autour du vase : le fond ne porte pas d'empreinte et rend l'interprétation prudente. Les positifs débordent autour de la lèvre, la contournent et continuent à l'intérieur du vase sur plusieurs centimètres de profondeur. Est-ce l'effet de l'effondrement, qui aurait fait glisser le bronze à l'intérieur de son panier ? Ou faut-il décrire une natte posée au-dessus de tous les récipients du cylindre ou enveloppant le conteneur céramique coiffé de son conteneur en bronze ?

---

38. [Le dossier de restauration attribue le numéro de fouille Hbg vi/1/ex-113 à cette coupe décrite comme un « bol gravé à décor floral ». Dans la table de correspondance entre les numéros de fouille Hbg et les numéros Snm, il n'existe pas de « ex-113 » mais un « ex-111 » avec n° Snm 26320.]

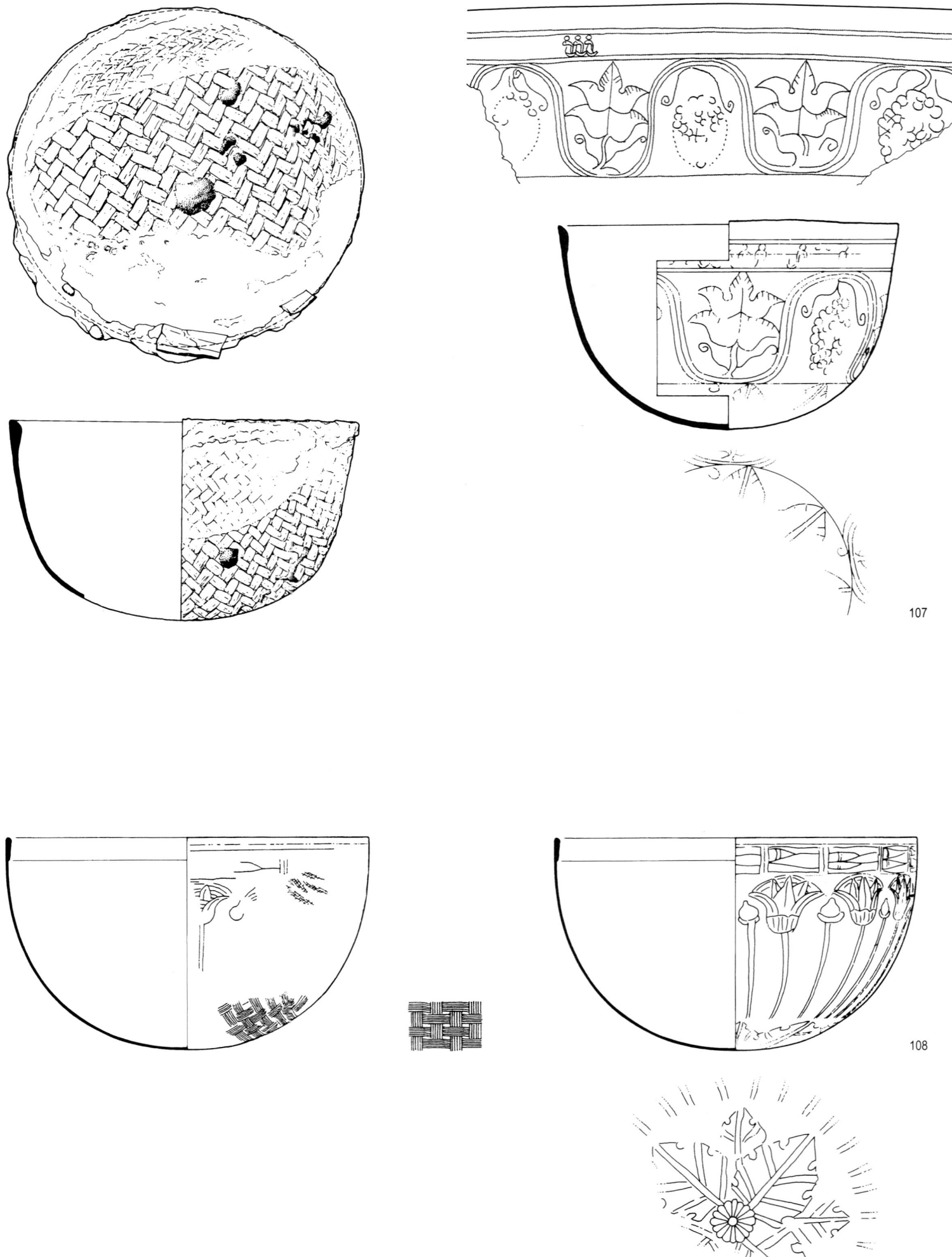

Fig. 92. HBG VI/1. Coupes de bronze nᵒˢ 107 et 108. 1/2.

Récipients en céramique

(fig. 93-94)

Les récipients en céramique garnissaient le fond de la descente dans sa quasi-totalité. Le seul emplacement non apparemment garni était évidemment celui laissé par le trou des pillards. Peut-être aurait-on pu ranger quelques exemplaires supplémentaires le long de la paroi est. Il aurait fallu les serrer davantage, mais le diamètre de chacun de ces conteneurs collectifs, de 40 cm en moyenne, s'y serait sans doute opposé. Chacun des conteneurs a été soigneusement rangé en position normale, et la plupart ont été calés avec des mottes d'argile, extraites de l'excavation de la descente et de la cavité. Les traces d'un matériau isolant ont été cherchées à la fouille, en vain, bien qu'on ait pu supposer, d'après les couvercles en bronze, des nattes d'enveloppement. N'ont été trouvés que des vestiges de bois extrêmement détritiques. Ces bois étaient parfois encore orientés de biais, malgré l'écrasement. Il faut donc restituer, pour certains des récipients au moins, ces *hamalat*, supports de poterie que l'on remarque souvent dans l'iconographie méroïtique.

Toute cette disposition précautionneuse contraste avec l'absence de couverture de la descente : le tumulus blanc d'abord érigé a enfoui les poteries dans les sables et graviers raclés en surface, alors que leurs homologues de la cavité ont été gardées hors terre dans une chambre voulue creuse. L'ordonnance du rangement des bouteilles et bonbonnes a toutefois été vite rompue : sous le poids, qu'on peut estimer à plus de 100 t, les vastes conteneurs, hauts de 40 à 60 cm, se brisèrent, s'écrasèrent et laissèrent un tapis de tessons épais de 15 à 20 cm. Les contenus se répandirent en se diffusant dans les graviers, signalés par une bouillie organique brune noyant inégalement les tessons.

Le plancher couvrant la cavité a lui-même été chargé de poteries. Sous le poids, les trois planches se sont brisées, et les conteneurs se sont effondrés sur le défunt et son équipement à l'étage inférieur (fig. 77). Les récipients, en porte-à-faux sur les parois de la cavité, ont distribué leurs tessons entre les deux étages, tapissant la dénivellation par des fragments verticaux. Les poteries accumulées dans la chambre creuse se sont elles-mêmes écrasées et ont répandu leur contenu éventuel, mêlé aux liquides et aux graviers écoulés depuis la descente (fig. 78).

Un dernier événement, le pillage, a de surcroît compliqué la collecte archéologique. Les visiteurs ont d'abord rencontré le sol de la descente au fond de leur trou, ont reconnu la paroi de la cavité, se sont dirigés directement vers la couche funéraire et ont au moins exploité l'équipement habillant la dépouille. Des centaines ou des milliers de tessons ont été emportés avec le sédiment vers le sommet du tumulus et déversés sur les pentes.

En résulte donc un extraordinaire puzzle. Chaque grand conteneur comptant de 150 à 300 tessons, l'assemblage a porté sur un minimum de 15 000 à 20 000 pièces. La « règle du jeu » a d'abord consisté à séparer les poteries originalement enfouies dans la cavité de celles qui l'encombraient en position secondaire, et à retrouver l'origine exacte des récipients partiellement évacués par les pillards : la documentation du détail du banquet funéraire en dépendait. Plus encore, il fallait, sinon reconstituer la totalité de chaque vase, du moins dessiner et décrire l'ensemble de la collection, considérée comme exemplaire de la production industrielle régionale et attendue par l'exploitation future des dizaines de milliers de tumulus entre la 5e et la 6e cataracte.

Afin de procurer rapidement une collection de référence, on a préféré fouiller un second tumulus emmuré (Hbg III) et publier complètement une poterie moins détritique. Pour discuter du banquet funéraire, on a d'abord reconstitué la collection complète de la cavité de Hbg VI.

N° 110. Bonbonne déposée sur la banquette ouest entre fosse et cavité, au-dessus de la planche n° 102, partiellement tombée dans la cavité sur les carquois ouest et partiellement évacuée par le pillage. Réalisée sans le tour en deux parties rapportées. Col engobé et bruni, rouge brique. Panse nattée. Décor à l'épaule d'un zigzag de mêmes matière et couleur que le col.

N° 111. Bonbonne déposée sur la banquette ouest entre fosse et cavité, partiellement tombée sur les fers de lance de la cavité, partiellement évacuée par le pillage. Réalisée sans le tour en deux parties rapportées. Col engobé et bruni, rouge brique. Panse nattée.

N° 112. Bonbonne déposée sur la banquette ouest entre fosse et cavité, partiellement tombée sur les fers de lance de la cavité, partiellement évacuée par le pillage. Réalisée sans le tour en deux parties rapportées. Panse nattée.

N° 113. Bonbonne déposée sur la banquette ouest entre fosse et cavité, partiellement tombée sur les fers de lance de la cavité, partiellement évacuée par le pillage. Réalisée sans le tour en deux parties rapportées. Col engobé et bruni, rouge brique. Panse nattée.

N° 114 (fig. 93 ; photo 31). Bonbonne disposée dans la descente, au centre-est de la cavité, très partiellement tombée dans la cavité, partiellement évacuée par le pillage. Haut. calculée = 52,8 cm ; diam. calculé = 46,8 cm ; diam. embouchure = 11,8 cm ; vol. = 40 l. Façonnage sans le tour en deux parties rapportées. Pâte à dégraissant végétal important. Fracture noire, couleur brun-noir à l'intérieur, brun-rouge à brun-noir à l'extérieur. Panse à paroi épaisse (1 à 1,1 cm à l'épaule, 1,9 cm au fond), brossée à l'intérieur, brunie à l'extérieur. Col bruni également, sans engobe, avec marques de séchage sur la lèvre. Décor varié, par impression sur pâte molle, à l'impression pivotante dominante, avec marques de séchage sur natte sur la lèvre.

N° 115. Bouteille déposée au-dessus de la paroi est de la cavité, presque totalement tombée dans la cavité et évacuée par le pillage. Bouteille tournée, rouge, engobée et lissée.

N° 116. Bonbonne déposée au sud de la descente et à l'est de la cavité. Façonnage en deux parties rapportées. Col engobé et bruni, rouge brique. Panse nattée.

N° 117. Bonbonne disposée contre la paroi au sud-ouest de la descente. Façonnage sans le tour en deux parties rapportées. Col engobé et bruni, rouge brique. Panse nattée.

N° 118. Bonbonne (?) déposée au sud de la descente, entre les n°s 119 et 121. Façonnage sans le tour en deux parties rapportées. Panse nattée.

N° 119 (fig. 93). Bonbonne disposée contre la paroi au sud de la descente, entre les n°s 117 et 120. Haut. = 49,9 cm ; diam. = 43,8 cm ; diam. min. = 11,3 × 11,1 cm. Façonnage sans le tour en deux parties rapportées. Pâte à grosse fraction végétale et à nodules salins abondants. Fracture noire, intérieur noir jusqu'à mi-panse, éclairci à l'épaule et orange au col ; extérieur rouge à rouge brique. Panse à paroi mince (6 à 8 mm), lissée à l'intérieur, avec quelques traces imprimées du tampon végétal, nattée à l'extérieur. Col lissé, engobé de rouge avec débordement sur la lèvre interne, bruni verticalement et horizontalement. Sur le dessus de la panse, une bande assez large a été peinte avec le matériau de l'engobe et brunie surtout horizontalement.

N° 120. Bonbonne disposée contre la paroi au sud-est de la descente, entre les n°s 119 et 122. Façonnage sans le tour en deux parties rapportées. Pâte à fort dégraissant végétal. Couleur noire. Brossage à l'intérieur et lissage à l'extérieur.

N° 121. Bonbonne déposée au sud de la descente, entre les n°s 114 et 118. Façonnage sans le tour en deux parties rapportées. Col engobé et bruni, rouge brique. Panse nattée. Décor au moins d'un zigzag sur l'épaule, peint avec le matériau de l'engobe du col.

N° 122 (fig. 93 ; photo 32). Bonbonne disposée contre la paroi au sud de la descente. Haut. = 51,2 cm ; diam. = 46 cm ; diam. min. = 13,2 cm ; vol. = 38 l. Façonnage sans le tour en deux parties rapportées. Pâte à fort dégraissant végétal. Couleur noire. Brossage à l'intérieur et brunissage à l'extérieur. Panse irrégulière, à parois

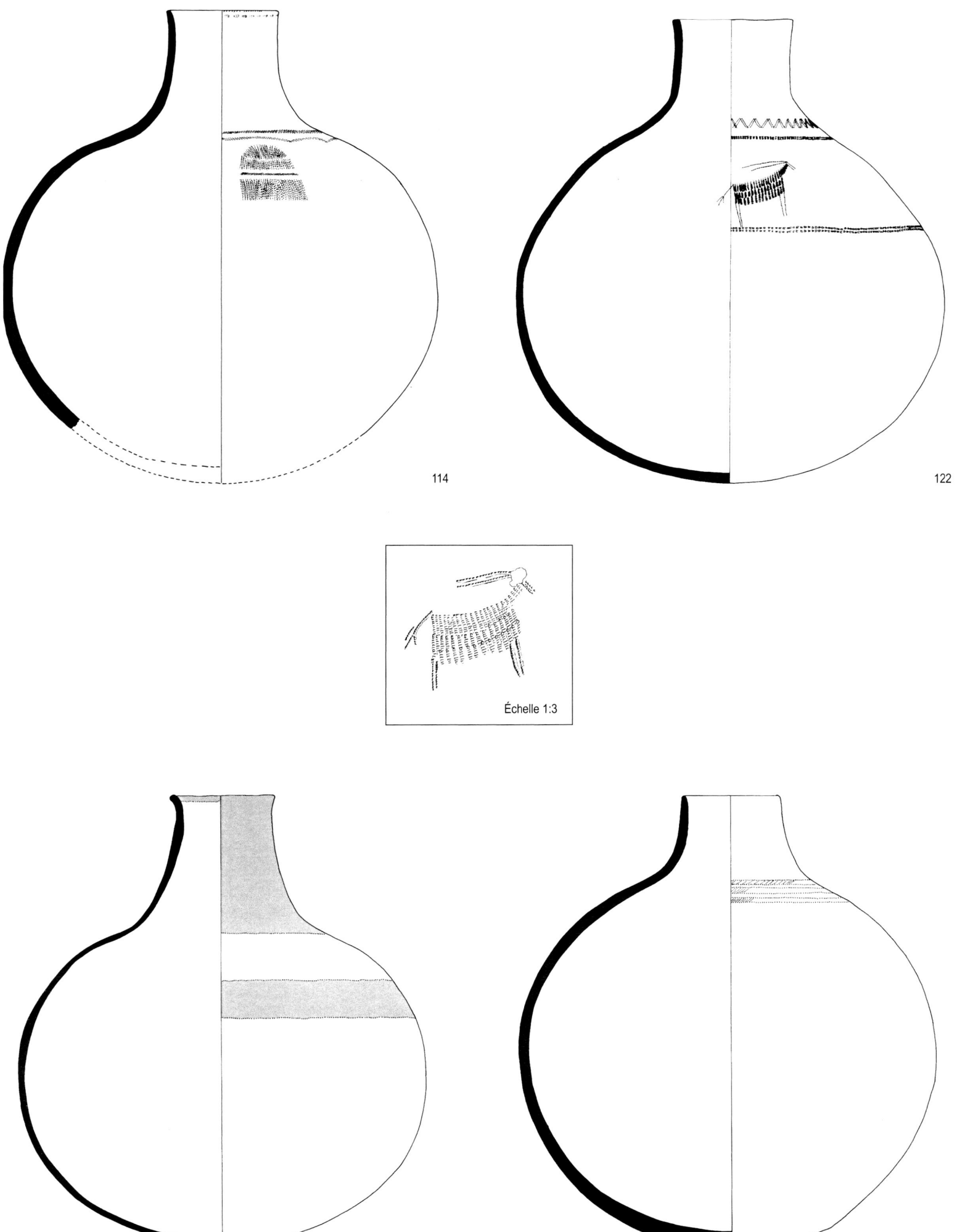

Échelle 1:3

114

122

119

124

Fig. 93. HBG VI/1. Bonbonnes noires décorées à l'impression pivotante nᵒˢ 114 et 122.
Bonbonne industrielle nᵒ 119. Bonbonne décorée à l'impression pivotante nᵒ 124. 1/5ᵉ.

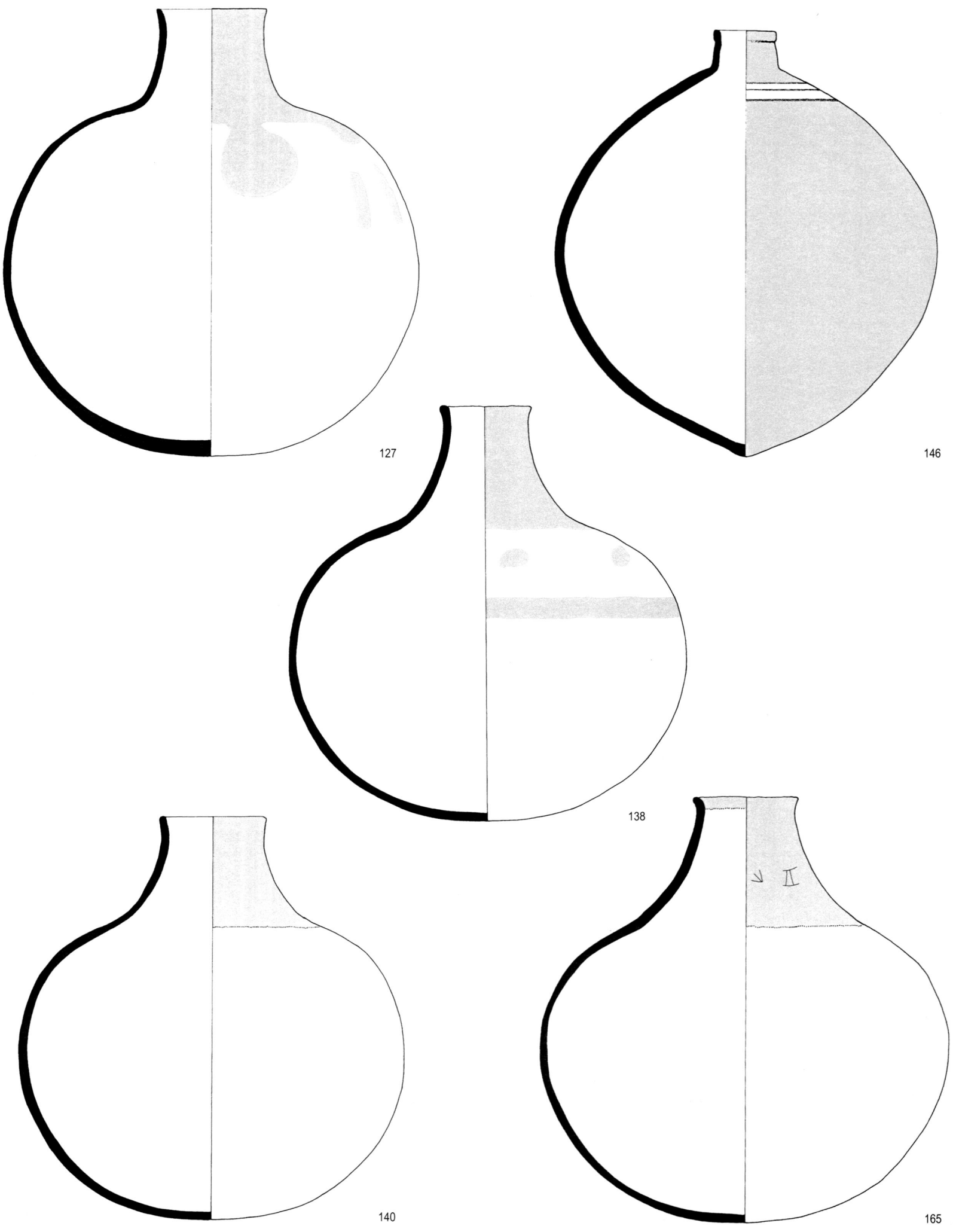

Fig. 94. Hbg vi/1. Bonbonne industrielle n° 127. Très grande bouteille n° 146.
Trois bonbonnes industrielles dont une avec graffiti funéraires n°s 138, 140 et 165. 1/5e.

d'épaisseur irrégulière (de 8 à 11 mm). Sur l'épaule, décor en impression au peigne sur pâte molle, soit directe, soit pivotante : entre deux frises, une série de mêmes motifs figurant un animal à longues cornes vers l'arrière et queue à touffe.

N° 123. Bonbonne déposée dans le sud de la descente, contre les n°ˢ 121 et 122. Façonnage sans le tour en deux parties rapportées. Col engobé et bruni, rouge brique. Panse nattée.

N° 124 (fig. 93). Bonbonne déposée au centre-sud de la descente, entre les n°ˢ 123 et 130. Haut. = 49,8 cm ; diam. = 44,8 × 44,7 cm ; diam. min. = 10,8 × 10,5 cm. Façonnée sans le tour en deux parties rapportées. Pâte à forte fraction végétale. Cassure noire, intérieur noir, extérieur rouge brique à noir. Brossage à l'intérieur, brunissage à l'extérieur. Panse en sphéroïde allongé à paroi épaisse (de 1,1 à 1,5 cm). Col avec marques de séchage sur une natte. Décor au peigne, sur pâte molle, d'impressions directes en trois bandes sur le haut de l'épaule : croisillons dans la bande centrale, hachures dans les bandes qui l'encadrent.

N° 125. Bonbonne déposée au sud de la descente, entre les n°ˢ 124 et 126. Façonnage sans le tour en deux parties rapportées. Col engobé et bruni, rouge brique. Panse nattée.

N° 126. Bonbonne déposée non loin de la paroi sud-est de la descente, entre les n°ˢ 122 et 127. Façonnage sans le tour en deux parties rapportées. Col engobé et bruni, rouge brique. Panse nattée. Décor de l'épaule par au moins un zigzag, peint avec l'engobe du col et bruni.

N° 127 (fig. 94). Bonbonne déposée non loin de la paroi sud-est de la descente, entre les n°ˢ 126 et 134. Haut. = 51,2 cm ; diam. = 45,6 × ? cm ; diam. min. = 13,1 × ? cm ; vol. = 39 l. Façonnage sans le tour en deux parties rapportées. Col engobé et bruni, rouge brique. Panse hémisphérique à paroi irrégulière (6 à 7 mm à l'épaule, jusqu'à 1,8 cm au fond), nattée. Décor sur l'épaule de taches quasi circulaires et de barres verticales ; ces motifs sont indépendants pour les barres, et pendent de l'engobe du col pour les taches. Ce décor a été exécuté avec le matériau même de l'engobe.

N° 128. Bonbonne déposée au centre-sud de la descente, près de la paroi est de la cavité, entre les n°ˢ 114 et 129. Façonnée sans le tour en deux parties rapportées. Col engobé et bruni, rouge brique. Panse nattée. Décor sur l'épaule d'un zigzag aux triangles pointés, peint avec le matériau de l'engobe.

N° 129. Bonbonne déposée au centre-sud de la descente, entre les n°ˢ 128 et 130. Façonnée sans le tour en deux parties rapportées. Col lissé, non engobé. Panse nattée. L'ensemble du récipient est de couleur brun-jaune.

N° 130. Bonbonne déposée au centre-sud de la descente, entre les n°ˢ 129 et 133. Façonnée sans le tour en trois parties rapportées. Le vase semble présenter deux cols, engobés et brunis, rouge brique. Panse nattée. Décor sur l'épaule d'un zigzag peint avec le matériau de l'engobe.

N° 131. Bonbonne déposée au centre de la descente, entre les n°ˢ 129 et 141. Façonnée sans le tour en deux parties rapportées. L'ensemble du récipient a été enduit d'un engobe grenat, sauf peut-être le fond.

N° 132. Bonbonne déposée au centre-est de la descente, entre les n°ˢ 131 et 136. Façonnée sans le tour en deux parties rapportées. Col engobé et bruni. Panse nattée.

N° 133. Bonbonne déposée au centre-sud de la descente, entre les n°ˢ 130 et 134, coiffée du calice en bronze n° 43. Bonbonne tournée, rouge, engobée et lissée.

N° 134. Bonbonne déposée à proximité de la paroi sud-est de la descente, entre les nᵒˢ 127 et 135. Façonnée sans le tour en deux parties rapportées. L'ensemble du récipient a été enduit d'un engobe rouge, sauf peut-être le fond.

N° 135. Bonbonne déposée à proximité de la paroi est de la descente. Façonnée sans le tour en deux parties rapportées. Col engobé et bruni, rouge brique. Panse nattée.

N° 136. Bonbonne déposée à l'est de la descente, entre les nᵒˢ 132 et 137. Façonnée sans le tour en deux parties rapportées. Col engobé et bruni, rouge brique. Panse nattée.

N° 137. Bonbonne déposée à proximité de la paroi est de la descente, entre les nᵒˢ 135 et 138. Façonnée sans le tour en deux parties rapportées. Col engobé et bruni, rouge brique. Panse nattée.

N° 138 (fig. 94). Bonbonne disposée contre la paroi est de la descente. Haut. = 47,7 cm ; diam. = 44,1 × 44 cm ; diam. min. = 10,2 × 9,9 cm ; vol. = 33 l. Façonnée sans le tour en deux parties rapportées. Pâte à fort dégraissant végétal. Fracture noire, intérieur noir, extérieur crème à rouge brique. Col engobé, avec débordement sur la lèvre interne, bruni horizontalement. Panse à paroi égale, de 7 à 9 mm, en sphéroïde légèrement aplati, nattée à l'extérieur, lissée à l'intérieur. Décor sur l'épaule d'une série de huit cercles pleins hâtifs et d'une bande continue, exécuté avec le même matériau que l'engobe, bruni horizontalement.

N° 139. Bonbonne disposée près de la paroi est, entre les nᵒˢ 138 et 147, couverte de la coupe en bronze n° 106. Façonnée sans le tour en deux parties rapportées. Col engobé et bruni, rouge brique. Panse nattée.

N° 140 (fig. 94). Bonbonne déposée à l'est de la descente, entre les nᵒˢ 139 et 141. Haut. = 46,1 cm ; diam. = 42,7 × 42,6 cm ; diam. min. = 12,1 × 11,7 cm ; vol. = 30 l. Façonnée sans le tour en deux parties rapportées. Pâte à dégraissant végétal, peu de sable, mais nodules salins petits et abondants. Cassure noire, intérieur clair avec petites plages noires, extérieur brique clair avec les mêmes plages. Panse à paroi régulière de 9 ou 10 mm d'épaisseur, en sphéroïde légèrement aplati, lissée à l'intérieur (avec traces de bouchons végétaux), nattée à l'extérieur. Col à engobe grenat, épais et écaillé, bruni verticalement et horizontalement.

N° 141. Bonbonne déposée au centre-est de la descente, entre les nᵒˢ 140 et 142, coiffée par la coupe en bronze n° 105. Façonnée sans le tour en deux parties rapportées. Col engobé et bruni, rouge brique. Panse nattée. Probable décor, exécuté avec le matériau de l'engobe et bruni : cercles pleins sur l'épaule et deux bandes sur la panse.

N° 142. Bonbonne déposée au centre de la descente, évacuée par le pillage.

N° 143. Bouteille déposée au centre-nord de la descente. Son embouchure était coiffée par la coupe en bronze n° 107. Bouteille tournée, rouge, engobée et lissée.

N° 144. Bouteille déposée au nord de la descente, contre les nᵒˢ 143 et 145. Son embouchure était coiffée par la coupe en bronze n° 108. Bouteille tournée, rouge, engobée et lissée.

N° 145. Bonbonne déposée au nord-est de la descente, contre les nᵒˢ 141 et 143. Son embouchure était coiffée par la coupe en bronze n° 109. Façonnée sans le tour en deux parties rapportées. Col engobé et bruni, rouge brique. Panse nattée. Décor d'une bande sur la panse et peut-être d'un zigzag à l'épaule, peint avec le matériau de l'engobe.

N° 146 (fig. **94**). Très grande bouteille, déposée au nord-est de la descente, contre les n°s 147 et 148. Haut. = 49 cm ; diam. = 40 cm ; diam. min. = 7 cm ; vol. = 29 l. Tournée, rouge, engobée et lissée. Dégraissant végétal abondant. Cassure noire, intérieur noir, extérieur brun-rouge. Forme en sphéroïde vertical. Décor peint sur l'épaule, près du col, exécuté au tour, de trois traits bruns séparant et encadrant deux bandes blanches.

N° 147. Bonbonne disposée contre la paroi est de la descente, entre les n°s 139 et 148. Façonnée sans le tour en deux parties rapportées. Col engobé et bruni. Panse nattée.

N° 148. Bonbonne disposée contre la paroi nord-est de la descente, contre les n°s 147 et 150. Façonnée sans le tour en deux parties rapportées. Col engobé et bruni. Panse nattée.

N° 149. Bonbonne déposée au nord-est de la descente, entre les n°s 146 et 152. Façonnée sans le tour en deux parties rapportées. Le récipient, rouge, est totalement engobé et bruni, sauf peut-être le fond.

N° 150. Bonbonne disposée contre la paroi est de la descente, contre les n°s 148 et 151. Façonnée sans le tour en deux parties rapportées. Col engobé et bruni. Panse nattée. Décor possible sur l'épaule d'un zigzag à triangles pointés d'un cercle plein, exécuté avec le matériau de l'engobe et bruni.

N° 151. Bonbonne disposée contre la paroi nord de la descente, entre les n°s 150 et 153. Façonnée sans le tour en deux parties rapportées. Col engobé et bruni. Panse nattée. Décor sur l'épaule d'un zigzag peint avec le matériau de l'engobe et bruni.

N° 152. Bonbonne déposée au nord de la descente, entre les n°s 144 et 150. Façonnée sans le tour en deux parties rapportées. Col engobé et bruni, rouge brique. Panse nattée.

N° 153. Bonbonne disposée contre la paroi nord de la descente, entre les n°s 151 et 158. Façonnée sans le tour en deux parties rapportées. Col engobé et bruni, rouge brique. Panse nattée.

N° 154. Bonbonne déposée au nord de la descente, entre les n°s 151 et 157. Façonnée sans le tour en deux parties rapportées. Col engobé et bruni, rouge brique. Panse nattée. Décor sur l'épaule au moins de cercles pleins, peints avec le même matériau que l'engobe et brunis.

N° 155. Bouteille déposée sur la planche n° 100, au-dessus de la paroi est de la cavité, et au centre-nord, partiellement tombée dans la cavité. Elle se situait entre les n°s 157 et 156. Céramique tournée, rouge, engobée et lissée.

[N° 156. Bonbonne déposée sur la planche n° 100. Non décrite.]

N° 157. Bonbonne déposée sur la planche n° 100, au-dessus de la paroi nord de la cavité, partiellement tombée dans cette dernière. Façonnée sans le tour en deux parties. Col engobé et bruni. Panse nattée.

N° 158. Bonbonne disposée contre la paroi nord de la descente, au nord de la planche n° 100, sur la banquette entre descente et cavité. Façonnée sans le tour en deux parties. Col engobé et bruni. Panse nattée. Décor sur l'épaule d'un zigzag peint avec le même matériau que l'engobe.

N° 159. Bouteille disposée contre la paroi nord de la descente, au nord de la planche n° 100, sur la banquette entre descente et cavité. Céramique tournée, rouge, engobée et lissée.

N° 160. Bonbonne disposée contre la paroi nord-ouest de la descente, sur la planche n° 100 et sur la banquette entre descente et cavité, partiellement tombée dans la cavité sur deux très grandes bouteilles. Façonnée sans le tour en deux parties rapportées. Col engobé et bruni, rouge brique. Panse nattée.

N° 161. Bonbonne disposée contre la paroi nord-ouest de la descente, sur la banquette entre descente et cavité, partiellement tombée sur une très grande bouteille dans la cavité. Façonnée sans le tour en deux parties rapportées. Col engobé et bruni, rouge brique. Panse nattée. Sur l'épaule, décor de taches circulaires, peintes avec le même matériau que l'engobe et brunies.

N° 162. Bonbonne disposée contre la paroi nord-ouest de la descente, sur la banquette entre descente et cavité. Façonnée sans le tour en deux parties rapportées. Col engobé et bruni, rouge brique. Panse nattée. Sur l'épaule, décor de barres verticales, peintes avec le matériau de l'engobe et brunies.

N° 163. Bonbonne disposée contre la paroi ouest de la descente, sur la banquette entre descente et cavité, partiellement tombée sur les haches dans la cavité. Façonnée sans le tour en deux parties rapportées. Col engobé et bruni, rouge brique. Panse nattée. Sur l'épaule, décor d'une bande peinte avec le matériau de l'engobe et brunie.

N° 164. Bonbonne déposée sur la planche médiane et tombée sur les bassins en bronze à l'ouest de la cavité. Façonnée sans le tour en deux parties rapportées. Récipient totalement engobé et bruni, rouge brique.

N° 165 (fig. 94). Bonbonne déposée sur la planche médiane et tombée sur les bouteilles au centre-nord de la cavité. Haut. = 48,7 cm ; diam. = 45,2 cm ; diam. min. = 11,5 × 11,3 cm ; vol. = 37 l. Façonnée sans le tour en deux parties rapportées. Pâte non sableuse, à nombreux nodules salins et grande fraction de dégraissant végétal. Cassure noire, extérieur brun clair, intérieur brun clair à gris-noir du col au fond, avec grande plage noire. Col engobé avec débordement sur la lèvre interne, bruni horizontalement et verticalement. Panse en sphéroïde aplati légèrement irrégulier, à parois régulières de 7 à 9 mm d'épaisseur, lissée à l'intérieur, nattée à l'extérieur. L'écrasement a déterminé la fracture de l'objet à l'endroit même du raccord de fabrication entre col et panse. Sur le col, deux incisions très fines ont été faites dans l'engobe, après cuisson. Si la comparaison avec les « marques de poterie » funéraires est évidente, les signes ne paraissent pas connus du répertoire méroïtique.

N° 166. Bonbonne déposée sur la planche médiane et tombée dans la cavité près de la paroi est, sur la bouteille n° 3. Façonnée sans le tour, rouge et entièrement brunie. Décor au peigne sur pâte molle, au moins de losanges et de bandes à croisillons.

N° 167. Bonbonne déposée sur la planche nord n° 100 et tombée dans la cavité, près des bassins en bronze, entre les bouteilles n°s 2 et 4. Façonnée sans le tour en deux parties rapportées. Pâte à forte fraction végétale. Couleur noire. Récipient totalement bruni à l'extérieur et brossé à l'intérieur de la panse. Décor au peigne sur pâte molle.

N° 168. Bonbonne déposée sur la planche nord n° 100 et tombée dans la cavité, entre les bouteilles n°s 2 et 5. Façonnée sans le tour en deux parties rapportées. Col engobé et bruni, rouge brique. Panse nattée.

N° 169. Bonbonne déposée sur la planche nord n° 100 et tombée dans la cavité, sur les n°s 6 et 9. Façonnée sans le tour en deux parties rapportées. Col engobé et bruni, rouge brique. Panse nattée.

Le cylindre réunit donc un minimum de 59 conteneurs céramiques : leur disposition laisse prévoir une augmentation de ce nombre par addition des récipients complètement évacués par les pillards vers l'extérieur. Avec les poteries de la cavité, le minimum enfoui est de 68 bouteilles et bonbonnes. Le volume moyen est de 35 à 40 l par récipient : largement plus de 20 hl ont été réunis pour la célébration funéraire.

On constate que des petits conteneurs indispensables, aucun n'est en céramique, à l'opposé des quantités de gobelets et de coupes équipant certaines des dernières pyramides de Méroé. Tous les récipients individuels à nourriture ou à boisson sont en bronze, aussi bien que les bassins.

La céramique se classe aisément en catégories simples, dont on ne connaît pas la signification. Près de 16 récipients sont des bouteilles tournées, dont exactement huit ont été déposés dans la cavité. Près de six bonbonnes (nᵒˢ 114, 120, 122, 124, 166, 167, et ceux qui pourraient encore apparaître) adoptent un décor d'impression au peigne sur pâte molle, comparable à celui appliqué sur nombre de conteneurs collectifs exécutés avec ou sans le tour provenant des dernières pyramides aussi bien que du palais de Wad ben Naqa. Quatre bonbonnes encore (nᵒˢ 131, 134, 149, 165) n'arborent pour tout traitement de surface qu'un engobe lissé, rouge, comme la majorité des récipients méroïtiques industriels qu'ils imitent. Ces trois premières catégories pourraient-elles désigner des provenances, en raison de l'origine de leurs centres de production ?

La catégorie numérique la plus importante réunit les bonbonnes à panse nattée et col bruni, qui compte près de 42 exemplaires, dont un seul dans la cavité (nᵒ 6). Elle peut se subdiviser en sous-catégories selon l'absence ou la présence de décors – bandes, zigzags, cercles pleins – sur moins de 24 objets : ces sous-catégories sont difficiles à sérier par ailleurs, deux décors différents pouvant être juxtaposés, dans le zigzag pointé par exemple. Il est douteux que la catégorie proportionnelle dominante décrive la production de plus d'un centre tant elle est homogène. Il faudrait probablement tenter d'analyser le décor, quand il existe, en lien avec le contenu.

Dans un autre ordre d'idées, il semble remarquable que la cavité n'ait pas été davantage emplie, alors que la descente était presque totalement employée. Doit-on supposer que le « banquet funéraire » répétait plusieurs fois une même opération liturgique, avec un premier enfouissement coïncidant avec les cérémonies de l'inhumation même, puis avec des enfouissements ultérieurs, comme on pourrait le déduire de la répartition du matériel selon l'architecture des deux chambres de la fosse sous les dernières pyramides ?

La comparaison des collections issues de Hbg VI/1 et Hbg III/1 ne laisse pas de guider quelques futures pistes interprétatives. La cavité de Hbg III/1 n'abritait qu'une dizaine de grands conteneurs céramiques et qu'une partie des conteneurs individuels en bronze. Surtout, la collection de bonbonnes est homogène en Hbg III et exclut le double assemblage de céramiques tournées et de céramiques faites sans le tour, voire un triple si l'on admet la catégorie des bonbonnes brunies décorées à la manière méroïtique par impression au peigne. Nul doute qu'il y a là une indication chronologique, quelle qu'en soit la cause, mais l'on se gardera de classer trop rapidement deux tombes sur les sept grandes que promet el-Hobagi, sans compter les dizaines de grands tumulus et autres milliers plus réduits.

Récipients du tumulus et de l'aire emmurée

Le tumulus n'a été exploré que sur environ un quart de sa surface de construction, et dans une proportion encore moindre sur l'aire associée. La leçon de Qoustoul a incité à ne pas considérer ces surfaces comme vides d'objets archéologiques qui renseignent sur le déroulement de la cérémonie funéraire autant que le matériel enfoui dans la fosse. Les trouvailles ont été rares, bien que nombre de tessons aient été effectivement inventoriés. Les types reconnus appartiennent à la période et croisent l'assemblage détaillé sur l'habitat contemporain du Hosh el-Kafir : tessons de panses peu épais et nattés issus de bonbonnes industrielles régionales, avec quelques exemples de décors très caractéristiques peints avec le matériau de l'engobe ; tessons de coupes et de bassins non engobés, brunis sur les deux faces, avec impressions au peigne sur pâte molle. La distribution renseigne peu : les tessons ont essaimé sur toute la surface et n'apparaissent un peu groupés que lorsqu'ils ont été piégés dans la pierraille d'éboulement du mur d'enceinte, à l'intérieur ou à l'extérieur. Le piégeage est toujours fortuit : point de foyers associés, sans doute à l'abri du vent derrière le mur, ni quelque autre structure reconnaissable. On retient donc les seuls groupements suivants :

Nº 200. Lot d'une trentaine de tessons trouvés sur le sol de construction à l'extérieur de la fosse, dont l'éparpillement a été limité par la couronne circulaire des matériaux extraits. Cet éparpillement n'a pu être vérifié que dans la tranchée large de 5 m. Plusieurs de ces tessons présentent une arête érodée. Une certaine proportion des vases brisés à l'occasion des travaux ou pendant les travaux a platement servi à fournir des racloirs pour le creusement de la descente ou de la cavité.

Nº 201. Lot d'une cinquantaine de tessons trouvés sur le sol de construction à l'entrée du cercle de pierres formant la base du tumulus, du côté sud. Ces tessons étaient éparpillés sur plus de 4 m². Tous appartiennent à une même bonbonne dont on ne reconnaît que la panse, à paroi égale et assez fine, lissée à l'intérieur, engobée à l'extérieur et brunie, de couleur rouge. L'usage du récipient à cet endroit ne peut être précisé. A-t-il servi au transport du sable et des graviers ?

Nº 202. Lot de tessons variés, piégés contre le parement interne du mur est quand il traverse les premières pentes de la carrière. Peu de fragments procurent un élément de lèvre ou de décor caractéristique. On ne reconnaît qu'un tesson de panse de bonbonne et nombre de tessons de conteneurs plus petits, brunis sur les deux faces, parfois à impressions. Nombre sont érodés sur une ou plusieurs de leurs arêtes. On devine par là leur usage dans la carrière, sans pouvoir reconstituer davantage l'activité des constructeurs.

Matériel corporel

Il se divise en plusieurs rubriques, selon son origine dans la tombe et donc sa fonction.

Exposition du défunt et apprêt de la dépouille

Peu de vestiges en subsistent, mais les éléments conservés ne manquent pas d'instruire sur le caractère de la cérémonie.

Perles

(fig. 95)

N° 34. 88 perles tubulaires en faïence bleu-vert, de même diamètre (4 mm) et de longueur variant de 5 à 10 mm. Ces perles ont surtout été ramassées près des épées ou sur elles, dans le sédiment du trou de pillage. Un enfilage a été retrouvé entassé, avec lien à deux torons de fibre, conservé dans le creux des tubes. Sur le même paquet étaient placées deux flèches, l'une ordinaire en fer, l'autre en bronze de type unique, examinées puis déplacées par les pillards. L'enfilage rejeté a été arraché du corps.

N° 35 (fig. 95). Perles trouvées sur et autour de la couche funéraire ou tamisées dans le cône du pillage, de types variés :
- 35a. 6 perles moyennes et 6 grosses (diam. = 6 et 8 mm), en sphéroïde aplati ; cornaline.
- 35b. 2 grosses perles et 4 moyennes (diam. = 8 et 6 mm), en sphéroïde aplati ; quartz blanc.
- 35c. 5 perles moyennes (diam. = 6 mm), annulaires ; faïence.
- 35d. 3 perles sphériques en calcaire (diam. = 7 ou 8 mm).
- 35e. 2 perles en « galet » plat arrondi percé diamétralement (diam. = 8 mm) ; quartz.
- 35f. 1 perle tronconique (long. = 7 mm ; diam. = 6 mm) ; quartz.
- 35g. 1 perle moyenne sphérique (diam. = 7 mm) ; quartz hyalin.
- 35h. 1 perle moyenne oblongue (long. = 8 mm) ; quartz hyalin.
- 35i. 3 perles soit peintes, soit dorées en surface, de matière non identifiée.
- 35j. 4 petites perles (diam. = 3 à 4 mm) ; verre bleu.
- 35k. 3 petites perles (diam. = 3 à 4 mm) ; verre vert.
- 35l. 1 perle tronconique (long. = 6 mm ; diam. = 5 mm) ; cornaline.
- 35m. 4 perles annulaires attachées par paires (haut. = 3 mm ; diam. = 5 à 6 mm) ; faïence gris-vert.
- 35n. 1 petite perle oblongue (long. = 4 mm) ; cornaline.

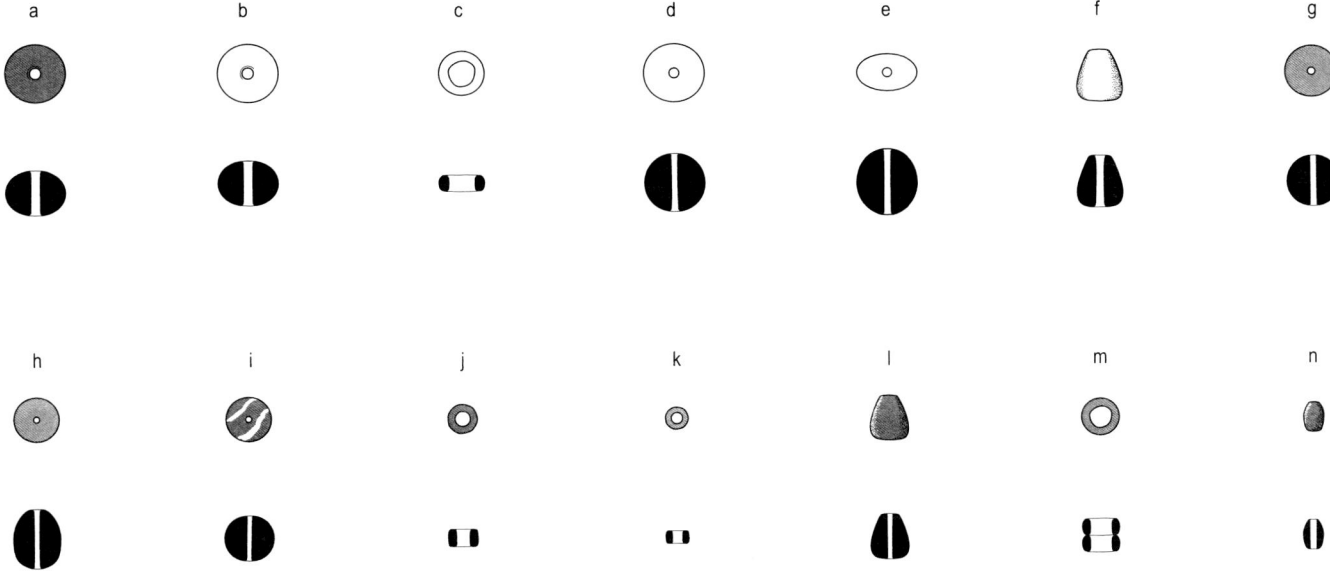

[Fig. 95. Hbg vi/1. Perles n°ˢ 34 et 35. 1/1.]

Armes

Les anneaux d'archer n°s 25-26, les pointes de flèches n°s 36-37 et le poignard n° 24 ont visiblement été déplacés, comme le collier n° 34, l'anneau n° 28 et la coupe n° 23, et proviennent probablement de la couche funéraire. Ces armes peuvent être rapportées à un fourniment réellement porté par le défunt. On peut les ranger dans la catégorie « matériel corporel », car elles ont pu équiper la dépouille, à l'image de certaines trouvailles dans les grands tumulus nubiens. Pour la commodité de la description et de son utilisation, ces cinq objets ont été ajoutés à la description de l'armement, catégorie dans laquelle on peut aussi les ranger.

Anneau ostentatoire avec clochette   (fig. 96 ; photo 85)

N° 28 [SNM 26860]. Anneau composite figuré, fait d'un anneau, de plaques en bronze et d'une chaînette supportant une clochette. [Restauration CREAM du 20/01/94 au 29/08/94 ; n° atelier 94-1-10, Marie-Hélène Kappes.]

L'objet se décompose de la manière suivante :

– 28a. Anneau en fer, pincé, à extrémités jointes mais retournées. Diam. externe = 2,5 cm ; diam. interne = 1,8 à 1,9 cm. Les extrémités, qui rivettent la plaque n° 28b, sont noyées dans un amas d'oxydes gris-bleu d'aspect sableux, vestiges d'une soudure ancienne altérée.

– 28b. Plaque circulaire épaisse, de 7,3 cm de diamètre, percée au centre pour laisser entrer les extrémités retournées de l'anneau en fer n° 28a.

– 28c. Plaque circulaire en bronze, de même diamètre que 28b, mais de très faible épaisseur, brisée en quantité de fragments. Cette plaque porte le motif figuré, exécuté au repoussé. Elle s'est déformée par pression en raison de l'excroissance prononcée de la soudure de l'anneau. Elle est percée de deux petits orifices excentrés.

– 28d. Tige de plus de 1 cm de long, terminée par une languette encore soudée au fragment porteur, à l'intérieur. Elle pénètre par un trou percé dans 28c, le plus excentré.

– 28e. Double languette portant des traces de soudure. Elle est supposée avoir pénétré le second trou de 28c, plus à l'intérieur, avoir été soudée à la plaque et avoir retenu le maillon final de la chaînette 28f.

– 28f. Chaînette faite d'une série de crochets en esses, longue d'une dizaine de centimètres, chaque maillon mesurant 1 cm. Elle pendait probablement au centre de la plaque n° 28c. La chaîne est cassée : une petite partie, de cinq maillons et demi, est restée dans l'enveloppe n° 28g ; l'autre était coincée entre les côtés adjacents des deux épées juxtaposées.

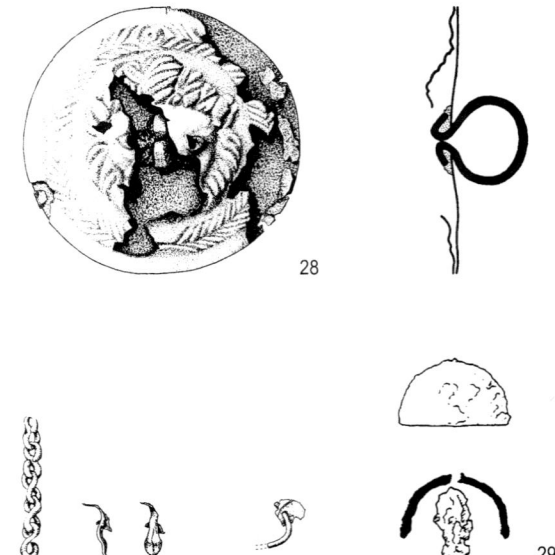

Fig. 96. Hbg vi/1. Anneau ostentatoire n° 28 avec clochette n° 29. 1/2.

– 28g. Enveloppe en tissu enserrant toutes les pièces nᵒˢ 28a-f, d'où s'échappe la chaînette nᵒ 28f. L'enveloppe, bien conservée avec fibres encore relativement solides, a pu être ouverte, et les objets ou fragments en bronze dégagés. Elle garantit que l'objet enveloppé n'était pas porté au doigt par le défunt ni fixé à toute autre partie de son équipement. Il provient pourtant de la couche funéraire. On peut suggérer qu'il a été manipulé par les pillards, qui l'ont déposé avec sa chaîne pendante dans le lot des objets rejetés ou négligés, et que la chaîne s'est prise entre les deux épées à cause du piétinement.

Nᵒ 29. Clochette en bronze de 3 cm de diamètre et 1,7 cm de hauteur, dépourvue de son anneau de suspension, avec battant en fer totalement corrodé et informe. L'objet a reçu un numéro propre faute d'avoir été retrouvé en connexion avec l'anneau nᵒ 28 par le truchement de la chaînette. Grâce à l'analyse des traces d'arrachement et de la situation de tous les objets déplacés, il ne fait pourtant aucun doute que cette clochette a été détachée de la chaînette.

L'image, obtenue au repoussé, est lue selon l'assemblage partiel du puzzle : le détail manque encore, faute de restauration spécialisée. Il s'agit nettement d'un visage humain, à droite : le nez et l'œil suffisent à cette reconnaissance. Le visage est chevelu et barbu, la technique de fabrication semblant avoir imposé le style, avec traitement des mèches en larges torsades juxtaposées. Une autre série de torsades, passant au-dessus du front, semble figurer un bandeau dont l'attache manquerait encore à cause du fractionnement de l'objet. La tête est inscrite sûrement dans un double laurier affronté.

L'ensemble des pièces, tel que reconstitué sur le dessin, décrit un anneau fixant une plaque imagée de plan perpendiculaire, auquel une clochette était suspendue. La comparaison avec le répertoire des bagues connues impose la dénomination. Il ne peut s'agir du couvercle d'un objet cylindrique, pyxis, boîte à khôl, carquois, etc. : l'anneau et l'image n'y seraient pas opposés. Il s'agit d'une *shield-ring*, une bague ostentatoire, déposée près du défunt et dans son enveloppe sur la couche funéraire. C'est indubitablement un de ces insignes rares, généralement munis d'appendices tintinnabulants (ici une clochette) et destinés à être arborés soit au doigt, soit montés sur une couronne.

Bien sûr, l'interprétation de l'image portée sur l'insigne est nécessaire à la reconnaissance de sa fonction. Le double laurier affronté, qui ne provient pas du répertoire égyptien traditionnel, désigne à la romaine une figure divine ou surhumaine comparable à la plupart des représentations connues sur les autres *shield-rings*. Le type de l'effigie semble évidemment inspiré de l'iconographie du monnayage romain ; il copie sans doute probablement un médaillon. Rapprochée des deux symboles nᵒˢ 48a et 63a (fig. **33-34**) trouvés à l'intérieur de coupes en bronze à Hbg III/1, l'image assure qu'el-Hobagi restait en contact avec le monde romain.

Couche funéraire

(fig. 78-79 ; photos 42-45)

Les débris de la couche funéraire mêlant bois et fer portent la marque de l'effondrement comme du pillage. Comparée aux vestiges réellement enregistrés, la restitution mérite donc quelque discussion. La conservation relative du bois, surtout quand le matériau était au contact de l'argile humide du sol de la cavité, permet par chance un nombre d'observations suffisantes et assure que la couche était une sorte de lit et non le coffrage éclaté des planches d'un cercueil.

Nᵒ 27a. Châssis de bois rectangulaire, disloqué et partiellement disparu. Le bois était conservé en de nombreux fragments, sur une épaisseur de plusieurs centimètres. Les fibres du bois étaient reconnaissables en plusieurs endroits, particulièrement tout le long des restes de la traverse nord. Le cadre était fait de quatre planches, deux longerons et deux traverses, assemblées à angle droit – deux angles droits sont conservés. Une trace intermédiaire, droite et parallèle aux traverses, semble témoigner que l'écartement des longerons a été maintenu par une cinquième traverse, moins large. On ne sait le mode d'assemblage, l'examen des fibres du bois n'ayant rien assuré. On note que la largeur des traverses, garantie par deux enveloppes de fer, était la même que celle des longerons, soit 10,5 cm. La disparition discontinue des fibres du bois s'explique aisément par le pillage : les visiteurs ont raclé par plages, sans doute pour extraire les derniers os englués dans l'argile, et toute trace manque alors. La dislocation, remarquable par la courbure des longerons, est d'explication moins aisée. Le cadre était-il supporté par des pieds ? Manquent les tenons et les mortaises de l'assemblage, de trois bois à chaque angle, vainement recherchés ; mais la remarque n'est pas définitive, les fibres réelles n'ayant pu être reconnues que dans un côté de l'angle nord-ouest. Il faut supposer quelque hauteur à ce châssis, qui eût été sans cela fixé au sol et aurait été écrasé en position sans dislocation. Nous pouvons donc conclure à une faible hauteur, en l'absence de reconnaissance des pieds d'un lit. Enfin, les dimensions sont difficiles à mesurer du fait des brisures et faute d'élément complet : la surface couverte après démembrement était de 1,55 m sur 64 à 68 cm.

N° 27b. Ferrure de la traverse sud. Elle consiste en une tôle mince, d'environ 15 cm de longueur, enveloppant partiellement le bois. On n'a pas retrouvé la trace de sa continuation sous la traverse. Elle était maintenue par dix clous à large tête, disposés en deux séries de cinq, dont la pointe avait été rabattue sur la face inférieure du bois.

N° 27c. Ferrure de la traverse nord. Identique à la précédente, elle ne paraît différer qu'en raison de l'oxydation et de la disparition de quelques têtes de clous.

N° 27d. Cavalier en demi-ellipse, fixé dans le longeron est. Le mode de fixation dans le bois n'a pu être reconnu. Le cavalier, de 6 à 7 cm de grand axe externe, devait être simplement cloué dans le bois. Sa protubérance est de 2 cm.

N° 27e. Empreinte dans le sol d'un cavalier de forme identique à celle de l'anneau 27d. L'objet a disparu, extrait de l'argile par les pillards. La place de ces cavaliers, très décentrée au sud des longerons, empêche qu'ils aient servi à soulever le cadre de bois avec le défunt au moyen de cordes, comme la faible excroissance des demi-anneaux inviterait à l'imaginer. Peut-être faut-il restituer un dais – suggéré par une tombe de Firka – soutenu par deux tiges de bois verticales légères : la position probable du défunt aurait été tête au sud, et le dais aurait été bas ou démonté pour l'enfouissement. Plus énigmatique encore est le placage médian d'une tôle de fer sur les traverses et son clouage apparemment démesuré. Cette tôle ne peut avoir réparé des fentes dans le bois : les clous auraient été enfoncés différemment et la tôle aurait enveloppé le bois affaibli. Plus probablement, les deux objets maintenaient un matériau fragile en le fixant par une large surface : on n'a trouvé aucune trace d'un tissu, voile ou gaze, peut-être à cause du bois et du fer qui n'ont pu en garder l'empreinte.

N° 27f. Traces colorées perpendiculaires au longeron est. Larges de 3 à 4 mm, elles apparaissent tous les 4 cm environ. Il peut s'agir de fibres organiques entourant le longeron, à la manière de cordages, ou de lanières en cuir tendant la chaîne de la sparterie des *angareb*. L'interprétation n'est rien moins qu'assurée : en effet, la trame semble manquer.

N° 27g. Empreintes déchiffrées sur la traverse sud et sur le sol argileux voisin. Leur largeur est de 1 à 2 mm, leur espacement de 4 mm environ. Ces empreintes longues et rapprochées, comme celles de ficelles plutôt minces, sont traversées par d'autres empreintes orthogonales espacées de 4 à 5 cm. On peut suggérer la trame qui aurait tendu les « fils » de chaîne observés ou, mieux, une natte : on peut comparer le schéma de cette empreinte à celui de la sparterie couvrant les planches de la cavité. Le tissage de la couche, par fibres ou lanières, est donc probable, mais non prouvé avec certitude. Les entrelacs sont évidents, mais le matériau et la façon restent relativement ignorés. Une natte ne serait-elle pas l'objet qu'auraient fixé et tendu les plaques en fer si curieusement encloués ? Ces questions restent irrésolues.

N° 27h. Traces brun-rouge de cuir, reconnu à sa couleur coutumière sur sédiment humide. Les traces sont nombreuses entre la traverse sud et l'intermédiaire, et débordent les « fibres » 27f. On reconnaît des retraits, découpant la trace colorée en nombre de taches juxtaposées, caractérisant soit un séchage exceptionnel de l'argile, soit une dislocation du cuir tendu. Une autre peau ayant laissé des poils dans la cavité, il faut suggérer que celle-ci a été rasée. Si elle couvrait l'ensemble de la couche, elle est nécessairement celle d'un boviné.

Les conclusions concernant l'objet si longuement observé restent partiellement incertaines. La couche est assurément un « lit », même si ses pieds étaient des plus restreints. Ce « lit » était tout sauf un *angareb* selon la façon actuelle, et l'on comprend mal l'obstination mise à dénommer anachroniquement de tels objets funéraires. Faut-il appeler un tel lit une *klinè*, selon une dénomination au moins contemporaine, ou du nom du lit égyptien d'ostentation de la momie ou du défunt, parfois représenté dans les chapelles funéraires ou les tombeaux de Méroé ?

La fonction, quoi qu'il en soit, ressort d'évidence : ce lit n'était pas l'instrument du sommeil, mais celui de la parade mortuaire. Le défunt était exhibé dans tout son apprêt, et cette exhibition avait besoin d'un support et pouvait requérir un dais. Il se peut que la parade d'aujourd'hui imite l'ancienne en utilisant économiquement un *angareb* : resterait à le prouver, en donnant des exemples espacés sur quatorze ou quinze siècles. Ce n'est pas l'*angareb*, mais la parade qui compte : à l'époque, elle utilisait soit un lit, soit un lit bas, soit un sarcophage, soit un simple cercueil, tous instruments de l'ostentation des dépouilles de défunts de haut rang.

Autre matériel de parure dans la cavité

Des perles ont été trouvées en quantité dans la partie de la cavité non altérée par le pillage ; le trou des visiteurs a été exploité séparément. Quatre lots différents ont été collectés :

N° 13 [Snm 26395]. 92 grosses perles en cornaline en forme de sphéroïde aplati (diam. = 1 à 1,1 cm). Elles ont été trouvées sur le sol argileux de la cavité, entre et contre les bouteilles n°s 1 et 3. La surface d'épandage mesurait 20 cm de longueur sur 8 cm de largeur. Les perles étaient parfois de chant et serrées en séries de quatre ou cinq, l'une contre l'autre, mais aucun enfilage suffisamment long n'a été retrouvé. Elles proviennent d'un objet enfoui après les bouteilles, dans l'intervalle entre ces récipients et la paroi est.

N° 14 [Snm 26398] (photo **48**). 104 perles moyennes en forme de sphéroïde aplati (diam. = 8 à 9 mm) ; 50 sont en quartz blanc, 46 en cornaline, 8 en pierre noire non identifiée. Elles ont été trouvées sur le sol, près de la bouteille n° 3, non loin de la bouteille n° 5. L'aire de dispersion, informe, était très réduite : 10 cm de longueur sur 7,5 cm de largeur. Le paquet ressemblait à un tissu de perles, mais les plis apparents d'un pectoral éventuel n'ont pas été retrouvés. Un schéma d'enfilage n'est pas davantage apparu.

N° 38 (photo **49**). 60 grosses perles en cornaline en forme de sphéroïde aplati (diam. = 1 à 1,1 cm). La surface de répartition était strictement rectangulaire, de 10 cm de longueur sur 6 cm de largeur. On distingue encore une fois des enfilages serrés, mais croisés ou contraires. Il s'agit plus probablement d'un collier de 50 à 60 cm de long, déposé sur place, que d'un tissu de perles semblable à un pectoral. L'objet voisinait le n° 13.

N° 39 (photo **49**). 145 grosses perles en cornaline en forme de sphéroïde aplati et une perle tubulaire en faïence vert-bleu (diam. = 1 à 1,1 cm). La surface de répartition était ovale, de 14 cm de grand axe et 8,5 cm de petit axe. L'objet, proche des n°s 13 et 38, est cette fois presque sûrement un seul enfilage, tortillé et mêlé sur lui-même. La perle tubulaire servait probablement d'arrêt.

Ces 402 perles appartiennent à un nombre indéterminé d'objets – deux au minimum, quatre au maximum – enfouis en dernier dans la cavité, une fois les bouteilles déposées. Elles n'appartenaient sûrement pas au matériel d'apprêt du défunt. Elles ne se comparent qu'à leurs homologues, de même forme, mêmes dimensions et mêmes matériaux, qui décoraient les haches et les hampes des lances (*infra*, p. 222). Elles peuvent théoriquement avoir orné les bouteilles n°s 1 et 3, et être tombées sur le sol de la cavité après désagrégation de leurs liens.

Plus sûrement, l'effondrement des planches de la cavité ayant été quasi immédiat, elles décrivent des objets, colliers ou pectoraux, non reconstituables, déposés sinon en « offrandes funéraires » au défunt, du moins pour la divinité funéraire à laquelle le défunt est identifié. Le don d'objets de parure caractérise les formes du culte rendu aux dieux aussi bien à Méroé qu'en Égypte, au même titre que libations, encensements, apprêts des statues, etc. Le dépôt de perles dans la tombe est la trace certaine d'une tradition subsistante, même si les objets confectionnés avec ces perles ne paraient pas la dépouille. Il faut également suggérer que ces offrandes peuvent décrire un insigne, un symbole ou une récompense, comme l'iconographie méroïtique nous y invite, qui multiplie les emblèmes emperlés sur les représentations des personnages de haut rang.

Toutes les perles appartiennent à une unique catégorie, déjà décrite pour Hbg iii et Hbg 4, qui caractérise les tombes du Méroïtique final à el-Kadada. Leur facture peut être ainsi décrite : rapidement taillées, grossièrement polies, aplaties par abrasion, rainurées sur une face, et trouées à partir de cette rainure avec un perçage dit « monoconique ». Les dimensions sont variables. Les matériaux sont ceux des perles en goutte du Méroïtique récent, le quartz blanc, la cornaline et la pierre noire non identifiée. Ces perles témoignent d'une industrie et assurent de la continuation des ateliers du Méroïtique récent.

Matériel de parure hors de la cavité

De même que le « don de perles » dans la cavité doit être précisément décrit et soigneusement interprété, les trouvailles de perles dans le corps du tumulus méritent un commentaire détaillé.

Quelques surfaces nettoyées à l'intérieur de l'enceinte ont rendu plusieurs perles, généralement en test d'œuf d'autruche, toujours inclassables chronologiquement. Ces perles ont chaque fois été jetées, faute de pouvoir recevoir la moindre datation. La description qui suit ne concerne que des perles trouvées dans le corps du tumulus, soit sur la surface de construction, soit en hauteur dans l'une ou l'autre des deux accumulations successives caractérisant l'érection de la superstructure. Découverts à la houe, les objets qu'elles signalent peuvent bien sûr être incomplets : le décompte donné est chaque fois un minimum. Les perles étaient toujours groupées, généralement dans un volume de terre inférieur au décimètre cube : les trouvailles ne décrivent pas des accidents, qui auraient répandu les éléments de bracelets ou de colliers, mais le jet d'objets complets, volontairement enfouis.

N° 202[39]. 46 petites perles en test d'œuf d'autruche (diam. = 6 mm) ; 1 grande perle de même matériau (diam. = 1 cm) ; 1 perle tubulaire en faïence bleu-vert (long. = 7 mm ; diam. = 4 mm).

N° 203. 72 grandes perles en test d'œuf d'autruche (diam. = 1 cm).

N° 204. 37 grandes perles en test d'œuf d'autruche (diam. = 9 à 10 mm).

N° 205. 31 grandes perles en test d'œuf d'autruche (diam. = 1 cm).

---

39. [Aux sept groupements de perles en test d'œuf d'autruche (n°s 202-208) correspondent trois numéros Snm dont la description est explicite : 26402-26404. Voir annexe 4.]

N° 206. 59 perles en test d'œuf d'autruche de tailles variables (diam. = 5 à 11 mm) ; 1 perle tubulaire en faïence bleu-vert (long. = 8 mm ; diam. = 4 mm). Les trous de perçage sont également de diamètres variés.

N° 207. 135 perles en test d'œuf d'autruche, de tailles variables (diam. = 5 à 10 mm), à trou également plus ou moins large.

N° 208 [SNM 26652]. 2 perles oblongues irrégulières, faites par perçage d'un cylindre naturel de grès ferrugineux :
 — 208a : long. = 2,4 cm ; diam. = 1,3 cm.
 — 208b : long. = 2,8 cm ; diam. = 3 mm.

La pratique du don ou de l'abandon d'objets de perles, déjà signalée à Qoustoul, semble différencier les tumulus ordinaires de certains tertres importants. Faute de documentation détaillée, il est difficile d'interpréter un tel fait. Peut-être faut-il suggérer de nouveau un acte exprimant la dévotion ou le vasselage, qui verrait les constructeurs du tertre sacrifier de leurs propres parures en l'honneur du défunt ou de sa divinité, ou de la divinité. Il est clair que la signification éventuellement sociale ou religieuse d'une telle pratique échappera à toute élaboration tant que les tertres ne seront pas fouillés avec système et minutie : le coût d'une telle enquête serait évidemment disproportionné par rapport au résultat.

Matériel corporel de HBG VI/2

No HBG VI/2/1. Collier de perles variées :
 — 263 perles en test d'œuf d'autruche (diam. = 6 mm).
 — 2 grosses perles en faïence bleu-vert en forme de sphéroïde aplati (diam. = 1,1 cm).
 — 3 perles tubulaires en faïence bleu-vert, de diamètres et longueurs variables.
 — 5 perles annulaires irrégulières en faïence bleu-vert.
 — 9 perles vertes, petites ou moyennes, en verre ou pâte de verre, de formes et de diamètres irréguliers.
 — 4 perles rouges, petites ou moyennes, en verre ou pâte de verre, de formes et de diamètres irréguliers.
 — 9 perles bleues, petites ou moyennes, en verre ou pâte de verre, de formes et de diamètres irréguliers.
 — 1 perle noire en pâte de verre, plutôt tubulaire.
 — 2 petites perles en os, plutôt tubulaires.
 — 4 perles taillées dans les tests nacrés de coquillage, plutôt tubulaires.
 — 1 perle en pierre en forme de sphéroïde.
 — 2 perles grises en pâte de verre, plutôt annulaires.
Ce collier composite, fait de perles souvent usées, déformées et disparates, n'a pas laissé reconnaître d'autre enfilage que ceux des très nombreux éléments en test d'œuf d'autruche. On ne peut le reconstituer.

No HBG VI/2/2. Deux cauris de 1,4 cm de long, au péristome abrasé, trouvés près de l'oreille gauche. On ne sait s'ils appartenaient au collier ou à une boucle d'oreille en fibre ou en cuir.

En résumé, les perles du tumulus VI fournissent l'occasion de s'interroger sur le matériel généralement dit « de parure », qui relève de catégories plus complexes que celle de l'esthétique du défunt. D'éventuels « orne-ments » du mort ont disparu, ici comme ailleurs, et ne peuvent être restitués que par les perles abandonnées ou délaissées par les pillards. L'« ornementation » n'est qu'une partie de l'habillage de la dépouille, un apprêt visant à sélectionner des insignes significatifs en vue de sa présentation publique : les colliers et bracelets « ornant » le défunt appartiennent à son équipement funèbre, fait d'abord d'armes puis d'emblèmes. Les « parures » sup-plémentaires, dont on ne charge pas le corps, mais qu'on dépose pourtant dans la cavité, soulignent combien la fonction d'ornementation est secondaire, voire inexistante, et combien d'autres fonctions symboliques prévalent. Les « parures » déposées dans le tumulus complètent ce questionnement : il faut en découvrir le sens social ou religieux. C'est pourquoi il convient de dépasser l'idée d'un défunt décoré et de ranger les perles parmi l'ensemble plus vaste du matériel corporel. De nouvelles catégories apparaissent grâce à ce classement, qui peuvent plus clairement renseigner les fonctions sociales et religieuses de la liturgie funéraire.

Armement   (fig. 97-116)

Comme le tumulus III, le tumulus VI a produit une quantité remarquable d'armes, qui le classe parmi les tombes nilotiques les plus fournies et font rivaliser el-Hobagi avec les sites nubiens réputés. Cette quantité mérite déjà interrogation. Les deux fourniments se ressemblent pour quelques catégories d'armes, mais diffèrent pour de nombreuses autres : seconde source de questions.

Grâce à la capillarité, la cavité du tumulus VI a conservé ses bois. Cette conservation a aidé considérablement la fouille : l'arc et la hache emmanchée ont enfin pu apparaître, par exemple. Mais les archéologues ne s'étaient pas préparés à cette circonstance exceptionnelle, et l'on voit d'ailleurs assez difficilement comment ils auraient pu en tirer parti. Une fouille noyée était théoriquement pensable, qui aurait permis de sauver manches et hampes, mais elle était totalement impraticable dans l'enchevêtrement dû à l'effondrement des planches couvrant la cavité. Les fouilleurs ont donc vu disparaître les fibres ligneuses sous leurs yeux, sans même toujours pouvoir en enregistrer les contours exacts tant l'écrasement avait endommagé les artéfacts.

Sauver déjà les fers des armes a suffi à la peine, pour pallier l'effet du concassage et de l'oxydation. Les petits objets ont été en général nettoyés et collectés patiemment un à un, mais certains se trouvaient couverts par les épées et n'ont pu être dessinés et comptés sur place. Les grands objets ont été relevés un à un quand ils étaient isolés, comme certaines haches. Les autres ont été prélevés en bloc par moulage et renversement dans un berceau ; le nettoyage ultérieur au musée de Khartoum permet leur description.

Flèches   (fig. 97-105)

Pointes en bronze de la fosse   (fig. 97-99)

La cavité a produit deux faisceaux de pointes en bronze et une pointe en bronze isolée.

N°s 42/1-34 [Snm 26409] (fig. **97**). Ce faisceau de pointes n'a pu être observé sur place dans sa totalité : les épées le dissimulaient entièrement. Il n'est apparu, au nettoyage, que par une première pointe, la n° 42/34, perçant en oblique et coincée entre les deux grandes lames. Un nettoyage latéral a dévoilé les n°s 42/29-34 et révélé l'orientation d'un carquois. Le reste des pointes a subi le retournement des épées, heureusement sans dégât. Ce carquois avait été posé en premier sur le sol de la cavité. Les 34 objets sont de type identique, à barbelure unique, latérale et inverse. Type et fabrication sont totalement comparables à ceux décrits pour les pointes n°s 190/1-7 et 201/1-31 du tumulus III : martelage, détachement au burin de la barbelure et des griffes, affûtage. Les dimensions sont également équivalentes. L'épaisseur est difficile à mesurer à cause de l'expansion des chlorites qui ont gonflé le métal superficiel encore sain. La longueur souffre aussi de l'éclatement des soies : elle varie de 7 cm (n° 42/33) à 8,2 cm (n° 42/31). Le nombre des griffes est en général de deux ou trois par arête, donc de quatre ou six paires par flèche au total.

N° 44/1-34 [Snm 26412] (fig. **98**). Ces pointes orientées ont été trouvées au-dessus de multiples pointes en fer : le carquois de flèches à pointes en bronze avait été déposé sur de nombreux autres. Tous les 34 éléments appartiennent au type décrit, à corps lancéolé, à barbelure unique, latérale et inverse, détachée du corps.

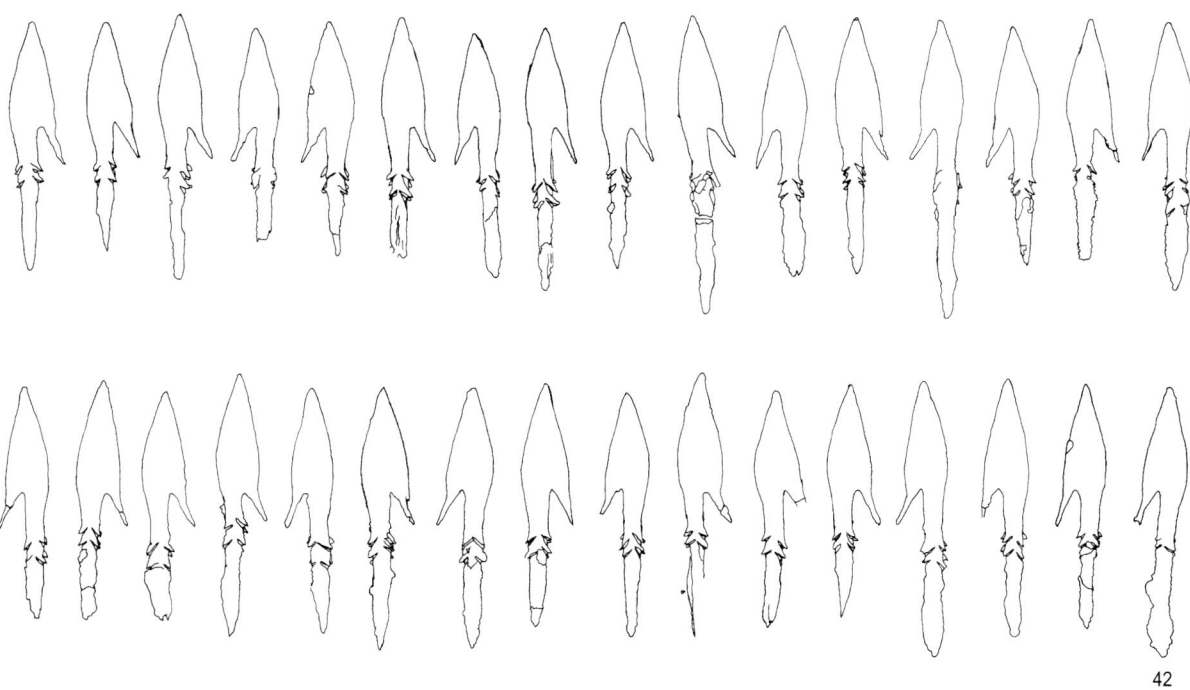

Fig. 97. HBG VI/1. Carquois de flèches de bronze n° 42. 1/2.

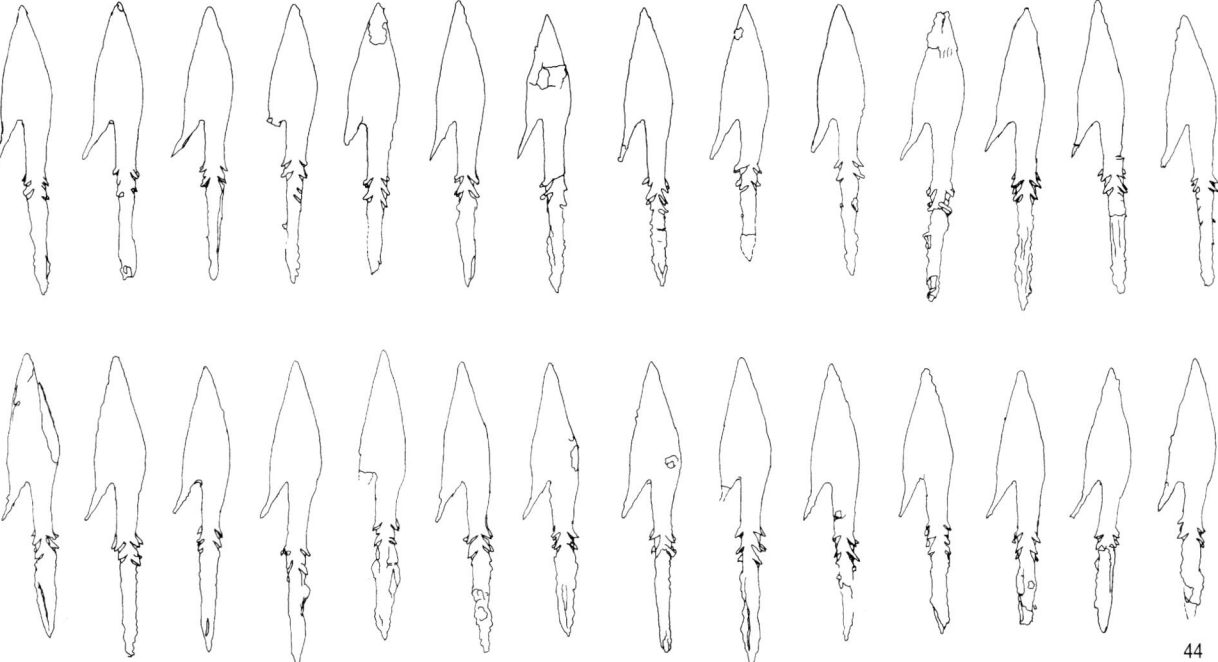

Fig. 98. HBG VI/1. Carquois de flèches de bronze n° 44. 1/2.

Les griffes, toujours orientées vers la partie proximale des objets, se comptent par paire ou trio sur chaque arête ; elles paraissent plus brutalement détachées. L'affûtage est bilatéral, et la pointe semble rester relativement mousse. Ces observations doivent néanmoins être tempérées par les déformations superficielles dues à l'expansion des chlorites qui rend la restauration urgente. Les dimensions en l'état varient de 6 cm (n° 44/17) à 8,4 cm (n° 44/10). Les bois des hampes ont été aperçus sous forme de traces fibreuses longues et droites et de vestiges ligneux réels vite irréversiblement rétractés et tortillés. Aucune analyse n'a été entreprise, la conservation de fibres dans l'eau n'ayant pu être assurée, surtout après le voyage sur piste vers Khartoum. On peut indiquer la ressemblance de ces tiges avec le roseau, mais aucun nœud caractéristique de l'espèce végétale n'a pu être observé.

N° 36 [Snm 26407] (fig. 99). Pointe de flèche ostentatoire en bronze, trouvée près des épées dans le lot d'objets déplacés. Long. = 5,7 cm dont 2 à 2,1 cm de corps. La distance entre les deux extrémités des barbelures est de 1,5 cm. L'épaisseur est de 2 mm. Elle est à barbelure double, symétrique, latérale et inverse. Le côté des ailes est presque parfaitement droit et semble peu fonctionnel : il ne paraît pas avoir reçu le moindre affûtage. La soie a été martelée et produit une section carrée, à arêtes vives, mais aucune griffe n'a été détachée. Les traces fibreuses sur la soie garantissent que la pointe a été réellement montée sur une hampe.

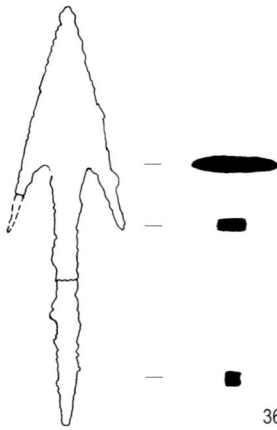

Fig. 99. Hbg vi/1. Flèche ostentatoire de bronze n° 36. 1/1.

La présence de cette flèche unique, dont le type diffère tant du type prépondérant représenté en 68 exemplaires, a beaucoup intrigué à la fouille. Cette pointe a-t-elle été extraite d'un carquois par la curiosité des pillards, et si oui, duquel ? Question difficilement soluble. La pointe ressemble aux pointes en fer enfouies en carquois, également sous les épées. Elle voisinait avec une autre pointe en fer de type comparable. Ne pourrait-elle pas avoir été rangée dans un carquois de pointes en bronze malgré sa différence morphologique ? Sa hampe a été recherchée, tout autant que celle de la pointe en fer n° 37. Les vestiges trouvés ne dépassent pas 1 dm de longueur. Elle faisait partie d'un lot d'objets disparates, comprenant les perles tubulaires en faïence n° 34 et la clochette n° 29, ce lot jouxtant quantité d'objets évidemment déplacés puis accumulés sur les épées : l'anneau d'archer n° 25, la bague ostentatoire n° 28, le calice n° 23, le poignard n° 24 et quelques fragments crâniens. Les pointes n'ayant en rien intéressé les pillards, les n°s 36-37 ont été écartées et doivent être reconnues comme provenant de la dépouille ou tout au moins d'un dépôt sur la couche funéraire. La question n'est pas vaine : le type de la flèche peut exclure que sa fonction ait été utilitaire (absence d'affûtage, forme plus ostentatoire que pratique, caractères hors norme comme l'absence de griffes). L'iconographie et l'archéographie des tombes doivent aider à comprendre le rôle de cette flèche unique.

Au total, 69 pointes en bronze ont été enfouies[40] : deux carquois (nos 42a et 44a), chacun de 34 flèches identiques, ont été répartis de part et d'autre de la couche funéraire, et une flèche a été déposée sur cette couche ou tenue par le défunt.

Pointes en fer de la fosse[41]   (fig. 100-104)

Nos 43/1-25 [SNM 26413] (fig. 100). Ce groupement de pointes en fer, dissimulé sous les épées, n'a pas pu être correctement examiné à la fouille. Il a souffert du retournement du berceau de moulage des deux grandes lances jointives et, plus encore, de l'effondrement des planches de la cavité, qui a tordu latéralement et ortho-gonalement nombre de fers. Le dessin montre des traces significatives de cette pression sur le métal (nos 43/4, 5, 9, 10, 12), mieux supportée par les pointes en bronze. Le comptage des objets traduit peut-être le coup subi : les débris non restituables abondent et réduisent le total des pointes sûrement reconnues à vingt-cinq, inférieur au nombre plus habituel de la trentaine. Toutes les flèches sont triangulaires, à ailes presque droites, symétriques. Leur type est à deux barbelures, bilatérales, basilaires et inverses. On y remarque nombre de traces d'emmanchement, avec ligatures (nos 43/1, 5, 12). On ne peut bien sûr reconnaître s'il y a eu affûtage. La longueur des corps est égale, de 3 à 3,5 cm ; la fabrication est remarquablement homogène. Le carquois n° 43a, identifiable aux colorations brun-noir sur les pointes et sur le revers des épées, a été superposé au carquois n° 42a et a servi à supporter les deux grandes lames.

Du côté ouest de la couche funéraire, la reconnaissance des carquois a été un travail de puzzle. Les sacs étaient superposés, heureusement décalés, mais la diffusion des oxydes cachait la coloration des enveloppes en cuir, naturelle ou artificielle, et mêlait toute trace permettant de les différencier sûrement. L'orientation des flèches ne variait pas, mais elles étaient parfois répandues dans le sac : elles n'étaient plus toujours groupées en faisceaux. Parfois les pointes s'engageaient sous les fers des lances. Les pillards ont longuement piétiné les hampes et les ont réduites par leurs raclages. Enfin le tas de flèches a subi l'effondrement du toit de la cavité.

N° 46/1-28 (fig. 101). Ces pointes ont subi des déformations dues au tassement subit du tumulus (voir nos 46/6 et 10 par exemple). Elles sont très brisées, et il a fallu un patient assemblage pour restituer 28 têtes sûres. On peut compter trois à cinq autres objets possibles, réduits en fragments. Les fouilleurs ont tenté de nettoyer les pointes malgré les brisures et de les compter au fur et à mesure de leur démontage. Le résultat permet d'assurer des raccords non évidents, comme sur les nos 46/15, 17 et 19. Le gain d'information n'est pas certain. Les pointes sont de petite taille, le corps ne mesurant en général qu'entre 2 et 3 cm. On les compte comme suit :
  – 21 pointes à barbelure unique, basilaire, latérale et inverse.
  – 2 pointes à barbelure double, basilaire, symétrique et inverse (nos 46/20 et 27).
  – 4 pointes indéterminées.
  Leurs caractéristiques semblent différer légèrement de celles que l'on note pour les pointes régionales. On peut séparer des barbelures fines, apparemment rapportées, des barbelures plus coniques, qui seraient décou-pées. L'oxydation complète des âmes en fer empêche de décrire sûrement le mode de fabrication. On note comme d'habitude la ligature en bout de hampe, débordant sur la soie (nos 46/6 et 13).

---

40. [Le nombre de 67 pointes donné dans P. LENOBLE, ANM 3, 1989, p. 100, doit être révisé, la fouille en laboratoire du berceau des épées ayant procuré deux éléments supplémentaires.]
41. [Seuls les numéros SNM des carquois nos 43 (26413) et 52 (26418) ont pu être réattribués avec certitude. Les trois carquois restants, nos 46-48, correspondent aux numéros SNM 26410, 26411 et 26414-26418.]

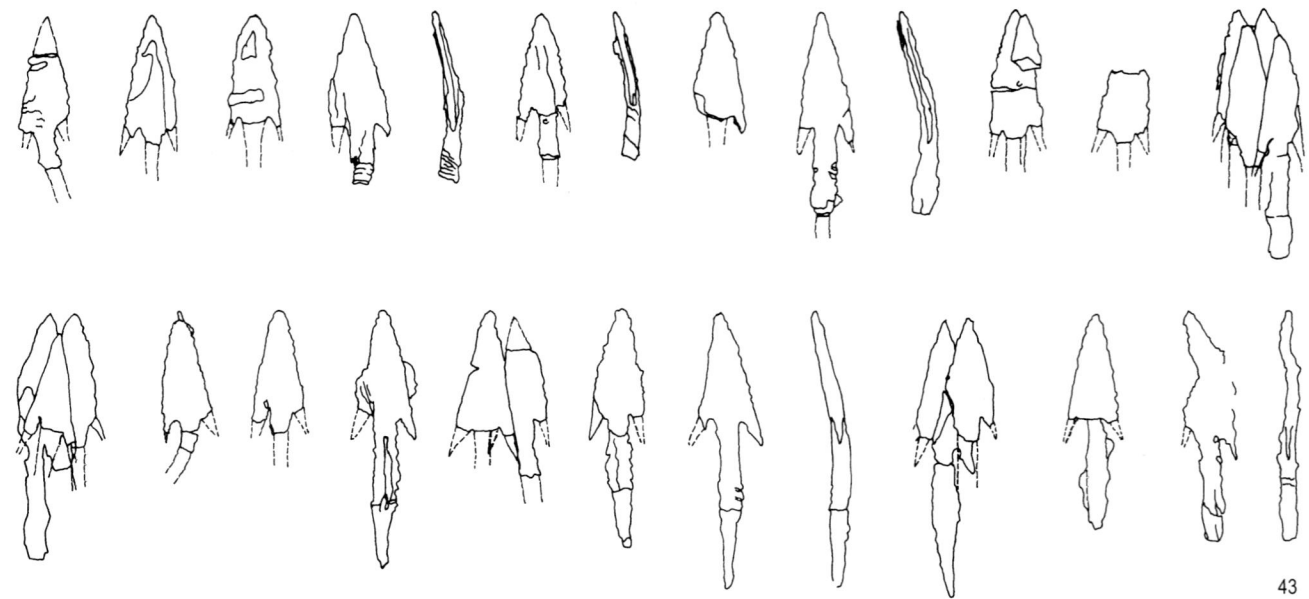

Fig. 100. HBG VI/1. Carquois de flèches de fer n° 43. 1/2.

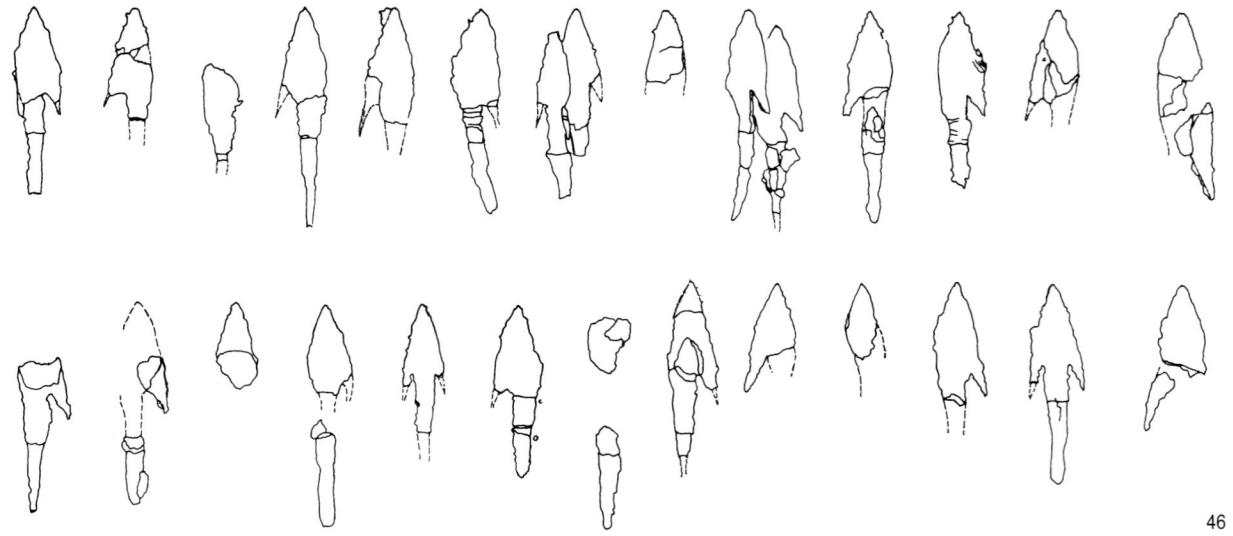

Fig. 101. HBG VI/1. Carquois de flèches de fer n° 46. 1/2.

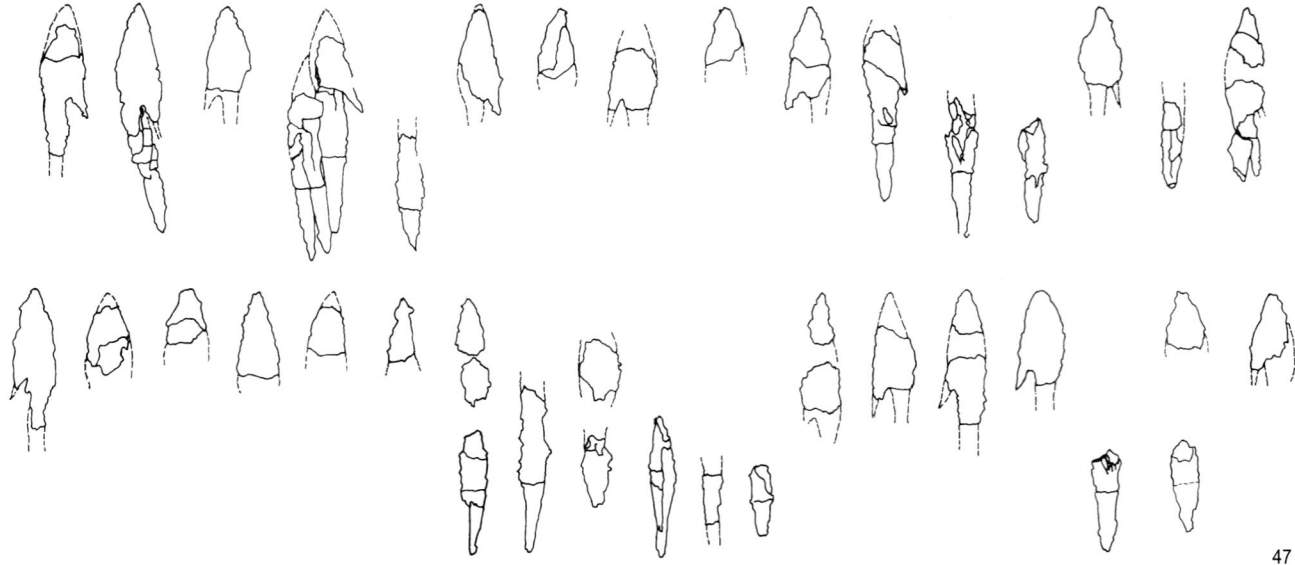

Fig. 102. HBG VI/1. Carquois de flèches de fer n° 47. 1/2.

Nᵒˢ 47/1-35 (fig. 102). Les pointes apparaissaient à l'intérieur d'une coloration brun-rouge limitée et dessinable : elles sont demeurées en place dans leur carquois (nᵒ 47a), mais ont subi plus que d'autres les dégâts de l'effondrement et du piétinement. On les a donc dégagées selon le même principe que précédemment, et le relevé a cette fois permis un comptage moins approximatif. Les hampes ont été découvertes sur près de 10 cm : leur matériau s'apparente au roseau. On distingue 15 pointes à barbelure unique basilaire, latérale et inverse, et 20 pointes indéterminées. Les corps observables mesurent entre 2 et 3 cm de longueur. L'état des fragments ne permet guère d'observations.

Nᵒˢ 48-51/1-120 (fig. 103 a-b). Plusieurs carquois ont été superposés contre les fers empilés des lances, qu'il n'a pas été possible de diviser. Les pointes se répandaient sur 14 cm de large et 30 cm de long. Elles étaient toujours orientées, et leurs hampes, reconnues parfois sur plus de 20 cm malgré l'écrasement et l'enchevêtrement des fibres, demeuraient parallèles. Quelques limites de coloration ont garanti le bord des sacs ; quelques autres, à l'intérieur du tas, ont assuré plus d'un sac. La fouille s'est donc attachée à compter plutôt les corps de pointes, voire les extrémités distales, et la restauration a rattaché les soies par assemblage et collage ou selon les quelques rares indications de la collecte. Le nombre des carquois a finalement été défini grâce à leur contenu moyen, d'une trentaine de flèches. Les pointes ont été comptées en continu afin d'éviter des attributions arbitraires qui ne seraient pas fondées sur des observations sûres de terrain. Typologiquement, les objets se distribuent de la façon suivante :
   – 89 pointes à barbelure unique, latérale, basilaire et inverse.
   – 8 pointes symétriques à barbelure double, latérale et inverse.
   – 23 pointes indéterminées.
   Il est fort probable que les 23 pointes indéterminées, car mal conservées, soient toutes à deux barbelures symétriques. Quelles que soient les restitutions de carquois que ces décomptes suggèrent, il est clair que les quatre sacs présentaient un contenu composite, dont la combinaison moyenne est déjà décrite par celui du carquois nᵒ 46. Une, deux ou trois flèches à double barbelure complètent les 20 à 30 flèches à barbelure unique. On ne commentera pas une nouvelle fois les différentes traces perceptibles dans les oxydations : toutes sont reportées dans les dessins. On remarquera simplement, sur l'un des sacs nᵒˢ 48a, 49a, 50a et 51a, une bande verte peinte, large de 1 cm, peut-être la trace d'une teinture sur cuir.

Nᵒˢ 52/1-28 [SNM 26418] (fig. 104). Ce faisceau était placé à l'écart, dans une limite colorée très reconnaissable. Les pointes étaient exactement rangées et empilées, de même que les hampes, suivies sur 18 à 19 cm de longueur et raclées à leur empennage. Un carquois séparé ne fait aucun doute. Le type exclusif est la pointe à deux barbelures symétriques, latérales, basilaires et inverses. Les barbelures prolongent les ailes du corps de flèche, dans une trace de couleur ferreuse uniforme, alors que le cœur et la soie sont couleur ferrique ou jaunes. Les observations de terrain suggèrent que l'on peut restituer la fabrication de ces pointes doubles par ajustage et martelage d'une tige ronde effilée, faisant soie et corps, et d'une tige pliée selon le même angle d'effilage, faisant bord et barbelures. Suggestion pure, en l'absence d'études métallographiques, et à prendre avec prudence, les pointes étant empilées et les oxydations, différentielles en raison des surfaces en contact ou non. On reconnaîtra à tout le moins un carquois jumeau du nᵒ 43 et une curieuse répartition de ces sacs spéciaux, comme pour la paire de pointes en bronze, de part et d'autre de la couche funéraire.

Nᵒ 37. Pointe isolée. Elle est symétrique, à barbelure double, basilaire, latérale et inverse. Déjà signalée dans le commentaire du nᵒ 36, elle a été, pour les mêmes raisons que la pointe en bronze, ôtée de la dépouille ou écartée de la couche funéraire. Elle n'est pas représentée : insuffisamment enveloppée, elle s'est brisée définitivement pendant le transport des objets vers Khartoum.

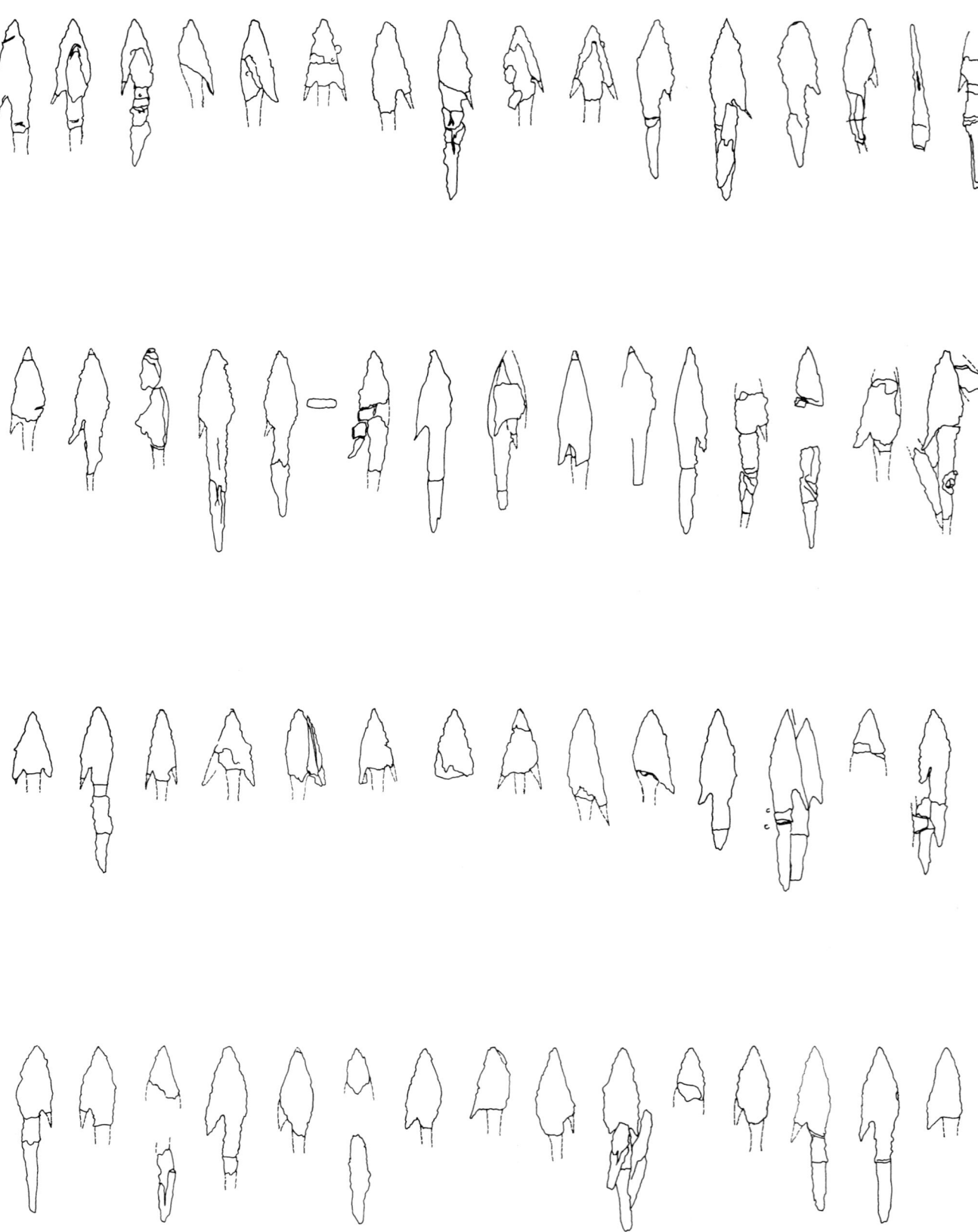

48 à 51

Fig. 103 a. HBG VI/1. Quatre carquois de flèches de fer nᵒˢ 48 à 51. 1/2.

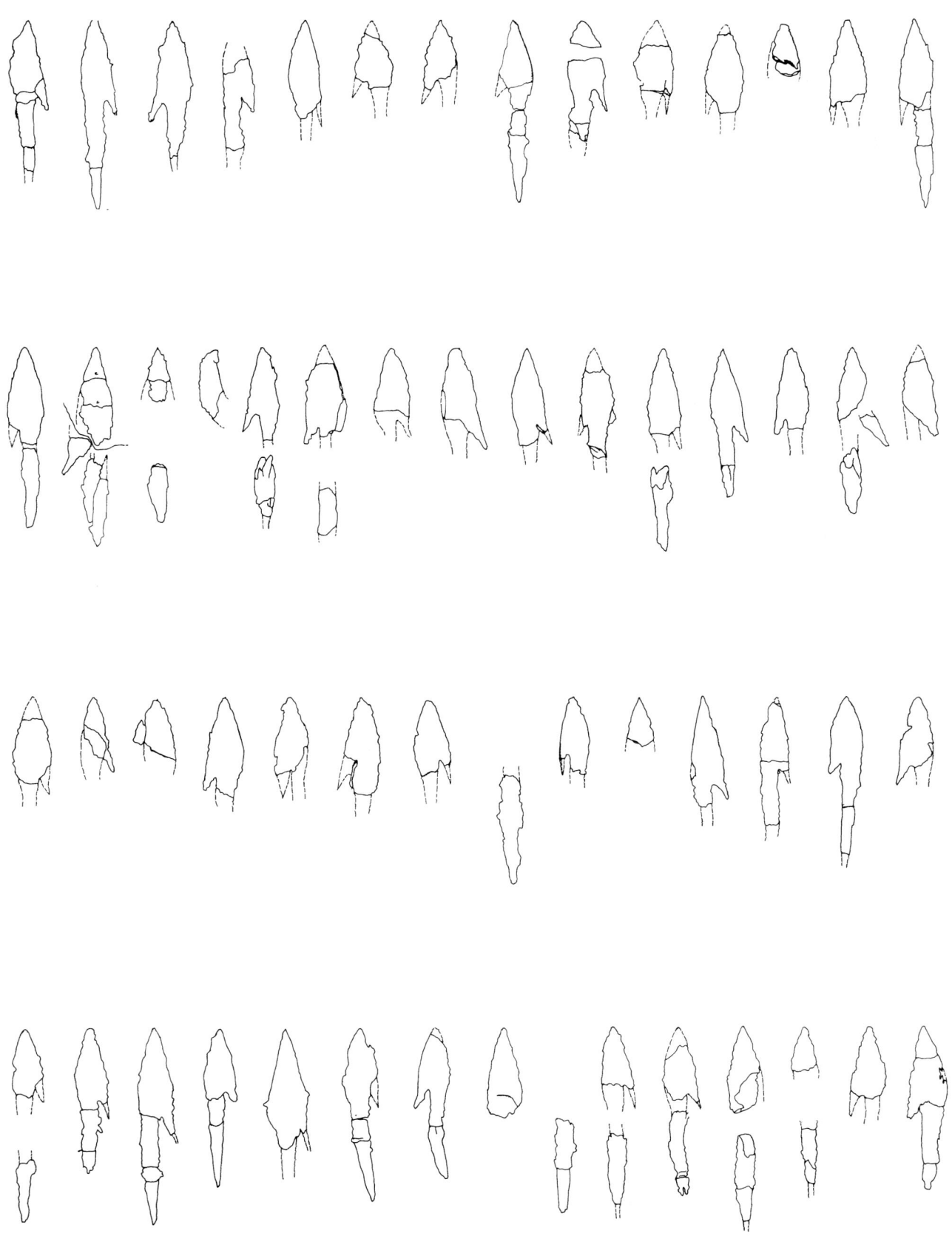

48 à 51

Fig. 103 b. Hbg VI/1. Quatre carquois de flèches de fer n⁰ˢ 48 à 51 (suite). 1/2.

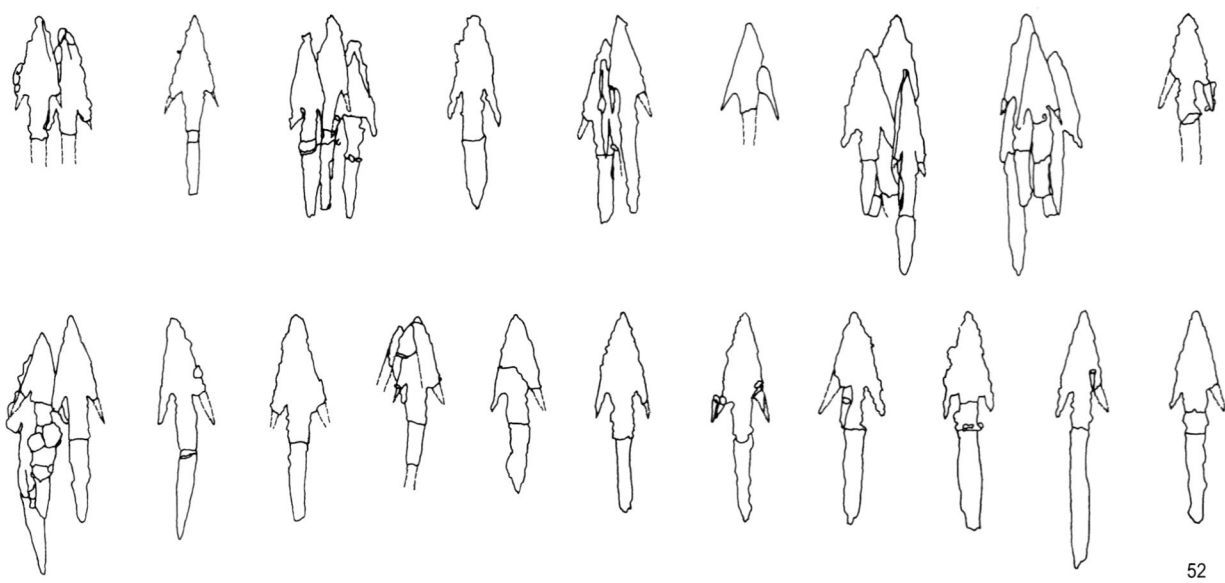

Fig. 104. Hbg vi/1. Carquois de flèches de fer n° 52. 1/2.

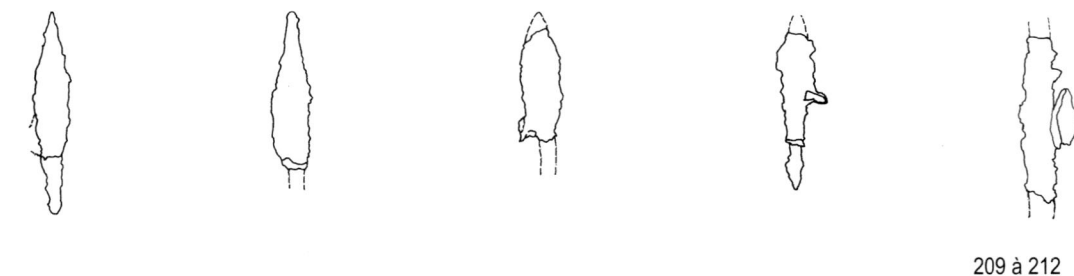

Fig. 105. Hbg vi/1. Flèches externes à la tombe centrale trouvées en 1989 nᵒˢ 209 à 212. 1/2.

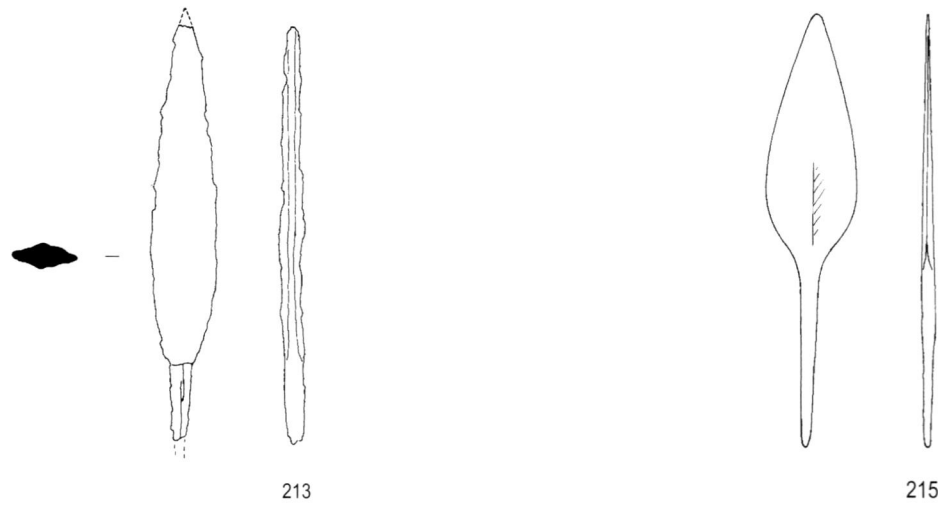

Fig. 106. Hbg vi/1. Deux javelines trouvées à l'extérieur du tumulus en 1989 nᵒˢ 213 et 215. 1/2.

Si l'on résume la description de la quantité impressionnante de flèches enterrée auprès du défunt HBG VI/1, on recense non plus sept[42], mais dix carquois après dissociation d'un groupe de 120 flèches réunies artificiellement par la décomposition organique de leurs sacs respectifs. Ces dix carquois contenaient un total minimum de 322 flèches.

Les carquois n'étaient pas identiques. Deux d'entre eux ont fourni uniquement des pointes en bronze et se répartissaient de part et d'autre du défunt. Deux autres, formant aussi une paire répartie de même, n'ont donné encore qu'un type exclusif de pointes en fer, symétriques et à double barbelure. Les six autres étaient des sacs à pointes en fer, mélangés à des objets composites, mêlant une moyenne de deux pointes à double barbelure à une moyenne de 20 à 30 pointes à barbelure simple.

On n'oubliera pas de compléter le décompte par le constat que des flèches particulières ont participé directement à la parure du défunt ou ont été déposées sur la couche funéraire. Par comparaison avec les groupements obtenus à HBG III/1, il ne restera qu'à tenter d'interpréter le sens d'un empilage si extraordinaire, en dissociant carquois de flèches groupées et flèches séparées, flèches en bronze et flèches en fer, flèches communes et flèches spéciales. Travail rendu difficile par le manque de documentation, Méroé n'étant bien renseignée que par la sépulture Beg. W. 122, Qoustoul et Ballana ne l'étant presque pas.

Pointes en fer extérieures à la tombe   (fig. 105)

Nos 209-212 [SNM 26586] (fig. 105). Le nettoyage de l'aire emmurée a livré quatre pointes de flèches en fer. Elles proviennent du sol de construction du tumulus, sous le sable qui les a scellées. Elles se situaient légèrement à l'ouest du parement interne de la partie orientale de l'enceinte et étaient accompagnées de la javeline n° 213 (*infra*, p. 212 et fig. 106). Elles ont été inconsidérément ramassées par les ouvriers, et leur emplacement n'a pas été exactement repéré. Insuffisamment protégées, les pointes oxydées et cassées sont difficilement classables. Deux sont probablement à barbelure unique, latérale, basilaire et inverse. Les deux autres, apparemment fusiformes, peuvent avoir vu cette barbelure brisée. La trouvaille aurait pu être considérée comme accidentelle et anecdotique si elle ne s'était accompagnée de celle d'une javeline et si elle ne s'éclairait de l'anneau d'archer commun, trouvé brisé sur le sol de construction et sous le tumulus. Selon toute apparence, elle n'est pas fortuite, et il faut supposer une activité armée lors de l'enterrement, et peut-être des rites employant des armes pendant la liturgie, à l'emplacement même des funérailles.

Anneaux d'archer [43]   (fig. 107)

Anneaux de la fosse

N° 25 (photo 45). Anneau de granite à gros cristaux (presque une pegmatite verdâtre), relativement irrégulier, à perçage centré et biconique. Haut. = 2,4 cm ; diam. (1) = 5,6 × 5,4 cm ; diam. (2) = 4,2 × 4,2 cm ; diam. int. = 2 × 2,1 cm. Il était déposé sur les épées, entre une diaphyse osseuse et la bague ostentatoire, dans le sédiment du trou de pillage qui descend précisément jusqu'à ce plan. L'anneau n'a pas intéressé les pillards : il faut sûrement le replacer à l'un des pouces du défunt. Les traces de perçage sont d'autant plus perceptibles que les trois composants du granite ont une dureté différente et que les gros grains ont accentué différentiellement l'abrasion. Il n'y a pas eu régularisation interne par limage. Les faces horizontales ne sont pas strictement parallèles. Les arêtes sont toutes arrondies. Le polissage externe a en revanche été très soigné. Il y a quelque

---

42. Comme indiqué dans P. LENOBLE, *AnM* 3, 1989, p. 100.
43. [La table de correspondance entre les numéros de fouille HBG et les numéros SNM (annexe 3) indique quatre anneaux d'archers, accompagnés de leurs anciens numéros de fouille et ayant reçu chacun un numéro SNM, de 26360 à 26363.]

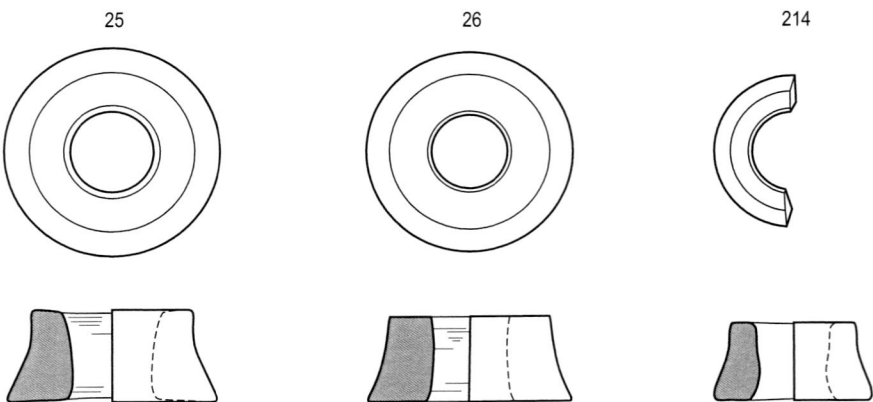

Fig. 107. Hbg vi/1. Anneaux d'archers n⁰ˢ 25, 26 et 214. 1/2.

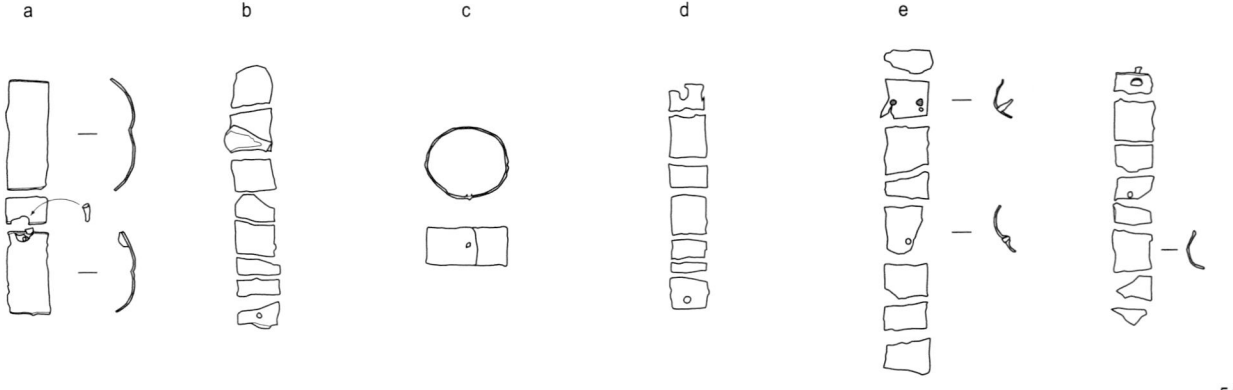

Fig. 108. Hbg vi/1. Viroles d'un arc (?) n° 54 a-e. 1/2.

abus à dénommer l'objet « anneau d'archer », comme on le voit en le comparant au n° 214. L'expression couvre des objets d'usages différents, et celui-ci présente une texture, un diamètre et une épaisseur qui soulignent sa fonction ostentatoire.

N° 26 (photo **43**). Anneau de granite à grain moyen (mais non un microgranite, presque un gneiss par l'orientation relative des cristaux), verdâtre, régulier, à perçage centré et biconique. Haut. = 2,3 cm ; diam. (1) = 5,3 × 5,2 cm ; diam. (2) = 4,2 × 4,1 cm ; diam. int. = 2 à 2,1 cm. L'anneau a été retrouvé dans la descente du trou de pillage, au-dessus de la couche funéraire, en compagnie de trois fragments osseux, l'un crânien, les autres issus d'un bras. Il faut sans doute le replacer à l'autre pouce du défunt. Les traces de la mèche de perçage sont bien perceptibles, et la surface interne n'a pas été régularisée. Les arêtes internes sont restées franches, alors que les externes ont bénéficié d'un polissage de surface soigné. L'objet a la même fonction ostentatoire que le n° 25.

Anneau extérieur à la fosse

N° 214. Fragment d'anneau de granite, verdâtre, relativement irrégulier, à perçage centré et biconique. Haut. = 2 à 2,1 cm ; diam. (1) = 4,1 cm ; diam. (2) = 3,4 cm ; diam. int. = 2,1 cm. L'objet a été trouvé sur le sol de construction et sous les sédiments du tumulus, hors du trou de pillage, à plus de 10 m à l'est de la tombe. L'autre fragment manque, sans doute encore enfoui. On note que si le diamètre interne reste constant, comme il est logique pour un instrument adapté au pouce, les autres dimensions se réduisent par rapport à celles des objets analogues trouvés dans la fosse. On ne peut dire si cet exemplaire était plus « utilitaire » : l'utilité est celle de fonctions sans doute différentes. Mais on doit le dire plus pratique, ou au moins plus adapté à sa fonction dans la chasse ou le combat.

Arc ? (fig. 108)

Alertés par la trouvaille de Ferlini dans le tumulus qu'il explora à Wad ben Naqa, les fouilleurs ont pris garde d'exploiter les bois de la cavité pour tenter de vérifier la présence d'un arc à Umm Makharoqa, tout en craignant que cette arme ait équipé directement le défunt. La chance n'était pas négligeable de retrouver l'arc malgré le pillage, s'il était du type long, signalé par l'iconographie : un tel exemplaire, qui aurait embarrassé la dépouille revêtue de son fourniment et étendue en position contractée sur un lit court, pouvait avoir été rangé à part parmi les armes encombrantes.

Les hampes des lances et les manches des haches, superposés, ont subi un écrasement qui a considérablement gêné le nettoyage : suivre les bois, torturés, brisés, tordus par les expansions du fer, n'a pas donné de résultat assuré à la fouille[44]. Particulièrement, la recherche de la corde supposée, qu'elle soit en fibre végétale ou en cuir, a échoué ; elle aurait pu réussir si l'arc avait été enfoui sous les autres armes, et non au-dessus. On a craint les effets de l'autosuggestion des fouilleurs sur le résultat de fouille. Les derniers nettoyages et examens des objets en laboratoire ne lèvent pas totalement ce doute, qui ne sera éventuellement éliminé que par une future trouvaille comparable.

N° 54 [SNM 26357]. Long fragment de tige de bois, muni de cinq viroles en bronze de section circulaire et de 2 cm de diamètre, reconnu sur 1,05 m de longueur, perdu au niveau des haches et des fers de lance[45].

---

44. P. LENOBLE, *ANM* 3, 1989, p. 100.
45. [La figure 106 donne un sixième dessin de fragments d'une virole (ex-531 ?) qui paraît ne pas être mentionnée dans le texte.]

Nº 54a. Bande rectangulaire en bronze de 1 cm de large et 0,6 mm d'épaisseur, enroulée en virole autour du bois nº 54 et fixée par un clou. La longueur restituée des tessons de la tôle que l'on peut encore assembler est de 6,9 cm. Le clou est sans tête, mais cette dernière peut s'être totalement oxydée. Sa pointe mesure 5 mm de longueur.

Nº 54b. Bande rectangulaire en bronze de 1 cm de large et 0,5 mm d'épaisseur, enroulée en virole autour du bois et fixée par un clou. La longueur n'est pas restituable. Le clou n'a pas été retrouvé, mais se signale par un petit trou au milieu de la largeur d'un fragment.

Nº 54c. Bande rectangulaire en bronze de 1 cm de large et 0,7 mm d'épaisseur, enroulée en virole autour du bois et fixée par un clou. C'est la seule virole qui ait résisté à l'écrasement et que l'on a pu relever intacte. Le clou n'a pas été retrouvé, mais se signale par les deux trous en coïncidence.

Nº 54d. Bande rectangulaire en bronze de 1 cm de large et 0,5 mm d'épaisseur, enroulée en virole autour du bois et fixée par un clou. Le clou manque encore une fois, mais se signale de la même façon. Il était en fer, à en juger par la trace ferreuse sur la tôle de bronze.

Nº 54e. Bande rectangulaire en bronze de 1,1 cm de large, légèrement déchirée, et de 0,5 mm d'épaisseur, enroulée en virole autour du bois et fixée par trois clous. Un trou central d'embout a été percé par un clou en fer. Deux trous latéraux, disposés en vis à vis avec repentir, ont reçu chacun un clou en bronze dont un exemplaire subsiste, long de 5 mm.

Les arguments existent qui aideraient à classer cette tige en hampe de lance. La forme n'est pas déterminante, malgré la courbure du bois : cette dernière diffère de celle observable dans les arcs iconographiques, et le bois archéologique conservé dans l'humidité peut se déformer grandement. Le faux virolage n'est pas non plus une raison de poids : les bandes de bronze enroulées et clouées ne fixent ici aucun manchon et n'auraient pu résister à la moindre tension d'éclatement, mais une autre virole vraie, serrant un talon, est de fabrication identique. Demeurent cependant deux indications plaidant relativement pour l'interprétation de l'arc : les pseudo-viroles étaient « décoratives », et leur nombre distingue ce bois de tous les autres manches et hampes. En supposant que les bandes de bronze définissaient le corps de l'arc, la restitution par symétrie donnerait une arme de 1,45 m de longueur, dont l'embout disparu aurait été éliminé par les fouilleurs lors du premier nettoyage des fers de lance.

Longues pointes en fer ou javelines

(fig. 106)

Nº 213 [SNM 26586]. Longue pointe fusiforme, trouvée avec les quatre pointes de flèches nos 209-212 sur l'aire emmurée, à l'ouest du parement interne. La longueur conservée est de 11,3 cm, mais les parties distale et proximale ont été écourtées par la découverte à la houe. On peut restituer un fer utile de 9,7 cm de long. La largeur maximale est de 1,7 cm. La section a la forme d'un losange, mais on ne distingue pas de nervure en l'état de l'oxydation. On reconnaît un fer de javeline tel que défini pour le tumulus III, qui peut être aussi une lance.

Nº 215 [SNM 26653]. Longue pointe foliacée, intacte, trouvée au nord du tumulus, presque au milieu de la bande fouillée de l'aire emmurée. Long. = 11,7 cm, dont 7 cm de partie utile ; larg. = 2,4 cm. Elle est issue d'un trou très réduit dans le gravier rouge sous le sol postméroïtique raclé au bulldozer, enfoncée en position normale. Elle décrit un incident postérieur à la période du tumulus : son métal est intact, encore brillant en surface, ses ailes affûtées. Soie de section subcirculaire, fer très aplati.

Lances et haches en fer (fig. 109-114)

À l'instar de « l'épée-lance » de Qoustoul et Ballana, la « lance-hache » d'el-Hobagi est une surprise. On a trouvé en un tas indistinct de longues tiges de bois, hampes évidentes, sur lesquelles de longs fers étaient emmanchés, des culots cloués et des haches accrochées. La surprise fut malheureusement de longue durée : pour nettoyer le faisceau, il fallut tout d'abord démonter les milliers de tessons de bonbonnes et de bouteilles tombées de la descente, puis dégager et étudier l'ensemble du matériel concassé déposé dans la cavité et interdisant l'accès aux bois qui se desséchèrent malgré les précautions prises. La minutie du nettoyage et du relevé ne peut vraiment produire une restitution indiscutable de quatre objets exceptionnels, en corrélant sûrement la hampe, le fer, la hache et le culot de chacun. En revanche, on peut sans conteste décrire le type et conclure que l'instrument n'était une arme que de nom, dont l'origine se trouve en deux exemplaires méroéens, et l'interpréter en insigne.

D'une longueur totale maximale de 2,12 m, ces insignes ont été rangés contre la paroi ouest de la cavité, dans un faisceau soigneusement groupé dont l'orientation était exactement l'inverse de celle des autres armes. Quand les planches fermant la cavité cédèrent, les hampes se brisèrent et se tordirent, écrasées sous l'avalanche et le poids. Les lames empilées se sont cassées et déformées. Les haches ont mieux résisté, mais plusieurs d'entre elles se sont déplacées vers le centre de la cavité.

Les objets ne pouvant plus être strictement individualisés, il a été résolu de les compter par le nombre des lames : les fers, inséparables sur place, ont été soulevés en bloc et emportés. Les haches, plus dispersées, ont été levées une à une, autant que faire se pouvait, de même que les talons. Une « lance-hache » s'identifie donc par trois ou quatre numéros différents dans la description qui suit, un dans chacune des catégories de la liste.

Grandes lances [46] (fig. 109-113)

N° 55 (fig. **109**). Fer de lance à nervure en bronze. Le fer est long de 50,5 cm pour la partie utile et large de 7,7 cm. Le profil est élargi à la base, s'effile tout le long du corps et s'achève en bulbe de 3,1 cm de large après un étranglement de 2,2 cm. Le métal présente un aspect feuilleté caractéristique du martelage. Le feuilletage a déterminé une grande expansion par oxydation, et l'épaisseur originale n'est plus mesurable. Curieusement et exceptionnellement, la nervure consolidant le fer est en bronze. Il s'agit d'une tige moulée, longue de 46 cm si l'on additionne les deux fragments reconnus, à section épaisse de 4 mm, mais plate, divergeant en fourche à son extrémité distale. Les deux dents de la fourche sont distantes de 2,2 cm et écartées sur 3,4 cm de longueur. Cette fourche, à profil en V, a tendu le bulbe distal du fer, apparemment épaissi transversalement jusqu'à 1,8 cm. Sans restauration spécialisée ou radiographie, on se perd en conjectures sur le mode d'assemblage. La tige en bronze ne semble pas porter trace évidente du martelage. Il faut la supposer soudée ou plutôt collée au fer. Plus curieusement, la soie en fer observée dans la virole, totalement oxydée et détritique, ne laisse pas retrouver la base de cette nervure cuivreuse qui s'achève apparemment sur une bordure nette. Bien que la soie ait été cassée lors du transport du berceau des lances vers Khartoum, on peut lui reconnaître une longueur minimale de 10,7 cm. Le virolage enserre les fibres de bois encore reconnaissables. Près du fer de la lance, le diamètre de la hampe était de 2,1 à 2,3 cm. La virole elle-même (n° 55a) est un cylindre martelé, cassé, long de 4 cm et décoré de 34 cannelures transversales parallèles imitant l'enroulement spiralé d'un fil métallique.

N° 56. Fer de lance. Plastifiée superficiellement et dessinée sur place, cette lame attend restauration dans le berceau de plâtre armé, sous ses homologues retournées. Le fer utile mesure environ 54 cm de longueur et 6 à 7 cm de largeur maximale. Il s'achève en bulbe déformé par l'oxydation. Il est tendu par une nervure en fer achevée en soie, dont la fouille n'a pu donner description.

---

46. [Les numéros Snm, même si l'on compte dix lames et non neuf comme décrit ici, sont certainement 26338a-j ; voir p. 294 et 301.]

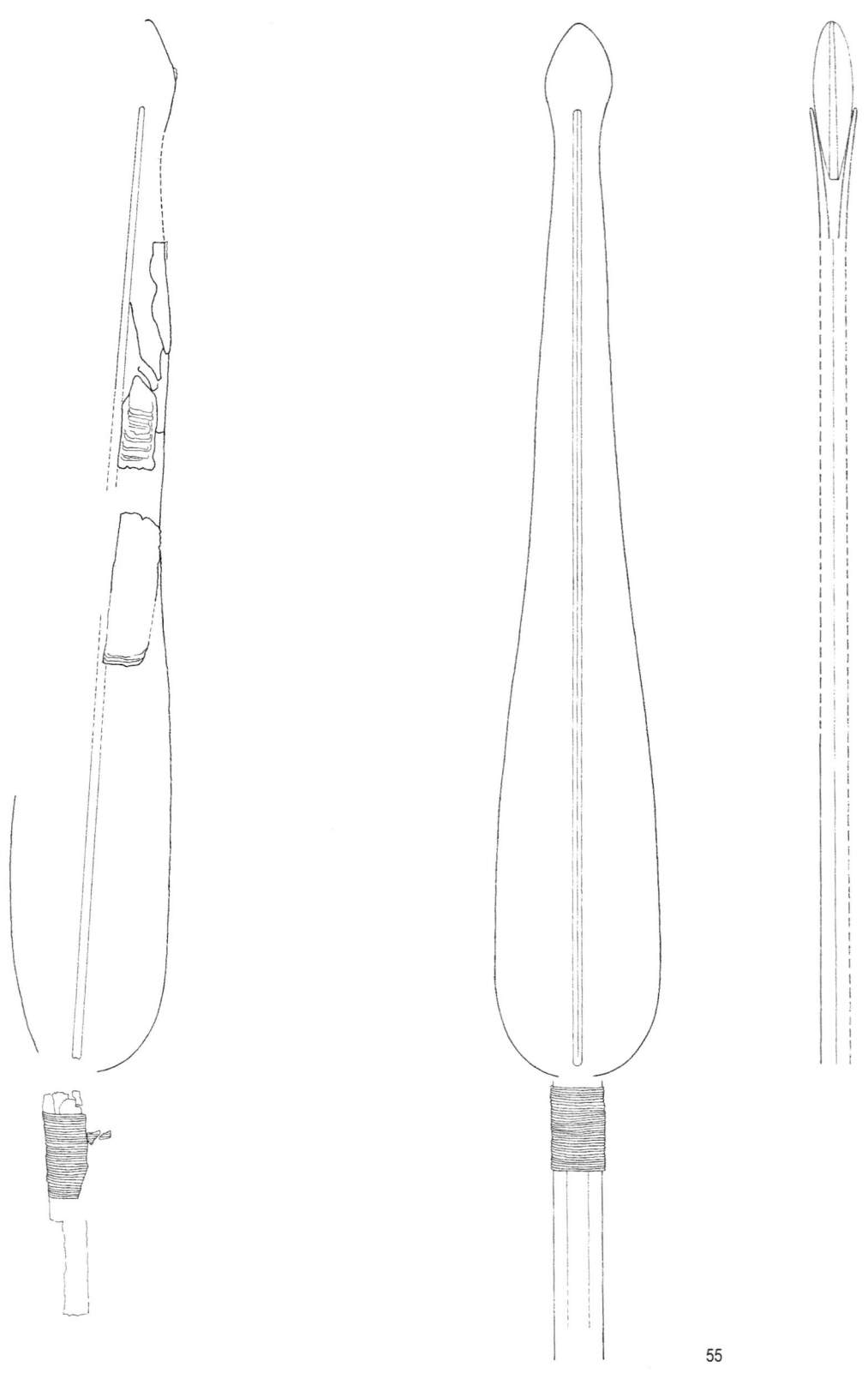

Fig. 109. Hbg vi/1. Fer de lance n° 55 et restitution. 1/3.

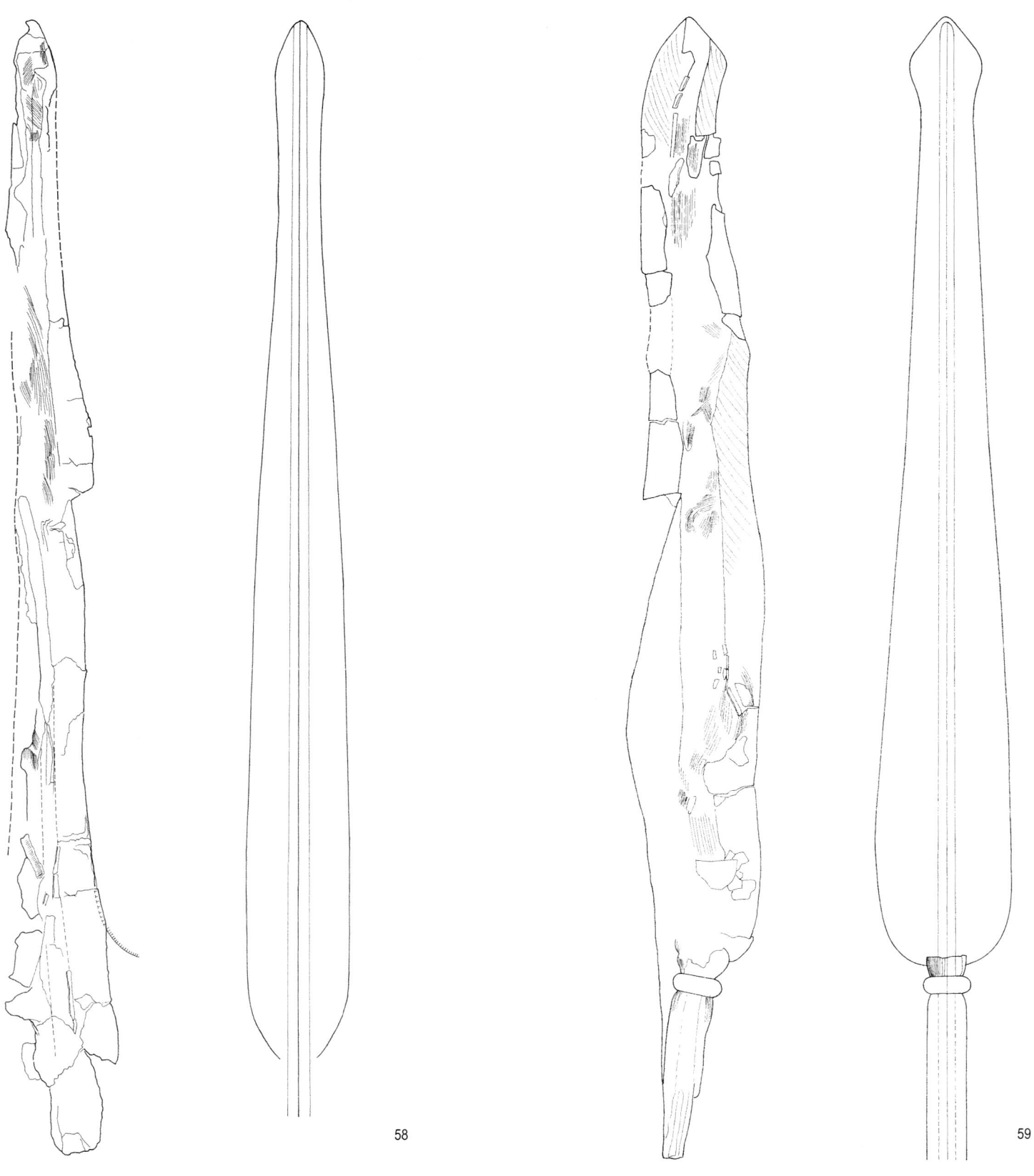

58

59

Fig. 110. Hbg vi/1. Fers de lances nᵒˢ 58 et 59, dont 59 à virole de bronze, et restitution. 1/3.

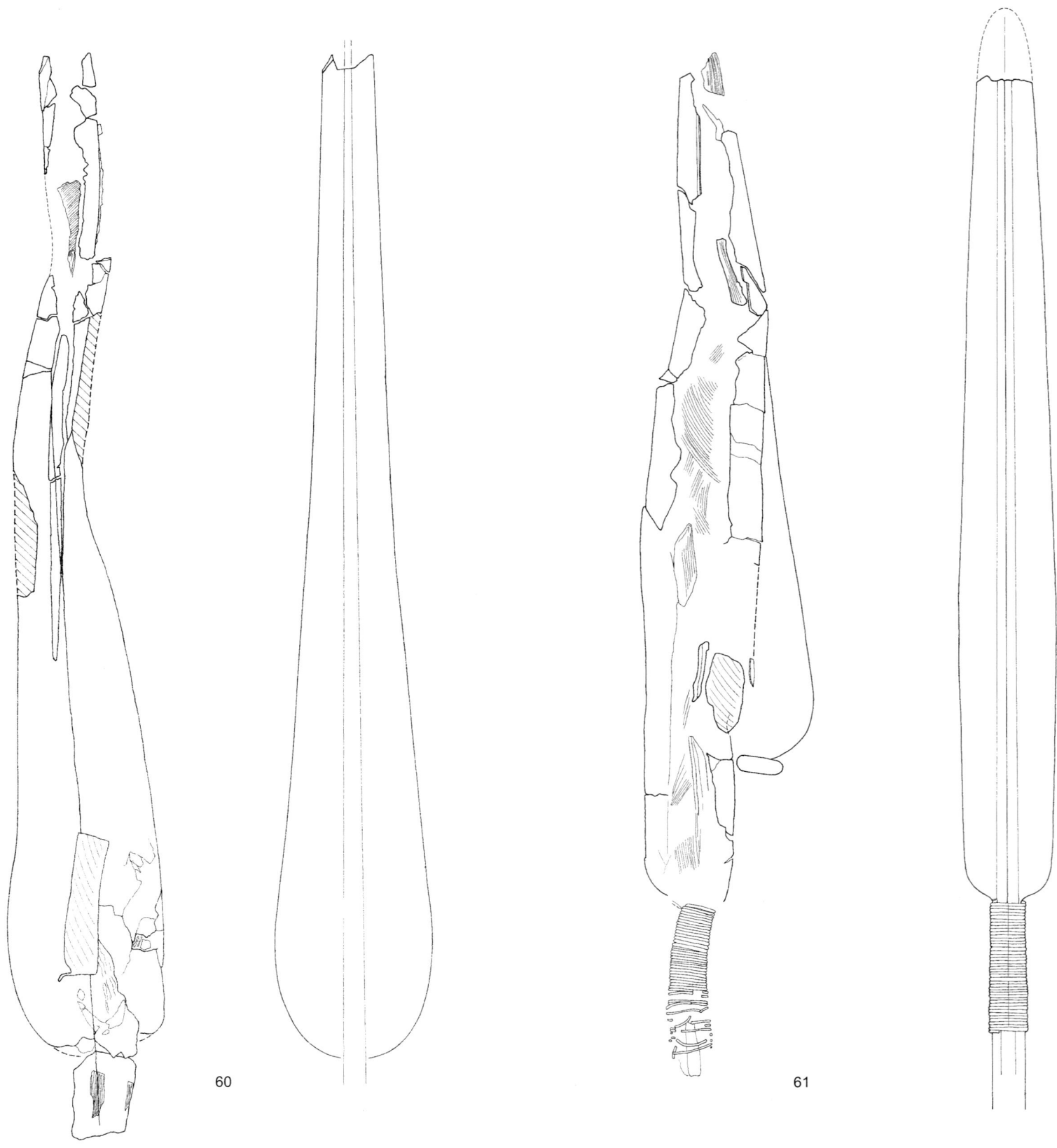

60　　　　　　　　　　　　　61

Fig. 111. HBG VI/1. Fers de lances nᵒˢ 60 et 61, dont 61 avec fixation par un fil de bronze, et restitution. 1/3.

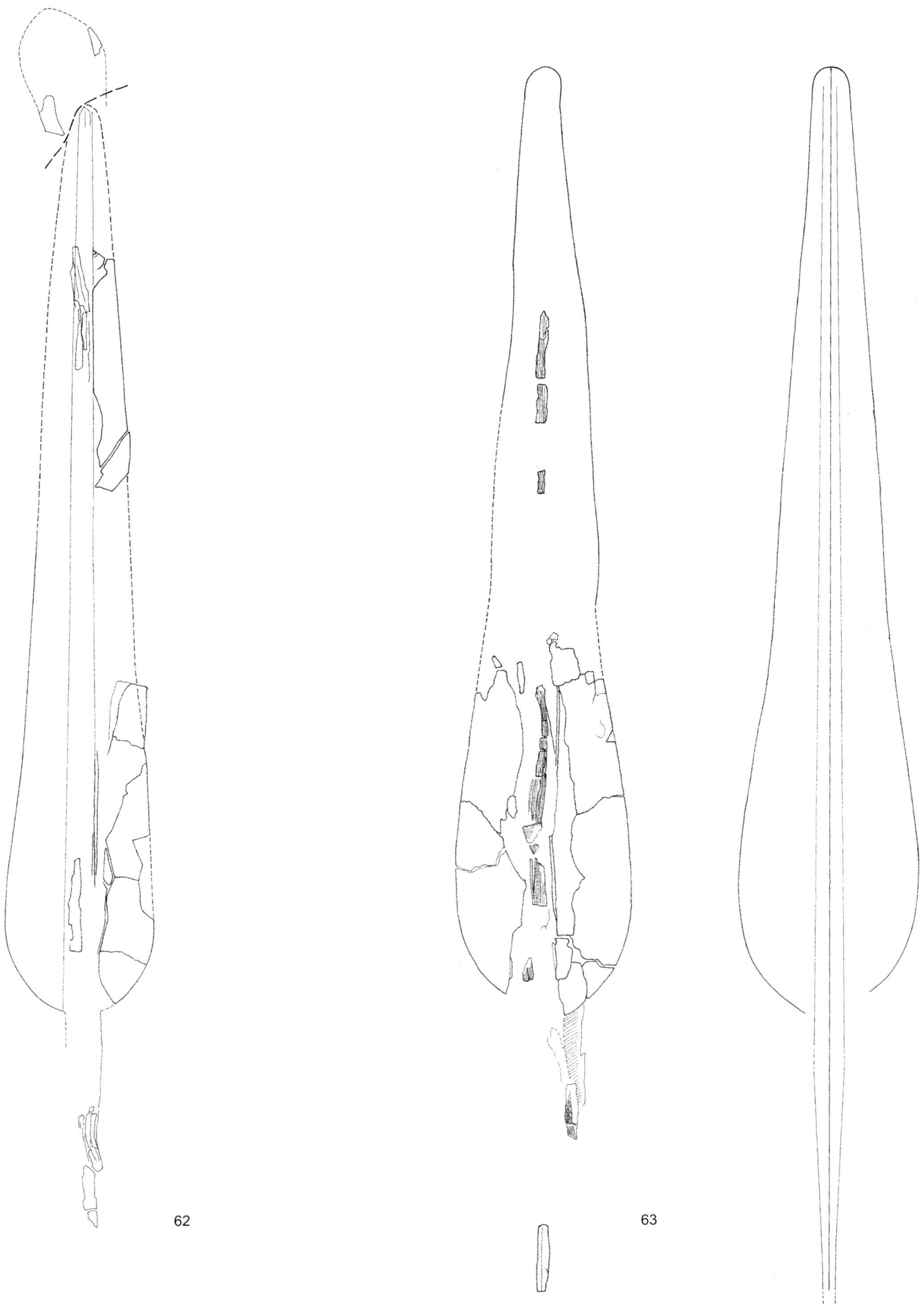

Fig. 112. HBG VI/1/62-63. Fers de lances nᵒˢ 62 et 63, et restitution de 63. 1/3.

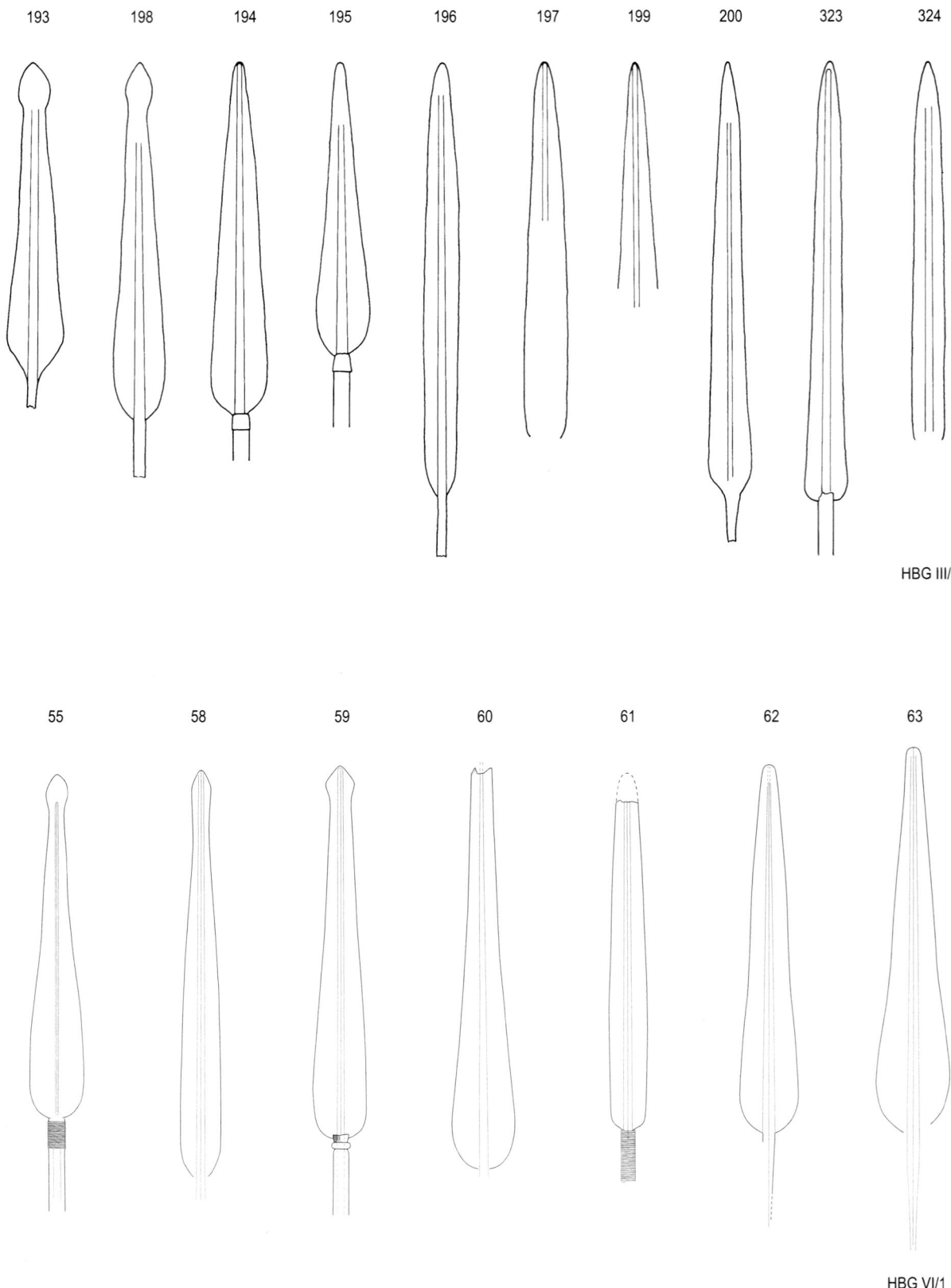

Fig. 113. Restitution et comparaison des grandes lances de H<small>BG</small> III/1 (en haut) [et H<small>BG</small> VI/1] (en bas).

N° 57. Fer de lance. Plastifiée et dessinée de même sur le terrain, cette lame attend aussi restauration spécialisée et n'a pas fait l'objet d'un nettoyage, volontairement. Le fer utile est long d'environ 61 cm et large d'environ 7 cm. Il s'achève également en bulbe. Il est tendu par une nervure en fer s'achevant dans la soie.

N° 58 (fig. 110). Fer de lance. Déformée et concassée, cette lame n'autorise ici qu'un dessin approximatif du feuilletage du martelage. L'expansion contrariée des oxydations a repoussé les fragments des ailes comme de la nervure. On restitue quasi sûrement par croquis un fer de 59 cm de long et 5,6 cm de large, terminé en bulbe, tendu par une nervure en fer. L'étranglement de 2,3 cm est sûr ; le profil exact de l'enfilage mériterait reconsidération après restauration.

N° 59 (fig. 110). Fer de lance. Déformée et concassée, cette lance est restituable malgré l'expansion extraordinaire de sa réserve, d'épaisseur au moins doublée, qui parfois a fait éclater la couche superficielle de métal sur les ailes. La longueur de fer utile est de 55 cm pour une longueur de 76 cm. Le profil s'effile jusqu'à un étranglement de 3 cm et s'achève en bulbe large de plus de 4,1 cm. La base de la lame s'enfonce de quelques millimètres dans le haut de la hampe dont le bois est serré par une bague en bronze de 1,8 cm de diamètre interne et 2,7 cm de diamètre externe, à section semi-circulaire. La soie détritique poursuit la nervure centrale. Elle s'est cassée au raccord, et mesure encore 11,5 cm de longueur minimale.

N° 60 (fig. 111). Fer de lance. Déformée et concassée également, cette lame est en outre pliée et a perdu son extrémité distale. Le croquis s'approche du dessin définitif à quelques millimètres près. On reconnaît un profil effilé, ne s'achevant probablement pas en bulbe, avec un minimum de 59 cm de fer utile large à la base de 9 cm. La nervure est fine, large de 7 mm. Bien que le bois de l'emmanchement soit conservé, expansé par les oxydes jusqu'à un diamètre de 3,3 cm, le métal de la soie, qui prolonge celui de la nervure, n'a pas été retrouvé, non plus que celui du virolage.

N° 61 (fig. 111). Fer de lance. Cassée et déformée, cette lame était au contact du sol et a subi la pression sur les graviers. La pointe s'est enfoncée, sans doute lors de l'effondrement, dans l'un des carquois n°ˢ 48-51, a éclaté et s'est brisée. Le fer utile mesurerait 57 cm de long (48 cm sûrement sont conservés) et 5,5 cm de large. Le profil semble fusiforme et ne s'achève pas en bulbe. Feuilletage et expansion des oxydes déterminent des traces croisées qui ont pu faire croire sur le terrain à une métallurgie sophistiquée. Avant restauration, mais après nettoyage, il faut commencer à en douter. Les traces ne sont en rien celles du *gladium* résistant aux coups par ses composants contrariés, au fil forgé, martelé puis soudé. La nervure s'achève en soie dont on ne peut mesurer la longueur à cause de l'emmanchement. Pas de virole ici, mais l'entortillement d'un fil en une quarantaine de spires jointives. La fouille a déterminé quelques cassures, mais l'espacement des spires proximales a été constaté sur le site. Le diamètre du haut de la hampe est de 1,8 cm.

N° 62 (fig. 112). Fer de lance. Le fer utile mesure 54 cm de long sur 8,6 cm de large. Le profil est continûment effilé et s'achève en bout arrondi. La « peau » de métal a éclaté sous l'expansion de la nervure centrale tendant la lame, expansée jusqu'à un diamètre de 1,8 cm. La soie prolonge la nervure d'au moins 9 cm. On n'observe aucune trace du virolage dont il faut parfois se demander s'il n'a pas consisté en ficelle ou en lanière de peau.

N° 63 (fig. 112). Fer de lance. Brisée, mais bien conservée, cette lame a surtout souffert de l'expansion de sa nervure et a été partiellement démontée et reconstituée en puzzle. Le fer utile mesure 55 ou 56 cm de longueur, selon que l'on choisit l'une ou l'autre des ailes rendues dissymétriques par les raccords incertains dans le métal. La largeur maximale est de 10,1 cm. L'extrémité du profil effilé s'achève en arrondi. La soie n'a pas été retrouvée.

En résumé, l'observation ne permet pas, comme pour les grandes lames de Hbg iii/1, de restituer le mode de fabrication, même hypothétiquement. On ne perçoit pas ici les enveloppes des nervures par une double couche de métal supposée. Les conditions de l'oxydation diffèrent dans les deux descriptions comme autant de suggestions. Les conclusions ne peuvent venir que d'une étude spécialisée.

L'appariement morphologique des lances, idée induite par le dessin des exemplaires de Hbg iii/1 (fig. 113), peut se réaliser ici : base large et extrémité arrondie pour les nᵒˢ 62-63, étroitesse des ailes et profil fusiforme pour les nᵒˢ 61 et 58, base large et bulbe resserré pour les nᵒˢ 55 et 59, larges bulbes des nᵒˢ 56-57. L'idée n'est qu'une approximation et ne peut servir de conclusion bien solide.

Haches

(fig. 114)

Soigneusement empilées lors de leur enfouissement, les « lances-haches » n'ont pu être parfaitement superposées pour des raisons morphologiques. Les haches accrochées aux hampes étant d'inégale épaisseur, il a fallu tourner certaines lances pour que les haches se disposent tête-bêche. Les hampes s'épaississent à l'endroit de leur préhension et s'enveloppent alors de manchons faits d'une tôle de fer. Lors de l'écrasement, des hampes se sont brisées soit à l'emmanchement des lances, soit près de la fixation des haches. Les fouilleurs ont passé des jours à nettoyer les fibres ligneuses écrasées en hauteur et épaissies en largeur, à tenter de comprendre les formes dans un amas où tout vestige était plus ou moins oxydé. Par force, le dessin de localisation a été remplacé par une série de schémas successifs démêlant la confusion.

Presque toutes isolées et levées une à une, les haches n'ont encore fait l'objet d'aucun traitement. Elles ont subi une seconde fouille quand la maison qui les abritait s'est écroulée lors d'une tempête. Une étude métallurgique serait indispensable. Trois dessins seulement ont été réalisés avant plastification, et les indications concernant les dimensions proviennent des croquis de terrain.

Nᵒ 65 (fig. 114). Fer de hache. Long. = 30 cm ; haut. = 9 cm. Forme en croissant, dont le tranchant serait le segment circulaire et le dos la corde. La lame s'attachait par un tenon de 4 cm à une barre de 10 à 11 cm de longueur qui guidait en parallèle la fixation sur la hampe de bois de la lance. La hampe s'est brisée juste au-dessus de l'extrémité supérieure de cette barre de fixation. Le bois, originalement de 3,5 à 4 cm de diamètre, s'est écrasé en s'élargissant jusqu'à 7 cm. Une trace terreuse signale le lien, putrescible, qui attachait la barre à la hampe. Malgré l'expansion des oxydes métalliques, la coupe montre que le tenon et la barre de fixation sont de section rectangulaire et que la lame, épaisse de 1 cm environ au dos, s'effile vers le tranchant. Il est impossible de détecter des traces d'affûtage.

Nᵒ 66 (fig. 114). Fer de hache. Long. = 29,5 cm ; haut. = 8 à 8,5 cm. Lame de même forme que la précédente.

Nᵒ 67 (fig. 114). Fer de hache. Long. = 33 cm ; haut. = min. 8,5 cm. Lame de même forme que la nᵒ 65. La partie centrale du tranchant a peut-être été élimée au nettoyage. Le tenon mesure 3 cm, et les vestiges de la barre de fixation 12 cm ou plus. L'objet est morphologiquement conservé, mais l'un des plus détritiques de la collection. Les oxydes se sont expansés en lamelles superposées caractéristiques du martelage, et les expansions se contrarient dans les sens indiqués par l'ombrage du dessin. Par chance, une croûte ferreuse le long de la barre-guide a conservé une indication relative à l'attache sur la hampe. Un crochet était destiné à retenir le lien organique en l'empêchant de glisser.

Nᵒ 68. Fer de hache. Long. = 33 cm ; haut. = 7,5 cm. Lame de même forme que la nᵒ 65.

Nᵒ 69. Fer de hache. Long. = 30 cm ; haut. = 8,5 cm. Lame de convexité plus prononcée qu'un segment circulaire.

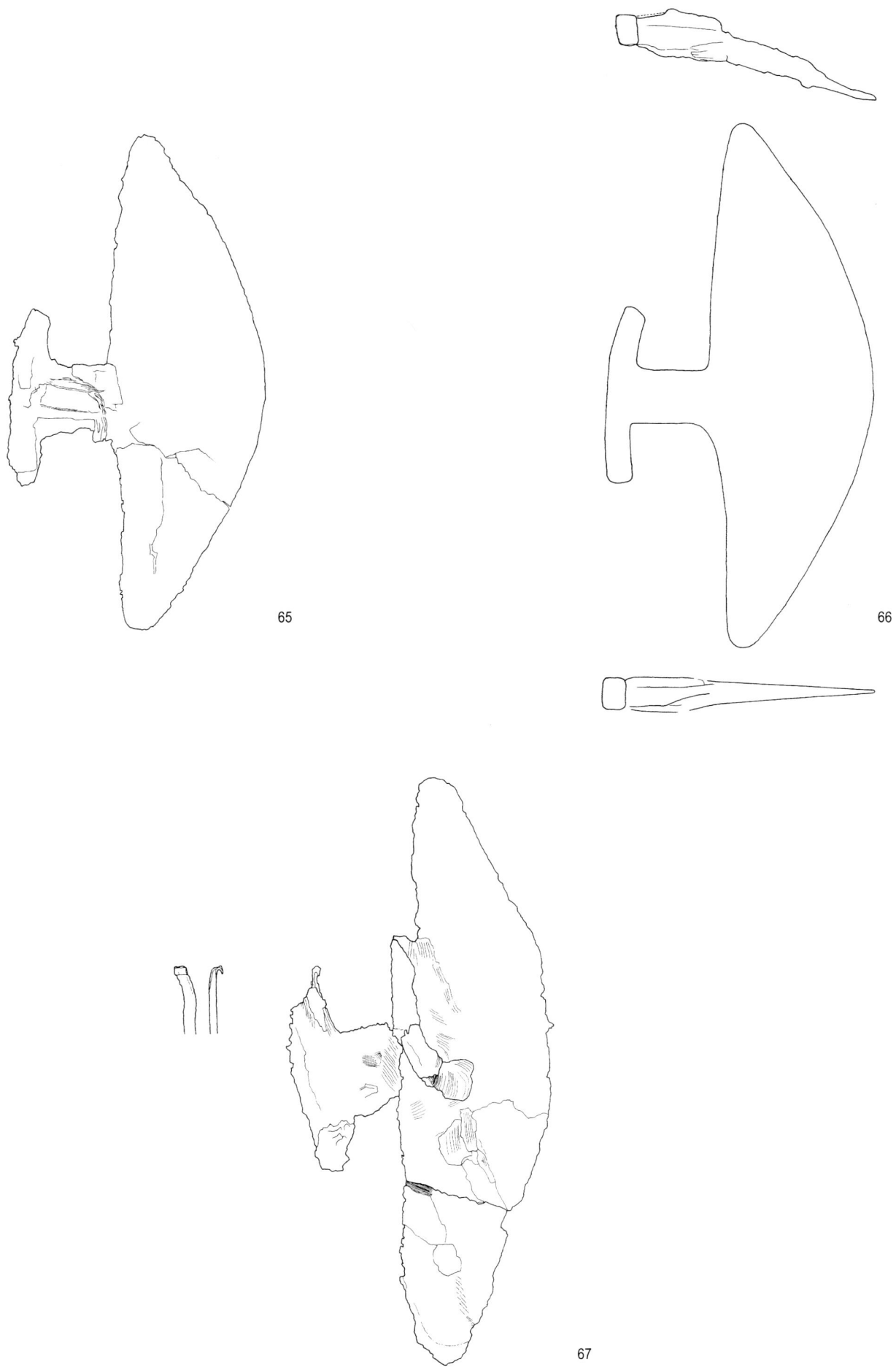

Fig. 114. Hʙɢ ᴠɪ/1/65-66-67. Trois haches de fer nᵒˢ 65 à 67 (66 partiellement restituée). 1/3.

N° 70. Fer de hache. Long. = 29 cm ; haut. = 8 cm. Lame de même forme que la n° 65.

N° 71. Fer de hache. Long. = 29,5 cm ; haut. = 8 cm. Lame de même forme que la n° 65.

N° 72. Fer de hache. Long. = 28,5 cm ; haut. = 8 cm. Lame de même forme que la n° 65.

N° 73. Fer de hache. Long. = 35,5 cm ; haut. = 8 cm. Lame de même forme que la n° 65.

N° 74. Fer de hache. Lame de même forme que la n° 65, qu'il a été impossible de détacher des n°s 72-73. Les mesures sont équivalentes à toutes celles de cette série, remarquablement homogène.

N° 87 [Snm 26399] 182 perles en forme de sphéroïde aplati, de dimensions moyennes (diam. = 8 à 9 mm) : 91 sont en quartz blanc, 86 en cornaline et 5 en pierre noire non identifiée. Tous les éléments sont du type à gorge monolatérale et perçage monoconique correspondant, déjà décrit à propos des objets n°s 13, 14, 38 et 39. Trouvées à tous niveaux entre et autour des haches, dans une zone de la cavité respectée par les pillards, ces perles ne peuvent qu'avoir orné les lances par des enfilages suspendus au tenon des haches ou à leurs fixations, à moins qu'on ne suppose tout à fait arbitrairement la dislocation d'une parure au moment du dépôt des objets dans la fosse. Il a été strictement impossible d'attribuer ces enfilages à des lances particulières. Les perles se sont probablement réparties sur leurs supports : le seul motif noté est la juxtaposition de deux rangs de trois perles accolées le premier avec trois éléments en cornaline, l'autre avec trois éléments en quartz blanc. On ne peut même supposer librement un nombre moyen de perles par arme, de peur de déformer sans indice crédible une symbolique particulière, peut-être réservée à une ou plusieurs lances. Des perles ne décorent-elles pas des couteaux de boucherie à Ballana ?

Talons

L'extrémité inférieure effilée des lances a été enveloppée dans un cône métallique fait de l'enroulement d'une tôle de fer autour du bois. La fixation était réalisée au moyen de clous, parfois de viroles. Ces culots de lance ont été d'un démontage aisé, pourvu qu'on ne cherchât pas à les nettoyer. La mince tôle oxydée enveloppait encore des traces de fibres ligneuses, et l'on a craint de briser ces objets fragiles en les nettoyant. Les diamètres ne seront pas donnés ici, faute de ce nettoyage. Certains de ces culots semblent plus lourds. La tôle peut être plus épaisse. Mais ils pourraient aussi contenir un matériau pesant, les transformant en talons vrais, destinés à équilibrer la lance quand elle était démunie au moins de sa hache.

N° 76. Talon en fer. Long. = 22 cm.

N° 77. Talon en fer. Long. = 19 cm.

N° 78. Talon en fer. Long. = 10 cm. Une virole (n° 78a), peut-être en bronze, enserre la tôle du talon.

N° 79. Talon en fer. Long. = min. 12 cm.

N° 80. Talon en fer. Long. = min. 14 cm.

N° 81. Talon en fer. Long. = min. 11,5 cm.

N° 82. Talon en fer. Long. = min. 17,5 cm. La tôle de fer est renforcée par une virole en bronze faite d'une tôle rectangulaire de 1 cm de large, enroulée autour du talon et fixée par un clou en bronze de 5 mm de long.

N° 83. Talon en fer. Long. = min. 13 cm.

N° 84. Talon en fer. Long. = 25,5 cm.

N° 85. Talon en fer. Long. = 18 cm.

Autres équipements des lances (fig. 115)

Le nettoyage patient des bois, dans l'espoir, sinon de recueillir, du moins de décrire les lances-haches une à une, a été un échec. Les traces ligneuses s'enchevêtraient, les fibres étaient par trop écrasées, les celluloses et lignines rétractées comme des charbons de bois. Les croquis les plus fiables proviennent des empreintes dans une matrice d'oxydes où les fouilleurs ont cru suivre le métal quand ils ne travaillaient que la boue argileuse. Un manchon au moins a été identifié grâce à deux viroles qui le fixaient à la hampe :

N° 86. Douille faite d'une tôle de fer enroulée autour de la hampe d'une lance, approximativement en son milieu. Elle mesurait 57 cm de longueur.

N° 86a [Snm 26358] (fig. 115). Virole en bronze enserrant le n° 86 à son extrémité haute. Elle est rectangulaire, de 5,2 cm sur 2,4 cm, à section rectangulaire, de 4 mm de hauteur sur 2 mm d'épaisseur. Cette virole permet de restituer la section rectangulaire de la hampe de la lance. Les termes « manchon » et « douille » conviennent peu, qui supposent une forme cylindrique : ce sont cependant les seuls qui puissent suggérer la fonction.

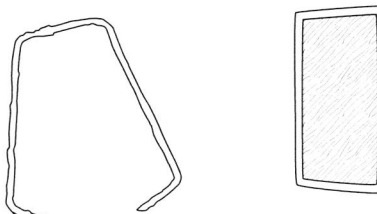

Fig. 115. Hbg vi/1. Virole de lance rectangulaire n° 86a et restitution. 1/2.

N° 86b. Virole en fer enserrant le n° 86 à son extrémité basse. Elle n'a pu être prélevée. Sa seule dimension repérée est de 2,5 cm, correspondant à la largeur de la virole en bronze.

Malgré ses déficiences obligées, on peut tirer de la fouille le nombre des lances et la restitution type de l'arme, précisant les données de Hbg iii/1. La surprise est que neuf fers de grandes lances ont été représentés, dix fers de hache et dix talons. Un fer manque apparemment pour compléter des instruments identiques. Il faudrait supposer qu'il a été emporté par les pillards pour avoir, par exemple, exhibé une matière précieuse, tel l'argent noté parfois à Qoustoul et Ballana comme possible matériau de garniture. L'explication est un peu courte. L'absence du dessin exhaustif des bois est une grande gêne à l'interprétation. À partir des croquis produits, on pourrait aussi supposer un amas composite réunissant un arc, quelques haches, quelques lances et des lances-haches. L'argumentation dessinée réfute le plus souvent.

La hache n° 65 pourrait avoir été montée sur un manche indépendant dont on comprendrait pourtant peu la terminaison dans le talon n° 82. La lance n° 55 pourrait avoir couronné une hampe démunie de hache. Quelle que soit la supposition, les lances-haches s'imposent pour restituer la cohérence de l'entassement. On peut

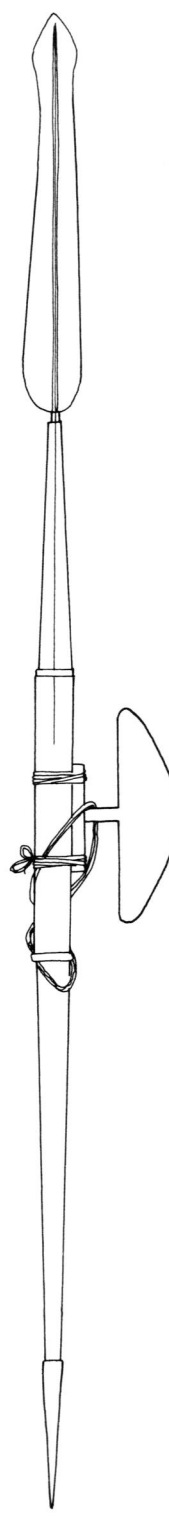

Fig. 116. Proposition de restitution d'une lance-hache de HBG VI/1. 1/10ᵉ.

donc proposer le type d'arme suivant (fig. 116) : un fer de lance à nervure et soie de 55 cm était emmanché et virolé sur une hampe de 1,40 m terminée par un talon de 20 cm, soit une longueur totale estimée à 2,12 m. À 55 cm environ de la lame, une hache était attachée par des liens organiques. La hampe, de section circulaire et de 2 à 3 cm de diamètre à ses extrémités, pouvait parfois s'épaissir en son milieu selon une section rectangulaire de 5 cm sur 2 cm. Elle pouvait aussi, à l'occasion, être enveloppée de métal à l'endroit où l'on fixait la hache.

Ce schéma explique les trouvailles d'une paire de haches, d'une paire de lances et de six fragments de hampes ou de manche dans la tombe Beg. W. 415 à Méroé. Il assure que l'instrument était si peu maniable qu'on peut difficilement le définir comme une arme. Il est un insigne, alliant à el-Hobagi comme à Méroé des symboles militaires évidents. On l'utilisait sûrement planté dans le sol. Il ne reste qu'à chercher dans l'iconographie la signification symbolique qu'il exprime si ostensiblement.

Poignard

Nº 24. Poignard. Longue lame en fer très oxydée épaisse de 1 à 2 cm, longue de 27,5 cm, dont 25 cm de partie utile, à tranchant bilatéral continu et terminée par une soie. L'extrémité est manquante, sans doute brisée. L'instrument n'était pas orienté. Comme tous les objets déposés sur les épées, il faut le restituer à la dépouille, qu'il devait équiper.

Nº 24a. Fourreau de poignard. Sur les lamelles feuilletées de couleur ferreuse du métal de l'arme, on distingue clairement, des deux côtés, des traces jaunes à empreintes fibreuses semblables à du bois. Il faut rendre au poignard une enveloppe dont le bois était l'un des matériaux. On imagine aisément un fourreau.

Épées

Dissimulant les carquois nᵒˢ 42a et 43a, deux épées totalement oxydées étaient juxtaposées parallèlement à la couche funéraire et avec la même orientation que les flèches.

Nº 40. Lame en fer, épaisse de 2 à 3 cm en l'état, longue de 72 cm, large de 7 cm. Les côtés sont parallèles. Le tranchant semble bilatéral. Toute poignée manque. La pointe est symétrique et, semble-t-il, légèrement arrondie.

Nº 41. Lame en fer identique à la précédente, à la longueur près, ici de 74 ou 75 cm. L'extrémité distale est irrégulière et semble avoir été brisée.

Dépourvues de nervures et de soies, ces lames ne peuvent être des lances, dont on ne connaîtrait pas, de surcroît, le type iconographique. L'absence de poignée pose problème, mais la place vide entre la paroi de la cavité et la couche funéraire peut suggérer que des poignées de 15 cm de longueur ou plus peuvent avoir disparu. Il faut donc appeler ces lames des épées et leur supposer une poignée enveloppée de métal précieux, à l'image des douilles argentées ornant des lances à Qoustoul et Ballana.

Nº 40a. Fourreau d'épée. Le nettoyage du fer lamellé par l'expansion a clairement laissé apparaître des fibres ligneuses fossilisées par les oxydes. Elles couvraient les deux faces de l'épée. Elles se signalaient brillamment à la fouille en détourant de jaune d'or le métal de couleur ferreuse. Les fibres ligneuses désignent le bois d'un fourreau dont l'enveloppe a disparu.

Nº 41a. Fourreau d'épée analogue au précédent, protégeant l'objet nº 41.

Pour conclure l'énumération des armes de Hbg vi/1, il faut les comparer avec celles issues de la sépulture analogue Hbg iii/1. Le tableau révèle des ressemblances et des différences instructives qui seront la source d'interprétations futures.

	HBG VI/1	HBG III/1
Carquois		
– de flèches en bronze	2	1 ou 2
– de pointes à deux barbelures	2	
– de pointes spéciales		1
– de pointes courantes	6	12 ou 13
Total des carquois	*10*	*14 ou 16*
Flèches (nombre minimum)	308	438
Javelines	1	22
Anneaux d'archer	2	?
Arc	incertain	?
Lances	9 ou 10	10 ou 11
Haches	10	1
Épées	2	?
Poignard	1	?

L'armement varie apparemment de tombe en tombe. Nombre de ces variations s'expliquent d'abord en fonction du pillage : les épées de Hbg vi ont laissé une trace possible à Hbg iii, les anneaux d'archer et le poignard de Hbg iii, attestés à Hbg vi, peuvent avoir été emportés avec le défunt sur sa couche funéraire. D'autres variations s'expliquent par leur conservation différentielle : l'arc possible de Hbg vi a difficilement pu être repéré à Hbg iii qui n'a pas préservé les bois. De dernières explications concernent le lieu même de l'enfouissement, qui peut avoir varié encore, comme le suggère Qoustoul : la masse d'armes et les javelines de Hbg iii attendent l'élimination du tumulus vi qui peut les avoir recouvertes et qui a déjà fourni une javeline et un anneau d'archer.

En compensant les effets du pillage et de la destruction, la comparaison des deux tombes assure que les armes enterrées étaient avant tout les insignes militaires des défunts. Ces derniers couvraient sans exception toute la panoplie triomphale, tous les emblèmes de l'*imperium* fournis par l'imagerie méroïtique, à quelque iconographie qu'on s'adresse pour expliquer l'usage des nombreuses armes. Hbg iii et Hbg vi fournissent même le détail, jusqu'aux flèches tenues en main alors que le carquois était porté sur le dos dans les cérémonies et enterré près de la couche dans les tombes.

Le sens du fourniment devient clair, tout autant que celui de son enfouissement : le matériel « militaire » n'équipe évidemment pas l'au-delà du défunt – pourquoi s'enterrer avec quatorze carquois plutôt que dix ? –, mais la cérémonie funéraire. Par sa symbolique propre, il met en représentation le pouvoir « impérial », il symbolise l'*imperium*, il le célèbre pour le défunt comme pour le commanditaire de la cérémonie, il justifie les prétentions du successeur. Non seulement donc il figure l'*imperium*, mais encore il le décompte ou l'énumère, très probablement.

Reste à détailler la signification du matériel le plus répété, qui accumule surtout les armes d'archerie et d'hast. La description de deux tombes n'y peut suffire, et il faut faire appel au contenu de tombes comparables, « impériales » elles aussi ; description repoussée à l'interprétation générale qui soulignera un moment précis de l'évolution chronologique.

Autres objets

Une fois l'équipement de la cérémonie funéraire réparti par rite, peu de matériel reste, et dans ce reste, peu demeure qui ne trouve aisément la justification de sa présence dans la tombe ou de son rejet dans la catégorie des objets non classés.

N° 33 [SNM 26651]. Petits fragments d'ivoire plat, de 1 à 2 mm d'épaisseur et de 1,6 cm de plus grande dimension, montrant des traces de décoration (peinte ?). Le motif est un losange, avec contour en bande brune de 1,5 mm de large sur fond réservé. Trouvés parmi les ossements et tessons rejetés en bord de couche funéraire au sud-ouest de la cavité, ces fragments peuvent témoigner d'objets variés emportés par les pillards (boîte, coffret, pyxis, etc.), qu'on ne peut sûrement identifier.

Nᵒˢ 91-92. Racloirs. Deux tessons, hétérogènes à la collection des récipients céramiques, présentant des bords usés. Ce sont des racloirs abandonnés par les pillards.

Nᵒˢ 93-94. Petits fragments de tôle de fer de 4 mm d'épaisseur, plats, trouvés dans la zone des flèches à l'ouest de la couche funéraire. Ces débris de tôle, résultats du raclage et du piétinement des pillards, peuvent avoir appartenu à l'habillement ou au renforcement des carquois.

Nᵒˢ 100-102. Planches, trouvées en fragments dans la cavité et sur son pourtour supérieur ; les bois se reconstituent au dessin en trois planches couvrant la partie inférieure de la fosse. La planche n° 100 est la seule restituable. Elle mesure 1,68 m de longueur sur 91 cm de largeur. L'épaisseur n'a pas laissé de fragments ou d'empreintes fiables. Cette planche a été fabriquée par la juxtaposition d'éléments ajustés selon leur longueur, larges chacun d'une dizaine de centimètres, maintenus à une extrémité seulement par une dernière lame perpendiculaire. Elle couvrait la partie nord de la cavité. La planche n° 101, couvrant la partie centrale de la cavité, a été déplacée par l'effondrement et n'est donc plus mesurable. Elle portait, à faux, sur 1,68 m au moins, et mesurait au moins 80 cm de largeur. Elle était faite de lames de bois ajustées, maintenues à une extrémité par une lame perpendiculaire. La planche n° 102 couvrait le sud de la cavité et portait à faux. Sa longueur minimale était de 1,60 m, sa largeur d'au moins 49 cm. Elle était faite de l'assemblage d'éléments de 14 à 20 cm de large.

On peut donc conclure à une menuiserie témoignant de l'existence d'un énième atelier, contemporain de ceux des bronziers, céramistes, fabricants de perles, etc. Leur travail avait atteint un degré assuré de dextérité : aucun clou n'a été retrouvé. Bien plus, l'assemblage de grandes planches d'au moins 1,68 m garantit une sophistication certaine. On songera aux portes des tombes et des chapelles funéraires de Qoustoul. Sans doute de longueurs inégales et d'assiettes insuffisamment assurées par un calage de mottes d'argile, les trois planches jointives couvraient incomplètement la cavité irrégulière et présentaient des jours à leurs interstices. Les planches avaient donc été couvertes d'une natte.

N° 103. Natte en fibres végétales. Elle n'est lisible que sur des empreintes en négatif, retrouvées seulement dans la juxtaposition des mottes d'argile au bord des planches. Pour les raisons dites, cette natte pouvait couvrir la totalité de la surface des planches.

Récapitulation

Numéro d'objet	Localisation	Description	Matière	Rite
1	Cavité	Bouteille	Céramique	Banquet funéraire
2	Cavité	Bouteille	Céramique	Banquet funéraire
3	Cavité	Bouteille	Céramique	Banquet funéraire
4	Cavité	Bouteille	Céramique	Banquet funéraire
5	Cavité	Bouteille	Céramique	Banquet funéraire
6	Cavité	Bouteille	Céramique	Banquet funéraire
7	Cavité	Bouteille	Céramique	Banquet funéraire
8	Cavité	Bouteille	Céramique	Banquet funéraire
9	Cavité	Bouteille	Céramique	Banquet funéraire
10	Cavité	Coupe	Bronze	Banquet funéraire
11	Cavité	Coupe	Bronze	Banquet funéraire
12	Cavité	Coupe	Bronze	Banquet funéraire
13	Cavité	Perles	Roche	Apprêt du défunt ?
14	Cavité	Perles	Roche	Apprêt du défunt ?
15	Cavité	Coupe	Bronze	Banquet funéraire
16	Cavité	Coupe	Bronze	Libation
17	Cavité	Coupe	Bronze	Libation
18	Cavité	Coupe	Bronze	Libation
19	Cavité	Bassin	Bronze	Libation
20	Cavité	Bassin	Bronze	Libation
21	Cavité	Bassin	Bronze	Libation
22	Cavité	Coupe	Bronze	Banquet funéraire
23	Cavité	Calice	Bronze	?
24	Cavité	Poignard	Fer	Apprêt du défunt/armement
25	Cavité	Anneau	Roche	Apprêt du défunt/armement
26	Cavité	Anneau	Roche	Apprêt du défunt/armement
27	Cavité	« Couche »	Bois-fer	Apprêt du défunt
28	Cavité	Anneau	Bronze	Apprêt du défunt
29	Cavité	Clochette	Bronze-fer	Apprêt du défunt ?
30	?	Pied de calice	Bronze	Banquet funéraire
31	Cavité	Alabastre ?	Verre	Encensement
32	Cavité	Fragments	Verre	?
33	Cavité	Fragments	Ivoire	?
34	Cavité	Perles	Faïence	Apprêt du défunt
35	Cavité	Perles	*Varia*	Apprêt du défunt
36	Cavité	Flèche	Bronze	Apprêt du défunt/armement
37	Cavité	Flèche	Fer	Apprêt du défunt/armement
38	Cavité	Perles	Roche	Apprêt du défunt ?
39	Cavité	Perles	Roche	Apprêt du défunt ?
40	Cavité	Épée	Fer	Armement
41	Cavité	Épée	Fer	Armement
42	Cavité	Flèches	Bronze	Armement
43	Cavité	Flèches	Fer	Armement
44	Cavité	Flèches	Bronze	Armement
45	Cavité	Flèches	Fer	Armement
46	Cavité	Flèches	Fer	Armement

Numéro d'objet	Localisation	Description	Matière	Rite
47	Cavité	Flèches	Fer	Armement
48	Cavité	Flèches	Fer	Armement
49	Cavité	Flèches	Fer	Armement
50	Cavité	Flèches	Fer	Armement
51/1-120	Cavité	Flèches	Fer	Armement
52/1-28	Cavité	Flèches	Fer	?
53	Cavité	Javeline	Fer	Armement
54	Cavité	Arc ?	Bois-bronze	Armement
55	Cavité	Fer de lance	Fer-bronze	Armement
56	Cavité	Fer de lance	Fer	Armement
57	Cavité	Fer de lance	Fer	Armement
58	Cavité	Fer de lance	Fer	Armement
59	Cavité	Fer de lance	Fer	Armement
60	Cavité	Fer de lance	Fer	Armement
61	Cavité	Fer de lance	Fer	Armement
62	Cavité	Fer de lance	Fer	Armement
63	Cavité	Fer de lance	Fer	Armement
64	*Numéro non utilisé*			
65	Cavité	Hache	Fer	Armement
66	Cavité	Hache	Fer	Armement
67	Cavité	Hache	Fer	Armement
68	Cavité	Hache	Fer	Armement
69	Cavité	Hache	Fer	Armement
70	Cavité	Hache	Fer	Armement
71	Cavité	Hache	Fer	Armement
72	Cavité	Hache	Fer	Armement
73	Cavité	Hache	Fer	Armement
74	Cavité	Hache	Fer	Armement
75	Cavité	Anneau	Fer	?
76	Cavité	Talon	Fer	Armement
77	Cavité	Talon	Fer	Armement
78	Cavité	Talon	Fer	Armement
79	Cavité	Talon	Fer	Armement
80	Cavité	Talon	Fer	Armement
81	Cavité	Talon	Fer	Armement
82	Cavité	Talon	Fer	Armement
83	Cavité	Talon	Fer	Armement
84	Cavité	Talon	Fer	Armement
85	Cavité	Talon	Fer	Armement
86	Cavité	Manchon	Fer	Armement
86a	Cavité	Virole	Bronze	Armement
87	Cavité	Perles	Roche	Armement
88	Cavité	Fragment	Fer	?
89	Cavité	Fragment	Fer	?
90	Cavité	Peau	Peau	?
91	Cavité	Tesson pillard	Céramique	--
92	Cavité	Tesson pillard	Céramique	--
93	*Numéro non utilisé*			

Numéro d'objet	Localisation	Description	Matière	Rite
94	*Numéro non utilisé*			
95	*Numéro non utilisé*			
96	*Numéro non utilisé*			
97	*Numéro non utilisé*			
98	*Numéro non utilisé*			
99	*Numéro non utilisé*			
100	Descente	Planche	Bois	--
101	Descente	Planche	Bois	--
102	Descente	Planche	Bois	--
103	Descente	Natte	Fibre	--
104	Descente	Calice	Bronze	Banquet funéraire
105	Descente	Coupe	Bronze	Banquet funéraire
106	Descente	Coupe	Bronze	Banquet funéraire
107	Descente	Coupe	Bronze	Banquet funéraire
108	Descente	Coupe	Bronze	Banquet funéraire
109	Descente	Coupe	Bronze	Banquet funéraire
110	Descente	Bonbonne	Céramique	Banquet funéraire
111	Descente	Bonbonne	Céramique	Banquet funéraire
112	Descente	Bonbonne	Céramique	Banquet funéraire
113	Descente	Bonbonne	Céramique	Banquet funéraire
114	Descente	Bonbonne	Céramique	Banquet funéraire
115	Descente	Bonbonne	Céramique	Banquet funéraire
116	Descente	Bonbonne	Céramique	Banquet funéraire
117	Descente	Bonbonne	Céramique	Banquet funéraire
118	Descente	Bonbonne	Céramique	Banquet funéraire
119	Descente	Bonbonne	Céramique	Banquet funéraire
120	Descente	Bouteille	Céramique	Banquet funéraire
121	Descente	Bonbonne	Céramique	Banquet funéraire
122	Descente	Bonbonne	Céramique	Banquet funéraire
123	Descente	Bonbonne	Céramique	Banquet funéraire
124	Descente	Bonbonne	Céramique	Banquet funéraire
125	Descente	Bonbonne	Céramique	Banquet funéraire
126	Descente	Bonbonne	Céramique	Banquet funéraire
127	Descente	Bonbonne	Céramique	Banquet funéraire
128	Descente	Bonbonne	Céramique	Banquet funéraire
129	Descente	Bonbonne	Céramique	Banquet funéraire
130	Descente	Bonbonne	Céramique	Banquet funéraire
131	Descente	Bonbonne	Céramique	Banquet funéraire
132	Descente	Bonbonne	Céramique	Banquet funéraire
133	Descente	Bouteille	Céramique	Banquet funéraire
134	Descente	Bonbonne	Céramique	Banquet funéraire
135	Descente	Bonbonne	Céramique	Banquet funéraire
136	Descente	Bonbonne	Céramique	Banquet funéraire
137	Descente	Bonbonne	Céramique	Banquet funéraire
138	Descente	Bonbonne	Céramique	Banquet funéraire
139	Descente	Bonbonne	Céramique	Banquet funéraire
140	Descente	Bonbonne	Céramique	Banquet funéraire
141	Descente	Bonbonne	Céramique	Banquet funéraire

Numéro d'objet	Localisation	Description	Matière	Rite
142	Descente	Bonbonne	Céramique	Banquet funéraire
143	Descente	Bouteille	Céramique	Banquet funéraire
144	Descente	Bouteille	Céramique	Banquet funéraire
145	Descente	Bouteille	Céramique	Banquet funéraire
146	Descente	Bouteille	Céramique	Banquet funéraire
147	Descente	Bonbonne	Céramique	Banquet funéraire
148	Descente	Bonbonne	Céramique	Banquet funéraire
149	Descente	Bonbonne	Céramique	Banquet funéraire
150	Descente	Bonbonne	Céramique	Banquet funéraire
151	Descente	Bonbonne	Céramique	Banquet funéraire
152	Descente	Bonbonne	Céramique	Banquet funéraire
153	Descente	Bonbonne	Céramique	Banquet funéraire
154	Descente	Bonbonne	Céramique	Banquet funéraire
155	Descente	Bouteille	Céramique	Banquet funéraire
156	Descente	Bonbonne	Céramique	Banquet funéraire
157	Descente	Bonbonne	Céramique	Banquet funéraire
158	Descente	Bonbonne	Céramique	Banquet funéraire
159	Descente	Bouteille	Céramique	Banquet funéraire
160	Descente	Bonbonne	Céramique	Banquet funéraire
161	Descente	Bonbonne	Céramique	Banquet funéraire
162	Descente	Bonbonne	Céramique	Banquet funéraire
163	Descente	Bonbonne	Céramique	Banquet funéraire
164	Descente	Bonbonne	Céramique	Banquet funéraire
165	Descente	Bonbonne	Céramique	Banquet funéraire
166	Descente	Bonbonne	Céramique	Banquet funéraire
167	Descente	Bonbonne	Céramique	Banquet funéraire
168	Descente	Bonbonne	Céramique	Banquet funéraire
169	Descente	Bonbonne	Céramique	Banquet funéraire
170	*Numéro non utilisé*			

II

DEUX ESSAIS D'INTERPRÉTATION DES TOMBES DU MÉROÏTIQUE TARDIF MÉRIDIONAL

PREMIER ESSAI D'INTERPRÉTATION : LA CULTURE, LA RELIGION ET LE RANG DES TUMULUS D'EL-HOBAGI

Q UAND LA SECTION FRANÇAISE est intervenue à el-Hobagi, son intention n'était pas d'exploiter la totalité du cimetière ni même les sept tertres que leurs grandes dimensions et leurs murs désignaient comme exceptionnels.

La fouille du tumulus VI a été conçue en 1987 comme l'ultime vérification des conclusions élaborées en dix ans à el-Kadada[47] : les rites funéraires ne variant pas du Méroïtique au Postméroïtique et seule la fabrication de l'équipement des tombes changeant progressivement, il semblait possible et nécessaire de trouver dans la région de Méroé un cimetière de culture méroïtique, enterrant des personnages de haut rang[48]. Les tombes communes adoptant nombre de rites de la liturgie des funérailles royales par imitation religieuse et dans une intention sotériologique, on prétendait non seulement repérer le site régional concerné[49], mais décrire avant fouille le contenu d'une des tombes « royales » en énumérant les rites célébrés et en supposant les formes de l'équipement de la liturgie impériale.

Le tumulus VI à Umm Makharoqa a totalement répondu aux postulats investis : la vérification des connaissances acquises à el-Kadada a comblé les espérances en fournissant une tombe à *imperium* dont tout l'équipement relevait de l'idéologie funéraire méroïtique. La présentation des résultats à la conférence méroïtique de Khartoum (janvier 1989) ayant rencontré quelque résistance, bien naturelle et attendue, le Service des antiquités du Soudan a fait procéder à une deuxième fouille de vérification, et le tumulus III a été exploité en 1990 avec le même résultat[50].

À quelques différences près, relativement faibles, la fouille du tumulus III a répété celle du tumulus VI. Le matériel funéraire récolté en 1990 n'a pas ajouté sensiblement à l'information obtenue en 1987. Le second tombeau a lui aussi révélé un inhumé de haut rang, appartenant également à la culture « nubo-méroïtique » depuis longtemps caractérisée par Kirwan et redéfinie par Török[51]. Le but de ces fouilles n'étant pas de décrire l'histoire d'une « dynastie » hobagienne, il convenait de contrôler si leurs résultats répondaient aux postulats investis et les vérifiaient. Il fallait conclure la recherche kadadienne en tentant de déterminer le rang des inhumés sous tertre d'el-Hobagi : appartenaient-ils ou non à la « sphère royale » comme le prétendait le raisonnement initial ?

Pour conclure sur cette question et jauger la capacité de la nécropole d'el-Hobagi à renseigner sur la « fin de Méroé » dans la région de Méroé, on a rangé l'ensemble du matériel recueilli selon une grille de lecture qui ventilait l'équipement de la liturgie des funérailles en fonction des rites ou des formes rituelles, permettant de comparer des tombes différentes, de régions différentes et d'époques successives. Cette grille sert à utiliser

47. P. LENOBLE, *ANM* 3, 1989, p. 106.
48. P. LENOBLE, « Trois tombes de la région de Méroé. La clôture des fouilles historiques d'el-Kadada en 1985 et 1986 », *ANM* 2, 1987, p. 89-119.
49. P. LENOBLE, « Le passage du Méroïtique au Postméroïtique dans la région de Shendi » *in* R. Dehlin, T. Hägg (éd.), *Nubian Culture Past and Present. Abstracts of Communications*, p. 78-79.
50. J. REINOLD, P. LENOBLE, « El Hobagi 1990. Tumulus III », *NubLett* 16, 1991, p. 5-6.
51. L. TÖRÖK, *Late Antique Nubia*, v. 1.2.

une documentation disparate, faite surtout d'objets matériels et de scènes figurées. Elle permet surtout une lecture commune de tous les témoignages funéraires, quels que soient le mode d'enregistrement de l'archéologue et le bouleversement dû au pillage, de quelque tombe que ce soit.

Seront donc analysés successivement des gestes rituels (libations, encensements), la liturgie traditionnelle (banquet) et des liturgies spécifiques (armement triomphal et sacrifice animal). La conclusion déterminera le rang des inhumés en définissant les termes qui conviennent et en précisant les conditions d'utilisation de la nécropole pour reconstituer la « fin de Méroé ». Quelques conséquences entrevues achèveront l'essai, qui réécriront l'énoncé d'un vieux problème et suggéreront les voies logiques de sa résolution future.

Liturgie de la cérémonie funéraire à el-Hobagi

Libations

Abdalla Abdelgadir M. Riyad[52] a mis l'accent sur le rôle de la libation dans la cérémonie funéraire méroïtique et a souligné l'évolution, sinon du geste rituel, du moins de sa signification accompagnant la « réhabilitation » d'Anubis : à partir du IIe s. apr. J.-C., le rite devient en soi une manifestation primordiale de l'acte funéraire, conjointement à l'encensement. L'étude du rôle de l'Anubis méroïtique par Yellin[53] a conduit à décrire une gamme d'objets servant à la libation et même à prévoir, d'après les représentations, l'apparence morphologique de « situles » caractéristiques du Méroïtique récent méridional[54]. Les « petites bouteilles noires » kadadiennes[55] ont permis in fine de reconnaître les situles tardives des tombes du Méroïtique récent à Méroé[56]. Précédemment, Leclant[57] avait isolé une autre situle céramique, en Moyenne-Nubie cette fois. L'instrument de la libation varie donc considérablement, chronologiquement et de région à région. Le même travail d'identification est à poursuivre en Nubie, pour les époques méroïtique et postméroïtique (les objets de quelques libations ballanéennes sont indiqués pour certains tumulus du Nord).

La libation – de lait, d'eau du Nil, de vin, etc.[58] – est un acte répétitif, justifiant parfois l'insertion de plusieurs situles ou vases apparentés dans une même tombe[59]. De là aussi, la multiplication éventuelle des bassins. De là encore celle des coupes et gobelets, le geste rituel impliquant parfois un déversement dans de petits conteneurs réunis en plateaux[60]. La libation a valeur sacramentelle et symbolique par elle-même, mais est aussi le truchement d'une consécration. Elle consacre des nourritures, disposées ou non sur une table d'offrandes, distribuées ou non dans de petits récipients. Elle consacre des produits accumulés dans les grands vaisseaux du banquet funéraire[61]. Elle consacre même les acteurs de la cérémonie funéraire, tels ces prisonniers

52. ABDALLA ABDELGADIR M. RIYAD, « Meroitic funerary Customs and Beliefs: from Texts and Scenes » in N.B. Millet, A.L. Kelley (éd.), *Meroitic Studies*, p. 61-104.

53. J.W. YELLIN, *The Role and Iconography of Anubis in Meroitic Religion*.

54. J.W. YELLIN, « The Role of Anubis in Meroitic Religion » in J.M. Plumey (éd.), *Nubian Studies*, p. 227-234.

55. P. LENOBLE, « Trois tombes de la région de Méroé », *ANM* 2, 1987, p. 96.

56. Reconnues dans le type céramique identifié par Dunham (*RCK* V, pl. 1, 1-9, 12).

57. J. LECLANT, « Bouteilles globulaires à long col de Moyenne-Nubie » in Fr. Geus, Fl. Thill (éd.), *Mélanges J. Vercoutter*, p. 185-204.

58. ABDALLA ABDELGADIR M. RIYAD in N.B. Millet, A.L. Kelley (éd.), *Meroitic Studies*, p. 61-104 ; J.W. YELLIN, *The Role and Iconography of Anubis*.

59. Voir par exemple 23-1-83 et 84 (Beg. W. 260) et 23-1-341 et 384b (Beg. W. 317) dans D. DUNHAM, *RCK* V. *The West and South Cemeteries at Meroe, excavated by the late George Andrew Reisner*, Boston, 1963.

60. P. LENOBLE, « Chiens de païens. Une tombe postpyramidale à double descenderie hors de Méroé », *ANM* 5, 1991, p. 167-183.

61. S.E. CHAPMAN, D. DUNHAM, *RCK* III, pl. 5 pour N 7, mur sud.

subissant le versement d'un liquide non identifié[62]. On trouvera, servant à des fonctions identiques, le matériel de libations consécratoires ou purement sacramentelles dans les tumulus du Nord (voir par exemple l'équipement isolé dans une salle *ad hoc* en chambre 3 de Q 31[63] avec amphore 33 et plateau des sept coupes 34-40).

À el-Hobagi, le tumulus III a fourni un équipement répondant au service canonique dans la lignée des situles céramiques tardives de Méroé, avec attache organique en forme d'anse, un bassin de réception ou de répartition et une coupe de versement ou de distribution. Que cette situle soit une *beer-jar*, chanceusement isolée des grandes bonbonnes du banquet funéraire par la typologie, incite à juger d'une continuité avec les bouteilles céramiques faites sans le tour à Méroé, à expliquer une augmentation du volume des récipients notable dès la fin du Méroïtique récent pour répondre à une gestuelle accrue, et enfin à rechercher dans l'*Alwa ware* d'autres formes propres aux versements nécessaires à la libation[64]. Cette dernière se reconnaît encore dans les 32 coupes et gobelets du banquet du tumulus III, continuant et multipliant comme à Ballana les plateaux du Méroïtique récent, qui ont évidemment servi à la consécration des plus grands récipients.

Le tumulus VI a fourni un équipement tout aussi explicite, bien que différent. Les trois bassins et les trois coupes trouvées dans un ensemble clos[65] répondent à la réception et à la répartition des liquides variés des différentes libations, liquides apportés par cinq bouteilles tournées et une bonbonne de petit gabarit comme dans le tumulus III (voir fig. **79**). Nul doute que ces scènes gravées sur les bronzes détaillent la gestuelle et le sens de la liturgie, comme les révèlent les rares scènes méroïtiques comparables de Gammaï et de Karanog[66]. La coupe nᵒ 16 (fig. **86**), à grenouilles et fleurs de lotus symboliques[67], et le bassin nᵒ 19 (fig. **87**), au crocodile, se rapportent le plus probablement à la libation d'eau du Nil. L'une des coupes nᵒˢ 17 ou 18 (fig. **86**) et le bassin nᵒ 21 (fig. **88**), gravé d'une scène de musique et de danse, se rapportent probablement à la libation de vin. L'autre coupe et le bassin nᵒ 20 (fig. **90**) se rapportent à la libation d'un troisième liquide qui ne peut être que le lait. Toutefois, ces détails, aussi intéressants soient-ils en raison de la rareté des bronzes à scènes gravées, importent à peine pour l'interprétation religieuse. On peut idéalement classer le tumulus VI dans la continuité religieuse du Méroïtique récent : le prouvent déjà les motifs, symboliques plutôt que décoratifs, qui accompagnent les scènes liturgiques[68]. Une fois établies ces évidences, l'enquête se dirigera logiquement vers la dissection du geste liturgique et l'analyse de ses « décors » afin de reconstituer le symbolisme de la liturgie pratiquée et de suggérer une interprétation théologique. Les tumulus III et VI contribuent à cette tentative par un témoignage d'une qualité exceptionnelle.

La plupart de leurs bronzes étaient enveloppés de tissus[69]. Cet enveloppement, à maints exemples méroïtique, implique un concept de pureté/impureté dans le contact de l'humain et du divin, sans le moindre doute hérité de la liturgie égyptienne, origine commune de pratiques identiques conservées par des religions ultérieures. Plus encore, l'enveloppement de six bassins et coupes du tumulus VI, isolés sur une peau de chèvre et voilés sous un même tissu, suggère même un autre canon des religions à « mystères » : le crocodile dissimulé dans le bassin d'eau à Umm Makharoqa a bien des répondants dans les religions contemporaines de l'isisme en Méditerranée. Ces symboles, à retrancher là de la vue des non-initiés, seront dénoncés d'abondance par la polémique chrétienne[70]. Le crocodile, à symbolisme méroïtique clair, représenté sur les récipients liturgiques

---

62. *Ibid.*, pl. 7A pour N 11.

63. W.B. Emery, L.P. Kirwan, *The Excavations and Survey between Wadi es Sebua and Adinda*, fig. 26.

64. Voir par exemple la « cruche » à zigzag dans J.W. Crowfoot, « Christian Nubia », *JEA* 13, 1927, pl. xxxii, 1, présente elle aussi à Méroé comme à el-Kadada.

65. P. Lenoble, *ANM* 3, p. 101.

66. T. Kendall, *Kush. Lost Kingdom of the Nile*, p. 50-51, 58-59.

67. J. Leclant *in* M.B. De Boer, T.A. Edridge (éd.), *Hommage à Maarten J. Vermaseren*, vol. 2, p. 561-572.

68. Voir par exemple les bouquets sur croissants et les fleurs de lotus.

69. P. Lenoble, *ANM* 3, 1989, pl. x.

70. Voir par exemple Théodoret de Cyr, *Thérapeutique des maladies helléniques* I, § 109-114.

« décorés »[71] aussi bien que sur des tables d'offrandes[72], identifie évidemment l'isisme comme la religion ayant présidé aux libations funéraires du tumulus VI. Il est hors de doute, par comparaison avec le matériel liturgique des grands tumulus nubiens, que les « Postméroïtiques » du Nord pratiquaient de même l'isisme funéraire.

Le tumulus HBG III a apporté d'autres éclaircissements relatifs à la pratique liturgique et donc à la symbolique théologique héritées des conceptions méroïtiques. Le crocodile était soudé à son bassin gravé. Deux autres « décors » soudés à la même place relative sont représentés par les objets n°s 48a et 63a (fig. 33-34) ; deux autres comparables (n°s 61a et 37a) ont pu être fixés dans des coupes de la même façon. La place de ces appliques soudées rappelle celle de symboles sculptés ou gravés dans les coupes et bassins, en métal ou en pierre, méroïtiques ou postméroïtiques, ou celle des symboles peints dans les coupes céramiques méroïtiques imitant le bronze[73]. Sans développer ici, il faut conclure que le geste de déversement de la libation révélait le symbole jusque-là dissimulé par le liquide. Le vidage de la coupe ou du bassin à libation provoquait l'apparition du symbole divin, dans une gestuelle destinée à créer ce qu'il faut bien nommer une épiphanie.

Si l'épiphanie divine est parfois sûrement identifiable sur certaines coupes méroïtiques[74], il reste souvent à dénommer la divinité invoquée sur la plupart des récipients connus. Les visages de « satyres »[75] en médaillons sur les coupes méroïtiques suggèrent l'association de symboles dionysiaques et isiaques, caractérisant l'Égypte ptolémaïque et romaine impériale[76], et reconnaissables parfois sur le Haut-Nil[77]. Peut-être l'objet n° 63a appartenait-il à cette imagerie, avec ce masque barbu de face déjà connu à l'époque méroïtique jusque dans la sculpture architecturale[78]. La désignation de l'entité divine ne sera pas entreprise ici, pour éviter la longue discussion iconographique nécessaire. De même se contentera-t-on provisoirement d'un commentaire général à propos de la tête couronnée surmontant un croissant (n° 48a). L'applique peut être copiée de modèles monétaires romains[79], bien que la facture de l'objet, à la cire perdue, soit locale. Les antécédents méroïtiques incitent à la prudence, abondants pour le croissant[80], plus rares pour la couronne radiée[81]. Le privilège monétaire impérial et son iconographie propre ne sont pas directement applicables au monde méroïtique, mais il n'est évidemment pas fortuit que quelques objets comparables, importés du monde romain pour servir à la même liturgie, figurent l'empereur méditerranéen (voir par exemple le vase en albâtre à double portrait impérial E3/R71[82], ou encore une coupe en bronze d'Arminna[83]).

Il devient clair que l'entité en épiphanie est de nature politico-religieuse. Elle illustre un discours idéologique propre à l'État que documente el-Hobagi, État maintenu dans la tradition méroïtique jusque dans les thèmes de sa propagande iconographique. Elle pourrait aussi bien représenter des rapports politiques entre Rome et Byzance d'une part, et les capitales du Méroïtique final ou Postpyramidal d'autre part. Elle expliquerait une « importation » pour les besoins d'une propagande élaborée au plus haut niveau social. *Largitio* directe au Nord, copie d'objets au Sud, l'importation répond à un impératif religieux local. Au moins peut-on affirmer avec certitude que l'iconographie est correctement interprétée dans le Sud, puisque reproduite impeccablement :

71. L. Török, « Meroitic painted Pottery: Problems of Chronology and Style », *BSF* 2, 1987, p. 97-98.

72. Djebel Adda, R.O.M. 62:2:60 et 62:2:61 : Abdalla Abdelgadir M. Riyad *in* N.B. Millet, A.L. Kelley (éd.), *Meroitic Studies*, p. 86, n. 175.

73. W.Y. Adams, *Ceramic Industries of Medieval Nubia*, fig. 137.

74. Voir le motif isiaque sur fond de coupe en HDN 70/10-11/19 (H. Tomandl, « Tradierung und Bedeutung eines religiösen Motivs von des meroitischen bis zur christlichen Period », *BSF* 2, 1987, p. 107-126), ainsi qu'à Méroé (J. Garstang, *Excavations at Meroe*, pl. XLII, 1 et XLVII).

75. W.Y. Adams, *Ceramic Industries of Medieval Nubia*.

76. J. Hani, *La Religion égyptienne dans la pensée de Plutarque*, p. 166-181.

77. Karanog 8216 : C. Woolley, D. Randall-MacIver, *Karanog*, p. 262, pl. 45.

78. I. Gamer-Wallert, K. Zibelius, *Der Löwentempel*, vol. 1, pl. 56b.

79. P. Bastien, *Le Buste monétaire des empereurs romains*.

80. Voir une tête humaine sur croissant à Gammaï 184/Rl : O. Bates, D. Dunham, *Excavations at Gammai*, pl. XLIV, fig. 27.

81. Fr. Hintze, « Preliminary Report of the Butana Expedition made by the Institute for Egyptology of the Humboldt University, Berlin, 1958 », *Kush* 7, 1959, fig. 2 ; I. Gamer-Wallert, K. Zibelius, *Der Löwentempel*, p. 90, 190, 213, b1. 11a, pl. 73a.

82. O. Bates, D. Dunham, *Gammai*, pl. LXXI, fig. 61, et pl. XXXVI, fig. 1, daté par F.W. Deichmann, « Eine alabasterne Largitionsschale aus Nubien » *in* F.W. Schumacher (éd.), *Tortulae*, p. 65-76 et commenté par L. Török, *Late Antique Nubia*, p. 52, 186.

83. H. Junker, *Ermenne*, p. 118-119, pl. XII, 143.

le symbolisme syncrétique du soleil et de la lune, associés près de Méroé dans une *interpretatio* synchrone d'une idéologie du IVᵉ siècle en Méditerranée[84], est sûrement compris par la prêtrise officiant à el-Hobagi. Si le modèle de cette *interpretatio* méridionale est monétaire, ce qu'il convient de vérifier, on obtiendra un *terminus post quem* pour dater le tumulus III. Mais on voit surtout que l'icône, ou plutôt l'*eidôlon*, intéresse d'abord l'histoire idéologique du Sud méroïtique au siècle de la disparition supposée de Méroé.

Un autre symbole doit parler, lui aussi attaché à la tradition méroïtique. La tête de lionne en ronde-bosse n° 61a (fig. 34) provient d'un objet démonté pour l'occasion : le listel prouve un emmanchement sur une tige de diamètre réduit. Un tel objet ne se trouve pas dans les sceptres et autres insignes simples[85] ni dans les embouts de l'instrument d'encensement[86], mais dans l'assemblage de chaises reproduisant la *sella curulis* méditerranéenne[87], elle-même dans la lignée de certains sièges léoniformes méroïtiques[88]. L'indication d'el-Hobagi est trop ténue et trop isolée pour qu'on s'aventure à comparer l'insigne romain (*sella curulis*) à l'insigne méroïtique. L'utilisation d'un symbole léonin dans la gestuelle de la libation n'offre pourtant aucune surprise. La rosette n° 37a (fig. 33) surprend davantage et contient les tenants de l'interprétation décorative des objets méroïtiques[89]. Son insertion parmi les objets précédemment décrits offre un argument supplémentaire aux interprètes de tous ces symboles abstraits auxquels les Méroïtiques se sont complu. Il convient de les documenter avec système pour saisir le caractère liturgique de tous les bronzes et terres cuites fines des tombes méroïtiques.

En conclusion, on s'aperçoit qu'une étude détaillée et complète de la libation telle que déchiffrée dans les tumulus III et VI se passe de tables d'offrandes : scènes et symboles explicites ou inscription en hiéroglyphes méroïtiques ne sont pas les seuls documents conduisant à insérer des tumulus dans une continuité méroïtique indubitable et quasi exclusive. On ne peut réserver que la part d'une possible influence romaine, lointaine, rare et encore bien vague. La religion funéraire que ces tombes documentent est l'isisme, comme l'était celle de la dernière centaine de tombes royales et princières à Méroé ; sa lecture ne se fait que par le matériel enfoui. Elle est tout aussi certaine, tant les règles de l'enfouissement sont canoniques. Il faut écarter le postulat injustifié de barbares postméroïtiques enterrés sans prêtrise et presque sans religion[90].

Encensement

La bouteille en verre n° 218, découverte dans la cavité du tumulus III, et son homologue trouvée par morceaux en tamisant les sédiments du pillage dans le tumulus VI[91], nous apprennent que le rite essentiel de l'encensement, toujours signalé par des bouteilles en verre dans la dernière centaine de tombes royales et princières à Méroé-Nord et Ouest, n'a pas manqué aux inhumations d'el-Hobagi.

Quel que soit le truchement utilisé, huiles parfumées répandues ou bois odorants brûlés, l'encensement ou la fumigation deviennent un rite aussi indispensable que la libation, magnifié au même titre dans les chapelles funéraires finales où les deux scènes jouent un rôle quasi exclusif. Les deux rites ont valeur sacramentelle : participant de la liturgie rendue aux dieux, ils sont le signe d'une sacralisation, d'une métamorphose de la dépouille humaine et mortelle en une/la divinité, d'une apothéose dans le cas de rois.

La gestuelle liturgique impliquant des parfums est connue par quelques tables d'offrandes comme par l'analyse des objets en verre, en bronze ou en céramique datés du Méroïtique récent. De là, les alabastres, aryballes ou bouteilles au col effilé avec lesquels on déverse, soit pour consacrer d'autres objets et offrandes,

---

84. Voir par exemple Macrobe, *Saturnales* I.
85. Voir par exemple I. Gamer-Wallert, K. Zibelius, *Der Löwentempel*, p. 262-267.
86. S.E. Chapman, D. Dunham, *Rck* III.
87. Q 2-108 : W.B. Emery, *Ballana and Qustul*, p. 32, 381, pl. 107I ; L. Török, *Late Antique Nubia*, p. 155 pour l'interprétation. B 95-23 : W.B. Emery, *Ballana and Qustul*, p. 138, 360, pl. 95A.
88. S.E. Chapman, D. Dunham, *Rck* III, pl. 7A pour le siège du prince en N 11, mur nord.
89. W.Y. Adams, *Ceramic Industries of Medieval Nubia*, p. 36, 213.
90. W.Y. Adams, *Nubia, Corridor to Africa*, p. 413-424.
91. P. Lenoble, *ANM* 3, 1989, p. 100.

soit dans un sacrement propre. L'objet utilisé pour la cérémonie royale, en bois, a laissé fort peu de traces autres qu'iconographiques : il contribue à prouver que les « brûleurs d'encens » de l'époque postpyramidale ont été progressivement substitués en raison d'une importation défaillante de parfums, d'abord dans le Sud, puis dans le Nord.

L'isolement des témoins des tumulus III et VI ne permet guère d'élaborer davantage ici, d'autant que le bois a disparu. Au moins autorisent-ils un argument de datation. Le balsamaire en verre prédate la substitution des brûleurs : à ce titre, il classerait les tombes d'el-Hobagi dans le Méroïtique récent méridional, n'était le célèbre exemple d'un *unguentarium* similaire trouvé à Méroé dans le cimetière tumulaire[92]. Le témoignage rejoint celui de la bouteille à libations munie d'une anse organique : une datation haute dans le Postpyramidal s'impose au moins, mais diffère de celle de l'adoption du tumulus.

La disparition des parfums n'est pas totale, puisqu'on rencontre leurs récipients de temps à autre dans les tombes ballanéennes (voir en B 3 la bouteille en verre n° 14, placée dans la même salle 3 que le plateau de libation aux gobelets en bronze n°s 15-18[93]). L'encensement et la libation ont servi là encore à consacrer le banquet funéraire. Noter que l'onction double la fumigation par l'encensoir n° 8. La dominance des « brûleurs » à Ballana laisse supposer que l'usage de l'encens ou de bois odorants était devenu canonique.

Banquet funéraire

En sus des petits conteneurs en bronze déjà décrits pour leur rôle dans la libation, les tumulus III et VI ont fourni une série importante de grands conteneurs céramiques : bonbonnes exclusivement pour le premier, bonbonnes et grandes bouteilles tournées pour le second. Les quantités respectives apparentent ces récipients aux bouteilles et jarres tournées de la dernière centaine de tombes à Méroé-Nord et Ouest. On trouvera par exemple dans un article d'Hofmann[94] la recension complète des jarres, pour les types Dunham 1963 K5 et L8 : on vérifiera par là l'espèce de record qu'établissent pour le Sud, en nombre comme en volume, les quelque cinquante et soixante-dix grands récipients des deux tumulus hobagiens.

Les chapelles funéraires relatent une fois de plus la liturgie de l'enfouissement de ces conteneurs, grands ou petits : voir par exemple le mur sud de la chapelle de Beg. N. 7[95], où un prêtre consacre, à la fois par la libation et l'encensement, la totalité des « nourritures » complaisamment détaillées sur plusieurs registres. Les grands récipients disparaissent des murs des chapelles quand l'iconographie se simplifie et que le sens du rite évolue ; ils ne disparaissent cependant pas des tombes. Seuls les petits vases, coupes et gobelets, sont à l'occasion montrés, comme sur le mur ouest de la chapelle de Beg. N. 17[96].

Le sens du rite évolue profondément du Méroïtique ancien au récent. Privilège inhérent au statut royal, le « banquet funéraire », à la liturgie très complexe, vise à multiplier « par milliers » les nourritures « dont vit le dieu, que le Ciel procure, que la Terre crée et que le Nil apporte »[97], à l'intention des vivants. Un changement essentiel et progressif se dessine au Méroïtique classique, signalé par la diffusion du rite et l'emprunt de sa fonction divinisante initiale par un nombre grandissant de tombes. Au Méroïtique récent s'achève l'évolution de la transformation idéologique : l'isisme théocratique de la tombe royale est devenu la religion sotériologique largement propagée au-delà de la Cour et de l'élite sociale. On peut donc décrire une religion de salut jusque dans les tombes les plus modestes d'après les récipients standardisés du banquet et leur marquage sotériologique caractéristique.

92. J. Garstang, *Excavations at Meroe*, pl. xxxvii, 3.
93. Quatre dans la liste, sept sur le dessin ; voir W.B. Emery, *Ballana and Qustul*, p. 79-80, fig. 36.
94. I. Hofmann, « Ein Gefässtyp der Endphase des meroitischen Reiches », *VarAeg* 4, 1988, p. 121-125.
95. S.E. Chapman, D. Dunham, *RCK* III, pl. 5.
96. *Ibid.*, pl. 21C.
97. Abdalla Abdelgadir M. Riyad *in* N.B. Millet, A.L. Kelley (éd.), *Meroitic Studies*, p. 67.

La production des grands conteneurs funéraires connaît des bouleversements à au moins deux reprises. L'apparition de la jarre en Beg. N. 18[98], coïncidant avec l'apparition du dernier type de tombe royale et princière à Méroé[99], souligne la réorganisation des ateliers méroéens qui adaptent la production à la nouvelle liturgie et l'industrialisent. Cette production durera jusqu'au IVe siècle, mais depuis la fin du IIIe siècle déjà, des ateliers nouveaux compléteront la production insuffisante de la capitale : ils substitueront progressivement la grande bouteille tournée à la petite, et la bonbonne à la jarre. Les tumulus III et VI documentent la fin de cette transition céramique, purement technique et technologique. Le rite ne disparaît pas, et le sens du banquet funéraire demeure.

On retrouvera le banquet funéraire, avec toutes les caractéristiques du Méroïtique récent (conteneurs à solides et liquides, collectifs et individuels, matériel à libation et encensement, cuillers, etc.), jusque dans les grands tumulus ballanéens – aux formes près, tant l'industrie céramique varie selon les régions ! L'accumulation de nourritures consacrées – tout à la fois oblations au défunt, signalées par des marques, et consommations de la cérémonie funéraire, expliquant les bonbonnes vides et pleines des tumulus hobagiens – atteindra en Nubie une sorte d'emphase jamais dépassée dans le Sud. Une salle entière de la tombe est réservée au banquet funéraire (B 3, B 6, B 9, etc.) qui déborde parfois sur deux salles (B 114, B 118, etc.). Le banquet culmine en B 3 et B 95, avec plus de 200 récipients redondants. On saisit la révolution entraînée par la christianisation, qui devra débarrasser la tombe nilotique de tout cet équipement réputé utilitaire et, de fait, parfaitement symbolique d'une théologie très élaborée, difficile à reconstituer dans le détail. Ballana n'a pas plus que Méroé enterré de richesses matérielles, mais des sacrificielles, sous forme d'oblations et de communions.

Armement de la tombe

Les tumulus III et VI semblent se distinguer des dernières pyramides de Méroé par un armement sophistiqué : le Méroïtique récent armait déjà ses tombes depuis longtemps, mais plus discrètement[100]. Les tertres hobagiens paraissent donc devoir se comparer plutôt à leurs homologues nubiens.

Le recensement des objets a fait apparaître des différences mineures entre les deux tombes : plus de lances en VI, plus de carquois en III ; absence d'épées en III, absence de javelines en VI ; doutes quant au rôle du poignard en VI, doutes quant à la présence d'anneaux d'archer en III, etc. L'imposant armement commun aux deux tombeaux, disposé avant tout autre matériel de part et d'autre de la dépouille, tient à l'évidence une place de choix dans la cérémonie d'inhumation et donne une indication primordiale pour la détermination du rang des inhumés.

Remarquons une fois encore que cet équipement décrit l'évolution de l'armement barbare autour de l'Est méditerranéen à partir du IIIe s. apr. J.-C. au moins, illustrant le rapport des auteurs romains : relation détaillée chez Hérodien, tant on trouve de *Parthici* et de *Persici* dans la titulature impériale méditerranéenne[101] ; relation intemporelle chez Héliodore, point trop mal informée, mais par trop fabulée[102], en l'absence d'*Æthiopicus* dans la série des empereurs peu intéressés par le Haut-Nil depuis Néron[103]. Ces généralités ont quelque valeur, puisqu'elles expliquent, sans pouvoir réellement les détailler à propos des Méroïtes, le rôle des armes de jet (flèches et javelots) dans le combat que mènent les barbares aussi bien que la tactique d'archers et lanciers montés sur chevaux, ou encore l'agrandissement du théâtre de la guerre par la propagation de l'usage

---

98. I. Hofmann, *VarAeg* 4, 1988, p. 122.

99. Voir la « marque » sur le tesson 21-3-562a : D. Dunham, *RCK* IV, p. 147 et fig. 96 p. 148.

100. P. Lenoble, *ANM* 2, 1987, p. 98.

101. Hérodien, *Histoire* IV, 15, 2-3 ; VI, 5, 3-4.

102. Héliodore, *Éthiopiques* IX, 18, 6 ; 19, 3-4.

103. J. Desanges, *Recherches sur l'activité des Méditerranéens aux confins de l'Afrique*, chap. III.

du dromadaire, indubitablement répandu à Méroé à cette époque[104]. L'armement barbare offrira à l'armée romaine une telle gamme de tactiques nouvelles que le recrutement de mercenaires auxiliaires s'amplifie dès le IIIe siècle. L'armement romain subit des changements radicaux au IVe siècle. Depuis les exploits publics de Commode aux armes barbares que sont l'arc et le javelot, exploits exhibés au cirque tant les idéologies orientales se répandent[05], des insignes barbares finissent par s'imposer jusque dans l'iconographie impériale romaine au IVe siècle.

Le Haut-Nil sans conteste participe à cette évolution, mais ces généralités, qui reconstituent l'histoire de la Méditerranée, servent très peu à décrire l'évolution de Méroé. En particulier, elles n'expliquent en rien la raison de l'inscription de tout ce fourniment dans la tombe, ou plutôt dans certaines tombes « éthiopiennes ». Elles aboutissent surtout à conforter, sans démonstration réelle, le postulat d'une présence barbare nouvelle, détruisant Méroé au Sud et pillant l'Égypte au Nord. Aussi faut-il s'en tenir strictement à la méthode initialement définie de l'étude des rites funéraires et de leur évolution, sans se laisser divertir par des remarques synthétiques qui induisent des conclusions générales sans les prouver. La magnification de l'armement funéraire au IVe siècle appelle à une analyse quelque peu détaillée de l'évolution de ce rite.

Lances

Les lances méroïtiques ont été décrites principalement et en général par Hofmann[106]. Elles n'apparaissent que rarement en tant qu'objets funéraires. Le témoignage méroéen concerne surtout les tombes tardives de la capitale[107]. Il recense surtout des javelots, à fers de petite taille (8-9 cm), pas toujours nettement différenciés des pointes de flèches[108]. Plusieurs objets sont même assimilés à des lances grâce à des hampes de bois trouvées dans les descenderies[109] et n'offrent aucune certitude quant à leur identification. Si l'on cerne ce témoignage avec une rigueur extrême, il ne reste que la paire 22-2-115 de Beg. W. 415[110] pour figurer la lance vraie du Méroïtique classique ou récent. Ces deux lames semblent dépourvues de nervures, peut-être perdues à la fouille. On note à proximité immédiate, dans la même tombe, deux « haches » (22-2-109 et 110). Les deux objets complets de Beg. W. 415, groupant lames et haches sur un même emmanchement, désignent l'origine méroïtique des objets homologues des tumulus III et VI.

Deux uniques comparaisons possibles à Méroé ? Faut-il incriminer la pédagogie du pillage par Ferlini, qui aurait privé les dernières tombes royales de ces objets dans la capitale ? Ou plutôt déclasser Beg. W. 415 malgré les autres indications de la sépulture, en particulier la céramique ? Le dilemme ne peut être résolu qu'en illustrant les objets funéraires par la représentation de leur fonction[111]. Beg. N. 6 fournit deux figurations célèbres sur son pylône[112] : accompagnant arc et flèches, la lance à nervure est brandie par la reine Amanishakhete massacrant un groupe d'ennemis. Beg. N. 19 produit au même endroit deux représentations identiques[113] : le roi Tarekenidal massacre cette fois ses ennemis à la « hache », mais tient dans la même main lance à nervure, arc et flèche ; sur la scène sud, la hampe de la lance passe devant le groupe de prisonniers ; sur la scène nord,

---

104. Beg. N. 15 et Beg. N. 7 : I. Hofmann, H. Tomandl, *Die Bedeutung des Tieres*, p. 149-150.

105. Hérodien, *Histoire* I, 15.

106. I. Hofmann, *Die Kulturen des Niltals*, p. 403 ; *id.*, « Notizen zu den Kampfszenen am sogenannten Sonnentempel von Meroe », *Anthropos* 70, 1975, p. 526.

107. Beg. W. 415 ; Beg. W. 341 ; Beg. W. 453 ; Beg. W. 135 ; Beg. W. 106 ; Beg. W. 326.

108. Voir Beg. W. 326, 23-1-401, avec et sans barbelures.

109. Beg. W. 308, 23-1-395 à 397.

110. D. Dunham, *RCK* V, p. 114, 117.

111. I. Hofmann, *Anthropos* 70, 1975, p. 513-536.

112. S.E. Chapman, D. Dunham, *RCK* III, pl. 17.

113. *Ibid.*, pl. 22.

elle passe derrière, explicitant le schéma iconographique. À l'intérieur de cette même chapelle, sur le mur sud[114], la lance est exhibée pour ce qu'elle vaut : un insigne de nature « militaire » accompagnant une fois encore arc et flèches, de sens triomphal donc, caractérisant un pouvoir de la royauté.

Avec ce système, on peut trouver cette lance distinctive dans toutes les scènes triomphales connues : au Djebel Qeili[115], où le roi Sherkarer exhibe épée au fourreau, lance, arc et flèches ; à Naga[116], où la reine Amanitere massacre des prisonniers d'une épée sortie de son fourreau et enserre leurs cheveux contre une lance dont la hampe est presque totalement dissimulée ; sur le relief d'Arikankharer[117], où le prince massacre des prisonniers à la hache, maintient son épée au fourreau et enserre leur chevelure contre une lance à hampe totalement dissimulée[118]. Toutes ces lances apparaissent avec des fers de grande taille maintenus par des nervures centrales, alors que les épées montrées en manquent. Citons enfin le massacre à la lance, répété pas moins de neuf fois, dans la frise du temple 250 à Méroé[119], « scènes de combat » d'un temple triomphal s'il en est.

La stèle de victoire d'Arikankharer démontre que l'insigne n'est pas seulement de rang royal, mais se délègue à des princes victorieux ou supposés tels. Cette délégation de la capacité triomphale royale, de son *imperium* – pour utiliser l'appellation romaine du concept dans l'ignorance où nous sommes de son nom méroïtique –, justifie la trouvaille du cimetière ouest de Beg. W. 415, et inclut l'armement de cette tombe dans l'évolution méroïtique. On ignore pourquoi Beg. N. 6 et Beg. N. 19 n'ont pas rendu de lance, alors que leurs pylônes annonçaient ce programme funéraire triomphal : le pillage n'est pas la seule raison à invoquer, mais on aura expliqué le rôle, le sens et les origines, exclusivement méroïtiques, des lances des tumulus III et VI à el-Hobagi. Surtout, on aura situé à l'époque méroïtique, et même au Méroïtique classique, le transfert de l'iconographie des lances depuis les temples jusqu'à des tombes, cernant ainsi avec précision l'innovation d'un rite conférant un sens triomphal aux funérailles royales et princières. La suggestion est très forte d'attribuer aux inhumés d'el-Hobagi un rang royal ou princier, ou plutôt impérial au sens latin : les défunts sont évidemment titulaires, sinon de victoires, du moins de la *victoria* ou de la *virtus* qui permet de l'obtenir, si l'on admet encore des appellations romaines pour désigner des concepts sans doute différents à Méroé, mais sûrement parallèles.

On ne s'étonnera donc pas que la seule représentation triomphale connue de l'époque dite « postméroïtique », celle de Silko à Kalabsha[120], figure le massacre de l'ennemi à la lance : l'iconographie a fortement évolué depuis ses origines méroïtiques et porte la marque d'une romanisation certaine, mais le sens méroïtique originel demeure, applicable à la tombe royale ou princière ballanéenne. Török[121] a abouti à la même conclusion en faisant contribuer plusieurs types de lances à l'identification de princes et de rois à Qoustoul et Ballana[122], sans trop l'expliquer. Ses remarques archéographiques sont de grand intérêt. Elles concernent l'origine méroïtique de certaines lances[123], la place et le rôle diversifié des insignes lors des funérailles[124], l'arrangement de lances par paires[125], etc. Que les lances utilisées lors du *funus imperatorium* soulignent l'aspect triomphal de la cérémonie ne laisse aucun doute. Reste seulement à saisir le sens de la multiplication des insignes : une paire à Beg. W. 415, cinq dans chaque tumulus hobagien déjà, et jusqu'à vingt-neuf objets en B 80 à Ballana. Cette multiplication caractérise d'autres emblèmes et sera précisée *infra*, p. 218-220.

---

114. *Ibid.*, pl. 22C.
115. Fr. Hintze, *Kush* 7, 1959, fig. 2.
116. *Ibid.*, pl. 2.
117. St. Wenig, *Africa in Antiquity*, vol. 1, p. 15, vol. 2, p. 203.
118. *Contra*, pour une épée, I. Hofmann, *Anthropos* 70, 1975, p. 523-524.
119. *Ibid.*, fig. 1, a-d ; J. Garstang, *Excavations at Meroe*, pl. XXXII, 2.
120. L. P. Kirwan, « Studies in the later History of Nubia », *AAALiv* 24, 1937, p. 85 ; L. Török, *Late Antique Nubia*, p. 59-60, pl. I.
121. *Ibid.*
122. *Ibid.*, p. 180.
123. *Ibid.*, p. 95.
124. *Ibid.*, p. 96, 99.
125. *Ibid.*, p. 104.

Haches

Le tumulus III a rendu une seule « hache » (HBG III/1/213). L'objet et son tenon sont d'une épaisseur suffisante à un emploi en hache vraie, bien que l'aiguisage du tranchant soit perdu et ne permette pas de le vérifier. L'emmanchement précédemment décrit est compatible avec l'usage supposé. Le tumulus VI a fourni 10 ou 11 objets, tous fixés selon le même procédé aux hampes des lances, à l'exception d'un exemplaire pouvant avoir bénéficié d'un manche autonome. Cette fois, l'épaisseur des objets (parfois réduite à quelques millimètres) et leur taille (dépassant parfois 30 cm) s'opposent à la reconnaissance de haches vraies, même si le mode de fixation sur les hampes est identique à celui de HBG III/1/213, et laisse supposer la possibilité d'un démontage[126].

Les haches méroïtiques ont été décrites par Hofmann[127], que l'on peut compléter et corriger par la discussion de Gamer-Wallert[128]. Le prototype connu de l'objet du tumulus III est évidemment à situer dans les objets 23-1-109 et 110 de Beg. W. 415, comparables dans leur forme[129] comme dans leur possible fixation à des lances. La plus proche représentation de l'objet en action est celle figurant sur la frise du temple 250 à Méroé[130], dans une scène de massacre plutôt que de « combat ».

La documentation manquant quelque peu à Méroé, contrairement à celle des lances, il faut élargir la collecte à tout le monde méroïtique. On trouve une « houe » à Abu Geili dans la tombe 400/100[131] dont le matériel provient partiellement de Méroé : cet objet « ne peut être emmanché comme une houe[132] et a une valeur magique ou purement cérémonielle, pour n'avoir pas été destiné à un usage pratique réel »[133]. D'autres exemplaires comparables se trouvent à Faras, dans des tombes importantes. La sépulture 1037 a fourni « un découpeur de cuir, une hache ou une hallebarde » de 12 × 20 cm[134]. Le mastaba 1035A a rendu un autre exemple, identifié comme une hache ou une hallebarde[135]. Il est possible que la dénomination de Griffith se retrouve dans l'objet simplement mentionné par Millet[136]. Un deuxième type de hache est celui découvert dans la tombe G 187 de Maloton à Karanog : l'objet n° 7299[137] accompagnait des arcs et des flèches[138]. Un autre objet de forme identique figure dans la tombe 2733 de Faras[139]. Un dernier exemple provient de la tombe J 17 de Gammaï[140]. Tous ces objets datent du Méroïtique classique ou récent, et trouvent un prototype plus ancien dans l'objet 23-3-443a de Beg. W. 619[141]. Une dernière forme de hache ne fournit aucun exemple funéraire réel et doit être considérée comme un modèle iconographique hérité de l'Égypte au même titre que les deux prototypes de haches vraies. Cette dernière forme groupe les imageries triomphales suivantes : le roi Natakamani au temple d'Apademak à Naga[142] ; le prince Arikankharer de la plaque de Worcester[143] ; le roi Tarekanidal[144]. La transmission du modèle iconographique égyptien est soulignée au temple B 700 du Djebel Barkal[145].

126. P. Lenoble, ANM 3, 1989, pl. VIII, 2.
127. I. Hofmann, Anthropos 70, 1975, p. 521-522.
128. I. Gamer-Wallert, K. Zibelius, Der Löwentempel, p. 132-133.
129. D. Dunham, RCK V, p. 117f.
130. J. Garstang, Excavations at Meroe, pl. XXXII, 2.
131. O.G.S. Crawford, F. Addison, Abu Geili and Saqadi, Dar el Mek, p. 38, 86-87, pl. XXIII.
132. Ibid., p. 86.
133. Ibid., p. 87.
134. F.L. Griffith, « Oxford Excavations in Nubia XXXIV-XXXIX », AAALiv 12, 1925, p. 84, 122, pl. XXVII, 9.
135. Ibid., p. 77, 122.
136. N.B. Millet, « Gebel Adda: preliminary Report for 1963 », JARCE 2, 1963, p. 153.
137. C. Woolley, D. Randall-MacIver, Karanog, p. 243, pl. 35.
138. Ibid., p. 38.
139. F.L. Griffith, « Oxford Excavations in Nubia XXX-XXXIII. The Meroitic Cemetery at Faras », AAALiv 11, 1924, p. 179, pl. LXXI, 9 ; id., AAALiv 12, 1925, p. 160.
140. O. Bates, D. Dunham, Gammai, p. 1-121, pl. LXVII, fig. 30.
141. D. Dunham, RCK V, p. 298, fig. 178, 4.
142. I. Gamer-Wallert, K. Zibelius, Der Löwentempel, p. 132-133, pl. 1.
143. St. Wenig, Africa in Antiquity, vol. 1, p. 14-15, fig. 1, vol. 2, p. 203-204, cat. 125.
144. S.E. Chapman, D. Dunham, RCK III, pl. 22C.
145. E.A.W. Budge, The Egyptian Sudan, vol. 1, p. 141.

Les haches des représentations se rapportent toutes à la gestuelle triomphale. Il faut donc interpréter en ce sens, celui d'un massacre rituel, la seule figuration connue de la hache à tenon et en croissant. On évitera ici la longue discussion nécessaire à la reconnaissance, dans l'imagerie de la frise du temple M 250[146], d'une succession de scènes décrivant la cérémonie même d'un triomphe. Qu'il suffise de constater qu'y sont employées au massacre de l'ennemi toutes les armes recensées comme insignes triomphaux arborés par le titulaire de l'*imperium* méroïtique – lances, hache, épée –, raison même de leur figuration conjointe.

Le sens de l'enfouissement de haches dans une tombe, quels que soient leurs types, devient évident et s'apparente totalement à celui des lances. Ce que l'on enterre, ce sont les insignes du pouvoir que confère l'*imperium*, pouvoir qui assure la victoire sur l'ennemi. Il n'est pas étonnant que beaucoup des haches retrouvées l'aient été dans des tombes de haut rang, que ce soit à Méroé, Faras, Karanog, etc. L'exemplaire démonté à Abu Geili, parmi un matériel méroéen[147] inusuel sur ce site, peut s'interpréter sans difficulté dans le même sens. L'enfant de la tombe 400/100 n'a certes triomphé de rien, mais en avait la capacité. L'outil désignerait la reconnaissance ou la distinction d'un porphyrogénète, pour utiliser une fois encore un terme méditerranéen faute de mieux. La conclusion concernant le rang des inhumés sous tertre à el-Hobagi devient claire : ces défunts prétendent au moins à l'*imperium*, et à ce titre, sont des princes ou des rois, le plus probablement.

Le devenir de l'insigne, dans sa forme méroïtique assurée par des objets tangibles, est beaucoup plus obscur : les haches abondent relativement à Qoustoul et Ballana[148] où elles ont pu servir à la boucherie sacrificielle, mais jamais sous ces formes cérémonielles, peu propices à un usage pratique. On ne retrouve la hache que sur un graffiti sur amphore[149] rappelant un exemple méroïtique similaire[150]. L'insigne a-t-il été répudié par les princes et souverains ballanéens en voie de romanisation ? La qualification culturelle des tumulus III et VI se renforce : ces tombeaux dépendent plus étroitement de l'idéologie funéraire méroïtique que les Ballanéens, et la « hache » suggère une datation haute dans le « Postméroïtique ancien ».

Masse en pierre

De la boule en pierre HBG III/1/328 (*supra*, p. 125 et fig. **69**) sera peu tiré argument, faute d'une localisation suffisante : elle provient probablement de la cavité, mais ce placement funéraire n'est pas démontré. L'information qu'elle procure peut cependant renforcer l'argumentation, sans l'appuyer formellement.

L'appellation « masse » a été souvent appliquée par la littérature des fouilles méroïtiques anciennes à des anneaux en pierre[151] ultérieurement identifiés comme des anneaux d'archers. La forme répond ici à une iconographie une fois encore originaire d'Égypte. L'instrument méroïtique est exhibé au moins dans la scène triomphale de Natakamani, au temple d'Apademak à Naga[152]. La boule en pierre du tumulus III répond totalement à une semblable image par ses dimensions et son emmanchement. Son unicité confirme le sens à prêter à la hache, à laquelle elle a peut-être été attachée. On peut disposer là d'un objet funéraire très rare, dont le sens triomphal réitérerait les indications déjà fournies par les haches et les lances – indication désormais presque superfétatoire ! La suite des fouilles à el-Hobagi permettra peut-être de vérifier l'argument dans d'autres tombes de haut rang.

---

146. L. Török, *Meroe City*, vol. 1, p. 102-114, vol. 2, pl. 68-86, 242-243.
147. Petite bouteille noire, coupe, gobelet ; voir O.G.S. Crawford, F. Addison, *Abu Geili*, pl. XXII.
148. W.B. Emery, *Ballana and Qustul*, p. 330-331.
149. *Ibid.*, p. 94, pl. 115, 5.
150. Kdd 22/112/23.
151. Par exemple O. Bates, D. Dunham, *Gammai*, p. 1-121.
152. I. Gamer-Wallert, K. Zibelius, *Der Löwentempel*, p. 132, pl. 1.

Arcs et flèches

La difficulté d'identifier des arcs dans les tombes du Sud est grande, faute d'une conservation suffisante du bois. La reconnaissance de l'arc du tumulus VI est loin d'être assurée. Aucune trace ne permet de l'identifier dans le tumulus III, ce qui ne démontre pas qu'il n'y a pas existé. On rapprochera cependant l'indication des viroles en bronze[153] des trouvailles de Méroé à Beg. W. 106[154] et Beg. N. 17[155]. Il faut une humidité persistante pour identifier des arcs dans la tombe méridionale : le témoignage de Ferlini à Wad ben Naqa, décrivant lance, épée, arc et quelques flèches dans un tumulus important, se prouve de lui-même par l'association enregistrée[156].

Le recensement de l'arc méroïtique[157] indique des tombes de haut rang, telle G 187 à Karanog[158]. Le recensement du carquois concerne en revanche des centaines de tombes, relativement réparties dans nombre de cimetières du Méroïtique récent. Le maintien de ce rite de l'enfouissement d'un carquois jusqu'à l'époque postméroïtique a été maintes fois souligné. Contrairement à celui des lances ou des haches, il signale la diffusion d'un insigne royal ou princier bien au-delà de la Cour, et justifie l'hypothèse qu'il désigne un rang, une fonction ou une récompense impliquant une autorité liée au domaine militaire.

Il n'en reste pas moins que les tumulus III et VI inscrivent un record absolu dans le nombre des carquois et des flèches enterrés : 13 à 15 carquois et 438 flèches en III, 10 carquois et 308 flèches en VI. Ces nombres dépassent les quatre carquois enfouis à Beg. W. 122 et leurs quelque deux cents flèches[159]. On remarque une sorte d'emphase culminante dans l'exécution du rite qui a laissé place, à Qoustoul et Ballana, à bien peu de vestiges, malgré les brassards et les anneaux d'archer. On y a retrouvé les carquois isolés, au nombre de deux seulement, avec Q 3-108[160] et un autre objet non répertorié en B 80, que l'on peut estimer à 35 flèches si l'on réunit les deux paquets retrouvés, non publiés. Nul doute que l'insigne du carquois, après sa relative diffusion, a d'abord conservé son éclat par multiplication, puis a perdu sa signification triomphale distinctive, presque négligée dans les tombes royales et princières du Nord « postméroïtique ».

On notera simplement qu'une valeur propre s'attache aux flèches en bronze. Les dernières pyramides royales de Méroé ont livré quelques pointes de ce métal, isolées. Beg. W. 122 en a procuré 48, dont on ne sait comment elles se répartissaient dans les carquois. Les tombes de Nubie en ont livré, de type souvent inusuel[161]. El-Kadada en a fourni une, exceptionnelle aussi, dans un carquois ordinaire[162]. Avec les deux carquois spécifiques du tumulus VI, de 34 flèches chacun, et celui du tumulus III, de 37 flèches, il convient de questionner l'usage du bronze dans cet armement, qui semble magnifier des carquois préférentiels en leur conférant un sens religieux particulier. On ne développera pas davantage ici.

153. P. Lenoble, *AnM* 3, 1989, p. 100.
154. 23-1-623 : D. Dunham *RCK* V, p. 194, pl. 142a.
155. D. Dunham, *RCK* IV, p. 143 (21-3-628).
156. E.A.W. Budge, *The Egyptian Sudan*, vol. 1, p. 286 ; W. Boldrini, *Giuseppe Ferlini*.
157. I. Hofmann, *Die Kulturen des Niltals*, p. 400-402 ; *id.*, *Anthropos* 70, 1975, p. 528-533.
158. C. Woolley, D. Randall-MacIver, *Karanog*, p. 38.
159. D. Dunham, *RCK* V, p. 203-206 ; T. Kendall, *Kush. Lost Kingdom of the Nile*, p. 50-52.
160. *Ibid.*, p. 42.
161. Par exemple, n° 7272 en G 254 : C. Woolley, D. Randall-MacIver, *Karanog*, p. 243, pl. 34.
162. Fr. Geus, P. Lenoble, « Fouille d'un tumulus méroïtique à el-Kadada (Taragma) » *in* Fr. Hintze (éd.), *Meroitische Forschungen 1980*, p. 434.

Multiplication des insignes militaires

À une(des) date(s) encore à préciser, la multiplication a affecté diverses catégories d'insignes. La remarque a été faite depuis longtemps pour les anneaux d'archer et les lances à Qoustoul et Ballana. Elle s'applique aussi au rite du carquois, du Sud[163] au Nord[164]. Sans prétendre encore apporter une résolution à la question, qui exige l'analyse critique de centaines de tombes connues, il faut s'interroger sur le sens d'une telle multiplication.

L'hypothèse la plus plausible est que l'on assiste à un glissement progressif du sens prêté aux insignes, restés spécifiques de l'*imperium*, comme les lances et les haches, ou diffusés, comme les anneaux et les carquois d'archer. Les emblèmes désigneraient d'abord des fonctions impériales. Certains, se propageant, auraient commencé à désigner des fonctions différenciées, désormais déléguées partiellement ou totalement à des « princes », puis plus largement diffusées encore. Ils symboliseraient non seulement le pouvoir conféré, de quelque nature qu'il fût, mais aussi la reconfirmation temporelle de ce pouvoir. *In fine*, la multiplication des insignes, en renseignant sur le nombre des nominations à la charge qu'ils désignent, décrirait indirectement le *cursus honorum* des inhumés. On assisterait à une sorte de romanisation relative de la tombe méroïtique puis postméroïtique, sans jamais abandonner l'essence militaire originelle du rite funéraire, qui fait participer l'élite à la victoire de Méroé, en adaptant au rang de chacun la *virtus* et la *victoria* du souverain. Direction de recherche prodigieuse, si elle s'avère, puisqu'elle fournirait le moyen de reconstituer, même sans inscriptions, le contrôle politique de l'empire, comme les « carrières » dans les provinces !

Une autre hypothèse est encore à suggérer, à partir de l'influence romaine, reconnaissable à tant de matériels de la tombe méroïtique[165], depuis les chariots de Beg. N. 6[166] et 21-12-5a[167] et ses *auloi*[168]. Cette influence commence dès le Méroïtique classique. On sait le grandiose programme triomphal du testament et des funérailles d'Auguste[169], réinventeur du tumulus impérial méditerranéen et du triomphe funéraire appliqué sans vergogne à l'échelle du monde malgré les défaites. Sous forme d'allégories, tous les peuples conquis figuraient en pompe triomphale au *funus imperatorium* spécialement reconçu[170]. Tous les soldats assistaient en armes à la procession, parmi tous les citoyens[171]. Les dignitaires ayant reçu des insignes triomphaux les jetaient dans le bûcher funéraire[172]. Le sens de cette *consecratio* est clair : elle rassemble toutes les obédiences, politiques et militaires, dans l'accomplissement de la victoire impériale aux funérailles et dans la désignation du successeur, ayant titres comparables à l'*electio* et *acclamatio*. N'aurions-nous pas, tardivement, à Ballana, une évolution semblable, consacrant les insignes – délégués par le titulaire suprême de l'*imperium* – dans sa tombe ?

Les deux hypothèses ne sont pas exclusives. La difficulté tient dans la méthode d'une démonstration, en l'absence de tout texte. Au moins tiennent-elles le plus grand compte du caractère éminemment triomphal du *funus imperatorium* méroïtique, sans conteste en voie de romanisation jusqu'aux gravures et à l'inscription de Silko à Kalabsha.

---

163. Beg. W. 122 déjà mentionnée, mais aussi Kɒɒ 01/23.
164. Par exemple N. B. Millet, *Jarce* 2, 1963, p. 159.
165. P. Lenoble, *AnM* 2, 1987, p. 97.
166. S. E. Chapman, D. Dunham, *RCK* III, pl. 16B.
167. D. Dunham, *RCK* IV, fig. 74.
168. *Ibid.*, p. 109 (21-3-350 et 702).
169. C. Nicolet, *L'Inventaire du monde*.
170. Dion Cassius, *Histoire romaine* LVI.
171. Tacite, *Annales* I, 8.
172. Dion Cassius, *Histoire romaine* LVI.

Sacrifices

Si le tumulus VI n'a encore documenté que faiblement le sacrifice animal, avec quelques ossements répandus sur le sol du tumulus en dehors de la tombe, le tumulus III en a fourni des témoins clairs, quoiqu'indirects, qu'il convient de commenter pour reconstituer l'évolution méroïtique tout autant que pour en comprendre le sens. Les sacrifices animaux funéraires ont surtout servi jusqu'ici à argumenter la question de l'opposition éventuelle entre tombes méroïtiques et postméroïtiques. HBG III semblant précisément nous renseigner sur la transition entre ces deux périodes, il faut ici, sans trop développer des sujets d'études systématiques ultérieures, démontrer en quoi les animaux sacrifiés contribuent à désigner le rang des inhumés hobagiens.

Sacrifice du cheval

Avec la cloche n° 174 le mors n° 175 et la paire n°s 173a-b, possibles étriers ou tout autres fers, le tumulus III poursuit l'inscription, dans la tombe de haut rang méroïtique, du harnachement d'un équidé, sans en avoir encore révélé le moindre squelette.

Harnais

Kendall[173] a reconstitué deux harnais, trouvés respectivement à Beg. N. 16 et Beg. N. 18, en association avec des débris de fer oxydé, un probable mors et des cloches. Étendant ses comparaisons avec des objets de Beg. N. 19 et Beg. N. 30, il a conclu que des harnais semblables « doivent avoir été enfouis communément tout au long de la période méroïtique dans la tombe des souverains régnants ».

La documentation chevaline peut être largement étendue. Aux squelettes animaux d'abord, tel cet équidé de Beg. N. 2[174] et de Beg. N. 5[175], avec harnachement, sans oublier les indications de Budge[176] pour Beg. N. 24 ni celles de Ferlini[177], avec un nouveau harnais. Aux chapelles funéraires surtout : non pour répertorier les chevaux de la cavalcade, non harnachés, quoique légèrement caparaçonnés[178], mais plutôt les chevaux isolés[179], répondant à l'unicité du harnais enfoui dans les tombes. Ce dernier exemple, qui dessine la têtière surmontée d'un insigne complexe, fait référence au cheval des *theriotrophia* de Musawwarat es-Sofra[180], qui y figure pour jouer son rôle lors des chasses et des scènes guerrières du renouvellement de l'*imperium*. Comment ne pas identifier le cheval « royal », le lieu de trouvaille des harnais, des squelettes et les figurations sur chapelles suggérant l'exclusivité du rang à l'époque méroïtique ?

Le tumulus III n'a pas fourni de décor au harnais, ce dernier supposé grâce à quatre objets et identifié surtout par le mors. Beaucoup de harnais ont sans doute disparu des pyramides pour la même raison[181], à en juger par la destruction du cuir remarquée par Reisner et Dunham, notable également à el-Hobagi. Mais les décors moins altérables, reconstitués et restaurés à Boston, suffisent à décrire le sens du sacrifice du cheval royal, réalisé plutôt à l'extérieur de la tombe jusqu'à Qoustoul et Ballana, et attesté pourtant dans la sépulture par des témoins signifiants. Divinités couronnées surtout munies des insignes de l'archerie triomphale, lions triomphaux attaquants, têtes de lions en relief, tous ces sujets font explicitement référence

---

173. T. KENDALL, *Kush. Lost Kingdom of the Nile*, p. 48-49.
174. 21-2-555, 562, 704, ossements de cheval et 72 dents : D. DUNHAM, *RCK* IV, p. 105.
175. *Ibid.*, p. 125 (21-12-17).
176. E.A.W. BUDGE, *The Egyptian Sudan*, vol. 1, p. 344.
177. *Ibid.*, vol. 1, p. 315.
178. Beg. N. 22 : S.E. CHAPMAN, D. DUNHAM, *RCK* III, pl. 18B ; Beg. N. 5 : *ibid.*, pl. 19C ; Beg. N. 17.
179. Beg. N. 12 : *ibid.*, pl. 10B ; Beg. N. 32 : *ibid.*, pl. 23A.
180. Fr. HINTZE, *Studien zur meroitischen Chronologie*, p. 140.
181. T. KENDALL, *Kush. Lost Kingdom of the Nile*, p. 48.

à la signification triomphale donnée à la cérémonie funéraire méroïtique[182]. On ne s'étonnera pas que ce sens se soit perpétué, inchangé sous des décors évolutifs, mais surtout léonins, dans l'abattage du cheval de guerre royal à Qoustoul et Ballana.

D'autres chevaux et même des ânes seront encore accumulés dans les tombes princières et royales du Nord. Ils peuvent transcrire une évolution de la signification attachée à leur sacrifice. Reconnaissons au moins des *venationes*, comme en Q 3, dont le sens se rattache aussi à la guerre, comme l'expriment les cérémonies de chasses royales. Notons simplement que les animaux des cavalcades, jadis figurés sur des temples triomphaux[183], contribuent eux aussi à un transfert de sens triomphal sur la cérémonie funéraire enterrant des rois ou des princes à *imperium*. Des pyramides Beg. N. 5, Beg. N. 22 et Beg. N. 17 aux grands tumulus septentrionaux, ces chevaux décrivent une *decursio circa rogum* d'origine indubitablement méroïtique. Ce rituel cavalier, absolument parallèle à celui que nous décrit le *funus imperatorium* romain[184], conduit tout naturellement à la romanisation complète de la dernière scène triomphale préchrétienne connue. Silko, en cotte de maille, sous *paludamentum* et couronné par Nikè comme l'était déjà Arikankharer[185], triomphe sur un cheval orné de (?) cloches ou de phalères[186], à l'image des empereurs méditerranéens érigeant leur statue équestre ou répandant l'iconographie monétaire de l'empereur cavalier et lancier, avec massacre de l'ennemi souvent représenté sur le bouclier impérial. Seules la couronne et éventuellement les cloches et la lance différencient l'*imperator* du Haut-Nil.

On notera enfin que les tumulus du Nord détachent des harnais et des mors pour les placer loin des chevaux[187], répétant la pratique rituelle lue dans les pyramides de Méroé. Que le cheval ait pu être sacrifié loin de la tombe expliquerait la pratique des puits de Qoustoul[188] et de Gammaï[189]. Il est donc nécessaire de rechercher ces éventuels puits à el-Hobagi comme à Méroé.

Cloches

On aurait pu aboutir à un résultat similaire en argumentant à propos des seules cloches. Ces objets ont peut-être quelque valeur magique, apotropaïque ou prophylactique[190], difficile à démontrer. Ils sont sûrement un insigne, puisque le recensement des objets méroïtiques connus montre qu'ils proviennent de tombes royales et princières. Les 61 objets originaires de 21 tombes à Méroé[191] sont surtout des attributs de chevaux[192], de bovinés[193] et de dromadaires[194]. Les chapelles ajoutent les chiens à cette liste[195].

182. *Ibid.*, p. 49.
183. Temple 500 du Djebel Barkal, temple 250 de Méroé.
184. Dion Cassius, *Histoire romaine* LVI ; Hérodien, *Histoire* IV, 2.
185. L. P. Kirwan, *AaALiv* 24, 1937, p. 85.
186. L. Török, *Late Antique Nubia*, pl. I.
187. Q 31-48. Voir W. B. Emery, *Ballana and Qustul*, p. 32, fig. 8, pl. 6f (Q 2-104), p. 39, pl. 9 (Q 3-56).
188. B. B. Williams in W. V. Davies (éd.), *Egypt and Africa*, p. 74-91.
189. O. Bates, D. Dunham, *Gammai*, p. 84, « un cheval entre deux puits », et pl. xliv, 3.
190. A. Hermann, « Magische Glocken aus Meroe », *ZÄs* 93, 1966, p. 79-89.
191. T. Kendall, *Kush. Lost Kingdom of the Nile*, p. 155.
192. Par exemple, Beg. N. 16 et 18 : *ibid.*, p. 55.
193. Par exemple, Beg. N. 15 : D. Dunham, *RCK* IV, p. 133-136.
194. Petite pyramide Ferlini, cat. 113 : W. Boldrini, *Giuseppe Ferlini*, p. 226.
195. Beg. N. 12 : S. E. Chapman, D. Dunham, *RCK* III, pl. 10A-B.

Huit de ces cloches arborent des motifs de massacres collectifs ou de prisonniers isolés[196]. Elles soulignent combien le sacrifice animal s'insère aussi dans une idéologie funéraire devenue triomphale. Les clochettes, signifiant divinité ou royauté, « décorent » plusieurs types d'objets, mais surtout des armes, à Beg. W. 122[197] comme au tumulus III[198]. Ce sens triomphal du sacrifice, hérité de l'Égypte, s'applique aussi bien aux bovinés[199] qu'au chien[200], ou au cheval et au dromadaire[201].

On doit cependant noter une variation possible du sens à prêter à ce sacrifice, puisque les cloches ne sont pas toutes porteuses de thèmes triomphaux quand elles sont décorées. Les oiseaux de HBG III/1/174 (supra, p. 129 et fig. 71) sont à comparer à ceux de 22-2-350 à Beg. W. 152[202], ou à la clochette de Ferlini, avec « oiseaux et divinités »[203], plus tardive. Le sens nouveau reste à expliquer, par l'interprétation future des oiseaux méroïtiques décorant nombre d'objets rituels ou par les quelques traces de sacrifices ornithologiques recensés.

C'est évidemment sans surprise que l'on retrouve la cloche des sacrifices funéraires dans de grands tumulus du Nord[204], attachée principalement à la même fonction que dans le Sud méroïtique. Les 134 cloches recensées[205] proviennent toutes de Qoustoul. Elles étaient portées presque exclusivement par des équidés (110 cas) et des dromadaires (22 cas au moins). Q 17-71, les deux seules exceptions, proviennent d'une chambre abritant le massacre des prisonniers, avec deux chiens triomphaux et sept squelettes humains, tout matériel consacré par la libation du contenu de deux amphores. Vraie traduction en objets funéraires de la scène figurée à Beg. N. 11[206], qui aide à rapporter aux deux chiens les deux cloches Q 17-71 !

On remarque donc que dans l'évolution continue, ce sont les vaches qui d'abord perdent leurs cloches, puis les chiens. L'indication est confirmée à Gammaï et à Firka, où les seuls animaux à les arborer sont le cheval et le dromadaire, encore qu'on puisse noter un transfert de clochettes du chien à l'un des prisonniers abattus[207]. Puis la cloche disparaît totalement à Ballana. On peut penser incriminer la difficulté de fouiller les descenderies sur ce site. Mais tous les animaux qui y sont décrits, et particulièrement ceux inhumés à l'intérieur des tombes, sont démunis de cloches ou clochettes. On distingue là la cessation d'une très longue pratique, dont le sens tombe en désuétude bien que le caractère triomphal des *funera* de Ballana soit de plus en plus affirmé. Un des signes multiples de la romanisation progressive, privant (?) de cloches le cheval de Silko à Kalabsha ? On conclura surtout ici à l'impérieuse nécessité de décrire minutieusement l'évolution des rites et de leur équipement pour aboutir enfin à une appréhension historique de l'idéologie funéraire pratiquée, débarrassée de tout *a priori* inductif.

196. T. KENDALL, *Kush. Lost Kingdom of the Nile*, p. 53-55 ; L. TÖRÖK, « Kush and the external World » *in* S. Donadoni, St. Wenig (éd.), *Studia Meroitica 1984*, p. 105-116.

197. Carquois 22-2-142.

198. Objets n°ˢ 210 et 220, voisinant avec la hache n° 213 et les carquois n°ˢ 207-208.

199. J. LECLANT, « Le fer dans l'Égypte ancienne, le Soudan et l'Afrique » in *Le Fer à travers les âges*, p. 83-91 ; M.F.L. MACADAM, *The Temple of Kawa*, vol. 2, pl. 1 pour le temple A de Kawa.

200. P. LENOBLE, *ANM* 5, 1991, p. 167-183.

201. Comparer les dieux massacrant les prisonniers sur la cloche Berlin 4382 à ceux des plaques de harnais de Beg. N. 16 et Beg. N. 18 ; voir *supra*, n. 164.

202. D. DUNHAM, *RCK* V, p. 234, fig. 161, 10.

203. E.A.W. BUDGE, *The Egyptian Sudan*, vol. 1, p. 315.

204. T. KENDALL, *Kush. Lost Kingdom of the Nile*, p. 49.

205. W.B. EMERY, *Ballana and Qustul*, p. 262-271.

206. S.E. CHAPMAN, D. DUNHAM, *RCK* III, pl. 7A.

207. A 11-50 : L.P. KIRWAN, *The Oxford University Excavations at Firka*, p. 6.

Mors

D'abord inventé à Gammaï[208], où il fut trouvé sur un cheval, le type du mors n° 175 du tumulus III est redécrit à Qoustoul[209] puis à Firka[210]. Des 14 exemplaires recensés, l'objet hobagien pourrait bien se révéler le prototype connu, si l'on suit la chronologie de Török[211] et si l'on utilise la datation céramique kadadienne, rendant problématique la présomption d'une origine moyen-orientale[212]. Le type, dit du « mors cruel »[213], ne voit pas ici confirmée techniquement la rigueur de l'instrument : l'anneau soudé au demi-mors peut aussi bien avoir servi de mode de suspension à la têtière qu'à la compression de la mandibule du cheval. Son usage sur des ânes[214] rend quelque peu difficile le fait d'interpréter le mors comme adapté à une pratique équestre spécialisée[215] : encore faudrait-il être sûr que les ânes en question ne soient pas de petits chevaux nilotiques[216]. Ce qui importe ici est le décor, non du mors hobagien forgé dans le fer, mais d'autres exemplaires connus. Les « lions couchants » décrits sur les mors de Q 3 et de Q 31 sont aussi explicites que ceux des harnais. Le dieu Bès, figuré sur le mors d'un âne, unique exception, mérite une explication isolée[217].

Sacrifice du boviné

Avec ses vestiges de massacres de bovinés, répandus sur le sol du tumulus et ensevelis sous la superstructure, le tumulus III témoigne de la participation à la cérémonie funéraire soit de vaches, de bœufs ou de taureaux, soit d'emblèmes à leur encornement. On hésite à choisir entre les deux voies d'interprétation. Les massacres vrais sont au nombre de quatre, et au moins quatre autres ont été divisés. Comme souvent dans les tombes d'un certain rang, les instruments utilisés pour l'abattage ont été enterrés, qui témoignent d'un probable sacrifice de boviné, de même que l'enfouissement du harnais témoigne de celui de l'équidé.

Couteaux de boucherie

Les couteaux n°s 203-204 de HBG III décrivent l'instrument de la boucherie égyptienne, par leur taille, leur forme légèrement incurvée et leur tranchant unilatéral. Le poignard de HBG VI[218], beaucoup moins bien conservé et à tranchant bilatéral, semble-t-il, est plus problématique et doit plutôt être classé dans le rite de l'armement.

208. O. Bates, D. Dunham, *Gammai*, p. 89, pl. lxvii.
209. W.B. Emery, *Ballana and Qustul*, p. 254.
210. L.P. Kirwan *in* N.B. Millet, A.L. Kelley (éd.), *Meroitic Studies*, p. 191-204.
211. L. Török, *Late Antique Nubia*.
212. L.P. Kirwan *in* N.B. Millet, A.L. Kelley (éd.), *Meroitic Studies*, p. 200 ; L. Török, *Late Antique Nubia*, n. 480.
213. O. Bates, D. Dunham, *Gammai*, p. 89.
214. W.B. Emery, *Ballana and Qustul*, p. 58, fig. 22 (Q 24-45), p. 59, fig. 24 (Q 25-1).
215. L. Török, *Late Antique Nubia*, p. 100.
216. L.P. Kirwan, *The Oxford University Excavations at Firka*, p. 32.
217. Q 25-1 : W.B. Emery, *Ballana and Qustul*, p. 256.
218. P. Lenoble, *ANM* 3, 1989, pl. viiic.

Des couteaux comparables sont à recenser dans les tombes de Méroé, qu'elles soient royales[219] ou princières[220]. L'enfouissement se poursuit dans les tumulus, qu'ils soient méroéens[221] ou non[222]. La même pratique rituelle se trouve abondamment renseignée en Nubie : à Firka, avec A 11/36[223] et A 14/20 et 29[224] ; à Gammaï, avec E3/R91 et 93[225], Z/R21 à 27[226] ; à Missiminia[227] ; à Qasr Ibrim[228] ; à Abka[229], etc.

Ce sont, une fois encore, les tumulus royaux et princiers de Ballana qui documentent l'objet avec le plus de richesse : cinq couteaux simples[230], auxquels sont parfois joints des aiguisoirs[231], et surtout quinze « épées »[232] retrouvées dans leurs fourreaux. Emery a réutilisé le mot « épée » proposé par Garstang[233] puis par Bates et Dunham[234] pour ces derniers objets, mais doutait lui-même d'un usage en épée puisque le tranchant est unilatéral et que l'objet ne peut s'utiliser en arme d'estoc[235]. La rectification proposée par Vila[236] s'impose définitivement, à l'examen des objets du tumulus III, eux aussi placés dans leurs fourreaux. L'association de l'une de ces pseudo-épées avec une pierre à aiguiser[237] souligne en outre leur fonction réelle.

Massacres de bœufs, ou sacrifice triomphal

Török[238] a proposé une interprétation du symbole complexe représenté sur le coffret Q 17-61 : sur trois plaques d'argent, le même motif se répète, d'un faisceau de tiges assemblées en mât, porteur d'un massacre, et placé entre deux lances dressées. « Il semble que la représentation peut être associée à l'iconographie royale postméroïtique […]. Nous avons affaire à une représentation symbolique à relier aux bovinés trouvés dans les chambres funéraires royales. » La proposition, une « hypothèse », utilise une remarque antérieure de Trigger[239], qui rappelait après Emery et Kirwan[240] l'entrée du boviné dans la tombe, après qu'il a surtout été abattu dans la descenderie.

Le massacre de boviné est-il l'emblème de la divinité tutélaire du triomphe symbolisé par les lances que l'on aurait arborées, à la romaine, au-dessus de fasces ? Comment faire correspondre les quatre massacres complets de HBG III et les quatre massacres divisés à la dizaine de lances ? Y a-t-il répétition du schéma iconographique, les lances étant utilisées par paires[241] ?

Il faut examiner la tombe Q 17 elle-même pour en trouver l'éventuel exemple. On y a repéré, réitéré, un sacrifice triomphal typique : sept prisonniers abattus étaient allongés dans la chambre 1 spécialement aménagée pour abriter ce rite, « gardés » par les deux chiens royaux dont on avait détaché les cloches, et consacrés par

219. 21-3-684 (Beg. N. 18) : D. Dunham, *RCK* IV, p. 152.
220. 23-1-22b (Beg. W. 193), 23-2-41 (Beg. W. 288), 23-2-292 (Beg. W. 453) : *ibid.*
221. Tombe 304 : J. Garstang, *Excavations at Meroe*, p. 34, pl. LIV, 20.
222. KDD 119/4/29 et 64 : P. Lenoble, *AnM* 2, 1987, p. 116.
223. L.P. Kirwan, *The Oxford University Excavations at Firka*, pl. XV.
224. *Ibid.*, p. 11, pl. X3, XV.
225. O. Bates, D. Dunham, *Gammai*, p. 81, pl. XXXIV, 5.
226. *Ibid.*, p. 93, pl. XXXV, LXVII.
227. A. Vila, *La Nécropole de Missiminia*, vol. 3-4, p. 174.
228. A.J. Mills, *The Cemeteries of Qasr Ibrim*, 192.2.25, 192A.7.6.
229. T. Säve-Söderbergh, *Late Nubian Cemeteries*, pl. 89,1.
230. W.B. Emery, *Ballana and Qustul*, p. 327, pl. 84.
231. Voir B9/8 et 9 : *ibid.*, fig. 42.
232. *Ibid.*, p. 219-221, pl. 49.
233. J. Garstang, *Excavations at Meroe*, p. 34.
234. O. Bates, D. Dunham, *Gammai*, p. 1-121.
235. W.B. Emery, *Ballana and Qustul*, p. 219.
236. A. Vila, *La Nécropole de Missiminia*, vol. 3-4, p. 174.
237. B 80/35 et 36.
238. L. Török, *Late Antique Nubia*, p. 104.
239. B.G. Trigger, « The royal Tombs at Qustul and Ballana and their Meroitic Antecedents », *JEA* 55, 1969, p. 122.
240. W.B. Emery, *Ballana and Qustul*, p. 25.
241. L. Török, *Late Antique Nubia*.

la libation de deux amphores ; sept autres prisonniers étaient placés en salle 3, ayant reçu la libation de l'amphore 19, et y étaient « gardés » cette fois par le « crâne de bovidé » DD[242]. Comment ne pas relier ces scènes, jouées par des acteurs réels lors de funérailles triomphales, à la scène figurée sur le mur nord de Beg. N. 11[243], jouée par acteurs virtuels, où Isis consacre par une libation les neufs prisonniers agenouillés, encordés, tenus en laisse par la souveraine défunte et gardés par son chien ? Le pylône de cette même pyramide[244] exhibe un Horus ou le Néo-Horus versant cette libation triomphale près du chien royal, et ce même personnage réapparaît dans la même fonction conduisant le cortège des neuf bœufs et taureaux du sacrifice[245]. Kendall[246] a suggéré d'interpréter cette dernière imagerie comme le triomphe de la reine Shanakdakhete sur ses ennemis du Sud. On pressent la corrélation héritée de l'Égypte[247] et continuée à Méroé puis à Qoustoul, entre le sacrifice de bovinés, le triomphe du souverain et, ici, la tutelle divine y présidant. Isis n'apparaît-elle pas en charge de ce triomphe, d'abord à Beg. N. 11, puis au temple d'Apademak à Naga[248], chaque fois munie de sa situle pour consacrer les prisonniers sacrifiés ?

On n'aboutit toutefois pas à une preuve définitive, même en comparant l'iconographie triomphale en cinq tableaux insistants de Beg. N. 11 et les vestiges répétés de scènes réelles à Qoustoul. La salle 3 de Q 17 est en effet la seule à associer le symbole du sacrifice, emblème de la divinité, et le massacre de prisonniers ; la singularité de l'insigne pourrait bien ne qualifier que ce seul tumulus. Le sacrifice de prisonniers avec libation se reconnaît au moins en quelques autres tombes. Par exemple, à Q 2 : un premier massacre humain se trouve en bas de la descenderie, avec huit prisonniers (M à T) consacrés par une libation versée par le vase 55 non répertorié[249], voisinant avec deux chiens (G et H) dans une niche où sont déposés le harnais 103 et le mors 104 du cheval royal ; un autre massacre, de sept prisonniers (AA à GG), consacré par la libation de l'amphore 25, a été entassé dans le couloir reliant les salles 1 et 2. Néanmoins, la rareté des témoins (un à Q 17, huit au tumulus III) empêche de conclure définitivement. Le massacre triomphal est possible à el-Hobagi, mais attend une preuve. L'utilisation de symboles encornés peut s'interpréter selon une idéologie triomphale, sans certitude. Faut-il identifier la divinité de tutelle par ces symboles cornus ? Faut-il supposer une influence romaine dans l'usage de bucranes ? On ne peut répondre méthodiquement à ces questions.

Le sacrifice triomphal est caractérisé à el-Hobagi par l'immolation supposée du cheval et peut-être par celui de bovinés. Le premier indice est assuré, le second incertain. L'analyse a montré, une dernière fois, combien la liturgie tumulaire s'inscrivait, directement et exclusivement, dans la continuité de la pyramidale.

Conclusions

On constate, en fin d'examen des tumulus III et VI d'el-Hobagi, combien la méthode proposée au début de ce long rapport est fertile, combien la grille d'analyse des tombes méroïtiques et postméroïtiques est opératoire, et comment elle conduit à quelques résultats surprenants. Sans théoriser sur la méthode, il faut se contenter ici de l'empirisme utilisé : l'application systématique aux tumulus nubiens de haut rang reconstituera l'évolution liturgique postpyramidale, ajoutant un peu à la classification de Török[250] tout en confortant sa chronologie.

242. W.B. Emery, *Ballana and Qustul*, fig. 19.
243. S.E. Chapman, D. Dunham, *RCK* III, pl. 7A.
244. *Ibid.*, pl. 9.
245. *Ibid.*, pl. 8D.
246. T. Kendall in S. Donadoni, St. Wenig (éd.), *Studia Meroitica 1984*, p. 685-686.
247. J. Leclant in *Le Fer à travers les âges*, p. 83-91.
248. I. Gamer-Wallert, K. Zibelius, *Der Löwentempel*, pl. 6a.
249. W.B. Emery, L.P. Kirwan, *Excavations and Survey*, fig. 6.
250. L. Török, *Late Antique Nubia*.

L'étude détaillée des rites funéraires inscrits dans les deux tumulus hobagiens, plutôt que celle de leurs seuls objets funéraires pas toujours explicites par eux-mêmes, nous conduit à proposer quelques conclusions désormais évidentes. On s'attardera sur le rang des inhumés et on achèvera par quelques principes méthodiques relatifs à l'utilisation de tombes exceptionnelles pour décrire la fin de Méroé.

La culture des inhumés Hʙɢ ɪɪɪ/1 et Hʙɢ ᴠɪ/1

À relire point par point la brève synthèse d'Emery[251] concernant les « coutumes funéraires » de Qoustoul et Ballana, on peut juger que chaque mot est encore justifié par l'enregistrement archéographique. Les tumulus de Qoustoul et Ballana abritent effectivement des membres de la famille royale et divers dignitaires de la Cour, tous *barbaroi* au sens méditerranéen. Ils ont été enterrés au milieu d'objets matériels, détaillés, de l'équipement ayant réellement servi à une cuisine et une boucherie, jusqu'aux bijoux et à la couronne, après avoir véritablement sacrifié de leur cheptel et de leurs domestiques. Pourtant, à redonner chair à tous ces squelettes et enveloppe à tous ces objets, on constate combien l'interprétation archéologique est altérée, fausse en fin de compte, biaisée qu'elle a été par des postulats de « préhistoire ethnique »[252] induits globalement dans la synthèse et jamais vérifiés dans une analyse des trouvailles autre que chronologique, faute à l'époque d'une publication suffisante des tombes royales de Méroé. La moindre des surprises n'est pas de devoir conclure que toute la liturgie et tous les rites inscrits dans les tombes royales du Nord procèdent de rites et de liturgie immédiatement antérieurs, à la seule exception d'une très modeste influence romaine.

Si la tombe postpyramidale caractérise une culture, c'est la méroïtique, et nulle autre, et particulièrement aucune culture originaire d'un Ouest ou d'un Sud mythiques. La religion funéraire postpyramidale est l'isisme funéraire, et nulle autre. Une marque du rang est la traduction de la cérémonie du triomphe méroïtique dans le *funus imperatorium*. Les rites – libations, encensement, banquet, armement de la tombe, sacrifices d'humains et d'animaux – sont tous d'origine méroïtique, sans exception. Dans leur généralité, les objets sont méroïtiques ou d'origine méroïtique : seuls quelques objets romains sont remarquables, procurés de l'Égypte par *largitio*, acquisition, reproduction ou pillage, mais utilisés dans la tombe selon une liturgie méroïtique. Trigger[253] avait raison d'explorer les antécédents méroïtiques des tombes du Nord, et pouvait se contenter de l'exemple méroïtique du « massacre de prisonniers » triomphal pour détruire le mythe du « sacrifice humain », non analysé et attribué à des barbares[254]. Convaincu des origines méroïtiques, Kirwan a préféré raffiner la théorie d'une culture « nubo-méroïtique » : rien d'original, aucun objet, aucun rite, aucune liturgie, ne permet de détecter une influence autre que méditerranéenne sur un substrat culturel méroïtique évolutif.

Surpris parfois par la présence d'objets méroïtiques dans des tumulus réputés postméroïtiques, quand la théorie de la fin de la culture méroïtique imposait la disparition de ces objets au ɪᴠᵉ siècle, les commentateurs de tombes ont invariablement jeté la suspicion sur ces documents pour en dénier d'emblée leur valeur informative. Les objets méroïtiques étaient interprétés comme pillés par les Postméroïtiques à des tombes ou à des habitats antérieurs[255]. C'est le sort qu'ont connu les bronzes d'el-Hobagi[256]. Cette exclusion trop automatique, qui projette sur le fait archéographique les postulats de la théorie, est-elle logique méthodiquement ? Quels objets exclure des tumulus ɪɪɪ et ᴠɪ, et quels objets attribuer aux Postméroïtiques ? Faut-il ne rapporter aux inhumés hobagiens et à leur culture que les bonbonnes, et dire que tous les autres objets, méroïtiques de culture – lances, haches, flèches, anneaux d'archer, coupes et bassins en bronze, récipients tournés du banquet funéraire, etc. –, ont été pillés ? L'absurdité d'un tel refus documentaire souligne une évidence : auraient-ils

251. W.B. Emery, *Ballana and Qustul*, p. 25-26.
252. L. Török, *Late Antique Nubia*, p. 209-219.
253. B.G. Trigger, *Jea* 55, 1969, p. 117-128.
254. *Id.*, « The social Significance of the Diadems in the royal Tombs at Ballana », *Jnes* 28, 1969, p. 256-257.
255. Voir, parmi de nombreux exemples, A.J. Mills, *The Cemeteries of Qasr Ibrim*, p. 9.
256. P.L. Shinnie, J.H. Robertson, *Antiquity* 67, 1993, p. 895-899.

été pillés (comment le prouver archéographiquement ?), les objets méroïtiques l'auraient été pour célébrer une cérémonie funéraire méroïtique, de tradition, de religion, de culture politique méroïtiques. L'emprunt de matériel à des tombes ou à des habitats antérieurs ne soulignerait, pourvu qu'on pût prouver l'emprunt avant d'argumenter à son propos, que la seule persistance des pratiques funéraires antérieures. La rigueur dans l'interprétation des grands tombeaux septentrionaux conduit donc à les ranger dans la culture méroïtique, exclusivement, et à proposer *in fine* l'appellation « Méroïtique postpyramidal » pour la période concernée. Appellation factuelle s'il en est, et non induite !

Pas plus qu'en Nubie, rien ne permet de décrire, dans le matériel d'el-Hobagi, une contribution culturelle autre que celle de la civilisation méroïtique. La seule exception possible concerne le motif iconographique de l'applique n° 48a dans la coupe HBG/1/48 (*supra*, p. 72 et fig. 33), qui pourrait croiser une lointaine influence romaine encore à démontrer. Tout l'argumentaire rituel et liturgique concernant le matériel à libation, à encensement, celui du banquet, les armes, le harnais du cheval, les cornes de bovinés, etc., tout conforte l'idée d'une emprise culturelle exclusive, la méroïtique.

Seule peut être opposée à cette conclusion l'absence de certaines normes funéraires jugées caractéristiques, telles la pyramide, la chapelle, la table d'offrandes, etc. L'inscription HBG III/1/135 (*supra*, p. 86 et fig. 40), transférée de la table d'offrandes à un autre objet de la libation, incite à juger prudemment de semblables changements, progressifs, non simultanés et incessants sur plus d'un millénaire d'évolution, tels que la forme de la superstructure, celle de la substructure, les matériaux, etc. Toutes ces « normes » renouvelées laissent impeccablement supposer que la tombe méroïtique a évolué au IVe siècle en réadoptant le tumulus des origines[257] et en perfectionnant sa céramique[258]. Les chapelles et les tables d'offrandes de Qoustoul ont été détectées après cinquante ans seulement[259] : viendra le temps du repérage des autres structures funéraires du culte des souverains à Méroé, comme les puits d'ossements humains et animaux, imparfaitement décrits par Budge[260] et non recherchés par Reisner, ou comme les vestiges architecturaux complétant les pyramides[261].

Les tumulus III et VI d'el-Hobagi appartiennent-ils à l'époque postpyramidale ? Se datent-ils avant ou après la décennie 360-370 apr. J.-C.[262] ? C'est une autre question, qui ne se résoudra que par un programme propre, quand des fouilles de cimetières seront enfin entreprises dans un Sud négligé : l'obtention d'une quantité statistique suffisante de céramiques de transition dans la région de Méroé ou la datation chanceuse de rares objets « romanisants » y pourvoiront. Peu importe ici : ce sont des tumulus méroïtiques, aussi bien que certains des grands tertres explorés à Sorurab-Bauda[263].

Le rang des inhumés hobagiens sous tertre à enceinte

Le pillage a le plus souvent privé les tombes les plus importantes des insignes corporels attachés à la reconnaissance du rang de l'élite méroïtique[264]. Seuls Ballana et, plus partiellement, Gammaï ont parfois échappé à cette élimination quasi générale. Les tumulus III et VI, pillés pour ces objets précisément, ne peuvent révéler le rang de leurs inhumés par ces *insignia*. Nous sommes donc contraints d'utiliser des critères moins formels quoique déterminants.

257. P. Lenoble, « Annexe 2. Commentaires archéologiques », *ANM* 2, 1987, p. 165-174.
258. P. Lenoble, Nigm ed Din M. Sharif, « Barbarians at the Gates? The royal Mounds of el Hobagi and the End of Meroe », *Antiquity* 66, 1992, p. 626-635.
259. K. Seele, « University of Chicago Oriental Institute Nubian Expedition: Excavations between Abu Simbel and the Sudan Border, preliminary Report », *JNES* 33, 1974, p. 1-43 ; B. B. Williams *in* W. V. Davies (éd.), *Egypt and Africa*, p. 74-91.
260. E. A. W. Budge, *The Egyptian Sudan*, vol. 1, p. 346-347.
261. F. W. Hinkel, « Die meroitischen Pyramide: Formen, Kriterien und Bauweisen » *in* Fr. Hintze (éd.), *Meroitistische Forschungen 1980*, p. 462-468.
262. L. Török, *Late Antique Nubia*, p. 37.
263. Ahmed M. Ali Al-Hakem *in* Fr. Hintze (éd.), *Africa in Antiquity*, p. 151-155.
264. L. Török, *The royal Crowns of Kush* ; *id. in* S. Donadoni, St. Wenig (éd.), *Studia Meroitica 1984*, p. 49-215.

La tombe « royale » méroïtique a évolué vers l'exaltation funéraire du charisme victorieux. L'*imperium* s'inscrit désormais dans la tombe de rois, de reines, de dignitaires – soit princiers, soit élevés au rang de la famille royale – et d'enfants qu'on peut qualifier de porphyrogénètes. L'armement des tumulus hobagiens, qui décrit un triomphe méroïtique par son matériel aussi sûrement que les stèles, les temples et certaines pyramides le représentent iconographiquement, suffit à élever les défunts à la dignité royale ou princière. Le détail de l'équipement de la partie triomphale de la cérémonie funéraire ne laisse aucun doute : « haches », « masse », « lances », « lances-haches », harnais du cheval royal, massacres de bovinés royaux, tout concourt à cette qualification triomphale exceptionnelle qui prouve une délocalisation de l'*imperium* au-delà de Méroé, dans le Sud comme dans le Nord. Cette délocalisation ne surprendra pas les méroïticiens : la présence de tombes « royales » ailleurs que dans la capitale impériale – à Sedeinga pour les périodes anciennes, au Djebel Barkal[265], sur maints sites nubiens du Méroïtique récent[266] – a depuis longtemps montré que l'*imperium* s'était adapté à la complexité de la gestion politique, militaire et administrative d'un empire méroïtique étendu et en accroissement démographique.

Des indications plus ténues – l'épiphanie de l'entité divine (?) tutélaire de la relation privilégiée avec Rome, un transfert des ateliers de bronziers et de forgerons de Méroé à el-Hobagi, etc. – peuvent servir d'arguments adjuvants. Les titres formels des défunts restent inconnus ; toutefois, ces derniers se classent dans la plus haute strate de la société méroïtique méridionale du IVe s. apr. J.-C.

L'ethnie des inhumés d'el-Hobagi

Que les Nilotiques soient des *barbaroi* au sens méditerranéen ne laisse aucun doute, même si l'on note dès Méroé-Ouest et dans les tumulus Garstang une initiation progressive au grec, à interpréter en fonction des besoins diplomatiques de la Cour. Qu'ils le soient selon une acception moderne est totalement à rejeter. Le mythe de barbares, au sens moderne, détruisant la Méroé civilisée est une induction parascientifique dépassée, épistémologiquement claire[267].

La recherche de l'ethnie des défunts par les matériels ou les structures des tombes est illusoire, justement parce que la religion funéraire omet ces distinctions, sans doute consciemment dans l'idéologie de l'époque. Aucun contenu de pyramide, aucune titulature pyramidale ne permettent ces distinctions. Il est donc sans doute oiseux, en méthode, d'utiliser le témoignage tumulaire à cette fin, malgré l'échec depuis cinquante ans de tant de tentatives. « L'ethnie » est-elle elle-même un concept historique scientifiquement défini ? Le doute des historiens, des ethnographes et des sociologues de l'époque moderne et contemporaine doit gagner les archéologues[268] : à preuve, sur le Nil, le constant souci de l'isisme funéraire, malgré tant d'inscriptions sur près de quatorze siècles, de taire toute notion de « race », de tribu, d'ethnie, quels que soient les vocables désignant des concepts modernes perpétuellement remis en question par leurs propres inventeurs. Pour une opinion contraire, voir Millet[269].

Il n'en reste pas moins que la segmentation sociale décrite par les auteurs méditerranéens anciens[270] est un fait historique indiscutable, non par la seule autorité d'auteurs de l'Antiquité méditerranéenne – qui ont souvent varié dans leurs dénominations, inventant parfois de nouvelles appellations de peuples à la fin de l'Antiquité tardive sans expliquer clairement leurs distinctions d'avec les anciennes –, mais par l'autorité de l'observation ou

265. Fr. HINTZE, *Kush* 7, p. 171-196 ; St. WENIG, « Nochmals zur 1. und 2. Meroitischen Nebendynastie von Napata » *in* Fr. Hintze (éd.), *Sudan im Altertum*, p. 147-160.
266. Karanog, Faras, Djebel Adda, etc.
267. AHMED M. ALI AL-HAKEM, « "Napatan"–"Meroitic" Continuity. Reflections on basic Conceptions on Meroitic Culture » *in* S. Donadoni, St. Wenig (éd.), *Studia Meroitica 1984*, p. 885.
268. J.-P. CHRÉTIEN, G. PRUNIER (éd.), *Les ethnies ont une histoire*.
269. N.B. MILLET, *Meroitic Nubia*, p. 197-203.
270. J. DESANGES, « Bilan des recherches sur les sources grecques et latines de l'histoire de la Nubie antique dans les trente dernières années » *in* Ch. Bonnet (éd.), *Études nubiennes*, p. 363-378 ; L. TÖRÖK, *Late Antique Nubia*, chap. III.

du rapport, chez Ératosthène, Strabon, Pline, Ptolémée, qui ont décrit des royaumes indépendants de Méroé à l'Ouest et au Sud ; et surtout, par l'autorité des Méroïtes eux-mêmes, qui ont conçu et décrit sur une longue période une altérité désignée comme « *Noba* »[271] qu'ils ont probablement illustrée par un langage triomphal que nous déchiffrons encore imparfaitement[272]. Que cette altérité soit de nature « raciale », « tribale » ou « ethnique » nous reste inconnu : elle est au moins politique d'après le témoignage méroïtique.

En revanche, elle n'est certainement plus culturelle au IVe s. apr. J.-C., à la lecture de l'isisme funéraire déchiffré à el-Hobagi comme en Nubie. Nous sommes donc autorisés à prospecter les voies d'hypothèses nouvelles. Une évolution politique finale, à dater selon les insignes triomphaux du Méroïtique classique au plus tôt, a-t-elle intégré un/les/plusieurs royaume(s) ou population(s) *noba* dans l'empire méroïtique ? Pour conserver la théorie de Kirwan, si méroïtisation des *Noba* il y eut, elle est suffisamment ancienne pour paraître complète au IVe siècle, à en juger par la seule religion funéraire. Le Sud hobagien et sorurabien a rencontré le Nord nubien : l'intégration politique ancienne des *Noba* à l'empire du Méroïtique récent n'est-elle pas la conclusion d'Adams[273], agréée par Török[274], qui attribuent à ces « ethnies » une grande part dans la « renaissance » en Nubie entre le Ier et le IVe s. apr. J.-C. ? Lente évolution politique donc, et non pas culturelle, qui permet de rejeter l'idée même que la « fin de Méroé » puisse être due à des causes autres qu'internes à la société méroïtique.

La conclusion présente est que les tumulus hobagiens à enceinte peuvent, et seulement peuvent, décrire une entité locale *noba*, politique et non culturelle, indémontrable en l'absence de tout texte analogue à celui gravé par Silko à Kalabsha ou à ceux qu'échangeaient rois nobades et blemmyes[275]. L'éventuelle participation *noba* à la « fin de Méroé » est de nature politique et n'a rien à voir avec une quelconque barbarie *noba* anéantissant la civilisation *kasu*. À l'évidence, deux entités politiques aussi barbares l'une que l'autre, mais toutes deux méroïtiques, se seraient au moins affrontées ; l'histoire événementielle de cet affrontement éventuel reste inconnue faute de textes, mais la nubienne est mieux connue : deux autres entités politiques barbares se sont affrontées dans ce désert, toutes deux aussi de culture méroïtique. Ces oppositions politiques, militairement appuyées, n'ont-elles pas conditionné l'évolution de l'idéologie funéraire vers l'exaltation du charisme impérial, signalée par l'iconographie et le matériel triomphaux, devenus essentiels à la tombe royale méroïtique ? La part dominante du triomphe dans la cérémonie des funérailles royales rend quasi certaine la rupture des règles antérieures gérant la succession impériale[276]. Toutefois, cette rupture ne peut en aucun cas être datée du IVe siècle : elle a pu intervenir déjà au Méroïtique classique au moins[277] ou lors d'époques où s'affirmaient de premières tendances centrifuges dans l'Empire, dénoncées tant dans les pyramides royales du Djebel Barkal que dans les monuments de la vice-royauté de Nubie, puis dans les pyramides de Djebel Adda[278], voire celles de Makwar (Sennar)[279].

271. T. Kendall, *Kush. Lost Kingdom of the Nile*, p. 55-56.

272. *Ibid.*, p. 53-55 ; H. Tomandl, « Zur Demographie und sozialen Schichtung der Feinde Meroes », *BSF* 1, 1986, p. 97-112 ; L. Török *in* S. Donadoni, St. Wenig (éd.), *Studia Meroitica 1984*, p. 105-116.

273. W.Y. Adams, *Nubia, Corridor to Africa*, p. 420-421.

274. L. Török, « The historical Background. Meroe North and South » *in* T. Hägg (éd.), *Nubian Culture Past and Present. Main Papers presented at the Sixth international Conference for Nubian Studies in Uppsala, 11–16 August 1986*, Kungl. Vitterhets Historie och Antikvitets Akademiens Koferenser 17, Stockholm, 1987, p. 167-168 ; *id.*, *Late Antique Nubia*, p. 27.

275. *Ibid.*, chap. III ; T. Hägg, « Titles and honorific Epithets in Nubian Greek Texts », *SymbOsl* 65, 1990, p. 147-177.

276. Török 1990b [nous n'avons pu retrouver cette référence pas plus que n'avons pu nous résigner à la supprimer].

277. T. Kendall *in* S. Donadoni, St. Wenig (éd.), *Studia Meroitica 1984*, p. 666-672.

278. N.B. Millet, *JARCE* 2, 1963, p. 147-165.

279. O.G.S. Crawford, F. Addison, *Abu Geili*, p. 107-110 ; F. Addison, « Antiquities at Sennar », *SNRec* 18, 1935, p. 288-293 ; D. Dixon, « A Meroitic Cemetery at Sennar (Makwar) », *Kush* 11, 1963, p. 227-234.

Empire méroïtique et royautés « tribales »

Avant de déceler un « nouveau complexe culturel » postpyramidal dans la fin de Méroé et de définir sûrement et précisément son « caractère tribal évident »[280] – deux nouveautés que cette étude rejette avec force –, il faut renseigner « les différentes ethnies, de langages au moins méroïtique et nubien », non moins que les frontières de cet empire, forcément fluctuantes sur un millénaire de durée[281] (voir les tentatives soit épigraphiques[282], soit archéographiques[283]). Il faut déjà désigner l'agrégat politique centré sur Méroé comme un empire, et non comme un royaume. On pourra alors se donner les moyens de vérifier si le sectionnement politique de cet empire correspond à quelque concept historique auquel s'adaptaient nos modernes appellations de « races », tribus, ethnies, toutes plus indéfinies les unes que les autres pour la période qui nous intéresse, scientifiquement indigentes donc.

D'ici là, par pur pragmatisme, point de théorie possible sur la chute de Méroé ou sur sa fin, sauf à ressusciter malgré les faits l'illusion événementielle contredite par les tombes. Entrevoir d'anciennes différences régionales soumises à une règle politique commune définissant l'État méroïtique, suspecter des tendances régionales centrifuges dans son administration, qualifier des formes originales de gouvernement, comme l'empire « ambulatoire »[284], pour assurer le contrôle des différentes unités politiques assemblées, relèvent au plus d'intuitions, à renseigner abondamment. À l'archéologie d'opérer, en redressant une archéographie du Méroïtique récent et tardif biaisée par la nubiologie.

La recherche de sites tumulaires pouvant contribuer à qualifier le sectionnement politique du Méroïtique récent et postpyramidal s'est enfin élargie à toute l'étendue de la vallée du Haut-Nil sans encore en sortir. On repère déjà quinze à vingt sites possibles, dont huit encore dans le corridor nubien quasi dépeuplé[285]. Ce nombre grandira. Si un « tribalisme » (?), ou à tout le moins une segmentation entre deux entités politiques se partageant le désert nubien, correspond indiscutablement à quelque réalité (éclaircie grâce aux textes non funéraires même si elle est déniée par les tombes), le concept sonne, mais n'a nulle valeur opératoire, ou pas encore, dès qu'on l'applique au sahel bien plus peuplé. Un minimum de pragmatisme exige l'éradication des inductions « tribales » si les tribus ne peuvent être scientifiquement définies, et leur définition servir à étudier leurs territoires, leur système politique, leur religion ou leurs coutumes funéraires.

La segmentation sociale ou politique de l'empire méroïtique n'est donc encore qu'un thème futur de recherche, prometteur, sauf à induire une nouvelle fois des postulats arbitraires, sans se donner les moyens de les vérifier par l'expérience et la réalité archéographique. Au IVe siècle, les inscriptions d'Ezana, et elles seules encore, nous autorisent à la présupposer pour le Sud. Au même siècle, l'encombrement croissant des rives du Nil par les champs tumulaires laisse entrevoir une transition démographique étonnante, source probable de partitions sociales et politiques ignorées. Des centaines de milliers de tombes, peut-être des millions, prouvent pourtant une religion funéraire commune, totalement – et non pas plus ou moins – méroïtisée. L'erreur grave serait de « tribaliser » prématurément des populations qui taisent, culturellement, leurs différences, dans un empire en voie de défaillance et de scission. Comment, en méthode, définir ou concevoir ces « tribus » ? L'ample documentation généalogique de la Nubie méroïtique a-t-elle autorisé jusqu'ici la reconnaissance de tribus dans le Nord ?

---

280. Török 1990b [voir n. 276].
281. *Id. in* S. Donadoni, St. Wenig (éd.), *Studia Meroitica 1984*, p. 49-215.
282. N.B. Millet, *Meroitic Nubia*, p. 197-203.
283. A. Vila, « Une hypothèse consolidée : les populations à insérer entre Méroïtique et Ballanéen » *in* S. Donadoni, St. Wenig (éd.), *Studia Meroitica 1984*, p. 763-770.
284. L. Török, « Ambulatory Kingship and Settlement History. A Study on the Contribution of Archaeology to Meroitic History » *in* Ch. Bonnet (éd.), *Études nubiennes*, p. 111-126.
285. P. Lenoble, « Documentation tumulaire et céramique entre 5e et 6e cataractes » *in* Ch. Bonnet (éd.), *Études nubiennes*, p. 93, avec quelques doutes et oublis volontaires.

Les tumulus de la sphère royale ne renseigneront donc le sectionnement que très indirectement, par leurs sites, ou pas du tout. Pas davantage en tout cas que ne l'ont fait les pyramides, également répandues de Makwar à la Nubie. Il est donc temps, si l'on veut saisir la raison d'une division de l'empire en trois royaumes distincts après deux siècles peu connus, d'interroger le domaine non funéraire. De nombreux monuments[286], tels le palais d'el-Debaiba Umm Tob et le camp du Djebel Umm Marrihi, fouillés par l'université de Khartoum, ou le camp du Hosh el-Kafir à el-Hobagi, sondés par le Service des antiquités, doivent être les truchements d'une recherche fructueuse, à multiplier ailleurs que dans les déserts. C'est l'archéologie urbaine qui documentera les faits politiques, ne serait-ce que par des inscriptions. Les monuments cités prouvent déjà, par leur seule existence, le maintien d'État(s) – un, deux, trois ou davantage ? Il faut fouiller pour savoir, et non extrapoler sans documentation concrète à partir de la Nubie. D'ici là, avec l'extirpation des postulats de « préhistoire ethnique »[287], le mythe d'une fin de Méroé soudaine s'évanouira, ou plutôt s'affinera en fin de Méroé sur deux siècles, au profit d'une historiographie plus factuelle et moins idéologiquement orientée.

Premières christianisations postpyramidales

Notre perception de la religion postpyramidale procède encore, malheureusement, surtout de tombes faute d'une recherche programmée des monuments de l'époque, qui commencent seulement d'apparaître en Nubie quand on rejette les postulats controuvés[288] ! Les sépultures nous apprennent la grande homogénéité culturelle de la société méroïtique finale, à religion funéraire unique. L'isisme funéraire, contrôlé par la sphère impériale, modèle et source de toute légitimité théologique et sotériologique, imprègne toutes les tombes. Il fera des isiaques éthiopiens l'un des derniers remparts du « paganisme », des *nationes* ou des *gentes* de l'Antiquité tardive à convertir. C'est donc par la conversion des sphères royales de ces nations, qui gèrent toute la religion de cette culture, que la christianisation réussira le long du Haut-Nil, comme nous l'apprennent quelques textes[289].

Cette étude se conclut par le principe que tout le matériel enfoui dans les tombes répond à la seule liturgie des funérailles, et le vérifie pour la totalité des objets extraits de deux tumulus hobagiens. S'il se trouve, après des études complémentaires plus exhaustives, que rien n'échappe à ce canon religieux, même au Nord, les méroïticiens pourraient posséder, grâce aux abondantes fouilles de Nubie, un instrument archéologique idéal pour compléter les données des textes et reconstituer l'une des progressions de la christianisation, par le Nord. Une autre voie de christianisation, par Axoum, ne peut être négligée par les fouilleurs des tumulus méridionaux[290].

Il existe de nombreux exemples d'objets chrétiens enfouis dans des tombes « postméroïtiques » à matériel[291]. L'outil méthodique qu'est l'interprétation liturgique du matériel enfoui autorise l'examen de ces objets comme témoins de l'évolution religieuse. On saisira donc clairement le sens de l'*agagè* n° 5 enterré dans la tombe B 2 de Ballana, qui déroule une prière explicite du mort à Isis sur une feuille d'or, excipant de l'exécution du rite essentiel, celui de la libation d'eau du Nil[292]. Cette dernière sera lue dans l'amphore n° 98, les deux bouteilles n⁰ˢ 103-104 et le plateau de huit coupes n⁰ˢ 99-102 et 105-108 ; réalisée dans le puits funéraire, elle est le geste essentiel répété ailleurs, par exemple dans la consécration des animaux sacrifiés avec la coupe et l'amphore n⁰ˢ 109-110. On détaillera la gestuelle liturgique du banquet funéraire. La prière à Isis, même

286. *Id.*, « L'idéologie impériale méroïtique : l'avatar final » *in* St. Wenig (éd.), *Seventh international Conference for Meroitic Studies. Preprint papers*, p. 17.

287. Török 1990b [voir n. 276].

288. B.N. Driskell, « Quantitative Approaches to Nile Valley Basketry: Basketry Analysis at Qasr Ibrim » *in* S. Donadoni, St. Wenig (éd.), *Studia Meroitica 1984*, p. 451-467.

289. L.P. Kirwan, *AaaLiv* 24, 1937, p. 69-105.

290. R. Fattovich, « Gash Delta between 1000 B.C. and A.D. 1000 » *in* S. Donadoni, St. Wenig (éd.), *Studia Meroitica 1984*, p. 797-816.

291. Voir par exemple N.B. Millet, *Jarce* 2, p. 153, qui déplore l'absence de solution méthodologique au problème archéographique posé.

292. *In* W.B. Emery, *Ballana and Qustul*, p. 405-407 ; L. Török, *Late Antique Nubia*, p. 115.

écrite en grec altéré, débarbarise la tombe en authentifiant la religion isiaque qu'elle inscrit dans toutes les composantes funéraires attendues ! L'objet s'associe à trois autres, malheureusement indéchiffrables, ainsi qu'à un scarabée, et surtout à une croix d'or. Faut-il brouiller l'évidence religieuse en n'accordant qu'une valeur « magique » ou « prophylactique » à ces derniers objets ? Ou faut-il plutôt reconnaître des tentatives théologiques syncrétiques, caractéristiques de l'évolution finale vers la christianisation ou de relations privilégiées avec l'Égypte chrétienne ?

Quand un autre tumulus royal (B 3) inscrit un trésor d'église dans son matériel funéraire[293], est-il suffisant d'invoquer le pillage comme méthode d'acquisition[294] et le matérialisme barbare comme raison de l'enfouissement ? On reconnaît pourtant dans cette tombe l'encensement, la libation et un banquet funéraire des plus sophistiqués. Curieusement, le massacre de prisonniers n'y est pas plus pratiqué qu'en B 2, même si le domestique (?) est encore représenté. N'est-ce pas encore concéder, avec l'argument d'un pillage d'église possible mais improuvable, aux postulats du Groupe X, décidément indéracinables, et condamner toujours une lecture plus riche de la tombe postpyramidale en se refusant au pragmatisme d'une interprétation logique simple ?

Formulations

Les tumulus III et VI d'el-Hobagi sont des tombes méroïtiques impériales, sépultures de hauts personnages à *imperium*. Rois, vice-rois homologues aux *pesato* de Nubie, quelle que soit la nature de leur souveraineté, le titre des défunts inhumés n'est pas encore clairement précisé. La seule certitude que nous puissions avoir est négative : ils n'étaient pas des *qore*, mais au mieux ses délégués régionaux. Peut-être peut-on supposer qu'ils appartenaient à la famille du *qore*.

Les inhumés III et VI d'el-Hobagi étaient-ils des souverains *noba* ? Aucun document ne permet de le prouver, mais rien n'interdit de le supposer. S'ils dirigeaient un(les) peuple(s) *noba* connu(s) régionalement par les seuls textes, ils étaient méroïtiques de culture, et non pas « méroïtisés ».

L'approximation de la datation des deux sépultures (par la céramique et par le radiocarbone) ne se précise guère à l'aide du matériel. Tout juste peut-on inférer, en argumentant grâce aux mors du cheval, au style des bronzes, à la présence de balsamaires en verre et à quelques autres minces arguments, que leur datation pourrait se situer dans la deuxième moitié du IVe s. apr. J.-C.

La nécropole d'el-Hobagi ne renseigne donc pas encore directement sur la question traditionnelle concernant la « fin de Méroé », mais elle la documente de façon passionnante, en révélant que les tumulus appartiennent à une période préchrétienne qu'il faut dénommer « Méroïtique final » ou « tardif ». Il convient de bouleverser les conceptions désuètes de la tradition historiographique : Méroé, en tant que culture, ne cesse qu'à la christianisation, et la « fin de Méroé » dure au moins deux siècles dans la région, jusqu'en 580 apr. J.-C. probablement.

---

293. *Ibid.*, p. 134-144.
294. *Ibid.*, p. 135, 138, 142.

DEUXIÈME ESSAI D'INTERPRÉTATION : LA RÉORGANISATION DE LA PRODUCTION DE CÉRAMIQUE FUNÉRAIRE EN RÉGION DE MÉROÉ AU IVᵉ SIÈCLE APRÈS J.-C.

Observations kadadiennes et hobagiennes

Les récipients équipant les tombes du Méroïtique récent et tardif d'el-Kadada trouvent en très grande majorité leurs homologues dans les sépultures royales et princières de Méroé[295]. Avant que ne commencent les fouilles des autres villes régionales (el-Hassa, Shendi [?] et Mouweis-Hosh ben Naqa), il a été supposé – non sans vraisemblance – que l'industrie équipant les tombes régionales provenait d'un centre unique et qu'on devait le situer d'abord à Méroé. Cette manufacture de la capitale, de type préindustriel, peut avoir fourni environ 90 % de la céramique récoltée sur la nécropole distante de 30 km environ.

Une minorité de récipients, environ 10 % de la récolte, ne trouvent pas de répondants à Méroé, dans les deux nécropoles royale et princière contemporaines[296], et on en trouve assez peu dans la nécropole tumulaire[297] ou dans l'habitat[298]. L'exception ne surprend guère quand il s'agit de formes rares[299], maladroitement façonnées sans le tour, produites peut-être localement. Elle surprend davantage quand il s'agit d'une série fonctionnelle, les balsamaires par exemple, tournée ou non, alors que la série comparable, celle de la petite bouteille noire, tournée ou non, est amplement attestée dans la capitale. Elle étonne quand elle concerne des catégories évidemment industrielles, comme la grande bouteille dont la fabrication relève des techniques caractérisant les grandes séries de l'industrie de Méroé[300]. Elle stupéfie quand elle recense dans la région certaines séries de bonbonnes, assez peu nombreuses à el-Kadada, mais abondantes à el-Hobagi (tumulus III, 4 et VI), et multipliées par dizaines de milliers d'exemplaires dans les tumulus régionaux[301].

Sans s'attarder sur les cas particuliers, qui méritent une analyse ultérieure, il faut s'intéresser aux séries qui apparaissent tardivement à el-Kadada, selon la topochronologie du cimetière, et qui manquent relativement à Méroé, et surtout à celle qui se répandra avec tant d'abondance entre 6ᵉ et 5ᵉ cataractes. À l'évidence, l'industrie méroéenne connaît une délocalisation surprenante. Comme les tenants d'une « fin de Méroé » au IVᵉ siècle tenteront de corréler cette délocalisation manufacturière avec les événements politiques (fin de la construction des pyramides) ou militaires (campagnes axoumites) expliquant l'histoire particulière de la capitale[302], il faut

---

295. I. Hofmann, *VarAeg* 4, 1988, p. 121-140.

296. D. Dunham, *RCK* IV ; *id.*, *RCK* V.

297. J. Garstang, *Excavations at Meroe*.

298. P. L. Shinnie, R. J. Bradley, *The Capital of Kush* I.

299. Bonbonnes Hdn 70/1-2/3, Kdd 63/1/56 et 62.

300. Voir P. De Paepe, I. Brijsse, « La composition des céramiques d'el-Kadada (Soudan central) au passage du Méroïtique au Post-Méroïtique », *AnM* 2, 1987, p. 149-164 pour la description des pâtes I et II ; P. Lenoble, *AnM* 2, p. 165-174.

301. P. Lenoble *in* Ch. Bonnet (éd.), *Études nubiennes*, p. 79-97.

302. P. L. Shinnie, *Meroe* ; L. P. Kirwan, « Aksum, Meroe and the Ballana Civilization » *in* W. K. Simpson (éd.), *Essays in Honor of Dows Dunham*, p. 115-119 ; *id. in* N. B. Millet, A. L. Kelley (éd.), *Meroitic Studies*, p. 191-204.

interroger les nouveaux documents régionaux et tenter de les faire contribuer à cette histoire. Autant que faire se peut, avec la méthode céramologique, il faut leur faire redécrire le développement industriel régional, si comparable à celui que l'on connaît mieux en Nubie[303].

L'*Alwa ware* : un postulat céramique inadapté

Depuis les débuts de l'archéologie méroïtique dans la région, on dispose de séries méroéennes abondantes et variées[304], couvrant plus d'un millénaire de production. L'échantillonnage est méthodiquement représentatif puisque les fouilles avaient pour but de reconstituer la chronologie « royale » et « princière » ; il a été réalisé à l'occasion de la fouille systématique des deux nécropoles de la succession de *qore*, de celle d'une nécropole des grands de la cour méroéenne (rois, membres de la famille impériale ou dignitaires) et de la fouille aléatoire d'un champ tumulaire poursuivant la deuxième nécropole. Une dernière série importante provient des fouilles récentes de la ville[305], qui a produit un échantillonnage aléatoire de profils complets classés stratigraphiquement, en attendant de produire prochainement une information plus instrumentale.

Dépendante épistémologiquement de la progression des fouilles dans la capitale et originellement d'une faute bien excusable du premier fouilleur[306], la question de l'*Alwa ware* obscurcit la vision d'ensemble que l'on peut se faire de l'évolution de la production céramique régionale. L'expression, due à Crowfoot[307], est née de la collection Garstang[308]. Par un résultat « ethnoarchéologique » avant la lettre et à la suite de postulats hautement hypothétiques prétendant compenser le manque de documents régionaux entre les IV-VIe siècles et le XXe siècle, l'*Alwa ware* est censée désigner une production « ethnique » opposée à la production urbaine d'un empire lui-même supposé avoir disparu abruptement. Par des spéculations assez désordonnées, parfois incompatibles, l'*Alwa ware* explique n'importe quel phénomène intuitivement imaginé pour rendre compte de mouvements de peuples : des comparaisons céramiques paragéographiques et paratemporelles suggèrent la présence *noba* ou celle des tribus orientales déplacées ou poussées en avant par les Axoumites[309], permettent d'illustrer les indications de l'inscription d'Ezana selon lesquelles les *Noba* cohabitaient avec les *Kasu* dans la région[310], ou encore, tout au contraire, conviennent à reconnaître une migration en sens inverse, avec diffusion de l'*Alwa ware* du Nil vers l'Ouest, accompagnant la dynastie méroïtique cherchant un refuge à Meidob[311].

Tous ces élans intuitifs ne sont évidemment pas recevables en logique historique. L'argumentation ancienne, descriptive et comparative de céramiques modernes des monts Nouba et du Darfour, et de céramiques anciennes cantonnées à la vallée du Nil, s'est gardée de ne jamais examiner l'*Alwa ware* de façon détaillée[312]. Elle a produit de l'ethnographie matérielle instructive, mais pas d'archéographie. Les mises en garde céramologiques ont eu peu d'incidence sur la théorie de la fin de la céramique méroïtique. La leçon d'Adams n'a pas encore provoqué le réexamen de l'*Alwa ware* : « […] *His does not preclude the possibility that the "Aloa ware" may have*

303. P. Rose, *Qasr Ibrim. The Hinterland Survey*.
304. J. Garstang, A.H. Sayce, F. Griffith, *Meroe* ; D. Dunham, *RCK* IV ; *id.*, *RCK* V.
305. P.L. Shinnie, R.J. Bradley, *Capital of Kush* I.
306. L. Török, *Late Antique Nubia*, p. 197.
307. O. Bentley, J.W. Crowfoot, « *Nuba* Pots in the Gordon College », *SNRec* 7, 1924, p. 18-28 ; J.W. Crowfoot, « Further Notes on Pottery », *SNRec* 8, 1925, p. 125-136 ; *id.*, *JEA* 13, 1927, p. 141-150.
308. J. Garstang, A.H. Sayce, F. Griffith, *Meroe*.
309. J.W. Crowfoot, *SNRec* 8, 1925, p. 135.
310. L.P. Kirwan, *The Oxford University Excavations at Firka*.
311. A.J. Arkell, *Report for the Year 1939 of the Antiquities Service and Museums in the Anglo-Egyptian Sudan*, p. 88 ; *id.*, *A History of the Sudan*, p. 174.
312. O. Bentley, J.W. Crowfoot, *SNRec* 7, 1924, p. 18-28 ; A.J. Arkell, *Report 1939*.

purely local antecedents. [...] *If so, it would militate against the suggestion that these vessels were produced only by the* Noba*, and were introduced by them in the Nile Valley.* [...] *The resemblance to modern Nuba pottery* [...] *seems to me of a very generalized and non specific nature.* »[313]

L'*Alwa ware*, surtout décrite par Garstang et Addison[314], est une expression par trop imprécise, faute de corpus de référence. Elle habille et déguise la difficulté qu'éprouvent les archéologues à dater toute céramique régionale inconnue parce qu'encore non étudiée, pourvu qu'elle soit d'époque historique et fabriquée sans le tour. On peut donc à volonté la reconnaître dans toute région soudanaise. À part l'Ouest et le Sud, régions réputées d'origine pour les *Noba*, elle apparaît dans l'Est[315], voire en Éthiopie[316]. On peut reconnaître de ses formes et de ses caractéristiques principales en Nubie[317]. Une telle distribution géographique souligne combien cette expression est désuète, faute d'avoir la moindre utilité opératoire sur des terrains encore peu défrichés. Il faut soit réinstrumentaliser l'*Alwa ware* en lui donnant une signification archéographique ou un contenu sémantique précis, soit éradiquer l'expression abusive, source de toutes les confusions possibles[318] depuis plus de soixante ans.

Réinstrumentaliser l'*Alwa ware* ?

Théoriquement et méthodiquement, plusieurs démarches analytiques peuvent permettre de redéfinir l'*Alwa ware* en vue d'en faire un instrument utile à comprendre l'évolution céramique dans la région de Méroé. Avant de conclure à une fin de la capitale sur des arguments céramologiques, il convient d'analyser ce qu'on connaît de cette production.

La collection Garstang

On devrait trouver dans cette collection, qui est la source de tous les errements « ethnoarchéologiques » ultérieurs, l'objet de la meilleure information céramologique. En autorisant une appellation éponymique[319], une étude céramique souhaitable corrigerait les généralisations hâtives aussi bien que l'expression douteuse et fautive « *Alwa ware* », quand les archéologues n'ont pas encore réussi à préciser définitivement si *Alwa* désigne Méroé ou Soba. On désignerait cette céramique par ses caractéristiques locales et l'on cernerait sa distribution régionale[320] ; l'extension de cette distribution pourrait, à l'occasion des fouilles futures, qualifier enfin soit la faiblesse, soit la puissance des ateliers méroéens et de cette activité économique, et donc laisser juger du rang de cette ville après la date de la fin de la construction des pyramides.

Si elle classe probablement tous les types rencontrés dans les sondages aléatoires de quatre ou cinq parties du cimetière tumulaire, la typologie Garstang[321] fournit malheureusement peu de détails sur les fabrications. Sa description est malgré tout précieuse, d'autant plus que l'époque en était avare : elle donne par exemple plus d'indications sur la poterie que ne l'a jamais fait Reisner. Mais la prise documentaire et l'enregistrement de Garstang ne valent pas ceux de son successeur, qui a permis la périodisation de la céramique antérieure

313. W.Y. Adams, « Strategy of archaeological Salvage » *in* W.C. Acerman, G.F. White, E.B. Worthington (éd.), *Man-made Lakes*, p. 207.
314. J. Garstang, *Excavations at Meroe* ; F. Addison, « A Christian Site near Khartoum », *SNRec* 13, 1930, p. 285-288 ; *id.*, « Antiquities found near Gordon's Tree », *SNRec* 14, 1931, p. 197.
315. Gash et Atbara : R. Fattovich *in* S. Donadoni, St. Wenig (éd.), *Studia Meroitica 1984*, p. 797-816.
316. Axoum : H.N. Chittick *in* N.B. Millet, A.L. Kelley (éd.), *Meroitic Studies*, p. 51-52 ; S.C. Munro-Hay, *Excavations at Aksum*, p. 315.
317. W.B. Emery, *Ballana and Qustul*, pl. 111-112, formes 15a, 15b, 17a, 17b, 23-27.
318. L. Török, *Late Antique Nubia*, p. 197-198.
319. « *Late or final Meroean ware* » pourrait être la meilleure expression possible en l'absence reconnue de monuments chrétiens ou de strates d'époque chrétienne à Méroé-ville.
320. W.Y. Adams *in* W.C. Acerman, G.F. White, E.B. Worthington (éd.), *Man-made Lakes*, p. 826-835.
321. J. Garstang, A.H. Sayce, F. Griffith, *Meroe*.

grâce au classement chronologique des tombes. Garstang n'a publié que quelques sépultures illustratives et n'a fourni que quelques assemblages céramiques. Les dessins de Schliephack abondent relativement, mais attendent publication. Surtout, la collection a été dispersée avant exploitation, distribuée entre nombre de musées ; et le musée national de Khartoum n'abrite plus que le contenu céramique complet d'une seule tombe et quelques récipients épars. L'étude indispensable n'est donc plus aisément réalisable. La republication des fouilles Garstang par Török ne peut que compenser partiellement le défaut de publication du cimetière et appelle à une étude spécifique[322].

Les fouilles de la ville

Les fouilles stratigraphiques n'ont pu, semble-t-il, assurer des niveaux postdatant la fin des pyramides. Des tessons postméroïtiques ont été identifiés en surface[323], parmi lesquels les fouilleurs d'el-Hobagi ont à plusieurs reprises reconnu des fragments de bonbonnes caractéristiques du ive siècle[324] ; d'autres ont été signalés dans la réoccupation des temples désaffectés[325].

Cette constatation attire évidemment l'intérêt de tous les « postméroïticiens » et souligne des commentaires[326]. Chacun reconnaît l'improbabilité de la disparition de Méroé comme ville, sinon comme capitale : « *Archaeological data also permit to disclose the status of the settlement of Meroe after the 4th century A.D. Above all, attention is attracted by the facts of construction of impressive brick buildings on the territory of the Meroitic townsite as well as the existence of an iron-making industry here. This is evidence of urban life: Meroe remained a city even after the 4th century.* »[327] La datation des fours de production du fer[328] aux ive-vie siècles[329], et peut-être au viie, suggère que la date traditionnelle pour l'abandon de Méroé au milieu du ive siècle demande révision[330]. Le changement de matériau et de style de construction[331], peut-être comparable aux techniques mises en œuvre tardivement au Hosh el-Kafir à el-Hobagi, devient une hypothèse à investir dans de futures fouilles.

Les fouilles expliquent leur échec à résoudre la question de la date de l'abandon de Méroé-ville[332]. Ce n'était qu'un but secondaire de la campagne[333], et le terrain répond rarement aux questions qu'on ne lui pose pas, sinon fortuitement. Le « tapis de briques cuites » signale un évident pavage de déflation, surtout là « où les structures exhumées sont faites exclusivement de briques non cuites ». « *An entire component may have been robbed and eroded away.* »[334] Il faudra attendre la publication définitive[335] pour comprendre pourquoi les fouilleurs, après avoir exprimé tant de doutes, reviennent désormais à la théorie traditionnelle[336].

La difficulté majeure à exploiter les fouilles stratigraphiques de la capitale relève surtout d'une confusion entre Méroé-ville et Méroé-civilisation. La « fin de Méroé » est une expression tout aussi ambiguë que la « chronologie méroïtique »[337]. Il convient à l'évidence de les différencier en utilisant deux adjectifs : « méroéen » et « méroïtique » pour qualifier soit une capitale de l'Empire, soit la culture impériale. Quand ces distinctions

---

322. L. Török, *Meroe City*.
323. R.J. Bradley, « Meroitic Chronology » *in* Fr. Hintze (éd.), *Meroitistische Forschungen 1980*, p. 211.
324. P. Lenoble *in* Ch. Bonnet (éd.), *Études nubiennes*, p. 92.
325. R.J. Bradley *in* Fr. Hintze (éd.), *Meroitistische Forschungen 1980*, p. 211.
326. Voir par exemple S.Y. Bersina, « Problems of Meroitic Chronology: Beginning and End of Meroe », *ibid.*, p. 217-219, qui attend des fouilles de la ville des signes archéographiques confortant ses doutes d'historienne, comme dans S.Y. Bersina, *Meroe and the external World*.
327. S.Y. Bersina, *in* Fr. Hintze (éd.), *Meroitistische Forschungen 1980*, p. 217.
328. J.H. Robertson, « The 74–75 Meroe Excavation », *NyAk* 6, 1975, p. 25-28.
329. P.L. Shinnie, « Excavations at Meroe 1974–1976 » *in* Fr. Hintze (éd.), *Meroitistische Forschungen 1980*, p. 498-504.
330. P.L. Shinnie, F.K. Kense, « Meroitic Iron Working » *in* N.B. Millet, A.L. Kelley (éd.), *Meroitic Studies*, p. 24.
331. R.J. Bradley *in* Fr. Hintze (éd.), *Meroitistische Forschungen 1980*, p. 211 ; S.Y. Bersina, *loc. cit.*, p. 217.
332. P.L. Shinnie, R.J. Bradley, *Capital of Kush* I, p. 159-160.
333. *Ibid.*, p. 7, point 2.
334. R.J. Bradley *in* Fr. Hintze (éd.), *Meroitistische Forschungen 1980*, p. 211.
335. [P.L. Shinnie, J.R. Anderson, *The Capital of Kush* II. *Meroe Excavations 1973—1984*, Meroitica 20, Wiesbaden, 2004.]
336. P.L. Shinnie, J.H. Robertson, *Antiquity* 67, 1993, p. 895-899.
337. R.J. Bradley *in* Fr. Hintze (éd.), *Meroitistische Forschungen 1980*, p. 195-211.

seront généralisées, on pourra appréhender clairement une « céramique méroéenne tardive », de typologie à refonder sur le cimetière tumulaire de la ville. On pourra surtout comprendre quelles productions la ville assurait alors, qui équipaient tant de tombes locales et régionales. On pourra surtout dire si cette production était industrielle, et si l'occupation finale de l'ancienne capitale était de type villageois ou urbain. Si la datation tardive de la production du fer se confirme, nul doute qu'on rejettera les postulats ethnoarchéologiques désuets, qu'on comparera sans *a priori* les tombes Garstang à celles du cimetière ouest dans la période finale du cimetière et qu'on découvrira que la céramique méroéenne finale équipait une liturgie méroïtique. On pourra alors conclure que toute céramique faite à la main (sans le tour) n'était pas nécessairement une fabrication non industrielle. Grâce aux séries manufacturières méroéennes, on ne masquera plus, sous la contrainte d'une théorie historique, un fait archéologique essentiel : l'organisation collective de la production, qui définit une manufacture urbaine de type préindustriel, peut se déchiffrer dans la céramique n'usant pas du tour.

Fouilles récentes de tombes « postméroïtiques »

Depuis les élans intuitifs et inductifs des débuts de l'archéologie soudanaise, notre connaissance de l'*Alwa ware* au sud de la Nubie s'est quelque peu enrichie. Les objets sont venus d'extractions non contrôlées[338], puis enfin de fouilles : un premier tumulus a été publié à el-Ushara[339] ; une tombe a-tumulaire à Méroé[340] et quelques tombes réutilisées au cimetière ouest[341] ; deux tumulus à Tanqasi[342] ; un tumulus à Naga[343] ; huit tumulus à Musawwarat es-Sofra[344] ; des dizaines de tombes ont été fouillées à Tabo, dont dix-huit a-tumulaires sont publiées[345] ; des centaines de tumulus à Sorurab-Bauda[346] ; une vingtaine de tombes, tumulaires ou non, à el-Kadada et el-Ghaba[347] ; quatre tombes tumulaires à Gereif[348] ; quatre sépultures, tumulaires ou non, à esh-Shaqalu[349] ; des dizaines de tumulus au Djebel Umm Marrihi[350] ; quatre tombes tumulaires à esh-Sheiteb[351] ; un tumulus au Djebel Makbor[352] ; deux tumulus au Djebel Ghaddar[353] et un autre à Bukibul[354] ; quatre tumulus à Kabbashi[355] ; plusieurs tumulus à el-Ghaddar[356] ; plusieurs dizaines de tombes a-tumulaires en trois cimetières à Sennar, Qoz Nasra Marangan et Umm Sunt[357] ; six tombes tumulaires à el-Hobagi. Ne sont pas comptées les quelques tombes « postméroïtiques » recensées à l'occasion de fouilles préhistoriques dans la région

---

338. Par exemple F. Addison, *SNRec* 13, 1930, p. 285-288 ; *id.*, *SNRec* 14, p. 197.

339. P.L. Shinnie, *Report on the Antiquities Service and Museums 1951-52*, Khartoum, 1953.

340. D. Dunham, *RCK* V, p. 334-337.

341. Beg. W. 431 par exemple.

342. P.L. Shinnie, « Excavations at Tanqasi, 1953 », *Kush* 2, 1954, p. 66-85.

343. Fr. Hintze, *Kush* 7, 1959, p. 186-187.

344. Fr. Hintze, « Musawwarat es Sufra: Vorbericht über die Ausgraben des Instituts für Ägyptologie der Humboldt-Universität zu Berlin 1963 bis 1966 (vierte bis sechste Kampagne) », *WZB* 17, 1968, p. 667-684.

345. H. Jacquet-Gordon, Ch. Bonnet, J. Jacquet, « Pnubs and the Temple on Argo Island », *JEA* 55, 1968, p. 103-111.

346. Ahmed M. Ali Al-Hakem *in* Fr. Hintze (éd.), *Africa in Antiquity*, p. 151-155 ; *id. in* S. Donadoni, St. Wenig (éd.), *Studia Meroitica 1984*, p. 885-894 ; Khidir Adam Eisa, *Le Mobilier et les coutumes funéraires* ; F. al-Sh. Babiker, *Research into mortuary Practice*.

347. Fr. Geus, P. Lenoble *in* Fr. Hintze (éd.), *Meroitistische Forschungen 1980*, p. 433-435 ; Fr. Geus, P. Lenoble, « Évolution du cimetière méroïtique d'el-Kadada. La transition vers le Postméroïtique en milieu rural méridional » *in* Fr. Geus, Fl. Thill (éd.), *Mél. J. Vercoutter*, p. 67-92.

348. Fr. Geus, P. Lenoble, « Fouilles à Gereif-Est près de Khartoum (ND-36-B/11-Q-4) », *MeroitNewsl* 22, 1983, p. 10.

349. Fr. Geus, W.F. Hinkel, P. Lenoble, « Investigations postméroïtiques dans la région de Shendi » *in* M. Krause (éd.), *Nubische Studien*, p. 81-88.

350. Ahmed Abuelgasim El-Hassan, dans *Nubian Culture Past and Present. Abstracts*, p. 46-47.

351. P. Lenoble, *ANM* 2, 1987, p. 89-119.

352. P. Lenoble, *ANM* 2, 1987, p. 207-250.

353. J. Phillips « Test Excavations at el Ghaddar » *in* K. Grzymski (éd.), *Archaeological Reconnaissance in Upper Nubia*, p. 35-41 ; B. Zurawski, *ibid.*, p. 41-46.

354. K. Grzymski, « Trial Excavations at Hambukol and Burkibul », *ANM* 3, 1989, p. 72.

355. I. Caneva, « Burial Tumuli in the Khartoum Region » *in* Ch. Bonnet (éd.), *Études nubiennes*, p. 177-179.

356. Mahmoud el Tayeb, « Excavation at El-Gaddar—Old Dongola » *in* Ch. Bonnet (éd.), *Études nubiennes*, p. 65-77.

357. D.N. Edwards, « Three Cemetery Sites on the Blue Nile », *ANM* 5, 1991, p. 41-64.

de Khartoum, ainsi que les nombreuses trouvailles fortuites, contrôlées ou non, enregistrées par le Service des antiquités, les dernieres en date se situant à es-Sabeil, près de Soba, à Berber[358] et à Sennar. La répartition des sites ne laisse pas d'empêcher toute construction raisonnée d'un corpus. Nombre des cimetières sondés ou exploités se situent hors de la région de Méroé, au nord de la 5e cataracte ou au sud de la 6e, surtout les plus riches et les plus productifs. Comme il faut obtenir d'abord un assemblage régional assuré et daté, puis d'autres assemblages comparables dans les régions voisines, le but fixé semble encore éloigné.

De toutes ces fouilles, dépendant le plus souvent de trouvailles fortuites, seules celles de Sorurab, de Bauda et du Djebel Umm Marrihi, dans la concession de l'université de Khartoum, sont spécifiques. Les publications sont en cours. Il n'est pas encore possible de vérifier les intuitions des fouilleurs, selon lesquelles l'*Alwa ware* s'apparenterait parfois à certaines fabriques du Djebel Moya[359] ou serait de fabrication méroïtique.

Faute de corpus typologique possible, on peut résumer ainsi les précisions archéologiques apportées depuis l'invention de l'*Alwa ware* :

La céramique *Alwa* se cantonne presque exclusivement à la vallée du Nil et à « l'île de Méroé », seuls gisements explorés à prise documentaire crédible jusqu'en 1990. Les seules exceptions contrôlées proviennent de sites orientaux, dans le Gash et en Éthiopie. Une toute première étude de composition minéralogique et chimique[360], en apparentant sa matière première à celle de la production de masse de Méroé-ville, n'autorise pas encore à chercher hors du Nil ses lieux de production. L'*Alwa ware* est une céramique faite d'argiles locales provenant de la vallée. Seules ses techniques de fabrication pourraient partiellement relever de facteurs culturels exogènes.

- La céramique *Alwa* reste avant tout une céramique funéraire. Les milliers de récipients recueillis jusqu'ici proviennent de tombes dans une proportion dépassant 99 %.
- La céramique *Alwa* pourrait avoir accédé récemment au rang de céramique d'habitat. Elle a été observée en surface de nombreuses villes régionales : à Méroé, à el-Hassa, à Mouweis-Hosh ben Naqa, au Hosh el-Kafir d'el-Hobagi, à Wad ben Naqa[361]. L'hésitation à la reconnaître est révélatrice de nos ignorances : l'*Alwa ware* pourrait bien n'être qu'une catégorie non signifiante, rangeant sous un vocable d'attente des productions non comparées, jugées (sans trop d'examen) différentes de la production méroïtique n'usant pas du tout. La suggestion méroéenne d'une céramique *Alwa* également d'habitat est renforcée par quelques indications cursives relatives à des habitats « postméroïtiques » du sahel. Sont peut-être concernés, par exemple, les habitats de Kajabi et d'el-Hileila[362], de Tanqasi[363], les camps du Wadi Abou Dom[364], sites tous proches de Napata. Là encore, la céramique *Alwa* sert de vocable d'attente à des productions incomparables de région à région.
- La céramique *Alwa* se substitue progressivement à la céramique tournée de type méroéen. El-Kadada a livré en 1980 un tumulus contenant un double assemblage céramique mêlant poterie tournée méroïtique et poterie faite sans le tour dite « postméroïtique »[365]. La trouvaille s'est répétée dans quelques tombes[366]. Elle a questionné un résultat ancien passé inaperçu[367]. Elle permet désormais de dater grossièrement des

358. P. LENOBLE, *ANM* 5, 1991, p. 167-183.
359. AHMED M. ALI AL-HAKEM in Fr. Hintze (éd.), *Africa in Antiquity*, p. 154 ; AHMED ABUELGASIM EL-HASSAN, in R. Dehlin, T. Hägg (éd.), *Nubian Culture Past and Present. Abstracts*, p. 46.
360. P. DE PAEPE, I. BRIJSSE, *ANM* 2, 1987, p. 149-164.
361. P. LENOBLE in Ch. Bonnet (éd.), *Études nubiennes*, p. 79-97.
362. ALI AHMED GASMELSEED, « Prospection dans le secteur d'el-Kurru (Ku. 16) », *MeroitNewsl* 22, 1983, p. 7.
363. Communication personnelle de Ch. Bonnet.
364. H.N. CHITTICK, « An exploratory Journey in the Bayuda Region », *Kush* 3, 1955, p. 86-92 ; OSSAMA EL-NUR, HASSAN BANDI, « The Potential of the IVth Cataract Archaeological Project I: Mound-Graves at Umm Ruweim and Khor al-Greyn » in C. Berger, G. Clerc, N. Grimal (éd.), *Hommages à Jean Leclant*, vol. 2, p. 323-331.
365. Fr. GEUS, P. LENOBLE in Fr. Hintze (éd.), *Meroitistische Forschungen 1980*, p. 433-435.
366. Fr. GEUS, P. LENOBLE in Fr. Geus, Fl. Thill (éd.), *Mél. J. Vercoutter*, p. 67-92.
367. J.W. CROWFOOT, *JEA* 13, 1927, p. 141-150.

tombes hobagiennes (tumulus IV et 4) et le Hosh el-Kafir. Il n'est donc plus possible de dater l'*Alwa ware* par exclusion, en se basant sur la fin supposée de Méroé vers 350 ou 370 apr. J.-C., après lui avoir demandé illogiquement de « prouver » la « fin de Méroé » et la présence *noba*. En 1973, Adams pouvait encore observer que l'*Alwa ware* n'apparaissait jamais en association avec la *typically Meroitic ware*, et pouvait hypothétiquement être considérée comme « postméroïtique »[368]. En 1977, l'argument tenait toujours : « *Since Meroitic wheel-made pottery does not seem to be found in conjuction with Alwa ware, we can probably take the very end of the Meroitic period as a* terminus post quem *for the Tanqasi culture.* »[369] L'exception kadadienne s'est depuis généralisée entre 6e et 5e cataractes[370] et déborde depuis la région centrale du royaume, puisqu'elle se vérifie déjà en Haute-Nubie[371]. Selon la topochronologie d'el-Kadada, l'apparition du double assemblage est ancienne et peut remonter jusqu'au IIIe siècle dans la région de Méroé[372]. Son utilisation couvre la plus grande partie du IVe siècle[373].

— La céramique *Alwa* poursuit le système méroïtique de production de céramique non tournée. Si la majeure proportion de l'*Alwa ware* semble de la *hand-made ware* abusivement apparentée à une production domestique[374], des séries proviennent d'une indubitable production de masse spécialisée, révélatrice d'ateliers urbains. Certaines formes de *beer-jars* se répandent le long de la vallée. Des produits de grande dextérité sont parfois imités localement avec moins d'expertise. Les quantités produites assurent d'une organisation manufacturière de production quasi industrielle[375], analogue à celle des ateliers urbains de Méroé. On ne peut donc comparer ces séries, à distinguer des productions domestiques, qu'à leurs homologues méroïtiques : voir par exemple les grandes bouteilles du Méroïtique ancien, décorées à l'impression pivotante, à parois très fines, à pâte dégraissée de cristaux granitiques, anciennement décrites déjà[376], ventilées du Djebel Moya à la Nubie[377] ; voir encore les grands vaisseaux du palais de Wad ben Naqa[378], produits d'ateliers de *hand-made wares* concurrençant jusque dans l'édifice palatial les industries du tour[379] ; voir aussi la série de petites bouteilles noires du Méroïtique récent aux caractéristiques invariantes (modelage à la tournette, fond plat, mêmes marques de séchage, profil et dimensions identiques, applications cordées, motifs semblables, coloration au pigment rouge, etc.).

— La céramique *Alwa* répond à l'expansion et à la rationalisation de la production manufacturée. Loin de choir avec la fin supposée des ateliers méroéens, la production de céramique est en expansion constante du Méroïtique classique au « Postméroïtique » en raison de rites funéraires évolutifs. Les formes funéraires du Méroïtique récent, standardisées à Méroé et dans sa région sous contrôle clérical pendant deux à trois siècles, ne répondent plus à la totalité de la demande, qualitative et quantitative. Des ateliers nouveaux se multiplient, qui complètent puis relaient une production concentrée insuffisante.

— La céramique *Alwa* signale la disparition des influences méditerranéennes dans le Sud méroïtique et réinsère Méroé dans le Fer moyen sahélien. L'*Alwa ware* est la réponse méridionale à un problème de production généralisable à l'empire méroïtique. La Nubie, province frontière, a résolu ce problème en adaptant les techniques méditerranéennes[380]. Nul n'a pourtant jamais pensé à identifier Nobades et Blemmyes par la

368. W.Y. Adams, « Pottery, Society and History in Meroitic Nubia » *in* Fr. Hintze (éd.), *Sudan im Altertum*, p. 21.

369. *Id., Nubia, Corridor to Africa*, p. 428.

370. P. Lenoble *in* Ch. Bonnet (éd.), *Études nubiennes*, p. 79-97.

371. J. Phillips *in* K. Grzymski (éd.), *Archaeological Reconnaissance in Upper Nubia*, p. 35-41.

372. P. Lenoble *in* Ch. Bonnet (éd.), *Études nubiennes*, p. 86.

373. *Ibid.*, p. 92.

374. W.Y. Adams, *Ceramic Industries of Medieval Nubia*, p. 38.

375. *Ibid.*, p. 39.

376. F. Addison, *Djebel Moya*, vol. 1, p. 222-223.

377. Pour un exemple, voir Fr. Geus, *Rescuing Sudan Ancient Cultures*, p. 74, 6 et 75, 1.

378. J. Vercoutter, « Un palais des "candaces" contemporain d'Auguste (fouilles de Wad-ban-Naqa 1958-1960) », *Syria* 39, 1962, pl. 20 C.

379. P.L. Shinnie, *Meroe*, pl. 9.

380. W.Y. Adams *in* Fr. Hintze (éd.), *Sudan im Altertum*, p. 207-208 ; *id., Ceramic Industries of Medieval Nubia*, vol. 1, p. 40-43.

céramique ballanéenne. Il est donc douteux que l'*Alwa ware* puisse jamais identifier les *Noba* autour de Méroé. Le problème historique est plutôt le suivant : le Sud méroïtique est-il coupé de la Nubie quand apparaît l'*Alwa ware*, et si oui, pourquoi ?

Une prospection entre 6e et 5e cataractes

Afin d'inclure la vingtaine de tombes « postméroïtiques » kadadiennes dans le contexte funéraire régional – et surtout dans la résurgence tumulaire du IVe siècle – et de vérifier les connaissances acquises sur ce chantier – qui dénient toute rupture culturelle entre deux époques jusqu'ici séparées –, une prospection rapide a été conçue. Son but était double : généraliser l'assemblage de « céramique méroïtique » et d'*Alwa ware* d'une part, trouver et dater par ce moyen un cimetière royal d'autre part.

La prospection orientée a été conçue à l'économie de temps et de moyens. Un fossile directeur a été défini selon cinq critères d'utilité pour le prospecteur, et un type de bonbonne exclusivement recherché et trouvé[381]. La prospection s'est étendue entre les 6e et 5e cataractes, et n'a relevé la coïncidence entre céramique tournée et bonbonne définie que dans le même tumulus ou dans le même champ tumulaire. Il n'est évidemment pas possible, à partir d'une prospection si spécialisée et si hâtive, de proposer la moindre étude, même très limitée, des caractéristiques industrielles de l'*Alwa ware*.

Un résultat partiel mérite cependant une élaboration relative. En isolant le site royal daté par le double assemblage, la prospection a permis d'observer une collection numériquement assez importante et qui augmente considérablement les maigres données quantitatives patiemment recueillies à el-Kadada. On peut tirer parti de deux séries caractérisant l'époque de l'apparition de l'*Alwa ware* pour conclure sur la nature manufacturière de sa production, sans pouvoir encore localiser la(les) ville(s) productrice(s) de cette industrie.

Deux types de céramiques tardives

De la bouteille à la très grande bouteille

En rassemblant en un seul type les formes I 7, I 8, I 9, I 11 et I 12 de Dunham[382], on définit la bouteille comme un vase soit sphérique, soit en sphéroïde vertical. Son embouchure en cylindre vertical mesure le plus souvent 5 cm de diamètre ; il n'est possible d'y introduire ni une louche, ni un godet, ni *a fortiori* la main. La forme est destinée à contenir un liquide, comme le soulignent quelques décors peints en blanc[383].

Le type industriel méroéen est quasi invariant dans sa taille comme dans ses caractéristiques secondaires. Ses dimensions restent stables du IIe au IVe siècle : la hauteur par exemple oscille entre 24,7 et 36 cm. L'embouchure est presque toujours en cylindre droit, la lèvre ronde. La lèvre moulurée est rare à el-Kadada, très rare à Méroé[384]. La pâte est toujours industrielle, la cuisson toujours oxydante. Le vase est toujours engobé, l'engobe toujours lissé.

La comparaison de tous les récipients recensés comme des bouteilles possibles à el-Kadada (79 au total) a fait apparaître seulement trois objets plus petits, différant nettement de la « petite bouteille noire » ; ils sont issus de deux tombes Hdn 70/29/B, Kdd 01/56-60-61/6 et 35. Le nombre d'exemplaires du sous-type les fera négliger ici. Le sous-type « grande bouteille » est plus documenté : il compte 10 exemplaires au moins. Il

---

381. P. Lenoble *in* R. Dehlir, T. Hägg (éd.), *Nubian Culture Past and Present. Abstracts*, p. 78-79 ; *id. in* Ch. Bonnet (éd.), *Études nubiennes*, p. 83-84.
382. D. Dunham, *RCK* V, p. 345.
383. Voir les grappes et feuilles de vigne de Kdd 33/1/120 et de 23-2-90 (Beg. W. 390) ou 23-2-234 (Beg. W. 418) : *ibid.*, p. 345, fig. 1.
384. Voir 23-2-234 (Beg. W. 418) : *ibid.*, p. 345, fig. 1.

apparaît dans une tombe relativement tardive (KDD 22/103/9) au milieu de bouteilles normales, mais équipe surtout des tombes du Méroïtique tardif, à double assemblage (KDD 107/6/1, 82, C et D) ou non (KDD 107/11/1 et 2, KDD 107/13/A, KDD 108/2/A et B). Quelques fragments complètent ce recensement (KDD 119/4/1, 2, 3, 5, 6 et F). En bonne logique typologique, la « grande bouteille », dont quatre hauteurs totales sont connues (40,8 ; 45 ; 45,2 et 46,7 cm), aurait pu être sélectionnée comme « fossile directeur » de la recherche de tombes tardives – elle est absente de Méroé–, mais ses caractéristiques empêchaient qu'un tel indicateur fût instrumental pour plusieurs raisons : les dimensions d'une bouteille sont difficiles à apprécier à l'œil sur les tessons laissés par les pillards, et il est tout aussi difficile statistiquement de trouver parmi les tessons la moulure de la lèvre que toutes ces grandes bouteilles arborent.

La bouteille n'a donc pas été aussitôt repérée comme moyenne ou grande dans la fouille des tumulus 4 et VI ; elle n'a contribué à la datation préliminaire qu'en conjonction avec l'autre « fossile directeur » trouvé parmi les tessons résultant du pillage, glanés sur les pentes des deux superstructures. Les bouteilles de HBG 4 (nᵒˢ 32, 37, A et B) reproduisent totalement le sous-type kadadien tardif avec des hauteurs respectives de 42,6 cm, 43,8 cm, 44,8 cm et 46,2 cm. Les bouteilles de HBG VI se ventilent en trois sous-types : les nᵒˢ 1-4 correspondent à la fabrication méroéenne connue, par la taille (34,1 à 34,5 cm) comme par l'absence de moulure sur la lèvre, et sont donc dites « normales » ; la nᵒ 5 est dite « grande » tant en raison de sa hauteur (43,9 cm) que de sa moulure ; les nᵒˢ 7-9 et 146, à lèvre moulurée et de hauteur atteignant 49 cm, 50,2 cm, 50,2 cm et 52,6 cm, sont dites « très grandes » bouteilles.

La collection finale des grandes ou très grandes bouteilles n'est évidemment pas assez abondante pour autoriser la moindre conclusion définitive, s'agissant surtout d'un matériel encore si peu précisément daté. Quelques suggestions utiles concernant divers domaines seront néanmoins proposées à l'intention de fouilles futures.

Centre de production

La grande et la très grande bouteille étaient-elles produites à Méroé ? L'éventail de la collection pyramidale en fait douter. Seuls les cimetières 400 et 500 de Garstang, contemporains des tombes kadadiennes à double assemblage, pourraient le vérifier rapidement. Si Méroé avait cessé sa production de céramique tournée – ce qui paraît bien douteux quand on juge de la persistance des caractéristiques techniques de la forme « bouteille »–, la fabrication serait à attribuer à une autre ville régionale proche qui n'aurait pas connu les vicissitudes économiques de la capitale. Que Méroé ait mis fin ou non à cette industrie, il est vain de supposer que la production de poterie ne put demeurer manufacturière et urbaine dans la région.

Évolution et disparition du type

Que la production méroéenne de « bouteilles » ait été délocalisée ou non, la fin de la fabrication peut s'expliquer par des raisons autres que politiques (contrôle de la production) ou militaires (sac de la capitale). On ne peut, sans gloser abusivement, demander à une étude céramique d'interpréter des événements historiques majeurs.

Qu'une fabrication délocalisée ait supplanté, remplacé ou simplement concurrencé la production méroéenne, l'évolution du type « bouteille » se heurta à un problème technique qui peut expliquer sa disparition et la substitution progressive d'un autre objet céramique. En effet, l'accroissement des dimensions de la bouteille finit par atteindre ses limites en raison de la composition de sa pâte, faite principalement de limons du Nil mélangés aux *tafl* des djebels[385] et fort fragilisée dans sa texture par le dégraissant végétal. De la bouteille à la très grande bouteille, le volume est passé de quelques litres à plus de trente. Il est clair qu'en abandonnant le

---

385. P. De Paepe, I. Brijsse, *ANM* 2, 1987, p. 149-164.

tournage au profit du tamponnage, on a considérablement amélioré la densité de la pâte, la texture du matériau, sa tenue au feu et sa résistance aux chocs. La bouteille laissa donc avantageusement la place à la bonbonne, dont la pâte orientée et feuilletée permit à l'évolution de se poursuivre : pour des parois d'épaisseurs comparables, la bonbonne fournira aisément des conteneurs de 40 à 50 l, et bien au-delà pour certains exemplaires exceptionnels, irréalisables par tournage du matériau local le plus accessible.

Usage funéraire

On ne peut oublier que la destination connue de ces objets est funéraire et que l'usage profane reste encore incertain. Si le type « bouteille » s'agrandit réellement selon la chronologie[386], c'est que son usage funéraire avait changé. On ne peut guère décrire ce changement comme celui d'une norme liturgique, faute de documentation – les tombes à prise documentaire fiable et utile restant peu nombreuses dans la région jusqu'à republication de la nécropole Garstang. On peut néanmoins assurer que les clercs desserrèrent leur contrôle sur la production dans la capitale. Après deux à trois siècles de stabilité, le canon céramique évolua rapidement. On peut expliquer cette évolution par nombre de raisons, mais il serait prématuré de les exposer, voire de les hiérarchiser, en l'état de la documentation.

Pour conclure sur l'évolution de la bouteille, il faut peut-être mettre en doute le postulat de la disparition du tour céramique en région de Méroé. Une datation incite à la prudence[387]. Des fouilles spécifiques semblent indispensables pour confirmer ou infirmer une conclusion trop vite acquise, non démontrée et pourtant utilisée dans tant de raisonnements concernant la « fin de la culture méroïtique » ou la « chute de Méroé-ville ».

La bonbonne de type Kdd *33/1/00*

Le terme « bonbonne » est préféré à celui de *beer-jar* pour ne pas induire une interprétation fonctionnelle. On peut définir le type comme suit : façonnage sans le tour en deux parties rapportées ; panse sphérique à parois régulières, nattée à l'extérieur et lissée à l'intérieur ; col en bobine, lissé, engobé de rouge et bruni ; « décor » peint avec la solution épaisse de l'engobe, généralement de bandes horizontales ou de zigzags.

Le prototype reconnu à el-Kadada est Kdd 33/1/00, issu d'une tombe reculée dans la transition[388]. Cette bonbonne restreint typologiquement le trop large spectre de la *beer-jar*, traditionnellement mentionnée pour désigner le « Postméroïtique méridional » et pourtant trop peu qualifiable dans son manque de spécificité et dans ses multiples variantes locales aussi bien que régionales. Elle poursuit, sous des volumes très changeants, une forme méroïtique attestée, parfois décorée d'un zigzag (Kdd 22/103/16 et Hdn 70/9-10/20), produit d'ateliers méroéens qui refusent l'emploi du tour, mais elle s'en distingue par son mode de fabrication. Elle se distribue très largement, de l'amont de la 6e (Sorurab-Bauda et Kabbashi) à l'aval de la 4e cataracte (Tanqasi), gisements extrêmes où elle devient rare. Elle est représentée en divers sites intermédiaires : esh-Shaqalu[389] et Méroé[390], pour ne mentionner que les exemplaires étudiés.

---

386. La petite collection kadadienne et hobagienne le laisse seulement supposer, jusqu'à étude d'une collection statistiquement valide.
387. Djebel Makbor 4 : P. Lenoble, *Anm* 2, 1987, p. 207-250.
388. Voir Fr. Geus, *Rapport annuel d'activité pour 1978-1979*, p. 12-13, 32-33 ; *id.*, *Rescuing Sudan Ancient Cultures*, p. 36-37 pour sa tombe d'origine ; voir pour sa description Fr. Geus, P. Lenoble *in* Fr. Geus, Fl. Thill (éd.), *Mél. J. Vercoutter*, p. 76, 79 ; enfin, pour sa qualification chimique et morphoscopique, voir P. De Paepe, I. Brijsse, *Anm* 2, 1987, p. 149-164.
389. Tombe 1, Snm 1942 : J. W. Crowfoot, *Jea* 13, 1927, pl. 2 et 32 ; Fr. Geus, W. F. Hinkel, P. Lenoble *in* M. Krause (éd.), *Nubische Studien*, p. 82, 88.
390. J. Garstang, *Excavations at Meroe*, p. 37, 39, pl. xli, 1, xliii, 6, type A 4, provenant de la tombe 15 reconstituée par Hinkel, manuscrit Ams Ne-36-O/3-J-4.15.

Ses fragments s'identifient aisément : angles du zigzag ou étroitesse des bandes peintes ; épaisseur, couleur rouge brique et brunissage sévère des parties engobées contrastant avec l'impression de la panse. Elle s'apparente par là à des types variants réalisés comme elle en séries, particulièrement des bonbonnes décorées de bandes horizontales (KDD 107/6/A, KDD 119/4/A). Elle se simplifie encore en bonbonne uniquement engobée sur le col (esh-Sheiteb 4/A) ou totalement engobée.

Dans sa généralité, le type se signale constamment par une fabrication en plusieurs parties. La(les) pièce(s) modelée(s) séparément est(sont) rapportée(s) à la panse. Par opposition à d'autres types ou à ses imitations locales, cette bonbonne présente avec constance un galbe sphéroïde ou, le plus souvent, franchement sphérique, une paroi d'une remarquable égalité d'épaisseur et un rapport épaisseur/volume total étonnant, surtout quand on le compare à celui, fort grossier, des jarres et des bouteilles tournées du Méroïtique récent. Fonctionnellement, la fabrication signale un grand progrès technique depuis les conteneurs collectifs tournés méroïtiques, de grand poids pour peu de volume. On est loin d'une régression céramique !

On peut donc lire un travail spécialisé en atelier, ventilant sans doute la fabrication entre plusieurs artisans. On observe sûrement la production experte de panses servant à divers modèles fonctionnels ultérieurs. À ces panses s'adaptaient différents appendices, un col le plus souvent, deux cols parfois (KDD 01/41-42/1) ou un bec verseur[391]. Le raccord entre les pièces est porteur, sur les plus grands récipients, de dispositifs variés : cordons ininterrompus, mamelons verticaux[392], mamelons horizontaux (esh-Sheiteb 4/A), etc., qui assurent l'appareillage extérieur en corde, cuir ou vannerie, facilitant la préhension et le transport de masses pouvant atteindre une contenance de plus de 40 l. Preuve encore d'un progrès depuis les plus grands conteneurs méroïtiques tournés, toujours allongés et nécessitant d'encombrants supports pour un volume restreint.

Le décor est lui-même rationalisé. Le col est toujours enduit d'un engobe de pâte affinée, de couleur rouge brique, en un film épais qui recevra un brunissage, le plus souvent dans un sens vertical préférentiel. Le même engobe sert à la peinture du zigzag et des bandes horizontales, également brunis. Cet enduit contraste avec la panse réservée, qui presque toujours porte l'empreinte d'une vannerie. Cette empreinte est celle de bandes tressées, parfois régularisée par une roulette en élément de natte cylindrique.

On peut juger que le décor dissimule, dans un but esthétique, le raccord entre les parties qui forment le produit final. Il faudrait alors s'étonner de l'absence totale de fantaisie, du très petit nombre de variantes décoratives, de la grossièreté de l'application de l'engobe, tous critères caractérisant déjà la production utilitaire massive de la poterie tournée méroéenne. Plus probablement, ce décor annonce symboliquement un contenu et une destination. Le zigzag ne manque pas de répondants signifiants au Méroïtique récent dans les petites bouteilles noires à libation. Il est plus que curieux que ce zigzag se retrouve également à l'intérieur de la lèvre ou à l'extérieur de la panse de centaines de coupes et de bassins à libation enterrés dans les tombes à la même époque.

Toute cette description typologique trouve peu de répondants dans les fabrications connues de Méroé, par opposition à d'autres familles de l'*Alwa ware*. Cette bonbonne, absente des pyramides, présente mais rare sous les tumulus Garstang, n'est pas encore apparue dans la ville[393], bien qu'elle ait été observée en surface[394] et qu'on l'attende dans la publication de la céramique « postméroïtique »[395]. Sans certitude absolue, elle était produite ailleurs que dans la capitale.

Cette longue description, qui a présidé à la sélection du « fossile directeur » de la prospection orientée vers la recherche des tombes du IVe s. apr. J.-C. sur plus de 300 km de rives, mérite réexamen, précision et correction grâce à la fouille de trois tombes qui l'ont produit en abondance à el-Hobagi.

---

391. J. W. Crowfoot, *JEA* 13, 1927, pl. XXXII, 1.
392. Esh-Shaqalu tombe 1, SNM 1942.
393. P. L. Shinnie, R. J. Bradley, *Capital of Kush* I, p. 155-158.
394. P. Lenoble in Ch. Bonnet (éd.), *Études nubiennes*, p. 92.
395. R. J. Bradley in Fr. Hintze (éd.), *Meroitistische Forschungen 1980*, p. 211.

Le tableau ci-dessous compare 65 exemplaires totalement restitués. Toutes les bonbonnes du tumulus 4 d'el-Hobagi y sont incluses, qui appartiennent exclusivement au type. Il en est de même des récipients du tumulus III ; seuls les r.ᵒˢ 21-23, très fragmentaires, ne sont pas mentionnés dans le tableau en raison de la maigre information qu'ils apportent. Le tumulus VI enfin compte un grand nombre de bonbonnes du type, mêlées à des formes d'autres types et à des bouteilles tournées : n'ont été citées que les bonbonnes totalement restaurées ; les autres exemplaires décrits à la fouille, mais écrasés, ont été provisoirement oubliés.

Bonbonne	Hauteur (cm)	Diamètre (cm)	Volume (l)	Décor peint					
				Bandes étroites	Zigzag et assimilés	Engobe total	Motif	Larges bandes	Sans
HBG 4									
HBG 4/1/33	35,2	29,4 × 28,6		1	*				
HBG 4/1/C	48,4	42,3 × ?							*
HBG 4/1/D	42,9	39 × 38							*
HBG 4/1/E	52,2	45 × ?							*
HBG 4/1/F		44,8 × ?							*
HBG III – Descente									
HBG III/1/1	52,8	42,6 × 42,5	35	3					
HBG III/1/2	50,8	43,2 × 43	34	2					
HBG III/1/3	54,6	44,8 × ?	39				4		
HBG III/1/4	58,6	42,8 × 41,8	32			*			
HBG III/1/5	53,3	43,7 × 43,3	35				5		
HBG III/1/6	40,4	32,6 × 32,3	15						*
HBG III/1/7	52,2	43,1 × ?	37	2					
HBG III/1/8	55,6	47,6 × 47	45						*
HBG III/1/9	56,2	48,6 × 47,6	44	2			*		
HBG III/1/10	53,6	46,1 × 45,9	41				11		
HBG III/1/11	45	37,6 × 37,4	22	1					
HBG III/1/16	38,5	32,6 × 32,2	13	1					
HBG III/1/17	51	41,3 × 41	35						*
HBG III/1/24	53,6	44,8 × ?	39	2					
HBG III/1/25	54,1	46,6 × 46,3	40	2	*				
HBG III/1/26	52,8	43,4 × 42,6	34					5	
HBG III/1/27	48,7	41,2 × 40,9	29	2					

Bonbonne	Hauteur (cm)	Diamètre (cm)	Volume (l)	Décor peint					
HBG III/1/28	49,6	42,5 × 42,3	34	2					
HBG III/1/29	51,9	44,8 × 44,8	38	2					
HBG III/1/G	55,3								
HBG III/1/H	48,5+	44,1 × 43,8	35	2					
HBG III/1/J	46,7+	41,6 × ?	32	2					
HBG III/1/P	55	47,2 × ?	43	2					
HBG III/1/30	52,3	42,8 × 42,4	37					*	
HBG III/1/31	49,6	39,7 × 39,3	27	2					
HBG III – Puits									
HBG III/1/32	50	42,5 × 42,3	31	1					
HBG III/1/34	43,2	36,2 × 36	21	1					
HBG III/1/35	52,1	43 × 42,6	36				5		
HBG III/1/36	56	46,5 × 46,2	42	2					
HBG III/1/39	50,2	43,1 × 41,8	35	2					
HBG III/1/40	45,8	38,2 × 38	26						*
HBG III/1/42	52,9	45,8 × 45,7	43	1					
HBG III/1/43	57,6	47,3 × 46,8	47	2	*				
HBG III/1/44	57,6	47,5 × 47,4	50			*			
HBG III/1/45	55,8	46,5 × 46,3	46	4					
HBG III/1/47	56,1	48,1 × 48	52					*	
HBG III/1/49	52,4	46,6 × 45,1	39	2					
HBG III/1/52	57,2	51,7 × 51,3	54	2	*				
HBG III/1/53	54	46,5 × 46,5	41						*
HBG III/1/55	48	38,8 × 37,8	25						*
HBG III/1/58	51,9	43,4 × 43	37	3					
HBG III – Cavité									
HBG III/1/84	54,5	48 × ?	46	2	*				
HBG III/1/104	33,8	26,7 × ?	8			*			
HBG III/1/127b	56,5	48,8 × 47,8	45	2	*				
HBG III/1/128	52,1	43,5 × 43,4	35	3					
HBG III/1/A	54,4	45,2 × ?	40	2					
HBG III/1/B	54,9	45,4 × 45,2	40	2			*		
HBG III/1/C	39	31,2 × ?	13	1			*		
HBG III/1/D	54,9	46,1 × 45,1	39	2					

Bonbonne	Hauteur (cm)	Diamètre (cm)	Volume (l)	Décor peint				
HBG III/1/E	57,2	47,8 × 47,8	47	2	*			
HBG III/1/F	56,7	47,6 × 47,2	45	2	*			
HBG III/1/K	57,	49,2 × 48,8	47	2	*			
HBG III/1/L	50,1	43,3 × ?	32	1				
HBG III/1/M	43,2+	47,8 × 47,3	47			4		
HBG VI								
HBG VI/1/6	40,4	35,8 × ?						*
HBG VI/1/119	49,9	43,8 × ?		1				
HBG VI/1/127	51,2	45,6 × ?	39				*	
HBG VI/1/138	47,7	44,1 × ?	33	1			*	
HBG VI/1/140	46,	42,7 × ?	30					*
HBG VI/1/165	48,7	45,2 × ?	37					*

La hauteur varie entre 33 et 57 cm, avec une prédominance pour les hauteurs comprises entre 48 et 57 cm (plus des deux tiers des objets). Le diamètre varie de 26 à 51 cm, avec une prédominance pour les diamètres compris entre 41 et 48 cm (plus des trois quarts des objets). Le volume oscille de 8 à 52 l, la majorité des bonbonnes ayant une contenance comprise entre 32 et 47 l (plus des deux tiers des objets).

La variance de ces dimensions semble relativement forte. Si l'on écarte les bonbonnes de petit volume, qui peuvent à l'occasion avoir servi de situles (HBG III/1/104), on découvre que cette variance est de même importance que celle des bouteilles tournées. La production de céramiques tournées n'use pas davantage du gabarit que celle de céramiques non tournées. Faites à la main ou au tour, les productions sont toutes deux manufacturières.

Plus encore, on note la faible déformation entre les mesures de deux diamètres orthogonaux : elle varie, sur tous les exemplaires mesurables, de 0 à 1 cm, avec deux exceptions seulement. On peut donc suggérer, jusqu'à découverte d'un atelier céramique et de fours « postméroïtiques », l'emploi conjugué de deux instruments. Le tampon est le plus assuré, qui permet de battre et feuilleter la pâte en écrasant le dégraissant végétal abondant. Ce tampon, selon les traces laissées à l'intérieur des panses sphériques sur des surfaces insuffisamment lissées, était végétal ; on ne le retrouvera sans doute pas dans les habitats produisant l'*Alwa ware*, contrairement à d'autres instruments en pierre observés en d'autres régions sahéliennes du Fer moyen[396]. L'autre instrument serait un moule en calotte hémisphérique qui aurait aidé à former le vase avant le raccord des appendices. On peut imaginer ce moule non comme un instrument indépendant, mais comme une simple cavité dans un sol induré, peut-être garnie d'une natte pour empêcher l'adhérence de la paroi externe du vase en formation. À vrai dire, le moule n'était peut-être pas indispensable, et dans ce cas, on ne peut que mieux admirer la dextérité du potier « postméroïtique » au vu de l'étonnante sphéricité des panses après séchage et cuisson, ce que le tour ne permet pas d'obtenir.

---

396. F. Treinen-Claustre, *Sahara et Sahel à l'âge du fer*.

Un autre argument est la régularité des parois, que n'égale jamais celle d'une bouteille ou d'une jarre, dont l'intérieur est toujours rendu irrégulier par les stries de tournage. La minceur de ces parois étonne parfois (Hbg III/1/4 : 6 mm constants pour un volume de 32 l), allégeant d'autant le récipient pour une contenance supérieure à celle des bouteilles et des jarres tournées. Il est clair que l'abandon du tour ne désigne en rien une régression : sur la bonbonne de ce type au moins, il marque un progrès technique incontestable.

La manufacture industrielle se découvre à partir de nombreux détails de production. La pâte présente toujours les mêmes caractéristiques. Le principe même de fabriquer à part panses et cols peut souligner des spécialisations dans un même atelier. La panse est toujours « nattée », et ce nattage peut résulter d'un roulettage, comme le souligne l'accident connu par l'objet Hbg 4/C. Le col est toujours engobé et bruni. Quand il n'est pas absent (13 cas dans l'échantillonnage reçu), le décor est toujours limité, fait le plus souvent de bandes étroites[397], généralement par deux. On compte neuf cas de zigzags soit simples, soit entrecroisés, soit superposés. Les motifs n'apparaissent que dans treize cas. Tous ces décors ont été réalisés uniquement avec la solution de l'engobe, et rapidement. On doit comparer avec la fabrication des jarres et bouteilles méroéennes, non décorées à 90 ou 95 %. La « régression » consiste évidemment en une rationalisation manufacturière, qui supprime toute fantaisie et limite le temps de production de chaque objet.

Enfin, on doit noter bien des détails communs aux deux productions industrielles, que l'on ne pourrait désigner comme des survivances que si l'on acquérait la certitude qu'el-Hobagi est postérieur à la dernière pyramide de Méroé. Tous les produits sont engobés : bouteilles et jarres le sont au tour et demandent donc une solution suffisamment aqueuse ; les bonbonnes le sont sans le tour, raison de l'épaississement de la solution. La technique reste la même. Le brunissage se substitue au lissage, pour la même raison. Tous les produits sont cuits en atmosphère oxydante. Tous le sont à une température et dans une ventilation insuffisantes à cuire parfaitement la pâte dans son épaisseur ; la fracture est toujours noire, sauf quand l'épaisseur se réduit. Le type de cuisson ne varie pas, et les fours restent identiques. Un dernier caractère commun peut se relever. Le marquage funéraire, qui n'affecte presque que les jarres à Méroé, ne disparaît pas tout à fait dans la rationalisation : Hbg vi/1/165 exhibe deux marques grattées, et quelques autres marques grattées après ou imprimées avant cuisson sont connues sur d'autres bonbonnes[398].

Conclusion

La production de certaines *hand-made wares*, expression trompeuse, peut être manufacturière. La bonbonne de type Kdd 33/1/100 révèle qu'une industrie céramique régionale pratiquait une organisation collective de la production, différant de la domestique ou villageoise.

On peut objecter que les récipients-témoins les plus démonstratifs, recueillis dans trois tombes seulement et sur un site unique, caractériseraient davantage un atelier local, attaché à une autorité régionale, qu'une industrie urbaine. Faute de fouilles de villes dans la région centrale de l'Empire méroïtique, il faut se contenter de constater que la distribution de la bonbonne type couvre une aire de diffusion et d'échange comparable à celle des jarres et bouteilles méroéennes[399]. L'atelier local, encore non situé dans la région, est une manufacture autant que celles de Méroé-ville.

Le futur proche, avec des publications détaillées, pourra permettre de renouveler le même raisonnement à propos d'autres séries céramiques. La coupe 23-2-255 de Beg. W. 431[400] – fond rond, lèvre évasée et décor interne au peigne sur pâte molle (frise de triangles ou zigzag), brunie – a déjà livré régionalement des dizaines, voire des centaines d'exemplaires, généralement non publiés. Sa fréquence au sud de la 6e cataracte, à Saggai

---

397. Quarante cas sur soixante-cinq.
398. Voir par exemple 23-3-511a dans D. Dunham, *RCK* V, p. 334.
399. Voir les homologues de Hbg iii/1/35 et de Kdd 33/1/100 à Sorurab-Bauda : Ahmed M. Ali Al-Hakem, *Tumulus at Sorurab*.
400. D. Dunham, *RCK* V, p. 341.

et Kabbashi[401], et surtout à Sorurab-Bauda, suggère d'y localiser le centre de sa production, une fois distingué le type manufacturier de ses multiples variantes locales faites à la main. Autre exemple, le vase à profil ovoïde du type 23-2-254a-b de Beg. W. 431, généralement bruni et de couleur grenat, remplace progressivement la forme du gobelet méroéen dans les tombes. Présent dans le cimetière Garstang, il a été trouvé en quantités encore faibles, mais sur une aire de distribution étendue, d'el-Kadada à Berber. Il semble probable que les deux types céramiques confirment le diagnostic établi sur la bonbonne étudiée.

La reconnaissance d'une production céramique ethnique – autrement dit l'attribution de l'*Alwa ware* aux *Noba* – reste à établir. La preuve n'étant pas encore apportée, sinon par des arguments « ethnoarchéologiques » totalement contestables en logique, cette direction de recherche reste à étudier, en affermissant la méthode et surtout en fournissant des résultats pratiques, utiles à l'archéographie de terrain. On peut cependant douter de la pertinence de l'hypothèse, étant donné notre méconnaissance de l'extension des provinces *noba* et notre incapacité à distinguer une production, un territoire et une culture opposés à ceux de Méroé. Après quatre-vingts ans de recherche intensive en Nubie, Nobades et Blemmyes n'ont pas encore livré sûrement une production céramique permettant de distinguer les deux peuples. On peut craindre de ne jamais pouvoir identifier les peuples *noba* par une céramique spécifique ni, *a fortiori*, de les distinguer, quand l'organisation collective de la production a presque supprimé toute tradition céramique antérieure.

Le remplacement progressif de la céramique tournée par des fabrications non tournées, encore à préciser dans la région de Méroé, doit s'interpréter plus par une rationalisation manufacturière, attestée par de nombreux critères, que par une régression qui serait démentie tant par la quantité que par la qualité des produits. Cette rationalisation est la deuxième que nous connaissions dans la région, après l'invention progressive des quatre types utilitaires de la tombe du Méroïtique récent.

Cette rationalisation en région de Méroé correspondrait chronologiquement à celle que l'on constate en Nubie, avec remplacement progressif de la céramique dite « méroïtique » par la céramique dite « ballanéenne »[402]. Les deux événements céramologiques provinciaux traduisent un problème quantitatif de production et une réorganisation économique. Au Nord, la solution a consisté à diffuser les techniques de l'Égypte. Au Sud, la solution trouvée réinsère la province centrale de l'Empire dans le Fer moyen sahélien. La question que pose l'*Alwa ware* doit donc être réécrite : l'abandon progressif du tour signifie-t-il une coupure entre la région de Méroé et la Nubie ? Là se trouve sans doute la corrélation avec des événements politiques à étudier et à expliquer.

La délocalisation de la production méroéenne restera une hypothèse tant qu'el-Hobagi ne sera pas chronologiquement situé, et avec exactitude, par rapport à la dernière pyramide du cimetière nord de Méroé. L'appellation dissimule l'imprécision chronologique relative. Le futur proche dira, par de nouvelles fouilles, si la production céramique délocalisée concurrençait la méroéenne ou l'a supplantée. La fin de Méroé-ville n'est pas à rejeter prématurément sans étude complémentaire, et on attend impatiemment la publication de céramiques « postméroïtiques » de l'habitat. Mais quand bien même la capitale aurait-elle sombré dans une suite événementielle politique ou militaire, supposée plutôt que connue, l'organisation collective de la production céramique, attestée par nombre de témoignages, n'aurait pas pour autant forcément péri dans un cataclysme culturel inimaginable : les autres villes régionales, il faut le rappeler, restent à fouiller, et même, pour certaines, à découvrir.

401. I. Caneva *in* Ch. Bonnet (ed.), *Études nubiennes*, p. 177-179 ; J. Leclant, G. Clerc, *Orientalia* 58, fig. 77.
402. W. Y. Adams, *Ceramic Industries of Medieval Nubia*, vol. 1 ; P. Rose, *Qasr Ibrim*.

ANNEXE 1

ÉTUDE ANTHROPOLOGIQUE DES DEUX SQUELETTES HUMAINS HBG/VI/1 ET HBG/VI/2

Christian Simon

Département d'Anthropologie et d'Écologie, université de Genève

Dans la mesure où nous ne disposons que de très peu de renseignements concernant la morphologie des populations au Soudan central, toute donnée nouvelle est la bienvenue. À ce titre, les deux squelettes mis à notre disposition par la Section française de la Direction des antiquités du Soudan sont importants d'un point de vue anthropologique.

Le sujet principal HBG VI/1

Le très mauvais état de conservation du squelette est en partie dû au pillage de la tombe. Le crâne est représenté seulement par une partie du frontal et du pariétal gauche, la mandibule par la partie droite du corps. Nous n'avons à disposition que peu d'os longs entiers, et surtout des fragments de diaphyses.

Sexe et âge. Le sexe est assez difficile à déterminer, car les pièces discriminantes manquent. La mandibule est assez robuste, mais le frontal montre une glabelle peu développée. Le squelette postcrânien est robuste avec des insertions musculaires fortes. L'os iliaque, très fragmentaire, présente des traits sexuels peu caractéristiques. Il s'agit probablement d'un homme, bien que les caractères sexuels secondaires ne soient pas très marqués. L'âge n'a pu être estimé que sur l'usure dentaire qui donne environ 20-25 ans.

Crâne. Les informations sont très réduites, compte tenu de l'état fragmentaire du crâne. On note une glabelle peu développée et une assez forte épaisseur de l'os.

Mandibule. La partie présente (corps côté droit) est robuste, avec un léger torus mandibulaire au niveau M2-M3. Les dents présentes sont : canine, première et seconde prémolaires, première et troisième molaires. La dimension des dents est grande.

Squelette postcrânien. Les éléments du membre supérieur montrent un bras peu robuste, tandis que le membre inférieur l'est beaucoup plus, avec des os forts à insertions musculaires marquées. La taille évaluée sur la base de quelques os longs indique une stature moyenne à grande (1,65 m à 1,72 m).

Le sujet secondaire HBG VI/2

La conservation des os est assez bonne bien que quelques épiphyses d'os longs soient érodées.

Sexe et âge. Squelette féminin d'indice de sexualisation de -0,58. Le sexe féminin est confirmé par la présence de *sulcus* préauriculaire, marques de parturitions sur les deux ailes iliaques. L'âge peut être estimé à 34 ans (plus ou moins 5 ans). Les sutures crâniennes sont ouvertes, mais la symphyse pubienne est au stade II de Nemeskéri, comme le stade d'évolution des cavités médullaires du fémur et de l'humérus. L'abrasion dentaire n'est pas très importante.

Crâne.
A. *Norma facialis* : la face est très large (hypereuryène), les orbites sont basses (chamaeconques), les os malaires sont grêles. L'ouverture nasale est très large (hyperchamerhinien), et son bord inférieur est marqué d'un sillon prénasal. Les os nasaux sont très larges, et on note la présence de fosses canines bien marquées.
B. *Norma lateralis* : le front est haut avec des bosses bien marquées. La glabelle est très effacée, et les arcades sourcilières sont peu apparentes. Le prognathisme, alvéolaire et total, est très important. La courbe crânienne est moyennement élevée, et l'occipital très arrondi avec un léger chignon. Les apophyses mastoïdes sont petites et les crêtes sus-mastoïdiennes très développées.
C. *Norma verticalis* : le crâne est long et étroit (hyperdolichocrâne), sa forme est rhomboïde avec des bosses pariétales marquées.
D. *Norma occipitalis* : crâne légèrement scaphocrâne. On note la présence d'un os interpariétal très grand.

Mandibule. Elle est moyennement robuste avec des insertions musculaires faibles. Le menton est peu développé et arrondi, l'arcade dentaire de faible dimension. La branche montante est plutôt large avec une échancrure sigmoïde peu profonde. Le prognathisme alvéolaire est marqué.

Dentition. Elle est complète hormis l'absence des deux incisives centrales de la mandibule (ablation dentaire). Les dents sont petites et peu usées. Les alvéoles dentaires des deux incisives centrales ont complètement disparu, remplacées par une cicatrice régulière, attestant que ces dents ont été extraites pendant l'adolescence de l'individu. Nous sommes donc ici en présence d'une mutilation dentaire. Nous avons observé quelques cas de cette pratique à Kerma, où l'ablation avait été effectuée soit sur les incisives supérieures, soit sur les incisives inférieures, avec une majorité pour ces dernières.

Pour les populations préhistoriques, le fait est attesté en Afrique du Nord, à l'Épipaléolithique et au Néolithique. Nous savons en revanche peu de choses sur cette pratique au sud du Sahara : une dizaine de sites ont montré des mutilations dentaires, et l'on remarque que le nombre de cas augmente du nord au sud de la vallée du Nil. À Kerma nous avons entre 6 et 7 % de cas, alors que plus au sud la fréquence augmente jusqu'à 11 % au Djebel Moya, au sud de Khartoum, et à 24 % à Kohaito en Éthiopie.

La coutume d'extraire les incisives est pratiquée encore actuellement par de nombreux peuples africains. Dans ces populations, cette opération est effectuée à l'âge de 10-12 ans ; il en résulte le plus souvent une atrophie correspondante de la mâchoire. La répartition géographique des mutilations dentaires peut être résumée comme suit :
1) Dans les zones de savanes, de part et d'autre de la forêt tropicale, ablation des incisives inférieures. De nombreuses populations nilotiques – du Haut-Nil au lac Victoria – sont concernées, tels les Dinka ou les Chillouk, mais également les Bicharin du Nil moyen.
2) Dans l'Ouest, c'est-à-dire dans la forêt équatoriale, on pratique l'ablation des incisives supérieures. Seule la région saharienne semble aujourd'hui ignorer une telle coutume.

On peut noter que cette pratique, tant pour les populations anciennes qu'actuelles, est surtout le fait d'ethnies négroïdes.

Squelette postcrânien. L'ossature est peu robuste, avec des insertions musculaires faibles. La stature est grande (entre 1,65 m et 1,73 m). Le calcul de la proportion des membres n'est pas possible, car les épiphyses sont détruites, cependant on remarque visuellement un avant-bras relativement long par rapport au bras.

La banque de données du département d'Anthropologie de l'université de Genève fournit les mensurations crâniennes d'une centaine de sujets méroïtiques de Haute-Nubie (Missiminia[1]) comme de Basse-Nubie[2], et de sujets africains subrécents du Kenya[3] et d'Éthiopie[4]. Huit variables ont été retenues – quatre sur le crâne (M_1, M_8, M_9, M_{17}) et quatre sur la face (M_{45}, M_{48}, M_{54}, M_{55}) – qui permettent une analyse en composantes principales. On observe le poids important des deux premiers axes qui représentent 50 % de la variabilité totale.

Nous pouvons représenter chaque sujet et chaque population en fonction des valeurs des composantes principales par rapport aux deux axes les plus importants. Le calcul des ellipses de probabilité des quatre populations permet alors d'apprécier la position de chaque sujet et de chaque population en fonction de l'importance des mensurations. Pour l'axe 1, ce sont la longueur et la hauteur du crâne, la largeur du front et la hauteur du nez qui sont importantes, alors que pour l'axe 2, ce sont surtout les dimensions nasales et faciales qui dominent.

Le tableau ci-dessous montre la position des sujets et des populations par les ellipses de probabilités. Nous avons à gauche les crânes courts, peu hauts et à hauteur nasale faible, alors qu'à droite les crânes sont plus longs et plus hauts, à hauteur nasale plus importante. En haut, ceux à face et nez longs, en bas ceux à face et nez larges.

Nous voyons que les ellipses se superposent partiellement. Les ellipses des Méroïtes sont assez semblables et se superposent en partie à celles des Éthiopiens. Les Kenyans, en revanche, diffèrent, avec de nombreux crânes à faces et nez larges. Le sujet d'el-Hobagi s'associe à ce groupe, mais en position marginale, avec un nez et une face très large.

L'étude de ce crâne indique une morphologie fortement négroïde, mais n'apporte que des résultats limités sur la population méroïtique de la région.

Mensurations	Axe 1	Axe 2
1. Diamètre antéro-post.	0,46	0,00
8. Diamètre transverse	0,04	0,01
9. Diamètre frontal min.	0,36	0,03
17. Hauteur crânienne	0,40	0,04
45. Largeur bizygomatique	0,26	0,32
8. Hauteur faciale sup.	0,30	0,39
54. Largeur nasale	0,18	0,35
55. Hauteur nasale	0,36	0,44
Poids	29,6	19,7

1. G. BILLY, « Études anthropologiques » *in* A. Vila, *La Nécropole de Missiminia*, vol. 5-6, p. 7-120.
2. A. M. EL-BATRAWI, *Report on the human Remains*, Mission archéologique de Nubie (1929-1934), Le Caire, 1935.
3. E. KITSON, « A Study of the Negro Skull with special Reference to the Crania from Kenia Colony », *Biometrika* 23, 1931, p. 271-314.
4. S. SERGI, *Crania habessinica*, Rome, 1912.

Importance relative des facteurs pour les variables.

A. Mensurations crâniennes

El-Hobagi VI/2		
M1	Diamètre antéro-post.	178
M8	Diamètre transverse	124
M9	Diamètre frontal min.	84
M17	Hauteur basio-bregm.	126
M45	Largeur bizygomatique	128
M51	Largeur de l'orbite	44
M52	Hauteur de l'orbite	29
M48	Hauteur faciale sup.	54
M54	Largeur nasale	29
M55	Hauteur nasale	36
M65	Diamètre bicondylien	116
M66	Diamètre bigoniaque	94
M72	Angle prog. tot.	62°
M73	Angle prog. nasal	88°
M74	Angle prog. alv.	52°
M8/M1	Indice crânien	69,66
M17/M1	Indice vert. de long.	70,79
M17/M8	Indice vert. de larg.	101,61
M48/M45	Indice facial sup.	42,19
M54/M55	Indice nasal	80,56
M52/M51	Indice orbitaire	65,91

B. Mensurations postcrâniennes

Sujets		VI/1		VI/2	
Os	Type de mesure	g	d	g	d
Humérus					
M1	Long. max.	247	-	-	-
M2	Long. fonct.	-	-	-	330
M5	Diam. max. mil.	-	-	24	24
M6	Diam. min. mil.	-	-	17	20
M7	Périm. min. dia.	62	-	65	66
M7/1	Ind. robust.	-	-	-	19,8
Radius					
M1	Long. max.	247	-	-	-
M2	Long. fonct.	234	-	-	-
M3	Périm. min.	40	-	41	41
M4	DT max. mil.	12	-	16	16

Sujets		VI/1		VI/2	
Os	**Type de mesure**	**g**	**d**	**g**	**d**
M5	DAP dia.	14	-	11	12
M3/M2	Ind. robust.	17,1	-	-	-
Ulna					
M1	Long. max.	-	261	-	-
M2	Long. fonct.	-	232	-	-
M3	Périm. min.	-	33	-	-
M11	DAP max. dia.	-	12	14	14
M12	DT max. dia.	-	14	16	15
M3/M2	Ind. robust.	-	14,2	-	-
Fémur					
M1	Long. max.	438	-	(465)	-
M2	Long. fonct.	436	-	-	-
M6	DAP milieu diaph.	28	-	30	30
M7	DT milieu	22	-	26	25
M8	Périm. milieu	99	-	86	85
M9	DT sous troch.	28	-	23	24
M10	DAP sous troch.	19	-	29	29
M18	Diam. vert. tête	39	-	43	43
M6+M7/M2	Ind. robust.	11,5	-	115,4	120,0
M6/M7	Ind. pilastr.	127,3	-	115,4	120,0
M10/M9	Ind. platym.	67,9	-	67,4	67,4
Tibia					
M1	Long. tot. bd. ext.	-	(396)	396	
M1b	Long. tot. bd. int.	-	(398)	398	
M8	DAP max. milieu	-	-	25	24
M9	DT milieu	-	-	21	19
M8a	DAP trou nourr.	-	-	30	30
M9a	DT trou nourr.	-	-	25	24
M10	Périm. milieu	-	-	74	74
M10a	Périm. tr. nourr.	-	-	88	88
M10b	Périm. min.	-	-	64	64
M10b/1	Ind. robust.	-	-	(16,2)	16,2
M9a/8a	Ind. cnémique	-	-	83,3	80,0
Taille (cm)					
Méthode de Dupetuis-Hadden (B)		172,0	173,0		
Méthode de Dupetuis-Hadden (N)		167,6	171,1		
Méthode de Pearson		165,2	165,1		
Méthode de Manouvrier		166,2	165,4		

ANNEXE 2

NOTE SUR LE TRAITEMENT DE CONSERVATION ET DE RESTAURATION DES COUPES GRAVÉES D'EL-HOBAGI PAR LE CENTRE DE RESTAURATION ET D'ÉTUDES ARCHÉOLOGIQUES MUNICIPAL GABRIEL-CHAPOTAT (Cream)[1]

Deux séries de vases en bronze provenant des tumulus royaux d'el-Hobagi ont été successivement confiées au laboratoire de restauration d'objets archéologiques du Cream de Vienne (France) : en 1994, quatorze pièces dont onze coupes ou bols gravés[2] ; en 1996, dix-sept coupes, dont sept gravées, cinq ornées d'une applique et cinq sans aucun décor[3].

C'est à l'occasion de deux expositions organisées en Europe que ces objets ont pu quitter pour quelque temps le territoire soudanais et subir au préalable le traitement de restauration indispensable pour des pièces si profondément altérées et si peu lisibles. Le travail, qui a dû être réalisé dans des délais limités, s'est révélé particulièrement difficile en raison de la gravité de la corrosion du métal. Il a fallu avoir recours à des méthodes relativement inhabituelles en ce qui concerne les bronzes archéologiques, méthodes que nous souhaitons exposer brièvement ici.

L'état initial de la collection

L'essentiel de la collection consiste en coupes, bols ou bassins obtenus soit par coulée, soit par martelage avant d'être repris au tour. Dix-huit exemplaires sont ornés de gravures : pour certains, une simple frise en bandeau sous la lèvre ; pour d'autres, des décors floraux ou figurés couvrant tout le champ externe de la coupe. Les dégradations subies sont de deux types : d'une part, la corrosion chimique qui a profondément modifié l'aspect et la structure même du matériau métallique ; d'autre part, les accidents mécaniques qui ont affecté la forme générale des objets.

---

1. Texte non daté, signé de P. Chantriaux, M.-H. Kappes, V. Langlet-Marzloff, J.-B. Latour et P. Pliska. Nous ajoutons la liste, élaborée à partir des fiches de restauration, indiquant qui a restauré quoi. On consultera également D. Valbelle, « La restauration des bronzes d'El-Hobagi », *Les dossiers d'archéologie* 196, 1994, p. 58.

2. Hbg iii/1/56 (Snm 26277), 135 (Snm 26291), 148 (Snm 26299), 174 (Snm 26302) ; Hbg vi/1/11 (Snm 26304), 16 (Snm 26307), 19 (Snm 26310), 19a (Snm 26311), 21 (Snm 26313), 28 (Snm 26860), 105 (Snm 26317), 110 (Snm 26319), 113 (Snm 26320), 115 (Snm 26321).

3. Hbg iii/1/37 (Snm 26270), 48 (Snm 26273), 61 (Snm 26281), 63 (Snm 26283), 99 (Snm 26286), 112 (Snm 26290), 140 (Snm 26293), 141 (Snm 26294), 147 (Snm 26298) ; Hbg vi/1/10 (Snm 26303), 12 (Snm 26305), 15 (Snm 26306), 17 (Snm 26308), 18 (Snm 26309), 22 (Snm 26314), 104 (Snm 26316), 108 (Snm 26318).

Corrosion chimique

La surface d'origine était recouverte d'une couche de produits de corrosion granuleuse et dure, de couleur verte (carbonates de cuivre). Si l'œil exercé des archéologues avait pu repérer quelques motifs, l'essentiel des décors gravés demeurait illisible. L'examen attentif des fragments puis les premiers essais de nettoyage ont permis de constater la gravité et l'étendue de la corrosion, avec notamment la présence massive de chlorures qui sont les sels les plus destructeurs des alliages cuivreux. La mince tôle constituant les coupes présentait souvent une structure feuilletée carbonates/oxydes/chlorures de cuivre, le métal sain étant parfois corrodé de part en part.

Dégradations mécaniques

Elles sont d'autant plus nombreuses que la corrosion a rendu le métal fragile et cassant. Si quelques coupes étaient restées presque complètes et intactes, la plupart présentaient des déformations, fissures, cassures et lacunes plus ou moins étendues. Plusieurs pièces étaient totalement écrasées, repliées sur elles-mêmes ou brisées en menus fragments. C'est le cas des deux bassins à décor historié, iconographiquement les plus intéressants, Hbg vi/1/21–Snm 26313 (p. 170-175, fig. 88-89) et Hbg vi/1/105–Snm 26317 (p. 178-180, fig. 91).

Les restes organiques

Sur de nombreuses pièces subsistaient, parfois ponctuellement, parfois sur de larges zones, des restes de tissu ou de vannerie ayant servi à envelopper les coupes. En s'imprégnant de sels métalliques provenant de la corrosion du cuivre, ces restes organiques se sont trouvés partiellement minéralisés, ce qui a permis leur conservation à la surface des objets. Il s'agit là de témoignages archéologiques qui devaient être respectés. Toutefois, ils n'ont pas toujours été entièrement conservés lorsqu'ils couvraient de trop larges surfaces au détriment de la lecture des décors importants.

Documentation et examen préliminaire : l'apport de la radiographie X

La radiographie, qui révèle la structure interne des métaux, a donné de bons résultats sur les objets d'el-Hobagi que leur minceur et leur degré de corrosion ont rendus bien perméables aux rayons X. Les clichés (*X-ray photographs*) montrent le mauvais état de l'alliage, avec ses piqûres et cratères de corrosion, parfois des fissures dans la tôle. Ils ont surtout permis de déchiffrer des décors encore occultés par la corrosion. On peut d'ailleurs remarquer que les gravures se lisent parfois en noir, parfois en blanc sur le film. En noir, cela signifie que la matière étant moins épaisse au niveau de la gravure, elle est davantage perméable aux rayons X. Mais le plus souvent, les gravures se lisent en blanc, ce qui correspond paradoxalement à une surépaisseur ou à un matériau plus dense. Au cours du dégagement, nous avons effectivement pu constater que le sillon des gravures était souvent empli de produits de corrosion compacts et très durs, de couleur rouge grenat (oxydes), bien plus denses que ne l'était devenue la tôle de surface corrodée.

Les radios ont largement guidé la recherche des remontages puis le travail de nettoyage. Dans un cas extrême, Hbg vi/1/105–Smm 26317, c'est la radio, au fur et à mesure d'une très longue recherche des collages, qui a donné le maximum d'informations sur le décor figuré, la gravure n'étant quasiment plus lisible à la surface de l'objet totalement corrodé.

Les objectifs du traitement

Les interventions de conservation et de restauration pratiquées sur les métaux archéologiques sont des opérations complexes, souvent irréversibles, qui doivent répondre à plusieurs objectifs difficiles à concilier dans le cas d'objets très altérés comme ceux d'el-Hobagi.

Dégager la surface d'origine de l'objet en éliminant les produits de corrosion qui la recouvrent

Cette opération, indispensable pour retrouver les contours initiaux, est particulièrement importante dans le cas d'une surface gravée puisqu'elle permet de mettre au jour le décor. Les méthodes chimiques sont d'utilisation dangereuse en cas de corrosion grave : elles ne font pas la différence entre les sels qui recouvrent la surface et ceux qui remplacent le métal au sein du matériau d'origine rongé. On aura davantage recours à des moyens manuels et mécaniques (scalpel, microsablage, micromeulage), à adapter selon la fragilité du métal.

Redonner une forme et une solidité suffisante à l'objet

Cela veut dire recoller les fragments cassés et les consolider par des imprégnations, des entoilages, des comblements, etc. Le restaurateur cherche à limiter ces opérations à ce qui est nécessaire pour la lisibilité et la bonne conservation de l'objet ; il évite les réfections trop poussées qui nuiraient à la vérité archéologique.

Il faut stabiliser, autant que faire se peut, les processus de corrosion. C'est sans doute le point essentiel, en même temps que le moins assuré. Les métaux et les alliages réagissent avec différents éléments présents dans les milieux naturels (oxygène, carbone, soufre, chlore, etc.) pour former des sels métalliques d'aspect et de structure bien différents : ce sont les produits de corrosion. Certains composés peuvent former une couche stable et protectrice à la surface (la patine), d'autres sont au contraire instables et provoquent une attaque du matériau interne pouvant aller jusqu'à sa destruction totale (les chlorures). En milieu stable et clos, les échanges chimiques sont réduits, un équilibre peut s'instaurer, et l'objet se stabiliser (sous la terre par exemple ou dans une vitrine de musée bien contrôlée). Mais chaque changement du milieu provoque une rupture d'équilibre et la reprise des processus de corrosion : fouilles, transports ou simplement variations de la température et de l'humidité dans le lieu de conservation. C'est pourquoi il est indispensable de chercher à stabiliser les mécanismes de la corrosion. Les divers procédés employés pour le bronze se révèlent parfois insuffisants dans le cas d'objets complètement infestés de chlorures, ce qui est le cas pour el-Hobagi et plus généralement pour la plupart des objets issus du Soudan ou de l'Égypte antiques. La seule action efficace consiste alors en un contrôle très strict de l'environnement, l'humidité relative devant en permanence être maintenue à un niveau très bas.

Les principales étapes du traitement et leurs difficultés

Consolidation, entoilage

Les bols les plus minces et les plus fragiles n'ont pas toujours pu être dégagés sur les deux faces. Il a souvent fallu, quitte à l'occulter, renforcer l'intérieur par un entoilage pour permettre le dégagement de l'extérieur sans provoquer de casse supplémentaire. Après un nettoyage sommaire de l'intérieur pour éliminer la terre, l'entoilage a été effectué avec du tissu de verre (inerte) encollé à la résine époxy. Il s'agit d'une résine chimiquement irréversible, mais qui offre un pouvoir adhésif et des qualités optiques permettant l'entoilage le plus discret et le plus efficace. Les recollages de fragments cassés ont été effectués avec le même adhésif.

Dégagement de la surface

Pour les alliages cuivreux, le dégagement au scalpel est la méthode la plus couramment utilisée. C'est celle qui respecte le mieux la surface originelle. En exerçant des pressions ponctuelles tangentiellement, le restaurateur fait sauter progressivement la gangue de corrosion. La surface gravée se dégage parfaitement. Toutefois, dans les zones profondément corrodées des coupes d'el-Hobagi, le matériau interne était très affaibli par la chloruration, alors que les produits de corrosion de la gangue externe étaient bien plus durs, compacts et très adhérents. En cherchant à les faire sauter, le scalpel entraînait fréquemment la surface en provoquant l'ouverture de cavités pulvérulentes plus ou moins étendues. Il a fallu avoir recours à un autre moyen de nettoyage.

Le dégagement a alors été réalisé par arasement de la gangue, au moyen de meulettes en diamant ou caoutchouc montées sur microtour. Le travail s'effectue à vitesse lente, sous loupe binoculaire pour éviter de léser la surface. Dès qu'un cratère de chlorures apparaissait, on procédait à une consolidation ponctuelle par imprégnation de résine ; on pouvait ensuite poursuivre le dégagement sans que toute la zone ne s'effondre. Ce procédé, courant dans le traitement des fers, est rarement utilisé pour les bronzes, car il modifie dans une certaine mesure l'aspect de la surface qui se trouve artificiellement polie ; toutefois, c'était ici la seule manière de traiter les plages les plus chlorurées sans destruction majeure.

Le décor se lisait alors différemment, non pas en creux, mais par le contraste de couleurs entre les gravures emplies d'oxydes rouge grenat et la surface brun sombre. Il s'est en effet révélé impossible d'évider les gravures une fois le meulage effectué : les oxydes étaient beaucoup trop résistants par rapport à la fragilité de la tôle. Les différences d'aspect que l'on peut observer après traitement, parfois sur un même objet, découlent donc de la méthode de nettoyage utilisée. La lisibilité des décors est très variable ; excellente lorsque les gravures sont larges et que la coupe offre une patine de surface brun-noir uniforme, elle devient à peu près impossible pour des pièces très corrodées où coexistent des plages vertes et rouges (oxydes et chlorures plus ou moins pulvérulents).

Stabilisation chimique

Par manque de temps, aucun procédé de dessalement par bains prolongés n'a pu être appliqué aux objets d'el-Hobagi. Ce type de traitement aurait d'ailleurs pu se révéler trop dangereux pour des pièces si gravement atteintes, le matériau présentant souvent une structure feuilletée avec une couche interne de chlorures pulvérulents. Les objets ont été traités au benzotriazole en solution dans l'eau ou dans l'éthanol, parfois pendant plusieurs jours, ou à l'aluminium selon la méthode Rosenberg. Il faut toutefois rester très réservé quant à leur stabilité chimique, les chlorures constituant désormais une proportion trop importante des objets mêmes. Il importe donc, pour bloquer la poursuite des processus de corrosion, d'effectuer un contrôle très strict des conditions de conservation et de maintenir une humidité relative constamment inférieure à 45 %.

Traitement de finition

Il a pour but une amélioration de la stabilité et de l'esthétique des objets. Les fissures et les petites lacunes ont été comblées à la résine polyester ou époxy colorée. Un vernis léger (Paraloïd B 72) a été appliqué sur tous les objets pour les protéger lors des manipulations.

Tableau nominal des interventions

Pascale Chantriaux : HBG III/1/37 (SNM 26270), HBG III/1/56 (SNM 26277), HBG VI/1/10 (SNM 26303), HBG VI/1/11 (SNM 26304), HBG VI/1/16 (SNM 26307), HBG VI/1/104 (SNM 26316), HBG VI/1/105 (SNM 26317).

Marie-Claude Depassiot : HBG III/1/148 (SNM 26299), HBG VI/1/115 (SNM 26321).

Marie-Hélène Kappes : HBG III/1/148 (SNM 26299), HBG III/1/174 (SNM 26302), HBG VI/1/28 (SNM 26860), HBG VI/1/108 (SNM 26318).

Véronique Langlet-Marzloff : HBG III/1/63 (SNM 26283), HBG III/1/99 (SNM 26286), HBG VI/1/17 (SNM 26308), HBG VI/1/18 (SNM 26309), HBG VI/1/19a (SNM 26311), HBG VI/1/110 (SNM 26319), HBG VI/1/113 (SNM 26320), HBG VI/1/115 (SNM 26321).

Jean-Baptiste Latour   HBG III/1/61 (SNM 26281), HBG III/1/140 (SNM 26293), HBG III/1/141 (SNM 26294), HBG VI/1/21 (SNM 26313), HBG VI/1/22 (SNM 26314), HBG VI/1/113 (SNM 26320).

Patrick Pliska : HBG III/1/48 (SNM 26273), HBG III/1/112 (SNM 26290), HBG III/1/135 (SNM 26291), HBG III/1/147 (SNM 26298), HBG VI/1/12 (SNM 26305), HBG VI/1/15 (SNM 26306), HBG VI/1/19 (SNM 26310), HBG VI/1/105 (SNM 26317), HBG VI/1/113 (SNM 26320).

ANNEXE 3

CORRESPONDANCE ENTRE LES NUMÉROS DE FOUILLE (HBG) ET LES NUMÉROS D'ENREGISTREMENT AU MUSÉE NATIONAL DU SOUDAN (SNM)

L'annexe 3 ainsi que l'annexe 4 qui en dérive ont été élaborées grâce aux vingt et une pages de la main de Patrice Lenoble, intitulées *Transfer of archaeological objects* et archivées à la Section française de la Direction des antiquités du Soudan. Y est dressée la liste, selon un classement typologique, de l'ensemble des objets produits par la fouille d'el-Hobagi tels qu'ils ont été enregistrés, essentiellement entre février et avril 1993, pour être remis aux autorités du Musée national du Soudan à Khartoum. Le premier tableau ci-dessous donne le synopsis du contenu de ces vingt et une pages ; les treize tableaux qui suivent fournissent le contenu de ces mêmes pages, redistribué par nous en fonction des numéros de tombes ou de tumulus fouillés.

Sheet	Ref. F.U.	Date	Nature and origin	SNM number
33	1464/1991	23.1.1991	Ceramic vessels (Tumulus 4)	26182-26190
35	1575/1993	13.2.1993	Ceramic vessels (HBG III/1)	26210-26249
36	1576/1993	13.2.1993	Ceramic vessels (HBG III/1)	26250-26268
37	1577/1993	15.2.1993	Bronze receptacles and bell (HBG III/1)	26269-26302
38	1578/1993	15.2.1993	Bronze vessels (HBG VI/1)	26303-26322
39	1579/1993	15.2.1993	Iron objects (HBG III/1, HBG VI/1)	26323-26338j
40	1581/1993	16.3.1993	Ceramic vessels (HBG VI/1)	26339-26356
41	1582/1993	16.3.1993	Weapons or objects from weaponry (HBG VI/1, HBG III/1)	26357-26377
42	1583/1993	19.3.1993	Small objects, some of them valuable (HBG III/1, HBG/6)	26378-26394
43	1584/1993	20.3.1993	Beads from two graves (HBG VI/1, HBG VI/2)	26395-26406
44	1586/1993	30.3.1993	Bronze and iron arrowheads and fragments (HBG VI/1)	26407-26420
45	1587/1993	30.3.1993	Bronze or iron arrowheads and javelins (HBG III/1)	26421-26433
52	1595/1993	3.4.1993	Human and animal bones (HBG III, HBG VI, HBG 1)	26514-26525
54	1597/1993	3.4.1993	Ceramic vessels (HBG 1)	26530-26541
58	1601/1993	5.4.1993	Animal bones in quantity (HBG III)	26584
59	1602/1993	6.4.1993	Arrow- and spearheads (HBG VI/1)	26585-26586
61	1604/1993	6.4.1993	Large ceramic vessels and sherds (HBG III, HBG 4)	26616-26624
64	1607/1993	7.4.1993	Small objects (HBG VI, HBG III)	26648-26658
67	1610/1993	8.4.1993	Beads (HBG 4)	26691-26692
69	1613/1993	11.4.1993	Arrow- and spearheads (HBG 4)	26707
80	1670/1993	9.11.1993	"Shield-ring" (HBG VI/1)	26860

Tomb 1		
Field number	**Type**	**SNM number**
HBG 1	Bones of a late meroitic grave	26518
HBG 1/ø	Various sherds originating in the cavity and in the tumulus	26530
HBG 1/ø	Beads, a collection, from sieving	26540
HBG 1/11	Large black bowl	26531
HBG 1/12	Small black cup	26532
HBG 1/13	Black cup, rocking decoration	26533
HBG 1/14	Red cup, undecorated	26534
HBG 1/20	Fragments of a black basin, rock impressed	26539
HBG 1/27	Red basin, undecorated	26535
HBG 1/28	Red ovoid bowl	26536
HBG 1/29	Black ovoid bowl	26537
HBG 1/45-49, 58-64	Collection of iron arrowheads	26541
HBG 1/54	Fragment of a "*ghada*," black, rocking decoration	26538

Tomb 3		
Field number	**Type**	**SNM number**
HBG 3/Shaft 1	Bones of a plundered grave of Christian time (Mahmoud's excavations)	26519
HBG 3/Shaft 2	Bones of a plundered grave of Christian time (Mahmoud's excavations)	26520

Tumulus 4		
Field number	**Type**	**SNM number**
HBG 4/ø	Bones resulting from sieving	26524
HBG 4/1	Main grave Postmeroitic times	26523
HBG 4/32	Large bottle	26182
HBG 4/33	So-called "beer-jar"	26186
HBG 4/37	So-called "beer-jar"	26183
HBG 4/A	So-called "beer-jar"	26184
HBG 4/B	So-called "beer-jar"	26185
HBG 4/C	So-called "beer-jar"	26187
HBG 4/D	So-called "beer-jar"	26188
HBG 4/E	So-called "beer-jar"	26189
HBG 4/F	So-called "beer-jar"	26190
HBG 4 F	Fragmentary so-called "beer-jar"	26616
HBG 4/57	Tubular faience beads	26691
HBG 4/57 (*sic*)	Cornalian and quartz beads	26692
HBG 4/[59]-78, 79-86	Iron arrowheads 1-barbed type	26707

Tumulus 6		
Field number	**Type**	**SNM number**
Hᴮɢ 6/1	Iron fragments from the grave (part of bracelet?)	26394
Hᴮɢ 6/1	Bones of a Christian tumulus	26517

Tumulus III		
Field number	**Type**	**SNM number**
Hᴮɢ ɪɪɪ/[258-269]	3 wooden boxes with remains of horns of sacrified "bulls"	26584
Hᴮɢ ɪɪɪ/ø	Sherds from plunderer's hole	26617
Hᴮɢ ɪɪɪ/ø	Remains of so-called "beer-jars"	26618
Hᴮɢ ɪɪɪ/ø	Scrapers of the plunderer	26620
Hᴮɢ ɪɪɪ/ø	Fragments WT vessels	26621
Hᴮɢ ɪɪɪ TP	Fragments of sherds reused for a tool (scraper?)	26622
Hᴮɢ ɪɪɪ/ø	Fragments of black hand-made vessels	26623

Tumulus III/1 (central grave)		
Field number	**Type**	**SNM number**
Hᴮɢ ɪɪɪ/1/–	Unrecorded iron fragments from the shaft of the grave	26392
Hᴮɢ ɪɪɪ/1/[218]	Glass bottle, still in its transportation box and sand	26648
Hᴮɢ ɪɪɪ/1/ø 1-9	3-rod iron arrowheads (1 bag)	26428
Hᴮɢ ɪɪɪ/1/ø	Unrecorded iron fragments from the grave cavity	26393
Hᴮɢ ɪɪɪ/1/ø [151, 231-250]	Collection of beads (20 small bags)	26378
Hᴮɢ ɪɪɪ/1/ø [222]	Incised fragments of rim of silver vessel	26380
Hᴮɢ ɪɪɪ/1/ø [223]	Fragments of a glass vessel	26386
Hᴮɢ ɪɪɪ/1/ø [224]	Lump of calcinated matter	26389
Hᴮɢ ɪɪɪ/1/ø [225]	Copper twist wire, double thread	26387
Hᴮɢ ɪɪɪ/1/ø [226]	Iron ring	26383
Hᴮɢ ɪɪɪ/1/ø [227]	Silver ring	26384
Hᴮɢ ɪɪɪ/1/ø [257]	An egg shell, pierced with two holes	26379
Hᴮɢ ɪɪɪ/1/ø [289-297]	9 arrowheads unnumbered	26376
Hᴮɢ ɪɪɪ/1/ø [328]	Sandstone mace-head	26364
Hᴮɢ ɪɪɪ/1/Trench 3 [251-252]	Collection of beads (2 small bags)	26391
Hᴮɢ ɪɪɪ/1/A	So-called "beer-jar"	26210
Hᴮɢ ɪɪɪ/1/B	So-called "beer-jar"	26211
Hᴮɢ ɪɪɪ/1/C	So-called "beer-jar"	26212
Hᴮɢ ɪɪɪ/1/D	So-called "beer-jar"	26213
Hᴮɢ ɪɪɪ/1/E	So-called "beer-jar"	26214
Hᴮɢ ɪɪɪ/1/F	So-called "beer-jar"	26215
Hᴮɢ ɪɪɪ/1/G	So-called "beer-jar"	26216
Hᴮɢ ɪɪɪ/1/H	So-called "beer-jar"	26217
Hᴮɢ ɪɪɪ/1/J	So-called "beer-jar"	26218

Tumulus III/1 (central grave)		
Field number	**Type**	**SNM number**
HBG III/1/K	So-called "beer-jar"	26219
HBG III/1/L	So-called "beer-jar"	26220
HBG III/1/M	So-called "beer-jar"	26221
HBG III/1/N	So-called "beer-jar"	26222
HBG III/1/N	Reconstituted upper part of a so-called "beer-jar"	26619
HBG III/1/O	So-called "beer-jar"	26223
HBG III/1/O	Fragment of upper part of a so-called "beer-jar"	26624
HBG III/1/P	Fragment of upper part of a so-called "beer-jar"	26235
HBG III/1/1	Fragment of upper part of a so-called "beer-jar"	26224
HBG III/1/2	Fragment of upper part of a so-called "beer-jar"	26225
HBG III/1/3	Fragment of upper part of a so-called "beer-jar"	26226
HBG III/1/4	Fragment of upper part of a so-called "beer-jar"	26227
HBG III/1/5	Fragment of upper part of a so-called "beer-jar"	26228
HBG III/1/6	Fragment of upper part of a so-called "beer-jar"	26229
HBG III/1/7	Fragment of upper part of a so-called "beer-jar"	26230
HBG III/1/8	Fragment of upper part of a so-called "beer-jar"	26231
HBG III/1/9	Fragment of upper part of a so-called "beer-jar"	26232
HBG III/1/10	Fragment of upper part of a so-called "beer-jar"	26233
HBG III/1/11	Fragment of upper part of a so-called "beer-jar"	26234
HBG III/1/16	Fragment of upper part of a so-called "beer-jar"	26236
HBG III/1/17	Fragment of upper part of a so-called "beer-jar"	26237
HBG III/1/21	Fragment of upper part of a so-called "beer-jar"	26238
HBG III/1/22	Fragment of upper part of a so-called "beer-jar"	26239
HBG III/1/23	Fragment of upper part of a so-called "beer-jar"	26240
HBG III/1/24	Fragment of upper part of a so-called "beer-jar"	26241
HBG III/1/25	Fragment of upper part of a so-called "beer-jar"	26242
HBG III/1/26	Fragment of upper part of a so-called "beer-jar"	26243
HBG III/1/27	Fragment of upper part of a so-called "beer-jar"	26244
HBG III/1/28	Fragment of upper part of a so-called "beer-jar"	26245
HBG III/1/29	Fragment of upper part of a so-called "beer-jar"	26246
HBG III/1/30	Fragment of upper part of a so-called "beer-jar"	26247
HBG III/1/31	Fragment of upper part of a so-called "beer-jar"	26248
HBG III/1/32	Fragment of upper part of a so-called "beer-jar"	26249
HBG III/1/33	Cup	26269
HBG III/1/34	So-called "beer-jar"	26250
HBG III/1/35	So-called "beer-jar"	26251
HBG III/1/36	So-called "beer-jar"	26252
HBG III/1/37	Cup	26270
HBG III/1/39	So-called "beer-jar"	26253

Tumulus III/1 (central grave)		
Field number	**Type**	**SNM number**
HBG III/1/40	So-called "beer-jar"	26254
HBG III/1/41	Cup	26271
HBG III/1/42	So-called "beer-jar"	26255
HBG III/1/43	So-called "beer-jar"	26256
HBG III/1/44	So-called "beer-jar"	26257
HBG III/1/45	So-called "beer-jar"	26258
HBG III/1/46	Chalice	26272
HBG III/1/47	So-called "beer-jar"	26259
HBG III/1/48	Cup	26273
HBG III/1/49	So-called "beer-jar"	26260
HBG III/1/50	Cup	26274
HBG III/1/51	Cup	26275
HBG III/1/52	So-called "beer-jar"	26261
HBG III/1/53	So-called "beer-jar"	26262
HBG III/1/54	Cup	26276
HBG III/1/55	So-called "beer-jar"	26263
HBG III/1/56	Goblet	26277
HBG III/1/57	Cup	26278
HBG III/1/58	So-called "beer-jar"	26264
HBG III/1/59	Cup	26279
HBG III/1/60	Cup	26280
HBG III/1/61	Cup	26281
HBG III/1/62	Cup	26282
HBG III/1/63	Cup	26283
HBG III/1/64	Cup	26284
HBG III/1/73-77a-k	3-rod iron arrowheads (1 bag)	26421
HBG III/1/73	3-rod iron arrowheads (1 bag)	26422
HBG III/1/74-75	3-rod iron arrowheads (1 bag)	26423
HBG III/1/76	3-rod iron arrowheads (1 bag)	26424
HBG III/1/77	3-rod iron arrowheads (1 bag)	26425
HBG III/1/83	Cup	26285
HBG III/1/84	So-called "beer-jar"	26265
HBG III/1/99	Cup	26286
HBG III/1/100	Cup	26287
HBG III/1/101	Cup	26288
HBG III/1/104	So-called "beer-jar"	26266
HBG III/1/109	Cup	26289
HBG III/1/110	3-rod iron arrowheads (1 bag)	26426
HBG III/1/112	Basin	26290

Tumulus III/1 (central grave)		
Field number	**Type**	**SNM number**
Hbg III/1/127	So-called "beer-jar"	26267
Hbg III/1/128	So-called "beer-jar"	26268
Hbg III/1/135	Inscribed cup	26291
Hbg III/1/136	Cup	26292
Hbg III/1/140	Cup	26293
Hbg III/1/141	Cup	26294
Hbg III/1/142	Cup	26295
Hbg III/1/142, 143, 202, 80-81, a-b	7 arrowheads from the cavity	26375
Hbg III/1/145	Cup	26296
Hbg III/1/146	Cup	26297
Hbg III/1/147	Cup	26298
Hbg III/1/148	Cup	26299
Hbg III/1/150	Cup	26300
Hbg III/1/156	Cup	26301
Hbg III/1/157	3-rod iron arrowheads (1 bag)	26427
Hbg III/1/173	Harness equipment	26324
Hbg III/1/174	Bell	26302
Hbg III/1/175	Horse bit	26323
Hbg III/1/179/1-30	30 arrowheads from quiver 179	26365
Hbg III/1/180/1-29	29 arrowheads from quiver 180	26366
Hbg III/1/190/1-7	Bronze arrowheads, 1-barbed type	26432
Hbg III/1/191/a-d	Collection of [4] iron javelins	26429
Hbg III/1/191/1-6	[6] javelins	26430
Hbg III/1/191/7-22	16 javelins oxided together	26431
Hbg III/1/192	Copper ring or ferrule	26382
Hbg III/1/193	Spear blade	26328
Hbg III/1/195	Spear blade	26329
Hbg III/1/a	Spear blade	26330
Hbg III/1/b	Spear blade	26331
Hbg III/1/d	Spear blade	26332
Hbg III/1/e	Spear blade	26333
Hbg III/1/f	Spear blade	26334
Hbg III/1/g	Spear blade	26335
Hbg III/1/h	Spear blade	26336
Hbg III/1/j	Spear blade	26337
Hbg III/1/201/1-30	Bronze arrowheads, 1-barbed type	26433
Hbg III/1/201 [203]	Knife	26326
Hbg III/1/202 [204]	Knife	26327

Tumulus III/1 (central grave)		
Field number	**Type**	**SNM number**
HBG III/1/205/1-29	29 arrowheads from quiver 205	26367
HBG III/1/206a-b/1-58	58 arrowheads from quiver 206a-b	26368
HBG III/1/207/1-31	31 arrowheads from quiver 207	26369
HBG III/1/208/1-28	28 arrowheads from quiver 208	26370
HBG III/1/209	Broken part of a silver adornment incised with hawk and *ankh* signs	26388
HBG III/1/210	Small bronze bell	26381
HBG III/1/212	Twist copper ring	26385
HBG III/1/213	Axe	26325
HBG III/1/214/1-26	26 arrowheads from quiver 214	26371
HBG III/1/215/1-29	29 arrowheads	26377
HBG III/1/216/1-29	29 arrowheads from quiver 216	26372
HBG III/1/217/1-30	30 arrowheads from quiver 217	26373
HBG III/1/219	Lump of colouring matter	26390
HBG III/1/221/1-28	28 arrowheads from quiver 221	26374

Tumulus III/2		
Field number	**Type**	**SNM number**
HBG III/2/0	Bones of a Christian grave	26514

Tumulus III/3		
Field number	**Type**	**SNM number**
HBG III/3	Various bags of bones resulting from sieving sediments inside the fenced area	26516
HBG III/3/0	Bones of a Christian grave	26515

Tumulus VI		
Field number	**Type**	**SNM number**
HBG VI/[ex-]a-f [209-213]	1 javelin and 4 arrowheads of iron from North of fenced area	26586
HBG VI, 5 m strip North/[215]	Spear or javelin head, intact	26653
HBG VI, Fence	Eastern fencing wall, test of ostrich beads (4)	26654
HBG VI, Square Aa	Bracelet in the tumulus, beads out of test of ostrich egg	26658
HBG VI, Square Aaf/[208]	2 natural sandstone round fragments reused as beads	26652
HBG VI, Square K	Bracelet of beads, test of ostrich egg, found in the tumulus earth	26656
HBG VI, Square L	Bracelet in the tumulus earth, beads out of test of ostrich egg	26657
HBG VI, Tum ø	2 beads, test of ostrich egg, found in the tumulus earth	26655

Tumulus VI/1 (central grave)		
Field number	**Type**	**SNM number**
HBG VI/1/ø [31]	Fragment of a footed perfume bottle or a pyxis lid	26649
HBG VI/1/ø	Fragments of glass resulting from sieving	26650
HBG VI/1/ex-81 [10]	Bowl	26303
HBG VI/1/ex-64 [11]	Bowl	26304
HBG VI/1/ex-63 [12]	Bowl	26305
HBG VI/1/ex-88 [13]	Carnelian spherical beads	26395
HBG VI/1/ex-104 [14]	Collection of beads	26398
HBG VI/1/ex-63 [15]	Bowl	26306
HBG VI/1/ex-68 [16]	Bowl	26307
HBG VI/1/ex-62 [17]	Bowl	26308
HBG VI/1/ex-61 [18]	Bowl	26309
HBG VI/1/ex-57 [19]	Basin	26310
HBG VI/1/[19a]	Crocodile statuette	26311
HBG VI/1/ex-56 [20]	Basin	26312
HBG VI/1/ex-55 [21]	Basin	26313
HBG VI/1/ex-80 [22]	Bowl	26314
HBG VI/1/ex-97 [23]	Chalice	26315
HBG VI/1/28	Shield-ring	26860
HBG VI/1/30	Collection of beads originating in sieving	26396
HBG VI/1/31	Faience tubular beads	26397
HBG VI/1/ex-125 [87]	Collection of beads adorning spears and axes	26399
HBG VI/1/398-408, 410-45€	Iron arrowheads from 2 different quivers	26585
HBG VI/1/ex-126	Collection of beads	26400
HBG VI/1/ex-127	Collection of beads	26401
HBG VI/1/Tum/1	Collection of ostrich egg test beads found as an offering in the tumulus (bracelet)	26402
HBG VI/1/Tum/2	Collection of ostrich egg test beads found as an offering in the tumulus (bracelet)	26403
HBG VI/1/Tum/3	Collection of ostrich egg test beads found as an offering in the tumulus (bracelet)	26404
HBG VI/1/ø ex-43 [104]	Chalice	26316
HBG VI/1/ø ex-105 [105]	Cup	26317
HBG VI/1/ø ex-108 [106]	Cup	26318
HBG VI/1/ø ex-110 [107]	Cup	26319
HBG VI/1/ø ex-111 [108]	Cup	26320
HBG VI/1/ø ex-115 [109]	Cup	26321
HBG VI/1/ø ex-F7 [30]	Foot of a chalice	26322
HBG VI/1/A	Spear blade	26338a
HBG VI/1/B	Spear blade	26338b
HBG VI/1/C	Spear blade	26338c

Tumulus VI/1 (central grave)		
Field number	**Type**	**SNM number**
H<small>BG</small> vi/1/D	Spear blade	26338d
H<small>BG</small> vi/1/E	Spear blade	26338e
H<small>BG</small> vi/1/F	Spear blade	26338f
H<small>BG</small> vi/1/G	Spear blade	26338g
H<small>BG</small> vi/1/H	Spear blade	26338h
H<small>BG</small> vi/1/J	Spear blade	26338i
H<small>BG</small> vi/1/K	Spear blade	26338j
H<small>BG</small> vi/1/ex-38	So-called "beer-jar"	26339
H<small>BG</small> vi/1/ex-85	So-called "beer-jar"	26340
H<small>BG</small> vi/1/ex-71	So-called "beer-jar"	26341
H<small>BG</small> vi/1/ex-72	Large bottle	26342
H<small>BG</small> vi/1/ex-76	Bottle	26343
H<small>BG</small> vi/1/ex-77 « 3	Bottle	26344
H<small>BG</small> vi/1/ex-78	Bottle	26345
H<small>BG</small> vi/1/ex-79 « 4	Bottle	26346
H<small>BG</small> vi/1/ex-74	Large bottle	26347
H<small>BG</small> vi/1/ex-65	Large bottle	26348
H<small>BG</small> vi/1/ex-73 « 9	Large bottle	26349
H<small>BG</small> vi/1/ex-39	So-called "beer-jar"	26350
H<small>BG</small> vi/1/ex-117	Large bottle	26351
H<small>BG</small> vi/1/ex-7 [114]	So-called "beer-jar"	26352
H<small>BG</small> vi/1/ex-50	So-called "beer-jar"	26353
H<small>BG</small> vi/1/ex-15	So-called "beer-jar"	26354
H<small>BG</small> vi/1/ex-86	So-called "beer-jar"	26355
H<small>BG</small> vi/1/ex-42	So-called "beer-jar"	26356
H<small>BG</small> vi/1/[54c] ex-135, [54e] ex-136, [54a] ex-142, [54d] ex-158, [54b] ex-159, ex-531	Bronze ferrules of a long bow	26357
H<small>BG</small> vi/1/ex-143 [86a]	Bronze ferrule of a spear	26358
H<small>BG</small> vi/1/ex-251	Bronze ferrule of a spear	26359
H<small>BG</small> vi/1/145	Archer's loose	26360
H<small>BG</small> vi/1/ø	Archer's loose	26361
H<small>BG</small> vi/1/99	Archer's loose	26362
H<small>BG</small> vi/1/149	Archer's loose	26363
H<small>BG</small> vi/1/[ex-]515-516 [33]	Fragments of ivory, 3 of them decorated, and fragments of glass, found *in situ*	26651
H<small>BG</small> vi/1/ex-92 [36]	Single 2-barbed bronze arrowhead	26407
H<small>BG</small> vi/1/ex-169-174	Collection of iron arrowheads of various types	26408
H<small>BG</small> vi/1/ex-175-208 [42]	Quiver of 34 bronze arrowheads	26409
H<small>BG</small> vi/1/ex-209-212, 214-218	Collection of iron arrowheads	26410

Tumulus VI/1 (central grave)		
Field number	**Type**	**SNM number**
Hʙɢ vi/1/ex-219-245a	Iron arrowheads of various types	26411
Hʙɢ vi/1/ex-261-292 + 165 + ø	Bronze arrowheads, second quiver	26412
Hʙɢ vi/1/ex-293-316 + 168 [43]	Iron arrowheads, 2-barbed type	26413
Hʙɢ vi/1/ex-319-328	Collection of 10 iron arrowheads	26414
Hʙɢ vi/1/ex-330-349	Iron 1-barbed arrowheads	26415
Hʙɢ vi/1/ex-350-362 + 359a + 360a	Iron 1-barbed arrowheads	26416
Hʙɢ vi/1/ex-363-397	Iron 1-barbed arrowheads	26417
Hʙɢ vi/1/ex-457-484 [52]	Iron 2-barbed arrowheads	26418
Hʙɢ vi/1/ex-246 et 247	2 fragments of undetermined iron sheets, connected with quivers	26419
Hʙɢ vi/1/ex-329	Distal end of a spearhead, oxided with proximal end of an arrowhead	26420

Tumulus VI/2		
Field number	**Type**	**SNM number**
Hʙɢ vi/2/1	Necklace of various beads	26405
Hʙɢ vi/2/2	Shells adorning left ear	26406

Tumulus VI/3		
Field number	**Type**	**SNM number**
Hʙɢ vi/3	Grave North of the fenced area (Hassan Bandi's excavation)	26521

Tumulus VI/ø		
Field number	**Type**	**SNM number**
Hʙɢ vi/ø	Human bones from plunderer's hole	26522
Hʙɢ vi/ø	Bones from the 5 m wide strip North of tumulus	26525

ANNEXE 4

CORRESPONDANCE ENTRE LES NUMÉROS D'ENREGISTREMENT AU MUSÉE NATIONAL DU SOUDAN (SNM) ET LES NUMÉROS DE FOUILLE (HBG)

Tumulus 4		
SNM number	**Type**	**Field number**
26182	Large bottle	HBG 4/32
26183	Large bottle	HBG 4/37
26184	Large bottle	HBG 4/A
26185	Large bottle	HBG 4/B
26186	So-called "beer-jar"	HBG 4/33
26187	So-called "beer-jar"	HBG 4/C
26188	So-called "beer-jar"	HBG 4/D
26189	So-called "beer-jar"	HBG 4/E
26190	So-called "beer-jar"	HBG 4/F

Tumulus III/1 (central grave)		
SNM number	**Type**	**Field number**
26210	So-called "beer-jar"	HBG III/1/A
26211	So-called "beer-jar"	HBG III/1/B
26212	So-called "beer-jar"	HBG III/1/C
26213	So-called "beer-jar"	HBG III/1/D
26214	So-called "beer-jar"	HBG III/1/E
26215	So-called "beer-jar"	HBG III/1/F
26216	So-called "beer-jar"	HBG III/1/G
26217	So-called "beer-jar"	HBG III/1/H
26218	So-called "beer-jar"	HBG III/1/J
26219	So-called "beer-jar"	HBG III/1/K
26220	So-called "beer-jar"	HBG III/1/L
26221	So-called "beer-jar"	HBG III/1/M
26222	So-called "beer-jar"	HBG III/1/N

Tumulus III/1 (central grave)		
SNM number	**Type**	**Field number**
26223	So-called "beer-jar"	HBG III/1/O
26224	So-called "beer-jar"	HBG III/1/1
26225	So-called "beer-jar"	HBG III/1/2
26226	So-called "beer-jar"	HBG III/1/3
26227	So-called "beer-jar"	HBG III/1/4
26228	So-called "beer-jar"	HBG III/1/5
26229	So-called "beer-jar"	HBG III/1/6
26230	So-called "beer-jar"	HBG III/1/7
26231	So-called "beer-jar"	HBG III/1/8
26232	So-called "beer-jar"	HBG III/1/9
26233	So-called "beer-jar"	HBG III/1/10
26234	So-called "beer-jar"	HBG III/1/11
26235	So-called "beer-jar"	HBG III/1/13
26236	So-called "beer-jar"	HBG III/1/16
26237	So-called "beer-jar"	HBG III/1/17
26238	So-called "beer-jar"	HBG III/1/21
26239	So-called "beer-jar"	HBG III/1/22
26240	So-called "beer-jar"	HBG III/1/23
26241	So-called "beer-jar"	HBG III/1/24
26242	So-called "beer-jar"	HBG III/1/25
26243	So-called "beer-jar"	HBG III/1/26
26244	So-called "beer-jar"	HBG III/1/27
26245	So-called "beer-jar"	HBG III/1/28
26246	So-called "beer-jar"	HBG III/1/29
26247	So-called "beer-jar"	HBG III/1/30
26248	So-called "beer-jar"	HBG III/1/31
26249	So-called "beer-jar"	HBG III/1/32
26250	So-called "beer-jar"	HBG III/1/34
26251	So-called "beer-jar"	HBG III/1/35
26252	So-called "beer-jar"	HBG III/1/36
26253	So-called "beer-jar"	HBG III/1/39
26254	So-called "beer-jar"	HBG III/1/40
26255	So-called "beer-jar"	HBG III/1/42
26256	So-called "beer-jar"	HBG III/1/43
26257	So-called "beer-jar"	HBG III/1/44
26258	So-called "beer-jar"	HBG III/1/45
26259	So-called "beer-jar"	HBG III/1/47
26260	So-called "beer-jar"	HBG III/1/49
26261	So-called "beer-jar"	HBG III/1/52
26262	So-called "beer-jar"	HBG III/1/53

Tumulus III/1 (central grave)		
SNM number	**Type**	**Field number**
26263	So-called "beer-jar"	HBG III/1/55
26264	So-called "beer-jar"	HBG III/1/58
26265	So-called "beer-jar"	HBG III/1/84
26266	So-called "beer-jar"	HBG III/1/104
26267	So-called "beer-jar"	HBG III/1/127
26268	So-called "beer-jar"	HBG III/1/128
26269	Cup	HBG III/1/33
26270	Cup	HBG III/1/37
26271	Cup	HBG III/1/41
26272	Chalice	HBG III/1/46
26273	Cup	HBG III/1/48
26274	Cup	HBG III/1/50
26275	Cup	HBG III/1/51
26276	Cup	HBG III/1/54
26277	Goblet	HBG III/1/56
26278	Cup	HBG III/1/57
26279	Cup	HBG III/1/59
26280	Cup	HBG III/1/60
26281	Cup	HBG III/1/61
26282	Cup	HBG III/1/62
26283	Cup	HBG III/1/63
26284	Cup	HBG III/1/64
26285	Cup	HBG III/1/83
26286	Cup	HBG III/1/99
26287	Cup	HBG III/1/100
26288	Cup	HBG III/1/101
26289	Cup	HBG III/1/109
26290	Basin	HBG III/1/112
26291	Inscribed cup	HBG III/1/135
26292	Cup	HBG III/1/136
26293	Cup	HBG III/1/140
26294	Cup	HBG III/1/141
26295	Cup	HBG III/1/142
26296	Cup	HBG III/1/145
26297	Cup	HBG III/1/146
26298	Cup	HBG III/1/147
26299	Cup	HBG III/1/148
26300	Cup	HBG III/1/150
26301	Cup	HBG III/1/156
26302	Bell	HBG III/1/174

Tumulus VI/1 (central grave)		
SNM number	Type	Field number
26303	Bowl	Hbg vi/1/10 ex-81
26304	Bowl	Hbg vi/1/11 ex-64
26305	Bowl	Hbg vi/1/12 ex-63
26306	Bowl	Hbg vi/1/15
26307	Bowl	Hbg vi/1/16
26308	Bowl	Hbg vi/1/17
26309	Bowl	Hbg vi/1/18
26310	Basin	Hbg vi/1/19
26311	Crocodile statuette	Hbg vi/1/19a
26312	Basin	Hbg vi/1/20
26313	Basin	Hbg vi/1/21
26314	Bowl	Hbg vi/1/22
26315	Chalice	Hbg vi/1/23
26316	Chalice	Hbg vi/1/ø ex-43 [104]
26317	Cup	Hbg vi/1/ø ex-105 [105]
26318	Cup	Hbg vi/1/ø ex-108 [106]
26319	Cup	Hbg vi/1/ø ex-110 [107]
26320	Cup	Hbg vi/1/ø ex-111 [108]
26321	Cup	Hbg vi/1/ø ex-115 [109]
26322	Foot of a chalice	Hbg vi/1/ø ex-F7 [30]

Tumulus III/1 (central grave)		
SNM number	Type	Field number
26323	Horse bit	Hbg iii/1/175
26324	Harness equipment	Hbg iii/1/173
26325	Axe	Hbg iii/1/213
26326	Knife	Hbg iii/1/201 [203]
26327	Knife	Hbg iii/1/202 [204]
26328	Spear blade	Hbg iii/1/193
26329	Spear blade	Hbg iii/1/195
26330	Spear blade	Hbg iii/1/a
26331	Spear blade	Hbg iii/1/b
26332	Spear blade	Hbg iii/1/d
26333	Spear blade	Hbg iii/1/e
26334	Spear blade	Hbg iii/1/f
26335	Spear blade	Hbg iii/1/g
26336	Spear blade	Hbg iii/1/h
26337	Spear blade	Hbg iii/1/j

Tumulus VI/1 (central grave)		
SNM number	**Type**	**Field number**
26338a	Spear blade	HBG VI/1/A
26338b	Spear blade	HBG VI/1/B
26338c	Spear blade	HBG VI/1/C
26338d	Spear blade	HBG VI/1/D
26338e	Spear blade	HBG VI/1/E
26338f	Spear blade	HBG VI/1/F
26338g	Spear blade	HBG VI/1/G
26338h	Spear blade	HBG VI/1/H
26338i	Spear blade	HBG VI/1/J
26338j	Spear blade	HBG VI/1/K
26339	So-called "beer-jar"	HBG VI/1/ex-38
26340	So-called "beer-jar"	HBG VI/1/ex-85
26341	So-called "beer-jar"	HBG VI/1/ex-71
26342	Large bottle	HBG VI/1/ex-72
26343	Bottle	HBG VI/1/ex-76
26344	Bottle	HBG VI/1/ex-77 « 3
26345	Bottle	HBG VI/1/ex-78
26346	Bottle	HBG VI/1/ex-79 « 4
26347	Large bottle	HBG VI/1/ex-74
26348	Large bottle	HBG VI/1/ex-65
26349	Large bottle	HBG VI/1/ex-73 « 9
26350	So-called "beer-jar"	HBG VI/1/ex-39
26351	Large bottle	HBG VI/1/ex-117
26352	So-called "beer-jar"	HBG VI/1/ex-7
26353	So-called "beer-jar"	HBG VI/1/ex-50
26354	So-called "beer-jar"	HBG VI/1/ex-15
26355	So-called "beer-jar"	HBG VI/1/ex-86
26356	So-called "beer-jar"	HBG VI/1/ex-42
26357	Bronze ferrules of a long bow	HBG VI/1/[54c] ex-135, [54e] ex-136, [54a] ex-142, [54d] ex-158, [54b] ex-159, ex-531
26358	Bronze ferrule of a spear	HBG VI/1/ex-143 [86a]
26359	Bronze ferrule of a spear	HBG VI/1/ex-251
26360	Archer's loose	HBG VI/1/145
26361	Archer's loose	HBG VI/1/ø
26362	Archer's loose	HBG VI/1/99
26363	Archer's loose	HBG VI/1/149

Tumulus III/1 (central grave)		
SNM number	Type	Field number
26364	Sandstone mace-head	Hbg III/1/ø [328]
26365	30 arrowheads from quiver 179	Hbg III/1/179/1-30
26366	29 arrowheads from quiver 180	Hbg III/1/180/1-29
26367	29 arrowheads from quiver 205	Hbg III/1/205/1-29
26368	58 arrowheads from quiver 206a-b	Hbg III/1/206a-b/1-58
26369	31 arrowheads from quiver 207	Hbg III/1/207/1-31
26370	28 arrowheads from quiver 208	Hbg III/1/208/1-28
26371	26 arrowheads from quiver 214	Hbg III/1/214/1-26
26372	29 arrowheads from quiver 216	Hbg III/1/216/1-29
26373	30 arrowheads from quiver 217	Hbg III/1/217/1-30
26374	28 arrowheads from quiver 221	Hbg III/1/221/1-28
26375	7 arrowheads from the cavity	Hbg III/1/142, 143, 202, 80-81, a-b
26376	9 arrowheads unnumbered	Hbg III/1/ø [289-297]
26377	29 arrowheads	Hbg III/1/215/1-29
26378	Collection of beads (20 small bags)	Hbg III/1/ø [151, 231-250]
26379	An egg shell, pierced with two holes	Hbg III/1/ø [257]
26380	Incised fragments of rim of silver vessel	Hbg III/1/ø [222]
26381	Small bronze bell	Hbg III/1/210
26382	Copper ring or ferrule	Hbg III/1/192
26383	Iron ring	Hbg III/1/ø [226]
26384	Silver ring	Hbg III/1/ø [227]
26385	Twist copper ring	Hbg III/1/212
26386	Fragments of a glass vessel	Hbg III/1/ø [223]
26387	Copper twist wire, double thread	Hbg III/1/ø [225]
26388	Broken part of a silver adornment incised with hawk and *ankh* signs	Hbg III/1/209
26389	Lump of calcinated matter	Hbg III/1/ø [224]
26390	Lump of colouring matter	Hbg III/1/219
26391	Collection of beads (2 small bags)	Hbg III/1/Trench 3 [251-252]
26392	Unrecorded iron fragments from the shaft of the grave	Hbg III/1/–
26393	Unrecorded iron fragments from the grave cavity	Hbg III/1/ø

Tumulus 6		
SNM number	Type	Field number
26394	Iron fragments from the grave (part of bracelet?)	Hbg 6/1

Tumulus VI/1 (central grave)		
SNM number	**Type**	**Field number**
26395	Carnelian spherical beads	HBG VI/1/13 ex-88
26396	Collection of beads originating in sieving	HBG VI/1/30
26397	Faience tubular beads	HBG VI/1/31
26398	Collection of beads	HBG VI/1/14 ex-104
26399	Collection of beads adorning spears and axes	HBG VI/1/ ex-125 [87]
26400	Collection of beads	HBG VI/1/ ex-126
26401	Collection of beads	HBG VI/1/ ex-127
26402	Collection of ostrich egg test beads found as an offering in the tumulus (bracelet)	HBG VI/1/Tum/1
26403	Collection of ostrich egg test beads found as an offering in the tumulus (bracelet)	HBG VI/1/Tum/2
26404	Collection of ostrich egg test beads found as an offering in the tumulus (bracelet)	HBG VI/1/Tum/3

Tumulus VI/2		
SNM number	**Type**	**Field number**
26405	Necklace of various beads	HBG VI/2/1
26406	Shells adorning left ear	HBG VI/2/2

Tumulus VI/1 (central grave)		
SNM number	**Type**	**Field number**
26407	Single 2-barbed bronze arrowhead	HBG VI/1/ex-92 [36]
26408	Collection of iron arrowheads of various types	HBG VI/1/ex-169-174
26409	Quiver of 34 bronze arrowheads	HBG VI/1/ex-175-208 [42]
26410	Collection of iron arrowheads	HBG VI/1/ex-209-212, 214-218
26411	Iron arrowheads of various types	HBG VI/1/ex-219-245a
26412	Bronze arrowheads, second quiver	HBG VI/1/ex-261-292 + 165 + Ø
26413	Iron arrowheads, 2-barbed type	HBG VI/1/ex-293-316 + 168 [43]
26414	Collection of 10 iron arrowheads	HBG VI/1/ex-319-328
26415	Iron 1-barbed arrowheads	HBG VI/1/ex-330-349
26416	Iron 1-barbed arrowheads	HBG VI/1/ex-350-362 + 359a + 360a
26417	Iron 1-barbed arrowheads	HBG VI/1/ex-363-397
26418	Iron 2-barbed arrowheads	HBG VI/1/ex-457-484 [52]
26419	2 fragments of undetermined iron sheets, connected with quivers	HBG VI/1/ex-246-247
26420	Distal end of a spearhead, oxided with proximal end of an arrowhead	HBG VI/1/ex-329
26421	3-rod iron arrowheads (1 bag)	HBG III/1/73-77a-k
26422	3-rod iron arrowheads (1 bag)	HBG III/1/73
26423	3-rod iron arrowheads (1 bag)	HBG III/1/74-75
26424	3-rod iron arrowheads (1 bag)	HBG III/1/76
26425	3-rod iron arrowheads (1 bag)	HBG III/1/77

Tumulus VI/1 (central grave)		
SNM number	**Type**	**Field number**
26426	3-rod iron arrowheads (1 bag)	HBG III/1/110
26427	3-rod iron arrowheads (1 bag)	HBG III/1/157
26428	3-rod iron arrowheads (1 bag)	HBG III/1/ø 1-9
26429	Collection of [4] iron javelins	HBG III/1/191/a-d
26430	[6] javelins	HBG III/1/191/1-6
26431	16 javelins oxided together	HBG III/1/191/7-22
26432	Bronze arrowheads, 1-barbed type	HBG III/1/190/1-7
26433	Bronze arrowheads, 1-barbed type	HBG III/1/201/1-30

Tumulus III/2		
SNM number	**Type**	**Field number**
26514	Bones of a Christian grave	HBG III/2

Tumulus III/3		
SNM number	**Type**	**Field number**
26515	Bones of a Christian grave	HBG III/3
26516	Various bags of bones resulting from sieving sediments inside the fenced area	HBG III/3

Tumulus 6		
SNM number	**Type**	**Field number**
26517	Bones of a Christian tumulus	HBG 6/1

Tomb 1		
SNM number	**Type**	**Field number**
26518	Bones of a Late Meroitic grave	HBG 1

Tomb 3		
SNM number	**Type**	**Field number**
26519	Bones of a plundered grave of Christian time (Mahmoud's excavations)	HBG 3/Shaft 1
26520	Bones of a plundered grave of Christian time (Mahmoud's excavations)	HBG 3/Shaft 2

Tumulus VI/3		
SNM number	**Type**	**Field number**
26521	Grave North of the fenced area (Hassan Bandi's excavation)	HBG VI/3

Tumulus VI/Ø		
SNM number	**Type**	**Field number**
26522	Human bones from plunderer's hole	HBG VI/ø

Tumulus 4

SNM number	Type	Field number
26523	Main grave of Postmeroitic times	HBG 4/1
26524	Bones resulting from sieving	HBG 4/ø

Tumulus VI/Ø

SNM number	Type	Field number
26525	Bones from the 5 m wide strip North of tumulus	HBG VI/ø

Tomb 1

SNM number	Type	Field number
26530	Various sherds originating in the cavity and in the tumulus	HBG 1/ø
26531	Large black bowl	HBG 1/11
26532	Small black cup	HBG 1/12
26533	Black cup, rocking decoration	HBG 1/13
26534	Red cup, undecorated	HBG 1/14
26535	Red basin, undecorated	HBG 1/27
26536	Red ovoid bowl	HBG 1/28
26537	Black ovoid bowl	HBG 1/29
26538	Fragment of a "*ghada*," black, rocking decoration	HBG 1/54
26539	Fragments of a black basin, rock impressed	HBG 1/20
26540	Collection of beads, from sieving	HBG 1/ø
26541	Collection of iron arrowheads	HBG 1/45-49, 58-64

Tumulus III

SNM number	Type	Field number
26584	3 wooden boxes with remains of horns of sacrified "bulls"	HBG III/[258-269]

Tumulus VI

SNM number	Type	Field number
26585	Iron arrowheads from 2 different quivers	HBG VI/1/398-408, 410-456
26586	1 javelin and 4 arrowheads of iron from North of fenced area	HBG VI/[ex-]a-f [209-213]

Tumulus 4

SNM number	Type	Field number
26616	Fragmentary so-called "beer-jar"	HBG 4 F

Tumulus III

SNM number	Type	Field number
26617	Sherds from plunderer's hole	HBG III/ø
26618	Remains of a so-called "beer-jar"	HBG III/ø

Tumulus III/1		
SNM number	Type	Field number
26619	Reconstituted upper part of a so-called "beer-jar"	HBG III/1/N

Tumulus III		
SNM number	Type	Field number
26620	Scrapers of the plunderer	HBG III/ø
26621	Fragments WT vessels	HBG III/ø
26622	Fragments of sherds reused for a tool (scraper?)	HBG III TP
26623	Fragments of black hand-made vessels	HBG III/ø

Tumulus III/1		
SNM number	Type	Field number
26624	Fragment of upper part of a so-called "beer-jar"	HBG III/1/O
26648	Glass bottle, still in its transportation box and sand	HBG III/1/[218]

Tumulus VI/1		
SNM number	Type	Field number
26649	Fragment of a footed perfume bottle or a pyxis lid	HBG VI/1/ø [31]
26650	Fragments of glass resulting from sieving	HBG VI/1/ø
26651	Fragments of ivory, 3 of them decorated, and fragments of glass, found *in situ*	HBG VI/1/[ex-]515-516 [33]

Tumulus VI		
SNM number	Type	Field number
26652	2 natural sandstone round fragments reused as beads	HBG VI, Square Aaf/[208]
26653	Spear or javelin head, intact	HBG VI, 5 m strip North/[215]
26654	Eastern fencing wall, test of ostrich beads (4)	HBG VI, Fence
26655	2 beads, test of ostrich egg, found in the tumulus earth	HBG VI, Tum ø
26656	Bracelet of beads, test of ostrich egg, found in the tumulus earth	HBG VI, Square K
26657	Bracelet in the tumulus earth, beads out of test of ostrich egg	HBG VI, Square L
26658	Bracelet in the tumulus, beads out of test of ostrich egg	HBG VI, Square Aa

Tumulus 4		
SNM number	Type	Field number
26691	Tubular faience beads	HBG 4/57
26692	Cornalian and quartz beads	HBG 4/57 (*sic*)
26707	Iron arrowheads 1-barbed type	HBG 4/[59]-78, 79-86

Tumulus VI/1		
SNM number	Type	Field number
26860	Shield-ring	HBG VI/1/28

ABRÉVIATIONS ET BIBLIOGRAPHIE

Abréviations

[Les abréviations sont celles de l'Ifao. La bibliographie ci-dessous est celle utilisée par Patrice Lenoble et s'arrête donc en 1994. Nous avons ajouté les références aux articles qu'il a produits sur el-Hobagi postérieurement à cette date.]

AaaLiv = *Annual of Archaeology and Anthropology* (université de Liverpool).

Ams = *The Archaeological Map of the Sudan* (Berlin).

AnEth = *Annales d'Éthiopie* (Addis-Abeba).

Anm = *Archéologie du Nil Moyen* (association pour la promotion de l'archéologie nilotique, Lille).

Antiquity = *Antiquity. Quarterly Revue of Archaeology* (Newbury, Cambridge).

Anthropos (V) = *Anthropos. International Zeitschrift für Völkerund Sprachenkunde* (Vienne, Autriche).

ArScAn = Archéologies et Sciences de l'Antiquité (Cnrs-Umr 7041).

Bar-Is = *British Archaeological Reports, International Series* (Oxford).

Beg. = Begrawiya.

BiEtud = *Bibliothèque d'étude* (Le Caire).

Bmop = *British Museum Occasional Papers* (Londres).

Bsac = *Bulletin de la Société d'archéologie copte* (Le Caire).

Bsf = *Beiträge zur Sudanforschung* (Vienne, Autriche).

Bsfb = *Beiträge zur Sudanforschung Beiheft* (Vienne, Autriche).

Cefr = *Collection de l'École française de Rome* (Rome).

Cripel = Cahiers de recherches de l'Institut de papyrologie et d'égyptologie de Lille (Lille).

Daww = *Denkschriften der kaiserlichen Akademie der Wissenschaften in Wien, philos.-hist. Kl.* (Vienne, Autriche).

Ees = Egypt Exploration Society (Londres).

Epro = *Études préliminaires aux religions orientales dans l'empire romain* (Leide).

ExcMem = Ees *Excavation Memoirs* (Londres).

F.U. = French Unit. Voir Sfdas.

Has = *Harvard African Studies* (Harvard University, Cambridge, Mass.).

Hbg = el-Hobagi.

Jarce = *Journal of the American Research Center in Egypt* (Boston, New York).

Je = Journal d'entrée.

Jea = *Journal of Egyptian Archaeology* (Londres).

Jnes = *Journal of Near Eastern Studies* (Chicago).

Meroitica = *Meroitica* (Berlin).

MeroitNewsl = *Meroitic Newsletter* (Paris).

Msgb = *Mitteilungen der Sudanarchäologischen Gesellschaft zu Berlin* (Berlin).

Ncam = National Corporation for Antiquities and Museums (Service du patrimoine du Soudan).

NubLett = *Nubian Letters* (La Haye).

NyAk = *Nyame Akuma. Newsletter of African Archaeology* (Society of African Archaeology, université de l'Iowa [Ames, Iowa] et département d'Archéologie, université de Calgary [Alberta, Canada]).

Orientalia = *Orientalia. Comment. periodici Pontif. Inst. biblici* (Rome).

Rck = *The Royal Cemeteries of Kush* (Boston).

Sfdas = Section française de la Direction des antiquités du Soudan. Voir F.U.

Sje = *Scandinavian Joint Expedition to Sudanese Nubia* (Odense).

Snm = Sudan National Museum.

Snrec = *Sudan Notes and Records* (Khartoum).

Ssea = *The Society for the Study of Egyptian Antiquities* (Toronto).

SudNub = *Sudan & Nubia* (Londres).

SymbOsl = *Symbolae osloenses. Norvegian Journal of Greek and Latin Studies* (Society graeco-latinae, Oslo).

Syria = *Syria. Revue d'art oriental et d'archéologie* (Paris puis Beyrouth).

Tavo = *Tübinger Atlas des Vorderen Orients*, Reihe B (Geisteswess.), n° 1, Beihefte (Wiesbaden).

VarAeg = *Varia Aegyptiaca* (San Antonio, Texas).

Wzb = *Wissenschaftliche Zeitschrift der Humboldt-Univ.* (Berlin).

Zäs = *Zeitschrift für ägyptische Sprache und Altertumskunde* (Leipzig, Berlin).

Bibliographie

Abdalla Abdelgadir M. Riyad, « Meroitic funerary Customs and Beliefs: from Texts and Scenes » in N.B. Millet, A.L. Kelley (éd.), *Meroitic Studies*, p. 61-104.

W.Y. Adams, « Pottery, Society and History in Meroitic Nubia » in Fr. Hintze (éd.), *Sudan im Altertum*, p. 177-240.

W.Y. Adams, « Strategy of archaeological Salvage » in W.C. Acerman, G.F. White, E.B. Worthington (éd.), *Man-made Lakes, their Problems and environmental Effects*, American Geophysical Monographs Series 17, Washington, 1973, p. 826-835.

W.Y. Adams, *Nubia, Corridor to Africa*, Londres, 1977.

W.Y. Adams, *Ceramic Industries of Medieval Nubia*, Lensington, 1986, 2 vol.

F. Addison, « A Christian Site near Khartoum », *SNRec* 13, 1930, p. 285-288.

F. Addison, « Antiquities found near Gordon's Tree », *SNRec* 14, 1931, p. 197.

F. Addison, « Antiquities at Sennar », *SNRec* 18, 1935, p. 288-293.

F. Addison, *Djebel Moya. The Wellcome Excavations in the Sudan*, Oxford, 1949, 2 vol.

Ahmed Abuelgasim El-Hassan, « Jebel Um Marrihi: a Late Meroitic Site in the Khartoum Province » in R. Dehlin, T. Hägg (éd.), *Nubian Culture Past and Present. Abstracts*, p. 46-47.

Ahmed M. Ali Al-Hakem, « Report on the Sorourab archaeological Project », *NyAk* 11, 1977, p. 48-49.

Ahmed M. Ali Al-Hakem, « University of Khartoum Excavations at Sarurab and Bauda, North of Omdurman » in Fr. Hintze (éd.), *Africa in Antiquity*, p. 151-155.

Ahmed M. Ali Al-Hakem, *Tumulus at Sorurab, Bauda and Djebel Umm Marrihi*, Khartoum, 1989.

Ahmed M. Ali Al-Hakem, « "Napatan"–"Meroitic" Continuity. Reflections on basic Conceptions on Meroitic Culture » in S. Donadoni, St. Wenig (éd.), *Studia Meroitica 1984*, p. 885-894.

Ali Ahmed Gasmelseed, « Prospection dans le secteur d'el-Kurru (Ku. 16) », *MeroitNewsl* 22, 1983, p. 5-7.

F. Anfray, *Les Anciens Éthiopiens. Siècles d'histoire*, Paris, 1990.

A.J. Arkell, *Report for the Year 1939 of the Antiquities Service and Museums in the Anglo-Egyptian Sudan*, Khartoum, 1939.

A.J. Arkell, *A History of the Sudan from the earliest Times to 1821*, Londres, 1966 (3e éd.).

F. al-Sh. Babiker, *Research into mortuary Practice in Sudanese Prehistory and early History. Bauda Meroitic Cemetery as a Case Study*, thèse de doctorat, université de Reading, 1988.

P. Bastien, *Le Buste monétaire des empereurs romains*, Numismatique romaine 19, Wetteren, 1992-1994, 3 vol.

O. Bates, D. Dunham, *Excavations at Gammai. Varia Africana IV*, HAs 8, Cambridge, 1927.

[M. Baud, A. Sackho-Autissier, « La fin de Méroé » in M. Baud (éd.), *Méroé. Un empire sur le Nil*, catalogue d'exposition, Paris, musée du Louvre, 26 mars-6 novembre 2010, Paris, 2010, p. 267-271.]

O. Bentley, J.W. Crowfoot, « Nuba Pots in the Gordon College », *SNRec* 7, 1924, p. 18-28.

C. Berger, G. Clerc, N. Grimal (éd.), *Hommages à Jean Leclant*, vol. 2 : *Nubie, Soudan, Éthiopie*, BiEtud 106, Le Caire, 1994.

S.Y. Bersina, « Problems of Meroitic Chronology: Beginning and End of Meroe » in Fr. Hintze (éd.), *Meroitistische Forschungen 1980*, p. 215-219.

S.Y. Bersina, *Meroe and the external World. 1st–8th Centuries A.D.*, Moscou, 1992 (résumé en anglais p. 329-331).

G. Billy, « Études anthropologiques » in A. Vila, *La Nécropole de Missiminia*, vol. 5-6 : *Études anthropologiques – Les dix phases d'activité de la nécropole*, La Prospection archéologique de la vallée du Nil au sud de la cataracte de Dal 15, Paris, 1985, p. 7-120.

W. Boldrini, *Giuseppe Ferlini. Nell'interno dell'Affrica 1829-1835*, Bologne, 1981.

Ch. Bonnet (éd.), *Études nubiennes. Conférence de Genève. Actes du VIIe congrès international d'études nubiennes, 3-8 sept. 1990*, vol. 1 : *Communications principales*, Genève, 1992.

R.J. Bradley, « Meroitic Chronology » in Fr. Hintze (éd.), *Meroitistische Forschungen 1980*, p. 195-211.

E.A.W. Budge, *The Egyptian Sudan. Its History and Monuments*, Londres, 1907, 2 vol.

I. Caneva, « Burial Tumuli in the Khartoum Region » in Ch. Bonnet (éd.), *Études nubiennes*, p. 177-179.

S.E. Chapman, D. Dunham, *RCK III. Decorated Chapels of the Meroitic Pyramids at Meroe and Barkal*, Boston, 1952.

H.N. Chittick, « An exploratory Journey in the Bayuda Region », *Kush* 3, 1955, p. 86-92.

H.N. Chittick, « A new Type of Mound Grave », *Kush* 5, 1957, p. 73-77.

H.N. CHITTICK, « Ethiopia and the Nile Valley »
in N.B. Millet, A.L. Kelley (éd.), *Meroitic Studies*,
p. 50-57.

J.-P. CHRÉTIEN, G. PRUNIER (éd.), *Les ethnies
ont une histoire*, Paris, 1989.

O.G.S. CRAWFORD, F. ADDISON, *Abu Geili and Saqadi,
Dar el Mek. The Wellcome Excavations in the Sudan*,
vol. 3, Londres, 1951.

J.W. CROWFOOT, « Further Notes on Pottery », *SNRec* 8,
1925, p. 125-136.

J.W. CROWFOOT, « Christian Nubia », *JEA* 13, 1927,
p. 141-150.

R. DEHLIN, T. HÄGG (éd.), *Nubian Culture Past
and Present. Sixth international Conference
for Nubian Studies. Abstracts of Communications*,
Bergen, 1986.

F.W. DEICHMANN, « Eine alabasterne Largitionsschale
aus Nubien » in F.W. Schumacher (éd.), *Tortulae.
Studien zur altchristlichen und byzantinischen
Monumenten*, Römische Quartalschrift
(RömQSchr) Supplbd. 30, Fribourg, 1966, p. 65-76.

P. DE PAEPE, I. BRIJSSE, « La composition
des céramiques d'el-Kadada (Soudan central)
au passage du Méroïtique au Post-Méroïtique »,
ANM 2, 1987, p. 149-164.

J. DESANGES, *Recherches sur l'activité
des Méditerranéens aux confins de l'Afrique
(VIᵉ siècle avant J.C.-IVᵉ siècle après J.-C.)*, CEFR 38,
Rome, 1978.

J. DESANGES, « Bilan des recherches sur les sources
grecques et latines de l'histoire de la Nubie antique
dans les trente dernières années » in Ch. Bonnet
(éd.), *Études nubiennes*, p. 363-378.

D. DIXON, « A Meroitic Cemetery at Sennar
(Makwar) », *Kush* 11, 1963, p. 227-234.

S. DONADONI, St. WENIG (éd.), *Studia Meroitica 1984.
Proceedings of the Fifth international Conference
for Meroitic Studies, Rome 1984*, Meroitica 10,
Berlin, 1989.

J. DORESSE, « La découverte d'Asbi-Dera » in E. Cerulli
(éd.), *Atti del convegno di studi etiopici, Roma,
2-4 aprile 1959*, Problemi attuali di scienza
e di cultura 48, Rome, 1960, p. 411-434.

B.N. DRISKELL, « Quantitative Approaches to Nile
Valley Basketry: Basketry Analysis at Qasr Ibrim »
in S. Donadoni, St. Wenig (éd.), *Studia Meroitica
1984*, p. 451-467.

D. DUNHAM, *RCK IV. Royal Tombs at Meroe and Barkal*,
Boston, 1957.

D. DUNHAM, *RCK V. The West and South Cemeteries
at Meroe, excavated by the late George Andrew
Reisner*, Boston, 1963.

D.N. EDWARDS, « Three Cemetery Sites on the Blue
Nile », *ANM* 5, 1991, p. 41-64.

A.M. EL-BATRAWI, *Report on the human Remains*,
Mission archéologique de Nubie (1929-1934),
Le Caire, 1935.

W.B. EMERY, *The royal Tombs of Ballana and Qustul
(with Chapters by L.P. KIRWAN)*, Mission
archéologique de Nubie (1929-1934), Le Caire, 1938,
2 vol.

W.B. EMERY, L.P. KIRWAN, *The Excavations and Survey
between Wadi es Sebua and Adindan, 1929–1931*,
Mission archéologique de Nubie (1929-1934),
Le Caire, 1935.

R. FATTOVICH, « Gash Delta between 1000 B.C.
and A.D. 1000 » in S. Donadoni, St. Wenig (éd.),
Studia Meroitica 1984, p. 797-816.

I. GAMER-WALLERT, K. ZIBELIUS, *Der Löwentempel
von Naq'a in der Butana (Sudan)*, vol. 1 :
Forschungsgeschichte und Topographie, TAVO 48-1,
Wiesbaden, 1983.

J. GARSTANG, *Excavations at Meroe, Sudan. Second
Season, 1911. Guide to the 10th annual Exhibition
of Antiquities discovered*, Londres, 1911.

J. GARSTANG, A.H. SAYCE, R.C. BOSANQUET, « Second
Interim Report on the Excavations at Meroe
in Ethiopia. Part I: Excavations », *AAALiv* 4, 1912,
p. 45-52.

J. GARSTANG, A.H. SAYCE, F. GRIFFITH, *Meroe. The City
of the Ethiopians*, Oxford, 1911.

Fr. GEUS, « Franco-Sudanese Research in the Sudan
(1975–1979) », *NyAk* 16, 1980, p. 41-47.

Fr. GEUS, *Rapport annuel d'activité pour 1978-1979
du Service des antiquités du Soudan, Section française
de recherche archéologique*, Khartoum, 1980.

Fr. GEUS, *Rescuing Sudan Ancient Cultures.
A Cooperation between France and the Sudan
in the Field of Archaeology*, Khartoum, 1984.

Fr. GEUS, P. LENOBLE, « Fouilles à Gereif-Est près
de Khartoum (ND-36-B/11-Q-4) », *MeroitNewsl* 22,
1983, p. 9-20.

Fr. GEUS, P. LENOBLE, « Fouille d'un tumulus
méroïtique à el-Kadada (Taragma) » in Fr. Hintze
(éd.), *Meroitistische Forschungen 1980*, p. 433-435.

Fr. GEUS, P. LENOBLE, « Évolution du cimetière
méroïtique d'el-Kadada. La transition vers
le Postméroïtique en milieu rural méridional »
in Fr. Geus, Fl. Thill (éd.), *Mél. J. Vercoutter*,
p. 67-92.

Fr. Geus, Fl. Thill (éd.), *Mélanges offerts
à Jean Vercoutter*, Paris, 1985.

Fr. GEUS, W.F. HINKEL, P. LENOBLE, « Investigations
postméroïtiques dans la région de Shendi »
in M. Krause (éd.), *Nubische Studien. Tagungsakten
des 5. internationalen Konferenz der International
Society for Nubian Studies, Heidelberg 1982*,
Mayence, 1986, p. 81-88.

F.L. Griffith, « Oxford Excavations in Nubia xxx-xxxiii. The Meroitic Cemetery at Faras », *AAALiv* 11, 1924, p. 115-125, 141-180.

F.L. Griffith, « Oxford Excavations in Nubia xxxiv-xxxix », *AAALiv* 12, 1925, p. 57-172.

K. Grzymski, « Trial Excavations at Hambukol and Burkibul », *ANM* 3, 1989, p. 71-91.

K. Grzymski (éd.), *Archaeological Reconnaissance in Upper Nubia*, SSEA Publication 14, Toronto, 1987.

T. Hägg, « Titles and honorific Epithets in Nubian Greek Texts », *SymbOsl* 65, 1990, p. 147-177.

J. Hani, *La Religion égyptienne dans la pensée de Plutarque*, Paris, 1976.

A. Hermann, « Magische Glocken aus Meroe », *ZÄS* 93, 1966, p. 79-89.

F.W. Hinkel, « Die meroitischen Pyramide: Formen, Kriterien und Bauwesen » *in* Fr. Hintze (éd.), *Meroitistische Forschungen 1980*, p. 462-468.

Fr. Hintze, « Preliminary Report of the Butana Expedition made by the Institute for Egyptology of the Humboldt University, Berlin, 1958 », *Kush* 7, 1959, p. 171-196.

Fr. Hintze, *Studien zur meroitischen Chronologie und zu den Opfertafeln aus den Pyramiden von Meroe*, Berlin, 1959.

Fr. Hintze, « Musawwarat es Sufra: Vorbericht über die Ausgraben des Instituts für Ägyptologie der Humboldt-Universität zu Berlin 1963 bis 1966 (vierte bis sechste Kampagne) », *WZB* 17, 1968, p. 667-684.

Fr. Hintze (éd.), *Sudan im Altertum. 1. internationale Tagung für meroitistische Forschungen in Berlin 1971*, Meroitica 1, Berlin, 1973.

Fr. Hintze (éd.), *Africa in Antiquity. The Arts of Ancient Nubia and the Sudan Proceedings of the Symposium held in Conjunction with the Exhibition, Brooklyn, September 20–October 1, 1978*, Meroitica 5, Berlin, 1979.

Fr. Hintze (éd.), *Meroitistische Forschungen 1980. Akten der 4. internationalen Tagung für meroitistische Forschungen vom 24 bis 29 November 1980 in Berlin*, Meroitica 7, Berlin, 1984.

I. Hofmann, *Die Kulturen des Niltals von Aswan bis Sennar vom Mesolithikum bis zum Ende der christlichen Epoche*, Monographien zur Völkerkunde 4, Hambourg, 1967.

I. Hofmann, « Notizen zu den Kampfszenen am sogenannten Sonnentempel von Meroe », *Anthropos* 70, 1975, p. 513-536.

I. Hofmann, « Ein Gefässtyp der Endphase des meroitischen Reiches », *VarAeg* 4, 1988, p. 121-140.

I. Hofmann, H. Tomandl, *Die Bedeutung des Tieres in der meroitischen Kultur*, BSFB 2, Vienne, 1987.

H. Jacquet-Gordon, Ch. Bonnet, J. Jacquet, « Pnubs and the Temple on Argo Island », *JEA* 55, 1968, p. 103-111.

H. Junker, *Ermenne. Bericht über die Grabungen des Akademie der Wissenschaften im Wien auf den Friedhöfen von Ermenne (Nubien) im Winter 1911-12*, DAWW 67, Vienne, 1925.

T. Kendall, *Kush. Lost Kingdom of the Nile. A loan Exhibition of the Museum of Fine Arts, Boston, September 1981–August 1984*, Brockton, 1982.

T. Kendall, « Ethnoarchaeology in Meroitic Studies » *in* S. Donadoni, St. Wenig (éd.), *Studia Meroitica 1984*, p. 625-745.

Khidir Adam Eisa, *Le Mobilier et les coutumes funéraires koushites à l'époque méroïtique*, Meroitica 16, Berlin, 1999.

L.P. Kirwan, « Studies in the later History of Nubia », *AAALiv* 24, 1937, p. 69-105.

L.P. Kirwan, *The Oxford University Excavations at Firka*, Londres, 1939.

L.P. Kirwan, « Aksum, Meroe and the Ballana Civilization » *in* W.K. Simpson (éd.), *Studies in ancient Egypt, the Aegean, and the Sudan: Essays in Honor of Dows Dunham on the Occasion of his 90th Birthday, June 1, 1980*, Boston, 1981, p. 115-119.

L.P. Kirwan, « The X-Group Problem » *in* N.B. Millet, A.L. Kelley (éd.), *Meroitic Studies*, p. 191-204.

E. Kitson, « A Study of the Negro Skull with special Reference to the Crania from Kenia Colony », *Biometrika* 23, 1931, p. 271-314.

J. Leclant, « Le fer dans l'Égypte ancienne, le Soudan et l'Afrique » *in Le Fer à travers les âges. Hommes et techniques. Actes du colloque international, Nancy, 3-6 octobre 1955*, Nancy, 1956, p. 83-91.

J. Leclant, « Le musée des Antiquités d'Addis-Ababa », *BSAC* 16, 1962, p. 289-304.

J. Leclant, « Frühäthiopische Kultur » *in Christentum am Nil. Katalog, internationale Arbeitstagung zur Austellung "Koptische Kunst", Essen, Villa Hügel, 23.-25. Juli 1963*, Essen, 1964, p. 178-182.

J. Leclant, « La grenouille d'éternité des pays du Nil au monde méditerranéen » *in* M.B. De Boer, T.A. Edridge (éd.), *Hommage à Maarten J. Vermaseren*, EPRO 68, Leyde, 1978, vol. 2, p. 561-572.

J. Leclant, « Bouteilles globulaires à long col de Moyenne-Nubie » *in* Fr. Geus, Fl. Thill (éd.), *Mél. J. Vercoutter*, p. 185-204.

J. Leclant, G. Clerc, « Fouilles et travaux en Égypte et au Soudan, 1984-1985 », *Orientalia* 55, 1986, p. 236-319.

J. Leclant, G. Clerc, « Fouilles et travaux en Égypte et au Soudan, 1986-1987 », *Orientalia* 57, 1988, p. 307-404.

J. Leclant, G. Clerc, « Fouilles et travaux en Égypte et au Soudan, 1987-1988 », *Orientalia* 58, 1989, p. 335-439.

J. Leclant, G. Clerc, « Fouilles et travaux en Égypte et au Soudan, 1988-1989 », *Orientalia* 59, 1990, p. 335-439.

J. Leclant, G. Clerc, « Fouilles et travaux en Égypte et au Soudan, 1989-1990 », *Orientalia* 60, 1991, p. 159-273.

J. Leclant, G. Clerc, « Fouilles et travaux en Égypte et au Soudan, 1990-1991 », *Orientalia* 61, 1992, p. 214-322.

P. Lenoble, « Le passage du Méroïtique au Postméroïtique dans la région de Shendi » *in* R. Dehlin, T. Hägg (éd.), *Nubian Culture Past and Present. Abstracts*, p. 78-79.

P. Lenoble, « Trois tombes de la région de Méroé. La clôture des fouilles historiques d'el-Kadada en 1985 et 1986 », *ANM* 2, 1987, p. 89-119.

P. Lenoble, « Annexe 2. Commentaires archéologiques », *ANM* 2, 1987, p. 165-174.

P. Lenoble, « Quatre tumulus sur mille du Djebel Makbor, Ams Ne-36-0/3-X-1 », *ANM* 2, 1987, p. 207-250.

P. Lenoble, « A new Type of Mound-Grave (continued): le tumulus à enceinte d'Umm Makharoqa, près d'el-Hobagi (A.M.S. NE-36-O/7-O-3) », *ANM* 3, 1989, p. 93-120.

P. Lenoble, « Chiens de païens. Une tombe postpyramidale à double descenderie hors de Méroé », *ANM* 5, 1991, p. 167-183.

P. Lenoble, « Documentation tumulaire et céramique entre 5e et 6e cataractes » *in* Ch. Bonnet (éd.), *Études nubiennes*, p. 79-97.

P. Lenoble, « L'idéologie impériale méroïtique : l'avatar final » *in* St. Wenig (éd.), *Seventh international Conference for Meroitic Studies. Preprint papers*, Berlin, 1992.

[P. Lenoble, « À propos des tumulus d'el-Hobagi et de Ballana-Qustul », *MeroitNewsl* 25, 1994, p. 51-52.]

[P. Lenoble, « Le rang des inhumés sous tertre à enceinte à el-Hobagi », *MeroitNewsl* 25, 1994, p. 89-124.]

[P. Lenoble, « El-Hobagi » *in* B. Gratien, Fr. Le Saout (éd.), *Nubie. Les cultures antiques du Soudan, à travers les explorations et les fouilles françaises et franco-soudanaises. Exposition organisée à la Fondation Prouvost, Marcq-en-Barœul, du 16 septembre au 27 novembre 1994*, Lille, 1994, p. 223-232.]

[P. Lenoble, « Le sacrifice funéraire de bovinés, de Méroé à Qustul et Ballana » *in* C. Berger, G. Clerc, N. Grimal (éd.), *Hommages à Jean Leclant*, p. 269-283.]

[P. Lenoble, « Une monture pour mon royaume. Sacrifices triomphaux de chevaux et de méhara, d'el-Kurru à Ballana », *ANM* 6, 1994, p. 107-130.]

[P. Lenoble, « La petite bouteille noire. Un récipient méroéen de la libation funéraire », *ANM* 7, 1996, p. 143-162.]

[P. Lenoble, « Enterrer les flèches, enterrer l'empire. I : Flèches et carquois des tombes impériales d'el-Hobagi » *in Actes de la VIIIe conférence internationale des études nubiennes, Lille, 11-17 septembre 1994*, *CRIPEL* 17-2, 1997, p. 135-152.]

[P. Lenoble, « From Pyramids at Meroe to Tumulus at el Hobagi: imperial Graves of the Late Meroitic Culture (Franco-Sudanese Surveys and Excavations between 1983 and 1990) », *Kush* 17, 1997, p. 289-308.]

[P. Lenoble, « Le vase à parfum et le brûleur d'encens. Des récipients de la purification funéraire méroéenne », *ANM* 8, 1998, p. 127-143.]

[P. Lenoble, « La signification de l'armement dans les tombes soudanaises des cinq premiers siècles de notre ère » *in* J. Peyras (éd.), *L'Afrique du Nord antique. Cultures et paysages*, Besançon, 1999, p. 165-180.]

[P. Lenoble, « Meroitic imperial Ideology: the last Avatar » *in* St. Wenig (éd.), *Studien zum antiken Sudan. Akten der 7. internationalen Tagung für meroitistische Forschungen vom 14. bis 19. September 1'992 in Gosen bei Berlin*, Meroitica 15, Berlin, 1999, p. 252-254.]

[P. Lenoble, « The Division of the Meroitic Empire and the End of the Pyramid Building in the 4th c. A.D.: an Introduction to further Excavations of imperial Mounds in the Sudan » *in* D.A. Welsby (éd.), *Recent Research in Kushite History and Archaeology*, p. 157-197.]

[P. Lenoble, « La salutation impériale lors des funérailles des *qore* de Méroé » *in* Y. Morizot, J. Leclerc (éd.), *Rites, cultes et religions, Cahiers des thèmes transversaux ArScAn* 6, 2002, p. 254-259.]

[P. Lenoble, « El periodo precristiano en el desierto y el Sahel nubios » *in Nubia. Los reinos del Nilo en Sudan*, catalogue d'exposition, la Caixa, Madrid, 24 septembre 2003-4 janvier 2004, Barcelone, 2003, p. 80-85.]

[P. Lenoble, « El-Hobagi » *in* D.A. Welsby, J.R. Anderson (éd.), *Sudan Ancient Treasures. An Exhibition of recent Discoveries from the Sudan National Museum*, Londres, 2004, p. 193-195.]

[P. Lenoble, « Satyres extravagants » in T. Kendall (éd.), *Nubian Studies 1998. Proceedings of the Ninth Conference of the International Society of Nubian Studies*, Boston, 2004, p. 332-340.]

[P. Lenoble, « Aux armes souverains ! L'arsenal funéraire des empereurs méroïtiques » in V. Rondot, N. Dextreit (éd.), *Kerma et Méroé. Cinq conférences d'archéologie soudanaise*, Khartoum, 2006, p. 18-25 (version française) et p. 48-51 (version arabe).]

[P. Lenoble, « Une carte des derniers siècles de Méroé. Sites préchrétiens autour de l'ancienne capitale, entre Wad Ben Naga et Gabati », *Kush* 19, 2008, p. 59-65.]

P. Lenoble, Nigm ed Din M. Sharif, « Barbarians at the Gates? The royal Mounds of el Hobagi and the End of Meroe », *Antiquity* 66, 1992, p. 626-635.

[P. Lenoble, R.-P. Dissaux, J. Reinold, « A funerary Dance of political Meaning at Meroe » in E. Dagan (éd.), *The Spirit's Dance in Africa. Evolution, Transformation and Continuity in Sub-Sahara*, Montréal, 1997, p. 36-41.]

[P. Lenoble, R.-P. Dissaux, A.M. Abd el-Rahman, B. Ronce, J. Bialais, « La fouille du tumulus à enceinte el-Hobagi III, A.M.S. NE-36-O/7-N-3 », *MeroitNewsl* 25, 1994, p. 53-88.]

M.F.L. MacAdam, *The Temple of Kawa*, vol. 2 : *History and Archaeology of the Site*, Londres, 1955.

Mahmoud el Tayeb, « Excavation at El-Gaddar— Old Dongola » in Ch. Bonnet (éd.), *Études nubiennes*, p. 65-77.

N.B. Millet, « Gebel Adda: preliminary Report for 1963 », *Jarce* 2, 1963, p. 147-165.

N.B. Millet, *Meroitic Nubia*, thèse de doctorat, Yale University, Ann Arbor, 1968.

N.B. Millet, A.L. Kelley (éd.), *Meroitic Studies. Proceedings of the Third international Meroitic Conference, Toronto 1977*, Meroitica 6, Berlin, 1982.

A.J. Mills, *The Cemeteries of Qasr Ibrim. A Report of the Excavations conducted by W.B. Emery in 1961*, ExcMem 51, Londres, 1982.

S.C. Munro-Hay, *Excavations at Aksum. An Account of Research at the ancient Ethiopian Capital directed in 1972–1974 by the late Dr. N. Chittick*, Londres, 1989.

C. Nicolet, *L'Inventaire du monde. Géographie et politique aux origines de l'Empire romain*, Paris, 1988.

Ossama El-Nur, Hassan Bandi, « The Potential of the IVth Cataract Archaeological Project I: Mound-Graves at Umm Ruweim and Khor al-Greyn » in C. Berger, G. Clerc, N. Grimal (éd.), *Hommages à Jean Leclant*, p. 323-331.

J. Phillips, « Test Excavations at el Ghaddar » in K. Grzymski (éd.), *Archaeological Reconnaissance in Upper Nubia*, p. 35-41.

J. Reinold, P. Lenoble, « El Hobagi 1987 », *NubLett* 10, 1988, p. 14-16.

[J. Reinold, P. Lenoble, « El-Hobagi et Hillat Hassab Allah, 1988 : fouilles d'habitats dans la région de Méroé », *NubLett* 12, 1989, p. 1-3.]

J. Reinold, P. Lenoble, « El Hobagi 1989. Tumulus VI and 4 », *NubLett* 16, 1991, p. 3-4.

J. Reinold, P. Lenoble, « El Hobagi 1990. Tumulus III », *NubLett* 16, 1991, p. 5-6.

[Cl. Rilly, « "Les chouettes ont des oreilles". L'inscription méroïtique hiéroglyphique d'el-Hobagi REM 1222 » in V. Rondot, Fr. Alpi, Fr. Villeneuve (éd.), *La Pioche et la Plume*, p. 481-499.]

J.H. Robertson, « The 74–75 Meroe Excavation », *NyAk* 6, 1975, p. 25-28.

[V. Rondot, Fr. Alpi, Fr. Villeneuve (éd.), *La Pioche et la Plume. Autour du Soudan, du Liban et de la Jordanie. Hommages archéologiques à Patrice Lenoble*, Paris, 2011.]

P. Rose, *Qasr Ibrim. The Hinterland Survey*, ExcMem 62, Londres, 1996.

T. Säve-Söderbergh, *Late Nubian Cemeteries*, SJE 6, Arlöv, 1981.

K. Seele, « University of Chicago Oriental Institute Nubian Expedition: Excavations between Abu Simbel and the Sudan Border, preliminary Report », *Jnes* 33, 1974, p. 1-43.

S. Sergi, *Crania habessinica*, Rome, 1912.

A. Shiferaou, « Rapport sur la découverte d'antiquités trouvées dans les locaux du Gouvernement général de Maqallé », *AnEth* 1, 1955, p. 11-15.

P.L. Shinnie, *Report on the Antiquities Service and Museums 1951–52*, Khartoum, 1953.

P.L. Shinnie, « Excavations at Tanqasi, 1953 », *Kush* 2, 1954, p. 66-85.

P.L. Shinnie, *Meroe. A Civilisation of the Sudan*, New York, 1967.

P.L. Shinnie, « Excavations at Meroe 1974–1976 » in Fr. Hintze (éd.), *Meroitistische Forschungen 1980*, p. 498-504.

[P.L. Shinnie, J.R. Anderson, *The Capital of Kush* II. *Meroe Excavations 1973—1984*, Meroitica 20, Wiesbaden, 2004.]

P.L. Shinnie, R.J. Bradley, *The Capital of Kush* I. *Meroe Excavations 1965–1972*, Meroitica 4, Berlin, 1980.

P.L. Shinnie, F.K. Kense, « Meroitic Iron Working » in N.B. Millet, A.L. Kelley (éd.), *Meroitic Studies*, p. 17-28.

P.L. Shinnie, J.H. Robertson, « "The End of Meroe."
A Comment on the Paper by Patrice Lenoble
and Nigm ed Din Mohamed Sharif », *Antiquity 67*,
1993, p. 895-899.

H. Tomandl, « Zur Demographie und sozialen
Schichtung der Feinde Meroes », *BSF* 1, 1986,
p. 97-114.

H. Tomandl, « Tradierung und Bedeutung
eines religiösen Motivs von des meroitischen
bis zur christlichen Period », *BSF* 2, 1987, p. 107-126.

L. Török, « Meroitic painted Pottery: Problems
of Chronology and Style », *BSF* 2, 1987, p. 75-106.

L. Török, « The historical Background. Meroe North
and South » *in* T. Hägg (éd.), *Nubian Culture Past
and Present. Main Papers presented at the Sixth
international Conference for Nubian Studies
in Uppsala, 11–16 August 1986*, Kungl. Vitterhets
Historie och Antikvitets Akademiens Koferenser 17,
Stockholm, 1987, p. 139-229.

L. Török, *The royal Crowns of Kush. A Study
in Middle Nile Valley Regalia and Iconography
in the 1st Millennia BC and AD*, Bar-Is 338,
Oxford, 1987.

L. Török, *Late Antique Nubia. History and Archaeology
of the Southern Neighbour of Egypt in the 4th–
6th c. A.D.*, Antaeus 16, Budapest, 1988.

L. Török, « Kush and the external World »
in S. Donadoni, St. Wenig (éd.), *Studia Meroitica
1984*, p. 49-215.

L. Török, « Ambulatory Kingship and Settlement
History. A Study on the Contribution
of Archaeology to Meroitic History »
in Ch. Bonnet (éd.), *Études nubiennes*, p. 111-126.

L. Török, *Meroe City. An ancient African Capital.
John Garstang's Excavations in the Sudan*,
Ees Occasional Publications 12, Londres, 1997,
2 vol.

[L. Török, « *The End of Meroe* » *in* D.A. Welsby (éd.),
Recent Research in Kushite History and Archaeology,
p. 133-156.]

[L. Török, « From el-Hobagi to Ballana and Back »
in V. Rondot, Fr. Alpi, Fr. Villeneuve (éd.),
La Pioche et la Plume, p. 515-530.]

F. Treinen-Claustre, *Sahara et Sahel
à l'âge du fer (Borkou, Tchad)*, Paris, 1982.

B.G. Trigger, « The royal Tombs at Qustul
and Ballana and their Meroitic Antecedents »,
JEA 55, 1969, p. 117-128.

B.G. Trigger, « The social Significance of the Diadems
in the royal Tombs at Ballana », *JNES* 28, 1969,
p. 255-261.

[D. Valbelle, « La restauration des bronzes
d'El-Hobagi », *Les dossiers d'archéologie* 196, 1994,
p. 58.]

J. Vercoutter, « Un palais des "candaces" contemporain
d'Auguste (fouilles de Wad-ban-Naqa 1958-1960) »,
Syria 39, 1962, p. 263-299.

J. Vercoutter, G. Billy, H. Brabant, J. Dastugue,
J.-C. Verger-Pratoucy, A. Vila, *Mirgissa* III.
*Les Nécropoles. Deuxième partie : études
anthropologiques, études archéologiques*, Paris, 1976.

A. Vila, *La Nécropole de Missiminia*, vol. 3-4 :
*Les Sépultures ballanéennes – Les Sépultures
chrétiennes*, La Prospection archéologique
de la vallée du Nil au sud de la cataracte de Dal 14,
Paris, 1984.

A. Vila, « Une hypothèse consolidée : les populations
à insérer entre Méroïtique et Ballanéen »
in S. Donadoni, St. Wenig (éd.), *Studia Meroitica
1984*, p. 763-770.

[D.A. Welsby (éd.), *Recent Research in Kushite History
and Archaeology. Proceedings of the 8th international
Conference for Meroitic Studies*, Bmop 131, Londres,
1999.]

St. Wenig, « Nochmals zur 1. und 2. Meroitischen
Nebendynastie von Napata » *in* Fr. Hintze (éd.),
Sudan im Altertum, p. 147-160.

St. Wenig, *Africa in Antiquity. The Arts of Ancient
Nubia and the Sudan*, New York, 1978, 2 vol.

St. Wenig, « Meroitic painted Ceramics » *in* Fr. Hintze
(éd.), *Africa in Antiquity*, p. 129-134.

[D. Wildung (éd.), *Die Pharaonen des Goldlandes:
antike Königreiche im Sudan*, Munich, 1988.]

[D. Wildung (éd.), *Soudan. Royaumes sur le Nil*,
catalogue d'exposition, Paris, Institut du monde
arabe, 5 février-31 août 1997, Toulouse, musée
des Jacobins, 20 février-23 mai 1998, Paris, 1997.]

B.B. Williams, « A Prospectus for exploring
the historical Essence of Ancient Nubia »
in W.V. Davies (éd.), *Egypt and Africa. Nubia from
Prehistory to Islam*, Londres, 1991, p. 74-91.

C. Woolley, D. Randall-MacIver, *Karanog.
The Romano-Nubian Cemetery*, Philadelphie, 1910.

J.W. Yellin, *The Role and Iconography of Anubis
in Meroitic Religion*, thèse de doctorat, Brandeis
University, Ann Arbor, 1978.

J.W. Yellin, « The Role of Anubis in Meroitic
Religion » *in* J.M. Plumey (éd.), *Nubian Studies.
Proceedings of the Symposium of Nubian Studies,
Sélwyn College, 1978*, Warsminster, 1982, p. 227-234.

B. Zurawski, « Test Excavations at Jebel Ghaddar »
in K. Grzymski (éd.), *Archaeological Reconnaissance
in Upper Nubia*, p. 40-46.

POSTFACE

Abdelrahman Ali Mohamed

Directeur général de la National Corporation for Antiquities and Museums

IN 1989 I was appointed by Ossama Abdelrahman el-Nur as an Antiquities Officer and was asked to join the 4th Cataract survey. After 2 months of work at the NCAM studying the documentation, I was sent with some other colleagues to the area to do some field training under the supervision of the French Unit. So we took the train from Khartoum to Karima and were welcomed at the station by the joint team of the Antiquities Service and the French Unit. This is where I first met Patrice Lenoble, who had to put on hold his excavation at el-Hobagi and was at that time working in the Wadi Abou Dom, on the site of Umm Ruweim.

There, we were asked to excavate a grave, but without supervision. Once it was done, Patrice came to us and went through all the details that the team had missed, describing the proper procedure for the study of the superstructure and the substructure. Then he chose another tumulus and asked us to excavate a quarter of it, looking at the stratigraphy. We were not familiar with the methodology, but we followed Patrice as he already had quite a reputation thanks to the discoveries made at el-Hobagi. The training went on, learning basic knowledge about archaeology and topography as we were working on a survey.

Once the season ended, back to Khartoum, I met with Mahmoud el-Tayeb who had already worked at el-Hobagi. He recommended me to accompany Patrice for his next season arguing that it would be perfect to complete my training. Patrice agreed and so I went to el-Hobagi. It was summertime; temperatures were at their peak. The mission would last 3 months…

With two Landcruiser pick-ups, we left Omdurman and travelled all the way to the site on the west bank of the Nile. Patrice was driving one vehicle and his wife Brigitte the other one. At arrival, we were welcomed by Awadallah Ali el-Bacha and Yves Lecointe who had already set up everything, the school of the nearby village having been transformed temporarily into a base camp for the archaeological mission.

The first day, during breakfast, Patrice ignored me completely and so did he in the field where I was sent with local workers cleaning up a royal mound. After observing me silently for a week, Patrice asked me to work on an isolated Christian grave found at the surface of the site. The excavation was almost complete and my task was to clean up and draw the skeleton in situ. Step by step, he showed me how to proceed and made me redo my drawing three times. Finally, he took it and compared it with his own as he already had documented the grave without telling me. It was his way of teaching and a good method to improve the work of new collaborators such as me.

At first, I was a little bit angry about his way of doing things, but soon I realized that I would learn a lot working with him.

Slowly becoming good friends, I saw how his rigorous mind was focused on a qualitative approach, especially for the unique case of the royal mounds of el-Hobagi. Once you understood his philosophy of work, you could see his generous personality, working hard and never complaining about difficult conditions.

Sent back to the main burial mound, we reached the shaft and found the first level of pottery, before descending to another level also full of material. The work was tough, as we had nowhere to stand, had to go very slowly using only small brushes. We were approaching mid-July and Patrice had to go back to Khartoum for a few days to be present during the celebration of the French National feast. Upon his return, Awadallah and me had finished to clean the grave and Patrice asked me to write a report describing everything from the beginning to the end of the excavation. After reading it, he told me that it was my first scientific work and that I should carry on by publishing it. But he also insisted that more training was necessary in order to be able to cover all the aspects of an excavation. So back to Khartoum, he taught me for two months in the office of the French Unit how to draw ceramics and how important it is to be systematic in recording and making classifications for objects.

Thirty years later, thinking of the work at el-Hobagi, I also remember the experience of life with the team and the very good moments I've spent with Patrice. In the furnace of the field, where a man with a donkey was constantly bringing water from the Nile, he was a lively person, often joking with the workers or with me for example every time I tried to open a can of foul, claiming that it was forbidden for him as much as open a bottle of wine was forbidden for me. Giving away all my stock to the workers, I could explore more of the western food prepared by the team… Asking about what I wanted to learn, he also taught me how to drive a car, which I did every day going from the school to the field. After 3 months, I was also able to swim in the Nile, as the team was usually taking a bath in the river at the end of the day. During that season with Patrice I ended up learning much more than archaeology as we developed a friendship that would last until he died. It was also my first encounter with French culture that would play a key role in my career. After el-Hobagi ended, Patrice even brought a teacher from the French Cultural Centre to teach us the language directly at the NCAM.

Beyond the historical value of the discovery presented in this book, el-Hobagi will always be associated in the memory of the Antiquities Service to the figure of Patrice Lenoble, a passionate archaeologist and a dear friend of Sudan.

Khartoum, February 2018

PHOTOGRAPHIES

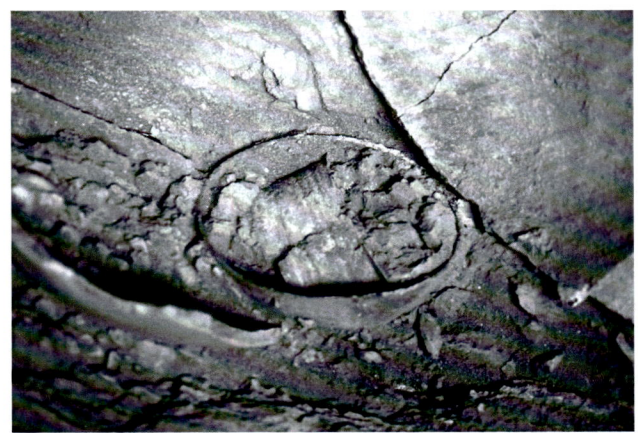

Photo 1. Hʙɢ 4. Coupe de bronze nº 45 coiffant le col de la bouteille B *in situ* (fig. 7).

Photo 2. Hʙɢ 4. Grandes bouteilles nᵒˢ 32, 37, A et B (de gauche à droite, fig. 12).

Photo 3. Hʙɢ 4. Petite bonbonne nº 33 (fig. 13).

Photo 4. Hʙɢ 4. Grande bonbonne C (fig. 14).

Photo 5. Hʙɢ 4. Grande bonbonne C, détail de l'une des empreintes du cordage sur l'épaule (fig. 14).

Photo 6. Hʙɢ 4. Perles nº 58a montées sur fil.

Photo 7. HBG III/1. La tombe centrale (fig. 18).

Photo 8. HBG III/1. Bonbonnes nᵒˢ 3 à 12 *in situ* (fig. 19).

Photo 9. Hʙɢ III/1. Bonbonne nº 1 (fig. 26).

Photo 10. Hʙɢ III/1. Bonbonnes nº 9 (à gauche)
et 10 (à droite) *in situ* (fig. 28).

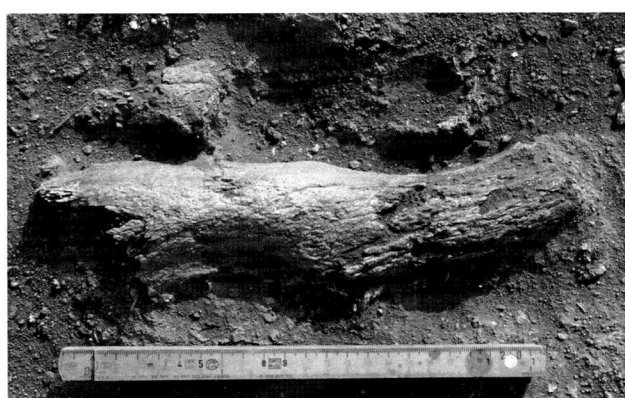

Photos 11 a-d. Hʙɢ III. Massacre de bovidé,
quatre détails (A, B, C, h et i, fig. 25).

Photo 12. Hᴮɢ ɪɪɪ/1. Bonbonnes du puits. Vue vers le nord-ouest. Coupe en bronze n° 37 sur bonbonne n° 58, et coupe n° 33 sur bonbonne n° 32 (fig. 20).

Photo 13. Hᴮɢ ɪɪɪ/1. Bonbonnes du puits. Vue vers le sud-est. Coupe en bronze n° 48 sur bonbonne n° 47, coupe n° 50 sur bonbonne n° 49, coupe n° 54 sur bonbonne n° 53 et coupe n° 51 sur bonbonne n° 52 (fig. 20).

Photo 14. Hʙɢ ɪɪɪ/1. Vase à parfum n° 218 *in situ* (fig. 46).

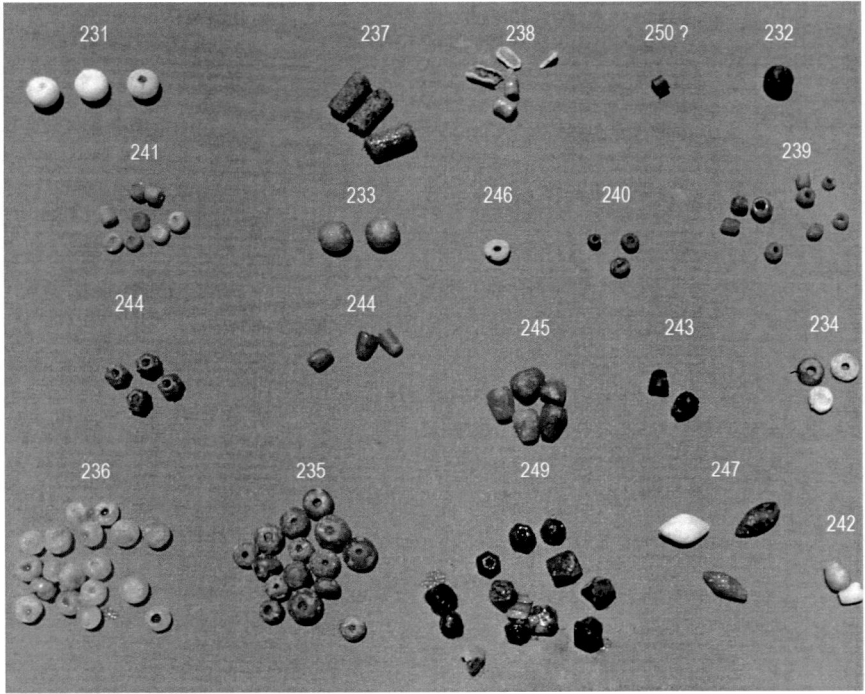

Photo 15. Hʙɢ ɪɪɪ/1. Perles de la cavité (fig. 47bis).

Photo 16. Hʙɢ ɪɪɪ/1. Élément de parure en argent n° 209, avec motif d'un faucon aux ailes éployées (fig. 48).

Photo 17. Hʙɢ ɪɪɪ/1. Carquois de flèches de bronze n° 201 *in situ* (fig. 50).

Photo 18. Hʙɢ ɪɪɪ/1. Les deux couteaux sacrificiels n°ˢ 203 et 204 *in situ* (fig. 23 et 69).

Photo 19. Hʙɢ ɪɪɪ/1. Hache n° 213 et carquois de flèches en fer n° 214 *in situ* (fig. 68 et 56).

Photo 20. Hʙɢ ɪɪɪ/1. Javelines n° 191 et fers de lances n°ˢ 193-200, 323 et 324 *in situ* (fig. 23, 63-66).

Photo 21. Hʙɢ ɪɪɪ/1. Talons de lances n°ˢ 181 à 188 *in situ* (fig. 23, 63-66).

Photo 22. Hʙɢ ɪɪɪ/1. Deux pièces de fer n° 173 a et b, cloche n° 174 et mors n° 175 *in situ* (fig. 71).

Photo 23. HBG VI. L'enceinte en cours de fouille. Vue générale vers l'ouest.

Photo 24. HBG VI. Première phase de la restitution du mur ouest : marquage par blocs latéraux rapportés.

Photo 25. HBG VI. L'enceinte reconstituée. Vue depuis le seyyal sud-est en direction du sud-ouest.

Photo 26. HBG VI. Muret dans la tranchée ouest (ci-dessous).

Photo 27. HBG VI. Vue générale de la tranchée nord (ci-contre).

Photo 28. HBG VI/2. Sondage est, sépulture secondaire. Vue vers le nord (ci-dessus).

Photo 29. HBG VI/2. Sondage est, sépulture secondaire. Vue vers l'ouest (fig. 80 ; ci-contre).

Photo 30. Hʙɢ vɪ/1. Bonbonnes écrasées dans la descente et ovale du puits, *in situ* (fig. 76).

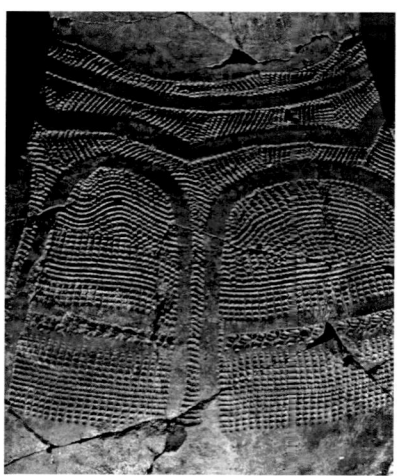

Photo 31. Hʙɢ vɪ/1. Bonbonne de la descente n° 114. Détail du décor par impression pivotante dominante sur pâte molle (fig. 93).

Photo 32. Hʙɢ vɪ/1. Bonbonne de la descente n° 122. Décor par impression directe ou pivotante sur pâte molle. Détail du motif d'un animal à longues cornes vers l'arrière et queue à touffe (fig. 93).

Photo 33. Hʙɢ vɪ/1. Descente. Calice n° 104 (Sɴᴍ 26316) couvrant la bouteille n° 133 *in situ*.

Photo 34. Descente. Coupe n° 107 (SNM 26319) après dépose, encore prise dans sa vannerie (fig. 92).

Photo 35. Descente. Coupe n° 109 (SNM 26321)
après dépose (fig. 91).

Photo 36. HBG VI/1. Bois du plancher
sur la fosse (ci-dessus).

Photo 37. HBG VI/1. Empreinte des nattes
qui couvraient la fosse (ci-contre).

Photo 38. HBG VI/1. Bonbonnes écrasées dans la cavité, *in situ*. Vue vers l'est (fig. 78).

Photo 39. HBG VI/1. Cavité. Les coupes en bronze n°s 20-21 et 19 (crocodile 19a visible) *in situ* (fig. 78).

Photo 40. HBG VI/1. Cavité. Coupes en bronze n°s 16-18. Détail des traces de tissu sur les blocs du contenu argileux *in situ* (ci-dessus).

Photo 41. HBG VI/1. Cavité. Coupe en bronze n° 11. Détail du tissu à franges l'enveloppant *in situ* (ci-contre).

Photo 42. Hbg vi/1. Couche funéraire, détail des traces laissées *in situ* par la menuiserie.

Photo 43. Hbg vi/1. Ossements de l'inhumation principale encore sur la couche funéraire, et associés à l'anneau d'archer n° 26.

Photo 44. Hbg vi/1. Ossements de l'inhumation principale dispersés par le pillage et projetés contre le bord de la cavité.

Photo 45. Hbg vi/1. Ensemble d'armement retrouvé déplacé par le pillage au sud de la couche funéraire et comprenant les deux épées n°s 40 et 41 sur lesquelles sont posés, de g. à dr. l'anneau d'archer n° 25, l'anneau ostentatoire n° 28, le poignard n° 24, la clochette n° 29 accompagnée de perles tubulaires en faïence n° 34, le calice n° 23, enfin.

Photo 46. HBG VI/1. Fagot des fers des lances-haches et carquois de flèches rangés au nord de la couche funéraire.

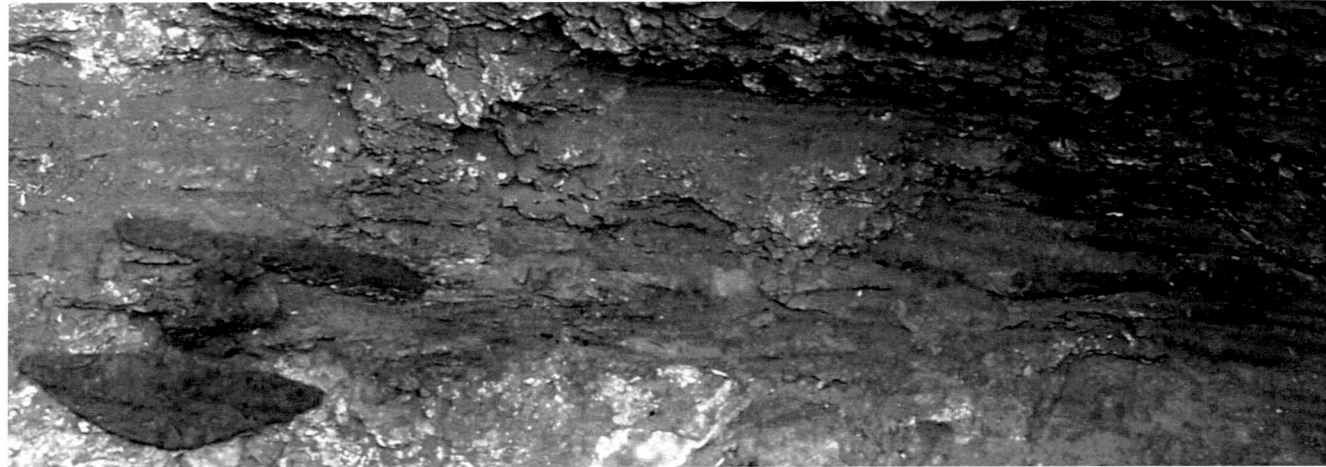

Photo 47. HBG VI/1. Bois, l'une des haches (nᵒˢ 65 à 74) et talons (nᵒˢ 76 à 85) des lances-haches rangées au nord de la couche funéraire, en cours de dépose.

Photo 48. HBG VI/1. Le groupement de perles de quartz blanc, de cornaline et de pierre noire nᵒ 14 *in situ*.

Photo 49. HBG VI/1. Les deux groupements de perles de cornaline nᵒ 38 (à droite) et nᵒ 39 (à gauche) *in situ*.

Photo 50. Hʙɢ ɪɪɪ/1. Coupe en bronze nᵒ 37 (Sɴᴍ 26270) après restauration. Photo © Cʀᴇᴀᴍ (fig. 33).

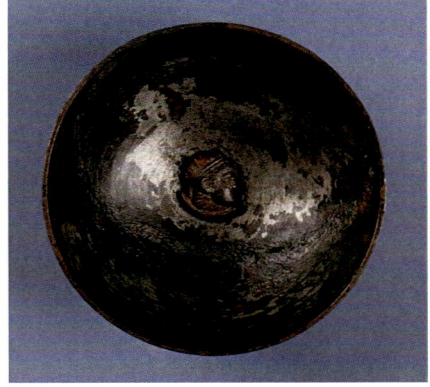

Photo 51. Hʙɢ ɪɪɪ/1. Coupe en bronze nᵒ 37 (Sɴᴍ 26270) après restauration. Vue de l'intérieur avec médaillon en rosette. Photo © Cʀᴇᴀᴍ (fig. 33).

Photo 52. Hʙɢ ɪɪɪ/1. Coupe en bronze nᵒ 48 (Sɴᴍ 26273) après restauration. Vue de l'intérieur avec médaillon. Photo © Cʀᴇᴀᴍ (fig. 33).

Photo 53. Hʙɢ ɪɪɪ/1. Coupe en bronze nᵒ 48 (Sɴᴍ 26273) après restauration. Détail du médaillon intérieur après dépose. Photo © Cʀᴇᴀᴍ (fig. 33).

Photo 54. Hbg iii/i. Coupe
en bronze nº 63 (Snm 26283)
après restauration.
Vue de l'intérieur avec
médaillon bacchique.
Photo © Cream (fig. 34).

Photo 55. Hbg iii/i. Coupe
en bronze nº 63 (Snm 26283)
après restauration.
Détail du médaillon
bacchique nº 63a.
Photo © Cream (fig. 34).

Photo 56. Hbg iii/i.
Bassin en bronze nº 112
(Snm 26290)
après restauration.
Photo © Cream (fig. 40).

Photos 57 et 58. Hʙɢ ɪɪɪ/ɪ. Coupe en bronze n° 135 (Sɴᴍ 26291)
avant restauration. Photo © Cʀᴇᴀᴍ (fig. 40).

Photo 59. Hʙɢ ɪɪɪ/ɪ. Coupe en bronze n° 135 (Sɴᴍ 26291)
après restauration. Photo © Musée du Louvre/Georges Poncet
(fig. 40).

Photos 60 a-d. Coupe en bronze n° 135 (SNM 26291) après restauration. Inscription REM 1222.
Photo © Musée du Louvre/Georges Poncet (fig. 40).

Photo 61. Hᴮɢ ɪɪɪ/1. Coupes en bronze nº 140 et 141 emboîtées (Sɴᴍ 26293 et 26294) après restauration. Photo © Cʀᴇᴀᴍ (fig. 41).

Photo 62. Hᴮɢ ɪɪɪ/1. Coupe en bronze nº 147 (Sɴᴍ 26298) après restauration. Photo © Cʀᴇᴀᴍ (fig. 41).

Photos 63 et 64. Hbg III/1. Coupe en bronze n° 148
(Snm 26299) après restauration. Vues extérieure et intérieure.
Photo © Cream (fig. 41).

Photos 65 et 66. Hbg III/1. Cloche de bronze n° 174 (Snm 26302) après restauration,
vue générale et détail du motif répété du décor. Photo © Cream (fig. 71).

Photo 67. Hbg vi/1. Coupe en bronze n° 10 (Snm 26303) après restauration. Détail. Photo © Cream (fig. 83).

Photo 68. Hbg vi/1. Coupe en bronze n° 11 (Snm 26304) après restauration. Vue d'ensemble. Photo © Cream (fig. 84).

Photo 69. Hbg vi/1. Coupe en bronze n° 11 (Snm 26304) après restauration. Détail du décor extérieur, frise de khakérou et faucon à deux têtes aux ailes symétriquement éployées. Photo © Cream (fig. 84).

Photo 70. Hbg vi/1. Coupe en bronze n° 11 (Snm 26304) après restauration. Détail du décor extérieur, visage d'Hathor occupant le fond. Photo © Cream (fig. 84).

Photo 71. Hᴮɢ ᴠɪ/1. Coupe en bronze nᵒ 12
(Sɴᴍ 26305) après restauration. Détail du décor
extérieur, visage d'Hathor occupant le fond.
Photo © Cʀᴇᴀᴍ (fig. 85).

Photo 72. Hᴮɢ ᴠɪ/1. Coupe en bronze nᵒ 15
(Sɴᴍ 26306) après restauration.
Vue d'ensemble. Photo © Cʀᴇᴀᴍ (fig. 90).

Photo 73. Hᴮɢ ᴠɪ/1. Coupe en bronze nᵒ 16
(Sɴᴍ 26307) après restauration. Détail du décor
extérieur, frise de grenouilles et fleurs de lotus
dans les volutes d'un rinceau.
Photo © Cʀᴇᴀᴍ (fig. 86).

Photo 74. Hᴮɢ ᴠɪ/1. Coupe en bronze nᵒ 16
(Sɴᴍ 26307) après restauration. Vue extérieure
du fond, décoré d'une composition symétrique
et rayonnante de huit feuilles inspirées
de l'acanthe. Photo © Cʀᴇᴀᴍ (fig. 86).

Photo 75. Hbg vi/1. Coupe en bronze nº 17 (Snm 26308) après restauration. Détail du décor extérieur du fond, motif de quatre pétales (?) rayonnant symétriquement à partir d'un point central. Photo © Cream (fig. 86).

Photo 76. Hbg vi/1. Coupe en bronze nº 18 (Snm 26309) après restauration. Vue d'ensemble. Photo © Cream (fig. 86).

Photo 78. Hbg vi/1. Coupe en bronze nº 21 (Snm 26313) après restauration. Détail du décor extérieur, torse du danseur 3. Photo © Cream (fig. 88-89).

Photo 77 a et b. Hbg vi/1. Figurine de crocodile en bronze nº 19a (Snm 26311) appartenant à la coupe en bronze nº 19 (Snm 26310). Profil droit et vue de dessus. Photo © Cream (fig. 87).

Photo 79. Hbg vi/1. Coupe en bronze nº 21 (Snm 26313) après restauration. Détail du décor extérieur, marque de propriété sous le musicien 14. Photo © Cream (fig. 88-89).

Photo 80. Hbg vi/1. Calice en bronze nº 104 (Snm 26316) après restauration. Vue d'ensemble. Photo © Cream (fig. 91).

Photo 81. Hbg vi/1. L'un des fragments de la coupe en bronze nº 105 (Snm 26317) après restauration. Détail du décor du bandeau, frise d'uræi jointifs. Photo © Cream (fig. 91).

Photo 82. Hbg vi/1. Coupe en bronze nº 106 (Snm 26318) après restauration. Vue d'ensemble. Photo © Cream (fig. 91).

Photo 83. Hᴮɢ vɪ/ɪ. Coupe en bronze nᵒ 107 (Sɴᴍ 26319) après restauration. Vue d'ensemble. Photo © Cʀᴇᴀᴍ (fig. 92).

Photo 84. Hᴮɢ vɪ/ɪ. Fragment de la coupe en bronze nᵒ 108 (Sɴᴍ 26320) après restauration. Détail du décor extérieur du fond, composition de huit feuilles organisées symétriquement et rayonnant à partir d'une rosette centrale. Photo © Cʀᴇᴀᴍ (fig. 92).

Photo 85. Hᴮɢ vɪ/ɪ. Anneau ostentatoire avec clochette nᵒ 28 (Sɴᴍ 26860) après restauration. Détail de la plaque circulaire de bronze au motif exécuté au repoussé. Photo © Cʀᴇᴀᴍ (fig. 96).

ÉGYPTE
SOUDAN

Assouan
Philae
1re cataracte

Kalabsha

Maharraqa

Karanog
Arminna
Qasr Ibrim
Djebel Adda

Ballana
Faras
Qoustoul
Ouadi Halfa
2e cataracte
Gammai
Abka

BASSE NUBIE
Ouadi Allaqi

Mer Rouge

Ouadi Gabgaba

HAUTE NUBIE

cataracte de Dal
Firka

Sedeinga
Missiminia

3e cataracte
Kerma
Tabo
Dongola
Kawa

Nil
Abou Hamed

Napata
Djebel Barkal
el-Kourrou
Zouma
Tanqasi
4e cataracte
Ouadi Abou Dom

5e cataracte
Dangeil
Berber

BAYOUDA
Atbara

Ouadi Howar

Ouadi Mouqaddam

KORDOFAN

Ouadi el-Milk

Méroé
Shendi
Hosh el-Kafir
el-Hobagi
el-Kadada
Ouad ben-Naga
Musawwarat es-Sofra
Naga

GASH

ÉRYTHRÉE

6e cataracte
Djebel Umm Marrihi
Sorurab-Bauda
KHARTOUM
Geili
Kabbashi
Soba
Djebel Qeili

Atbara

Meidob

Nil blanc
Nil bleu

GEZIRA
Qoz Nasra
Marangan
Umm Sunt

BOUTANA

Axoum

Makwar
Abou Geili
Djebel Moya
Sennar

ÉTHIOPIE

MONTS NOUBA

N

0   250 km

SOUDAN DU SUD

• sites antiques mentionnés dans le texte
• principales villes modernes

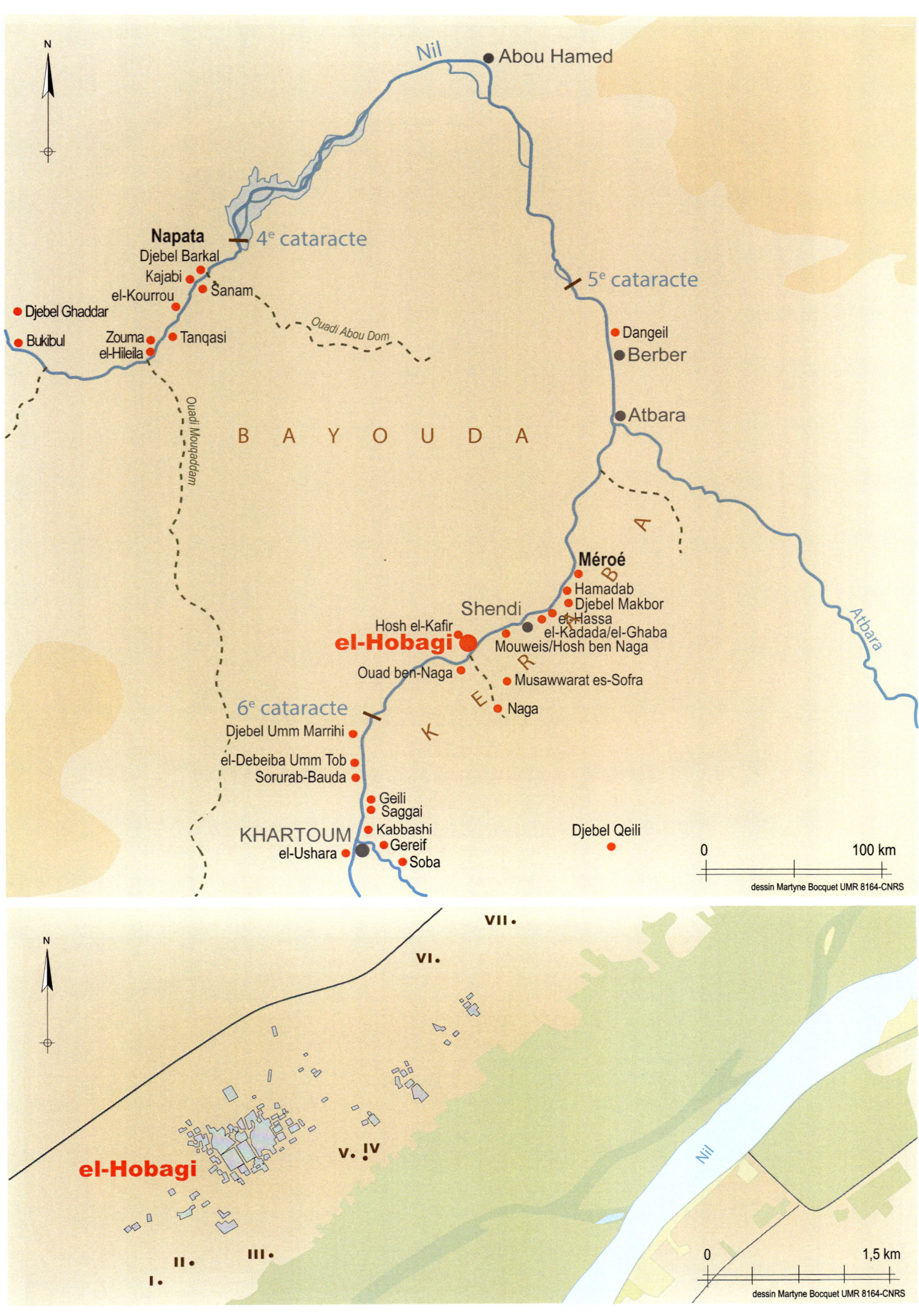

DIFFUSION
Ventes directes et par correspondance

Au Caire
à l'IFAO,
37 rue al-Cheikh Ali Youssef (Mounira)
[B.P. Qasr al-'Ayni n° 11562]
11441 Le Caire (R.A.E.)
Section Diffusion Vente →

Fax: (20.2) 27 94 46 35
Tél.: (20.2) 27 97 16 00
http://www.ifao.egnet.net

Tél.: (20.2) 27 97 16 22
e-mail: ventes@ifao.egnet.net

En France
Vente en librairies
Diffusion: AFPU
Distribution: SODIS

Ministère de l'Enseignement supérieur et de la Recherche, Paris – Publication de l'Institut français d'archéologie orientale
Dépôt légal: 1er semestre 2018; numéros d'éditeur et d'imprimeur 1171/1804